Marc Täschner
Hochschulcontrolling

Marc Täschner

Hochschul-controlling

Einführung von Berichtssystemen:
Prozesse, Strukturen, Vorgehen

DE GRUYTER
OLDENBOURG

Dissertation der Universität Vechta, 2014

ISBN 978-3-11-036934-2
e-ISBN (PDF) 978-3-11-036969-4
e-ISBN (EPUB) 978-3-11-039866-3

Library of Congress Cataloging-in-Publication Data
A CIP catalog record for this book has been applied for at the Library of Congress.

Bibliografische Information der Deutschen Nationalbibliothek
Die Deutsche Nationalbibliothek verzeichnet diese Publikation in der Deutschen Nationalbibliografie; detaillierte bibliografische Daten sind im Internet über http://dnb.dnb.de abrufbar.

Ein Unternehmen von Walter de Gruyter GmbH, Berlin/Boston
Einbandabbildung: Fuse/Getty Images
Druck und Bindung: Hubert & Co. GmbH & Co. KG, Göttingen
♾ Gedruckt auf säurefreiem Papier

MIX
Papier aus verantwortungsvollen Quellen
FSC® C016439
www.fsc.org

Vorwort

Traditionell wurden staatliche Hochschulen inputorientiert gesteuert, d. h., dass die ministeriellen Ansprüche in Bezug auf die Aufgaben und Mittel einer Hochschule detailliert reglementiert wurden. Aufgrund knapper öffentlicher Finanzmittel werden seit Mitte der 1990er-Jahre ergebnis- und wirkungsorientierte Steuerungsinstrumente eingesetzt und kontinuierlich weiterentwickelt. Sie reglementieren weitgehend den Entscheidungsspielraum staatlicher Hochschulen – sei es im organisatorischen Bereich, der Haushalts- und Wirtschaftsführung oder in Bezug auf die Qualitätsorientierung. Jene von staatlicher Seite her gesetzten Spielregeln bestimmen also den Grad der Handlungsautonomie des Hochschulmanagements.

Angesichts dieser neuen Rahmenbedingungen der Hochschulsteuerung sehen sich staatliche Hochschulen veranlasst stärker strategisch zu Denken und zu Handeln. Das Hochschulmanagement steht nunmehr vor der Herausforderung neben den veränderten ministeriellen Ansprüchen auch oftmals diskrepante Ansprüche weiterer Gruppierungen langfristig zu erfüllen. Wenngleich jede Hochschule eigenständige Priorisierungen vorzunehmen hat, seien insbesondere Ansprüche Studierender, von Professoren und Professorinnen, von Mitarbeitern und Mitarbeiterinnen sowie von öffentlichen und privaten Drittmittelgebern genannt.

Vor diesem Hintergrund wird als Lösungsansatz ein Hochschulcontrolling-System konzipiert und in einem Referenzmodell für Berichtssysteme operationalisiert, welches zur Planung, Umsetzung und Kontrolle von Investitionen eingesetzt werden kann. Das Hochschulcontrolling wird als sachliche und zeitliche Abstimmung sozialer Handlungen im Bereich der Forschung und Lehre durch Planungs- und Kontrollprozesse verstanden. Das Controlling hat eine operative und strategische Komponente. Es werden unterjährig, jährlich und 5-Jahres-Planwerte generiert und im Entscheidungsprozess rollierend validiert. Das zur Planung, Umsetzung und Kontrolle eingesetzte Instrument ist die IT. Zur hochschulweiten Kommunikation manifestiert sich das Controlling dementsprechend medial in Berichtssystemen.

Die Struktur des konzipierten Berichtssystems ist objektorientiert ausgerichtet und operationalisiert die Handlungsfelder Finanzen, Personal, Flächen, Studium/Lehre sowie Forschung. Es werden Standardberichte abgeleitet, anhand derer im Gegenstromverfahren zwischen zentraler und dezentraler Ebene eine 5-Jahres-Planung durchgeführt werden kann. Obwohl dadurch ein hochgradig kommunikativer und partizipativer Planungsansatz formalisiert wird, besteht tendenziell die Gefahr „sich in den Ansprüchen zu verlieren“. Daher ist es Aufgabe eines normativ ausgeprägten Werte- und Kulturmanagements gemeinsame Visionen und Wertvorstellungen zu definieren, die das Anspruchsniveau, sozusagen den Erfolg der Hochschule, vorgeben und mit denen Ziele und Strategien in umsetzbare Maßnahmen kanalisiert werden. Auf instrumenteller Ebene wird hierfür eine Hochschul-Balanced Scorecard entwickelt, welche mit dem Berichtssystem strukturell gekoppelt ist. Nur so kann das Auftreten „zweiter Wahrheiten“ – also Informationsverzerrungen, die zu Kommunikationsstörungen und Fehlentscheidungen führen könnten, vermieden werden.

Um das Referenzmodell im Einzelfall an die Belange der jeweiligen Hochschule anzupassen, wird das Hochschulcontrolling-System um ein Vorgehensmodell ergänzt und am Beispiel der Hochschule Hannover erprobt. Dementsprechend gliedert sich die Arbeit in drei Hauptteile, die von einer Einführung und einem Schlussteil umrahmt sind:

- Im ersten Hauptteil werden relevante Theorien und Konzepte im Hochschulcontrolling untersucht und systematisiert.
- Alsdann werden steuerungsrelevante Rahmenbedingungen herausgearbeitet und Implikationen zur Ausgestaltung des Hochschulcontrolling-Systems abgeleitet.
- Im dritten Hauptteil wird als Ergebnis der Arbeit die referenzmodellbasierte Einführung von Hochschul-Berichtssystemen für das Controlling aufgezeigt.

Die Adressaten des Buches sind Führungskräfte, die sich mit Themen der Planung und Steuerung in Hochschulen auseinandersetzen, da der Arbeit ein praktisch-orientierter Wissenschaftsansatz zugrunde liegt. Darüber hinaus sind natürlich all jene Wissenschaftler angesprochen, die in der Hochschulforschung tätig sind und die vorgestellten Ansätze kritisch diskutieren und weiterentwickeln wollen.

Die Arbeit entstand an der Hochschule Hannover am Lehrstuhl von Herrn Prof. Dr. Dr. Thomas Jaspersen. Ihm gelang es, nach dem Diplomabschluss mich für ein Masterstudium zu ermutigen, um anschließend im Bereich Organisation und Controlling forschend tätig sein zu können. In seiner Funktion als Vizepräsident für Forschung, Qualitätsmanagement und Weiterbildung (09.2007 – 01.2011) erkannte er schon frühzeitig Defizite in der Führung von Hochschulen, die zum hier gewählten Ansatz eines ganzheitlichen Hochschulcontrollings führten. Nicht nur für die Übernahme der Betreuungsleistung gilt Herrn Prof. Dr. Dr. Thomas Jaspersen mein besonderer Dank, sondern insbesondere auch für die vertrauensvolle Zusammenarbeit der vergangenen fünf Jahre. Die gemeinsame Arbeit nahm ich stets als lehrreich und herausfordernd wahr. Weitaus wichtiger war jedoch, dass die Atmosphäre geprägt war von gegenseitiger Wertschätzung, Vertrauen und viel Freude an der Sache. Einen besseren Doktorvater hätte ich mir nicht vorstellen können!

Frau Prof. Dr. Susanne Kirchhoff-Kestel von der Universität Vechta danke ich herzlichst für die Übernahme des Erstgutachtens. Die Art der Zusammenarbeit ist noch innovativ und bedarf einer kurzen Würdigung. Sie basiert auf einer Kooperationsvereinbarung beider Hochschulen vom April 2010. Zusammen mit der überarbeiteten Promotionsordnung regelt die Vereinbarung die formalen Voraussetzungen für gemeinsame Promotionsverfahren. In diesem Zusammenhang bin ich Herrn Prof. Dr. Sven Litzcke von der Hochschule Hannover zu Dank für sein Engagement verpflichtet! Das daraus im Februar 2011 gegründete Promotionskolleg mit dem Titel „Unternehmensentwicklung und Controlling in Nonprofit-Organisationen“ kam zustande, weil beide Betreuer nicht nur fachlich und persönlich sehr gut harmonieren, sondern auch, weil ich den Eindruck habe, dass Ihnen die Nachwuchsförderung junger Menschen unabhängig vom Hochschultyp am Herzen liegt.

Den Teilnehmern dieses Kollegs sei für die zahlreichen Diskussionen und den entstandenen Denkanstößen gedankt. In alphabetischer Reihenfolge sind dies: Artur Bauder, Robert Czogel, Chris Eicke, Steven Ott, Carolin Sachse, Daniel Schirmer und Cindy Stanke. Ihnen wünsche ich für Ihr Promotionsvorhaben und darüber hinaus alles erdenklich Gute!

Meinem Kollegen Herrn Chris Eicke danke ich für seine großzügige Bereitschaft, sich mit der Thematik inhaltlich und in kritischer Weise auseinanderzusetzen. Gleiches gilt für Herrn Prof. Dr. Manfred Krause, der immer ein offenes Ohr für meine Anliegen hatte und stets die richtigen Worte findet. Die daraus resultierenden Anregungen waren mir eine inspirierende Quelle. Mein Dank gilt auch den vielen Studenten und Hilfskräften, die ich in Lehrveranstaltungen, Abschlussarbeiten und Projekten fordern und fördern durfte. Ihre Ansprüche an eine „gute wissenschaftliche Ausbildung" waren für mich Auftrag meine gedanklichen Vorstellungen präziser aufzuarbeiten. Erst dadurch sind viele Hinweise und Erkenntnisse entstanden.

Für die Übernahme des Co-Rektorats danke ich Frau Julia Dittrich und für die Erstellung zahlreicher Abbildungen danke ich Herrn René Wappenhans. Ihre routinierte und sorgfältige Arbeitsweise haben zur Lesbarkeit der Schrift erheblich beigetragen. Grundsätzlich sei an dieser Stelle noch angemerkt, dass in den Formulierungen beide Geschlechter gleichermaßen angesprochen sind. Ich habe die genderspezifischen Begriffe so verwendet, wie es mir in der Situation im Sinne der Lesbarkeit angebracht erschien. In den allermeisten Fällen fiel die Wahl auf die männliche Schreibvariante.

Nicht zuletzt danke ich meiner Familie, die beständig und bodenständig meinen Weg begleitet. Dazu gehören im engeren Sinn meine Eltern, Gerlinde und Hans-Werner, sowie meine Schwester Sandra. Durch ihre Unterstützung und ihr Verständnis habe ich erst entschieden, die Arbeit aufzunehmen. Dass die Arbeit fertig gestellt werden konnte, verdanke ich aber all jenen, die mich im privaten Umfeld begleiten und unterstützen. Mein größter Dank gilt jedoch meiner Frau Kathrin. Sie ist es gewesen, die mir in den letzten vier Jahren Rückhalt und Zuversicht gegeben hat, indem sie sich vor allem um unsere Kinder liebevoll kümmert und trotz Schlafmangel nicht die Nerven verliert, sondern mit Hingabe und Leidenschaft die Kontinuität wahrt.

Hannover, im Juni 2014 Marc Täschner

Inhaltsverzeichnis

1 Einführung und Abgrenzung

Durch eine verschärfte finanzielle Situation des Staates ist seit 1990 ein grundlegender Paradigmenwechsel in der Verteilung von Ressourcen und Finanzmitteln für staatliche Hochschulen in Deutschland zu beobachten (vgl. *Budäus* 2008, S. 172). Im Kern dieser „zweiten Hochschulreform" (ebenda; *Küpper* 2007, S. 82) nach 1968 wird gemäß den Thesen des New Public Managements das Hochschulwesen von einer traditionellen zu einer ergebnisorientierten Steuerung umgewandelt. **New Public Management** wird als konzeptionelle „Übertragung und Anpassung privatwirtschaftlicher Managementkonzepte auf den öffentlichen Sektor" (*Göbel/Vogel* 2010, S. 78) bezeichnet.

Der Begriff **Steuerung** beschreibt in der Betriebswirtschaft die Lenkung des menschlichen Entscheidungsverhaltens und definiert deshalb den Prozess der Informationsverarbeitung samt zielführender Eingriffe zur Realisierung von Plänen (vgl. *Schweitzer/Küpper* 2003, S. 2). Wurden im traditionell-bürokratischen Hochschulsystem jährlich a priori finanzielle Mittel zur Aufgabenerfüllung gewährt (sogenannte Inputs), steht im gegenwärtigen Paradigma die Produkt- und Leistungssteuerung (Outputs) sowie deren Wirkungen (Outcomes) im Vordergrund. Zur Erreichung vereinbarter (Leistungs-)Ziele werden zur Leistungserstellung ex ante finanzielle Mittel durch Planung des Ressourcenverbrauchs bereitgestellt. Die politische Einflussnahme auf zu erzielende Leistungserfolge bzw. -wirkungen der Hochschulen wird durch Verknüpfung vorheriger Mittelzuweisung im Vergleich zur vormals isolierten Mittelbewilligung stärker eingestuft (vgl. *Schedler/Proeller* 2009, S. 133 f.), da durch Partizipation der Hochschulen an der Zieldefinition eine motivierende Anreizwirkung zur Erreichung angenommen wird.

Obwohl die Bildungshoheit und damit die Hochschulsteuerung bei den Bundesländern liegt und unterschiedliche politische Konstellationen regierten, hat sich das neue Steuerungsparadigma im Hochschulwesen – in teils divergenter Ausgestaltung – gesetzlich verankert durchgesetzt (vgl. *Jaeger/Leszczensky/Orr* et al. 2005; *Jaeger* 2006; *Burkhardt/Quaißer* 2005). Es sind seither **Steuerungsinstrumente** an der Schnittstelle zwischen Land und Hochschulen umgesetzt worden, die Anreize setzen sollen, um unter wettbewerbsähnlichen Bedingungen Effektivitäts- und Effizienzsteigerungen bei einer qualitativ hochwertigen Leistungserstellung zu erzielen (siehe hierzu *Küpper* 2009, S. 6). Mit der Führung von Hochschulen als Landesbetriebe, gemäß jeweiliger Landeshaushaltsordnungen und den einhergehenden organisationalen Strukturveränderungen, kommen nunmehr zahlreiche betriebswirtschaftliche Instrumente zum Einsatz. Vor allem zählen dazu Globalhaushalte, Zielvereinbarungen, Formelmodelle sowie das betriebliche Rechnungswesen, die sich auf die Leistungserstellung auswirken (vgl. hierzu *Jaeger* 2006, S. 3 ff.).

Oftmals erzielen die Steuerungsinstrumente nicht die intendierten motivationalen und anreizorientierten Wirkungen (vgl. *Sliwka* 2003, S. 305; *Schröder* 2004, S. 39 ff.) und können sogar Fehlsteuerungseffekte auslösen (vgl. *Jaeger* 2008, S. 92 ff.; *Küpper* 2002, S. 930; *Handel/Jaeger/Schmidlin* 2005, S. 72 ff.; *Fangmann/Heise* 2008, S. 52 f.). So schreibt der *Landesrechnungshof Niedersachsen* (2012, S. 92) in seinem Jahresbericht: „Die finanzielle Anreiz- und Steuerungswirkung der leistungsbezogenen Mittelzuweisung ist wegen des geringen Umverteilungsvolumens unbedeutend. Mit dem Instrument der Zielvereinbarung sind entgegen den hochschulgesetzlichen Regelungen keine finanziellen Wirkungen verknüpft."

Tangiert wird die Hochschulreform durch die Umsetzung der Bologna-Beschlüsse zur Vereinheitlichung des Studiensystems zu einem EU-Binnenmarkt mit einer dreigliedrigen Struktur aus Bachelor-, Master- sowie Doktoratsstudium. Neben den Internationalisierungstendenzen setzt sich durch die Einrichtung von Akkreditierungsrat und -agenturen die fachliche Prüfung oder die Auditierung zur Qualitätsbewertung durch (siehe hierzu *Nickel/Ziegele* 2012). Prüfung oder Audit, das ist derzeit noch nicht entschieden, dezentralisiert aber das Studiensystem und dadurch wird eine differenzierte Weiterentwicklung der Studiengänge erwartet (vgl. *Küpper* 2009, S. 9). Aufgrund dessen wird vermehrt die **Qualitätsorientierung** an Hochschulen, insbesondere die Adaption von Verfahren des Qualitätsmanagements, diskutiert (vgl. *Pasternack* 2004, S. 8 ff. und 35 ff.; *Kaufmann* 2009, S. 30 ff.; *Banscherus* 2011, S. 11 ff.). Die Ausdehnung auf die gesamte Hochschule als Prinzip der qualitätsorientierten Hochschulsteuerung steht nunmehr seit fast zehn Jahren in der Diskussion (vgl. *HRK* 2006a; *HRK* 2006b).

1.1 Problemstellung

Die zweite Hochschulreform zeigt, dass sich der Staat aus der Gewährleistung zurückzieht (vgl. *Budäus* 2008, S. 172). Indem der Staat ergebnisorientiert steuert, wird die Frage nach dem „Wie" – Wie werden die Ergebnisse erreicht? – den Hochschulen überlassen. Dazu ist eine weitreichende **Handlungsautonomie** in den staatlichen Hochschulen geschaffen worden. Das macht zugleich ein stärkeres, strategisches Denken und Handeln der Entscheidungsträger erforderlich (vgl. *Dworski/Gamm/Gottlieb* et al. 2006, S. 30; *Scheytt* 2007, S. 15; *Küpper* 2009, S. 7 ff.). Im Zuge der Reform sollen die Entscheidungsträger der Hochschulen in die Lage versetzt werden, ziel- und ergebnisbezogen zu denken und zu handeln (vgl. *Homburg/Reinermann/Lüder* 1996, S. 2). *Breitbach/Güttner* (2008, S. 54) beschreiben die hierbei entstehende Herausforderung: „Die Integration und Abstimmung der einzelnen Instrumente zu einem Steuerungssystem ‚aus einem Guss' ist die zu bewältigende Aufgabe einer jeden Hochschule. Leitlinie ist, hierbei zwischen strategischen und operativen Aufgaben zu unterscheiden, die jeweils übergeordnete Ebene auf die Wahrnehmung der strategischen Aufgaben zu konzentrieren, die Selbststeuerungsfähigkeit der dezentralen Ebene zu mobilisieren und zu stärken, wobei der strategische Zusammenhang gewahrt bleiben muss."

Anspruchsgruppen werden allgemeinhin als diejenigen Gruppen oder Personen definiert, die die Erreichung der organisationalen Ziele beeinflussen oder durch sie beeinflusst werden (vgl. *Freeman/Harrison/Wicks* et al. 2010, S. 207). An Hochschulen sind dies beispielsweise der Staat als Vertreter der Öffentlichkeit, Studierende, Mitarbeiter, Professoren oder Drittmittelgeber etc. Nimmt man divergente Erwartungen hochschulischer Anspruchsgruppen an, erscheint der strategische Zusammenhang, oftmals auch als Hochschulprofil bezeichnet (siehe bspw. *Graf* 2009, S. 40 ff.), besonders herausfordernd für die staatlichen Hochschulen zu sein. Die Frage „Wofür stehen wir?“ haben viele Hochschulen für sich noch nicht oder nur unzureichend beantwortet. Schließlich wollen Ansprüche langfristig ausgeglichen werden (vgl. *Freeman* 2004, S. 231). Die Festlegung von Leitbildern und Missionen ist nur der Teil der Strategiefindung – die Umsetzung von Strategien und Programmen bedingen oftmals mehr Anstrengung und Akzeptanz als man voraussetzt. Um die Erwartungen an Ressourcen- und Leistungsziele hochschulischer Anspruchsgruppen zu erfüllen, erlangen **Entscheidungsprozesse** mit strategischen und operativen Planungs- und Kontrollinstrumenten daher zunehmend an Bedeutung.

Wird das externe Rechnungswesen mit der Aufstellung eines Jahresabschlussberichts zur Rechenschaft der Hochschulen für die gewährte Autonomie verstanden, ist die **Kosten- und Erlösrechnung** die interne Komponente des Rechnungswesens. Das Instrument ist auf die Rechnungsziele hin grundsätzlich frei gestaltbar, soll den kurzfristigen Erfolg messen und dadurch Informationen zur operativen Entscheidungsfindung liefern (vgl. *Schweitzer/Küpper* 2003, S. 11). Die Verwendung der Kosten- und Erlösrechnung in Entscheidungsprozessen einer Hochschule reicht aber nicht aus. Bei der Ausgestaltung der Kosten- und Erlösrechnung müssen in erster Linie staatliche Vorgaben für externe Berichtspflichten beachtet werden. Die Gestaltung des Instruments ist somit auf die kurzfristige Rechenschaftslegung für den Staat und der EU hin ausgerichtet. Dies ist durchaus sinnvoll, bedenkt man, dass in Hochschulen wirtschaftliche Tätigkeiten anfallen und dem Beihilfeverbot unterliegen. Größtenteils sind jedoch hoheitliche Lehr- und Forschungstätigkeiten zu erbringen und aufgrund fehlender Marktmechanismen ist die Kalkulation einer Preisuntergrenze, beispielsweise für Studiengänge, daher sinnlos. Die kurzfristig-operative Planung und Kontrolle hat zudem zur Folge, dass keine Informationen der strategischen Hochschulentwicklung generiert werden. Viele Entscheidungen sind aber langfristiger Natur (z. B. Berufungen, Baumaßnahmen). Die Kosten- und Erlösrechnungen sind darüber hinaus auf die Generierung wirtschaftlicher Kennzahlen ausgerichtet und vernachlässigen die Sachzieldominanz in Hochschulen. Es werden somit ausschließlich monetäre Informationen zur (kurzfristigen) Entscheidungsfindung bereitgestellt. Nichtmonetäre Leistungen und Wirkungen einer qualitätsorientierten Steuerung bildet das Instrument nicht ab (vgl. *Kirchhoff-Kestel* 2006, S. 4; *Witte* 2001, S. 80 ff.).

1.1.1 Notwendigkeit von Hochschul-Berichtssystemen

Zwar ist die monetäre Komponente auch in Hochschulen ein äußerst wichtiger Bestandteil der Steuerung (siehe hierzu *Schubert* 2009, S. 67 ff.), aber ein zentraler Ansatzpunkt für das Schaffen einer umfassenden Handlungsfähigkeit wird in der Umsetzung mehrdimensionaler **Informationssysteme** gesehen. Diese Systeme sind auf die Bedarfe der Entscheidungsträger ausgerichtet, bilden die hochschulischen Bezugsebenen ab und fokussieren nicht isoliert den Geldverbrauch, sondern erfassen auch die an den Sachzielen ausgerichteten nichtmonetären Leistungen (vgl. *Budäus* 2008, S. 173; *Küpper* 2000, S. 116). Nach *Küpper* (2007, S. 87) liegt ein Schwerpunkt der Hochschulen zudem im Ausbau langfristiger **Investitionsplanungen**.

Witte (2001, S. 92 f.) fordert zur Planung und Abbildung mehrdimensionaler Sachziele, dass die rein monetär ausgerichtete Kosten- und Erlösrechnung um Berichts- und Kennzahlensysteme ergänzt werden sollte. Zudem identifizierten *Dworski/Gamm/Gottlieb* et al. (2006, S. 32) in einer bundesweiten Umfrage, dass betriebswirtschaftliche Instrumente, wie die Balanced Scorecard, Leistungsvergleiche und das Management Reporting (Berichtswesen) an Bedeutung gewinnen. *Hilgers* (2008, S. 187) stellt die Forderung auf: „Für Hochschulen ist ein einheitliches Referenzmodell für die instrumentelle Ausgestaltung der Planungs- und der Dokumentationsebene zur Anwendung zu bringen." Ebenso konstatieren *Marettek/Barna* (2010, S. 14) nach einer Analyse hochschulischer Steuerungsinstrumente, dass für die Praxis „noch kein uneingeschränkt befriedigendes Referenzmodell für das hochschulinterne Berichtswesen existiert, das qualitative, quantitative und ökonomische Daten zusammenführt und konsequent an die Informationsbedürfnisse der verschiedenen Personengruppen angepasst ist."

Die Entwicklung mehrdimensionaler Informationssysteme zur Planung und Kontrolle, sogenannten **Berichtssystemen**, basiert auf konzeptionellen Überlegungen zum Berichtswesen. Deren Einführung ist eine wesentliche Aufgabe des Controllings. *Horváth* (2008, S. 17) sieht das betriebliche Berichtswesen – oftmals als „**Reporting**" bezeichnet – als wichtigstes Koordinations- und Kommunikationsinstrument im Controlling. Unter **Controlling** wird hier allgemein ein betriebswirtschaftlich geprägter Ansatz zur Führungsunterstützung verstanden, der menschliche Handlungen einer Organisation durch Planungs- und Kontrollmechanismen so koordiniert, dass ökonomische und sozial intendierte Entscheidungen durch Entscheidungsträger getroffen werden können (siehe dazu auch *Küpper* 2008, S. 27; *Horváth* 2011, S. 129; *Weber/Schäffer* 2008, S. 42 f.; *Jaspersen/Täschner* 2012, S. V). Vermutet wird, dass die Gestaltung eines Hochschulcontrolling-Systems kontextabhängig ist, d. h., dass neben endogenen Faktoren auch exogene Faktoren der organisatorischen Umwelt auf die Konzeption einwirken (vgl. *Horváth* 2011, S. 171). Neben den Phasen der Planung, Umsetzung und Kontrolle, die jeweils operative und strategische Bezüge aufweisen können, hat das Controlling einen Medien- und Methodenbezug (vgl. *Jaspersen/Täschner* 2012, S. 60 ff. und S. 111). Methoden der Statistik, Analytik oder Hermeneutik sind in **Controllingverfahren** eingebunden. Controllingverfahren schaffen wiederum für das soziale Milieu eines Handlungsfeldes formale Kommunikationsstrukturen, um Handlungen aufeinander abzustimmen und eine konsensuale Entscheidung für die Leistungserstellung zu bilden. Zur Kommunikation spielt die technische Aufbereitung von Daten zu Informationen eine besondere Rolle. Entsprechend manifestiert sich das Controlling medial in IT-basierten Berichtssystemen.

Die grundsätzliche Anwendung des „betrieblichen Berichtswesens" auf Hochschulen ergibt sich nicht nur aus den bisher beschriebenen praktischen Erfordernissen des gegenwärtigen Steuerungsparadigmas, sondern erfüllt auch in theoretischer Hinsicht Übertragungskriterien (vgl. *Kirchhoff-Kestel/Schulte* 2006, S. 75). Die als **Betriebe** bezeichneten Organisationen sind gezwungen, ein finanzielles Gleichgewicht einzuhalten, unterliegen dem Prinzip der Wirtschaftlichkeit und kombinieren Produktionsfaktoren zur Leistungserstellung (vgl. *Wöhe/Döring* 2010, S. 36). Die drei Merkmale von Betrieben treffen auch auf staatliche Hochschulen zu (siehe hierzu *Bolsenkötter* 1976, S. 1 ff.). Zudem werden aus rechtlicher Sicht Hochschulen in staatlicher Trägerschaft landesbetrieblich (Landesbetriebe) oder auch als Hochschulen von rechtsfähigen Stiftungen des öffentlichen Rechts (Stiftungen) geführt und stehen in staatlicher Verantwortung. Hochschulen werden daher aus ökonomischer Sicht mehr und mehr wie staatliche Dienstleistungsunternehmen zur gesellschaftlichen Leistungserstellung in den Bereichen Forschung und Lehre, Wissenstransfer, Wirtschaftsförderung oder Kultur aufgefasst (vgl. *Amrhein* 1998, S. 18). Allerdings unterscheidet sich die Übertragung von betriebswirtschaftlichen Konzepten erheblich, da sich Unterschiede „hinsichtlich der Ziele, der Art der Leistungen, der internen Struktur und der Außenbeziehungen sowie der Finanzierung“ ergeben (vgl. *Bolsenkötter* 1976, S. 3).

Übertragen auf Hochschulen, definiert sich das hochschulische Berichtssystem (oder das **Hochschul-Berichtssystem**; künftig vereinfachend auch Berichtssystem) als die informationstechnische Umsetzung des Berichtswesens, in der Managementberichte mit Informationen über beeinflussbare Handlungsfelder standardisiert erstellt und an die Entscheidungsträger weitergeleitet werden, um im Rahmen von Planungs- und Kontrollprozessen Handlungen hochschulweit zu steuern. Der Zweck des hochschulischen Berichtssystems liegt in der investiven Struktur- und Entwicklungsplanung; damit bildet es unmittelbar das Planungs- und Kontrollsystem für die langfristige Entwicklung von Hochschulen ab.

Bezieht sich die Berichterstattung allein auf den Empfänger Manager, wird eingrenzend von **Management Reporting** gesprochen. *Horváth* (2008, S. 25 f.) definiert das Management Reporting, als „der Teil des betrieblichen Berichtswesens (hier definiert als die Phasen Informationsbereitstellung und -übermittlung sowie Informationsnutzung), der die Aufgabe hat, das Management für Steuerungszwecke im Rahmen des Planungs- und Kontrollprozesses mit Informationen in Gestalt von Berichten zu versorgen“. In welcher Art und Weise letztendlich berichtet wird, hängt von den verfügbaren Instrumenten der Informationserzeugung und -übermittlung ab. So sind die Kosten der Informationsbereitstellung ebenfalls als eine Bestimmungsgröße in der Gestaltung eines Berichtswesens anzusehen (vgl. *Küpper* 2008, S. 194).

Die Anzahl und der Umfang an zu erstellenden Berichten hat mit Einführung der neuen Steuerungsinstrumente in Hochschulen vehement zugenommen (vgl. *Breitbach* 2009, S. 19). Dennoch gaben knapp die Hälfte der Studienteilnehmer einer Befragung an, keinen intern ausgerichteten **Managementbericht** zu erstellen. Um ein ganzheitliches Bild der Hochschule zu erhalten, werden durchschnittlich sechs Berichte herangezogen. Die Berichtsgenerierung ist stark an die Inhalte der Steuerungsinstrumente gekoppelt. Eine übergreifende (unterjährige) Managementsicht findet nur in 20 % der befragten Fälle statt (vgl. *Link/Seiter/Rosentritt* 2011, S. 10). Ein Hochschul-Berichtssystem, in der die Berichte wechselseitige Bezüge aufweisen, kann also auch nicht empirisch attestiert werden. Dies führt zu erheblichen Interpretations- und Kommunikationsstörungen in den Hochschulen, die Erklärungen und – wenn kommensurabel – aufwändige Überleitungsrechnungen notwendig machen. Eine gemeinsame Strategie lässt sich dadurch nur unter erschwerten Bedingungen intern vermitteln. In Konsequenz dessen, müssen entscheidungsrelevante Informationen auf einer gemeinsamen „Sprache“ beruhen (vgl. *Hillmer* 2006, S. 4).

1.1.2 Notwendigkeit der methodischen Einführung von Berichtssystemen

Das **Berichtssystem** ist die informationstechnische Umsetzung des Berichtswesens. Es hat die Aufgabe, Informationen bereitzustellen und an die Nutzer zu übermitteln. Grundsätzlich werden in einem Berichtssystem Daten aus einem oder mehreren Informationssystemen („Quellsystemen") extrahiert und zu entscheidungsrelevanten Informationen am Bedarf der Entscheidungsträger in Berichten kommissioniert. Nach der Übermittlung an die Empfänger werden die Berichte in Planungsprozessen genutzt (vgl. *Weber/Schäffer* 2008, S. 221; *Horváth* 2008, S. 18 f.; *Küpper* 2008, S. 194; *Koch* 1994, S. 53 ff.). Durch ihren medialen Bezug bilden Berichtssysteme im Grunde das Planungs- und Kontrollsystem ab (vgl. *Horváth* 2008, S. 22).

Die Einführung von Planungs- und Kontrollsystemen zählt zu den primären Aufgaben im betriebswirtschaftlichen Controlling und wird als **Metaplanung** bezeichnet (vgl. *Horváth* 2011, S. 148, S. 154 ff. und S. 171 f.; *Hahn/Hungenberg* 2001, S. 86). Das Berichtswesen integriert isolierte Handlungsfelder zu einem Ganzen und strebt dadurch eine Annäherung an subjektiv empfundene „optimale Verhältnisse" in der Berichterstattung an, d. h., dass „man die Ökonomie […] zur Vermittlung von Informationen ‚in den Griff' bekommen will" (*Blohm* 1975, S. 437). Unter betrieblicher Ökonomie oder einfach Betriebswirtschaft wird der vorsichtige Umgang mit knappen Gütern – hier Informationen – verstanden (vgl. *Wöhe/Döring* 2010, S. 13). Zur optimalen Berichtserstellung und Weitergabe betrachtet man „alle Personen, Einrichtungen, Regelungen, Daten und Prozesse" (*Küpper* 2008, S. 194). Der Gestaltungsansatz im Berichtswesen hängt von zwei Kriterien ab (vgl. *Blohm* 1975, S. 437):

- der Zweckorientierung („Wozu") und
- der Methodenwahl („Wie").

Aus dem Berichtszweck sind wechselseitige Gestaltungsfragen zu klären (vgl. *Blohm* 1975, S. 437):

1. Was ist zu berichten? (Inhalt, Form, Verdichtungsgrad)
2. Wann ist zu berichten? (Berichtszeiträume, Termine, Bearbeitungszeit)
3. Wer oder an wen ist zu berichten? (Ersteller und Empfänger von Berichten, sonstige Beteiligte)
4. Wie ist zu berichten? (Erstellungsmethode, Organisation, Berichtswege)

In der Praxis der Hochschulen hat sich noch keine nachvollziehbare Methode zur Einführung des Berichtswesens entwickelt. Eine **Methode** beschreibt die „Folge von Schritten, die einen gegebenen Anfangszustand in einen gewünschten Endzustand transformieren" (*Kirsch* 1974, S. 195). In der Regel stehen drei Verfahren zur Verfügung, mit der Lernprozesse zur schrittweisen Annäherung an den Optimalzustand initiiert werden können (vgl. *Blohm* 1975, S. 437):

1. Orientierung an Grundsätzen
2. Beseitigung von Schwachstellen im bestehenden Berichtswesen

3. Einsatz von Real- oder Idealmodellen

Ein Optimum sollte aber nicht für den gegenwärtigen Zustand angestrebt werden, sondern für einen typisch zukünftigen Betriebszustand. Das liegt an der Intention, langfristig eine organische, koordinierte Entwicklung des Betriebes einzuleiten. Von daher ist zu überlegen, welche Schritte zu unternehmen sind, um den künftigen Zustand zu erreichen (vgl. ebenda, S. 437 f.).

In der Regel werden **Informationsbedarfsanalysen** angewendet, um den Berichtszweck zu erfassen (vgl. *Koreimann* 1976, S. 61 ff.; *Koch* 1994, S. 53 ff.; *Weber/Schäffer* 2008, S. 222 und S. 82). Hierbei werden aber technische und soziale Aspekte außer Acht gelassen. Es sind die Entscheidungsträger und unterstützend die „Controller", die nach Einführung des Berichtssystems entscheidungsrelevante Daten in Planungsprozessen zur Hochschulentwicklung nutzen. Entsprechend muss dafür Sorge getragen werden, dass gültige und valide Daten erhoben und diese in Planungsprozessen zur Anwendung gebracht werden. Das umfasst dann nicht nur Tätigkeiten in analytischer Hinsicht, sondern muss den Prozess der technischen Umsetzung unterstützen und das IT-System in die bestehenden Organisationsabläufe integrieren bzw. diese justieren.

Erschwerend kommt hinzu, dass die Einführung von Hochschul-Berichtssystemen von der Datenkonsistenz und -verfügbarkeit abhängt. Obwohl seit den Anfängen der integrierten Kostenrechnung (vgl. dazu *Ambrosy/Heise/Kirchhoff-Kestel* et al. 1997) ein Wandel in den Hochschulen stattgefunden hat, sind **integrierte Informationssysteme** mit einer einheitlichen Datenbasis noch unausgereift. Sowohl auf operativer als auch auf strategischer Ebene sind Konzepte integrierter Informationssysteme in Hochschulen bekannt und zum Teil auch umgesetzt worden (vgl. *Bick/Grechenig/Spitta* 2010, S. 61 ff.; *Hartmann/Ulbrich-vom Ende* 2005, S. 18 f.). So stellt sich das Problem des Datenmanagements in vielen Hochschulen als noch ungelöst dar. Oftmals besteht keine Möglichkeit der bereichsübergreifenden Zusammenführung von Daten, weil sich im Zeitverlauf Insellösungen gebildet haben, die in sich zwar konsistent sind und den realen Ansprüchen an eine Planung entsprechen, aber aus übergeordneten, strategischen Gründen nur ein lokales Optimum abbilden. So kommt es zu Dateninkonsistenzen sowie Redundanzen und beeinträchtigt die Akzeptanz und Sozialisation der Hochschulsteuerung im Allgemeinen (vgl. *Landesrechnungshof Niedersachsen* 2012, S. 95) und erschwert die Einführung widerspruchsfreier Berichtssysteme im Besonderen.

1.2 Zielsetzung

In der vorliegenden Arbeit wird den staatlichen Hochschulen ein Vorgehen zur Konstruktion eines Berichtssystems vorgelegt. Die Teilpläne mehrerer Berichtssysteme bilden Ergebnisse von Planungsprozessen ab. Neben der Einführungsmethode von Berichtssystemen sowie den Planungsprozessen werden inhaltliche Strukturen von Berichtssystemen aufgezeigt, die im Sinne eines Referenzmodells situationsspezifisch angepasst werden müssen. Prozesse, Strukturen und Vorgehen bilden somit gemeinsam das Hochschulcontrolling-System. Deren Elemente sind Entscheidungsträger und Informationen (siehe dazu Kapitel 4).

Mit der Einführung von Hochschul-Berichtssystemen ist eine tiefgreifende organisationale Veränderung verbunden, da einerseits fachliche Probleme der Komplexitätsreduktion zu beantworten sind (z. B. „Was ist Lehrqualität?", „Wie werden Forschungsleistungen gemessen?" etc.), und andererseits die Durchsetzung des Berichtssystems technisch, aber vor allem auch sozial zu bewerkstelligen ist. Setzt man neue Controllingverfahren ein, müssen organisatorische Veränderungen durchgeführt werden, die auch etablierte Machtstrukturen und das Verhalten von Beteiligten beeinflussen. Das birgt Konflikte, Widerstände und Anpassungsschwierigkeiten und erfordert ein methodisches Vorgehen – ein **Vorgehensmodell** – mit

- Konzeptionsphase, in der das Berichtswesen hergeleitet wird und
- Umsetzungsphase, in der das Berichtssystem technisch und sozial verankert wird.

Die Einführung von Berichtssystemen in Hochschulen mit seiner intendierten Organisationsentwicklung ist als **sozialer Investitionsprozess** zu verstehen, in der neue Verhaltensmuster konstruiert sowie technische und prozessuale Routinen umgesetzt werden (vgl. *Jaspersen* 1997, S. 108 f. und S. 388 ff.). Das Vorgehensmodell dekomponiert die Einführung von Berichtssystemen mit der separaten Betrachtung der Handlungsfelder als Projekte und in sich abgegrenzten Phasen. Dadurch wird die Systemkomplexität schrittweise aufgelöst, um die mit der Einführung verbundenen Veränderungen in der Hochschule sozial verträglich und nachhaltig zu gestalten. Den Hochschulen wird so ein heuristischer Ansatz zur dekomponierten Einführung von Berichtssystemen vorgelegt.

Das Vorgehensmodell wird in Projekten an der Hochschule Hannover in Fallstudien erprobt (siehe dazu Abschnitt 4.4). Dabei wird das Modell am Handlungsfeld „Studiengangsplanung" umfänglich validiert. In weiteren Projekten wird die Konzeptionsphase durchlaufen, um daraus ein Referenz-Berichtssystem für Hochschulen herzuleiten. Dadurch werden die Projektergebnisse so generalisiert, dass Aussagen zu Inhalten der Berichte abgeleitet werden können. Das Berichtswesen wird entlang einer hierarchischen Struktur als Grundrechnung konzipiert und setzt sich aus Berichten mit standardisierten Inhalten zusammen, die monetäre und nichtmonetäre Aussagen über einen Planungshorizont von fünf Jahren zu folgenden Handlungsfeldern und deren Anspruchsgruppen zulassen (siehe dazu Abschnitt 4.2):

- Finanzplanung (monetär)
- Personalplanung (monetär/nichtmonetär)
- Flächenplanung (monetär/nichtmonetär)
- Forschungsplanung (monetär/nichtmonetär)
- Studiengangsplanung (nichtmonetär)

Zu den Handlungsfeldern werden jeweils Planungsprozesse entworfen, die eng mit dem Entscheidungsprozess zur Sachzielbildung in Zusammenhang stehen. Natürlich lassen sich nach der selbigen Methode Anforderungen für weitere standardisierte Berichtstypen wie z. B. wissenschaftliche Dienstleistungen oder Anlagegüter konzipieren und umsetzen. Um den „strategischen Zusammenhalt" der Hochschule selbstorganisierend zu planen, wird die Hochschule ganzheitlich durch ein mehrdimensionales Balanced-Scorecard-Konzept als eine Auswertungsrechnung abgebildet. Die Balanced Scorecard ist semantisch mit dem Berichtssystem gekoppelt, um Kommunikationsstörungen zwischen den Systemen zu vermeiden.

Die Zielsetzungen lassen sich als leitende **Forschungsfragen** der Arbeit formulieren:

1. Welche theoretischen Annahmen (a), Gestaltungsmodelle (b) und steuerungsrelevanten Kontextbedingungen (c) beeinflussen die Konzeption eines Hochschulcontrolling-Systems?
2. Wie ist der konzeptionelle Bezugsrahmen für ein Hochschulcontrolling-System auszugestalten?
3. Wie ist das Berichtssystem zum Hochschulcontrolling als Referenzmodell zu operationalisieren (a) und wie sollte sich dessen praktische Einführung gestalten (b)?

1.3 Methodische Herangehensweise

1.3.1 Wissenschaftstheoretische Positionierung

Nach *Kirsch* (1974, S. 195) begnügt sich die Betriebswirtschaft nicht allein mit dem Review von Wissen über Systeme und Entscheidungen, deren begriffliche Integration in Bezugsrahmen und der Theoriebildung zur Erklärung der Systeme, sondern widmet sich insbesondere auch der anwenderorientierten Methodenentwicklung zur Unterstützung von Entscheidungsprozessen. Er spricht von einer „pragmatischen Relevanz“ (ebenda, S. 295), also jene **Handlungsrelevanz**, die sich aus praktischen Notwendigkeiten ergeben.

Die angewandte Richtung der Betriebswirtschaft betreibt praxisorientierte Forschung und unterscheidet sich somit in ihrem wissenschaftlichen **Erkenntnisziel** gegenüber der wertfreien, theoretischen Betriebswirtschaft. Strebt das theoretische Wissenschaftsziel nach wahren Aussagensystemen, sieht man im pragmatischen Wissenschaftsziel die Aufstellung praxeologischer Aussagensysteme zur Zielerreichung (vgl. *Kosiol* 1966, S. 241, zitiert nach *Jung* 2010, S. 22; *Grass* 2000, S. 24 f.). Praxeologische Aussagensysteme beschreiben oder beurteilen daher reale Entscheidungsprozesse und entwickeln neue Entscheidungsgrundlagen (vgl. *Jung* 2010, S. 22).

Praxeologische Aussagensysteme sind normativ, da sie erwartete Soll-Zustände festlegen und empfehlenden Charakter haben. *Kornmeier* (2010, S. 1470) spricht daher von praktisch-normativen Aussagen, die wertsetzend sind, aber nicht wahrheitsfähig. Entgegen einer großzahlig empirischen Arbeit, in der Hypothesen gebildet und anschließend angenommen oder abgelehnt werden, lassen sich bei einem noch zu gestaltenden Berichtssystem keine Hypothesen prüfen, da das System noch nicht existiert (vgl. *Kirchhoff-Kestel* 2006, S. 28) und Wirkungen somit verborgen bleiben. Vielmehr werden in dieser Arbeit in Form von Empfehlungen Hypothesen über die Einführung und Anwendung von Berichtssystemen theoriegeleitet gesetzt. Als einer der ersten Vertreter der normativen Betriebswirtschaftslehre galt *Heinrich Nicklich*, der auf Basis idealistisch-sozialphilosophischer Grundlagen betriebliche Strukturen als gestaltend ansah (vgl. *Gutenberg* 1990, S. 18; *Schanz* 2009, S. 35). Er gilt damit als ein Wegbereiter der verhaltenswissenschaftlichen Betriebswirtschaft (vgl. *Wöhe/Döring* 2010, S. 11).

Die Modellierung praktisch-normativer **Methoden** setzt neben der Berücksichtigung des realen Kontexts eine Theoriebildung voraus, in der sich die Aussagen des konstruierten Modells zwecks Thesenbildung und Güte diskutieren lassen. In Anlehnung an *Scherm/Pietsch* (2004, S. 9) trennen *Weber/Schäffer* (2008, S. 2 f.; siehe Abb. 1.1) diesbezüglich die Praxis (Wirklichkeit) von der Konzeption (Gestaltungsmodelle) und der **Theorien**, die als wahre Aussagensysteme zur „Beschreibung und Erklärung von Praxisphänomenen sowie zur Prognose künftiger Entwicklungen verstanden" (ebenda, S. 2) werden. Da wissenschaftliche Prognosen aber in der Regel in der Betriebswirtschaft nicht vorliegen und somit Theorien die Realität allenfalls mittelbar erfassen können, wird die Optimierung der Realität mit handlungspraktischen Modellen (Konzeptionen) erreicht, die als Mittler zwischen Theorie und Praxis stehen und Empfehlungen aussprechen (vgl. ebenda).

Süß (2009, S. 113) versteht **Modelle** als Teilmenge von Theorien und **Konzepte** sind abstrakte Gestaltungsmodelle mit wesentlichen Komponenten und Beziehungen „einer zukünftig zu realisierenden Wirklichkeit" (ebenda). Dabei lässt ein Konzept die konkrete Gestaltung im Einzelfall offen. Im Vordergrund steht vielmehr die Grundstruktur, die systematisiert und einen Ordnungsrahmen schafft, um die Komplexität der Wirklichkeit zu reduzieren (vgl. ebenda). Auf dieser abstrakten Ebene zwischen Theorie und Praxis bilden also praxeologische Aussagensysteme Handlungsempfehlungen, die im Einzelfall anzupassen sind.

Die Aussagen von Gestaltungsmodellen sind zwar unschärfer als in Theorien und Modellen, aber einfacher auf die Praxis zu beziehen. Wissenschaftstheoretisch lässt sich die Stringenz von Modellen mit den Begriffen **Rigour** gegenüber **Relevance** diskutieren. Während sich Theorien und Modelle üblicherweise unter wissenschaftlich strengen Gütekriterien die Realität erfassen, verdichten Konzepte „induktiv aus Alltagserfahrungen resultierende Erkenntnisse [...] ohne das Abstraktionsniveau sowie die mehr oder weniger eindeutigen Kausalzusammenhänge anzugeben" (ebenda, S. 114). Durch „die Abstraktion vom Einzelfall, die Nachvollziehbarkeit der Methoden, die Rekonstruierbarkeit der Ergebnisse und die Bereitschaft zur Diskussion" (ebenda) wird in dieser Arbeit wissenschaftlicher Fortschritt zum Hochschulcontrolling (Rigour) angestrebt, aber primär auf eine sehr hohe praktische Verwertbarkeit (Relevance) geachtet. Das zeigt sich eindringlich in der verfolgten Forschungsstrategie.

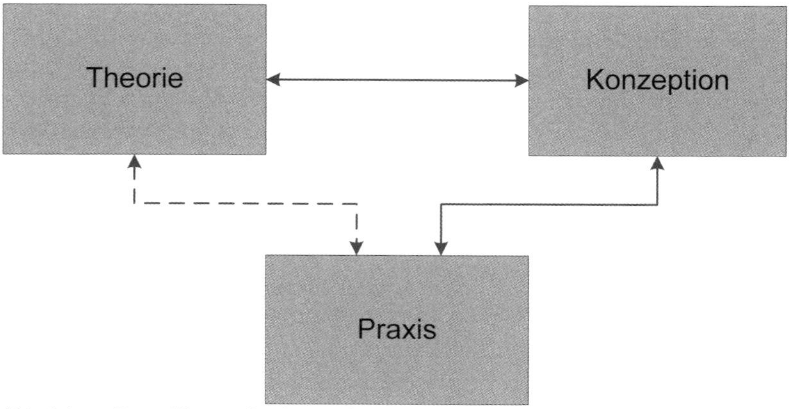

Abb. 1.1: Controllingpraxis, -konzeption und -theorie (nach Weber/Schäffer)

1.3.2 Forschungsstrategie

Witt (2001) charakterisiert die quantitativ-lineare **Forschungsstrategie** in der Sozialforschung, die sich als disziplinenübergreifende Methodik durchgesetzt hat: „Das lineare Vorgehen besteht darin, dass im Wesentlichen zu Beginn der Forschung ein umfassender Plan (das Forschungsdesign) entworfen wird, mit dem eine bestimmte Fragestellung, eine bestimmte Untersuchung bzw. ein bestimmtes Projekt bearbeitet werden soll. Die Linearität zeigt sich, indem die Phasen des zuvor geplanten Forschungsprozesses in einer bestimmten Reihenfolge abgearbeitet werden, und zwar beginnend mit der Formulierung der zu prüfenden Hypothesen und der Festlegung des Untersuchungsplans (inklusive der Festlegung von Stichprobe, Messinstrumenten, Auswertungsverfahren etc.). Daran anschließend folgen die Durchführung der Untersuchung (die Datenerhebung) gemäß diesem Plan, die Auswertung der gewonnenen Daten und die Prüfung der zuvor aufgestellten Hypothesen.“ Die Linearität des Vorgehens ist zwingend notwendig, um eine Intersubjektivität der Forschung zu gewährleisten. Erst dadurch sind die Daten statistisch auswertbar, lassen sich mit Gütekriterien rigoros validieren und die Ergebnisse werden diskutabel.

Wenngleich durch die hypothesengestützte Prüfstrategie die Wirklichkeit empirisch erfasst und nach Auswertung Handlungsempfehlungen abgeleitet werden können, stellt sich in der Praxis vielfach die Herausforderung innovative Verfahren oder Objekte neu zu erschaffen, die noch nicht existieren und sich daher einer Erhebung entziehen. Wie relevant dann empirisch ausgewertete Ergebnisse über etwas Gegebenes für eine Innovation sein können, muss in der jeweiligen Situation beurteilt werden, in der sich eine Organisation befindet.

Die Frage der Relevanz lässt sich prinzipiell auch durch eine Konstruktionsstrategie lösen. Die qualitativ orientierte **Konstruktionsstrategie** klärt Fragestellungen an der Realität. Die Erstellung von Fragestellungen setzt Erfahrungswissen voraus, um normative Aussagen zu konstruieren. Allerdings ist zu Beginn der Forschung die Kenntnis über das Erkenntnisobjekt tendenziell gering. Daher versteht sich Forschung nach der Konstruktionsstrategie als Lernprozess, in der iterativ Fragen an die Realität und die Theoriebildung gestellt werden. So setzt sich der iterative Forschungs- bzw. Lernprozess aus dem Wechselspiel zwischen Verfahrenskomponente, in der Daten gesammelt und analysiert werden, und der konzeptionellen Komponente mit Annahmen und Fragen des Forschers über die Realität zusammen. Durch die Interaktion von Annahmen und Fragen an die Realität sowie der Datensammlung und einer kritischen Reflektion ergeben sich iterativ neue theoretische Annahmen und Forschungsfragen (vgl. *Kubicek* 1977, S. 15 f. und S. 24).

Während die qualitative Sozialforschung nicht aktiv das Geschehen beeinflusst, sondern der Forscher vielmehr beobachtend tätig ist, manipuliert die Konstruktionsstrategie nach dem Verständnis der Wirtschaftsinformatik bewusst organisatorische Strukturen und Prozesse durch die Gestaltung von Informationssystemen (vgl. *Hevner/March/Park* et al. 2004, S. 78 ff.). Die Zielsetzung, eine Methode zur Einführung eines Berichtssystems zu konstruieren, folgt dieser Forschungsstrategie in zweifacher Hinsicht: Durch die mehrmalige Anwendung des Vorgehensmodells in Fallstudien soll zum einen die Methode validiert werden.

Andererseits sollen auch die Aussagen des Berichtssystems zu einem anpassungsfähigem **Referenzmodell** für Hochschulen generalisiert werden.

Bei der Konstruktionsstrategie müssen qualitative **Gütekriterien** („Guidelines“) eingehalten werden (vgl. ebenda, S. 83; siehe Tab. 1.1), die in zwei iterativen Forschungsprozessen zum Tragen kommen (ebenda, S. 78): Der Einführung und der Evaluation von Artefakten. **Artefakte** können konstruierte Modelle oder Methoden sein, die praktische Problemstellungen aufweisen, wie z. B. die Einführung von Berichtssystemen nach einem Vorgehensmodell in Hochschulen. Die **Einführung** umfasst daher die fachspezifische Gestaltung innovativer Artefakte sowie deren Integration in die organisatorischen Abläufe. Die **Evaluation** des Artefakts unterstützt in der Weise, dass Informationen zur Problemstellung zurückgekoppelt werden, um die Qualität und den Einführungsprozess zu verbessern.

Gütekriterien („Guidelines“)	Beschreibung
1. Erschaffung eines innovativen Artefakts	Konstruktionsorientierte Forschung muss praktikable Artefakte in Form von Konstrukten, Modellen, Methoden oder Instanzen produzieren.
2. Relevanz der wissenschaftlichen Problemstellung	Die Zielsetzung konstruktionsorientierter Forschung ist die Entwicklung technologiebasierter Lösungen wichtiger und relevanter betrieblicher Probleme.
3. Evaluation von Forschungsresultaten	Der Nutzen, die Qualität und die Effizienz eines gestalteten Artefakts müssen durch durchgeführte Evaluationskriterien demonstriert sein.
4. Beitrag zum Erkenntnisfortschritt	Effektive konstruktionsorientierte Forschung muss klare und verifizierbare Beiträge im Erkenntnisbereich des Artefakts, der Grundlagen und/oder der Methoden liefern.
5. Stringenz der Forschungsarbeit	Konstruktionsorientierte Forschung unterliegt der Applikation rigoroser Methoden im Bereich der Konstruktion und Evaluation des gestalteten Artefakts.
6. Konstruktion als Forschungsprozess	Die Suche nach einem effektiven Artefakt benötigt nicht optimale, sondern heuristische, satisfizierende Problemlösungen.
7. Kommunikation der Forschungsresultate	Konstruktionsorientierte Forschung muss effektiv sowohl für technologie- als auch für managementorientiertes Publikum präsentiert werden.

Tab. 1.1: Gütekriterien für die Gestaltung von Artefakten (nach Hevner/March/Park et al.)

Der hier verfolgte Forschungsprozess nach der angewandten Konstruktionsstrategie mündet zusammen mit den Forschungsfragen in den Aufbau der Arbeit (siehe Abb. 1.2). Mit der Formulierung des Kontexts und des Problems sowie der Zielsetzung wurde das Themengebiet abgegrenzt und einführend dargelegt. Im zweiten Kapitel werden zunächst primär die Grundlagen menschlichen Entscheidungsverhaltens beschrieben und kommunikations- sowie systemtheoretische Bezüge aufgezeigt. Anschließend werden Gestaltmodelle zur Planung und Kontrolle von Entscheidungen durch Ausführungen zum Hochschulcontrolling systematisiert. Im dritten Kapitel wird die Hochschulsteuerung in Niedersachsen dargelegt. Die hierbei eingesetzten Steuerungsinstrumente werden hinsichtlich Organisation, Haushaltsführung, Wirtschaftsführung und Qualitätsorientierung klassifiziert und erläutert, um daraus Thesen an die Konzeption und die Umsetzung von Berichtssystemen für das Hochschulcontrolling zusammenfassend zu formulieren. Im vierten Kapitel wird aus den theoretischen Ausführungen und den steuerungsrelevanten Kontextbedingungen ein Hochschulcontrolling-System als Bezugsrahmen modelliert. Die Modellierung erfolgt prozessual und strukturell und wird um ein Vorgehen zur Einführung von Berichtssystemen ergänzt. Sodann wird das Referenzmodell für das Hochschulcontrolling operationalisiert. Zudem wird das Vorgehensmodell expliziert. Zur Erprobung des Vorgehens zeigen Fallstudien die Anwendbarkeit der konstruierten Methode auf. Eine kritische Reflexion samt Limitationen der Ergebnisse schließt das vierte Kapitel. Im fünften Kapitel wird die Arbeit zusammengefasst sowie die Erkenntnisgewinnung dargelegt. Ein Ausblick auf weiteren Forschungsbedarf beendet die Arbeit.

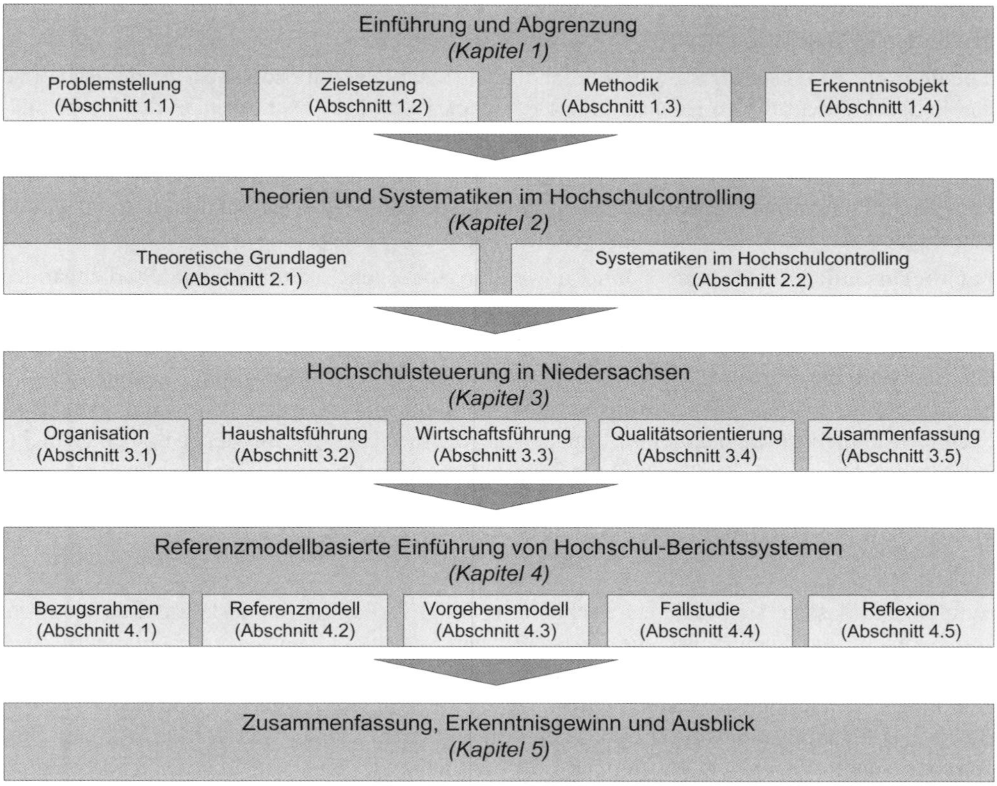

Abb. 1.2: Aufbau der Arbeit

1.4 Erkenntnisobjekt „Hochschule“

Der Gegenstandsbereich oder das **Erkenntnisobjekt** der Betriebswirtschaft „ist die wirtschaftliche Seite des Betriebes und Betriebsprozesses, was auch das wirtschaftliche Handeln im Betrieb beinhaltet“ (*Grass* 2000, S. 21 f.). Die Abgrenzung des Erkenntnisobjekts „**Hochschule**“ als wirtschaftlich handelnder Betrieb ist von Bedeutung für die Reichweite der Ergebnisse und deren Übertragung auf andere staatliche Hochschulen.

Grundsätzlich unterscheidet das *Statistische Bundesamt* (2012, S. 8) sechs staatliche Hochschularten, die in Trägerschaft der Länder sind:

„Zu den **Universitäten** zählen auch die technischen Universitäten und andere gleichrangige wissenschaftliche Hochschulen (außer pädagogischen und theologischen Hochschulen).

Pädagogische Hochschulen sind überwiegend wissenschaftliche Hochschulen mit Promotionsrecht. Sie bestehen nur noch in Baden-Württemberg als selbständige Einrichtungen. In den übrigen Ländern werden sie den Universitäten zugeordnet.

Theologische Hochschulen sind kirchliche sowie staatliche philosophisch-theologische und theologische Hochschulen (ohne die theologischen Fakultäten/Fachbereiche der Universitäten).

Kunsthochschulen sind Hochschulen für bildende Künste, Gestaltung, Musik, Film und Fernsehen. Die Aufnahmebedingungen sind unterschiedlich; die Aufnahme kann auf Grund von Begabungs- oder Eignungsnachweisen erfolgen.

Fachhochschulen bieten eine stärker anwendungsbezogene Ausbildung in Studiengängen für Ingenieure und für andere Berufe, vor allem in den Bereichen Wirtschaft, Sozialwesen, Gestaltung und Informatik. Das Studium ist kürzer als an Universitäten.

Die verwaltungsinternen Fachhochschulen werden bei den Verwaltungsfachhochschulen nachgewiesen. In den **Verwaltungsfachhochschulen** sind diejenigen verwaltungsinternen Fachhochschulen zusammengefasst, an denen Nachwuchskräfte für den gehobenen nichttechnischen Dienst des Bundes und der Länder ausgebildet werden. Daneben bestehen auch behörden-interne Hochschulen, die anderen Hochschularten zugeordnet sind.“ Sie sind in Trägerschaft von Bund und Länder (vgl. ebenda, S. 7).

Eingrenzend lassen sich das Hochschulcontrolling-System in landesbetrieblich geführte Universitäten und Fachhochschulen in staatlicher Trägerschaft einsetzen. Die spezifischen Unterschiede zwischen Universitäten und Fachhochschulen sind in dieser Arbeit von untergeordneter Bedeutung. So konnten bspw. zwar Unterschiede zwischen Hochschultypen in Bezug auf Leistungsfähigkeit, Persönlichkeitsmerkmalen und sozialer Herkunft in der Studierendenschaft von Baden-Württemberg für die Fächer Technik und Wirtschaft identifiziert werden, aber das Konzept von *Mittelstraß* (1994) und dem *Wissenschaftsrat* (1993) konnte nicht bestätigt werden. Dieses sah vor, die „Masse“ der Studierenden an Fachhochschulen und die „Klasse“ an Universitäten auszubilden. Daneben fördert der Bologna-Prozess eine Angleichung der Studiengänge (vgl. *Kramer/Nagy/Trautwein* et al. 2011, S. 484). Im Anwendungsfall unterliegen die Ergebnisse ohnehin dem **Customizing**, d. h., dass eine Anpassung der Modelle im praktischen Einzelfall erfolgen muss.

Vereinfachend wird fortfahrend der Begriff **Hochschule** für beide Hochschultypen genutzt. Davon unberücksichtigt sind private oder staatlich anerkannte Hochschulen, da sie erwerbswirtschaftliche Ziele mit einer marktorientierten Preisgestaltung für die angebotenen Leistungen verfolgen. Weiterhin sind theologische Hochschulen und Kunsthochschulen von der Argumentation abgegrenzt, da sie zum Teil in kirchlicher Verantwortung stehen und so andere Finanzierungstrukturen, spezifische Strukturmerkmale und Inhalte aufweisen (vgl. *Lynen* 2011, S. 18 f.). Für Verwaltungshochschulen sind in der Regel spezielle Kapitel im Haushaltsplan vorgesehen. Darüber hinaus werden oftmals Wohnheime betreut und die Lehrenden sind Personen aus dem Verwaltungsbereich, sodass die Personalausgaben nicht exakt aus dem Haushalt ermittelt werden können (vgl. *Statistische Bundesamt* 2012, S. 7). Die Steuerung und Finanzierung von Verwaltungshochschulen gestaltet sich somit anders als in Universitäten und Fachhochschulen und wird in dieser Schrift ebenfalls nicht behandelt. Darüber hinaus sind Hochschulkliniken oder angeschlossene Krankenhäuser der Untersuchung außen vor. Sie unterliegen der Krankenhausbuchführungsverordnung mit einem angeordneten Rechnungssystem (vgl. ebenda). Sie sind Betriebe des Gesundheitswesens und unterliegen eigenständiger betriebswirtschaftlicher Forschung (vgl. *Kirchhoff-Kestel* 2006, S. 7).

2 Theorien und Systematiken im Hochschulcontrolling

Das Controlling steht in der wissenschaftstheoretischen Diskussion zwischen Theorie („Rigor“) und Praxis („Relevance“). Daher muss die Modellbildung gleichzeitig theoretisch fundiert sein und praxisnahe Anforderungen erfüllen (siehe auch Abb. 1.1). Obwohl in der Praxis weithin etabliert, hat sich in der betriebswirtschaftlichen Literatur deshalb bislang kein einheitliches Verständnis zum **Controlling** herauskristallisiert (vgl. *Jaspersen/Täschner* 2012, S. 436 ff.; *Wall* 2008, S. 463 ff.; *Küpper/Weber/Zünd* 1990, S. 282). Entsprechend groß sind die Übertragungsmöglichkeiten von Modellen auf den Hochschulsektor. Dem Begriff Hochschulcontrolling wird sich in diesem Kapitel daher zunächst auf der Theorie- und Modellebene genähert:

- Als theoretische Grundlagen werden Entscheidungs-, kommunikations- und systemorientierte Ansätze zur Fundierung des Begriffs Hochschulcontrolling herangezogen.
- Vorhandene Konzepte im Hochschulcontrolling stellen die Begriffe der Koordination und/ oder der Verhaltenssteuerung in den Vordergrund der Modellierung. Beide Ansätze basieren auf einer Informationsversorgung der Führung. Idealtypisch systematisieren deshalb drei Klassen Konzepte im Hochschulcontrolling.

2.1 Theoretische Grundlagen

Die theoretischen Grundlagen der nachfolgenden Argumentationen sind primär entscheidungs- sowie kommunikations-/systemtheoretischer Natur. Sie werden in den nachfolgenden Abschnitten behandelt. Die jeweiligen Implikationen für das Hochschulcontrolling sind relevant für die Analyse der Hochschulsteuerung (siehe Kapitel 3) als auch für die Konzeption des Bezugsrahmens (siehe Abschnitt 4.1).

Die menschliche Informationsverarbeitung und Kommunikation ist in zielbezogenen Organisationen wie Hochschulen als sozialer Prozess der Entscheidungsfindung zu verstehen. Zahlreiche Wahrnehmungsverzerrungen reduzieren die Komplexität eines Handlungsfeldes, um eine Handlungsorientierung zu erlangen (siehe hierzu ausführlich *Weber/Schäffer* 2008, S. 88 ff. und 250 ff.). Dadurch wird nicht das reale Entscheidungsproblem behandelt, sondern ein Abbild der Realität konstruiert, um so eine vereinfachte und ersetzte Problemstellung kognitiv verarbeiten und lösen zu können (vgl. hierzu *Kahneman* 2012, S. 453 ff.; siehe auch *Walz/Gramlich* 2011, S. 31). Viele reale Probleme sind von einer derartigen Komplexität geprägt, dass sie menschlich nur in einer reduktionellen Weise gelöst werden können. Dabei sind die dann getroffenen Entscheidungen oftmals objektiv betrachtet nicht optimal.

Vester (2004, S. 90) erläutert den Flaschenhals der menschlichen **Wahrnehmung**: „Anders als unsere technischen Computer, die jede eingegebene Information verarbeiten und von sich aus keine Auswahl treffen, sondert das menschliche Gehirn beim Übergang von einer Gedächtnisstufe zur anderen große Mengen von Information wieder aus. Ein lebensnotwendiger Reduktionsvorgang, ohne den wir jede Orientierung verlieren würden." Der Auswahlvorgang von Informationen erfolgt individuell und führt in der menschlichen Kommunikation zu einer facettenreichen Sichtweise auf die Realität (vgl. ebenda, S. 91). Das Ausmaß des Auswahlvorgangs und deren Konsequenzen für die Urteils- und Entscheidungsfindung sind immens, sind Heuristiken doch gebräuchliche Methoden im betrieblichen Umfeld, obwohl sie oftmals zu gravierenden Fehlentscheidungen führen (siehe hierzu *Tversky/Kahneman* 1974, S. 1130).

2.1.1 Entscheidungstheoretische Grundlagen

Die Entscheidungstheorie ist zweigeteilt. Die **praktisch-normative Entscheidungstheorie** basiert auf dem Menschenbild des „Homo oeconomicus" und formalisiert, wie Menschen sich in Entscheidungssituationen verhalten sollten (vgl. *Bitz* 1981, S. 6). Die **verhaltenswissenschaftliche Entscheidungstheorie** nimmt keine Limitationen im menschlichen Verhalten an, sondern analysiert auf Basis empirischer Modelle reale Überzeugungen und Präferenzen der Menschen und prognostiziert daraus das Entscheidungsverhalten (vgl. *Tversky/Kahneman* 1974, S. 1124).

2.1.1.1 Erwartungstheorie

Die normativ geleitete Erwartungstheorie geht auf *Daniel Bernoulli* (1738) zurück. *Bernoulli* vermutet einen Zusammenhang zwischen psychologischen oder „moralischen" Werten („Nutzen") und physisch-monetären Werten. Es wird hierbei angenommen, dass eine prozentuale Steigerung des Einkommens in analoger psychologischer Wirkungsweise (z. B. Glücksempfinden, Zufriedenheit) unter reichen und armen Menschen gleichermaßen hervorruft (vgl. *Kahneman* 2012, S. 335). Dabei wird also angenommen, dass sich die Nutzenfunktion logarithmisch zum Vermögensstand der Menschen verhält. *Bitz* (1981, S. 154) erläutert das **Bernoulli-Prinzip**: „

1. Allen Ergebniswerten e_{ij} einer Alternative a_i wird mittels einer Nutzenfunktion u (e) ein Nutzenwert $u_{ij} = u(e_{ij})$ zugeordnet.
2. Der entscheidungsrelevante Präferenzwert φ (a_i) einer Alternative a_i wird als Erwartungswert dieser Nutzenwerte ermittelt.

Gesucht wird dann die Alternative, für den dieser Erwartungswert des Nutzens am größten ist." Dadurch wird eine Maximierung des individuellen Nutzens („Eigennutzen") in der Betriebswirtschaft begründet. Wenn die Wahrscheinlichkeit einer Alternative p_j ist, gilt folgende Nutzenfunktion:

$$\max: \quad \varphi(a_i) = \sum_{j=1}^{n} u(e_{ij}) \cdot p_j \qquad (1)$$

Die Bewertung von Wahlalternativen erfolgt danach nicht nach gewichteten Mittelwerten, also den mit Wahrscheinlichkeiten versehenden monetären Werten, sondern nach **Nutzenwerten**, die die psychologischen Werte repräsentieren. Diese sind bei den meisten Menschen risikoavers ausgeprägt, wodurch beispielsweise erklärt werden kann, warum Menschen Prämien für Versicherungen abschließen, um Unsicherheiten in der Zukunft abzusichern, obwohl der mathematische Erwartungswert für den Eintritt eines Ereignisses in der Regel als gering einzustufen ist (vgl. *Kahneman* 2012, S. 336; *Bitz* 1981, S. 162 ff.). Menschen wählen hiernach insofern diejenige Alternative, die bei objektiven Wahrscheinlichkeiten den größten Nutzen erwarten lässt. Infolgedessen spricht *Bernoulli* vom **Erwartungsnutzen.**

Die Maximierung des Erwartungsnutzens fundiert die Grundannahmen der wirtschaftstheoretischen Betriebswirtschaft mit dem idealistischen Menschenbild des Homo oeconomicus (vgl. hierzu *Wöhe/Döring* 2010, S. 5 f.). So strebt selbst noch der „geläuterte" Homo oeconomicus nach „Eigenmaximierung auf der Basis beschränkten Wissens" (ebenda, S. 6). Der Mensch entscheidet sich „immer für die Alternative, von der er

- bei begrenzt verfügbarer Information
- objektiv (z. B. Heizölkauf) oder subjektiv emotional (z. B. Modeartikelkauf)
- den größten Nutzen

erwartet" (ebenda).

2.1.1.2 Neue Erwartungstheorie

Der Erwartungsnutzen ist allein von der Kenntnis des gegenwärtigen Vermögenszustands abhängig. Diese Momentaufnahme ist aber isoliert betrachtet wenig aussagekräftig. Wird der monetäre Wert beispielsweise bei Person A auf 1 Mio. € verdoppelt, aber bei Person B auf 1 Mio. € halbiert, so kann man nicht von einem identisch hohen Nutzenwert ausgehen. Person A wird viel eher zufrieden sein als es Person B sein wird. In der Theorie fehlt dementsprechend eine referenzielle Basis, um psychologische Gewinne oder Verluste bewerten zu können. Der **Referenzwert** wird in der Neuen Erwartungstheorie („Prospect Theory", vgl. *Kahneman/Tversky* 1979) im ursprünglichen Vermögenszustand gesehen. Die sich ergebenen Veränderungen zum Referenzzustand stellen entweder Gewinne oder Verluste dar (vgl. *Kahneman* 2012, S. 338 ff.).

Im Zentrum der Neuen Erwartungstheorie stehen drei kognitive Annahmen, die die Wahrnehmung, Beurteilung und Emotion und infolgedessen das empirisch ermittelte **Verhalten** in Entscheidungsprozessen bestimmen (vgl. ebenda, S. 346 ff.):

- **Gewinne** und **Verluste** werden in Bezug auf einen neutralen Referenzpunkt beurteilt. Grundsätzlich kann der Referenzpunkt der Status quo des Vermögens, ein erwartetes oder ein angestrebtes Ergebnis sein. Ebenso können Ziele als Referenzpunkte definiert werden. Ist das tatsächliche Ergebnis besser als der Referenzpunkt, spricht man von Gewinnen. Schlechtere Ergebnisse werden als Verluste bezeichnet.
- Bei der Wahrnehmung und Beurteilung von Vermögensänderungen wird eine abnehmende Empfindlichkeit angenommen, d. h., dass beispielsweise die subjektive Differenz zwischen 900 und 1000 Dollar geringer ausfällt als zwischen 100 und 200 Dollar.
- Menschen entscheiden sich meistens verlustscheu. Mögliche Verluste werden in der Regel höher bewertet als mögliche Gewinne, wenn diese in einer Entscheidungssituation einen Zusammenhang bilden. Beispielsweise fürchten sich viele Menschen eher 100 Dollar zu verlieren, als damit 150 Dollar zu gewinnen. Aus der **Verlustaversion** folgt, dass Menschen sich tendenziell für den Referenzzustand entscheiden und fundamentale Veränderungen scheuen.

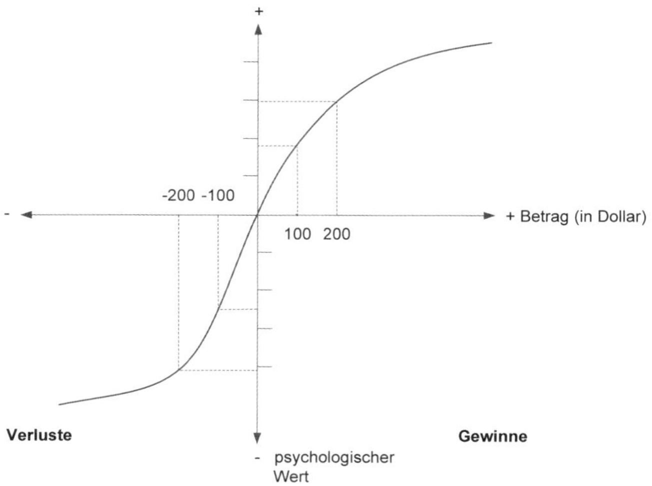

Abb. 2.1: Wertfunktion in der Neuen Erwartungstheorie (nach Kahneman/Tversky)

Anders als in der Erwartungstheorie nach *Bernoulli*, wo das Vermögen den Nutzenwert bestimmt, beeinflussen gemäß *Kahneman/Tversky* (1984, S. 342; siehe Abb. 2.1) allein Gewinne und Verluste die Wahrnehmung und das Urteilsvermögen in Entscheidungsprozessen. Der neutrale Referenzwert liegt zentral im Nullpunkt des s-förmigen Graphen. Dieser stellt die abnehmende Empfindlichkeit beider Ergebnisse dar. Die Verlustaversion ist durch die Steigung des Graphen mit dem Durchqueren des Referenzwerts in den Gewinnbereich gekennzeichnet.

In der normativen Entscheidungstheorie wird angenommen, dass die **Präferenzen** der Menschen zeitlich konstant und indifferent sind (vgl. *Kahneman* 2012, S. 356 ff.). So werden beispielsweise in der klassischen Produktions- und Kostentheorie auf Indifferenzkurven („Isoquanten“) Produktionsfaktoren kombiniert, die den gleichen Nutzen zur Folge haben (vgl. *Bea/Dichtl/Schweitzer* 2002, S. 164 ff.). Die Diskussion der Ressourcensubstitution ist auch an Hochschulen präsent (siehe hierzu Abschnitt 3.3.1). Natürlich sind Substitutionen von Ressourcen (Produktionsfaktoren) nur Gestaltungsoptionen, aber entscheidend ist nicht allein die wirtschaftliche Ressourcennutzung, sondern auch die Durchsetzbarkeit von Maßnahmen gegenüber Personal oder Studierenden unter dem Aspekt der Verlustaversion. Es ändern sich nicht nur Lehr- und Lernmethoden, sondern auch die Anforderungen an die Räume oder die Wissensvermittlung unterliegen einem ständigen Wandel. So ist beispielsweise die Substitution von menschlicher Arbeit durch mehr Räume als substituierender Faktor und als Konsequenz die Zusammenlegung von Gruppen in der jeweiligen Situation kritisch zu hinterfragen, ob die Maßnahme zu einem identisch hohen Nutzen führt wie bisher.

Substituierende Konstellationen sind insofern zu hinterfragen, als dass in derart konstruierten Hypothesen kein Referenzpunkt mit einbezogen wird. Indifferenzkurven vernachlässigen die realen Gegebenheiten. Sie konstruieren einen Nutzen, der zeitlich beliebig oder situationsunabhängig variiert werden kann. Dass diese Annahme nicht das reale Entscheidungsverhalten in Hochschulen erklären kann, kann z. B. am Zielvereinbarungsprozess aufgezeigt werden (siehe hierzu Abschnitt 3.3.1.2). Der hierbei festgelegte Referenzpunkt ist der Status quo der Hochschule bzw. die erwartete Entwicklung für den Zeitraum der Zielvereinbarung. Die Zielvorstellung der Hochschule geht als Konzept in die Verhandlung mit dem Ministerium ein, wonach Forderungen und Zugeständnisse auf Basis des Referenzpunkts vereinbart werden. Die Zielvereinbarung ist insofern als Kompromiss zu sehen, der teils gravierende Zugeständnisse zulässt, die bezogen auf den Status quo zum Besseren oder Schlechteren führen. Von einer indifferenten Faktorenkombination und Beurteilung des Nutzens aus Sicht der Hochschule oder ihrer Teileinheiten ist auch in internen Zielvereinbarungen nicht auszugehen. Stattdessen wird angenommen, dass sich die Präferenzstruktur am Referenzpunkt orientiert. Wenn fundamentale Veränderungen angestoßen werden, die von den Beteiligten als Verlust wahrgenommen werden (könnten), erzeugt das eine Präferenz zur Erhaltung des Status quo und es ist mit Widerständlern („Opponenten“) zu rechnen.

Wahrscheinlichkeit (Prozent)												
0	1	2	5	10	20	50	80	90	95	98	99	100
Möglichkeitseffekt									Sicherheitseffekt			
0	5,5	8,1	13,2	18,6	26,1	42,1	60,1	71,2	79,3	87,1	91,2	100
Entscheidungsgewicht												

Tab. 2.1: Entscheidungsgewichte (nach Kahneman)

Löst man die Annahme auf, Menschen wären rationale Entscheider, dann stellen empirisch gemessene **Entscheidungsgewichte** individuelle Präferenzen dar, die einen Möglichkeits- und Sicherheitseffekt erklären (vgl. *Kahneman* 2012, S. 386 ff.; siehe Tab. 2.1). Hiernach offenbaren sich der Möglichkeits- und Sicherheitseffekt an den beiden Enden der Tab. 2.1. Mit dem **Möglichkeitseffekt** werden unwahrscheinliche Ereignisse (ca. 1 bis 5 %) stark übergewichtet (ca. 5,5 bis 13,2 %), weshalb beispielsweise erklärt werden kann, warum selbst bei geringen Wahrscheinlichkeiten, umgangssprachlich „die Hoffnung zuletzt stirbt“. Der **Sicherheitseffekt** ist in seiner psychologischen Wirkung noch markanter, da trotz hoher

Eintrittswahrscheinlichkeiten (ca. von 95 bis 99 %) in nicht rational erklärbarer Weise noch „das Schlimmste zu befürchten ist" (79,3 bis 91, 2 %). Die Entscheidungsgewichte als Präferenzstruktur individuell wahrgenommener Möglichkeiten und Sicherheiten erklären nichts anderes als menschliche Ängste und Hoffnungen.

Kombiniert man die Annahme, dass Menschen Gewinnen bzw. Verlusten einen höheren Stellenwert beimessen als dem Vermögen mit der weiteren Annahme, dass möglichen Ereignissen eher subjektive Entscheidungsgewichte als objektive Wahrscheinlichkeiten zugeschrieben werden, dann ergibt sich ein viergeteiltes **Präferenzmuster** menschlichen Verhaltens (vgl. ebenda, S. 389; siehe Abb. 2.2). In der ersten Zeile jedes Quadranten wird der wahrscheinliche Gewinn oder Verlust (je 10.000 Dollar) dargestellt, die in der zweiten Zeile eine Emotion auslöst und in der dritten Zeile wiederum ein entsprechendes **Entscheidungsverhalten** nach sich zieht. Risikofreude signalisiert dabei die Wahl einer unsicheren Entscheidungsalternative. Von risikoscheuem Entscheidungsverhalten („Risikoscheue") kann gesprochen werden, wenn die sichere Option gewählt wird. In der vierten Zeile wird als Handlungskonsequenz die erwartete Einstellung in Verhandlungsprozessen beschrieben.

	GEWINNE	VERLUSTE
HOHE WAHRSCHEIN-LICHKEIT Sicherheitseffekt	95-prozentige Wahrscheinlichkeit, 10 000 Dollar zu gewinnen Angst vor Enttäuschung RISIKOSCHEU Annahme eines ungünstigen Vergleichs	95-prozentige Wahrscheinlichkeit, 10 000 Dollar zu verlieren Hoffnung, Verluste zu vermeiden RISIKOFREUDIG Ablehnung eines günstigen Vergleichs
GERINGE WAHRSCHEIN-LICHKEIT Möglichkeitseffekt	5-prozentige Wahrscheinlichkeit, 10 000 Dollar zu gewinnen Hoffnung auf einen hohen Gewinn RISIKOFREUDIG Ablehnung eines günstigen Vergleichs	95-prozentige Wahrscheinlichkeit, 10 000 Dollar zu verlieren Furcht vor einem hohen Verlust RISIKOSCHEU Annahme eines ungünstigen Vergleichs

Abb. 2.2: Viergeteiltes Präferenzmuster (nach Kahneman)

Überträgt man das Modell auf die Situation in Hochschulen, lassen sich Thesen zum Entscheidungsverhalten in Zielvereinbarungen aufstellen. In der Regel handeln Hochschulen in Zielvereinbarungsprozessen risikoscheu. Betrachtet man den Tatbestand, dass trotz zahlreicher neuer Steuerungsinstrumente Landesmittel jährlich weitgehend fortgeschrieben werden und Ziele vorwiegend unpräzise formuliert sind (siehe dazu Abschnitt 3.3.1.2), dann wird im Rückschluss aus einer möglichen Furcht vor Einflussnahme oder Mittelkürzungen der Status quo, also der sichere Gewinn, vorgezogen. In Verhandlungsprozessen mit detaillierter Zielvorgabe und -kontrolle könnte sich – so die Befürchtung – herausstellen, dass viel weniger Mittel zur Leistungserstellung benötigt werden oder dass Ziele nicht erfüllt wurden. An der risikoscheuen Haltung wird das paritätische Verhältnis zwischen Hochschule und Ministerium nicht deutlich. Im Zweifel werden Erlasse erteilt, so die mentale Bremse der Hochschulen. Analog kann für Mittel aus dem Hochschulpakt 2020 argumentiert werden. So stellt die zusätzliche Aufnahme von Studierenden ein Kostenfaktor dar, der im Vergleich zum Status quo die geringe Wahrscheinlichkeit birgt, hohe Mittel aufzuwenden, die an anderer Stelle dann fehlen. Diese Furcht führt zu einem risikoscheuen Handeln und der Annahme eines staatlichen Angebots, wo zeitlich fixe und geclusterte Beträge vereinbart werden (siehe hierzu Abschnitt 3.2.2.2).

Erst wenn geringe Wahrscheinlichkeiten bestehen, zum gegenwärtigen Vermögen zusätzliche Gewinne zu erzielen, wird ein günstiges Angebot ausgeschlagen, in der Hoffnung durch übererfüllte Ziele zusätzliche Mittel zu generieren. Selbiges gilt etwa dann, wenn durch den Verlust von Steuereinnahmen hohe Wahrscheinlichkeiten bestehen, Mittelkürzungen an Hochschulen durchzusetzen. Dann wird, so die Annahme, versucht, die fast sicheren Verluste nicht einfach zu akzeptieren oder zu begrenzen, sondern durch teils riskante Entscheidungen werden Maßnahmen initiiert, die den Schaden abwenden sollen. Bei Eintritt des Risikos verschlimmert sich jedoch der Zustand.

Zwar ist die staatliche Hochschulsteuerung auf ein Controlling in Hochschulen ausgelegt, aber primär erfüllen die eingesetzten Instrumente kurzfristige, exogene Ansprüche. So ist das Rechnungswesen beispielsweise auf staatliche und EU-rechtliche Belange hin ausgerichtet (siehe hierzu Kapitel 3.3.2.2). Die langfristige Binnensteuerung bzw. das strategische Denken und Handeln schlägt deshalb fehl, weil die Instrumente keinen Entscheidungsbezug aufweisen. Langfristige Planungen existieren überwiegend nur in Prosa und sind selten datenbasiert (siehe hierzu Kapitel 3.3.1.1). So ist es nur folgerichtig, dass Menschen in Zielvereinbarungsprozessen nur unpräzise und einfache Entscheidungen aushandeln, die sachlich und zeitlich eng begrenzt sind. Die logische Konsistenz rationalem Denkens und Handelns ist weder geistig noch datentechnisch gegeben, da lediglich kurzfristige, aktuell verfügbare Daten der Steuerungssysteme vorhanden sind, die zwar exogenen Ansprüchen gerecht werden, aber dennoch zur vagen Formulierung von Zielen und Strategien genutzt werden und in Zielvereinbarungen zu Entscheidungen führen. Aufgrund des Defizits in der kognitiven und datentechnischen Informationsverarbeitung verlässt man sich in Entscheidungssituationen deshalb auf seine Intuition.

Die kognitive Begrenzung in der Strukturierung von Präferenzen ist ein Merkmal menschlicher Informationsverarbeitung (vgl. *Weber/Schäffer* 2008, S. 88 ff.). Die begrenzte mentale Kapazität wird in der Praxis durch die Anwendung von Heuristiken versucht zu kompensieren. **Heuristiken** stellen komplexe Problemstellungen vereinfacht dar. Sie ersetzen reale Situationen durch weniger komplexe, lösbare Teilprobleme. Die Ersetzung ist gekennzeichnet durch die Bildung von Annahmen über die wesentlichen Zusammenhänge der Realität und so führen Heuristiken bestenfalls näherungsweise zu einer optimalen Lösung. Schlimmstenfalls führen Heuristiken zu gravierenden Fehlentscheidungen.

Kognitive Verzerrungen oder Fehler in der Wahrnehmung und Verarbeitung von Informationen sind in der Verhaltensökonomik u. a. auf folgende Effekte zurückzuführen:

- Die **Ankerheuristik** ist eine Verhaltensstrategie, um ungewisse Größen abzuschätzen. Hierbei wird sich mental nach und nach vom Ankerwert gelöst, bis sich eine plausible Anpassung ergibt (vgl. *Kahneman* 2012, S. 152 ff.). So stellt sich die Kalkulation von Gemeinkosten in wirtschaftsnahen Projekten als ein Ankereffekt in Hochschulen dar. Da die realen Umlagen im laufenden Geschäftsjahr noch nicht bekannt sind, bedient man sich vergangenheitsorientierter Daten (siehe hierzu Abschnitt 3.3.2.2).
- Bei der **Verfügbarkeitsheuristik** werden Beispiele mental hervorgerufen – seien es markante oder dramatische Ereignisse oder persönliche Erfahrungen. Sie führen zu einer Verzerrung in der Abschätzung kategoraler Häufigkeiten (vgl. ebenda, S. 164 f.). Durch die Verfügbarkeit eines Falles oder weniger Fälle wird auf die Grundgesamtheit geschlossen. So löste beispielsweise die öffentliche Diskussion einiger Plagiatsfälle eine Verfügbarkeitskaskade aus (siehe dazu ebenda, S. 179), in der das gesamte Ausbildungssystem von Doktoranden in Frage gestellt wird.
- Mit der **Affektheuristik** wird angenommen, dass Menschen sich bei Urteilen und Entscheidungen von ihren Emotionen und Gefühlen beeinflussen lassen, ohne davon in Kenntnis zu sein (vgl. ebenda, S. 175). Die Affektheuristik tangiert alle Entscheidungsebenen einer Hochschule.
- Durch die Bildung von Stereotypen werden bei der **Repräsentativitätsheuristik** Basisraten vernachlässigt (vgl. ebenda, S. 184 f.). Basisraten bezeichnen den Anteil einer bestimmten Kategorie an der Grundgesamtheit. Betrachtet man vermeintlich repräsentative Einzelfälle („Stereotypen“), dann kann die kategorale Zuordnung selbst bei Kenntnis der Basisraten fehlschlagen. Hierbei wird also die Wahrscheinlichkeit durch ein Repräsentativitätsurteil ersetzt. Derartige subjektive Überzeugungen sind in Gremienarbeiten weit verbreitet. Etwa dann, wenn neue Studiengänge ohne Vorab-Evaluationen, wie etwa Nachfrage- und Bedarfsanalysen der Schulabsolventen und der Wirtschaft, konzipiert werden, sondern allein auf persönlichen Präferenzen vorhandener Kompetenzen basieren.
- **Regressionseffekte** kommen zustande, wenn zwei Messwerte nicht perfekt korrelieren (vgl. ebenda, S. 227 ff.). So wird beispielsweise oftmals ein hohes Korrelationsmaß zwischen der Abiturnote (bzw. der Hochschulzugangsberechtigungsnote) und der Studienabschlussnote vermutet. Obwohl die Abiturnote die Studienabschlussnote aber nicht in perfekter Weise (100 %) beeinflusst, werden Korrelationen kognitiv oftmals als Kausalitäten verarbeitet und können zu falschen intuitiven Einschätzungen führen.

Es lassen sich sicherlich noch weitere Heuristiken und kognitive Verzerrungen anführen und mit beispielhaften Thesen aus dem Hochschulbereich anreichern. Deutlich geworden ist aber, dass in vielen heuristischen Verfahren nur momentan verfügbare Informationen verarbeitet werden und diese in subjektive Erwartungen der am Entscheidungsprozess beteiligten Personen resultieren. Entsprechend sind damit oftmals **Planungsfehler** verbunden (vgl. *Weber/Schäffer* 2008, S. 252 ff.), wie z. B. Optimismus, Selbstüberschätzung oder Gruppendenken.

Ebenso führt das bereits genannte zu enge **Framing** zu Planungsfehlern, weil hierbei Entscheidungen unabhängig und isoliert zu anderen Entscheidungstatbeständen getroffen werden (vgl. *Tversky/Kahneman* 1981, S. 453 ff.). Wenn auch teilweise kulturelle und personelle

Eigenschaften in die Bildung des Entscheidungsproblems eingehen, kann mit einem zeitlich und sachlich weiten Framing die Formulierung der Planung organisatorisch umfassender behandelt werden, sodass komplexere Entscheidungen getroffen werden können. Nach der Neuen Erwartungstheorie können auch **Kontrollfehler**, wie z. B. das Phänomen der Verlusteskalation erklärt werden (vgl. ebenda, S. 255). So wird oftmals bei größeren Investitionsprojekten im Rahmen laufender Abweichungskontrollen festgestellt, dass zusätzliche Kosten keinen positiven Kapitalwert erwarten lassen. Statt diese Projekte zu evaluieren, werden sie in der Hoffnung auf spätere Gewinne fortgeführt. Man kann sich nicht des Eindrucks entbehren, dass oftmals politisch gewollte Investitionen diesem Phänomen ausgesetzt sind.

Neben einem weiten Framing können Planungs- und Kontrollfehler auch durch eine **Außensicht** auf die eigene Hochschule verringert werden. Beurteilt man die Situation auf Basis eigener Erfahrungen und prognostiziert darauf künftige Entwicklungen liegt eine Innensicht der Dinge vor. „Menschen, die Informationen über einen Einzelfall besitzen, spüren nur selten das Bedürfnis, die statistischen Eckdaten der Klasse, zu der dieser Fall gehört, in Erfahrung zu bringen“ (ebenda, S. 307). Es kann durch überoptimistische Prognosen oder Projektergebnissen zu **Planungsfehlschlüssen** kommen. Üblicherweise muss die Außensicht – die Basisraten des Umfelds – explizit erhoben werden, um realistische Einschätzungen zur eigenen Situation abgeben zu können. Wenngleich in Entscheidungen die Innensicht dominant ist, da sie gelegentlich mit moralischen Untertönen belegt sind (vgl. ebenda, S. 308), beobachtet die Außensicht das System „Hochschule“ selbstreferenziell auf einer Metaebene und kann deshalb Urteile im Lichte des Umfelds besser einordnen. Die Herausforderung bei der Entwicklung einer Außensicht ist daher in zweifacher Hinsicht schwierig (siehe dazu Abschnitt 2.1.2):

- Die Grenzziehung („das Framing“) samt Definition eines Begriffssystems, um Basisraten klassifizieren zu können.
- Die Außensicht muss sich im Entscheidungsverhalten widerspiegeln, was bedeutet, dass die Außensicht von den Entscheidungsträgern mental verarbeitet sein muss.

Das Optimum einer Problemstellung wird normativ ermittelt. Heuristiken sind dennoch methodisch nicht grundsätzlich abzulehnen. Da Menschen in heuristischen Verfahren oftmals Wirkungen und Zusammenhänge kognitiv verkennen oder verzerren, sind sie deshalb in normativ-ökonomischer Hinsicht nur die „zweitbesten Lösungen“, führen aber einem spezifischen Komplexbereich eine praktikable Lösung zu. Aufgrund ihrer empirisch fundierten Ergebnisse über das menschliche Entscheidungsverhalten haben *Kahneman/Tversky* (1974, 1979 und 1984) das in der Ökonomie zugrunde liegende Menschenbild stark beeinflusst. Hiernach werden **Entscheidungen** im psychischen System der Menschen getroffen, welches sich, so die Annahme, in zwei Bereiche unterteilen lässt (*Kahneman* 2012, S. 33):

- „System 1 arbeitet automatisch und schnell, weitgehend mühelos und ohne willentliche Steuerung.
- System 2 lenkt die Aufmerksamkeit auf die anstrengenden mentalen Aktivitäten, die auf sie angewiesen sind, darunter auch komplexe Berechnungen.“

Menschen gehen davon aus, dass sie nach dem logisch denkenden System 2 handeln. Es kommt den Vorstellungen des Homo oeconomicus am ehesten nach. Jedoch ist es System 1, das intuitiv Entscheidungen trifft und das System 2 dominiert. „In System 1 entstehen spontan die Eindrücke und Gefühle, die die Hauptquellen der expliziten Überzeugungen und bewussten Entscheidungen von System 2 sind. Die automatischen Operationen von System 1 erzeugen erstaunlich komplexe Muster von Vorstellungen, aber nur das langsamere System 2 kann in einer geordneten Folge von Schritten Gedanken konstruieren“ (ebenda).

Bei den o. g. Effekten heuristischer Verfahren können sowohl System 1 als auch System 2 in Erscheinung treten. So werden beispielsweise Präferenzen und Erwartungen an künftige Ereignisse in System 1 festgelegt. Die Enttäuschung ist groß, wenn diese nicht erfüllt werden. System 1 sucht nach möglichen Ursachen. Je nachdem, wie leicht der Abruf von Beispielen gelingt (Verfügbarkeitsheuristik) wird der inhaltliche Aspekt ersetzt, der durch System 2 zu analysieren wäre, um Schlüsse aus der Enttäuschung zu ziehen (vgl. ebenda, S. 170 f.). Die aufgezeigten Konsequenzen aus entscheidungstheoretischer Perspektive gehen einher mit einem Wandel im Denken und Handeln vom System 1 zum kognitiven System 2, welches durch das Hochschulcontrolling zu unterstützen ist.

2.1.2 Kommunikations- und systemtheoretische Grundlagen

Gerade in Hochschulen wirken sich Entscheidungen überwiegend langfristig aus und bedingen sich oftmals – seien es Fragen des Personals, des Studienangebots oder baulicher Veränderungen. Wegen dieser großen Komplexität unter unsicheren Bedingungen in der Entscheidungsfindung basieren Entscheidungen auf einer subjektiven Realitätswahrnehmung. *Kahneman* (2012, S. 174 f.) fasst dies so zusammen: „Die Welt in unseren Köpfen ist keine exakte Kopie der Wirklichkeit; unsere Erwartungen bezüglich der Häufigkeit von Ereignissen werden durch die Verbreitung und emotionale Intensität der Nachrichten, denen wir ausgesetzt sind, verzerrt.“ Erst durch eine soziale Bereitschaft der Organisation kann ein nachhaltiger und konsensfähiger Wandlungsprozess unter den beteiligten Entscheidungsträgern und Anspruchsgruppen zur Hochschulentwicklung kanalisiert werden.

Unabhängig davon, welches kognitive System in Entscheidungssituationen nun gerade agiert, basieren Entscheidungen und auslösende Handlungen auf Kommunikation (vgl. *Habermas* 1981, S. 41 ff.; *Luhmann* 1987, S. 191 ff.). Es ist in Organisationen allgemein ein schwieriges Unterfangen, formale Kommunikationswege zu modellieren und noch schwieriger, sie erfolgreich zu gestalten. Nicht nur, weil Umweltdynamiken nur bedingt eineindeutige Zweck-Mittel-Rationalitäten in komplexen Organisationen formal zulassen, sondern auch, weil Kommunikationen im sozialen Bereich, also auf menschlicher Ebene, ablaufen (vgl. hierzu *Schreyögg* 2008, S. 9; *Watzlawick/Beavin/Jackson* 2011, S. 205 ff.). So betonen *Watzlawick/Beavin/Jackson* (ebenda, S. 138), dass „nicht der Inhalt der Kommunikationen an sich, sondern der Beziehungsaspekt“ von Wichtigkeit sei. Der Beziehungsaspekt in der zwischenmenschlichen Kommunikation ist vielschichtig. Indem nonverbal, empathisch, gestikulierend oder mimisch kommuniziert wird, verhalten sich Menschen nicht generell so, wie es der kommunizierte Sachinhalt erwarten lässt. Auf beiden Kommunikationsebenen kann es zu interpersonellen **Interessenskonflikten** kommen. *Heinen* (1984, S. 175) nennt vier mögliche Konfliktursachen:

- Unterschiedliche Zielvorstellungen,
- unterschiedliche Vorstellungen über die Mittel- bzw. Ressourcenverteilung,
- Handlungsinterdependenzen und mögliche (negative) Einflussnahmen sowie
- subjektive Wahrnehmungen, die in den persönlichen Voraussetzungen (z. B. Motivation, Informationsverarbeitung) begründet sind.

Interessenskonflikte sind in dieser Hinsicht fester Bestandteil in Entscheidungssituationen und müssen aufgelöst werden, will man eine funktionierende Hochschule führen. Die Wirksamkeit eines Hochschulcontrollings hängt insofern nicht von der (objektiven) Rationalitätsbestimmung und -sicherung durch eine exakte Abbildung der Realität, ihrer Zusammenhänge und dem Bestreben nach Effizienz ab. So ist beispielsweise das Rechnungswesen keine Kopie der objektiven Wirklichkeit, sondern unterliegt gesetzlichen Regelungen, um spezifischen Ansprüchen zu genügen (siehe hierzu Abschnitt 3.3.2). Vielmehr konstituiert sich das **Hochschulcontrolling** von der Vorstellung kommunikative Anschlussfähigkeiten für Entscheidungsträger zu schaffen, indem es eine gemeinsame Sprache („Zeichenrepertoire") zur Kommunikation codiert und die Hochschule als ein soziales System beobachtet (vgl. hierzu *Kappler/Scheytt* 2006, S. 108 ff.).

Die Hochschule stellt dabei eine soziotechnische Einrichtung des gesamten Hochschulsektors mit vielfältigen Beziehungen zum Umfeld, wie etwa dem Arbeitsmarkt, dem Innovationssystem oder dem Schulsystem dar, dessen Input- und Output-/Outcomefaktoren primär Dienstleistungen, Wissen und Informationen sind. Hochschulcontrolling kann in diesem Sinn als eine „komplexe Operation der Beobachtung" (ebenda, S. 110) beschrieben werden, die auf einer Systemtheorie mit konstruktivistischer Modellbildung beruht. Hierzu werden nachfolgend die für die vorliegende Arbeit relevanten Begrifflichkeiten abgegrenzt.

2.1.2.1 Kommunikation und Information

Der Begriff **Kommunikation** bezeichnet das Letztelement oder eine spezifische Operation in sozialen Systemen (vgl. *Baraldi/Corsi/Esposito* 1998, S. 89; *Krause* 1999, S. 28). Danach setzt sich Kommunikation selektiv zusammen aus Information, Mitteilung und Verstehen. So wird **Information** in Kommunikationsvorgängen nicht einfach nur frei mitgeteilt, sondern entsteht (im Sinne einer Produktion) erst zwischen Sender und Empfänger. Die Kommunikation verläuft erfolgreich, wenn der Empfänger die Intention der Mitteilung des Senders versteht. Urteile von Menschen beziehen sich nicht auf die natürlich-realen Objekt-Charakteristika, sondern nehmen Bezug auf codifizierte Merkmale von Objekten (vgl. *Eco* 2002, S. 141), d. h., dass es Zeichen für Objekte bedarf, um ein gemeinsames Verständnis über Dinge der Wirklichkeit zu generieren. Daran wird deutlich, dass, obwohl Information zunächst einmal durch eine Beimessung von Bedeutung die Unsicherheit über die Dinge der Umwelt reduziert, unterliegt die Produktion und Nutzung von Information aber selbst der Unsicherheit, denn die Entwicklung einer formalen Sprache ist mit einer kulturellen Übereinkunft über die Bezeichnung und Bedeutung der Objekte verbunden, die erst hergestellt werden muss.

Wenn Codes auf der Kommunikationsebene erfolgreich dechiffrierbar sind, kann eine verständliche Information übermittelt werden. Der Begriff **Information** ist grundsätzlich als immaterielles Gut zu charakterisieren (vgl. *Picot/Reichwald/Wigand* 2003, S. 60 f.). Information kann auch mehrfach genutzt werden und verbraucht sich nicht. Der Konsum und der Transport erfolgt oftmals über Medien. Zudem kann Information verdichtet und durch die Nutzung erweitert werden. Man unterscheidet deshalb auf der Modellebene originäre von derivativen Informationen (vgl. ebenda). Informationen sind aber nicht per se da, sondern werden erst selektiv aus einem Zeichenvorrat mit einer Syntax zu Daten kombiniert, um anschließend in einen pragmatischen Sinnkontext erzeugt zu werden. Dies kann am Beispiel des Devisenkurses aufgezeigt werden, welches als Zeichenvorrat lose Zahlen als Mengen {0, 1, 2, …} aufweist. Durch die syntaktische Zuordnung von Zahlen zu semantisch definierten Währungen entstehen Datensätze (1,22 CHF), die wiederum erst eine Bedeutung erlangen, wenn ein Kontext, wie etwa der Devisenkurs (1 EUR = 1,22 CHF) zum 24.06.2013 gegeben ist. Die Informationsverarbeitung ist insofern geprägt von der Semantik, Syntax und Pragmatik (siehe dazu Abschnitt 2.1.2.2).

Das System 2 von Menschen ist sicher nicht dadurch zu aktivieren, dass man den Entscheidungsträgern Informationen übermittelt, mit der sich die Personen auseinandersetzen und schließlich gemeinsam eine wohlüberlegte Entscheidung treffen. Die Bedeutung bzw. die Interpretation einer Information und dessen Nutzung in Entscheidungssituationen bleibt im subjektiven Ermessen des Empfängers. *Watzlawick* (2011, S. 13 ff.) spricht in diesem Zusammenhang von **Konfusion**, die entsteht, wenn die beabsichtigte Wirkung eines Kommunikationsvorgangs – also die korrekte Übermittlung von Information – beim Empfänger nicht verstanden wird. Insofern können Konfusionen Kommunikationsstörungen auslösen.

Die nichtinteraktive Kommunikation über **Medien** wird in Organisationen immer bedeutsamer und erschwert die Grenzziehung sozialer Systeme (siehe hierzu *Jaspersen/Täschner* 2012, S. 633 ff.), da erstens der Beziehungsaspekt in der digitalen Kommunikation nicht immer verstanden wird und zweitens das Internet die formalen und informalen Erscheinungsformen der Kommunikation vergrößern und infolgedessen einen erhöhten Abstimmungsbedarf sozialer Verhaltensweisen nach sich ziehen.

So kommunizieren nicht nur Menschen untereinander. Es kommunizieren auch Menschen mit Informationssystemen und selbst Informationssysteme interagieren mit Informationssystemen (vgl. *Ferstl/Sinz* 2008, S. 3 f.). **Informationssysteme** stellen nach *Ferstl/Sinz* (ebenda) Aufgabensysteme dar, die die Leistungserstellung lenken. Deren Träger sind demnach Rechner oder Personen. Je nachdem, wie viele Rechner oder Personen in einem Handlungsfeld interagieren, erhöht sich die Wahrscheinlichkeit, dass bei der Kommunikation Störungen auftreten. Selbst bei zwei kommunizierenden Personen (oder Rechnern) kann es zu Kommunikationsstörungen kommen. Dies wird dann der Fall sein, wenn das Zeichenrepertoire des Senders nicht mit dem Zeichenrepertoire des Empfängers übereinstimmt. Es kommt zur Schaffung „zweiter Wahrheiten“. Das soziale System kommuniziert jeweils seinen Wirklichkeitsbezug. Erst wenn die beteiligten Rezipienten einen gemeinsamen Zeichensatz aufweisen, entsteht eine Informationsübertragung, die den semantischen Kontext erfasst und eine vom Sender intendierte Handlung (Entscheidung) zur Manipulation des physischen Basissystems auslöst.

2.1.2.2 Kommunikations- und Sozialisationsprozess

In Organisationen vollziehen sich Handlungen auf der Basis menschlicher Kommunikation (siehe hierzu auch *Habermas* 1981). Obwohl unter dem Begriff der Soziotechnologie vermehrt maschinelle Interaktionen und Handlungen ausgehen (siehe dazu *Rammert* 2007), verlangt eine kommunikative Interaktion – also der **Kommunikationsprozess** – nach herkömmlicher Auffassung die physische Anwesenheit eines Kommunikationspartners. Es wird von einer reflexiven Wahrnehmung der Teilnehmer ausgegangen, die eine Kommunikation – sei sie verbal oder nonverbal – erzwingt (vgl. *Baraldi/Corsi/Esposito* 1997, S. 82 und 85; *Watzlawick/Beavin/Jackson* 2011, S. 57 ff. und 135 ff.) und als Basis für Handlungen gilt. Die Grenzziehung dieses sozialen Systems ist einfach und definiert sich über die physische Anwesenheit der Menschen. Die Interaktion ist trotzdem als komplex anzusehen, da aus der Menge möglicher Kommunikationen individuell selektiert wird, welche Information mitgeteilt und schließlich verstanden wird. Sprache ermöglicht insofern die Kopplung von Systemen. So sind beispielsweise soziale Systeme (künftig: Kommunikationssysteme) mit psychischen Systemen strukturell gekoppelt und bilden eine doppelte Kontingenz. Bei psychischen (Bewusstseins-) Systemen findet zwar immer ein innerer Kommunikationsablauf statt, aber „[o]hne Teilnahme von Bewusstseinssystemen gibt es keine [zwischenmenschliche] Kommunikation, und ohne Teilnahme an Kommunikation gibt es keine Entwicklung des Bewusstseins“ (*Baraldi/Corsi/Esposito* 1997, S. 86; vgl. auch *Krause* 1999, S. 28 f.; siehe Abb. 2.3).

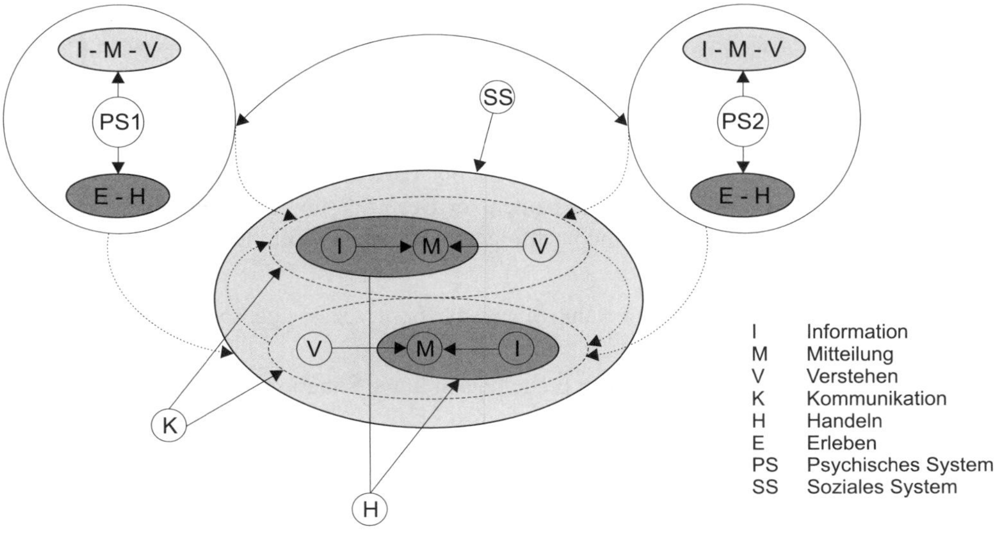

Abb. 2.3: Doppelte Kontingenz – Kommunikation – Handeln (nach Krause)

Die Teilnahme des Individuums an sozialen Systemen ist deswegen ein **Sozialisationsprozess,** in dem das psychische System ein hohes Komplexitätsniveau und die Fähigkeit zur Selbstkontrolle (vgl. ebenda) oder autonomen Steuerung erlangt. Kommunikationssysteme und psychische Systeme sind zwar strukturell gekoppelt, aber, wie in Abschnitt 2.1.1.2 aufgezeigt, rezipiert und verarbeitet die menschliche Psyche Informationen autonom und selektiv. Menschliche Entscheidungsfindung verläuft nach diesen Annahmen nicht auf idealtypisch-rationaler Weise, sondern nach selektiven Wahrnehmungen, die auf Sozialisationsprozessen beruhen.

Sozialisation beschreibt den Vorgang der Kultivierung sozialer Beziehungen und befähigt Individuen zu sozialem Handeln (vgl. *Grundmann* 2006, S. 9). Anders formuliert, die Sozialisation eines Individuums hat Auswirkungen auf das Denken und Handeln. So drückt sich die Handlungsorientierung und -befähigung – also die Sozialität – nach *Grundmann* (ebenda) u. a. aus, „dass sich Menschen zu Bezugsgruppen zugehörig fühlen, sich in ihrem Verhalten an Mitmenschen orientieren, ihr Handeln und Können vergleichen und schließlich auch darin, dass sie sich gegenseitig helfen und sich in ihrem Handeln ergänzen." Der Sozialisationsprozess kann als produktive Realitätsverarbeitung verstanden werden (siehe hierzu Hurrelmann 2012, S. 42 ff.).

Die Gestaltung sozialer Prozesse zur Definition und Organisation von Handlungsorientierungen ist unter dem Aspekt der Sozialisation in der Betriebswirtschaft bislang wenig thematisiert worden. Der Diskurs der Sozialisation ist zwar grundsätzlich interdisziplinär, jedoch mit starker Prägung durch die Soziologie und Psychologie (vgl. *Hurrelmann* 2012, S. 12 ff. und 30 ff.; *Hurrelmann/Grundmann/Walper* 2008, S. 16 ff.). Im soziologischen Verständnis „äußert sich Sozialisation darin, dass sich durch das gemeinsame Handeln von individuellen Akteuren soziale Strukturen (also soziale Umwelten) formieren, die dann als soziale Kontexte die Genese der Persönlichkeit durch subjektive Erfahrungsverarbeitung bestimmen und auf diese Weise Personen befähigen, sich aktiv an der Gestaltung der eigenen Persönlichkeit und der sie umgebenden Umwelt zu beteiligen" (*Hurrelmann/Grundmann/Walper* 2008, S. 16). Der psychologische Schwerpunkt liegt „stärker auf die subjektiven Perspektiven der Akteure in der Konstruktion sozialer Wirklichkeit" (ebenda). Im betriebswirtschaftlichen Diskurs thematisiert *Kirsch* (1974, S. 124 f.) erstmals den Begriff der Sozialisation in einer Untersuchungsmethode sozialer Determinanten zur Beeinflussung des menschlichen Verhaltens. Die drei Stufen der Methode sind nachfolgend als Fragen formuliert:

1. Wie gelangt das Individuum im Rahmen sozialer Lernprozesse zu kognitiven Informationen? (Sozialisation)
2. Welche sozialen Gesetzmäßigkeiten prägen die aktuelle Situation? (Kommunikation)
3. Welche wahrgenommenen Informationen bilden die Prämissen der Entscheidungssituation? (Macht und Manipulation)

Aus betriebswirtschaftlicher Sichtweise kann sich dem Begriff Sozialisation zunächst phänomenologisch genähert werden. So ist es beispielsweise üblich, dass ein Mitarbeiter in einem neuen Betrieb neben dem Fachlichen zunächst die sozialen Normen und Werte über die Sprache der Kollegen, Vorgesetzten, Kunden, Lieferanten etc. auf Fach- und Beziehungsebene aneignet, bevor er in das aktive Geschehen eingreift. In Deutschland hat sich hierzu das duale Ausbildungssystem etabliert. Es liefert ein solides Basisverständnis betrieblicher Vorgänge, jedoch ist es für Individuen immer wieder eine neue Herausforderung, sich den spezifischen Situationen in Betrieben anzupassen, wenn sie ein Unternehmen wechseln. Bei neuen Führungskräften ist das Phänomen unter der Gewährung von 100 Tagen zur Eingewöhnung in den Betrieb bekannt. Wenn es aber darum geht, bestehende Konventionen organisationsweit zu ersetzen, dann erfordert dies einen weitreichenderen Ansatz, da nicht nur eine einzelne Person neu sozialisiert werden muss, sondern alle Organisationsmitglieder ihr Denken und Handeln ändern müssen. Diese komplexe Art der Verhaltensänderung stellt eine Problemstellung ohne Ideallösung dar.

Dem betrieblichen Kontext folgend wird **Sozialisation** in Abwandlung nach *Grundmann* (2006, S. 38) definiert: Bezogen auf die Akteure sind mit Sozialisation all jene Prozesse beschrieben, durch die der Einzelne über die Beziehung zu seinen Mitmenschen sowie über das Verständnis seiner selbst relativ dauerhaften Verhaltensweisen erwirbt, die ihn dazu befähigen, am sozialen Diskurs teilzuhaben und an der organisationalen Entwicklung mitzuwirken. Daraus kann die Annahme abgeleitet werden, dass Sozialisationsprozesse in nicht unerheblichem Maße eine erfolgreiche Kommunikation und weiterführend Entscheidungsprozesse beeinflussen.

Die Phasen des Sozialisationsprozesses sind schwierig voneinander abzugrenzen, da die Lebensläufe mit zunehmendem Alter der Individuen stark divergieren (vgl. *Tillmann* 2001, S. 18 f.). So verhält es sich auch im betrieblichen Bereich, da es natürlich Mitarbeiter geben kann, die einen Arbeitsplatz innerhalb des Betriebs wechseln und eine schnellere Einarbeitung aufweisen als externe Bewerber. Im einfachsten Fall ist aber von einer primären und sekundären Sozialisation auszugehen (vgl. ebenda), dem für den sozialen Wandel in Organisationen hier gefolgt wird (siehe dazu Abschnitt 2.1.2.4):

1. Der Prozess der **Vor-Sozialisation** sei die Konstellation einen geplanten Wandel zu initiieren, bei der die Entscheidungsträger den Entwurf der Innovation im Diskurs mit gestalten.
2. Der Prozess der **Haupt-Sozialisation** sei die Konstellation der Überführung des geplanten Wandels in routinierte Handlungen.

Psychologisch argumentiert, verlaufen Sozialisationsprozesse auf mentale Weise und erzeugen subjektive Wirklichkeiten beim Individuum. Sozialisationsprozesse bedingen aber die Teilnahme in Kommunikationsprozessen. Der Kommunikation liegt ein allgemeines Kommunikationsmodell zwischen menschlichen Wesen zugrunde (vgl. *Eco* 2002, S. 139; siehe Abb. 2.4). Im menschlichen **Kommunikationsprozess** werden zwischen Sender und Empfänger codifizierte Signale über Informationskanäle ausgetauscht. Der Code übernimmt in der Kommunikation eine Ordnungsfunktion, um Kombinationen zwischen Elementen und deren Anzahl zu beschränken (vgl. ebenda, S. 57).

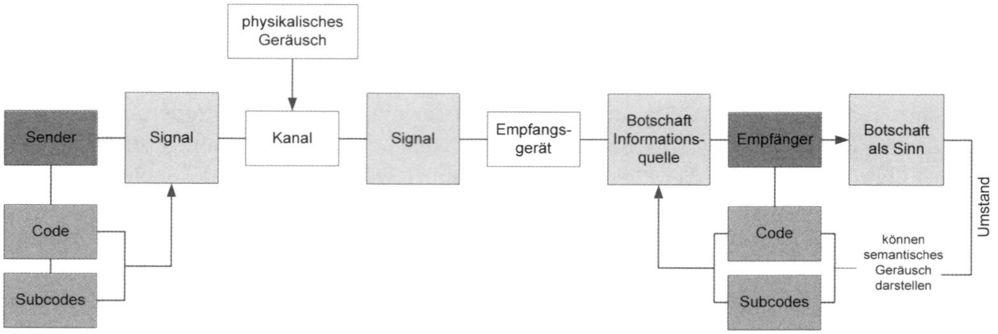

Abb. 2.4: Der Kommunikationsprozess zwischen menschlichen Wesen (nach Eco)

In der mathematischen Informationstheorie wird davon ausgegangen, dass **Information** „ein Maß der (Aus-)Wahlfreiheit innerhalb eines Kollektivs" (*Wild* 1975, S. 1596; vgl. *Eco* 2002, S. 54) ist, und die Informationsmenge den Betrag an Information bildet, „der durch ein bestimmtes Signal aus einem gegebenen Vorrat geliefert wird" (ebenda). Dann ist „[d]ie Information nicht so sehr das, was gesagt wird, sondern das, was gesagt werden kann" (*Eco* 2002, S. 54). Erst der Code reduziert die gleichwahrscheinliche (zufällige) Wahlfreiheit der Zeichenelemente aus einem **Zeichenvorrat**. Dadurch steigt die Möglichkeit gezielt Botschaften zu übertragen (vgl. ebenda, S. 56). Folglich können Zeichen nicht willkürlich kombiniert werden, sondern müssen mithilfe eines Codes einen Sinn ergeben.

So stellt *Eco* (2002, S. 57) den **Code** als „ein Wahrscheinlichkeitssystem dar, das über die Gleichwahrscheinlichkeit des Ausgangssystems gelegt wird, um dieses kommunikativ zu beherrschen." Der Code bildet daher eine Kommunikationsstruktur, die es erlaubt, die Situation des Systems mit dem Umsystem zu vergleichen (vgl. ebenda, S. 61 ff.). Beispielsweise ist die deutsche Sprache ein bewusst codifiziertes System mit Regeln, das die Kombination der elementaren **Symbole**, wie etwa Begriffe, Buchstaben oder Kürzel eingrenzt und ihnen eine Bedeutung zuordnet. Es entsteht eine Summe von Begriffen – das **Begriffssystem**, welches viel eher vorhersehbar ist als die rein mathematische Kombination aller Symbole. Auf diese Weise koppelt der Code Elemente verschiedener Systemebenen und verleiht Botschaften kontextbezogene Begründungszusammenhänge, die als „Sinn-Pfade" bezeichnet werden (vgl. ebenda, S. 129). Der sinngebende Kontext oder einfach **Sinn** kann nach sozialen, sachlichen und zeitlichen Dimensionen kategorisiert werden (siehe hierzu *Simon* 2007, S. 97 ff.).

Sinn-Pfade können durch Subcodes angereichert werden. **Subcodes** stellen dabei kulturelle Konventionen dar, die vorübergehend Gültigkeit erlangen und nicht in feste Kommunikationsstrukturen eingebunden sind; es sei denn, sie verstärken sich dauerhaft (vgl. *Eco* 2002, S. 129 f.). „Die Vielfalt der Subcodes, die eine Kultur durchkreuzen, zeigt uns, dass dieselbe Botschaft von verschiedenen Gesichtspunkten aus und unter Zuhilfenahme verschiedener Systemen von Konventionen decodiert werden kann" (ebenda, S. 134). Subcodes erneuern und verändern insofern das vorhandene Begriffssystem und den kommunizierten Sinnbezug. Begriffssysteme mit vollständigen Codes bilden weiterhin nur temporär vollständige Aussagensysteme und sind demnach als regulative Hypothesen zu begreifen. Zur Entwicklung eines Begriffssystems muss also davon ausgegangen werden, dass es eine allgemein gültige

Struktur gäbe, obwohl sich kontinuierlich Ereignisse auftun, die die Relevanz der Struktur und ihrer Grenzziehung in Frage stellen (siehe hierzu ebenda, S. 132).

Konsequenterweise ist dann zwar eine Validierung des Begriffssystems nicht durchzuführen, es konstituiert sich aber als autopoietisches System, d. h., dass sich eine autonome Einheit bildet, die sich permanent wandelt und anpasst (vgl. *Maturana/Varela* 2009, S. 55 ff.). *Varela* (2012, S. 298) beschreibt diesen Umstand als **Paradoxie** (siehe hierzu ausführlich *Watzlawick/Beavin/Jackson* 2011, S. 205 ff.). Die Aussagen des Begriffssystems bleiben unverständlich, teils widersprüchlich, weil die neu geschaffene Struktur verschiedener Ebenen nicht auf einer umfassenderen Metaebene überprüft werden können. *Kurt Gödel* (zitiert nach *Varela* 2012, S. 300) nimmt an, dass Aussagen formaler Sprachen oder Axiome mathematischer Logiken (vgl. hierzu *Stolzenberg* 2012, S. 236 ff.) sich nicht selbst untersuchen bzw. nicht aus sich selbst herausgehen können. Die Auffassung kann an einem Satz veranschaulicht werden: „Diese Aussage ist unbeweisbar." Der Satz ist nicht widerlegbar, noch lässt er sich beweisen. Stattdessen erzeugt der Satz eine **Rückbezüglichkeit** auf sich selbst („Gödelsche Schleife"). Derartige selbstreferenzielle Sätze, die auch ikonisch darstellbar sind (siehe hierzu die Abbildungen von *Maurits C. Escher* in *Hofstadter* 2007, S. 137 ff. oder *Maturana/Varela* 2009, S. 262), belegen nach *Varela* (2012, S. 300) die Konstitution autonomer Strukturen und Prozesse von Einheiten. Mit der rekursiven Wahrnehmung des Systems auf sich selbst, ist die Einheit operational geschlossen, sodass es eine Grenze erzeugt und sich zum Umsystem unterscheidet (siehe hierzu auch *von Foerster* 2012, S. 43 ff. am Experiment von Sinneszellen). Dadurch erkennt sich das System selbst und schafft sich eine eigene Wirklichkeit. **Erkenntnis** ist dann nicht mehr wie im traditionellen Sinne, die Suche nach einer „objektiv-wahren" Wirklichkeit, sondern muss als individuelle Suche nach passenden Verhaltensweisen und Denkarten aufgefasst werden (vgl. *von Glasersfeld* 2012, S. 37). **Verhalten** wird dabei als „Haltungs- und Standortveränderungen eines Lebewesens, die ein Beobachter als Bewegungen oder Handlungen in Bezug auf eine bestimmte Umgebung (Milieu) beschreibt" (*Maturana/Varela* 2009, S. 150) definiert.

Die Untersuchung des Codes wird in der **Semiotik** behandelt. Es werden Regeln hinsichtlich syntaktischer, semantischer und pragmatischer Herkunft unterschieden (siehe hierzu *Jaspersen/Täschner* 2012, S. 29 ff.). Der Code legt die relevanten Symbole (**Semantik**) samt Kombinationen fest (**Syntax**) und bestimmt die sinngebende Bedeutung (**Pragmatik**) von Botschaften (*Picot/Reichwald/Wigand* 2003, S. 90; siehe Abb. 2.5). Es entstehen aus dem Spektrum der sprachlichen Wahlmöglichkeiten **kulturelle Einheiten** (oder auch **Klassen**), die einen zweckgebundenen, relevanten Aspekt der Wirklichkeit kommunizieren (vgl. *Eco* 2002, S. 58 und S. 74 ff.). Definiert man beispielsweise in der formelgebundenen Finanzierung den Code in der Form, dass Forschung an Fachhochschulen als abgrenzbare Klasse Drittmittelerträge denotieren (siehe hierzu Abschnitt 3.3.1.2), dann ist z. B. die Anzahl der durchgeführten Promotionen als irrelevant zu bezeichnen. Diese komplexitätsreduzierende Sichtweise ist natürlich zweckgebunden – und zwar aus der **Pragmatik** einer formelgebundenen Finanzierung. Für andere Zwecke wäre die Komplexitätsreduzierung aber nicht ohne Folgen. So sind Aussagen in Bezug auf Forschungsergebnisse, Reputation, Preise, Interdisziplinarität, Nachwuchsförderung, Lehrintegration aus anderen sozialen Strukturen, so z. B. der Professoren, sinnstiftend. Selbstverständlich kann eine Klasse daher auch aus mehreren Begriffen und Unterklassen bestehen, sodass sich ein hierarchisches Begriffssystem ergibt. Aus dieser Perspektive heraus sind Bedeutungen von Begriffen – letztendlich die Sprache an sich – als ein kulturell-soziales Phänomen zu untersuchen (vgl. *Eco* 2002, S. 75 f.), will man ein dechiffrierbares und zweckgebundenes Begriffssystem bilden, welches den Anforderungen einer Sozialisation standhält.

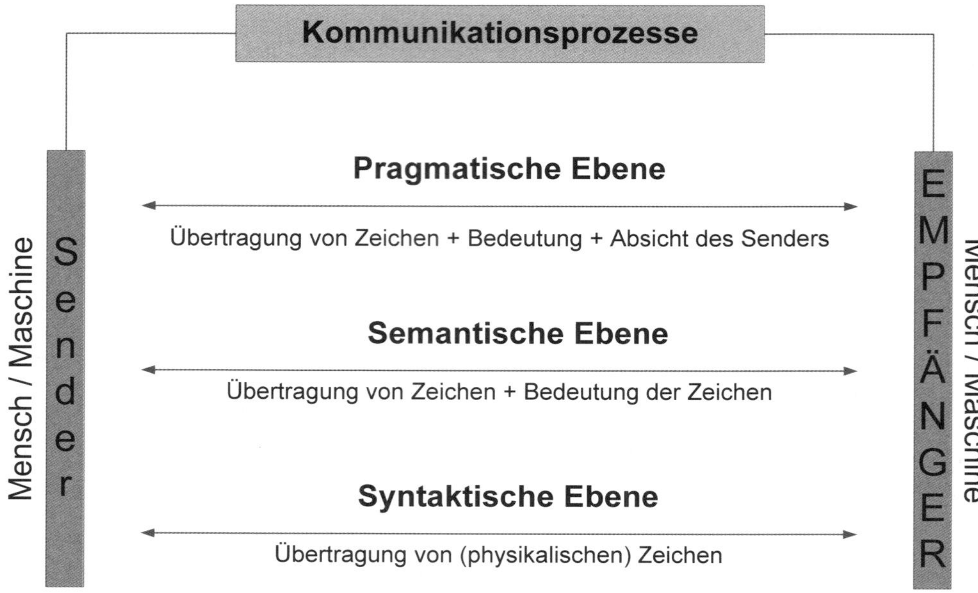

Abb. 2.5: Analyseebenen der Informationsübertragung (nach Picot/Reichwald/Wigand)

An dem Beispiel der formelgebundenen Finanzierung wird deutlich, dass die **Begriffsbildung** ein originärer Ansatz bei der Entwicklung von Modellstrukturen ist. Entsprechend müssen zwecks konfliktfreier Kommunikation, Objekte – im Beispiel, die hinter der Forschung stehenden Promotionen – pragmatisch mit Eigenschaften (E) attribuiert werden (vgl. *Jaspersen/Täschner* 2012, S. 29 ff.; *Eco* 2002, S. 123; siehe Abb. 2.6). *Jaspersen/Täschner* (ebenda, S. 29) schreiben hierzu, dass „ein Begriffssystem im betrieblichen Kontext nur dann sachgerecht verwendet wird, wenn dessen Nutzer nicht nur dieselben Begriffe verwenden, sondern auch einen Konsens in ihrer Gedanken- und Vorstellungswelt über eben diese Begriffe haben."

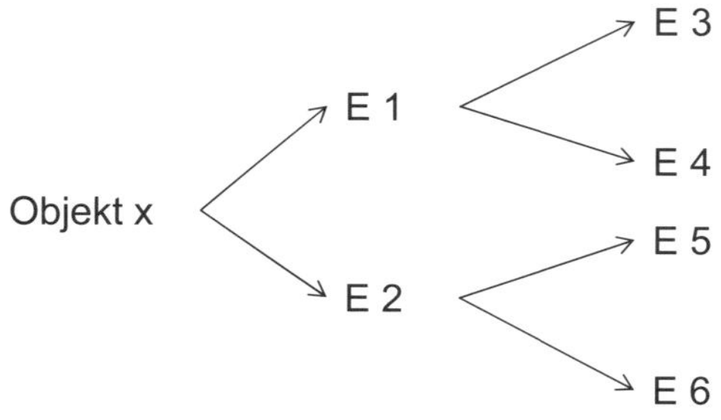

Abb. 2.6: Hierarchische Ordnung von Objekten nach Eigenschaften (nach Eco)

2.1.2.3 Kybernetik und Modellbildung

Entscheidungen ereignen sich nicht nur auf Kommunikations- und Sozialisationsprozessen, sondern haben auch einen **Unterschied** zwischen dem Vorher (Vergangenheit) und dem Nachher (Zukunft) zur Folge. Nach der Entscheidung wird eine operative Handlungsroutine durch ein neues Verhalten ersetzt (vgl. *Baraldi/Corsi/Esposito* 1997, S. 42). Die betriebswirtschaftliche Modellbildung erfolgt aber nicht auf der psychischen Systemebene und deren mentalen Entscheidungsprozessen (siehe dazu beispielsweise auch *Damasio* 2003, S. 175), sondern setzt auf der Ebene der **Kybernetik** an, also auf derjenigen Ebene, die sich allein auf die Übertragung von Signalen beschränkt (vgl. *Eco* 2002, S. 65), um formale Informations- und Kommunikationssysteme zu entwickeln.

Die Kybernetik ist ein Teilgebiet der Systemtheorie und leistet Beiträge zur Steuerung und Regelung komplexer Systeme (vgl. *Koreimann* 2000, S. 4). Sie wird auch in der semantischen Datenmodellierung angewendet (vgl. *Ferstl/Sinz* 1993). Die Auswirkungen kybernetischer Modelle auf psychische Systeme samt Sozialisation und Entscheidungsfindung durch (erfolgreiche) Übertragungen von Informationen sind im Rahmen kommunikationstheoretischer Annahmen bereits weiter oben abgehandelt worden. *Wiendahl* (2010, S. 8 f.) definiert wie folgt: „Unter Systemtheorie versteht man allgemein die Theorie der Beziehungen zwischen den Elementen eines Systems, der Beziehung zwischen Struktur und Funktion von Systemen und der Beziehung zwischen Teilsystemen und Gesamtsystem." Es gelten stark vereinfacht folgende Regeln für die Modellentwicklung (ebenda; siehe Abb. 2.7):

- „Ein **System** besteht aus einer Menge von Elementen und einer Menge von Beziehungen (Relationen), die zwischen diesen Elementen herrschen.
- Eine Gruppe von Elementen, die über Beziehungen verknüpft sind, bildet eine **Struktur**.
- Jedes System kann in **Subsysteme** niederer Ordnung zerlegt werden.
- Elemente, die nach einer anderen Beziehung zusammengefasst werden, heißen **Teilsysteme**.
- Jedes Element, jedes Subsystem und das gesamte System kann mit einer **Systemgrenze** abgegrenzt und durch Input (Eingang), Output (Ausgang) und die Funktion beschrieben werden (sogenannte Black-Box-Darstellung). Wenn das System als Ganzes keine Eingangs- und Ausgangsgrößen hat, spricht man von einem geschlossenen System. Sonst handelt es sich um offene Systeme."

Es wird deutlich, dass sich Elemente, Teil- oder Subsysteme zu größeren Einheiten aggregieren lassen, wenn die Semantik eines Objekts syntaktische Beziehungen aufweisen. Dadurch wird eine Hierarchisierung des Begriffssystems betrieben (vgl. *Jaspersen/Täschner* 2012, S. 25).

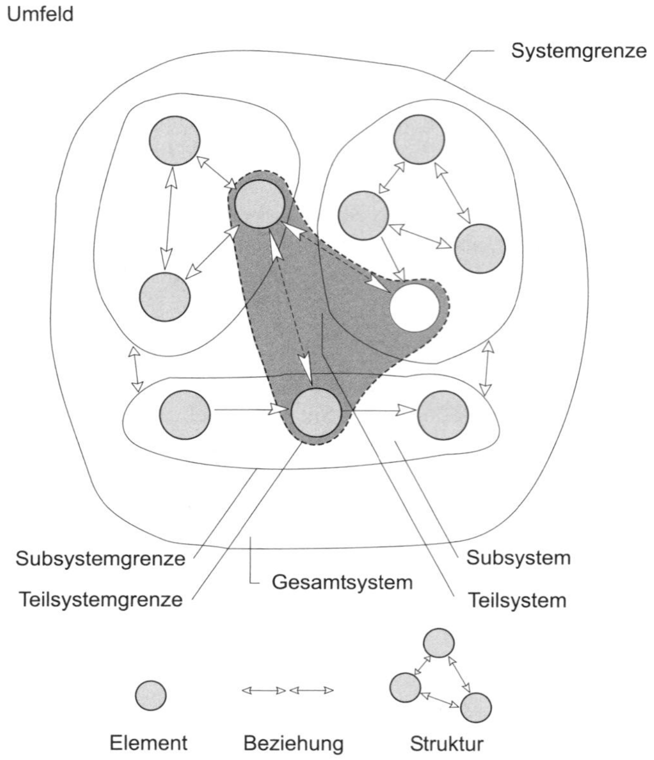

Abb. 2.7: Grundbegriffe zur Systemdefinition (nach Wiendahl)

Die Kommunikation in hierarchischen Systemen kann am Beispiel des kybernetischen **Regelkreismodells** beschrieben werden (siehe Abb. 2.8). Die Hochschule stellt sich als ein System von Regelkreisen dar und gibt so Strukturen vor, wie ein hierarchisches Berichtswesen konzipiert werden kann (vgl. *Blohm* 1975, S. 442). Es wird beispielsweise angenommen, dass die Organisationseinheit$_A$ als dezentrales Leitungsorgan mit der zentralen Hochschulleitung interagiert und sich das Ziel gesetzt hat, die Gleichstellung zu intensivieren. Der Organisationseinheit$_A$ stehen als **Regler** mehrere Handlungsoptionen zur Verfügung. Beispielsweise könnte ein Teilziel (**Stellgröße**) der Gleichstellung im Handlungsfeld „Personal" gesehen werden, indem je nach Lage als Maßnahme künftig mehr Wissenschaftlerinnen oder Wissenschaftler bzw. Mitarbeiterinnen oder Mitarbeiter eingestellt werden. Im Handlungsfeld der Lehre könnte sich die Organisationseinheit$_A$ das Teilziel setzen, mehr Studentinnen in ingenieurwissenschaftlichen Studiengängen aufzunehmen. Als Maßnahme zur Attraktivitätssteigerung werden Schnuppertage als zielführend erachtet. Aus dieser Stellgröße heraus, ergibt sich eine konkrete **Führungsgröße**: Die Studiengänge Elektrotechnik und Maschinenbau sollen im Wintersemester 10% mehr Studentinnen aufnehmen. Dem Wert liegt eine Analyse des Umfelds zugrunde. Es ergibt sich eine zu erreichende wertmäßige Führungsgröße mit entsprechenden Handlungsrahmen, der auszuführen ist. Die Aktionen bzw. geplanten Maßnahmen werden durchgeführt und zeitlich versetzt wird durch einen **Sensor** registriert, wie viele Studentinnen sich tatsächlich in die Studiengänge eingeschrieben haben. Die Istmeldung (**Regelgröße**) wird an die regelnde Organisationseinheit$_A$ zurückgekoppelt. Weicht die Regelgröße von der Führungsgröße ab, treten zu analysierende **Störeffekte** auf. In diesem Fall könnte die Störung durch die Attraktivität anderer Hochschulen, anderer Studiengänge oder fehlgeleitete Maßnahmen dazu geführt haben, dass die Zielsetzung nicht erreicht wurde. Denkbar wäre auch, dass aufgrund hoher (weiblicher) Abiturientenzahlen oder Arbeitsmarktchancen die Zielsetzung übertroffen wird. *Ferstl/Sinz* (2008, S. 34) schreiben hierzu: „Der Zyklus aus Planung, Steuerung und Kontrolle ist als Regelkreis interpretierbar, wobei dem Informationssystem die Rolle des Reglers, dem Basissystem, die der Regelstrecke zukommt."

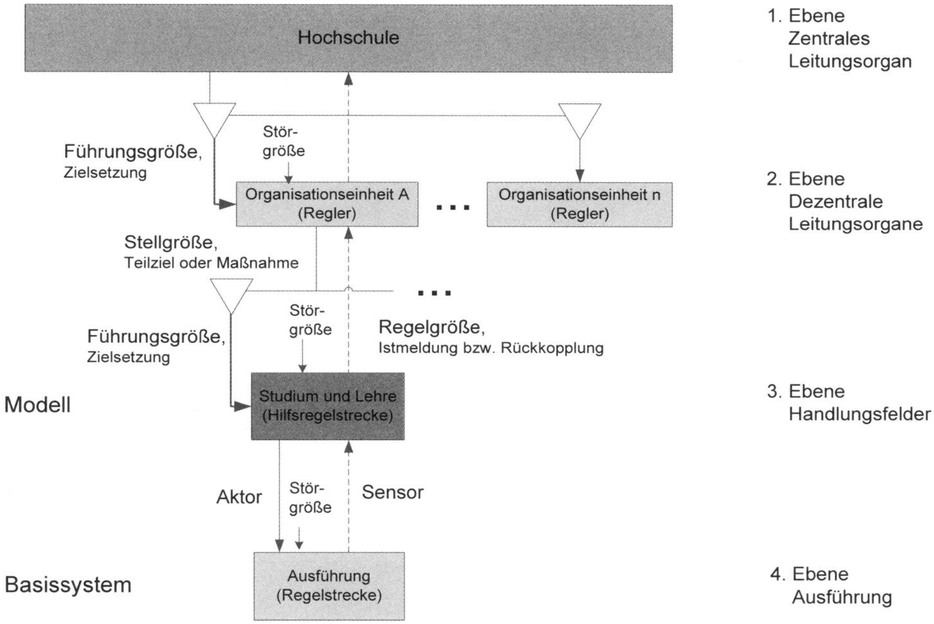

Abb. 2.8: Die Hochschule als Regelkreissystem (in Anlehnung an Blohm)

Das Regelkreismodell verdeutlicht, dass durch das Controlling nicht direkt auf die Ausführung realer Prozesse Einfluss genommen wird. Mittels einer zweckmäßigen Modellbildung legt das Controlling Regeln zur „Beobachtung von Unterscheidungen" fest. Es definiert bzw. grenzt das System zur Umwelt ab und erlangt dadurch eine Außensicht auf das komplexe System „Hochschule". Mit der Abbildung und Erfassung entscheidungsrelevanter Systemaspekte wird erst eine autonome Steuerung des Systems durch Leitungsorgane und die Vorgabe von Zielwerten ermöglicht (siehe auch *Jaspersen/Täschner* 2012, S. 3 f. und 27). Wandelt sich jedoch das Basissystem – sei es beispielsweise durch die Etablierung eines neuen Studiengangs – muss sich das Controllingsystem ebenfalls anpassen, um das Basissystem weiterhin beobachten zu können (siehe dazu Abschnitt 2.1.2.4).

Die Pragmatik bestimmt die **Modellbildung** im Controlling. Zwecks Sinnstiftung muss auf der Modellebene der Nutzen des Controllings spezifiziert werden, seine zeitliche Dimension muss bestimmt, und der Aussagehorizont muss abgegrenzt werden (vgl. *Jaspersen/Täschner*

2012, S. 18). *Jaspersen/Täschner* (ebenda) erläutern die Herausforderung und Konsequenz, die sich bei permanent wandelnden Basissystemen ergibt. „Zur pragmatischen Bewältigung der Handlungsansprüche im Unternehmen muss einerseits der operative Alltag mit Controllingprozeduren überzogen werden, andererseits sind aber auch zukünftige Situationen zu planen. Im ersten Fall werden hier so definierte Routinemodelle verwendet. Die zu modellierende Realwelt existiert im zweiten, im Innovationsfall noch nicht, sie soll erst erstellt werden. Mit ihrer Entstehung werden gleichzeitig Innovationsmodelle entwickelt."

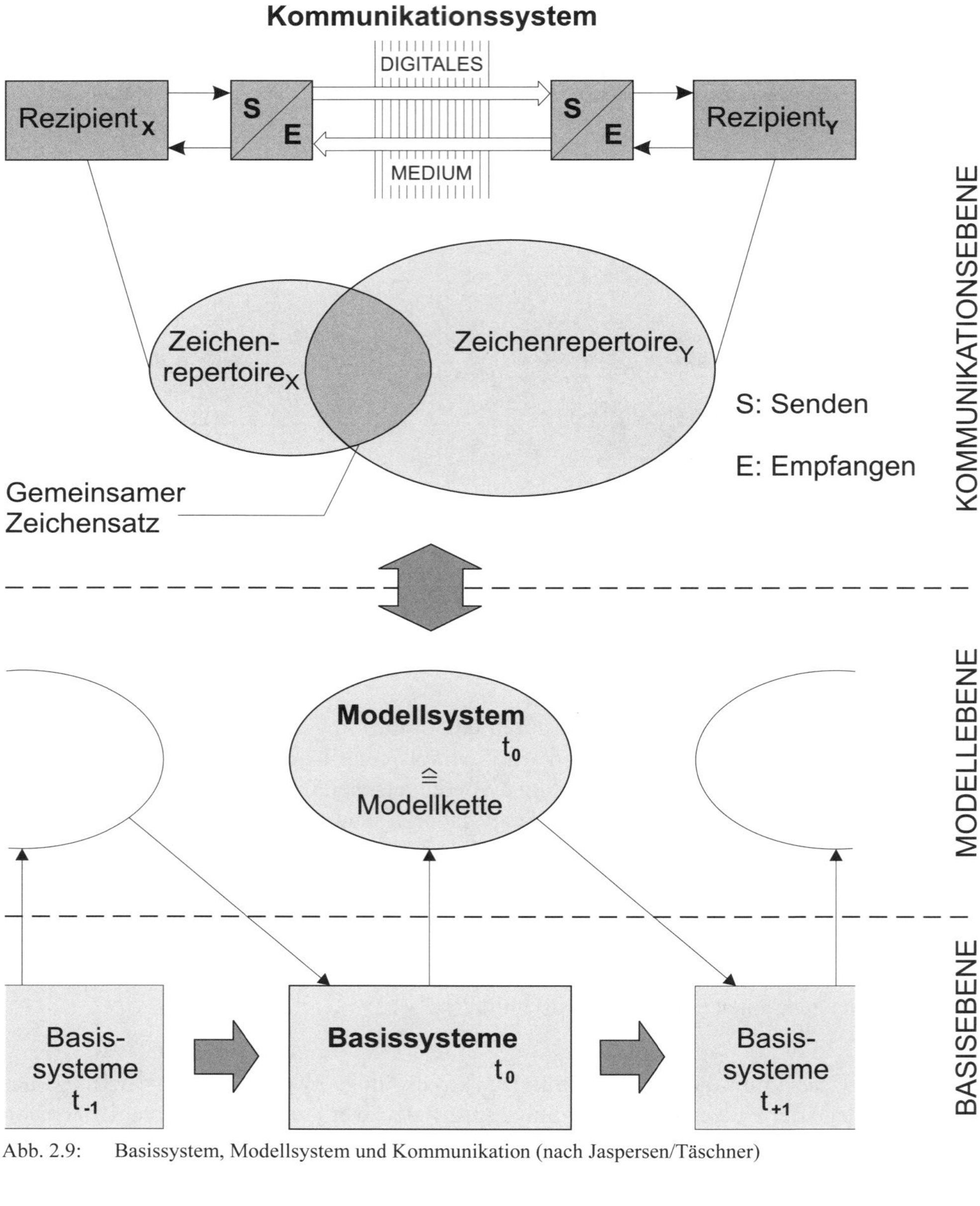

Abb. 2.9: Basissystem, Modellsystem und Kommunikation (nach Jaspersen/Täschner)

Aus der Komplexität und Dynamik des physischen Basissystems kann ein Informationssystem für das Controlling nur auf Zeit eingerichtet werden. Ständig ändern sich die Umfeldbedingungen, die Ziele der Organisation und der handelnden Personen. Ein einzelnes Informationssystem reicht deshalb nicht aus, den Ansprüchen gerecht zu werden. Es bedarf eines integrierten, aufeinander abgestimmten, aber dennoch dynamischen Modellsystems – also eine Modellkette, die die handlungsrelevanten Wirklichkeitsaspekte abbildet, zueinander in Beziehung setzt und ständig validiert. Die Eigenkomplexität der Modelle nimmt durch Kopplungen dabei ständig zu. Ausgehend von Modellbildungen mit geometrischen oder leistungsbezogenen Daten lassen sich abstraktere Modelle wie beispielsweise monetäre oder kapazitätswirksame Datenmodelle konstruieren (vgl. ebenda, siehe Abb. 2.9).

2.1.2.4 Sozialer und organisatorischer Wandel

Mit der Veränderung des Umfelds passt sich das Basissystem einer Hochschule durch das Finden einer Entscheidung an. Dadurch soll die kontinuierliche Leistungserbringung mit einem an sie gestellten Anspruch gewährleisten. Das impliziert, dass nicht nur staatliche und öffentliche Ansprüche an die Leistungsgenerierung sich ändern, sondern auch, dass das gesellschaftliche Wertesystem insgesamt, sei es von Studierenden, Mitarbeitern, Lehrenden, Kooperationspartnern oder Arbeitgebern, einem ständigen Wandel unterliegt. Verhaltensformen und Wertvorstellungen sind dementsprechend zeitlich gebunden. Der Wandel ist sozial konstruiert; sind es doch die Menschen, die den Moment des Paradigmas deuten und damit Verhaltensänderungen individuell und gesellschaftlich wechselseitig vornehmen. Entsprechend bedarf es pragmatischer Modelle, die einerseits die bereits routinierten Aufgaben kurzfristig planen und steuern. Andererseits sind aber auch innovative Modelle erforderlich, die der Umweltdynamik entsprechende, gänzlich neuartige oder veränderte Ansprüche in die Hochschule kanalisieren und so dem sozialen Wandel langfristig Rechnung tragen. Insofern tragen Innovationsmodelle zum kontinuierlichen organisationalen Lernen bei und sichern deren realen (physischen) Fortbestand (siehe hierzu auch *Jaspersen/Täschner* 2012, S. 11 ff.). Organisatorisches Lernen ist als erweiterte Theorie des organisatorischen Wandels zu verstehen und basiert auf Überlegungen zur Gestaltung von Veränderungsprozessen. Hierzu haben sich Konzepte der Organisationsentwicklung etabliert (vgl. *Schreyögg* 2008, S. 409 ff. und 437 ff.).

Der soziale Wandel und der entsprechende organisatorische Wandel in Hochschulen kann am Input/Output-Modell im New Public Management verdeutlicht werden (vgl. *Pollitt/Bouckaert* 2000, S. 12 f.; siehe Abb. 2.10). Dabei werden ausgehend von den Bedürfnissen relevante Zielvorgaben gebildet, um Ressourcen der Organisation zielgerichtet für Aktivitäten zu kombinieren. Es entstehen Leistungen, die (Zwischen-)Wirkungen auslösen, welche sozioökonomische Probleme lösen sollen und wiederum zu neuen Bedürfnissen führen. Wirkungen werden in kurzfristigen Resultaten (Zwischenwirkungen) und finalen Auswirkungen unterschieden. Beispielsweise kann eine Studentin kurzfristig einen Job erhalten und dort langfristig ihre hochschulischen Kompetenzen weiter entwickeln. Der Wert dieser Wirkungen ist auf den Prozess der Leistungserstellung zurückzuführen (vgl. *Pollitt/Bouckaert* 2000, S. 12).

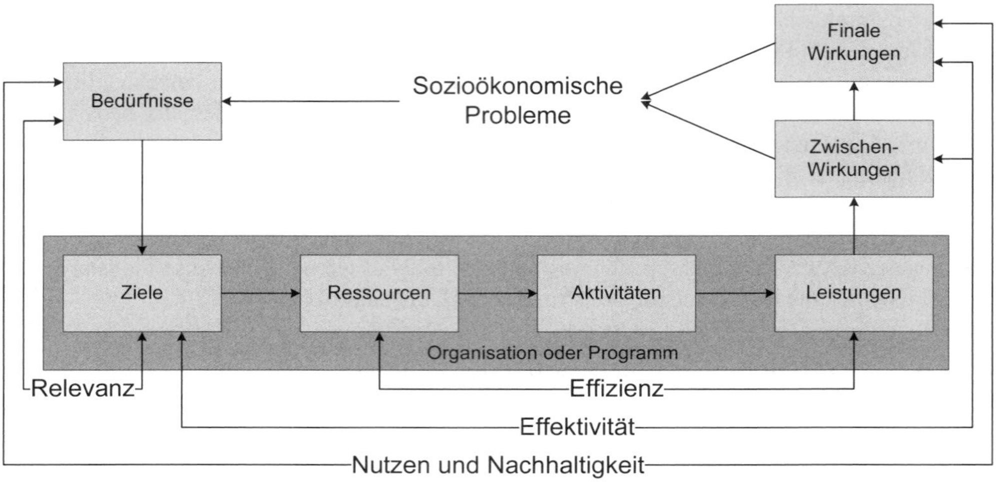

Abb. 2.10: Erweitertes Input/Output-Modell (nach Pollitt/Bouckaert)

Die Hochschule ist gehalten, kontinuierlich einen Mehrwert für ihre Anspruchsgruppen zu schaffen. Aus der Betrachtung der Wirkungskette im erweiterten Input/Output-Modell lassen sich ökonomische Erfolgsgrößen für die gesamte Hochschule, ihrer Teileinheiten als auch für Programme, wie beispielsweise Studiengänge, der Internationalisierung, Gleichstellung oder Verbesserung der Studienqualität, ableiten. Der soziale Wandel in Hochschulen vollzieht sich insofern auf der Ebene von Objekten. Es konstituiert sich eine sozioökonomische Sichtweise der Problembewältigung. Die folgenden Erfolgskriterien sind zur Systembewertung wesentlich:

- Es wird die Existenz einer Vielzahl unterschiedlicher menschlicher Bedürfnisse angenommen, die für die Hochschule in eine nicht zu bewältigende Komplexität führt und in eine Ungewissheit über zu verfolgende Ziele mündet. Die Komplexitätsreduktion und Zielfokussierung orientiert sich am Prinzip der **Relevanz**, wonach nur die präferierten Ziele verfolgt werden. Es entsteht eine Präferenzordnung zur Erstellung von Gütern (vgl. *Kirsch* 1974, S. 208).
- Die **Effizienz** bildet mit seinen beiden Ausprägungen der Wirtschaftlichkeit und Produktivität den alleinigen Maßstab zur Beurteilung betrieblicher Handlungen in der wirtschaftstheoretischen (klassischen) Betriebswirtschaft (vgl. *Wöhe/Döring* 2010, S. 8). Die Effizienz beschreibt wert- und mengenmäßig das Verhältnis zwischen erbrachten Leistungen (Outputs) zu den eingesetzten Ressourcen (Inputs). Daran wird bereits deutlich, dass die Formulierung von Sachzielen nicht Gegenstand der klassischen Betriebswirtschaft ist, sondern als Datum den Ausgangspunkt ökonomischer Untersuchungen bildet (vgl. *Macharzina/Wolf* 2010, S. 208 ff.).
- Im Unterschied zur Effizienz gibt die **Effektivität** das Verhältnis zwischen Sachzielen und Wirkungen wieder. Damit wird die Frage beantwortet, inwieweit der Outcome zur Zielerreichung beigetragen hat. Outcomes, die nicht zur Erreichung von Zielen beitragen, sind ineffektiv.

- In der Betriebswirtschaft wird angenommen, dass die Bedürfnisse der Menschen quasi unbegrenzt sind und Güter der Bedürfnisbefriedigung dienen (vgl. *Jung* 2010, S. 2 ff.). Anhand der Präferenzordnung erfolgt eine Entscheidungsfindung von Zielen und Strategien seitens der Organisation, die den Referenzwert zur Generierung psychologischer Gewinne (**Nutzen**) bilden (siehe Abschnitt 2.1.1.2). Entsprechend gilt für Hochschulen: Je besser die präferierten Ziele durch Wirkungen aus Lehre und Forschung befriedigt werden, desto höher ihr Nutzen.
- Die Nachhaltigkeit spielt in der Bewertung der Input-Output-Relationen eine Rolle. *Häberle* (2008, S. 899) charakterisiert **Nachhaltigkeit** allgemein als ein neues Paradigma in der Beurteilung ökonomischer Wachstumsprozesse in Vereinbarkeit natürlicher Lebensgrundlagen. Nachhaltiges Wirtschaften verknüpft entsprechend ökonomische, ökologische und sozial-gesellschaftliche Dimensionen. In Kontext von Hochschulen stellt sich Nachhaltigkeit als sozioökonomisches Verhältnis zwischen Bedürfnissen und Wirkungen dar (siehe dazu auch *Pasternack/von Wissel* 2010, S. 62 f.).
- Daneben ist die **Qualität** der Leistungserstellung ein wesentlicher Erfolgsmaßstab (vgl. *Budäus/Buchholtz 1997*, S. 323 ff.). So ist vor allem die Effizienz einer Handlung wenig aussagekräftig, wenn diese zu Lasten der Qualität gesteigert wird. Die Standardisierung der Qualität ist deshalb eine notwendige Rahmenbedingung für die Bewertung effizienter und effektiver Handlungen.

Aus dem erweiterten Input-/Output-Modell werden zwei Aspekte zur Dynamisierung von Systemen deutlich: Zum einen ist das System Hochschule offen, d. h., dass es Bedürfnisse benötigt und Wirkungen entfaltet, um so eine Daseinsberechtigung zu erlangen. Zum anderen können sich gesellschaftliche Bedürfnisse und Ziele der Hochschule im Zeitverlauf ändern. Dementsprechend sind angestrebte Ziele und deren Ausmaße – das **Anspruchsniveau** – dynamisch und reagieren auf laufend ändernde und konkurrierende Erwartungen der **Anspruchsgruppen** an bestimmte Umweltzustände (vgl. *Grass* 2000, S. 170 f.; siehe dazu Abschnitt 2.2.3.2).

Die Hochschule kann sich durch Lernstrategien an Umweltveränderungen anpassen. *Levitt/March* (1988) interpretieren organisationales Lernen auf Basis verhaltenswissenschaftlicher Studien. Ihre drei wesentlichen Feststellungen sind:

- Verhalten in Organisationen basiert auf einstudierten Routinen. Hiernach werden Prozeduren eher situationsspezifisch angepasst als kalkuliert Handlungsalternativen nachzugehen.
- Handlungen in Organisationen sind abhängig von der geschichtlichen Entwicklung. Routinen werden eher in Bezug auf historische Ereignisse bewertet als der antizipierten Zukunft. So erfolgen Anpassungen schrittweise auf Basis von Erfahrungen rückgekoppelter Wirkungen.
- Organisationen sind zielorientiert. Das Verhalten hängt vom Verhältnis zwischen den beobachteten Wirkungen und den Ansprüchen an diese ab. Erfolg (Gewinn) oder Misserfolg (Verlust) wird dabei größerer Bedeutung beigemessen als gestaffelten Abstufungen beider Größenpole.

Der Begriff **Routine** ist zentral im Konzept des organisationalen Lernens und beinhaltet Regelungen, Prozeduren, formale und kulturelle Übereinkünfte oder auch angewandte Technologien, die die Organisation konstituieren und von dem Umfeld abgrenzen. Daneben subsumieren Routinen auch Wertestrukturen, Paradigmen oder (Sub-)Codes. Routinen existieren unabhängig vom Individuum. Stattdessen sind sie im kollektiven Bewusstsein und werden u. a. durch **Sozialisation** übertragen (siehe hierzu Abschnitt 2.1.2.2). Routinen bilden insofern die operative Basis nach denen eine Leistung generiert wird (vgl. *Levitt/March* 1988, S. 320). *Schreyögg* (2008, S. 440) fasst das Konzept des organisatorischen Lernens zusammen und definiert **Lernen** „als Veränderung der Wissensbasis. Organisatorisches Lernen ist dann der Prozess, in dem Organisationen Wissen erwerben, in ihrer Wissensbasis verankern und für zukünftige Problemlösungserfordernisse hin neu organisieren." Dabei muss „das organisatorische Wissen anschlussfähig sein" (ebenda, S. 445), d. h., dass nicht allein interne, sondern ebenso externe Ansprüche erfüllbar sein müssen. Es müssen insofern interorganisationale Nomenklaturen aus dem Kontext des betrachteten offenen Systems aufgenommen und organisatorisch in die Wissensbasis integriert werden, um es bestandsfähig zu halten (vgl. ebenda). Die kommunikative Anschlussfähigkeit erweist sich als zentrales Moment der konstruktivistischen Systemtheorie.

Zur Beurteilung von Wissensbeständen und für das eigene Handeln innerhalb eines offenen Systems ist neben der Kenntnis von Oberbegriffs-Unterbegriffshierarchien (vgl. *Dörner* 2009, S. 112 f.; siehe dazu Abschnitt 2.1.2.3.) auch die Kenntnis von Beziehungen der Variablen relevant. „Kennt man das System, in welches eine Variable eingebettet ist, so weiß man auch, welche Informationen man sammeln muss, um die Basis für das eigene Handeln zu schaffen" (ebenda, S. 112). *Dörner* (ebenda, S. 110 ff.) präzisiert die Begrifflichkeiten, die für den Fortbestand eines offenen Systems relevant sind. **Rückkopplungen** bezeichnen Systembeziehungen, in denen sich eine Variable direkt oder indirekt selbst beeinflusst. Eine Rückkopplung ist positiv, wenn z. B. eine Vergrößerung der Variable weitere Vergrößerungen nach sich zieht. Durch übermäßig viele positive Rückkopplungen ist die Systemstabilität gefährdet. Hingegen weisen negative Rückkopplungen die Tendenz auf, zum stabilen Zustand wieder zurückzukehren und puffern dadurch Systemveränderungen. Technische Geräte sind in der Regel negativ rückgekoppelt (siehe hierzu *Simon* 2007, S. 18 f.). Bei natürlichen und sozialen Systemen sind negative Rückkopplungen nur bedingt möglich, da sie nur über begrenzte Ressourcen verfügen. **Kritische Variablen** bzw. „kritische Elemente" (*Vester* 1976, S. 61; zitiert nach *Dörner* 2009, S. 112) stehen vielfach in wechselseitiger Beziehung zu anderen Variablen. Werden sie beeinflusst, ändert sich im hohen Maße der Zustand des Gesamtsystems. **Indikatorvariablen** hängen zwar ebenfalls vielfach von anderen Variablen ab, beeinflussen diese aber nur im begrenzten Umfang. Sie sind von Bedeutung, wenn man den Gesamtzustand des Systems abbildet, um so früh Veränderungen des Systemgefüges zu erkennen (vgl. ebenda).

Die Erfassung und Abbildung beider Variablentypen sind für die Zustandsbeurteilung und dem organisatorischen Wandel des Systems also von elementarer Wichtigkeit. Die Variablen spiegeln sich auch wider, wenn die **Lernebenen** einer Organisation betrachtet werden. Sie verdeutlichen, wie der Wandel routinierter Verhaltensprozesse abläuft (vgl. *Schreyögg* 2008, S. 445 ff.). *Argyris/Schön* (1978, S. 18 ff.; zitiert nach Schreyögg 2008, S. 445 ff.) unterscheiden drei Ebenen (vgl. auch *Nickel* 2007, S. 77 ff.; siehe Abb. 2.11):

- Single-loop-Learning („Einkreislernen"),
- Double-loop-Learning („Zweikreislernen") und
- Deutero-Learning.

Das **Single-Loop-Learning** ist in routinierten Handlungen vorzufinden. Wie im kybernetischen Informationsmodell dargestellt (siehe Abb. 2.8), wird der Systemzustand so reguliert, wie es durch Sollwerte kritischer Variablen geplant wurde. Etwaige Ergebnisabweichungen können zur Korrektur von Handlungen führen. Die Organisation passt sich in ihren operativen Verhalten der veränderten Umwelt an, ohne dass dabei grundsätzliche Wertvorstellungen und Ziele hinterfragt werden. Single-Loop-Learning ist die Voraussetzung für die Etablierung eines zweikreisigen Lernens. Mit dem **Double-Loop-Learning** werden Annahmen operativer Handlungsmechanismen samt entsprechenden Führungsgrößen anhand von Indikatorvariablen hinterfragt, weil sich Überzeugungen und Grundwerte aufgrund gesellschaftlicher Veränderungen geändert haben. Die Diskussion neuer Paradigmen und Präferenzordnungen wird oftmals von zwischenmenschlichen Konflikten begleitet, werden doch etablierte Handlungsmuster ständig in Frage gestellt. **Deutero-Learning** beschreibt die Fähigkeit selbst zu lernen und reflektiert damit den gesamten Lernprozess an sich.

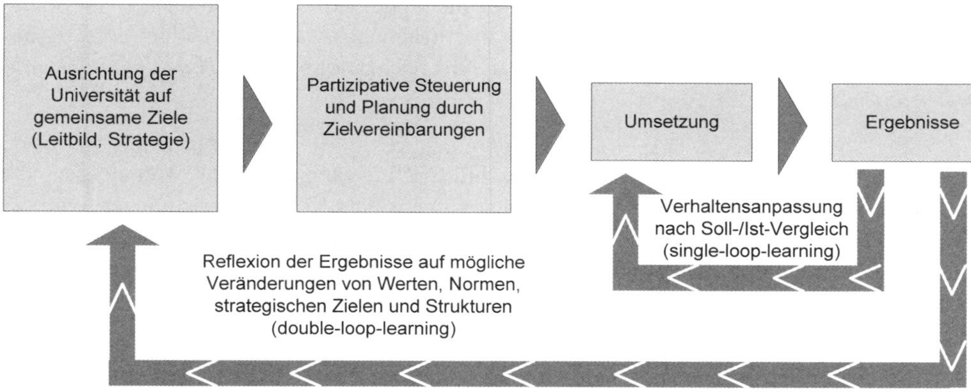

Abb. 2.11: Lernebenen in Hochschulen (nach Nickel)

Hochschulentwicklung kann als ein objektbezogenes Lernen bezeichnet werden, mit dem Ziel, dynamisch konstruierte soziale Wertvorstellungen methodisch strukturell und prozessual langfristig in die Organisation der Hochschulen in Routinen umzusetzen.

2.1.3 Implikationen

Aus dem in Abschnitt 2.1.1 dargestellten Spektrum an Verhaltensverzerrungen, die die Komplexität von Problemstellungen reduzieren, wird verständlich, dass Menschen oftmals kognitiv nicht in der Lage sind, rationale Urteile und Entscheidungen zu treffen. Konsequenterweise muss das Hochschulcontrolling ein geeignetes Framing und eine Außensicht von Entscheidungen unterstützen, welches den Entscheidungsträgern

- Referenzzustände sowie Gewinne oder Verluste liefert (zeitliche Entscheidungsbezug),
- mögliche Auswirkungen von Entscheidungen auf andere Handlungsfelder und zur Umwelt aufzeigt (strukturell-sachlicher Entscheidungsbezug) sowie
- Voraussetzungen für ein geregeltes Entscheidungsverhalten schafft (prozessual-sozialer Entscheidungsbezug).

Wenn der Referenzwert als angestrebter Zustand angesehen wird, dann kann er als **Zielwert** oder **Planwert** aufgefasst werden. Gewinne und Verluste ergeben sich als Abweichung aus dem tatsächlich erreichten Wert – dem **Kontrollwert**. Gewinne und Verluste weisen auf den psychologischen Nutzen von Entscheidungsträgern hin, wie z. B. Zufriedenheit. Dabei ist auf die Entscheidungsrelevanz der bereitgestellten Informationen zu achten. So sind sachbezogene Ziele zu strukturieren und auf ihre Auswirkungen auf andere Handlungsfelder hin zu untersuchen. Dieses breite Framing ermöglicht von außen die Beobachtung des Systems „Hochschule" in sachlicher Hinsicht, aber vor allem betrachtet es die formal stattfindenden Kommunikationen in sozialer Hinsicht. Es wird deutlich, dass das Hochschulcontrolling mit der Gestaltung von Informationsstrukturen und Informationsprozessen Einfluss auf die formale Kommunikation und damit auf das Entscheidungsverhalten nimmt. Dennoch handelt es sich bei dem Untersuchungsgegenstand „Hochschule" um ein komplexes Systemgefüge, deren Entscheidungszusammenhänge nicht vollends modelliert werden können. Denn Sozialisationsprozesse vollziehen sich vielschichtig und Erhebungsstrategien erfolgen „häufig nur indirekt – über die subjektiven Perspektiven der Beteiligten" (*Hurrelmann/Grundmann/Walper* 2008, S. 22).

Aus den theoretischen Ausführungen des Abschnitts 2.1.2 kann abgeleitet werden, dass die Gestaltung von Planungs- und Kontrollsystemen von aus dem Kontext vorhandener Symbole erfolgen muss. Das Basissystem wird insofern zweckmäßig aus der Pragmatik der Bezugsgruppen heraus syntaktisch und semantisch definiert. Entscheidend ist dabei auch die Abgrenzung des Systems „Hochschule" – das Framing – um zweckmäßig aus entscheidungsbezogener Sicht beobachten zu können.

Zur Verdeutlichung sei im Hochschulsektor der Begriff „Büroraum" ausgeführt. Der Begriff ist dem kategoralen Begriffssystem der DIN 277 (Grundflächen und Rauminhalte von Bauwerken) zuzuordnen und in seiner Semantik klar von anderen Raumarten abgegrenzt (siehe Abb. 2.12). Die DIN 277 definiert für die Flächenermittlung eines Gebäudes ein hierarchisches Begriffssystem unter Verwendung einheitlicher **Raumnutzungsarten**. Dadurch werden die Flächen klassifiziert, um sie verdichten und vergleichen zu können. Dabei ergibt sich die Bruttogrundfläche (BGF) aus der Nettogrundfläche (NGF) und der Konstruktionsfläche (KGF). Die Nettogrundfläche wiederum setzt sich aus Nutzfläche (NF), Technischer Funktionsfläche (TF) und Verkehrsfläche (VF) zusammen. Die Nutzfläche setzt sich aus sieben Kategorien zusammen, die wiederum Raumnutzungsarten umfassen. NF2 umfasst die Büroarbeit. Die Raumnutzungsarten nach DIN 277 definieren hierbei nicht, ob es sich um Büroräume beispielsweise für die Verwaltung, Forschung oder Lehre handelt, sondern orientieren sich an einer allgemeinen Klassifikation für Räume. Der in der DIN 277 definierte Code ist nicht für die Belange einer Hochschule geeignet. Es bedarf eines Subcodes.

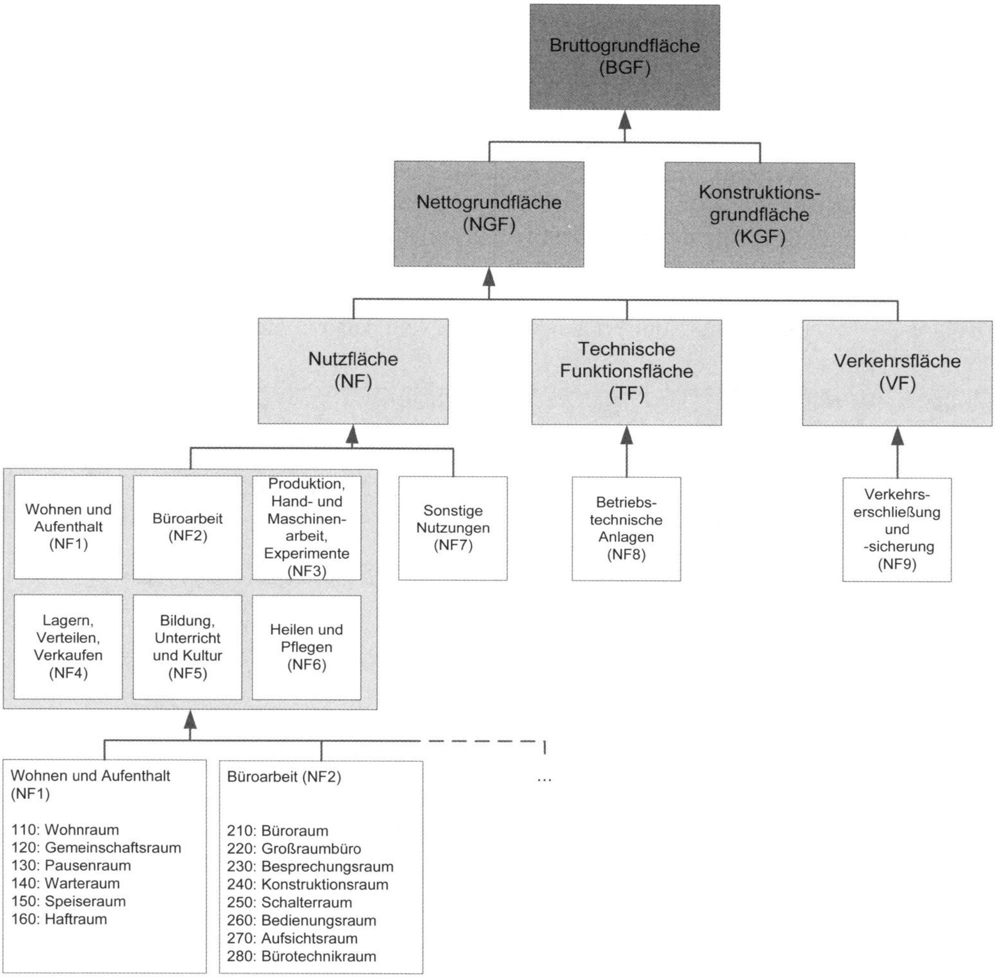

Abb. 2.12: Hierarchische Flächenklassifikation nach DIN 277

Es ist ein hochschulspezifischer Subcode zu entwickeln, der zum bisherigen Code gekoppelt ist, um einerseits Bezug zum Umsystem zu nehmen und andererseits das Geschehen des Systems „Hochschule“ so abzubilden, dass adäquate Denk- und Handlungsanweisungen abgeleitet werden können. Die HIS GmbH hat beispielsweise für die Nutzfläche 1 bis 6 **Nutzungsbereiche** (NB) definiert, die die Flächen hochschulspezifisch schlüsseln („codieren“) und zu den Raumnutzungsarten nach DIN 277 überleitbar sind (vgl. *Ritter/Hansel* 2005, S. 23; siehe Tab. 2.2).

Die flächenmäßige Darstellung eines Büroraums orientiert sich primär an normativen Vorgaben der Rahmenplanung für den Hochschulbau (siehe hierzu Abschnitt 3.3.2.4). So hat eine Universitäts-Professur Anspruch auf 24 m^2 Büroraum und eine Fachhochschul-Professur nur 12 m^2 (vgl. *Ritter/Hansel* 2005, Anhang A.2.2 und A.3.2). Ob dieser wertmäßige Unterschied nun „gerecht“ ist oder nicht, sei dahin gestellt – der Sinn-Pfad ist normativ gewollt und erfüllt somit eine spezifische Pragmatik, wodurch die Planung des Flächenbedarfs für Baumaßnahmen beeinflusst wird. Die Vergleichbarkeit unter Hochschulen hat dann auch folglich seine systembezogenen Grenzen, aber die Interpretation des Begriffs mit seiner Wertausprägung ist unmittelbar mit einem Anspruch oder einer individuellen Handlungsanweisung an den Empfänger verknüpft. Statistische Meldungen über faktische Flächen liefern Kontrollwerte aus Informationssystemen, also Informationen über momentane Sachstände der Hochschule. Obwohl diese auf alphanumerischen Informationssystemen basieren, beruhen sie doch auf geometrisch-ikonischen Quelldaten, die die Baupläne des Architekten und damit selbstverständlich auch bauliche Veränderungen abbilden. Um eine widerspruchsfreie und erfolgreiche Datenkommunikation zu gewährleisten, sind daher beide Systeme zu koppeln.

Nutzungsbereich	Beschreibung
NB 1: Büroflächen	Büros, Besprechungsräume, Teeküchen u.a.
NB 2: Fachspezifische Flächen	Labore, Hallen, Tier- und Pflanzenzucht u.a.
NB 3: Werkstattflächen	Werkstätten
NB 4: Lagerflächen	Lager, Archive / Sammlungen, Futtermittellager
NB 5: Bibliotheksflächen	Bibliotheksräume, Lesesäle, Magazine u.a.
NB 6: Praktikumsflächen	Vorbereitungsräume, technische Übungsräume u.a.
NB 7: Rechnerflächen	Groß- und Kleinrechnerräume, Medienräume
NB 8: Hörsaalflächen	Hörsäle, Versammlungsräume
NB 9: Seminarraumflächen	Seminar-, Übungs-, Unterrichtsräume u.a.

Tab. 2.2: Nutzungsbereiche der HIS GmbH zur Dokumentation von Flächen an Hochschulen

Natürlich bildet die Klasse „Fläche“ mit dem Begriff „Büroraum“ nur ein spezifisches Modell für die Konstruktion von Berichtssystemen. Es bedarf insgesamt einer pragmatisch motivierten Modellbildung, um das Gesamtsystem Hochschule begrifflich abzubilden. Erst dann kann der Systemzustand in seiner Werthaltigkeit aus Entscheidungssicht quantifiziert und hinsichtlich seiner Gewinne oder Verluste evaluiert werden. Sozialer Wandel und Hochschulentwicklung beschränken sich dabei nicht nur auf die wertzuschreibende Quantifizierung realer Objekte, sondern erfasst auch das semantisch definierte Begriffssystem selbst. So ist es durchaus denkbar, dass die HIS GmbH einmal einen Nutzungsbereich für das selbstorganisierte Lernen von Studierenden einrichtet, wenn sich der Trend zum Selbststudium verstärkt. So impliziert die Einführung von Hochschul-Berichtssystemen selbstreferenzielle Bezüge: Einerseits bezweckt das Berichtssystem die Organisation zu beobachten und soll Lernprozesse zur Hochschulentwicklung entfalten. Andererseits ist der Einführungsprozess selbst eine Organisationsentwicklung, in der bestehende Prozesse, Strukturen und Inhalte reflektiert werden.

2.2 Systematiken im Hochschulcontrolling

Systematiken bezwecken nachfolgend eine Klassifikation von Konzepten im Hochschulcontrolling. Seit den 1970er Jahren werden immer wieder Konzepte erstellt, die sich auf das Hochschulcontrolling beziehen (einen Autorenüberblick hierzu ist in *Kirchhoff-Kestel* 2006, S. 1 ersichtlich). Aber erst *Seidenschwarz* (1992, S. 39 f.), *Weber* (1996, S. 17 ff.) und *Küpper* (1996, S. 148) thematisieren stärker eine **Koordinationsorientierung** in der Theoriebildung zum Hochschulcontrolling. Diese Systematik scheint „am weitesten konkretisiert und fundiert“ (ebenda) zu sein und ist vielfach um neue Konzepte erweitert worden (siehe beispielsweise *Zboril* 1998, S. 23 ff.; *Weichselbaumer* 2008; *Schubert* 2009, S. 24 ff.).

Obwohl Hochschulcontrolling durchaus „mehr als eine führungsorientierte Informationsbereitstellung und Berichterstattung“ (*Küpper* 1996, S. 148) ist, hebt *Seidenschwarz* (1993, S. 191 sowie 1992, S. 55) hervor, dass die **Informationsversorgung** mit monetären Größen aus dem Rechnungswesen und mit nichtmonetären Informationen über die Leistungserstellung im Zentrum eines Hochschulcontrollings stehen. „Die informatorische Transparenz in beiden Bereichen ist Voraussetzung für ein Management knapper Ressourcen mittels einer leistungsadäquaten Mittelzuweisung (Budgetierung)“ (ebenda). So sieht auch *Küpper* (2000, S. 116 f.) den Ausbau des Informationssystems als einen zentralen Ansatzpunkt für die Etablierung eines koordinationsorientierten Hochschulcontrollings: „Je mehr die Informationssysteme führungsrelevante Daten bereitstellen und je mehr Organisation, Planung und Kontrolle sowie Anreizsysteme in die Richtung dezentraler Handlungsspielräume gehen, desto eher wird man outputorientierte Techniken der Budgetvorgabe, Zielvereinbarungen sowie Marktkomponenten in das Koordinationssystem einbauen können“ (ebenda, S. 119).

Immer mehr rückt neben Koordination und Information die **Verhaltenssteuerung** in den Fokus von Controllingsystematiken (siehe *Scherm/Pietsch* 2004, S. 923 ff.). Die Verhaltenssteuerung in Hochschulen wird mittelbar über die leistungsorientierte Ressourcensteuerung umgesetzt (siehe dazu Abschnitt 3.3.1). An dem letzten Zitat von *Hans-Ulrich Küpper* wird auch deutlich, dass Koordination, Information und Verhaltenssteuerung eng zusammenhängen. Die Systematiken im Hochschulcontrolling unterscheiden sich daher im Wesentlichen in ihrer Schwerpunktsetzung. So enthält beispielsweise der Koordinationsansatz Elemente der Informationsversorgung und der Verhaltenssteuerung. Nachfolgend werden die drei Systematiken des Hochschulcontrollings weitgehend getrennt herausgearbeitet.

2.2.1 Koordination interdependenter Führungsteilsysteme

Eine koordinationsorientierte Führung ist stärker auf die **Partizipation** von Anspruchsgruppen in Entscheidungssituationen ausgelegt. *Nickel* (2007, S. 117) stellt in diesem Zusammenhang heraus, dass Hochschulen vor dem Paradigmenwechsel nicht an einem Mangel an Partizipation gelitten haben, sondern es ein Ungleichgewicht zwischen Partizipation und Management (i. S. v. Führung) gegeben hat. Die partizipativen Entscheidungsprozesse zahlreicher Gremien wurden „als überdimensioniert und kontraproduktiv bemängelt“ (ebenda) und führten dazu, dass zwar die Kommunikation fruchtbar war, aber kaum Entscheidungen mit konkreten Ergebnissen nach sich zogen. Die Handlungsfähigkeit der Hochschulen war dadurch gelähmt und begründete eine neue Art der Hochschulsteuerung (vgl. ebenda, S. 117 f.), bei der „das Zuviel an Partizipation nun durch ein Zuviel an Steuerung abgelöst werden soll" (ebenda, S. 118).

Der Einbezug von Organisationsmitgliedern in Entscheidungs- und Planungsprozesse führt dazu, dass den dezentralen Einheiten mehr Entscheidungs- und Handlungsspielraum im Rahmen der gesamtorganisatorischen Profilbildung gewährt wird. Das setzt eine formale Kommunikationsstruktur voraus, um Informationsasymmetrien der Entscheidungsebenen über Handlungsfelder gering zu halten und konsensbasierte Entscheidungen über Ziele und Strategien herbeizuführen.

2.2.1.1 Wertesystem, Führungssystem und Leistungssystem

Grundsätzlich wird im koordinationsorientierten Ansatz die Organisation in ein Ausführungs- und Führungssystem getrennt. Während das Ausführungssystem alle Handlungen zur mittelbaren oder unmittelbaren Leistungserstellung umfasst („Leistungssystem"), liegt die Aufgabe des Führungssystems in der Gestaltung und Koordination jener ausführenden Handlungen. Der Begriff **Koordination** wird nach dieser Auffassung als zielbezogene Abstimmung interdependenter Entscheidungstatbestände (Handlungsfelder) im Führungssystem aufgefasst.

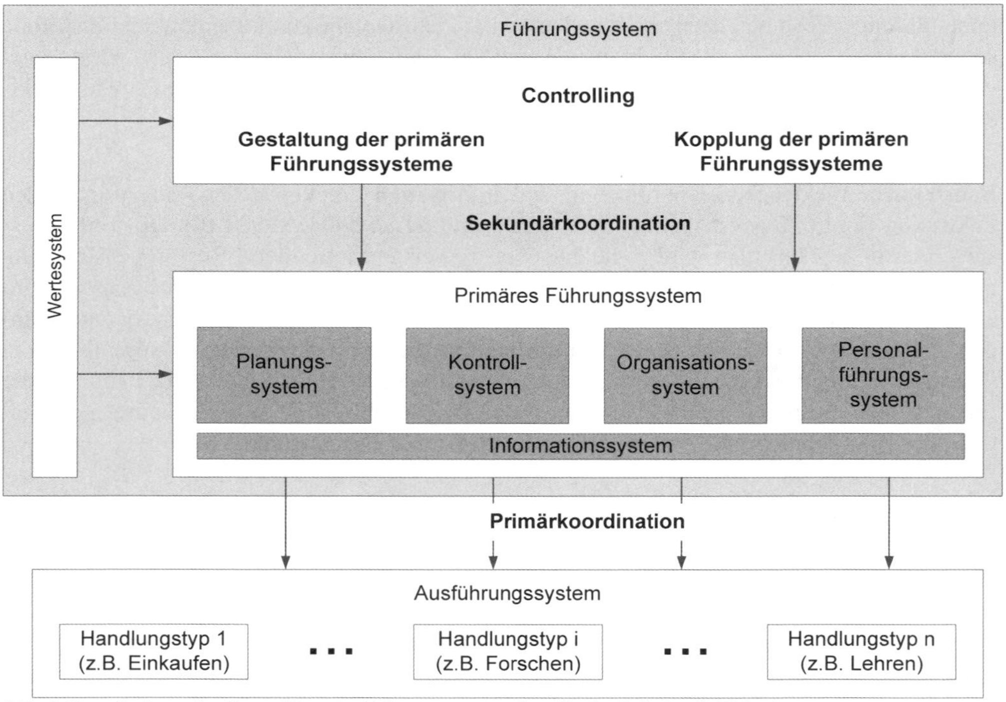

Abb. 2.13: Stellung des Controllings im Führungssystem einer Hochschule (nach Weber)

Die Abbildung 2.13 zeigt auf, wie sich das Führungs- und Ausführungssystem in Teil- bzw. Subsysteme auflöst. Jegliche Handlungen basieren demnach auf einem **Wertesystem**, das von *Weber* (1996, S. 17 f.) nach *Schmidt* (1986, S. 24) zitiert wird als „strukturierte Gesamtheit von grundsätzlichen ökonomischen, gesellschaftlichen und ethischen Wertvorstellungen und Normen der Unternehmensführung in Bezug auf die Unternehmung und ihre Mitglieder sowie hinsichtlich der Einstellung eines Sozialsystems zur Umwelt". Analog ist das Wertesystem einer Hochschule als sozio-kulturelle Handlungsbasis zu verstehen, welches die normative Grundlage für Entscheidungen des Hochschulmanagements bildet. Als Koordinationsinstrument hält *Müller-Böling* (1997, S. 605) eine Organisationskultur mit gemeinsamen Werten identitätsstiftend und für sehr geeignet. *Braun von Reinersdorff* (2010, S. 16; siehe Abb. 2.14) sieht im normativen Werte- und Kulturmanagement einen Ansatz zur nachhaltigen Wertsteigerung von Anspruchsgruppen.

Abb. 2.14: Wertemanagement einer Hochschule (nach Braun von Reinersdorff)

Das **Wertesystem** liefert Begründungszusammenhänge für die Bildung strategischer Ziele. Aus den kanalisierten Zielaussagen lassen sich wiederum umsetzbare Handlungsstrategien entwerfen, die nachhaltige Wettbewerbsvorteile und Werte generieren sollen. Mit der normativen Validierung der Handlungsstrategien legitimieren sich Entscheidungen zur Handlungsumsetzung. In der betrieblichen Routine werden operative erfolgs- und zahlungswirtschaftliche Begründungszusammenhänge gebildet. Die daraus resultierenden Entscheidungen tragen zur Koordination kurzfristiger (unterjähriger) monetärer und nichtmonetärer Zielverfolgungen bei. Die operative Umsetzung wird dann natürlich hinsichtlich der strategischen Intentionen zurückgekoppelt um kontrollieren zu können, welche Ziele in welchem Umfang erreicht wurden. Sie bilden die Basis einer normativen Revision.

Als eine der ersten Hochschulen in Deutschland hat die Universität Mainz 2005 eine **Balanced Scorecard** (BSC) flächendeckend eingeführt, um damit die Hochschule auf normativer Ebene weiterzuentwickeln. Kennzahlen messen die am visionären Leitbild entwickelten strategischen Entwicklungsziele (vgl. *Scholz* 2005). Obwohl die Grundzüge in die gleiche Richtung gehen, sind zahlreiche Konzepte für Hochschulen entwickelt (siehe hierzu *Scheytt* 2007, S. 15 ff.; *Kirchhoff-Kestel* 2009, S. 70 ff.) und teils auch umgesetzt worden (vgl.

Röbken 2003, S. 103 ff.; *Kienegger/Felden* 2008, S. 182 ff.; *Ruf* 2008, S. 9 ff.). Charakteristisch für eine BSC ist, dass aus der Strategie heraus beeinflussbare Perspektiven des Betriebs nach einem Ursache-Wirkungsmodell gebildet und daraus Indikatoren mit Zielwerten und Maßnahmen abgeleitet werden:

- Das Instrument dient der Führungsunterstützung zur organisatorischen **Strategieimplementierung** und -kommunikation (vgl. *Hahn/Hungenberg* 2001, S. 251 ff.).
- Die Operationalisierung der Strategie erfolgt in spezifischen **Perspektiven**. Üblich sind Finanzen, Kunden, Prozesse sowie Potenziale. Denkbar ist die Anpassung der Perspektiven an den Kontext (vgl. *Kaplan/Norton* 1997, S. 9).
- Das Instrument erhebt wenige, aussagekräftige **Indikatoren**, um keine Informationsüberflutung zu erzeugen (vgl. ebenda 1992, S. 72). Die Indikatoren werden aus einem Ursache-Wirkungsmodell, der sogenannten **Strategy Map**, operationalisiert (vgl. ebenda 2004, S. 11).
- Die Indikatoren werden mit **Zielwerten** versehen. Zu den Zielwerten werden **Maßnahmen** definiert und nach einer Periode mit Istwerten abgeglichen.

Die BSC bietet somit das Potenzial monetäre und nichtmonetäre Aspekte der Hochschule ausgewogen normativ zu steuern. *Scheytt* (2007, S. 19) sieht das größte Anwendungspotenzial der Balanced Scorecard für Hochschulen in der integrierten Abbildung qualitativer Aspekte zur strategischen Steuerung von Leistungen und Finanzen. Hierzu heißt es: „Die auf den ersten Blick vielleicht eher als symbolisch bedeutsam erscheinende Abbildung von an sich disparaten Perspektiven in einem Darstellungsmedium erzwingt es, in Entscheidungsprozessen, die auf der Grundlage der Erkenntnisse aus der BSC erfolgen, qualitätsbezogene Auswirkungen auf kohärente Art mit finanziellen Auswirkungen zusammenzuführen" (ebenda). Zur Stabilisierung der Hochschulentwicklung nach dem Prinzip der dreistufigen **Lernebenen** (siehe Abschnitt 2.1.2.4) könnte sich der Einsatz einer BSC zum Double-Loop-Learning als wirkungsvoll erweisen. Zumal das Gesamtsystem „Hochschule" mehrdimensional abgebildet wird. Dabei darf das Instrument nicht losgelöst vom Berichtssystem stehen, sondern muss integraler Bestandteil einer Hochschulplanung sein, d. h., dass BSC und Berichtssystem auf einer gemeinsamen Informationsversorgung bzw. Datenbank aufsetzen müssen, wenn Kommunikationsstörungen vermieden werden sollen (vgl. hierzu Abschnitt 2.2.2).

Die Kommunikation zwischen zentraler und dezentraler Entscheidungsebene hinsichtlich normativer, strategischer sowie operativer Planungs- und Steuerungsobjekten wird über ein iteratives Gegenstromverfahren koordiniert. Das Gegenstromprinzip geht von einer sachlichen und zeitlichen Interdependenz dezentraler Teilplanungen aus, die stufenweise in einem multipersonalen Planungsprozess aufeinander abgestimmt werden müssen. Die Personen gehören mindestens zwei organisationalen Ebenen an und so sind in Planungsrunden Zielvorstellungen aufeinander abzustimmen (vgl. *Hahn/Hungenberg* 2001, S. 81 ff.). In Anlehnung an *Wild* (1974, S. 196 ff.) ergeben sich aus dem **Gegenstromverfahren** drei Vorteile:

- Jeder Entscheidungsträger handelt in seinem Verantwortungsbereich und steigert dadurch seine Planungs- und Realisierungsmotivation.

- Die Kombination aus zentraler und dezentraler Planung sowie koordinierender Stelle (z. B. Stabsstelle) führen zu einer basisgerechten Sozialisation.
- Die gemeinsame Erarbeitung und Abstimmung von Teilplänen erhöht die Wahrscheinlichkeit zur erfolgreichen Planumsetzung.

Die Partizipation von Entscheidungsträgern in Planungsprozessen löst eine Motivation zur Umsetzung von Plänen aus. Allerdings setzt die Abstimmung zentraler und dezentraler Planungsansätze eine erhöhte **Kommunikation** aller Entscheidungsträger voraus. *Adam* (1996, S. 38) beschreibt, dass in Planungsprozessen **Entscheidungsinformationen** notwendig sind. Dazu zählen Informationen über Ziele, Handlungsalternativen sowie relevante Entscheidungskonsequenzen (Wirkungen) und gegebenenfalls auch Informationen zu Ressourcenbeschränkungen. So setzt jede Planung und Entscheidung eine Verarbeitung von Informationen voraus, seien es entscheidungsrelevante Informationen oder **Anregungsinformationen**, die im Kommunikationsprozess der Entscheidungsträger auf das Vorliegen eines Problems aufmerksam machen (vgl. ebenda, S. 35 f.).

Die Abgrenzung zwischen Planung und Entscheidung ist von *Wild* (1974, S. 41) thematisiert worden. Hiernach wird Planung als Vorstufe der Entscheidung angesehen. „Die Planung legt gewissermaßen bestimmte Problemlösungsvorschläge vor, die einer endgültigen Auswahl (=Entscheidung) unterworfen werden“ (ebenda). **Planung** ist daher als Informationsverarbeitungsprozess zur Erstellung eines Handlungsentwurfs zu bezeichnen, der Zielgrößen vorausschend bestimmt (vgl. *Schweitzer/Küpper* 2003, S. 2; *Adam* 1996, S. 35). Nach der Planung und Entscheidung schließt sich die Durchführung und Kontrolle der Pläne an.

Entscheidungen des Führungssystems betreffen das Leistungssystem und wirken sich dementsprechend auf die Handlungsfelder der Lehre, Forschung, Weiterbildung und sonstiger Dienstleistungen aus. Das primäre **Führungssystem** besteht aus mehreren Teilsystemen (vgl. ebenda, S. 18 ff.; *Küpper* 1997, S. 129; *Küpper* 2009, H 12 ff.):

- Das **Planungssystem** umfasst Planungen unmittelbar auszuführender Handlungen. U. a. geht es in der operativen Planung um die jährliche Verteilung der Haushaltsmittel, aber natürlich auch um Planungen bezüglich verfolgter Forschungs-, Lehr- und sonstigen Dienstleistungen. Die strategisch ausgerichteten Struktur- und Entwicklungspläne sind in ihrer Bedeutung aus Sicht des Controllings noch unterentwickelt, da zahlreiche Entscheidungen z. B. die Einrichtung von Studiengängen mit korrespondierender Berufungspolitik einen längerfristigen Charakter aufweisen. Daneben lassen sich strategische Aufgaben wie Profilbildung in derartigen Plänen abbilden.
- Das **Personalführungssystem** ist auf die Motivation von Mitarbeitern und deren Anreizförderung ausgerichtet. Fragen der Leistungsbezüge, Entgelt- und Arbeitsgestaltung, aber auch der betrieblichen Weiterbildung nicht-wissenschaftlicher Mitarbeiter sind hierbei inbegriffen.
- Mit dem **Organisationssystem** werden Handlungsfelder (auszuführende Aufgaben bzw. Aufgabenbereiche) abgegrenzt und Handlungsträgern zugeordnet. Dadurch entstehen u. a. hierarchische Beziehungsstrukturen. Es ist das am weitesten ausgebaute Füh-

rungsteilsystem, da es maßgeblich durch Gesetze, Verordnungen und Satzungen reglementiert ist.

- Das **Kontrollsystem** ist untrennbar mit dem Planungssystem verbunden. Vereinfacht formuliert werden die eingetretenen Istwerte mit den angestrebten Planwerten verglichen. Die Analyse von Abweichungen ist jedoch primär im operativen Controllingprozess angesiedelt. Im strategischen Kontrollprozess unterscheiden *Steinmann/Schreyögg* (2005, S. 172 ff.) eine Prämissen- und Durchführungskontrolle sowie eine strategische Überwachung von Ereignissen, die der Umsetzung strategischer Pläne entgegenstehen.
- Im **Informationssystem** werden Informationen der Handlungsfelder beschafft, gespeichert und übermittelt. Die o. g. Führungsteilsysteme hängen von der Verfügbarkeit von Informationen ab. Es werden natürlich nicht ausnahmslos alle Informationen des Ausführungssystems verarbeitet, sondern es bildet ausschließlich entscheidungsrelevante Informationen ab. Damit grenzt sich die Funktion eines Informationssystems im controllingorientierten (systemtheoretischen) Verständnis von einem Informationssystem im physisch-technischen Sinne ab.

2.2.1.2 Primär- und Sekundärkoordination

Im Allgemeinen versteht *Kosiol* (1986, S. 77) unter dem Begriff Koordination „eine bestimmte Zuordnung der Glieder eines Gefüges derart, dass eine verbindende innere Beziehung der Glieder auf das übergeordnete Ganze entsteht.“ Ähnlich argumentiert *Staehle* (1999, S. 554 f.), indem er auf die Abstimmung und Harmonisierung von Handlungen sowie die Ausrichtung arbeitsteilig gebildeter Stellen in Hinblick und Richtung auf die Ziele und Zwecke der Organisation hinweist. Koordination lässt sich aber auch begrifflich in Primär- und Sekundärkoordination unterteilen. **Primärkoordination** meint die notwendige Abstimmung der ausführenden Handlungen zur Leistungserstellung, bei der ein auf Effizienz und Effektivität abzielender Kombinationsprozess der Ressourcen stattfindet (siehe Abschnitt 2.1.2.4). *Gutenberg* (1990, S. 27) bezeichnet diesen Vorgang als dispositiven Faktor und weist die Aufgabe der Geschäfts- und Betriebsleitung zu. „Versagt der dispositive Faktor, dann kann kein geordneter betrieblicher Prozess zustande kommen“ (ebenda). Im Kontext von Hochschulen ist damit das Aufgabenfeld des Hochschulmanagements angesprochen. Unter **Hochschulmanagement** kann „die zielorientierte betriebswirtschaftliche Analyse und Gestaltung von Hochschulen und Hochschulprozessen verstanden“ (*Kirchhoff-Kestel/Schulte* 2006, S. 75 f.) werden. Die reine Analyse von Hochschulen und Hochschulprozessen bleibt zunächst einmal uninspiriert und in pragmatischer Hinsicht ergebnislos, wenn dem nicht Entscheidungen bezüglich der Ziele vorausgehen. So führen erst festgelegte Ziele der Analyse einen Zweck zu und eröffnen dem Hochschulmanagement diesbezügliche Gestaltoptionen. Die Entscheidungsfindung, vielmehr der Entscheidungsprozess, spielt hinsichtlich horizontaler und vertikaler Abstimmung zwischen zentraler Ebene und den dezentralen Organisationseinheiten eine große Rolle im Hochschulmanagement, da hiermit das Anspruchsniveau der Hochschule festgelegt wird. Zu koordinierende Entscheidungen betreffen also nicht direkt Fragen der „Objektgestaltung“ in Forschung und Lehre, sondern beziehen sich auf zu gestaltende Alternativen zur Verbesserung des Leistungssystems und tragen so auf indirekte Weise zur organisationalen Zielerreichung bei. Hochschulmanagement ist in der Hinsicht ein sich wiederholender Entscheidungsprozess aus Zieldefinition, Analyse und Gestaltung. *Pasternack/von Wissel* (2010, S. 59) sehen die Managementaufgabe in Hochschulen als ein zielgebundenes Steuerungshandeln an: „Unter Vernachlässigung seiner betriebswirtschaftlichen Konnotation wird Management in dieser Perspektive als zielgebundenes Steuerungshandeln begriffen, mit dem sich die Organisationsentwicklung so gestalten lässt, dass sie der Erfüllung der Organisationsziele optimal dienlich ist. Managementinstrumente finden sich dann daraufhin geprüft, inwieweit sie dazu beitragen können, nicht die Forschung und Lehre zu managen, sondern förderliche Kontexte für leistungsfähige Forschung und Lehre zu erzeugen."

Mit der **Sekundärkoordination** erfolgt die Abstimmung innerhalb des Führungssystems und zwischen den Führungsteilsystemen und begründet das Aufgabenfeld des Controllings (vgl. *Wöhe/Döring* 2010, S. 201). Wenn künftig von **Koordination** gesprochen wird, dann ist in der Regel damit eine sekundäre Koordination in diesem Sinne gemeint. *Horváth* (2011, S. 106) unterteilt den Begriff der Koordination hinsichtlich seiner Funktionen:

- „Koordination erfolgt einmal durch die Bildung aufeinander abgestimmter formaler Systeme (systembildende Koordination),
- Koordination bedeutet aber auch Abstimmungsprozesse in einem gegebenen Systemgefüge (systemkoppelnde Koordination)."

Die systembildende Koordination bezieht sich auf die einleitend genannte **Metaplanung** (siehe Abschnitt 1.1.2) mit der Gestaltung eines Planungs- und Kontrollsystems samt zugehörigen Prozessen. Die Systemkopplung zielt hingegen auf die Verbesserung bestehender Systemstrukturen ab (vgl. *Horváth* 2011, S. 106). Systembildung und -kopplung implizieren eine integrative Sichtweise der Informationsverarbeitung. Um die zur Planung und Kontrolle benötigten Informationen aus dem Leistungssystem zu generieren, sind die Informationssysteme einer Hochschule dahingehend aufeinander zu integrieren, dass erstens die Kommunikation keine begrifflichen Störungen verursacht und zweitens sich die Informationssysteme in sachlicher und zeitlicher Hinsicht aufeinander beziehen. *Küpper* (1996, S. 153) begründet die Notwendigkeit einer Koordination darin, dass der instrumentelle Ausbau einzelner Führungsteilsysteme zu einer Verselbstständigung geführt haben, die durch das Controlling wieder integrativ betrachtet werden müssen. Die Argumentation wird durch den Bedarf an Koordination von Interdependenzen in den Führungsteilsystemen nachvollziehbar.

2.2.1.3 Interdependenz der Führungsteilsysteme

Aus den divergierenden **Interdependenzen** der Teilsysteme begründet sich der Koordinationsbedarf durch ein Controlling. Hiernach liegt die Kernaufgabe des Controllings „darin, die Beziehungen zwischen diesen Führungsteilsystemen zu erfassen und ihre Aktivitäten zu koordinieren. Deshalb bilden die Interdependenzen innerhalb des Führungssystems, d. h. die gegenseitigen Beziehungen innerhalb und zwischen den Führungsteilsystemen seinen Ausgangspunkt" (*Küpper* 1996, S. 154). So liegt ein Aufgabenfeld des Controllings in der Abstimmung von Informationssystemen (siehe Abschnitt 2.2.2). Führungsteilsysteme sind aber ebenso aufeinander abzustimmen. Etwa wenn es um Fragen der Planung und Kontrolle durch eine entscheidungsrelevante Informationsversorgung geht. Die Informationsversorgung ist dabei natürlich abhängig von den organisationalen Entscheidungsebenen und beeinflussen vielfach das Personalführungssystem und den handelnden Personen in der Hochschule (vgl. ebenda, S. 153 f.). Die zu koordinierenden Interdependenzen fasst *Küpper* insofern sowohl in sachlicher Hinsicht in Bezug auf Ziele, Mittel und Risiken als auch zwischen möglichen Ursachen und Wirkungen menschlichen Verhaltens zusammen (vgl. ebenda, S. 154; siehe Abb. 2.15).

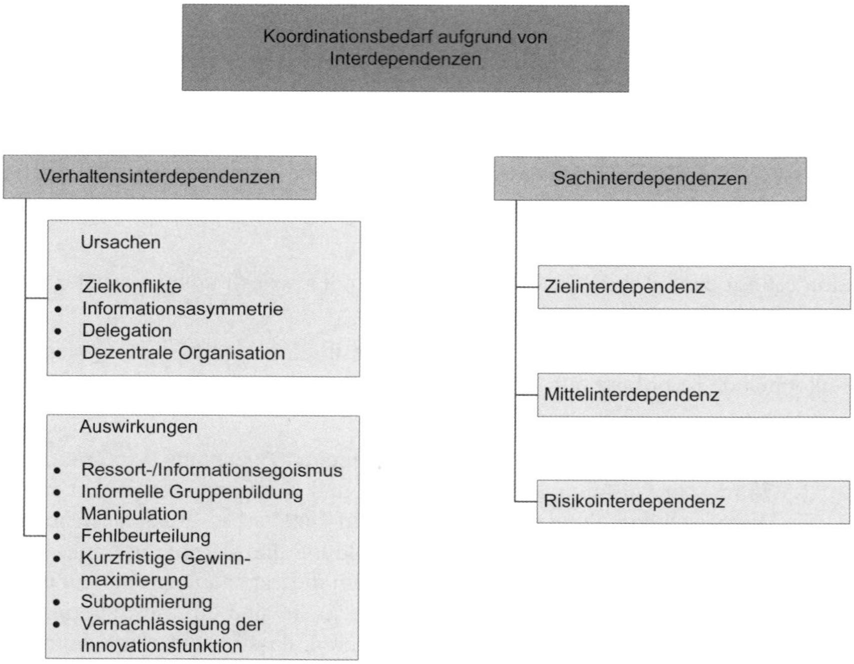

Abb. 2.15: Arten von Interdependenzen (nach Küpper)

Wall (2009, S. 351) verdeutlicht Interdependenzen bei Mittel-Ziel-Wirkungsbeziehungen und betont den dabei auftretenden Koordinationsbedarf. Grundsätzlich wird angenommen, dass sich Entscheidungen eines Handlungsfeldes auf andere Bereiche auswirken. Es werden hierbei drei Konstellationen unterschieden (ebenda, S. 351 f.):

- Eine Handlungsalternative aus dem Bereich 1 hat eine direkte Auswirkung auf das Zielsystem von Bereich 2 zur Folge. Beispiel: Erfolgt ein Antrag für ein Forschungsprojekt, so muss dennoch die Lehre sichergestellt sein.
- Eine Handlungsalternative aus dem Bereich 1 hat eine Begrenzung oder Erweiterung der Handlungsalternativen im Bereich 2 zur Folge und beeinflusst so indirekt dessen Zielsystem. Beispiel: Der Forschungsantrag sieht explizit die Integration der Lehre durch Studienprojekte und Abschlussarbeiten vor.
- Eine Handlungsalternative aus dem Bereich 1 hat eine Beeinflussung des Umweltzustands von Bereich 2 und möglicherweise eine indirekte Beeinflussung des Zielsystems zur Folge. Beispiel: Im Forschungsprojekt ergibt sich die Option ein Spin-off-Unternehmen zu gründen, wodurch Arbeitsplätze für Absolventen entstehen könnten.

2.2.2 Informationsversorgung

Eine Primärkoordination der Führungsteilsysteme kann nur gelingen, wenn das Controlling eine entscheidungsunterstützende Informationsversorgung gewährleistet. Das überwiegend monetär geartete Hochschulrechnungswesen gehört zu den Informationssystemen staatlicher Hochschulen (siehe hierzu Abschnitt 3.3.2). Es liefert monetär codierte Informationen über das Leistungssystem und kann somit in Entscheidungsprozessen genutzt werden. Campus-Management-Systeme liefern zudem nichtmonetäre Daten, die zusammen mit Berichtssystemen ein integriertes Informationssystem bilden. Betriebswirtschaftlich ist die Integration von IT-Systemen unter dem Begriff der Grundrechnung thematisiert und auf Hochschulen übertragen worden. Informationsbedarfsanalysen und weiterführende Vorgehensmodelle zeigen auf, wie Konzepte für Berichtssysteme erstellt und umgesetzt werden können.

2.2.2.1 Integrierte Informationsverarbeitung

Die Problematik bei der Aufbereitung von Daten bzw. der Informationsverarbeitung hat *Schirmbacher* (2010, S. 106 f.; siehe Abb. 2.16) am Beispiel der HU Berlin verdeutlicht. Isoliert betriebene IT-Systeme benötigen ein aufwändiges Schnittstellenmanagement mit dem die entstehenden Abhängigkeiten der Informationssysteme koordiniert werden können. Nicht nur, dass die Arbeitsprozesse zu einem großen Teil von der Funktionstüchtigkeit einzelner IT-Systeme abhängt (vgl. ebenda), sondern das Problem ist auch darin zu sehen, dass die Daten jedes Teilsystems unterschiedliche Wirklichkeitsbezüge aufweisen, die sich mitunter widersprechen können. Dieser Umstand kann zu „zweiten Wahrheiten", und in der Folge zu Kommunikationsstörungen der Entscheidungsträger, führen (siehe Abschnitt 2.1.2.3). Zwar liegt der Vorteil isolierter Systeme in einer schnelleren Aufnahme und Verarbeitung umweltbedingter Veränderungen, aber Datenaggregationen zur Planung und Kontrolle der Gesamtorganisation werden erschwert.

Vor diesem Hintergrund stehen Hochschulen vor der Herausforderung integrierte Informationssysteme einzuführen. Die Problembehandlung beginnt schon mit der Konzeption der Datenhaltung und schließt Fragen des operativen Betriebs derartiger Systeme an (siehe hierzu *Moog* 2008, S. 8 ff.). Das Konzept der Integration in der Informationsverarbeitung thematisiert *Mertens* (2009, S. 2; siehe Abb. 2.17) umfassend. **Integration** ist hiernach als ein Koordinationsmechanismus der Informationsverarbeitung zu verstehen. Nach dem Integrationsgegenstand können danach Daten, Funktionen, Prozesse, Methoden oder Programme aufeinander abgestimmt werden. Die Integrationsrichtung bestimmt die horizontale oder vertikale Koordination. Mit der Integrationsreichweite wird die informationsbezogene Grenzziehung von Systemen vollzogen. Der Automationsgrad gibt vor, ob die stattfindende Kommunikation vollautomatisch oder teilautomatisiert, d. h. unter Einbezug von Menschen, abläuft.

Zur Modellierung integrierter Systeme weist die Objektorientierung das umfangreichste Unterstützungspotenzial auf (vgl. *Ferstl/Sinz* 2008, S. 246). **Objekte** sind Mengen betrieblicher Geschäftsprozesse. Sie speichern den lokalen Zustand und interagieren mit anderen Objekten nach definierten Operationen. Daher sind Objekte lose miteinander gekoppelt (vgl. *Sinz* 1998a, S. 15; siehe auch Abschnitt 3.1). Der Zustand von Objekten lässt sich durch

Attribute beschreiben. Während Attribute die Eigenschaften von Objekten begrifflich festlegen, bestimmen Attributsausprägungen den Wertebereich der Objekte. So gelten im Studienbetrieb einer Hochschule die Objekte Studierende, Professoren, Vorlesungen und Räume, die in einer bestimmten Weise miteinander operieren. Studierende besuchen Vorlesungen in Räumen. Professoren referieren in Vorlesungen. In Raum a wird Vorlesung b von Professor c gehalten und von den Studierenden d bis z besucht. Der Gestaltung integrierter Informationssysteme setzt damit eine umfassende Analyse von Geschäftsprozessen voraus, anhand derer sich Objekte und Operationen bzw. Interaktionen definieren lassen (siehe hierzu *Sinz* 1998b, S. 58 ff.; *Bick/Grechenig/Spitta* 2010, S. 63 ff.). Entsprechend der Hierarchisierung von Systemen lassen sich Objekte zu Klassen aggregieren. Es ergibt sich eine **Objekthierarchie**. So bildet beispielsweise die Klasse Raum die Summe aller Räume. Dadurch beschreiben Hochschul-Objekte die gesamte Hochschule als auch ihre Teileinheiten.

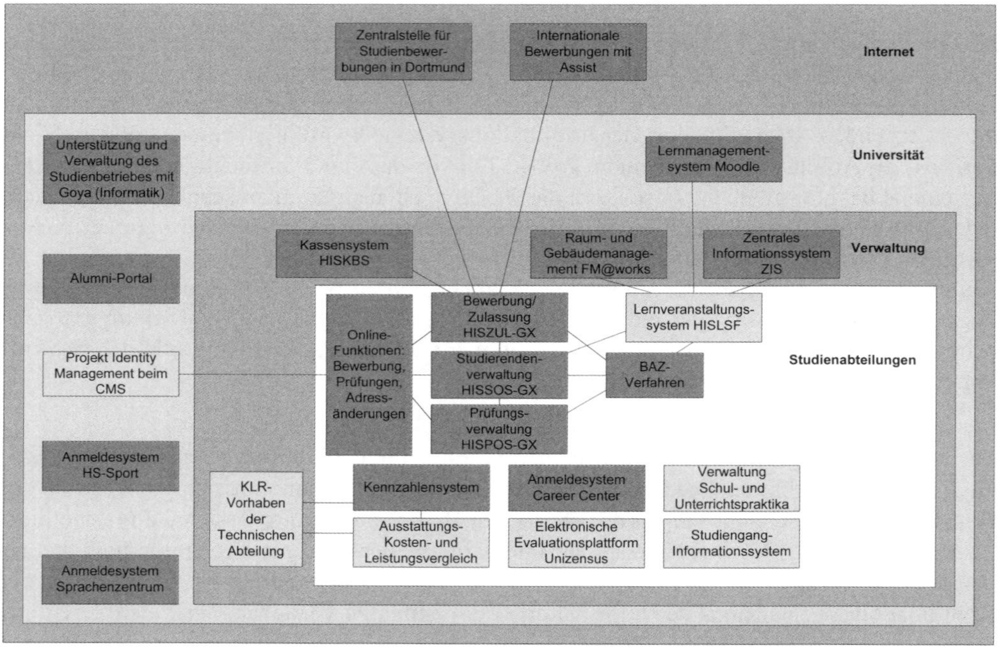

Abb. 2.16: IT-Systeme der Studienabteilung und Schnittstellen zu anderen IT-Systemen der HU (nach Schirmbacher)

In horizontaler Sichtweise lassen sich Informationssysteme in Berichtssysteme und Operationssysteme unterscheiden. Zwar bilden sie zusammen das gesamte Informationssystem zur Planung, Steuerung und Kontrolle des Basissystems ab, aber ihre Abgrenzung erfolgt durch die Teilung in Transformations- und Entscheidungsaufgaben (vgl. *Ferstl/Sinz* 2008, S. 35 ff.). *Ferstl/Sinz* (ebenda, S. 37 f.) differenzieren diesbezüglich zwischen operativen und strategischen Informationssystemen in Unternehmen:

- „Aufgabe des operativen Informationssystems ist die unmittelbare Lenkung, d. h. die Planung, Steuerung und Kontrolle des Basissystems. Es stellt die operative Ebene eines

Informationssystems dar, auf welcher die laufenden Geschäftsvorfälle mithilfe von Transaktionen abgewickelt werden. [...]

- „Aufgabe des strategischen Informationssystems ist die unternehmensganzheitliche, von einzelnen Geschäftsvorfällen abstrahierende Lenkung des Unternehmens und insbesondere des operativen Informationssystems."

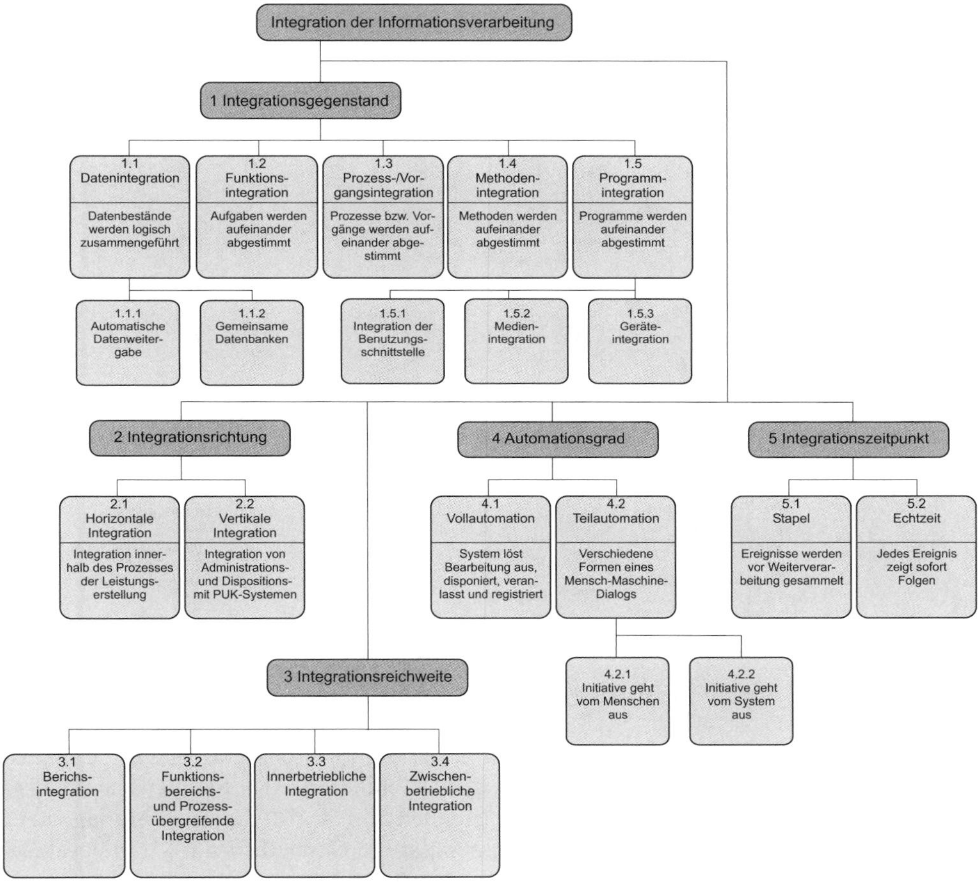

Abb. 2.17: Ausprägungen der integrierten Informationsverarbeitung (nach Mertens)

In der Terminologie von *Mertens* (2009, S. 1 ff.) werden Operationssysteme von Planungs- und Kontrollsystemen unterschieden. Das integrierte Informationssystem besteht aus einem Verbund von **Regelkreisen** (siehe dazu Abschnitt 2.1.2.3). So besitzt das Hochschulrechnungswesen beispielsweise eine operative und strategische Funktion. Natürlich sind die täglich anfallenden Belege mittels Transaktionen im Rechnungssystem zu erfassen, um am Jahresende die Bilanzierung vornehmen zu können. Gleichzeitig kann das (interne) Rechnungswesen aber auch so gestaltet sein, dass es eine entscheidungsorientierte Funktion erfüllen kann (vgl. *Riebel* 1990, S. 77). Zwar erfolgt die Erfassung des Gesamtsystems auf Ebene der Objekte, aber für Entscheidungen zur Hochschulentwicklung ist es nicht von Belang, ob ein Studierender beispielsweise eine Prüfung besteht oder nicht. Ausprägungen einzelner Attribute von Objekten lassen keine Rückschlüsse auf den Gesamtzustand des Systems zu. Daher weist beispielsweise die Gesamtzahl der Exmatrikulationen, die Abschlussquoten oder die Zufriedenheit der Absolventen mit dem Studium eine höhere Entscheidungsrelevanz in der Evaluierung eines Studiengangs auf. Die Basis von Berichtssystemen bilden jedoch die Operationssysteme, in denen Geschäftsvorfälle bzw. Transaktionen auf Belegebene gebucht werden.

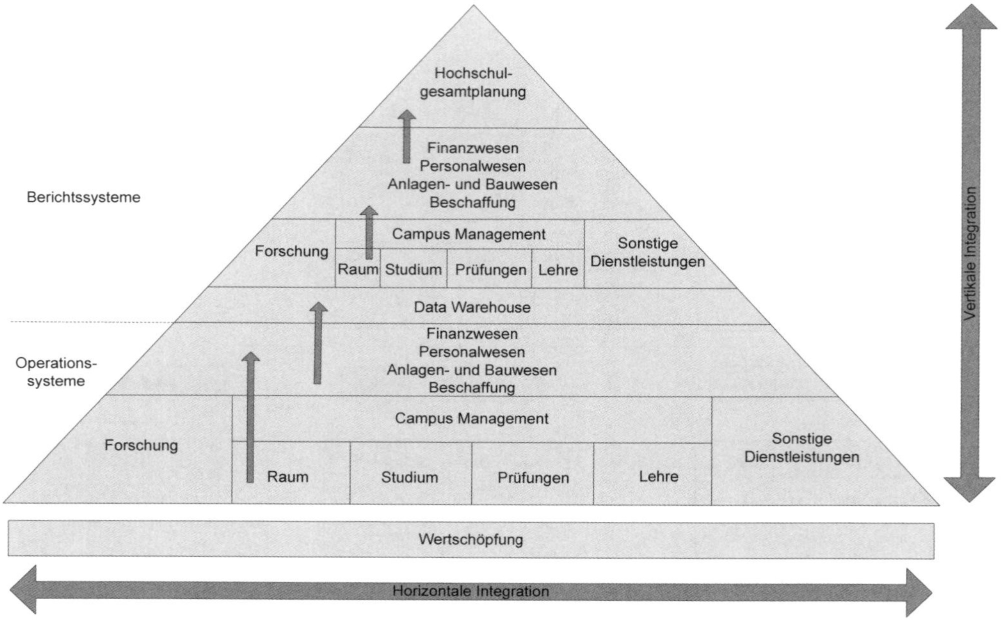

Abb. 2.18: Integrierte Informationsverarbeitung in Hochschulen (in Anlehnung an Mertens)

In Hochschulen haben sich für die operative Informationsverarbeitung Campus-Management-Systeme etabliert. Der sich auf die Durchführung des Studiums und Lehre konzentrierende Teil des Informationssystems, ist unter dem Begriff **Campus Management** zu subsummieren. Das „Campus-Management umfasst die Gesamtheit der [...] relevanten, verwaltungsintensiven Bereiche, welche Studierende während ihres Studiums, inklusive vor- und nachgelagerter Aktivitäten, absolvieren“ (*Sprenger/Klages/Breitner* 2010, S. 211). Das Campus-Management-System koordiniert dafür die Klassen Zeit, Raum und Menschen. Daher sind die Grundfunktionen des Systems

- Raumplanung,
- (individuelle) Stundenpläne und
- Prüfungsverwaltung.

Die Funktionsweise des Systems bedingt zusätzlich die Darstellung des Lehrangebots (vgl. *Bick/Grechenig/Spitta* 2010, S. 11). Daneben „muss [das Campus-Management-System] – analog zu betrieblichen Informationssystemen – auf einer zentralen Datenbasis aufsetzen, denn es ist ein primär buchendes System mit leistungsfähigen Auskunfts- und Auswertungsfunktionen“ (ebenda, S. 12). Campus-Management-Systeme unterstützen die operativen Geschäftsprozesse. Zur hochschulweiten Planung und Kontrolle hingegen müssen **Berichtssysteme** eingesetzt werden, die zu den operativen Informationssystemen bzw. Campus-Management-Systemen und dem Rechnungswesen datentechnisch integriert (gekoppelt) sind. Die Systemkopplung verursacht idealerweise somit keine Kommunikationsstörungen. An der Abb. 2.18 lassen sich mögliche Subsysteme erkennen. Daraus wird deutlich, dass integrierte Informationssysteme modulartig erweitert werden können.

Berichtssysteme werden oftmals auf Data Warehouse-Konzepten realisiert (siehe beispielsweise *Hartmann/Ulbrich-vom Ende* 2005; *Burmester/Rommelspacher/Goeken* 2006). Die Daten bilden dann jeweils eine aggregierte Objektinformation ab. Die Daten werden üblicherweise in **Data Warehouse-Systemen** dauerhaft gespeichert. Da Data Warehouse-Systeme periodisch Daten in einer definierten „Granularität“ speichern, lassen sich durch gezielte begriffliche **Selektionen** – zum Beispiel Zeitreihenanalysen ausgewählter Objektattribute – durchführen. Die **Granularität** legt den semantischen Detaillierungsgrad in Bezug auf Zeit, Attribute und Hierarchie zur Datenerfassung fest und beeinflusst dadurch den Informationsgehalt für den Entscheidungsträger. Mit Programmierungen von Abfragen sowie Methoden der **Business Intelligence** wie Slice-and-Dice oder Drilling sind individuelle Selektionen von Datenbankbeständen möglich (siehe hierzu *Böhnlein/Ulbrich- vom Ende* 2000a, S. 6; *Jaspersen/Täschner* 2012, S. 113 ff. und S. 483 ff.). Je nachdem, wie die Granularität definiert wird, können Berichtssysteme daher auch auf dezentralen Organisationseinheiten eingerichtet werden.

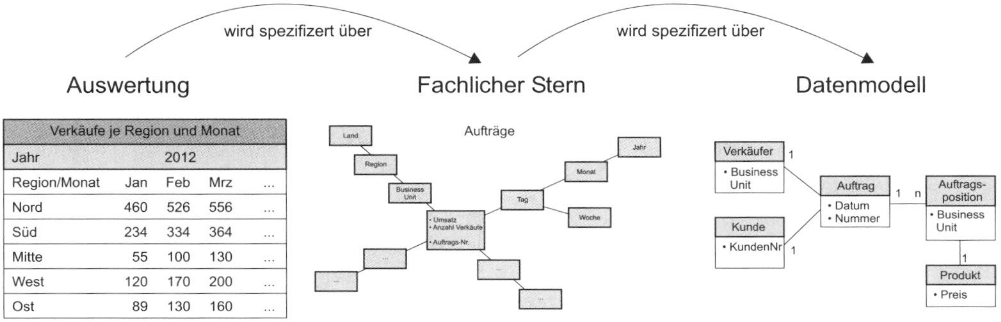

Verkäufe je Region und Monat				
Jahr	2012			
Region/Monat	Jan	Feb	Mrz	...
Nord	460	526	556	...
Süd	234	334	364	...
Mitte	55	100	130	...
West	120	170	200	...
Ost	89	130	160	...

Abb. 2.19: Semantische Datenmodellierung (in Anlehnung an Humm/Wietek)

Über die Integration der technischen Substrukturen der Berichtssysteme untereinander wächst eine Gesamtstruktur heran, welche über eine zentrale Datenbank operiert und die Wertschöpfung der Hochschule erfasst. Bei der semantischen Modellierung von Berichtssystemen hat sich das Star Schema („fachlicher Stern“) bzw. als Weiterentwicklung das Snowflake Schema etabliert (vgl. *Hahne* 2010, S. 243 und S. 248 f.). Das **Star Schema** kann gedanklich aus dem zu generierenden tabellarischen Auswertungsbericht modelliert werden, welches dann zu einem programmierbaren Datenmodell spezifiziert wird (siehe Abb. 2.19; in Anlehnung an *Humm/Wietek* 2005, S. 6). *Hahne* (2010, S. 230) bezeichnet ein **Datenmodell** als „formaler Rahmen zur Beschreibung von Datenstrukturen und Operationen auf Daten". Sie beschreiben die „in einer Datenbank enthaltenen Daten und im Allgemeinen wird angenommen, dass in einem Datenmodell Objekte, deren Eigenschaften (Attribute) sowie Beziehungen zwischen Objekten modelliert werden" (ebenda). In der Faktentabelle des Objekts „Studiengang" werden die Attribute und Attributsausprägungen gespeichert. Je nach Selektion können die Fakten des Objekts dann beispielsweise in zeitlicher oder organisatorischer Sicht ausgewertet werden.

2.2.2.2 Grundrechnung und Auswertungsrechnung

Die Gestaltung integrierter Informationssysteme wurde in der Betriebswirtschaft inhaltlich von *Eugen Schmalenbach* sowie *Riebel* (1993, Sp. 1519 ff.) mit dem Konzept der Grundrechnung erarbeitet. Die **Grundrechnung** nach Riebel (ebenda) unterscheidet in ihrer Struktur zwischen „zweckneutraler, universell auswertbarer Datenbasis und darauf aufbauenden zweckspezifischen – standardisierten und fallweisen – Auswertungsrechnungen". Mit den sogenannten „Greifswalder Grundsätzen" hat auch der Arbeitskreis der Universitätskanzler die Notwendigkeit der Neuausrichtung des Hochschulrechnungswesens nach der Grundrechnung begründet (vgl. *Kronthaler* 1999, S. 582 f.). Von zentraler Bedeutung ist hierbei die Diskussion des Kostenbegriffs.

Zur Schaffung von Transparenz über entstandene Kosten und Leistungen werden in der Grundrechnung zunächst nur die direkt zurechenbaren Größen nach dem Identitätsprinzip auf zu bestimmende Bezugsobjekthierarchien, wie etwa Kostenstellen (z. B. Lehreinheiten oder Fakultäten) und Kostenträger (z. B. Studiengänge, Forschungsprojekte), verteilt (siehe hierzu ausführlich Abschnitt 3.3.2.2.). So werden Größen als **Einzelkosten** und **Einzelleistungen** exakt dort erfasst, wo sie direkt zugeordnet werden können. *Riebel* (1990, S. 76) begründet das **Identitätsprinzip** wie folgt: „Zeigt es sich, dass ein Güterverzehr nicht mit der Entstehung nur eines, sondern mehrerer Leistungsträger (Einheiten oder Arten) gekoppelt ist, dann kann er auch nur der Gesamtheit dieser entstandenen Leistungsträger (Einheiten oder Arten) eindeutig zugerechnet werden, nicht aber den einzelnen Leistungseinheiten oder Leistungsarten." Erst wenn zweckabhängige Informationsbedürfnisse wie der Trennungsrechnung (siehe dazu Abschnitt 3.3.2.2) entstehen, werden in einer mehrstufigen Einzelkostenrechnung (**Deckungsbeitragsrechnung**) Gemeinkosten auf die Bezugsobjekte umgelegt und so Auswertungsrechnungen zur bestimmten Informationsversorgung generiert (siehe hierzu auch *Kirchhoff-Kestel* 2006, S. 407 ff.). Die hierbei auftretenden Fragen der Verrechnungsproblematik werden in Abhängigkeit vom Aussagezweck gelöst (vgl. *Kronthaler/Weichselbaumer* 1999, S. 48 f).

Zur Erfolgsermittlung diskriminiert die Grundrechnung an Hochschulen monetäre und nichtmonetäre Daten. Während die monetären Daten mit Ein- und Auszahlungen operieren, bestehen die nichtmonetären Basisgrößen eines Berichtssystems aus Leistungs- und Zielindikatoren (vgl. *Kronthaler* 2005, S. 55; siehe Abb. 2.20). Zusätzlich werden Arten, Verursacher und Erbringer der Basisgrößen erfasst. Die Gegenüberstellung monetärer und nichtmonetärer Basisgrößen entsprechend organisationaler Stellen ist dann die „Ausgangsbasis für eine kaum übersehbare Vielfalt von Auswertungs- bzw. Zweckrechnungen“ (*Riebel* 1993, Sp. 1520). Die Auswertungsrechnungen lassen sich dann für Planungs- und Kontrollzwecke gestalten. Für exogene Berichtserfordernisse, wie beispielsweise Benchmarkings, Rankings oder Vergleichsstudien, sind entsprechende datentechnische Abgrenzungen vorzunehmen.

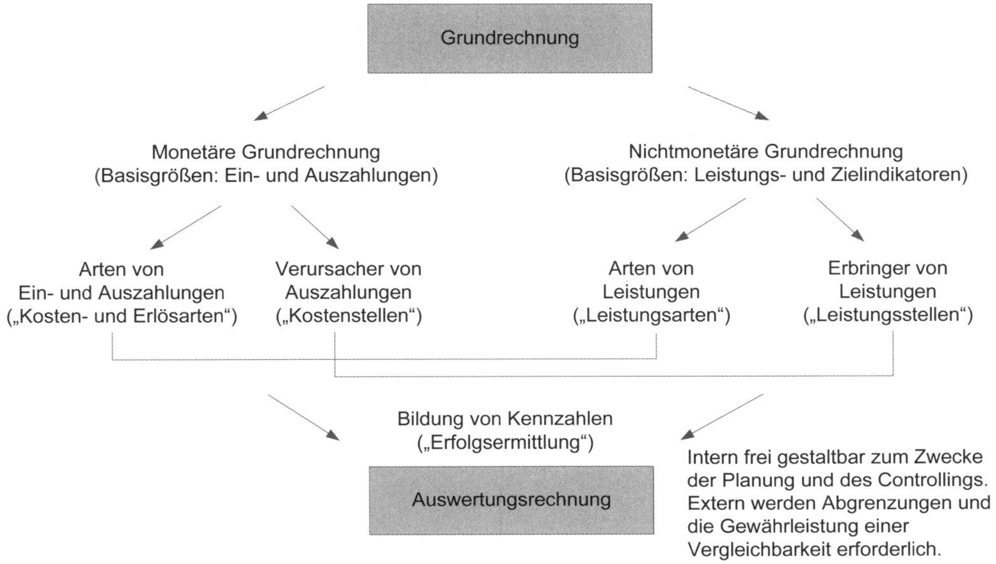

Abb. 2.20: Grundrechnung und Auswertungsrechnungen (nach Kronthaler)

Die Grundrechnung operiert mit Ein- und Auszahlungen als Kostenbegriff. *Küpper* (1995, S. 31 ff.) thematisiert Ansätze zur Fundierung pagatorischer (zahlungsbezogener) Erfolgsrechnungen für planungs- und entscheidungsorientierte Zwecke. Dadurch werden Kosten- und Investitionsrechnung für eine langfristige Planungsrechnung enger verbunden (vgl. *Küpper* 1985, S. 26). Hiernach sind „Informationen zur Bestimmung von Handlungsalternativen für sachlich abgegrenzte Planungs- und Entscheidungsprobleme bereitzustellen“ (*Küpper* 1995, S. 31). Mit dieser Anforderung an die Informationsversorgung können Prognosen über Erfolgswirkungen von Handlungsvariablen und -alternativen durchgeführt werden (vgl. ebenda). Zusammenfassend weisen pagatorische Wertgrößen für Planungs- und Entscheidungszwecke folgende Vorteile auf (vgl. ebenda, S. 46 f.; *Küpper* 1985, S. 43 f.):

- Ein- und Auszahlungen sind begrifflich klar abgegrenzt und bilden die grundlegenden („originären“) Begriffspaare in der Kostenrechnung.
- Als empirische Beobachtungsgrößen vermindern Ein- und Auszahlungen Interpretationsspielräume und sind unter Entscheidungsträgern und Außenstehenden kognitiv leichter zu sozialisieren.
- Neben der verständlichen Semantik reduziert sich die Komplexität der Syntax, d. h. die monetäre Umcodierung von Objekten und führt zu einem klaren Denken und Handeln der Entscheidungsträger.

- Die zeitliche Interdependenz kurzfristiger und langfristiger Planungsrechnungen wird überwunden, sodass mehrjährige Ziele periodisch und dezentral gesteuert werden können.

Das Konzept der Grund- und Auswertungsrechnung wird von *Küpper* (2000, S. 227 ff.; 2002, S. 932 ff.; 2007, S. 86 ff.) für das Hochschulrechnungswesen weiterentwickelt und stellt sich als ein dreiteiliges System der Hochschulerfolgsrechnung dar. Die Inputs und Outputs werden periodisch in einer monetär ausgerichteten Ausgaben- und Kostenrechnung und in einer nichtmonetären mengenbezogenen Leistungsrechnung erfasst. Die Gegenüberstellung oder Verknüpfung der Daten erfolgt in einer Erfolgs-Kennzahlenrechnung, in der Indikatoren für den Erfolg der Leistungserstellung gebildet und nach Bezugsgrößen wie Professoren, Studiengängen und Fakultäten ausgewiesen werden (vgl. *Küpper* 2000, S. 229; siehe Abb. 2.21). Das Konzept ist als Deckungsbeitragsrechnung nach dem Identitätsprinzip konzipiert. So werden beispielsweise ausgebildete Studenten nicht auf Professorenebene, sondern auf Studienfachebene ausgewiesen, also an der Stelle, wo sich ein Studierender ohne Schlüsselung zuordnen lässt.

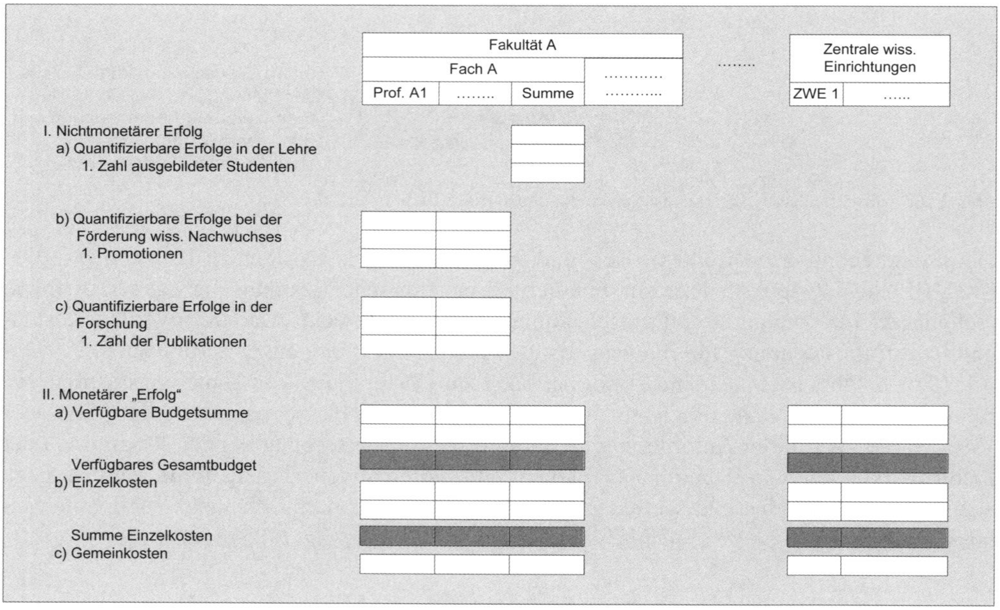

Abb. 2.21: Grundstruktur einer universitären Erfolgs-Kennzahlenrechnung (nach Küpper)

Weichselbaumer (2008, S. 38 ff.) operationalisiert das Konzept der universitären **Erfolgsrechnung** in fünf zweckneutrale (A-E) Grundrechnungen sowie zwei zweckabhängige (F-G) Auswertungsrechnungen:

A. Räumliche, personelle und stellenbezogene Ressourcenausstattung

B. Anlagenausstattung

C. Monetärer Kostenstellenbericht (IST)
D. Monetärer Kostenstellenbericht einschließlich Drittmittelprojekten (IST)
E. Erfolgsrechnung
F. Vollkostenrechnung Stufe 1 (Betriebs- und Infrastrukturkostenverrechnung)
G. Vollkostenrechnung Stufe 2 (Servicekostenverrechnung)

In den Auswertungsrechnungen sind insbesondere Zurechnungsprobleme zu lösen, da sie Kostenspaltungen in den Bereichen Forschung und Lehre erfordern. Wenngleich das Vorgehen aus Gründen der Einheit von Forschung und Lehre nicht unumstritten ist, sind derartige Ansprüche angesichts staatlicher (haushaltsrechtlicher) und europäischer (beihilferechtlicher) Informationsbedürfnisse als notwendig zu erachten (siehe hierzu Abschnitt 3.3.2.2).

Grundsätzlich weisen alle Berichtstypen Istwerte des laufenden Jahres, des Vorjahres und des Vorvorjahres als Referenzwerte auf. Insofern zielt die Grundrechnung mit ihren pagatorischen Werten zwar auf eine investitionstheoretische Kostenrechnung ab, aber weder kurzfristige noch langfristige Plandaten werden in dem Controlling-System generiert, sodass keine Erfolgswirkungen von Handlungsalternativen im Sinne einer Hochschulentwicklung unterstützt werden können. Im Ergebnis kann mit der Erfolgsrechnung keine langfristige Planungs- und Entscheidungsorientierung abgeleitet werden.

2.2.2.3 Informationsbedarfsanalyse

Die Informationsversorgung dient in der Literatur überwiegend der Entscheidungsfindung. Das tatsächliche Informations- und Entscheidungsverhalten zeichnet jedoch ein anderes Bild (vgl. *Feldman/March* 1981, S. 182). Entweder werden Informationen generiert, die nicht oder nur unvollständig in Entscheidungssituationen herangezogen werden, oder aber es werden Informationen genutzt, die keine große Entscheidungsrelevanz aufweisen. Es kann sogar zu einer Überkonsumierung von Informationen kommen, etwa dann, wenn es um die Klärung von Unsicherheiten der Umwelt geht. Die Informationssuche dient auch der nachträglichen Rechtfertigung einer Entscheidung (vgl. *Picot/Reichwald/Wigand* 2003, S. 80). Das Hochschulcontrolling agiert deshalb an der Schnittstelle zwischen Informations- und Hochschulmanagement.

Picot/Reichwald/Wigand (ebenda, S. 82; siehe Abb. 2.22) unterscheiden den Informationsbedarf vom Informationsangebot. Der **Informationsbedarf** wird „als die Art, Menge und Qualität der Informationen, die eine Person zur Erfüllung ihrer Aufgaben in einer bestimmten Zeit benötigt“ (ebenda, S. 81) definiert. Er lässt sich weiter unterscheiden (ebenda):

- Der objektive Informationsbedarf klassifiziert, „welche Art und Menge an Informationen ein Entscheidungsträger zur Erfüllung seiner Aufgaben verwenden sollte.“
- Der subjektive Informationsbedarf gibt an, „welche Informationen diesem zur Bewältigung einer Aufgabe als relevant erscheinen“.

- Der geäußerte Informationsbedarf oder die Informationsnachfrage ist „die Menge an Informationen, die letztlich tatsächlich nachgefragt wird".

Die tatsächliche Informationsversorgung bemisst sich aus den Teilmengen von Informationsbedarf und -angebot. Allerdings wird angenommen, dass nur der **Informationsstand** in die Entscheidungssituation einbezogen wird.

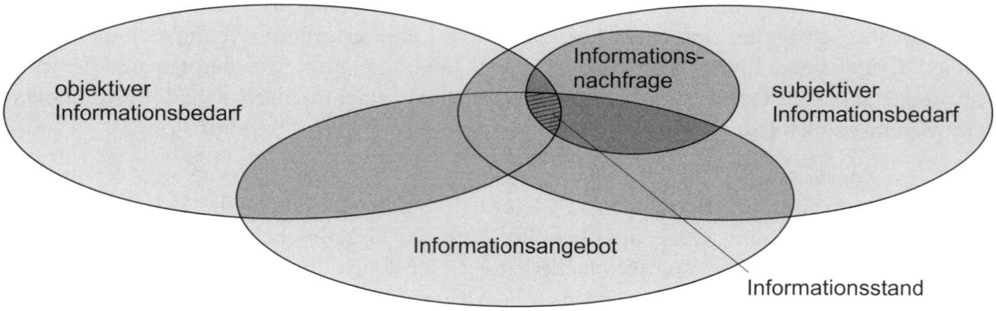

Abb. 2.22: Informationsbedarf und Informationsversorgung (nach Picot/Reichwald/Wigand)

Nusselein (2002, S. 103; siehe Abb. 2.23) entwirft für Hochschulen ein Verfahren zur Bemessung des Informationsbedarfs aus objektiven und subjektiven Vorgehen. Darin wird zunächst eine Organisationsanalyse vorgeschlagen, in der die Zielgruppen (Entscheidungsträger) des Informationssystems und ihre Aufgabenprofile erfasst werden sollen, die dann mittels Interviews induktiv ergänzt werden. So wird auch der subjektive Informationsbedarf erfasst. Auf Basis einer deduktiven Analyse wird ein Fragebogen konzipiert, der nach Einsatz den sachlich notwendigen Informationsbedarf bewertet, und so das Informationsmodell entsprechend erweitert. Die Ergebnisse werden in Workshops abschließend evaluiert. Durch die Kombination deduktiver und induktiver Elemente erlangt das Vorgehen vermutlich eine hohe soziale Akzeptanz.

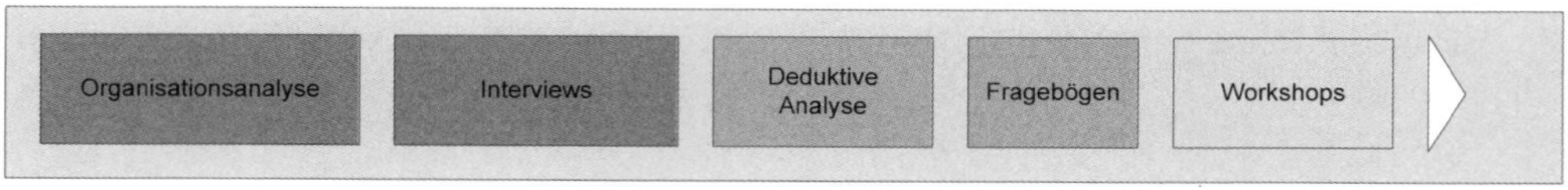

Abb. 2.23: Integriertes Konzept einer Informationsbedarfsanalyse (nach Nusselein)

Aufgrund der Anzahl hochstrukturierter, stabiler Aufgaben wie z. B. in der Buchhaltung, aber auch vielen schwach strukturierten Aufgaben wie z. B. in wiederkehrenden Lehrveranstaltungen und stark veränderlichen Aufgaben (z. B. Forschung), die eine Hochschule in hohem Maße auszeichnen, sind objektive Informationsbedarfsanalysen schwierig durchzuführen und würde eine eigenständige Abhandlung erfordern (vgl. *Kirchhoff-Kestel* 2006, S. 31). Es kann aber von einer entscheidungsorientierten Sichtweise zweckmäßig auf Informationsbedarfe geschlossen werden (vgl. ebenda).

Darüber hinaus ist es für die Entwicklung und Einführung von Informationssystemen von Belang, den Nutzungszweck klar festzulegen und das technisch umgesetzte System in seinem sozialen Umfeld zu etablieren. Es bedarf daher eines Vorgehens, das in seiner Methodik sowohl in der Lage ist dezidiert das Informationsmodell zu konzipieren, als auch deren technische Implementierung und Sozialisation sicher zu stellen (siehe dazu Abschnitt 2.1.2.2).

2.2.2.4 Vorgehensmodelle

Die Informationsbedarfsanalyse ist eine konzeptionelle Phase in Vorgehensmodellen zur Einführung von IT-Systemen. **Vorgehensmodelle** sind Prozessmodelle, die die Komplexität von IT-Projekten dahingehend reduzieren, als dass mit ihnen Arbeitspakete und Aktivitäten gebündelt sowie in eine logisch konsistente Abfolge überführt werden. Dadurch wird der Softwareentwicklungsprozess in Phasen zerlegt, die einzeln geplant und kontrolliert werden können. Es handelt sich bei Vorgehensmodelle daher auch um eine Methode des Projekt-Controllings, in der Meilensteine den Abschluss einer Phase bilden. Indem Vorgehensmodelle Referenzen vorgeben, erfolgt eine sachliche, zeitliche und personelle Abgrenzung auf einer konzeptionellen Ebene. Im Anwendungsfall folgt die Spezifizierung des Modells, indem Vorgänge in einer Phase definiert und den Personen zur Durchführung zugeordnet werden.

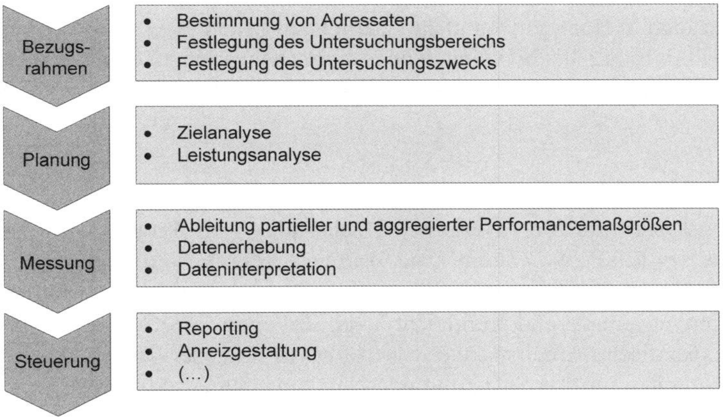

Abb. 2.24: Vorgehensmodell eines Performance Managements (nach Clermont/Rassenhövel)

Clermont/Rassenhövel (2012, S. 15 ff.; siehe Abb. 2.24) entwickeln ein Vorgehensmodell für ein **Performance Management** an Hochschulen nach sozialwissenschaftlichen Gütestandards. Darin wird ein auf Indikatoren basierendes Verfahren der Leistungsmessung und -bewertung abgeleitet. Das Modell legt zunächst einen Bezugsrahmen fest, in dem Adressaten bestimmt, der Untersuchungsbereich sowie der Zweck festgelegt werden. Die Planung umfasst eine Ziel- und Leistungsanalyse, in der adressatenbezogen Zwecke, Mittel, Nebenfolgen und das Präferenzniveau erhoben sowie die Forschung und Lehre der Hochschule produktionstheoretisch analysiert werden. Alsdann erfolgt die Messphase, in der für die zielentsprechenden Ergebnisse Performance-Maßgrößen abgeleitet werden. Sie entsprechen den Ergebnisgrößen bestmöglich. Deren Ausprägungen sind zu erheben und werden anschließend ausgewertet und interpretiert, sodass sie im Rahmen der Steuerungsphase beispielsweise für die interne oder externe Berichterstattung genutzt werden können. In der abschließenden Kontrollphase wird geprüft, ob das etablierte Performance Management den verfolgten Untersuchungszweck erfüllt hat. Gegebenenfalls ist das Verfahren dann zu optimieren und der Prozess erneut zu durchlaufen.

Bei dem Vorgehensmodell handelt es sich um eine Methode zur Leistungsmessung und -bewertung. Zwar erweist sich der Ansatz als sehr flexibel, aber in zweifacher Hinsicht als unvorteilhaft für Planungs- und Kontrollzwecke:

- Erstens betrachtet das Vorgehensmodell nicht die technische und soziale Umsetzung. Daher ist die repetitive Anwendung nicht gewährleistet. Indikatoren mögen zwar wissenschaftlichen Kriterien genügen, wenn es aber darum geht, eine autonome Steuerung des Systems „Hochschule" zu fördern, dann kann die soziale Dimension und die Akzeptanz von Indikatoren innerhalb der Organisation nicht ignoriert werden. Schließlich sind es die Entscheidungsträger, die die Begriffe und Werte in ihrer Kommunikation verstehen und anwenden müssen.
- Zweitens müssen fachlich geschulte personelle Ressourcen vorgehalten werden, wenn sozialwissenschaftlich fundierte Informationen generiert werden sollen. Die Operationalisierung eines Bezugsrahmens bedarf der Definition von Variablen mit Ursache und Wirkungen. Zwar sollte das auch in Hochschulen nicht gänzlich ausgeschlossen werden, aber der Anspruch ist verhältnismäßig hoch. Wenn Hochschulmanager eigenverantwortlich das Verfahren anwenden, könnte der Planungsprozess zeitlich überstrapaziert und instabil werden.

Einen technisch geprägten Ansatz verwendete das Projekt CEUS HB (Computergestütztes Entscheidungsunterstützungssystem für die bayerischen Hochschulen). Im Projekt wird auf den Ergebnissen von *Nusselein* (2003, S. 77) ein Data Warehouse System-Prototyp entwickelt, das als Entscheidungsunterstützungssystem identisch definierte Bereichskennzahlen unter bayerischen Hochschulen misst und vergleicht (vgl. *Böhnlein/Ulbrich-vom Ende* 2000b, S. 13). Es werden spezifische Arbeitspakete in den Phasen Analyse, Design, Implementierung und Betrieb bearbeitet, um das System in den Handlungsfeldern Studenten, Prüfungen, Personal und Mittelbewirtschaftung einzuführen (siehe Abb. 2.25).

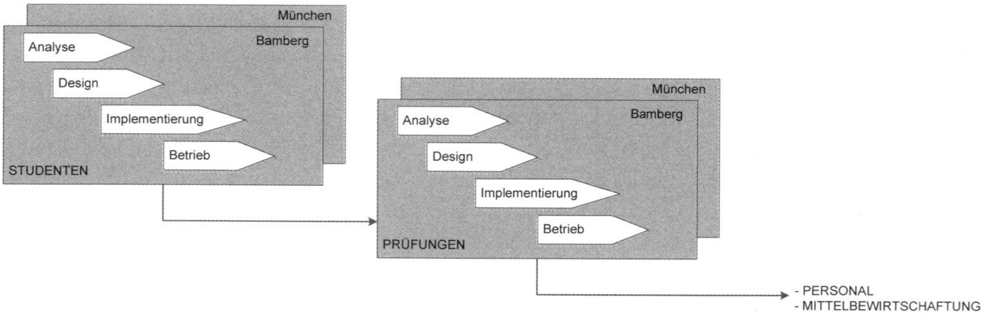

Abb. 2.25: Spezifische Arbeitspakete im Projekt CEUS HB (nach Böhnlein/Ulbrich-vom Ende)

Das Vorgehensmodell im Projekt CEUS HB folgt einem typischen Muster aus dem Bereich der Software-Entwicklung (siehe hierzu beispielsweise *Balzert* 2011, S. 1; *Höhn/Höppner* 2008, S. 2 ff.). Im Software-Entwicklungsprozess nach *Goeken/Burmester* (2004, S. 57; siehe Abb. 2.26) wird je nach Entscheidungsobjekt zunächst das Projekt initiiert und dann das nötige Wissen zur Anforderungsspezifikation akquiriert. Bevor es zu einer technischen Implementierung der spezifischen Data-Warehouse-Lösung kommt, wird das Konzept in einem iterativen Zyklus als Design gestaltet und mit den Anforderungen validiert.

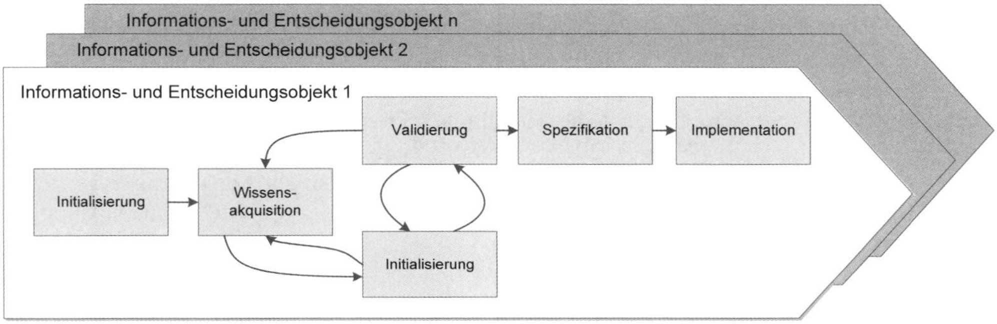

Abb. 2.26: Vorgehensmodell für die Informationsbedarfsanalyse im Data-Warehousing (nach Goeken/Burmester)

CEUS HB liefert empirische Daten über die bereits erhobenen Perioden. Offen bleibt indes, wie das System die Entscheidungsfindung unterstützen soll, welches per se zukunftsorientiert ist. Das Data-Warehouse-System ist nicht in einem Planungs- und Kontrollprozess integriert, sodass die Sozialisation des Systems in betrieblichen Abläufen nicht expliziert ist (vgl. Abschnitt 2.1.2.2). Demnach wird nicht klar ersichtlich, wie die Anwendung des Systems im Allgemeinen und die Nutzung der Informationen im Besonderen sichergestellt werden soll. Zudem fehlen in der Lösung Subsysteme wie z. B. Forschung. Infolge dessen werden Interdependenzen nicht umfassend in Entscheidungssituationen betrachtet. Das Framing der Systembezüge erweist sich zum gegenwärtigen Zeitpunkt nicht als ganzheitlich. Ebenfalls objektorientiert und in erster Linie technisch motiviert, ist das Modell von *Goeken/Burmester*. Jedoch wird stärker eine Iteration des Vorgehens betont. Wie bei CEUS HB fehlt es an sozial integrierenden Maßnahmen, um das Verfahren in organisatorische Abläufe einzubetten.

2.2.3 Verhaltenssteuerung

Die Koordination erfolgt nicht nur auf instrumenteller Ebene, allen voran der Informationsversorgung, sondern vollzieht sich auch auf sozialer Ebene, in der Entscheidungen getroffen werden. Erst dadurch gestaltet man das physische Basissystem einer Hochschule und entwickelt es weiter. Die Planung zielt dann auch auf die Steuerung menschlicher Verhaltensweisen ab, wie sie in Entscheidungssituationen auftreten (siehe hierzu Abschnitt 2.1.1.2). Abstimmungsmechanismen auf sozialer Ebene sind kommunikative Vorgänge (siehe hierzu Abschnitt 2.1.2) und äußern sich in der Entwicklung von Planungsverfahren und der Gestaltung von Prozessen. Sie werden durch die Anwendung informationstechnologischer Berichtssysteme unterstützt.

2.2.3.1 Charakteristika hochschulischer Controllingverfahren

In Hochschulen werden permanent Regelungen, wie z. B. Grundordnungen, Lehrermäßigungen, Forschungsrichtlinien oder Prüfungsvorschriften, getroffen oder überarbeitet, die das soziale Gefüge der Angehörigen ordnen. Die Fülle an Vorschriften und Richtlinien sind zwar hochschulspezifisch, setzen aber mindestens auf den rechtlichen Rahmenbedingungen auf (siehe dazu Kapitel 3). Die sich daraus ergebenen sozialen Abstimmungsmechanismen bilden die Basis der Konzeption und Umsetzung von **Controllingverfahren**.

Hochschulcontrolling ist als Koordinationsprozess mit den Phasen Planung, Umsetzung und Kontrolle unter Einbeziehung von Informationen zu verstehen (vgl. Abschnitt 1.1). Neben dem **Phasenbezug** ist für Controllingverfahren charakteristisch, dass sie einen Zeit- und Methodenbezug aufweisen und für jedes Handlungsfeld auf einer gegebenen Sozialstruktur aufsetzen (vgl. *Jaspersen/Täschner* 2012, S. 59 ff.; siehe Abb. 2.27). Der zeitliche Bezug definiert den **Handlungshorizont** und kann grob nach kurzfristigen Angaben in Tagen, Wochen, Monaten, Semestern oder Jahren einerseits und langfristigen Mehr-Jahresplanungen andererseits unterschieden werden.

Die kurzfristige Planung ist operativer Natur. Es werden der Planung korrespondierende Handlungen informationstechnisch erfasst und in einem Regelkreis abgebildet, um ein Monitoring zu bewerkstelligen und so den kurzfristigen Erfolg sicherstellen zu können. Dabei erfolgt eine laufende Überwachung durch Gegenüberstellung von Plan- und Istwerten. Die langfristige Planung ist strategisch ausgerichtet und bildet eine Metaebene aus, bei der betriebliche Veränderungen numerisch dargestellt werden. Sollen neue Handlungsfelder, wie z. B. die der Weiterbildung, bearbeitet werden, dann sind hierfür Informationen zu generieren oder Informationssysteme einzuführen, aus denen die steuerungsrelevanten Informationen gefiltert werden können, da „Entscheidungen, die auf den Ergebnissen des strategischen Controllings beruhen, [...] von erheblicher Tragweite [sind]“ (ebenda, S. 62). Das gilt insbesondere für Hochschulen. Ein wesentlicher Teil der Entscheidungen sind mittel- und langfristiger Natur, wie beispielsweise die Einrichtung neuer Studiengänge, die Berufung von Professuren, die Anmietung, der Bau oder Umbau von Gebäuden zur Forschung und Lehre etc. Entsprechend groß ist die Gefahr strategischer Fehlentscheidungen, wenn relevante Informationen nicht vorhanden sind oder Entscheidungsträger widersprüchliche Informationen vorfinden.

Hochschulcontrolling ist per se zukunftsbezogen. Es bedarf deshalb bestimmter **Controllingmethoden**, um die Zukunft zu prognostizieren. Die hermeneutische Deutung der künftigen Entwicklung des Umfeldes und der eigenen Hochschule oder ihrer Teileinheiten ist von großer Bedeutung. Die Hermeneutik als interpretative Auslegung der Zukunft steht oftmals im Zusammenhang mit einer heuristischen Entscheidungsfindung (siehe hierzu Abschnitt 2.1.1.2). Ebenso können aber auch Interpretationen oder Deutungen zu Annahmen in Planungsmodellen führen. Operative Controllingverfahren bedienen sich in der Regel empirischer Daten, um aus der Vergangenheit Erfahrungswerte etablierter Handlungsfelder mithilfe der Informationstechnik zu generieren. So werden Daten der Kosten- und Erlösrechnung für die Projektkalkulation unter EU-rechtlichen Anforderungen angewandt, um damit wirtschaftliche Tätigkeiten zu planen (siehe hierzu Abschnitt 3.3.2.2). Die Analytik als dritter Methodenstrang ist geeignet, zukunftsbezogene Werte für neue Handlungsfelder algorithmisch zu berechnen, wenn keine oder nur unzureichende Empirie vorliegt bzw. das künftige Handlungsfeld derart von Unsicherheit geprägt ist, dass empirische Daten keinen Aussagewert implizieren. Natürlich sind auch in der Analytik prognostische Annahmen zugrunde zu legen – etwa die Entwicklung der Studienanfängerzahlen. Um Begründungszusammenhänge zur künftigen Entwicklung planerisch abzuleiten, werden in der Analytik interdependente Zusammenhänge zwischen und innerhalb von Handlungsfeldern mathematisch formalisiert und Planwerte eines Handlungsfeldes generiert, die dann Auswirkungen auf andere Handlungsfelder ausüben.

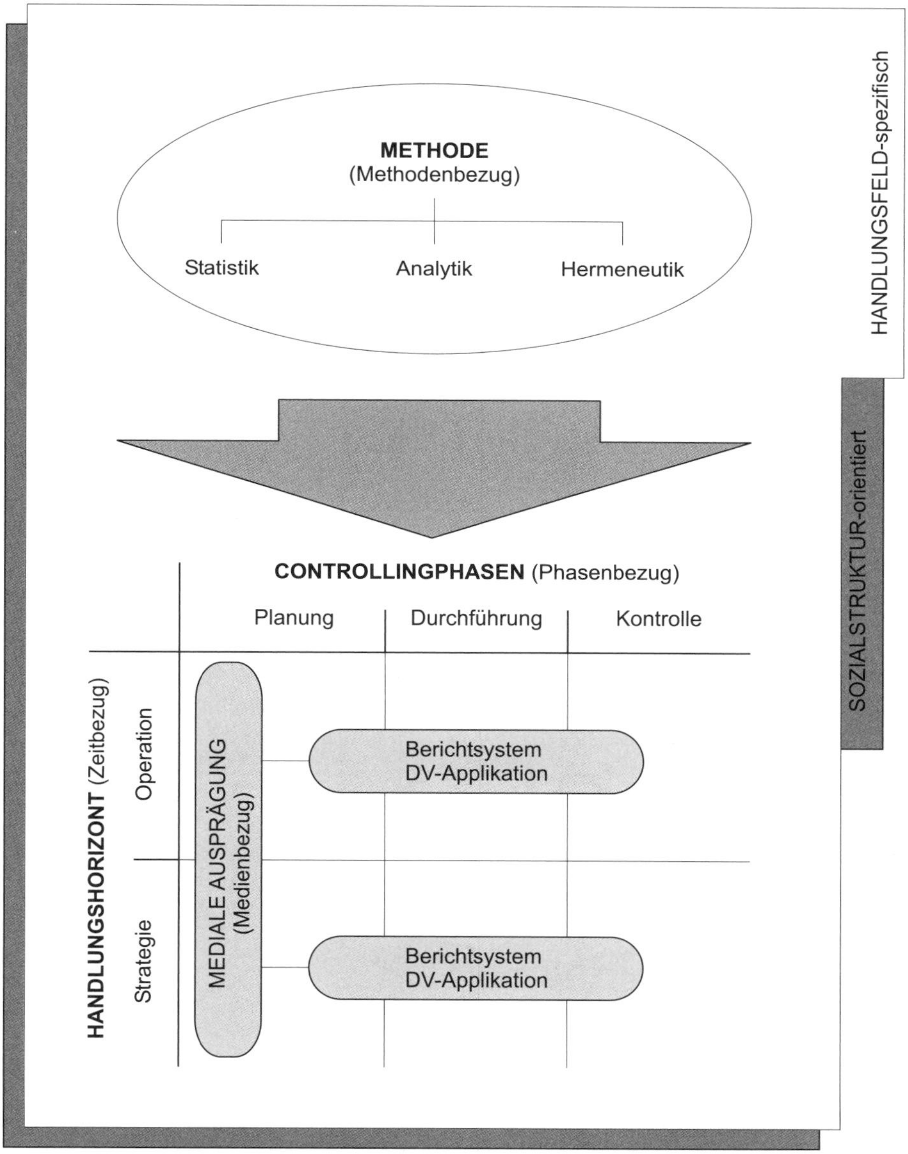

Abb. 2.27: Controllingverfahren zur Planung und Kontrolle (nach Jaspersen/Täschner)

Berichtssysteme als **Controllingmedien** ordnen und kommunizieren entscheidungsrelevante Informationen (siehe hierzu Abschnitt 1.1.1). Deren organisatorische Einführung basiert auf einer Untersuchung der entscheidungsbezogenen Sozialstruktur. Bei der Gestaltung von Berichtssystemen spielt zunehmend auch das Wirkungsverhalten der Informationsempfänger in Entscheidungssituationen eine bedeutsame Rolle im Hochschulcontrolling (vgl. *Küpper* 1996, S. 157). Die Analyse der Sozialstruktur ist insofern aufschlussreich, wenn man das Verhalten der Anspruchsgruppen hin zu einer gemeinsamen Zielfokussierung stärker beeinflussen will.

2.2.3.2 Sozialstruktur und Anspruchsgruppen

In der betriebswirtschaftlichen Literatur etabliert sich das Anspruchsgruppen-Konzept zur Analyse und Gestaltung der Sozialstruktur. Die Sozialstruktur liegt im Grenzbereich zwischen Organisationsstruktur und -kultur (vgl. *Gomez/Zimmermann* 1993, S. 50). Verhaltenswissenschaftliche Modelle („Organizational-Behavior-Perspektive") erklären „den Einfluss menschlicher Handlungsträger auf die Ausgestaltung der Struktur bzw. das Verhalten der Organisation" (ebenda, S. 54). Betrachtet man nicht allein klassisch ökonomische Erfolgsgrößen wie die Effizienz, sondern verfolgt man primär interessenbezogene Erfolgsgrößen, dann sind präferierte Ziele aus den Bedürfnissen von Anspruchsgruppen abzuleiten und diese aufeinander abzustimmen (siehe hierzu Abschnitt 2.1.2.4). Interessenbezogene Ziele erfüllen die Forderungen vielfältiger Anspruchsgruppen (vgl. *Welge/Al-Laham* 2012, S. 260). Angenommen wird unterdessen, dass interessenbezogene Erfolgsgrößen nicht objektiv-logisch („rational" im klassischen Sinne) begründet zu sein brauchen, sondern auf selektiven Wahrnehmungen psychischer Systeme von Anspruchsgruppen beruhen. Realität und Sinnbezug werden daher von den Anspruchsgruppen der Hochschule konstruiert (siehe hierzu Abschnitt 2.1.2).

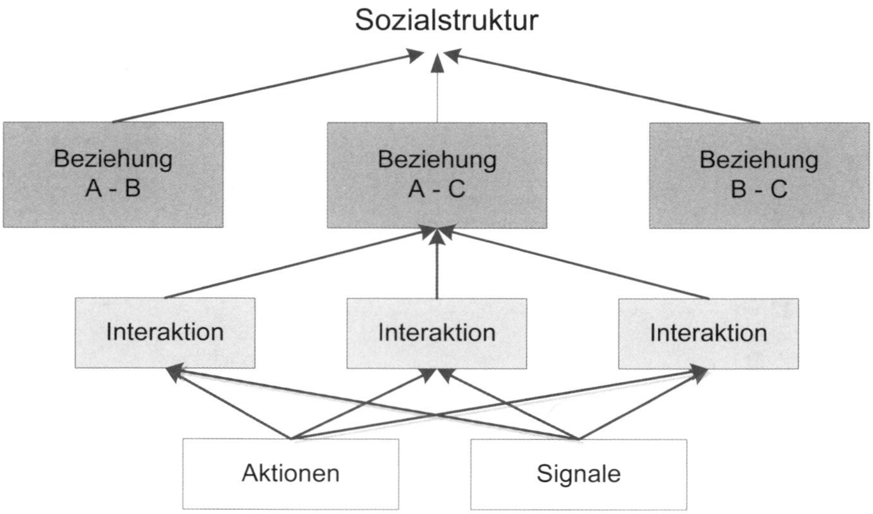

Abb. 2.28: Sozialstruktur (nach Kappler)

In der Erforschung des Sozialverhaltens wird die **Sozialstruktur** verhaltensbiologisch definiert als „das Muster sozialer Interaktionen und der daraus resultierenden Beziehungen der

Mitglieder einer Gesellschaft" (*Kappeler* 2006, S. 475). Soziale Interaktionen basieren auf Kommunikationsprozessen sozialer Systeme oder präziser formuliert: auf den Austausch von Aktionen („Handlungen als nonverbale Kommunikationen") und Signalen (siehe Abschnitt 2.1.2.2; *Kappeler* 2006, S. 510; siehe Abb. 2.28). Zwar erhält man durch die Bewertung der Häufigkeit und Inhalte der Interaktionen Rückschlüsse auf die Sozialstruktur, jedoch ist die Beurteilung der Qualität einer Interaktion schwierig. Als grobe Klassifikation einer Beurteilung kann in empirischen Analysen zwischen Konflikt/Konkurrenz einerseits und Kooperation andererseits unterschieden werden (vgl. ebenda, S. 524). Konstruktivistische Ansätze analysieren überwiegend indirekt in Informationsbedarfsanalysen und Vorgehensmodellen die Sozialstruktur (siehe hierzu Abschnitt 2.2.2.3 sowie Abschnitt 2.2.2.4).

Das Anspruchsgruppen-Konzept verfolgt den Zweck, effektiv Anspruchsgruppen zu identifizieren, zu analysieren und mit ihnen über Ziele zu verhandeln (vgl. *Freeman* 2004, S. 230 f.). Anders als in der soziologischen Erforschung wird im Anspruchsgruppen-Konzept der direkten Interaktion des Managements mit ihren Anspruchsgruppen zwecks Verhaltenssteuerung über Ziele eine hohe Bedeutung beigemessen. *Savage* et al. (1991, S. 61) zielen in ihrer Definition von Anspruchsgruppen („Stakeholder") auf die Interessenslage in Verbindung mit der organisatorischen Einflussnahme ab. Anspruchsgruppen haben danach übersetzt „Interesse in die Aktionen einer Organisation und [...] die Möglichkeit diese zu beeinflussen." Wenngleich zahlreiche Definitionsansätze für Anspruchsgruppen existieren (siehe dazu *Mitchell/Agle/Wood* 1997, S. 858), hat sich die bereits einleitend genannte Variante weitgehend etabliert (siehe Kapitel 1.1), aus der problemspezifische Varianten gebildet werden können. Hiernach sind Anspruchsgruppen „any group or individual who can affect or is affected by the achievement of a corporation's objectives" (*Freeman* 1984, S. 46). In Anlehnung hieran sind hochschulische **Anspruchsgruppen**, Gruppen oder Einzelpersonen, die das Erreichen der Hochschulziele beeinflussen oder durch das Erreichen der Ziele beeinflusst werden. Natürlich ist diese Definition sehr weit ausgelegt und so muss jede Hochschule in Abhängigkeit des gewünschten Profils für sich definieren, welches primäre Anspruchsgruppen darstellen.

Freeman/Harrison/Wicks et al. (2010, S. 63) sehen im Anspruchsgruppen-Konzept einen pragmatischen Bezugsrahmen aus der theoretische Aussagen abgeleitet werden können. So wird angenommen, dass „simultan mehrere unterschiedliche Ziele auf oberster Ebene verfolgt werden" (*Walz/Gramlich* 2011), S. 9), die aus komplementären, neutralen oder konkurrierenden Zielvorstellungen der Anspruchsgruppen resultieren. Die Ordnung der Ziele zu einem (hierarchischen) Zielsystem erfolgt in Entscheidungsprozessen (ebenda, S. 9 f.), in der das zu erreichende Anspruchsniveau festgelegt wird. Das Denken in Ansprüchen – so die Annahme – trägt dem Umstand Rechnung, dass Wirkungen von Handlungen Gegenwirkungen erzeugen. Die Antizipation und das Verständnis von Ansprüchen sowie deren Integration in strategischen Planungsprozessen soll den langfristigen Erfolg sichern (vgl. *Freeman* 2004, S. 231).

Der Umgang mit multiplen Zielvorstellungen ist in der Theorie zur Identifikation und Priorisierung von Anspruchsgruppen behandelt worden. *Mitchell/Agle/Wood* (1997, S. 865 ff.; siehe Abb. 2.29) entwickeln ein dynamisches Modell aus den sich überlappenden Variablen Macht, Legitimität und Dringlichkeit:

- *Weber* (1972, S. 28) definiert **Macht** als „jede Chance, innerhalb einer sozialen Beziehung, den eigenen Willen auch gegen Widerstreben durchzusetzen, gleichviel worauf diese Chance beruht.“ Ist demnach eine Anspruchsgruppe imstande, eine Hochschule zum Handeln zu bewegen, welches ohne ihr Einwirken nicht zustande gekommen wäre, übt sie Macht aus. In Hochschulen kann auf physischer (z. B. Studentenstreiks) oder kognitiver (z. B. Akkreditierungsauflagen oder Erlasse) Weise Macht ausgeübt werden (vgl. *Sachs* 2005, S. 47).
- **Legitimität** kann nach *Suchman* (1995, S. 574; zitiert nach *Mitchell/Agle/Wood* 1997, S. 866) übersetzt definiert werden als „eine generalisierte Wahrnehmung oder Annahme, dass die Aktionen [...] begehrenswert, passend oder angebracht sind in einem sozial konstruierten System von Normen, Werten, Glauben und Definitionen.“ Legitimität ist hiernach eine generalisierte Einschätzung einer Anspruchsgruppe, dass eine Handlung erwünscht oder angemessen innerhalb eines sozialen Systems erscheint (vgl. *Steinmann/Schreyögg* 2005, S. 83). So können beispielsweise zusätzliche Tutorien legitime Maßnahmen zur Verbesserung der Lehre im Sinne der Studierenden sein.
- **Dringlichkeit** beschreibt den Zustand, wenn unmittelbar wichtige/kritische Ansprüche einer Anspruchsgruppe auftreten (vgl. *Mitchell/Agle/Wood* 1997, S. 867). Dringliche Ansprüche sind nur schwierig prognostizierbar, aber erfordern die sofortige Aufmerksamkeit des Hochschulmanagements (z. B. Aktualisierung von Ordnungen).

Durch Kombination der drei Variablen ergeben sich acht Klassen von Anspruchsgruppen. Je nachdem, welche Variable auftritt, entstehen entweder latente, erwartende oder definitive Ansprüche. Das Modell erklärt damit den Aufstieg und Abstieg von Anspruchsgruppen. Definitive Ansprüche sind durch das Hochschulmanagement priorisiert zu behandeln. Aber auch erwartete Ansprüche, die bei dominanten, abhängigen oder gefährlichen Anspruchsgruppen auftreten können, sollten im Beobachtungsfeld des Hochschulmanagements stehen. Latente Ansprüche sind als schlafend, diskretionär oder nachfragend zu bezeichnen und können an Bedeutung gewinnen, wenn sich ihr Zustand ändert (z. B. durch eine Gesetzesänderung). So sind Studierende mit der Bologna-Reform zunehmend als Anspruchsgruppe erkannt worden. Vor der Einführung von Akkreditierungsverfahren stand die Ausübung der Lehre eher im Ermessen der Professoren. Ihre Position hat sich deshalb von diskretionär in den Bereich dominant/definitiv gewandelt.

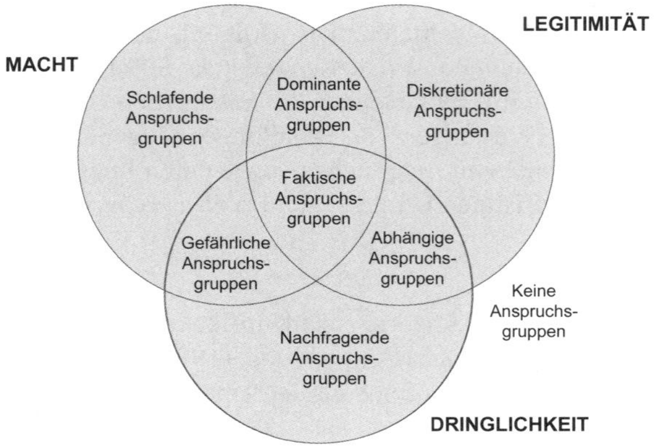

Abb. 2.29: Klassen von Anspruchsgruppen (nach Mitchell/Agle/Wood)

Aus der Anwendung des Modells können Erkenntnisse hinsichtlich kooperativen und konkurrierenden Gruppierungen von Projektvorhaben abgeleitet werden. Es können Maßnahmen zur Beeinflussung sowie eine Kommunikationsstrategie erarbeitet werden, die speziell die kritischen Anspruchsgruppen adressieren. Es können aber auch die relevanten Anspruchsgruppen identifiziert werden, die die gesamte Hochschulentwicklung stark beeinflussen. Ihre Wertvorstellungen können dann begrifflich soweit operationalisiert werden, dass sie in Planungsprozessen Verwendung finden.

Das Anspruchsgruppen-Konzept referenziert auf systemtheoretische Begründungen. Das offene System transformiert Ressourcen im zeitlichen Verlauf zu Leistungen, die in der Umwelt Wirkungen auslösen. Anspruchsgruppen stellen demnach Ressourcen bereit, sind aber auch an der Leistungserstellung beteiligt und nehmen generierte Leistungen ab. Es kann zu Interessenskonflikten über zu verfolgende Ziele kommen (vgl. *Welge/Al-Laham* 2012, S. 262; siehe hierzu Abschnitt 2.1.2).

Kirchhoff-Kestel/Schulte (2006, S. 109) verdeutlichen Interessenskonflikte, indem sie zwischen **Erfolg** und **Ergebnis** unterscheiden. Die Ergebnisse der Leistungserstellung in Hochschulen können beabsichtigt oder unbeabsichtigt sein, werden aber auf jeden Fall ausbringungsbezogen gemessen. So ist beispielsweise ein Ergebnis im Bereich der Lehre die Anzahl der im Studienjahr xy betreuten Abschlussarbeiten am Lehrstuhl a. Die Effizienz dieses Ergebnisses ergibt sich, wenn deren monetärer Faktoreinsatz (Input) ins Verhältnis gesetzt wird. Dann kann sich eine **Ergebniskennzahl**, wie beispielsweise „Ausgaben pro betreuter Abschlussarbeit im Studienjahr xy am Lehrstuhl a", ergeben. Ergebnisse, die zielbezogen sind, werden hingegen als (beabsichtigte) Erfolge bezeichnet. Der Erfolg einer Hochschule entzieht sich demnach einer objektiven Betrachtungsweise, da sachliche Ziele aus relevanten Bedürfnissen gebildet werden. Genau wie die Wirkungsweisen von Leistungen fallen Ziele für Hochschulen daher sehr unterschiedlich aus, bemessen aber die Effektivität der Leistungserstellung (siehe hierzu Abschnitt 2.1.2.4; siehe Abb. 2.10). Infolgedessen „geht es [bei der Erfolgsbetrachtung] vielmehr darum, ob die Hochschule und ihre Einheiten ihre Ziele und Missionen sowie die Ziele und Bedürfnisse der externen Stakeholder [...] erfüllen" (ebenda, S. 109 f.). So kann eine **Erfolgskennzahl** sich auf die Anzahl der Absolventen mit dem Studium beziehen, wenn deren Steigerung vorab als Ziel auf der betrachteten Bezugsebene definiert worden ist. Aus dem Verhältnis des geplanten und des erreichten Wertes berechnet sich dann das Effektivitätsmaß als Grad der Zielerreichung (vgl. ebenda, S. 110).

Ergebnis:	e_A	e_{BC}	e_{ABC}	e_D
Anspruchsgruppe A	+	-	+	-
Anspruchsgruppe B	-	+	+	-
Anspruchsgruppe C	-	+	+	-

Tab. 2.3: Stakeholderspezifischer Zielbezug von Ergebnissen der Hochschultätigkeit (nach Kirchhoff-Kestel/Schulte)

Die Interpretation eines Ergebnisses oder Erfolgs ist abhängig vom Standpunkt des Betrachters (vgl. *Kirchhoff-Kestel/Schulte* 2006, S. 110; siehe Tab. 2.3). Die Operationalisierung des Erfolgs kann deshalb auch nicht aus objektiven Transparenzgründen erfolgen, sondern muss sich an den Nomenklaturen der Anspruchsgruppen orientieren, die entsprechend ihrer Ansprüche in den erbrachten Leistungen einen zielbezogenen Erfolg (e+) oder ein Ergebnis (e-) sehen. Selbstverständlich können Anspruchsgruppen identische Erfolgskennzahlen aufweisen (siehe Spalte 4 der Tab. 2.3). Umgekehrt können Ergebnisse auch überhaupt keinen Erfolg für Anspruchsgruppen darstellen (Spalte 5).

Basierend auf dem Konzept des selektiven Rechnungswesens nach *Weber* (1996, S. 925 ff.) entwickelt *Kirchhoff-Kestel* (2006, S. 327; siehe Abb. 2.30) ein selektives, zweckorientiertes, internes Hochschulrechnungswesen. Je nach Entwicklungsstand der staatlichen Hochschulsteuerung werden aus einer Basisrechnung laufende Teil- bzw. fallweise Sonderrechnungen durchgeführt. Je nach Anforderung der Hochschule könnten als permanente Teil-Rechnungen beispielsweise interne Leistungsverrechnungen, Preiskalkulationen oder auch leistungsorientierte Mittelverteilungen (siehe dazu Abschnitt 3.3.1.3) konzipiert und umgesetzt werden. Fallweise sind Rechnungen denkbar, die die Kosten neuer Studiengänge bemessen oder Fragen der Auslagerung von Tätigkeiten behandeln. Im Ergebnis wird mit dem selektiven Ansatz eine flexible und pragmatische Herangehensweise empfohlen, die die Ansprüche zweckmäßig erfasst und kalkuliert, um so entsprechend den Erfolg bzw. das Ergebnis von den involvierten Anspruchsgruppen individuell interpretieren zu können.

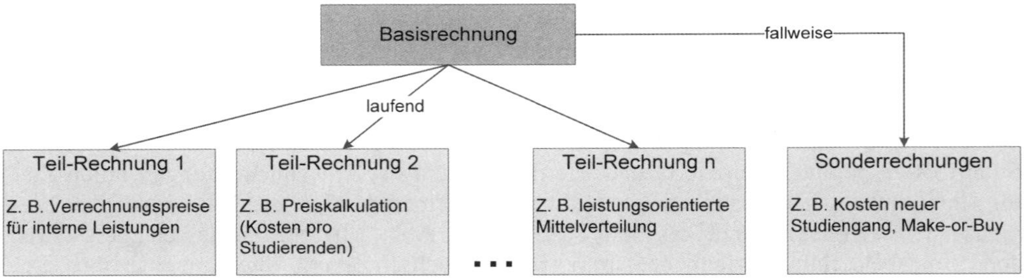

Abb. 2.30: Selektives und zweckorientiertes internes Hochschulrechnungswesen (nach Kirchhoff-Kestel)

Für die Gestaltung von Berichtssystemen ergibt sich insofern eine Abhängigkeit von den Sichtweisen der in den Handlungsfeldern agierenden Anspruchsgruppen und ihren zweckorientierten Ansprüchen. Es stellt sich demnach die Frage, welche Ansprüche vom wem gestellt werden. Daraus leiten sich entsprechende Informationsbedürfnisse ab, die in integrierten Informationssystemen technisch umzusetzen sind, um aus den jeweiligen Perspektiven der Anspruchsgruppen Aussagen bezüglich Ergebnis oder Erfolg ableiten zu können. Zwecks Operationalisierung von Hochschul-Berichtssystemen ist daher zunächst zu klären, was im spezifischen Einzelfall den Erfolg einer Hochschule ausmacht. Schließlich werden die Leistungen nicht über den Markt bewertet. *Weichselbaumer* (2008, S. 14) erläutert: „Der Erfolg einer Universität ergibt sich in dem Maße, wie die vereinbarten Ziele erreicht worden sind, nicht aus der Gegenüberstellung von Einnahmen und Ausgaben bzw. Erlösen und Kosten. Die Zielerfüllung ist das eigentliche Erfolgsmaß für die wirtschaftliche Verwendung der gewährten Stellen und Mittel. Wirtschaftlich war deren Einsatz dann, wenn die vereinbarten Ziele erreicht worden sind.“ Bei der Betrachtung von Erfolgsdimensionen in Hochschulen steht also vielmehr die zielbezogene Aufgabenerfüllung im Vordergrund (siehe dazu Abschnitt 3.3.1).

Die Hochschule ist in einem Beziehungsgeflecht eingebunden, worin je nach Anspruchsgruppe divergent bewertet wird, ob die erbrachten Leistungsergebnisse zum Erfolg geführt haben oder nicht. *Sachs* (2005, S. 49; siehe Abb. 2.31) zeigt auf, dass die Hochschule in einem komplexen Netzwerk von Anspruchsgruppen eingebunden ist. Es bildet damit die (exogene) Makro-Ebene einer Sozialstruktur ab, die im Einzelfall zu spezifizieren und um normative Wertvorstellungen anzureichern ist.

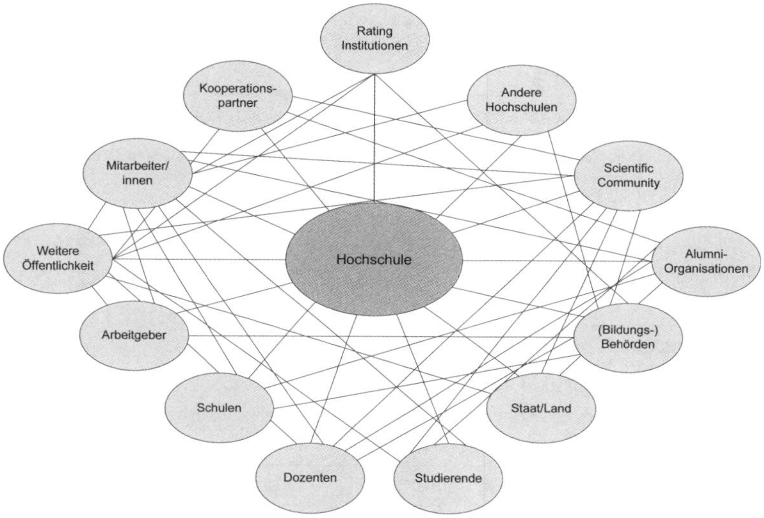

Abb. 2.31: Stakeholdernetzwerk einer Hochschule (in Anlehnung an Sachs)

Rassenhövel (2010, S. 40 ff.) konkretisiert das Werte- und Zielsystem von Hochschulen anhand der Interessen ausgewählter Anspruchsgruppen (siehe Tab. 2.4). Daran wird ersichtlich, dass Ansprüche und Nutzen sich in Teilnutzen dekomponieren lassen. Verschiedene Anspruchsgruppen weisen teils homogene, teils heterogene Teilnutzen auf, die zu den angesprochenen Konflikten führen. Es sind entsprechend Kennzahlen zu definieren, die Informationen zur Wertgeneration liefern (siehe hierzu auch *Janisch* 1992), um zwischen Erfolg oder Ergebnis zu unterscheiden. So wirken zusätzliche Forschungsprogramme wertsteigernd und sind im Interesse gesellschaftlicher, wirtschaftlicher und politischer Ansprüche. Während andererseits z. B. zwischen Hochschullehrern und Studierender sowie der Wirtschaft heterogene Auffassungen über das Studium und die Lehre bestehen. Als wertsteigernd erachten Hochschullehrer die Integration der Forschung in die Lehre. Jedoch liegt seit der Bologna-Reform der Fokus auf der Arbeitsmarktfähigkeit („Employability“) der Studierenden.

Da Betriebe mit exogenen und endogenen Anspruchsgruppen agieren, entwickelt *Gomez* (1993, S. 107 ff.) einen strategischen Managementansatz. Das **Wertmanagement** agiert im Wertesystem als Teilsystem des Betriebs (siehe Abschnitt 2.2.1.1) und soll „Wert schaffen für alle Anspruchsgruppen“ (ebenda, S. 30). So betont *Gomez*, dass die Festlegung von Zielen, Nutzen und Wertgeneratoren einzelner Anspruchsgruppen nicht von einer Logik bestimmt werden sollte, sondern von einer subjektiven Auswahl und Gewichtung (vgl. ebenda, S. 103). Anspruchsgruppen müssen Entscheidungsträger demnach eigenständig festlegen und die Ansprüche spezifizieren. Die Spezifizierung von Ansprüchen erfolgt objektbezogen.

Anspruchs-gruppe	Nutzen (Anspruch)	Teilnutzen, getrennt nach Forschung (F) /Lehre (L)	Wertgeneratoren, beispielhaft
Interessen von Staat und Ländern, Gesellschaft, Wirtschaft und Politik			
Gesellschaft	Verbesserung der Lebensverhältnisse und Konsumgüter	F: Gesundheit, Umweltschutz, Sicherheit	Forschungsprogramme
		L: Individualität und Lebensqualität	Zufriedenheit
Wirtschaft	Wirtschaftswachstum und Wettbewerbsfähigkeit	F: Grundlagen und angewandte Forschung	Forschungsprogramme
		L.: Arbeitskräfte	Absolventen
Politik	Entscheidungsgrundlagen und Beratung	F: Neue Erkenntnisse	Forschungsprogramme
		L: Demokratische Partizipation Studierender	Gremienarbeit
Staat und Länder	Steuereinnahmen, Sozialleistungen	F: Neue Erkenntnisse	Ausgründungen
		L: Bildungsrendite	Studiendauer
Interessen von Forschern und Forschungsförderern			
Forscher	Wissensmehrung, Eigene Forschungsinteressen verwirklichen	Reputation, Nachwuchsförderung, Internationalität, Wissens-/ Technologietransfer	Publikationen, Tagungen, Abschlussarbeiten, Patente, Preise, Kooperationen
		L: Integration in Lehre	Lehrveranstaltungen
Forschungsförderer	Gemeinwohl und Wettbewerbsvorsprung	F: Neue Erkenntnisse	Forschungsprogramme
		F: Auftragserfüllung	Projektberichte, Patente
Interessen von Hochschullehrern, Studierenden, Arbeitgebern und Mitarbeitern			
Hochschullehrer	Wissensvermittlung, Selbstverwirklichung	L: Gute Lehrbedingungen, fähige u. willige Studierende, Nachwuchsförderung	Infrastruktur, Studienangebote und -nachfrage, Forschungsintegration, IT
Studieninteressierte	Wissensanwendung, Lebensqualität	spätere Berufstätigkeit, Qualifikation, Persönlichkeitsentwicklung, Bildung	Abschlusszeugnis, Studiendauer, Einkommen, Auslands- und Praxisphasen
Arbeitgeber	Kompetenzen	Fach-, Sach-, Methoden-, und Sozialkompetenz, Praxisbezug	Praktika, Abschlüsse, Auslandsaufenthalte
Mitarbeiter	Verwirklichung, Lebensqualität	Gute Arbeitsbedingungen, Betriebsklima, Zufriedenheit	Infrastruktur, Einkommen, Mitbestimmung

Tab. 2.4: Nutzen, Teilnutzen und Wertgeneration von Anspruchsgruppen in Hochschulen (in Anlehnung an Janisch und Rassenhövel)

2.2.3.3 Objektorientierte Hochschulplanungs- und -kontrollverfahren

Die Definition von Zielen ist getrieben vom Erwartungsnutzen der Anspruchsgruppen und bildet in Entscheidungsprozessen einen akzeptierten Konsens über das Anspruchsniveau der Aufgabenerfüllung. Natürlich können Macht-, Legitimitätsansprüche oder gar dringliche Ansprüche je nach Ausprägungsgrad den Zielfindungsprozess beschleunigen oder auch hemmen. In jedem Fall bilden sich in der Hochschule aber **Zielhierarchien** aus, innerhalb derer sich kaskadenförmig Subziele ausdifferenzieren lassen (vgl. *Heinen* 1992, S. 34). Die Auflösung von Zielen in Subziele erfolgt auf der Objektebene, auf derer konfliktäre Ansprüche in den Teileinheiten der Hochschule koordiniert werden müssen. Die Szenarioplanung entwickelt sich dabei als ein Verfahren, Ziele und Strategien zur Zielerreichung unter den Anspruchsgruppen objektbezogen zu präzisieren. In Verknüpfung mit einer rollierenden Investitionsplanung konstruiert sich ein Controlling-System, welches auf der Objektebene Ansprüche strategisch-langfristig und operativ-kurzfristig koordiniert.

Die **Szenarioplanung** ist eine strategisch ausgerichtete Planungstechnik, um unter unsicheren Umweltbedingungen Entscheidungen zu treffen (vgl. *Mahmoud/Liu/Hartmann* et al. 2009, S. 799). Grundsätzlich werden von der gegenwärtigen Situation mögliche Entwicklungspfade der relevanten Umwelt untersucht, um dadurch den sozialen Wandel als mögliche Zukunftsentwicklung darzustellen. Dabei werden statistische Prognosen herangezogen und relevante Variablen in Beziehung gesetzt. In der Realität wirken Störereignisse der modellierten Entwicklung entgegen. Daher werden in der Regel ein „Worst Case", ein „Best Case" und ein „Trend (Usual) Case" gebildet, um die Störungen in das Gesamtmodell zu integrieren (vgl. *Ziegenbein* 2012, S. 116 ff.). Nachdem der Bezugsrahmen erstellt wurde, können die drei Teilmodelle („Szenarien") operationalisiert werden. In Anlehnung an *Mahmoud/Liu/Hartmann* et al. (2009, S. 799) werden **Szenarien** definiert als schlüssige, intern konsistente und plausible Beschreibungen von möglichen Zukünften des relevanten Umfelds. In Anhängigkeit vom Planungszweck und der Anzahl von Variablen können sehr einfache oder auch sehr detaillierte Szenarien erstellt werden. Szenarien liefern dann nicht Ausblicke („Forecasts") oder Prognosen, sondern mögliche Vorstellungen darüber, wie sich die Zukunft entwickeln könnte (vgl. ebenda).

Es werden hauptsächlich zwei **Szenariotypen** unterschieden (vgl. ebenda, S. 800):

- Explorative Szenarien sind wertfrei und vollziehen sich auf projektiven oder prospektiven Trendanalysen. Während projektive Szenarien empirische Trends zur Abbildung der Zukunft nutzen, nehmen prospektive Szenarien den Wertewandel vorweg und entwickeln daraufhin Lösungsvorschläge.
- Antizipative Szenarien sind subjektiv bewertet und stellen daher erwünschte/unerwünschte Zukunftszustände dar. Entweder werden Szenarien durch Experten oder Wissenschaftler modelliert oder Anspruchsgruppen werden in die Szenarioentwicklung mit einbezogen.

Die Szenarioplanung etabliert sich zunehmend als heuristischer Ansatz zur betrieblichen Entscheidungsfindung (vgl. *Schoemaker* 1991, S. 549 ff.). Unter Einbezug von Anspruchsgruppen konstruieren antizipative Szenarien prinzipiell auch in Hochschulen einen politischstrategischen Handlungsrahmen, der durch Entscheidungen bewusst herbeigeführt werden kann. Es handelt sich insofern um eine Form von **Risikomanagement**, in dem die Zukunft geplant und auf die Zielerreichung bewusst eingewirkt wird. Involviert man Annahmen bzw. Ansprüche von Anspruchsgruppen in die Konstruktion von Szenarien, können möglicherweise Verzerrungen in die Planung gelangen, da üblicherweise nur die faktischen Ansprüche modelliert werden. Dringliche Ansprüche können auch in diesem Typ nicht vollends kontrolliert und damit auch nicht in Gänze modelliert werden. Dennoch haben diese Szenarien eine größere politische Plausibilität und öffentliche Akzeptanz als Expertenurteile. Zumal auch Expertenurteile nicht frei von Verzerrungen oder politischen Motivationen sein müssen (vgl. *Mahmoud/Liu/Hartmann* et al. 2009, S. 801).

Schoemaker (1995, S. 28 ff.) verdeutlicht das heuristische Vorgehen in zehn Stufen (siehe auch *von Rebnitz* 1981, S. 37 ff.; *Chermack* 2010, S. 81 ff.):

- Definition eines zeitlichen und sachlichen Analyserahmens
- Identifikation priorisierter Anspruchsgruppen
- Identifikation einwirkender Trends
- Identifikation hauptsächlicher Unsicherheiten
- Konstruktion erster Szenariothemen
- Prüfung auf Konsistenz und Plausibilität der Aussagen
- Entwicklung von Lernszenarien
- Identifikation von Forschungsbedarf
- Entwicklung quantitativer Modelle (optional)
- Bildung iterativer Entscheidungsszenarien

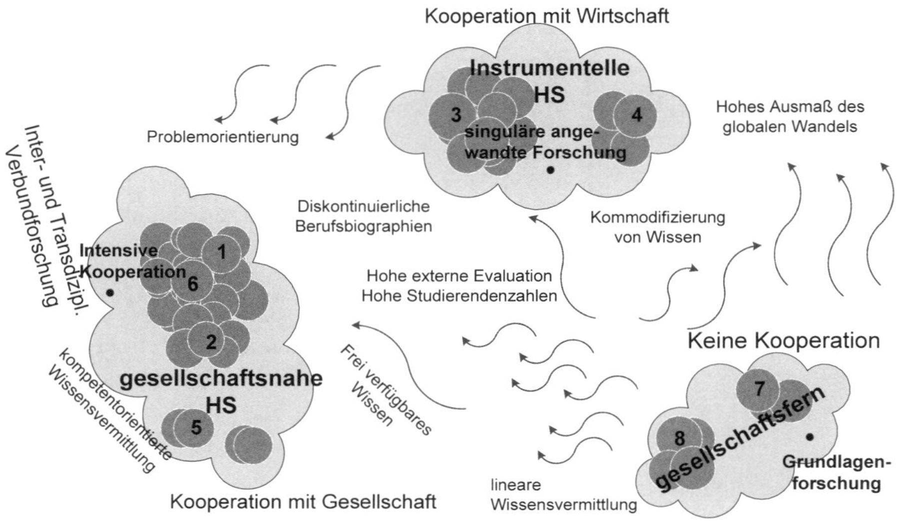

Abb. 2.32: Zukunftsraum Hochschulwesen im Jahre 2035 (nach Adomßent/Albrecht/Barth et al.)

Adomßent/Albrecht/Barth et al. (2008, S. 33; siehe Abb. 2.32) entwickeln auf Basis einer Liste von Einflussfaktoren und Trends im Hochschulwesen einen Zukunftsraum mit acht Szenarien für das Jahr 2035. Grob werden die Szenarien der Hochschulentwicklung nach instrumenteller, gesellschaftsnaher und gesellschaftsferner Hinsicht geclustert, in denen sich Hochschulen profilbildend positionieren. Die Ergebnisse lassen sich hochschulpolitisch interpretieren und können in einer Strategieidentifikation und -bewertung münden (vgl. ebenda, S. 39). Alsdann sind die Strategien in Routineoperationen zu überführen (siehe hierzu Abschnitt 2.1.2.3 und 2.1.2.4).

Die Szenarioplanung in Hochschulen ist eng verbunden mit einer Investitionsentscheidung. So bildet die Szenarioplanung ein Aussagensystem, welches offenlegt, in welche Objekte langfristig investiert werden soll. Beispielsweise ist die Prognose von Studierendenzahlen ein relevanter Trend zur Bemessung der Nachfrageentwicklung einzelner Studiengänge. Szenarien projizieren insofern Ziele und Strategien auf Investitionsobjekte und liefern den Hochschulen dahingehend Entscheidungsgrundlagen. Bei der **Investitionsplanung** wird eine Zahlungsreihe geplant, die für die Qualität der Objekte in der Leistungserstellung erforderlich ist. Die Perspektive der objektorientierten Investition betrachtet Sachinvestitionen und grenzt sich dementsprechend von Finanzinvestitionen ab (siehe hierzu *Perridon/Steiner* 1995, S. 27). *Küpper* (1985, S. 46) argumentiert vor diesem Hintergrund: „Damit stellt sich die Frage nach der Aufteilung in partielle Planungsprobleme und der Interdependenz zwischen den Teilplänen. [...] Ferner verlangt der investitionstheoretische Ansatz eine vertiefte Analyse der Beziehungen zwischen Real- und Nominalgüterbereich, weil in ihm einerseits Gütereinsätze und -ausbringungen erfasst, andererseits aber die Auswirkungen auf Zahlungsströme als Basis der Rechnung angesehen werden."

Demzufolge sind Zahlungsströme investitionstheoretisch als abhängige Variablen realer Güterplanungen anzusehen. So wird beispielsweise im Objekt „Studiengang" geplant, wie viel, wann und mit welchem Leistungsniveau Studierende ihr Studium abschließen sollen oder wie lange sie dafür brauchen. Das Objekt „Studiengang" steht hiernach in einer semiotischen Beziehung zu den jeweiligen Entscheidungsträgern und Anspruchsgruppen. Es wird also subjektiv und wertmäßig und eben nicht objektiv wertfrei das Objekt beurteilt, um sodann Entscheidungen über (nominelle) Investitionsgrößen treffen zu können, die einen größtmöglichen Nutzen für die Anspruchsgruppen des Objekts versprechen (zur Analyse von Hochschulobjekten siehe Abschnitt 3.1.3). Für das Objekt „Studiengang" sind deshalb Investitionen in die Ressourcen relevant, um den Leistungserstellungsprozess durchführen zu können. In das „Framing" von Entscheidungssituationen müssen daher Ressourcen als Teilpläne mit einfließen.

Hahn/Hungenberg (2001, S. 105; siehe Abb. 2.33) stellen den Zusammenhang zwischen rollender Zielplanung, strategischer und operativer Programmplanung sowie der Ergebnis- und Finanzplanung für Unternehmen dar. Es handelt sich um ein hierarchisches Planungsmodell, welches Investitionsobjekte deduktiv und induktiv plant. Im Gegenstromverfahren werden Top-down und Bottom-up über verdichtete respektive granulare Daten Zielvorstellungen kommuniziert (vgl. *Jaspersen/Täschner* 2012, S. 127). Das Planungsmodell umfasst fünf Perioden, wovon die letzten drei Perioden grob ausgearbeitet werden. Die operative

Programmplanung sowie die Ergebnis- und Finanzplanung in den ersten beiden Planungsphasen werden darüber hinaus detailliert bearbeitet. Es grenzt so die kurzfristige Planung von der Langfristplanung ab. Nach jeder Periode erfolgt („rollend“) eine Revision aller Planzahlen.

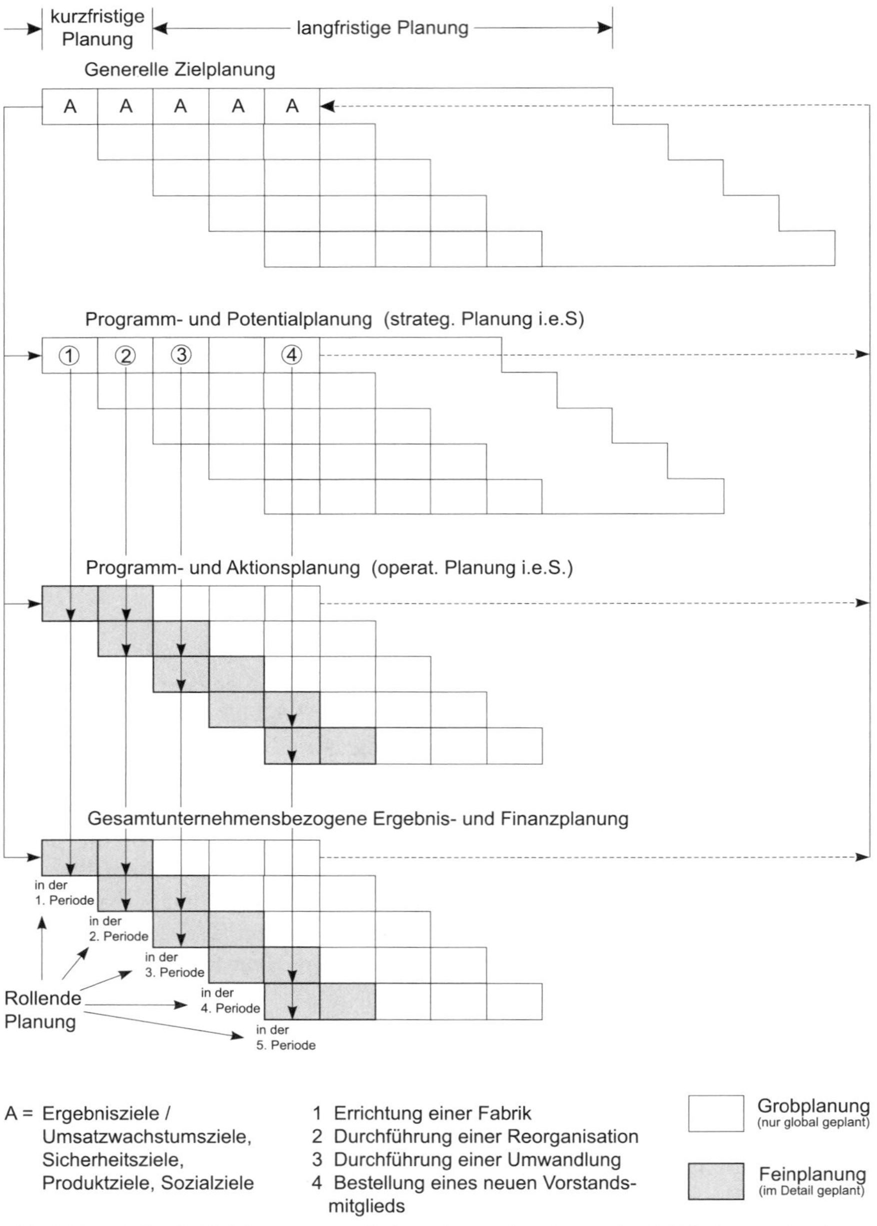

Abb. 2.33: Rollende Zielplanung, strategische und operative Planung (nach Hahn/Hungenberg)

Die **rollende Planung** nach *Hahn/Hungenberg* ist ein permanent ablaufendes Planungsverfahren, das die strategisch-innovative Szenario- und Investitionsplanung mit der operativen Planung verbindet, indem es den Betrieb in hierarchische Teilsysteme zerlegt und so routinierte Handlungs- oder Verhaltensmuster ganzheitlich von einer Gesamtplanung ausgehend in Teilpläne ausdifferenziert und kommuniziert. Das Konzept setzt auf kybernetische Überlegungen zur systemtheoretischen Modellbildung auf (siehe hierzu Abschnitt 2.1.2.3), da nach der Durchführung der geplanten Handlungen auf allen Ebenen Istwerte gegenübergestellt werden können.

Passt man das hierarchische Planungsmodell auf die Belange von Hochschulen an, dann bilden die Teilpläne jeweils sachliche Entscheidungs- oder **Handlungsfelder** über begriffliche Beschreibungen von Objektelementen aus. Die Handlungsfelder weisen zwar Interdependenzen untereinander auf und sind an sich abgegrenzte Einheiten des Gesamtsystems, dennoch ist das Framing sachlich, zeitlich und organisatorisch ganzheitlich und die Teilmodelle sind je nach Anforderungen des Wandels anpassungsfähig und modular erweiterbar. Die sachbezogenen Teilpläne lassen sich jeweils parallel zur Aufbauorganisation in Subpläne gliedern, sodass ein unmittelbarer personeller Entscheidungsbezug (z. B. Dekane) hergestellt wird. Mit der hierarchischen Gliederung des Planungssystems sind darüber hinaus auch Subsubpläne bzw. Teilteilpläne konstruierbar, die an die unmittelbare Datenerfassung oder an das sachbearbeitende Personal gebunden sind. Das hierarchische Planungsmodell verhält sich kongruent zur integrierten Sichtweise in der Informationsverarbeitung (siehe Abb. 2.18), worin granulare Daten stufenweise für eine Gesamthochschulplanung verdichtet werden. Umgekehrt kann argumentiert werden, dass ein hierarchisches Planungsmodell eine Datenverdichtung benötigt, wie sie in der integrierten Informationsverarbeitung vorgesehen ist.

Die rollende Planung trägt dem stetigen Wandel des exogenen Umfelds Rechnung und transponiert die Veränderungen in die Hochschule. *Ambrosy/Heinemann* (2011, S. 444, siehe Abb. 2.34) entwerfen ein rollierendes Modell für die hochschulische Liquiditäts-, Finanz- und Vermögensplanung. Der Liquiditätsplan ist im Kontext der Finanzplanung und weiterführend der Vermögensplanung (im Sinne einer Planbilanz) zu sehen. Während für die Finanz- und Vermögensplanung ein Horizont von zwei bis fünf bzw. fünf bis 20 Jahren vorgeschlagen wird, ist der dispositive Liquiditätsplan auf eine unterjährig rollierende Planung bzw. Vorausschau mit Monaten oder Wochen eines Geschäftsjahres ausgerichtet. Die Daten stammen allesamt aus der Buchhaltung. Das Planungsziel ist die Sicherung der Liquidität, um Investitionen in beispielsweise strategische Projekte, Personal, Baumaßnahmen, Forschung, Berufungen oder auch Rücklagen und Risiken zu planen (vgl. ebenda, S. 434 ff.). Dadurch „können die Hochschulen gegenüber dem Land [...] und weiteren Stakeholdern zukünftig die Notwendigkeit ausreichender Liquidität wesentlich transparenter dokumentieren und verdeutlichen" (ebenda, S. 445). Mit der Planung von Investitionsvorhaben reagieren Hochschulen auf die Erwartungen von Anspruchsgruppen. Die rollende Investitionsplanung zeigt nicht nur auf, wie die Liquidität kontinuierlich sichergestellt werden kann, sondern vor allem auch, wie hoch die finanziellen Mittel sein müssen, um das an sie gestellte Anspruchsniveau zu erfüllen. Hierzu ist das objektbezogene Programm strategisch und operativ zu planen. Vor diesem Hintergrund ist eine Produktions- oder Leistungsplanung – genauer: eine Studiengangs- und Forschungsplanung – denkbar, die als Datenbasis für Finanzpläne herangezogen werden.

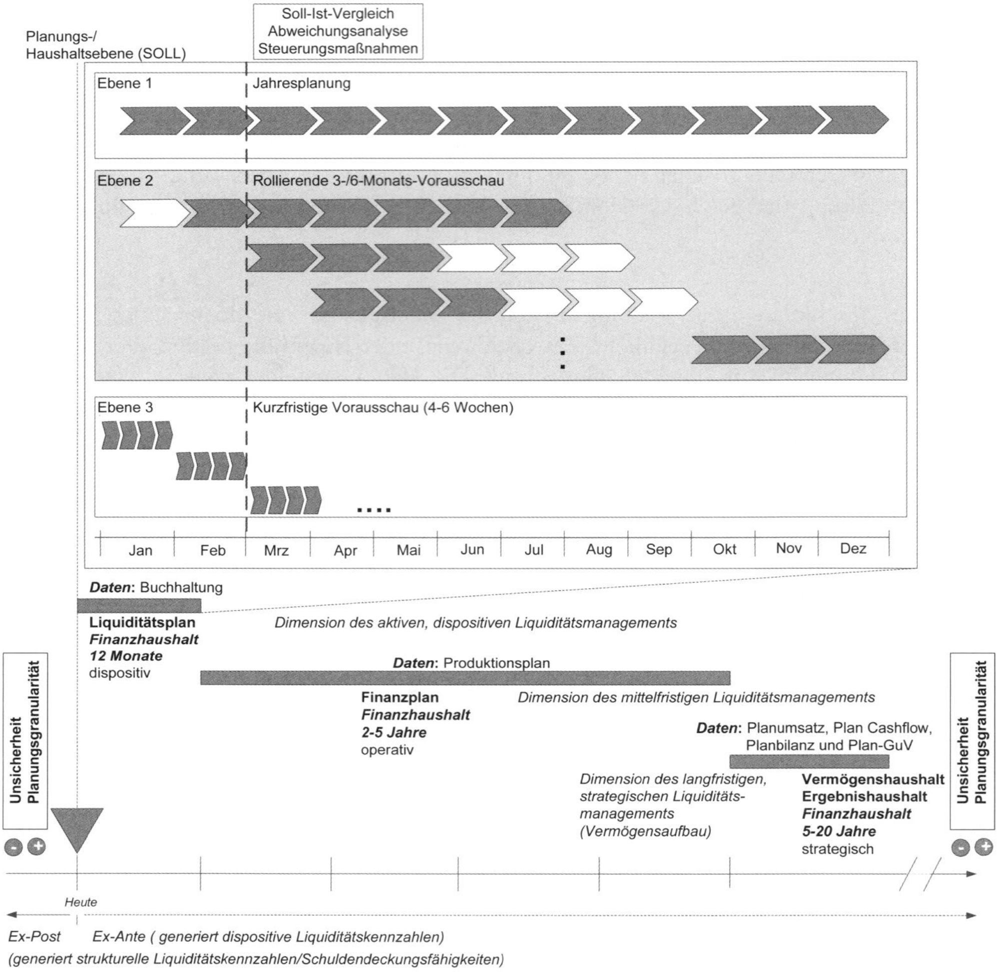

Abb. 2.34: Hochschulische Liquiditäts-, Finanz- und Vermögensplanung (nach Ambrosy/Heinemann)

2.2.3.4 Investitions- und Wandlungsprozess

Die Einführung von Hochschul-Berichtssystemen ist mit ihren steuerungsrelevanten Ansprüchen als komplexer Vorgang zu bezeichnen und erfordert ein umfangreicheres Vorgehen als die alleinige **Entwicklung** eines IT-Systems. Während sich die Software-Entwicklung auf die informationstechnischen Anforderungen fokussiert (siehe hierzu beispielsweise *Balzert* 2011), ist die **Einführung** geprägt von einer primär sozial-organisatorischen Einbettung des IT-Systems und erfordert deshalb nicht nur ein Projekt- sondern vor allem ein Change Management-Vorgehen, welches dem sozialen Wandel Rechnung trägt (siehe dazu Abschnitt 2.1.2.4).

Der soziale Wandel ist als Innovation zu sehen, die in eine betriebliche Routine zu überführen ist. Damit handelt es sich um einen zu bewerkstelligenden Investitionsprozess. Der **Investitionsprozess** weist folgende Phasen auf (*Jaspersen* 1997, S. 108 f.; siehe Abb. 2.35):

- „die Investitionsplanung und -entscheidung, in der ein abgegrenztes betriebliches Handlungsmuster soweit physisch zu operationalisieren und als Kognition im Bewusstsein der Handlungsträger festgesetzt ist, dass eine eigendynamische Umsetzung initiiert wird,
- die Investitionsumsetzung als physische und soziale Realisierung der intendierten Handlungsmuster mit dem Ziel, das betriebliche Leistungsangebot zu verändern und
- die Investitionsevaluation als Referenz für zukünftige Veränderungen."

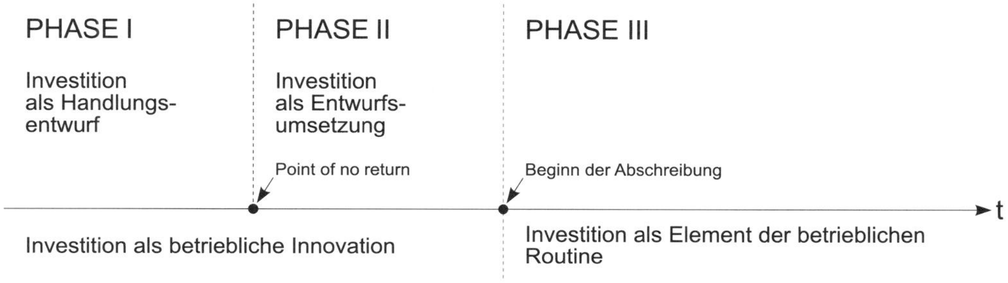

Abb. 2.35: Dreiphasenmodell des Investitionsprozesses (nach Jaspersen)

Während der Prozessgedanke in der Betriebswirtschaft schon seit längerer Zeit etabliert ist, werden Investitionen in die organisatorischen Strukturen und Prozesse unter dem Begriff des Change Managements erst seit den 1990er-Jahren abgehandelt (siehe hierzu *Doppler/Lauterbach* 2005). Das **Change Management** ist eine Technologie, die die Gestaltung organisatorischer Veränderungsprozesse zum Gegenstand hat. Indem im Change-Ansatz neben klassischen Faktoren, wie Kosten, Zeit und Qualität, ebenso sozial-weiche Erfolgsfaktoren integriert werden, kann der Ansatz dem strategischen Kommunikationscontrolling zugeordnet werden (vgl. *Jaspersen/Täschner* 2012, S. 726 ff.). Change Management geht über das reine Business Reengineering mit einer radikalen Neudefinition und Umsetzung von Strukturen und Prozessen hinaus (siehe dazu *Hammer/Champy* 1994), weil Maßnahmen auf die historisch etablierte Unternehmenskultur aufsetzen und diese in die Neugestaltung miteinbeziehen. Je nach Zielsetzung, kann das Change Management dann eine Remodellierung von Werten und Überzeugungen, eine Revitalisierung von Fähigkeiten und Verhalten, eine strategische Reorientierung oder eine Restrukturierung von Strukturen und Prozessen bewirken. Dabei spielt die personelle Entwicklung entsprechend der Anforderungen eine große Rolle (vgl. *Becker* 2006, S. 268).

Krüger (1999, S. 887; siehe Abb. 2.36) verdeutlicht am **Eisbergmodell** die Problematiken herkömmlicher Projekte und des Business Reengineerings auf zwei Ebenen. Auf der Wasseroberfläche sind die drei klassischen Sachziele sichtbar (Kosten, Zeit und Qualität), die den Erfolg von Projekten determinieren. Die größeren Herausforderungen bei fundamentalen Veränderungen sind jedoch unterhalb der Wasserfläche und damit unsichtbar. Symbolisch wird damit die Sozialstruktur mit den Einstellungen und Verhaltensweisen des psychischen

Systems („System 2“) von Anspruchsgruppen und Betroffenen angesprochen (siehe hierzu Abschnitt 2.1.3 i. V. m. Abschnitt 2.2.3.2). *Krüger* (ebenda) führt damit eine vierte Erfolgsdimension ein: die **Akzeptanz** der Veränderung. Grundsätzlich können sich Unterstützer („Promotoren“), Unentschlossene oder Gegner („Opponenten“) hervortun und den intendierten Wandlungsprozess befürworten oder kolportieren. Ziel des Change Managements ist es daher den sozialen Wandel nachhaltig in der Organisation zu verankern, um die Veränderung im Sinne einer Lebenserhaltung des Organisationssystems aufrecht zu erhalten.

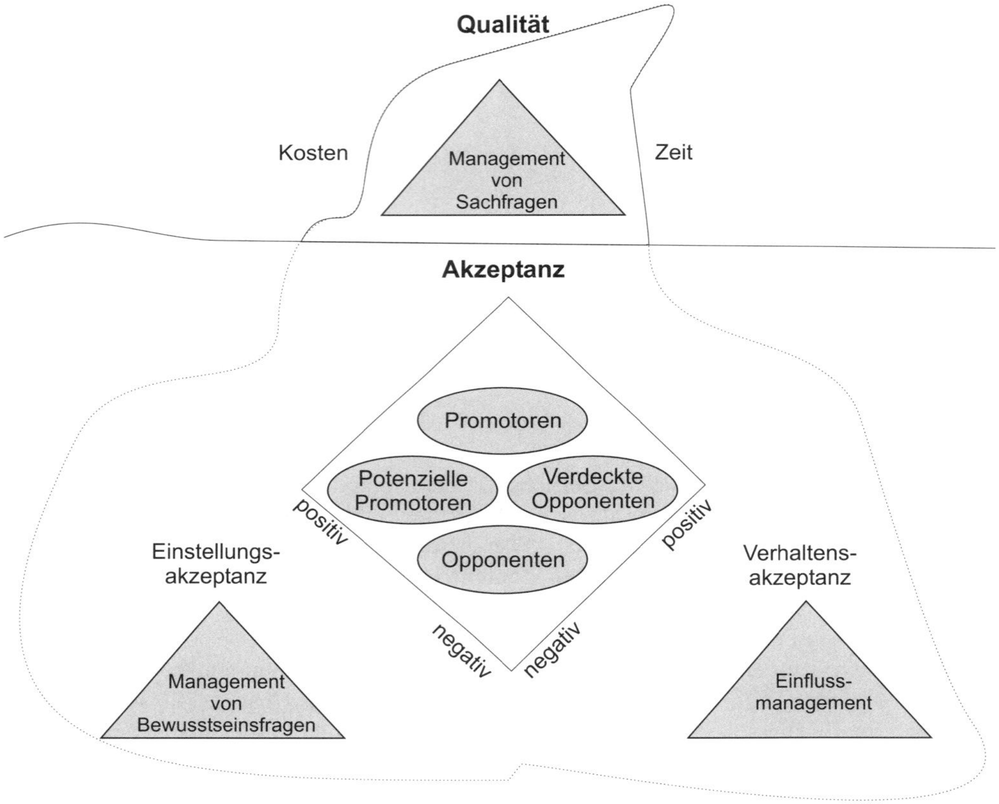

Abb. 2.36: Eisbergmodell des Wandels (nach Krüger)

Der Veränderungsprozess muss als strategische Erneuerung der gesamten Organisation angesehen werden (vgl. *Krüger* 2006, S. 29). *Krüger* (ebenda, S. 137; siehe Abb. 2.37) benennt drei Aspekte der strategischen Erneuerung:

- **Wandlungsbedarf**
- **Wandlungsbereitschaft**
- **Wandlungsfähigkeit**

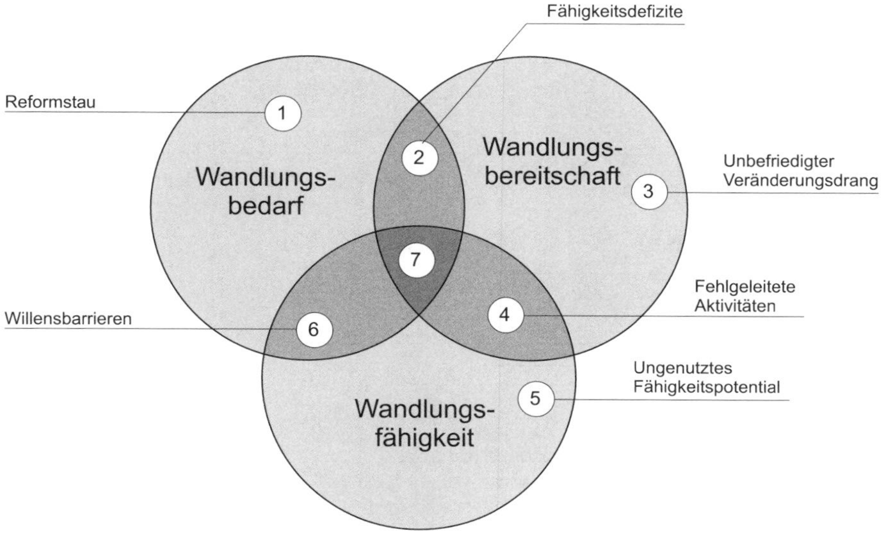

Abb. 2.37: 3W-Modell und Konfliktzonen (nach Krüger)

Da das Ziel des **Wandlungsprozesses** in der Veränderung menschlicher Einstellungen und Verhaltensweisen liegt, können zwischenmenschliche **Konflikte** auftreten (siehe hierzu Abschnitt 2.1.2), wenn Wandlungsbedarf, -bereitschaft und -fähigkeit nicht im Einklang stehen. *Jaspersen/Täschner* (2012, S. 735) schreiben hierzu: „Die gemeinsame Schnittmenge von Bedarf, Bereitschaft und Fähigkeit ist klein (7). Häufig sind Teilmengen disjunkt. So baut sich ein Reformstau auf (1), wenn keine Wandlungsbereitschaft und -fähigkeit besteht, oder es bildet sich ein unbefriedigter Veränderungsdrang, wenn es an Bedarf und Fähigkeit mangelt (3). Sind Fähigkeiten vorhanden, die nicht vom Wandel berücksichtigt werden, so vergeudet das Unternehmen [bzw. die Hochschule] ungenutztes Fähigkeitspotenzial (5). Aber es kann auch zu anderen Interferenzen kommen. So besteht ein Fähigkeitsdefizit (2), wenn der Bedarf nicht durch die Wandlungsfähigkeit gedeckt wird, oder es entstehen fehlgeleitete Aktivitäten, wenn Bereitschaft und Fähigkeit nicht von einem gezielten Wandlungsbedarf befriedigt werden (4). Schließlich sind auch Willensbarrieren möglich, wenn zwar Bedarf und Fähigkeit vorhanden, jedoch die Handlungsbereitschaft obsolet ist (6).“

Für den Erfolg der Einführung von Hochschul-Berichtssystemen sind deshalb drei Aspekte von zentraler Bedeutung:

- Das Konfliktpotenzial ist schon zu Beginn des Wandlungsprozesses zu bestimmen, um mögliche Pfade von Veränderungen als Handlungsalternativen abzuleiten.
- Während des Wandlungsprozesses können unerkannte Konflikte auftreten. Deshalb ist von einem langwierigen Vorgehen auszugehen, welches mit einer Dekomposition in Teilprojekte bewältigt werden kann.
- Die Anspruchsgruppen sind ebenso frühzeitig in die anstehenden Veränderungen einzubeziehen, um tatsächliche Konflikte zu eruieren, bzw. das Vorhaben zu validieren und so letztlich einen Konsens für die Umsetzungsentscheidung zu erzielen.

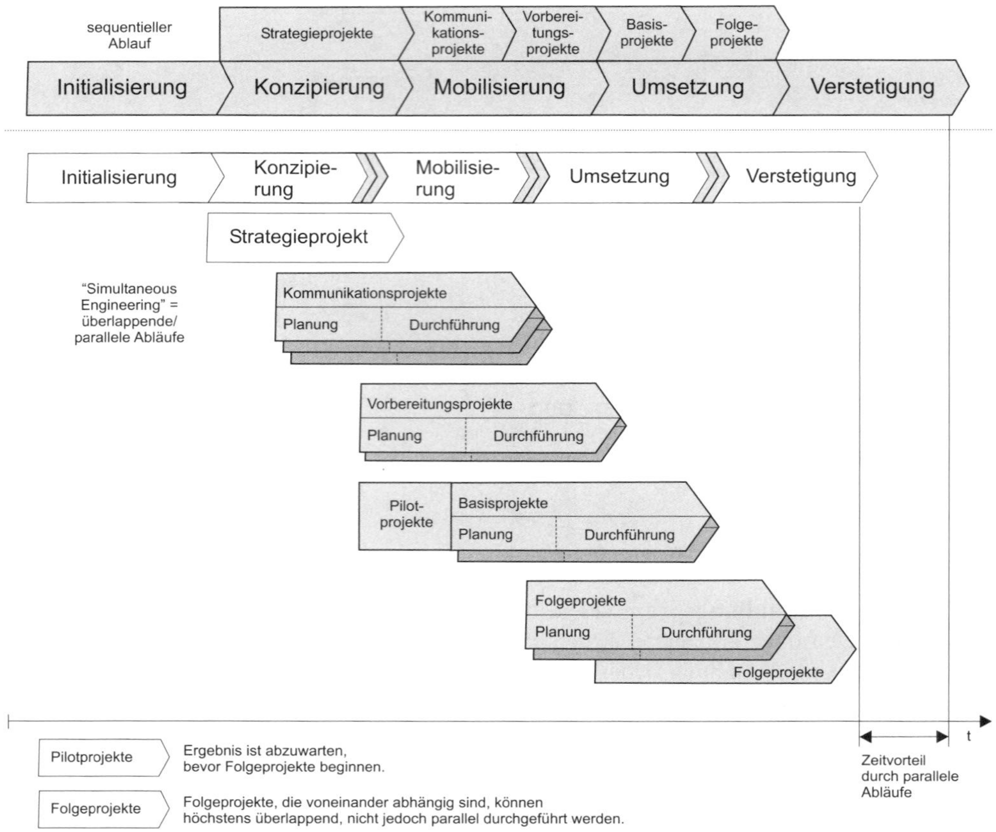

Abb. 2.38: Projektdekomposition beim Change Management (nach Krüger)

Wegen des hohen Konfliktpotenzials ist der Erfolg von Wandlungsprozessen abhängig von der **Dekomposition** des Vorhabens in Einzelprojekte. Um die Nachhaltigkeit von Veränderungen sicherzustellen, handelt es sich tendenziell um langwierige Prozesse, in denen die Betroffenen von Veränderungsmaßnahmen kooperativ einbezogen werden. Dadurch lässt sich außerdem detailliertes Fachwissen in den Wandlungsprozess integrieren (vgl. ebenda, S. 733). *Krüger* (2006, S. 84; siehe Abb. 2.38) dekomponiert das Gesamtvorhaben in die Phasen Initialisierung, Konzipierung, Mobilisierung, Umsetzung und Verstetigung. Nach der Initialisierung, in der die Ziele der Veränderung sowie die Projektorganisation fixiert werden, erfolgt im Strategieprojekt die Konzipierung der Veränderung. Simultan können bereits Kommunikationsprojekte geplant und durchgeführt werden, in der zu und mit Anspruchsgruppen die Veränderungskonzepte diskutiert und weiterentwickelt werden. Vorbereitungsprojekte dienen der eigentlichen Umsetzung der Veränderung. Hierbei können strategische Aspekte oder Umsetzungsaspekte noch revidiert werden. In Basisprojekten wird der Kern des Veränderungsziels umgesetzt. Daher bieten sich gegebenenfalls Pilotprojekte an, an denen erstens die positiven Wirkungen kommuniziert werden können und zweitens das Projektteam Erfahrungen bezüglich der Einführung sammelt. In Folgeprojekten wird die Umsetzung verstetigt, d. h., dass die nachhaltige Einstellungs- und Verhaltensänderung sichergestellt wird. Indem die Phasen projektbezogen ablaufen und in sich geschlossen sind, kann ein weitgehend überlappender Ablauf der Teilprojekte erfolgen. Dies kann gegenüber einer sequentiellen Abarbeitung der Phasen zu Zeit- und Kostenvorteilen führen.

Die Projektdekomposition und das zeitlich eng getaktete Vorgehen allgemein können jedoch problematisch sein, wenn Folgeprojekte hohe Interdependenzen zu Basisprojekten aufweisen und dadurch Verzögerungen oder gar Fehler weiterverarbeitet werden. Dass zeitliche Verzögerungen keine Einzelfälle sind, sondern gehäuft auftreten, zeigen *Budzier/Flyvberg* (2011) in einer Analyse von 1.417 IT-Projekten. Hiernach liegt die Eintrittswahrscheinlichkeit für einen weitgehend geregelten Projektablauf bei 77 %. Mit einer Eintrittswahrscheinlichkeit von 17 % bergen sie aber auch ein Risiko, welches die IT-Projekte um 68 % verlängert. Die damit einhergehenden Kostenüberdeckungen werden mit 197 % über Budget beziffert. Der Projektorganisation liegt ein **Planungsfehlschluss** zugrunde, der auch in vielen anderen Investitionsprojekten beobachtet wurde (siehe beispielsweise *Kahneman* 2012, S. 308 f.).

2.2.4 Implikationen

Die Auswirkungen eines koordinationsorientierten Führungsansatzes auf das Hochschulcontrolling sind weitreichend (siehe auch *Küpper* 2000, S. 119):

- Mit der **Partizipation** von Entscheidungsträgern in Entscheidungsprozessen erfasst die Hochschulautonomie die gesamte Hochschule und betrifft nicht ausschließlich die Hochschulleitung. Damit wird die Verantwortlichkeit zur Hochschulentwicklung auf mehrere Verantwortungsträger verteilt. Zugleich werden durch die stärkere Selbstbestimmung dezentraler Einheiten eine Leistungsmotivation verfolgt und deren Informationsvorsprünge betreffend Ansprüche an das Qualitätsniveau aus Forschung und Lehre stärker genutzt. Durch die Nutzung dezentralen Wissens kommt es zudem zu einer sachlichen Entlastung der Hochschulleitung.
- Ähnlich wie das Verhältnis Land-Hochschule betrifft das Aufgabenfeld der Hochschulleitung die **Koordination** von Entscheidungen in Bezug auf Budgets und Zielfestlegungen. Die Hochschulleitung betreibt zur Gesamtprofilbildung ein Wertemanagement und nimmt eine Mittlerrolle ein, um Ansprüche auszutarieren und untereinander abzustimmen. Mit dem Management von Werten und Ansprüchen reduziert sich zudem die Bürokratie zentraler Verwaltungen. Durch die sachziel- und budgetbezogene Selbststeuerung dezentraler Einheiten können sich Verwaltungseinheiten stärker der Unterstützung von Forschung und Lehre widmen.

Die Ausführungen zur Verhaltenssteuerung zeigen auf, dass Investitionsobjekte in Hochschulen exogenen Einflüssen unterliegen. Was das für den Hochschulerfolg im Sinne von Anspruchsgruppen und der Hochschulsteuerung an sich impliziert, kann konkret am Beispiel der Generierung von Kennzahlen verdeutlicht werden. So stellen besonders hochverdichtete **Kennzahlen** „oft nur noch Surrogate des abgebildeten Phänomens“ (*Gladen* 2011, S. 12) dar und „werden immer mehr zu Kunstzahlen“ (ebenda). Sie können nur Basis einer Entscheidungsfindung sein, wenn weitere Kennzahlen oder qualitative Informationen über das Handlungsfeld herangezogen werden. **Kennzahlensysteme** stehen daher „in einer sachlich sinnvollen Beziehung zueinander [...], wobei die einzelnen Kennzahlen einander ergänzen oder erklären und insgesamt auf einen gemeinsamen Sachverhalt ausgerichtet sind" (*Reichmann/Lachnit* 1976, S. 707). Der Informationsgehalt aggregierter Zahlenwerke ist kontextspezifisch aus der Sicht ihrer Anspruchsgruppen zu interpretieren (Pragmatik). Beispielsweise ist die einzelne Kennzahl „Betreuungsrelationen" wenig trennscharf und aussagekräftig, wenn erstens nicht bekannt ist, welche begrifflichen Grundlagen für die Kennzahlenbildung definiert werden (Semantik) und zweitens welche Daten und Berechnungsmethoden ihr zugrunde liegen (Syntaktik). In diesem Fall handelt es sich um „Studierende, Studierende im 1. Fachsemester, Absolventen insgesamt, Absolventen eines Erststudiums zu wissenschaftlichem Personal (ohne drittmittelfinanziertes Personal) in Vollzeitäquivalenten" (*Statistisches Bundesamt* 2011, S. 6). Im Gegensatz dazu ergibt sich im Ausstattungs-, Kosten- und Leistungsvergleich (AKL-Vergleich) der HIS GmbH die **Betreuungsrelation** aus der Division der Absolventen und dem wissenschaftlichen Personal unter Berücksichtigung umgerechneter Lehraufträge (in VZÄ) je Abschlusstyp („Bachelor", „Master", „weitere Abschlüsse"), die zu einer Gesamtbetreuungszahl addiert werden kann (vgl. *Dölle/Deuse/Jenkner* et al. 2010, S. 183). Untersucht man den Begriff „Absolventen" so stellt man fest, dass dieser um Lehrverflechtungen bereinigt ist und zwecks Glättung zufälliger Schwankungen aus einem zweijährigen Durchschnittswert besteht (vgl. ebenda, S. 179). Damit erweisen sich im Sprachgebrauch semantisch identische Begriffe als syntaktisch unterschiedlich, was eine anspruchsgruppenbezogene Deutung, Interpretation und Nutzung von Begriffen nach sich zieht (Pragmatik).

Verdichtete Zahlenwerke sind wie Begriffe wissenschaftlicher Theorien damit nicht per se ineinander überführbar: sie können nach *Thomas S. Kuhn* inkommensurabel sein. Das heißt nicht, dass die Begriffe nicht vergleichbar wären, sondern die Zahlenwerke thematisieren vom gleichen Zustand aus für ihre Anspruchsgruppen „verschiedene Welten" (*Kuhn* 1976, S. 161). Anspruchsgruppen fassen, anlehnend an *Watzlawick* (2011, S. 92 ff.), damit zwar nicht die „objektive" Wirklichkeit auf, aber sie deuten unterschiedliche Beziehungen, die ihnen relevant und evident erscheinen und konstruieren so eine individuelle Wirklichkeitsauffassung (siehe hierzu Abschnitt 2.1.2). Unter pragmatischen Gesichtspunkten geben verdichtete Zahlenwerke wie z. B. die amtliche Hochschulstatistik oder die Bildungsberichterstattung (siehe hierzu *Autorengruppe Bildungsberichterstattung* 2012, S. 123 ff.) insofern das für ihre Zwecke Wesentliche wider und bezeichnen typische Aspekte der Hochschulobjekte. Anders als im sozialwissenschaftlichen Kontext erheben Kennzahlen somit auch nicht den Anspruch auf Gültigkeit im Einzelfall (vgl. *Dellmann* 2002, Sp. 941).

Die unterschiedlichen begrifflichen und quantitativen Sichtweisen auf die Objekte von Hochschulen kommunizieren den Anspruchsgruppen kognitive Begründungszusammenhänge, die einen radikalen Wandel (Paradigmenwechsel) in der Hochschulsteuerung ausgelöst haben. *Kuhn* (1969, S. 161) formuliert den Übergang eines **Paradigmas** wie folgt: „Gerade weil es ein Übergang zwischen inkommensurablen Dingen ist, kann er nicht Schritt um Schritt vor sich gehen, von Logik und neutraler Erfahrung eindeutig erwirkt. Er muss, wie der Gestaltwandel, auf einmal [...] geschehen oder überhaupt nicht." Wesentliche Aspekte des neuen Paradigmas werden im nächsten Kapitel unter dem Begriff Hochschulsteuerung eingehend untersucht.

Mit dem Wertemanagement wird zwar kein „Frühwarnsystem" für einen erneuten Paradigmenwechsel etabliert, aber veränderte Ansprüche des momentanen Steuerungsparadigmas – z. B. derer Studierender – sollen erfasst und in ihrer Umsetzung programmatisch und monetär geplant werden. Mit der Umsetzung von Investitionsvorhaben wird die endogene Leistungserstellung verändert und so in eine neue Routine überführt. Implizit zeigt sich daran, dass über den objektbezogenen Wandel hinaus, Investitionen eine soziale Dimension aufweisen (vgl. *Jaspersen* 1997, S. 94 f.), die einen Wandel der Sozialstruktur bzw. des betrieblichen Verhaltens zur Folge haben (siehe Abschnitt 2.2.3.2). Objektbezogener und sozialer Wandel bedingen sich wechselseitig, d. h., dass nach endogener Umsetzung der Ansprüche das Objekt immer wieder neue Bedürfnisse auslöst, die eine hochschulspezifische Lösung verlangen. Auf diese Weise ist der Investition eine Dynamisierung inhärent, die immer wieder in Diskussionen des Hochschulmanagements thematisiert werden (sollten). **Soziale Investitionen** grenzen sich von der sachlich-objektbezogenen Dimension einer Investition dahingehend ab, als dass sie nicht unmittelbar monetär bewertbar sind. Sie verändern die organisatorischen Abläufe und Strukturen mit dem Ziel, die Objekte in der Leistungserstellung unter optimaleren Bedingungen zu generieren als zuvor. Zugleich werden neue personelle Macht- und Anreizstrukturen geschaffen, die eine motivierende Wirkung entfalten sollen, um das Leistungspotenzial stärker abzurufen. Soziale Investitionen sind damit Investitionen in die Organisation und das Humanvermögen (vgl. ebenda, S. 388 ff.).

Die Einführung von Berichtssystemen ist als soziale Investition zu klassifizieren. Mit der Umsetzung der Veränderung ergeben sich neue sozial-organisatorische Verhaltensweisen mit neuen Kommunikations- und Entscheidungsstrukturen, Planungs- und Kontrollprozessen, die damit auch zu einer Veränderung bisheriger Machtverhältnisse führen. Dementsprechend weist die Einführung von Berichtssystemen drei Merkmale auf:

- Vorgehensmodelle müssen an der Sozialstruktur der Hochschule ansetzen, d. h., dass Referenzmodelle und organisatorische Gegebenheiten aufeinander abzustimmen sind.
- Das Vorhaben lässt sich als Gesamtprojekt definieren und weist eine Kostenstelle auf, sodass die Arbeitspakete und Kosten der Einführung im Projekt-Controlling eigenständig geplant, durchgeführt und kontrolliert werden können. Aber der langfristige Erfolg der Maßnahme für die gesamte Hochschule lässt sich mit monetären Erfolgsgrößen nicht in Gänze bemessen.
- Zur Konfliktverringerung /-vermeidung sollte das Gesamtprojekt in Teilprojekte dekomponiert werden, um so den Wandel nachhaltig in der Sozialstruktur zu verankern.

Zusammenfassend bezwecken Berichtssysteme zwar die Planung und Kontrolle von Investitionsobjekten, dessen Einführung bedingt aber eine Veränderung betrieblicher Verhaltensmuster und ist daher selbst eine (soziale) Investition. In der Literatur wird dieser inverse Zusammenhang als **Metaplanung** bezeichnet (siehe Abschnitt 2.2.1.2).

3 Hochschulsteuerung in Niedersachsen

„Als soziale Systeme sind Universitäten strukturell an ihre Umwelt gekoppelt und richten ihr Verhalten entsprechend ihrer speziellen Rahmenbedingungen und Einflussfaktoren aus“ (*Nickel* 2007, S. 15). Weniger theoretisch, aber in der Aussage identisch, formuliert *Ziegele* (2008, S. 29) die **Kontextabhängigkeit** von Hochschulen: „Welche internen Spielräume eine Hochschule bei der Budgetierung und Finanzierung hat, ist von den Regelungen auf staatlicher Seite abhängig.“ Wollen Hochschulen das Verhalten ihrer Akteure autonom steuern, so die These, ist zunächst eine Analyse der einwirkenden Rahmenbedingungen und der beeinflussenden Anspruchsgruppen unabdingbare Voraussetzung, um hochschulspezifische betriebswirtschaftliche Controllinginstrumente zu gestalten und umzusetzen (siehe hierzu auch *Küpper/Weber/Zünd* 1990, S. 286).

Mit Wirkung zum 1.10.2008 ist das **Hochschulrahmengesetz** (HRG) als Ergebnis der Föderalismusreform aus den Jahren 2004/2005 außer Kraft gesetzt worden. Damit will sich der Bund aus der staatlichen Detailsteuerung zurückziehen. Ziel war es, den Hochschulen mehr Autonomie einzuräumen und Strukturen entsprechend zeitgemäßer Anforderungen anpassen und weiterentwickeln zu können. Die staatliche Regulierung der Hochschulen liegt seitdem in der Kompetenz der Länder (vgl. *Lange* 2009, S. 89). Schon vorher, seit der Novelle des HRG im Jahr 1998 beschränkte sich die hochschulpolitische Regulierung auf generelle Vorgaben und verzichtete gänzlich auf Vorgaben zu den Organisationsstrukturen der Hochschulen (vgl. ebenda). So wurden seitdem sukzessiv in den Ländern neue, teils sehr unterschiedlich ausgestaltete Steuerungsinstrumente eingeführt – z. B. die Deregulierung des Haushaltsrechts verbunden mit der Einführung eines kaufmännischen Rechnungswesens, Zielvereinbarungen und leistungsorientierte Mittelvergabeverfahren oder die Deregulierung des Studiensystems mit der Übertragung der fachlichen Prüfung auf Akkreditierungsagenturen. Der allgemeine Trend zur ergebnisorientierten Steuerung ist unverkennbar.

Die rechtliche Situation ist von außerordentlicher Bedeutung für öffentliche Hochschulen (vgl. *Kirchhoff-Kestel* 2006, S. 30). Welche strukturellen und prozessualen Regelungen in der staatlichen Hochschulsteuerung gelten, soll am Beispiel des Bundeslandes Niedersachsen analysiert werden, um nach den theoretischen Bezügen des vorigen Kapitels auch kontextbezogene Anforderungen an die Konstruktion von Hochschulcontrolling-Systemen daraus abzuleiten. Die Beschränkung der Sichtweise auf Niedersachsen hat zwei Gründe: Zum einen sind die Projekte zur Konzeption und Umsetzung von Berichtssystemen an der Hochschule Hannover durchgeführt worden und somit ist der unmittelbare niedersächsische Kontext gegeben. Zum anderen widmet sich die „zweite Hochschulreform“ (*Budäus* 2008, S. 172) mit großer Aufmerksamkeit der Rechnungslegung (vgl. *Berg* 2011, S. 3). Hier hat sich das „niedersächsische, eng am HGB [Handelsgesetzbuch] orientierte Bilanzierungskonzept für Hochschulen weitgehend durchgesetzt" (*Marettek/Barna* 2010, S. 11). Obwohl sich die Jahresabschlüsse der Hochschulen nur schwerlich miteinander vergleichen lassen, bestehen Unterschiede primär in Einzelfragen (vgl. ebenda).

Nicht nur in der Rechnungslegung, sondern auch in anderen Kontextfaktoren lassen sich Unterschiede in der detaillierten Ausgestaltung der Hochschulreform wiederfinden. Jedoch erscheint eine vollumfängliche Analyse aller Bundesländer für die Erkenntnisgewinnung unzweckmäßig. Die Kontextabhängigkeit lässt kein einheitliches Controlling in Hochschulen zu. Vielmehr dient die Analyse der Steuerungsinstrumente der Offenlegung relevanter Strukturen, Beziehungen sowie Anspruchsgruppen für die sich anschließende Konstruktion eines referenzbasierten Berichtssystems zum Controlling, welches, je nach spezifischem Kontext, angepasst werden muss.

Die in diesem Kapitel vorgenommene Analyse endogener und exogener Momente des Hochschulsektors erfolgt unter den Aspekten der Organisation, der Haushalts- und Wirtschaftsführung sowie der Qualitätsorientierung. Die Herleitung dieser Aspekte für die Gestaltung eines Hochschulcontrollings resultiert aus Faktoren zur Konstruktion von Hochschulrechnungs-Systemen, die sowohl die innere Struktur als auch exogene Rahmenbedingungen beschreiben und Unterschiede von Hochschulen zu erwerbswirtschaftlichen Unternehmen aufzeigen (vgl. *Kirchhoff-Kestel* 2006, S. 30 ff.; siehe Tab. 3.1).

Faktoren bezogen auf ein Hochschulrechnungs-System	Faktoren bezogen auf ein Hochschulcontrolling-System
Leistungserstellung in Hochschulen	Organisation, Qualitätsorientierung
Finanzierung von Hochschulen	Haushaltsführung
Rechtliche Rahmenbedingungen	betrifft alle Faktoren
Leitungs- und Organisationsstruktur	Organisation
Markt und Wettbewerb im Hochschulsystem	betrifft alle Faktoren
Ziele und Aufgaben von Hochschulen	Wirtschaftsführung, Qualitätsorientierung
Entscheidungstatbestände in Hochschulen	Organisation

Tab. 3.1: Herleitung relevanter Kontextfaktoren im Hochschulcontrolling

3.1 Organisation

Begriffe sind in der Betriebswirtschaft selten einheitlich definiert – so gilt dies auch sehr eindringlich für den Begriff der **Organisation**. Zwar versteht die mitunter bekannteste *Kosiolsche* Organisationslehre unter Organisation die strukturelle Konfiguration, d. h. die dauerhafte Strukturierung von Arbeitsprozessen mit einer festen Gestalt (vgl. *Schreyögg* 2008, S. 7), doch selbst bedeutsame Organisationstheoretiker wie *James G. March* oder *Karl E. Weick* verzichten vorzugsweise auf präzise Formulierungen, sondern beschränken sich auf die Charakterisierung organisatorischer Aspekte (vgl. *Frese/Graumann/Theuvsen* 2011, S. 20 f.; siehe auch *Grochla* 1978, S. 30 ff.). So weisen nach *Frese/Graumann/Theuvsen* (2011, S. 20) Organisationstheorien zwei Merkmale auf:

- Betrachtet werden Personen und ihre Handlungen (Aktivitäten).
- Die handelnden Personen sind auf ein gemeinsames Ziel gerichtet. Denkbar ist demzufolge, dass das Handeln einer Person das Handeln anderer Personen beeinflusst.

Organisationstheoretisch wurden Hochschulen u. a. als „organisierte Anarchien" klassifiziert (vgl. *Cohen/March/Olsen* 1972, S. 1 ff. und 11 ff.). Dass in organisierten Anarchien das Entscheidungsverhalten nur begrenzt rational ist, wird im **Garbage Can Model** simuliert. Die Bezeichnung rührt von einer bildhaften Vorstellung her, bei der Papierkörbe Alternativen darstellen, in denen die Entscheider auftretende Probleme und Lösungsvorschläge hinein werfen. Die „Müllsortierung" hängt dann von der Anzahl der zur Verfügung stehenden Körbe, den Etikettierungen, der Art des Mülls und der Geschwindigkeit der Entsorgung ab. Dem Modell liegt die Annahme zugrunde, dass Hochschulen durch unklare Präferenzen, Trial-and-Error-Verfahren sowie durch begrenzte Partizipation gekennzeichnet sind. Wenn die Präferenzen der Personen und deren Zeiteinsätze kontinuierlich schwanken und Verfahrenstechniken nicht ausgereift sind, dann wird sich das Finden und Erreichen eines gemeinsamen Ziels erschweren. Unter diesen Bedingungen zeigt das Simulationsmodell auf, dass die Entscheidungen sowohl in zeitlicher, als auch in personeller und problembezogener Hinsicht von Zufällen geprägt sind und nicht rational oder kausal logisch erfolgen. Entsprechend ist die Lösung des **Entscheidungsprozesses** unvorhersehbar und damit destruktiv-anarchistisch. Die Autoren schlussfolgern daraus u. a., dass „[p]roblems are often solved, but rarely by the choice to which they are first attached" (ebenda). Und weiter: „A choice that might [...] be made with little effort becomes an arena for many problems" (ebenda). So schiebt eine Hochschule permanent Herausforderungen vor sich her, die sich von Zeit zu Zeit selbst auflösen, aber mit jeder Entscheidung exponentiell anhäufen.

Nach Auffassung von *Weick* (1976, S. 1 ff.) lassen sich Hochschulen als **lose gekoppelte Systeme** begreifen. Die Theorie geht davon aus, dass Organisationen in Elemente wie beispielsweise Fakultäten, Institute etc. hierarchisch fragmentiert sind und diese lose Verbindungen aufweisen. Der Ausdruck „lose Kopplung" konnotiert, dass zwar eine Verbindlichkeit zwischen Elementen herrscht (z. B. Lehrexport, interdisziplinäre Forschung etc.), aber auch, dass sich Elemente ihre Identitäten physisch oder logisch sichern wollen. Die Elemente wahren somit ihre Handlungsfreiräume und beeinflussen sich gegenseitig nur plötzlich, sporadisch, nebensächlich, indirekt oder nur mit Verzug (vgl. *Orton/Weick* 1990, S. 203 f.). Dadurch, dass die Interdependenzen der Elemente variabel ausgeprägt sind, liefert die Theorie Erklärungsansätze des Systems Hochschule für das ambivalente Auftreten von Offenheit und Distanz, Rationalität und Unbestimmtheit, Spontaneität und Umsichtigkeit (vgl. ebenda, S. 204 f.). Ein direkter Effekt loser Kopplung bezieht sich auf das Ermessen zwischen Kognition und Verhalten. Die Ambiguität zwischen Informations- und Entscheidungsaktivitäten soll eine lose Kopplung auslösen und eine (wünschenswerte) autonome Informationsbeschaffung nach sich ziehen. Jenes Vorgehen erhöht den Bewusstseinshorizont und so die Alternativensuche für das Entscheidungsverhalten (vgl. ebenda, S. 210). **Informationsbedarfsana-**

lysen und weiterführend **Vorgehensmodelle** zur Einführung von Berichtssystemen tragen dieser Annahme Rechnung (siehe dazu Abschnitt 2.2.2.3 und Abschnitt 2.2.2.4).

Die organisationalen Auswirkungen loser Kopplung sind ebenso vielfältig wie dialektisch. Die Individualität der Elemente in lose gekoppelten Systemen bewirkt durch die Nähe zur Umwelt (z. B. fachlicher Austausch mit der Community, Aufnahme von Anforderungen an die Ausbildung) eine Erneuerung des Gesamtsystems von innen heraus. Andererseits werden u. a. aber auch eine Beharrlichkeit gegenüber Veränderungen, dem Schaffen von Pufferzonen, der Anpassung oder die Einverleibung von Veränderungen als Beispiele aufgeführt (vgl. ebenda, S. 213 ff.), was besondere Herausforderungen an die Koordination des Entscheidungsprozesses mit sich bringt.

Um lose Kopplungen der Elemente aufeinander abzustimmen, identifizieren *Orton/Weick* (1990, S. 211 ff.) drei Managementstrategien:

- Zum einen führen sie aus, dass eine starke **Führung** (i. S. v. Leadership / Management) dazu beiträgt, gemeinsame Ziele und Verfahrensweisen zu klären. Die starke Führung ist nicht mit einer autoritären Entscheidungsfindung gleichzusetzen, die kein guter Kopplungsmechanismus ist (vgl. *Weick* 1976, S. 17), sondern bezieht sich auf eine zielgerichtete Verhaltensbeeinflussung (vgl. *Heinen* 1992, S. 37 ff.). Leadership schließt dabei sowohl das Management als auch die Verwaltung mit ein. So fordert *Weick* (1982, S. 676, zitiert nach *Orton/Weick* 1990, S. 212) Verantwortliche aus Schulverwaltungen auf: „[...] get out of the office and spend lots of time one on one – both to remind people of central visions and to assist them in applying these visions to their own activities".
- Die zweite Strategie zur engeren Kopplung thematisiert die Fokussierung auf bestimmte Systembeziehungen (-aktivitäten). In Anlehnung an *Peters* (1978, S. 49) führen *Orton/Weick* (1990, S. 212) aus, dass sich organisatorische Veränderungen bei lose gekoppelten Systemen vermutlich durch eine „Strategie der kleinen Schritte" erreichen lässt, d. h. eine **Dekomposition** der Veränderungsmaßnahmen erfolgt. Vor allem sollte dabei die Aufmerksamkeit auf die sorgfältige Wahl von Zielen, die Nutzung von Verfahren der Ressourcensteuerung sowie auf ein konsequentes Handeln gelenkt werden.
- Als dritte Strategie schlagen die Autoren die Kompensation loser Kopplungen durch gemeinsame Werte vor. Abgesehen von den Unsicherheiten über die Interdependenzen und damit der Leistungserstellung, tangiert der **Wertansatz** die Basisvorstellungen, welche das System im Innersten zusammenhält und stellt eine Vereinbarung der Elemente über Präferenzen dar – beispielsweise können kulturelle Kopplungen Politiken und Handlungen kanalisieren.

Lose Kopplungen sind in den meisten Fällen sozial konstruiert (vgl. *Orton/Weick* 1990, S. 218). Sie existieren damit unabhängig von der formalen Organisationsstruktur. Ungeachtet dessen, dass sich lose Kopplungen nie gänzlich vermeiden oder auflösen lassen bzw. sollten, und dass das Modell nicht eindimensional, sondern dialektisch zu interpretieren ist (vgl. ebenda, S. 216), bedarf es insbesondere aus pragmatischer Sicht einer entscheidungs- und handlungsfähigen Hochschule und ihrer Teileinheiten, d. h., dass ein Mittelweg im Sinne einer komplementären Kopplung zu finden ist, die auf Konsens basiert und wenigstens langfristig eine Win-Win-Situation schafft. Die gesetzlich geregelten Entscheidungsstrukturen und -tatbestände sowie Vorgaben zur Leistungserstellung bilden dabei ein Organisationskonzept, das es mindestens umzusetzen gilt. Deren Ausführung widmen sich die beiden folgenden Abschnitte.

3.1.1 Selbstverwaltung

Nach § 15 NHG sind staatliche Hochschulen Körperschaften des öffentlichen Rechts mit dem Recht auf **Selbstverwaltung**. Als Landesbetriebe sind sie zugleich rechtlich unselbständige Einrichtungen des Landes (vgl. VV Nr. 1.1.4 zu § 26 LHO). In dieser Hinsicht sind staatliche Hochschulen zwar als öffentliche Betriebe mit eigener Rechtspersönlichkeit anzusehen, die sich aber im Eigentum der Gebietskörperschaft befinden (siehe hierzu *Berg* 2011, S. 4 ff.). Aufgrund der Deregulierung der Bildung ist die Gebietskörperschaft das jeweilige Bundesland. Es ergeben sich folgende Konsequenzen für die Institution Hochschule:

- Staatliche Hochschulen sind öffentlich-rechtliche Körperschaften ohne eigene Haushaltsaufstellung und in der Regel ohne Dienstherrenfähigkeit, d. h. der autonomen Verbeamtung. Stattdessen sind sie in die Planungen des Bundeslandes eingebunden.
- Das Niedersächsische Ministerium für Wissenschaft und Kultur (MWK) kann als zuständige Landesbehörde den Hochschulen Weisungen per Runderlass erteilen.
- Für die Hochschulen besteht keine Insolvenzgefahr, da das Land bürgt.

Das Recht auf Selbstverwaltung bezieht sich auf die selbstverantwortliche Aufgabenerfüllung. Nach § 16 NHG wirken die **Mitglieder** der Hochschule – das sind nicht nur zeitweise hauptberuflich Tätige mit mindestens 50 % der regelmäßigen Arbeitszeit, eingeschriebene Studierende sowie Doktoranden – an der Selbstverwaltung in Organen, Gremien und Kommissionen mit. Die Rechte und Pflichten der Mitwirkung an der Aufgabenerfüllung sind in Ordnungen der Hochschulen geregelt. In Abgrenzung zu den Mitgliedern werden weitere an der Hochschule tätige Personen oder Personengruppen als **Angehörige** bezeichnet. Sie besitzen kein Wahlrecht, können jedoch je nach Ausgestaltung der Grundordnung an der Selbstverwaltung und Aufgabenerfüllung mitwirken.

3.1.1.1 Entscheidungsstrukturen

In den §§ 36 bis 46 NHG ist die Organisation niedersächsischer Hochschulen formal geregelt. Hiernach wird die allgemeine Strukturierung in Organe und Organisationseinheiten festgelegt.

Nach *Bühner* (2004, S. 63) handelt es sich bei **Organisationseinheiten**, um zusammengefasste und zugeordnete (Teil-)Aufgaben zu personalen Aufgabenträgern. An Hochschulen in Niedersachsen sind primäre Aufgabenträger **Fakultäten**, die „möglichst fächerübergreifend die Aufgaben der Hochschule in Forschung, Kunst, Lehre, bei der Förderung des wissenschaftlichen Nachwuchses, Weiterbildung und Dienstleistung erfüllen" (§ 36 Abs. 2, Satz 1 NHG). In Abhängigkeit von der Größe der Hochschule kann die Aufgabenerfüllung weiter in kleinere, nachgelagerte organisatorische Einheiten wie z. B. Abteilungen, Institute oder Lehrstühle dekomponiert sein. Daneben sind nicht-fachliche Organisationseinheiten wie Zentrale Einrichtungen, Dekanate etc. verwaltend tätig und unterstützen die Fakultäten bei der Aufgabenerfüllung. Stabsstellen unterstützen wiederum nicht-fachliche Einheiten, insbesondere das Präsidium als Gesamtvertretung der Hochschule. Mit der Auflösung der Hochschule in Einheiten ergibt sich eine hierarchische Ordnung mit zentralen und dezentralen Momenten (vgl. auch *Amrhein* 1998, S. 85 ff.). *Gaugler* (1988, S. 36) unterscheidet bis zu vier Ebenen einer Selbstverwaltungsstruktur an Hochschulen (siehe auch *Seidenschwarz* 1992, S. 23). Neben den Fakultäten gehören dann auch Fachgebiete und Fachrichtungen zu dezentralen Organisationseinheiten. Denkbar sind auch Organisationsstrukturen mit Lehrstühlen oder Instituten.

Die **Organstruktur** folgt dem Prinzip der Gewaltenteilung und regelt die Mitbestimmung der Mitglieder und Angehörigen. Auf zentraler Ebene werden Präsidium, Hochschulrat und Senat als Organe eingesetzt. Dem **Präsidium** gehören mehrere Mitglieder an, die durch einen Präsidenten geführt werden. Das Präsidium handelt eigenverantwortlich für die Hochschulentwicklung und Aufgabenerfüllung. Dafür hat das Präsidium eine weitreichende Entscheidungsgewalt und wird durch Stabsstellen unterstützt. Rechenschaft legt das Präsidium gegenüber dem Senat ab. Der **Senat** setzt sich aus mindestens 13 gewählten Gruppenvertretern der Professoren, Studierenden, Mitarbeitern aus Technik und Verwaltung (MTV-Gruppe) sowie wissenschaftlichen und künstlerischen Mitarbeitern (Mitarbeitergruppe) für mindestens zwei Jahre zusammen. Sofern es in der Grundordnung einer Hochschule nicht für andere Organe vorgesehen ist, beschließt der Senat die Entwicklungs- und Gleichstellungsplanung sowie Ordnungen des Präsidiums und des Gleichstellungsbeauftragten. Eine Ordnung bezeichnet eine Satzung mit gesetzlich ergänzenden oder konkretisierenden Regelungen bezüglich der Rechte und Pflichten von Mitgliedern und Angehörigen der jeweiligen Hochschule. Die Grundordnung kann dabei als Verfassung der Hochschule aufgefasst werden (vgl. *Amrhein* 1998, S. 107). Daneben hat der Senat ein umfassendes Informationsrecht und kann vor Beschluss der Wirtschaftsplanung und von Zielvereinbarungen (siehe hierzu Abschnitt 3.3) Stellungnahmen abgeben. Mit einer dreiviertel Mehrheit und der Bestätigung des Hochschulrats kann der Senat Präsidiumsmitglieder abwählen. Der **Hochschulrat** fungiert als eine Art Aufsichtsrat (vgl. *Friedrichsmeier/Wannöffel* 2010, S. 24). Mit dem Rückzug aus der Detailsteuerung des Staates übernimmt der Hochschulrat die ehemalige staatliche Aufsichtsfunktion. Er setzt sich überwiegend aus exogenen Vertretern der Wirtschaft, Wissenschaft oder Kultur zusammen, von denen mindestens drei Frauen sind. Ein Mitglied entstammt der Hochschule und ein Mitglied vertritt die Interessen des MWK. Dem Hochschulrat kommen vier Aufgaben zu (vgl. § 52 NHG; siehe auch *Meyer-Guckel/Winde/Ziegele* 2010, S. 17 ff.): Der Hochschulrat berät das Präsidium und den Senat, äußert Stellungnahmen, entlastet Präsidiumsmitglieder nach Vorschlag des Senats und erklärt sich zu Berufungsvorschlägen bei denjenigen Hochschulen, denen das Berufungsrecht zeitweise übertragen wurde. Im bundesweiten Vergleich wird dem Senat und dem Hochschulrat in Niedersachsen eher eine mittelmäßig ausgeprägte Kompetenz beigemessen (vgl. *Jochheim/Wannöffel* 2010, S. 519). Neben der Selbstverwaltung vollzieht sich die **Beteiligungskultur** von Hochschulen über Personalräte. Deren Interessenvertretung ist für das wissenschaftliche Personal überdurchschnittlich eingeschränkt. Es werden ausschließlich die Interessen der MTV-Gruppe vertreten, um Überschneidungen zwischen den akademischen Anliegen des Senats und der personellen Anliegen des Personalrats zu vermeiden (vgl. ebenda, S. 515 und S. 518 f.).

Sofern eine oder mehrere Fakultäten als dezentral-fachliche Organisationseinheiten gebildet worden sind, bilden **Dekanat** und **Fakultätsrat** deren Entscheidungsorgane. Während der Fakultätsrat grundsätzliche Entscheidungen zur Forschung und Lehre sowie Ordnungen der Fakultät beschließt, ist das Dekanat für die Leitung und Umsetzung resultierender Beschlüsse verantwortlich. Das Dekanat setzt sich personell aus dem Dekan und mindestens einem Studiendekan zusammen. Per Ordnung können weitere Mitglieder benannt sein. Dekanatsmitglieder können analog zur zentralen Organstruktur durch eine Dreiviertel-Mehrheit des Fakultätsrats abgewählt werden. Personell besteht der Fakultätsrat – ebenfalls wie auf zentraler Ebene im Senat – aus gewählten Vertretern aller Gruppierungen. Die genaue Zusammensetzung von bis zu 13 Mitgliedern regelt die Grundordnung.

3.1.1.2 Entscheidungstatbestände

Neben den Entscheidungsstrukturen sind oftmals Tatbestände von Entscheidungen untersucht worden, um Informationsbedarfe ableiten oder zuordnen zu können (siehe bspw. *Zboril* 1998, S. 50; *Nusselein* 2003, S. 92 f.). So filtert *Kirchhoff-Kestel* (2006, S. 55) auf Basis der Analyse von Gesetzestexten **Entscheidungstatbestände** heraus und systematisiert sie hinsichtlich

- Personal und Stellen,
- Sachmittel(verteilung),
- Ausstattung und Kapazität (Gebäude, Räume, Geräte),
- Leistungserstellung (Studium und Lehre, Forschung, Dienstleistungen) und
- Finanzierung von Investitionen.

Die Orientierung an dieser Klassifikation von Entscheidungen hat mehrere Vorteile. Zunächst lässt sich eine Vielzahl von Entscheidungstatbeständen anderer Autoren solide zuordnen. Zudem sind die Entscheidungstatbestände für die zentrale Hochschulleitung als auch für die dezentralen Fakultäten als relevant einzustufen. Und drittens lassen sich die Entscheidungstatbestände in zeitlicher Hinsicht gut voneinander abgrenzen, d. h. die Bezugszeit kann hinsichtlich einer kurzfristigen und mittel- bis langfristigen Wirkungsweise unterschieden werden (vgl. ebenda, S. 55 ff.). Im Vergleich zum inputgesteuerten Paradigma haben sich die Entscheidungstatbestände zu großen Teilen zwar nicht verändert, aber der Entscheidungsspielraum hat sich erheblich ausgeweitet (vgl. ebenda, S. 63). „Die Hochschulen sind gezwungen, ihre Leistungsschwerpunkte festzulegen und müssen sich somit mit ihren Erfolgspotenzialen auseinandersetzen" (ebenda, S. 63 f.). Bei ihrer Wirkungsanalyse von Entscheidungstatbeständen stellt sie fest, „dass dabei strategischen Entscheidungen, also Entscheidungen mit einer langfristigen Wirkung, insbesondere auf der Ebene von Rektorat [Präsidium], Senat und Hochschulrat, aber auch auf Fakultäts- und Institutsebene, eine hohe Bedeutung zukommt" (ebenda). In der Regel beziehen sich diese Entscheidungen auf die Leistungserstellung und deren Qualität bei gleichzeitiger Beachtung formaler Ziele und des Investitionsrahmens, da „langfristige Entscheidungen Kostenstrukturen auf lange Zeit" beeinfluss[en] (ebenda).

3.1.2 Leistungserstellung

Die weithin bekannte physikalische Definition des Begriffes Leistung lautet: Energie bzw. Arbeit pro Zeiteinheit. Für den ökonomischen Kontext spezifizieren *Hummel/Männel* (2004, S. 86) den Begriff **Leistung** als „[d]ie mengenmäßige Ausbringung einer Periode“ und zielen damit auf das physische Ergebnis eines Leistungserstellungsprozesses ab (siehe dazu *Gutenberg* 1990, S. 57 ff.).

Analog zu Dienstleistungsunternehmen werden Hochschulen zunehmend als Erbringer gesellschaftlicher Dienstleistungen betrachtet (vgl. *Amrhein* 1998, S. 18). In Abgrenzung zu Sachleistungen weisen **Dienstleistungen** nach *Bruhn* (2008, S. 19 ff.) folgende charakteristische Merkmale auf:

- Dienstleistungen sind im Grunde immateriell, benötigen aber i. d. R. eine sachliche Infrastruktur. In Hochschulen sind dies beispielsweise die Laboreinrichtung oder die räumliche Ausstattung.
- Dienstleistungen sind immateriell, nicht teilbar und kurzlebig. Daraus ergibt sich eine bedingt sinnliche Wahrnehmung sowie eine simultane Produktion und Konsumtion („Uno-Actu-Prinzip“). Die Dienstleistungserstellung an Hochschulen entzieht sich grundsätzlich einer „Produktion“ auf Vorrat.
- Dienstleistungen sind üblicherweise örtlich gebunden und auch an Hochschulen nur in begrenzten Fällen transportfähig – nämlich dann, wenn ihre Immaterialität und Intangibilität aufgehoben wird. Dies ist beispielsweise bei Mitschriften, käuflichen Skripten oder Verfahren des E-learnings der Fall. So sind aufgezeichnete oder auf internetfähigen Servern gespeicherte Vorlesungen repetierfähig und grenzen sich deutlich von den hier genannten Merkmalen ab.
- Bei der Dienstleistungserstellung werden externe Faktoren integriert und ggf. transformiert. In der Hochschullehre wird die Leistung an den Studierenden erbracht, gleichzeitig wirken sie aber in Art und Qualität der Leistungserstellung mit (vgl. *Kirchhoff-Kestel* 2006, S. 71).
- Dienstleistungen werden individuell bzw. variabel erstellt. Das Merkmal ergibt sich durch die Integration externer Faktoren. Natürlich werden Lehrveranstaltungen wiederkehrend angeboten, aber Lehrinhalte können variabel gestaltet sein – und die Vermittlung hängt von der Leistungsbereitschaft und -fähigkeit der beteiligten Akteure ab (vgl. ebenda).

Im Bereich der Lehre spielt insbesondere die Beachtung des sogenannten externen Faktors eine übergeordnete Rolle. Studierende aktivieren das bereitgestellte Leistungspotenzial bis sie die Ausbildung absolviert haben. Sie sind daher Gegenstand des Transformationsprozesses und nicht nur externer Faktor, sondern aufgrund ihrer Beteiligung am Lehrprozess gleichermaßen auch Co-Produzenten (vgl. *Rassenhövel* 2010, S. 62). *Rassenhövel* (ebenda) bezeichnet daher die Hochschullehre „als personenbezogene, interaktionsintensive Dienstleistung“. Die Personenbezogenheit und die Interaktion basiert auf kommunikativen Vorgängen zwischen den Beteiligten, sodass im Kontext der Hochschullehre von kommunikativen Dienstleistungen gesprochen werden kann.

Bolsenkötter (1976, S. 76) klassifiziert die **Leistungserstellung** von Hochschulen nach mittelbaren und unmittelbaren Organisationseinheiten. Die mittelbaren Leistungen werden durch die Verwaltung, Technik sowie den zentralen Einrichtungen erbracht. Sie beziehen sich im Wesentlichen auf innerbetriebliche Leistungen und umfassen beispielsweise Tätigkeiten der Personal- oder Gebäudeverwaltung als auch informationstechnische Dienste. Zentrale Einrichtungen wie Bibliotheken oder Sprachenzentren bieten Leistungen fachlicher Einheiten übergreifend an. Natürlich können mittelbare Leistungen auch außerbetrieblich angeboten werden (z. B. Vermietungen) – selbst Lehr- und Forschungsleistungen werden erbracht. Die unmittelbaren Leistungen einer Hochschule werden aber überwiegend in den Fakultäten erstellt und beziehen sich nach § 3 Abs. 1 Satz 1 NHG auf die Aufgabenerfüllung, insbesondere die „Pflege und Entwicklung der Wissenschaften und Künste durch Forschung, Lehre, Studium und Weiterbildung".

Die **Leistungsmengen** hängen in erster Linie von den Ressourcen ab, die den Input der Leistungserstellung darstellen. Natürlich spielt die Größe der Hochschule an sich eine Rolle, die etwa durch die Studienplätze, Finanzmittel oder Professuren dargestellt werden kann. Daneben hängt die Leistungsmenge aber auch von den Studienangeboten, den Forschungsanträgen und der Infrastruktur sowie der Nachfrage der Studierenden und nicht-staatlichen Geldgebern ab. Ebenso dürfte das personelle Leistungspotenzial einen erheblichen Einfluss auf die Leistungserstellung ausüben. Unabhängig von den Beschränkungen in den Ressourcen einer Hochschule konkurrieren zur Planung der Leistungsmengen zwei normativ geprägte Konzepte (vgl. *Bolsenkötter* 1976, S. 37):

- Der **Bildungsnachfrageansatz** (social demand approach) orientiert sich an gesellschaftlichen Ansprüchen von Hochschulleistungen
- Der **Arbeitskräftebedarfsansatz** (manpower approach) orientiert sich an den Ansprüchen des Arbeitsmarktes

Weyers (2011, S. 37) stellt fest, dass zwar die Lehre an Hochschulen gemäß dem manpower approach seit dem Bologna-Prozess berufsvorbereitend ausgerichtet sein soll, aber mit dem Hochschulpakt 2020, ein Vertrag zwischen Bund und Ländern zur Bereitstellung zusätzlich nachgefragter Studienplätze (siehe hierzu Abschnitt 3.2.2.2), ein social demand approach abgeleitet werden kann. Die Menge des Lehrangebots ist demgemäß an den Ansprüchen der Studierenden auszurichten, wobei davon ausgegangen werden kann, dass die Nachfrage der Studierenden wenigstens ansatzweise auch durch die Verwertbarkeit am Arbeitsmarkt beeinflusst wird.

Nachfolgend wird nur das unmittelbare **Leistungsprogramm** einer Hochschule ausgeführt, wobei Lehre und Studium zusammengefasst werden, da sie ein und dieselbe Leistung, einmal aus Perspektive der Hochschule und einmal aus Perspektive der Studierenden, beschreibt (siehe hierzu ausführlich *Bolsenkötter* 1976, S. 29 ff.; *Weyers* 2011, S. 32 ff.). Der Faktor **Leistungsqualität** bildet die dritte Dimension einer Leistungserstellung an Hochschulen (vgl. *Weyers* 2011, S. 31) und wird aufgrund seiner zunehmenden Bedeutung gesondert behandelt (siehe hierzu Abschnitt 2.4).

3.1.2.1 Lehre und Weiterbildung

Lehre beschreibt *Bolsenkötter* (ebenda, S. 30) als die Aufbereitung und Umformung von Wissen und Kunst sowie die aktive Vermittlung dessen an die Nachfrager, hier die Studierenden. Aus Sicht der Studierenden bilden Lehrleistungen in ökonomischen Begriffen einerseits eine Investition, welches durch die Ausbildung immaterielles Kapital schafft, und andererseits konsumieren Studierende Inhalte der Lehrleistungen (vgl. ebenda, S. 30 f.). Die Organisation der Lehre ist in zeitlicher Hinsicht in Studienjahren gegliedert. Das **Studienjahr** ist ähnlich wie im Schulsystem zweigeteilt und umfasst je ein sechsmonatiges Winter- und das darauf folgende Sommersemester. Die **Regelstudienzeit** (RSZ) bemisst den zeitlichen Umfang eines Studiums in Semester. Häufig gliedert sich ein Studium in zwei Abschnitte. Im 1. Studienabschnitt werden grundlegende Zusammenhänge der Disziplin gelegt, welche im 2. Studienabschnitt vertiefend gelehrt und studiert werden. Die **Fächersystematik** reglementiert die Lehrleistungen zwecks Datenerhebung der Hochschulstatistik und stellt eine hierarchische Parallelstruktur zu den fachlichen Organisationseinheiten dar. Die Lehrveranstaltungen bilden dabei das Lehrangebot der Lehrenden und werden zu Modulen zusammengefasst. Diese werden sodann Studienfächern oder **Studiengängen** zugeordnet, die gemäß den Studien- oder Prüfungsordnungen zu einem wissenschaftlichen oder künstlerischen Abschluss einer Disziplin führen. Die Daten mehrerer fachlich naher Studienbereiche, die Studiengänge vereinen, werden für exogene Ansprüche zu fachlich verwandten **Fächergruppen** aggregiert (vgl. *Statistisches Bundesamt* 2012, S. 12; siehe Abschnitt 3.3.2.4).

Semester: ______
Datum: ______

Modul					Lehrveranstaltung			Prüfung									Lehrpersonen							
																	Dozenten		Lehrende			Lehrbeauftragte		
Nr.	Modulbez.	Credit Points	SWS	Gewichtungsfaktor	Nr.	Bezeichnung	SWS	Prüfungsart, Dauer	Studentenbestand	Gruppengröße	Anzahl Gruppen	LVS	LVArt	1. Sem. SWS	...	n. Sem. SWS	a	...	a	...	Lehrimport	a	...	Summe LVS
Masterstudiengang xxxxxx (Master of xxxx)																								

Abb. 3.1: Lehrverflechtungsmatrix eines Studiengangs

Daneben bildet eine **Lehreinheit** „eine für Zwecke der Kapazitätsermittlung abgegrenzte Einheit, die ein Lehrangebot bereitstellt" (§ 7 Abs. 2 Satz 1 KapVO). Zur Berechnung des **Lehrangebots** „sind alle Stellen des wissenschaftlichen und künstlerischen Lehrpersonals und der sonstigen Lehrpersonen nach Stellengruppen den Lehreinheiten zuzuordnen" (§ 8 Abs. 1 Satz 1 KapVO). Die Lehrenden unterliegen gemäß Lehrverpflichtungsverordnung (LVVO) semesterweise einer Regellehrverpflichtung, die in Lehrveranstaltungsstunden (LVS) bzw. nach § 9 Abs. 1 KapVO in Deputatstunden gemessen wird. Neben der personellen Ausstattung sind bei der Berechnung der jährlichen **Aufnahmekapazität** darüber hinausgehende kapazitätsrelevante Kriterien maßgeblich (z. B. räumliche Restriktionen). Basierend auf der Aufnahmekapazität werden die **Zulassungszahlen** festgesetzt, d. h. die maximal aufzunehmende Bewerberanzahl für einen Studienplatz eines Studiengangs. Dienstleistungen bezeichnen Lehrveranstaltungen, die für nicht der Lehreinheit zugeordneten Studiengängen erbracht werden (vgl. § 11 Abs. 1 KapVO). Aus Perspektive einer Lehreinheit stellt eine Dienstleistung einen Export dar. Dem können in einer **Lehrverflechtungsmatrix** Importe gegenübergestellt werden, um das Lehrangebot der Lehreinheit abzubilden (siehe Abb. 3.1). Natürlich kann eine derartige Matrix auf einen Lehrberichtsbogen der Lehrenden aufgesetzt sein (vgl. hierzu *Heise/Ambrosy/Hinsenkamp* 2002, S. 235). Lehrexporte sind ein Beispiel loser Kopplung zu anderen Lehreinheiten.

Die wissenschaftliche **Weiterbildung** kann als Lehre subsumiert oder als eigenständiger Bereich angesehen werden. Es bezeichnet „Studienangebote, die nach einem ersten berufsqualifizierenden Abschluss (wobei alternative Zugangswege zu berücksichtigen sind) und nach einer Phase beruflicher Tätigkeit durchgeführt werden und im Hinblick auf die Adressatengruppen inhaltlich und didaktisch-methodisch auf Hochschulniveau entsprechend aufbereitet sind sowie das spezifische Zeitbudget Berufstätiger berücksichtigen“ (*HRK/BDA* 2007, S. 9 f.). *Bade-Becker* (2005, S. 19) unterscheidet vier Formen:

- Ein weiterbildender Studiengang hat eine Prüfungsordnung und verleiht einen akademischen Titel.
- Ein weiterbildendes Studium hat eine Prüfungsordnung und verleiht in der Regel ein Zertifikat, das keinen Hochschulgrad darstellt.
- Ein weiterbildendes Programm hat keine Prüfungsordnung und keinen formalen Abschluss.
- Einzelveranstaltungen sind Weiterbildungsangebote von kurzer Dauer ohne einen formalen Abschluss (z. B. Vorträge, Workshops etc.).

3.1.2.2 Forschung

„Forschung [...] dient der Mehrung von Wissen“ (*Bolsenkötter* 1976, S. 31). Forschungsaktivitäten können grundsätzlich hinsichtlich ihrer Finanzierungsart und ihrer Geldgeber klassifiziert werden. Man unterscheidet entsprechend öffentlich (**Antragsforschung**) und privat (**Auftragsforschung**) geförderte von selbstfinanzierten, internen Forschungsprojekten. Bei der Ausübung von Forschungsaktivitäten ist die Sicherstellung des Lehrangebots gesetzlich in der Lehrverpflichtungsverordnung vorgeschrieben, d. h. die beiden Leistungsarten sind aufeinander abzustimmen. Nicht nur formal, sondern auch inhaltlich nehmen die Bereiche oftmals Bezug zueinander. So wird die Interdependenz der Bereiche in der Regel als Kuppel- oder Verbundproduktion angesehen (vgl. bspw. *Meimberg* 1977, S. 249). *Kirchhoff-Kestel* (2006, S. 72) schreibt hierzu: „Die Produktion von Forschung und Lehre an Hochschulen kann als Verbundproduktion angesehen werden, da ein gemeinsamer Ressourcen-Input bei der Produktion vorliegt, d. h. z. B. Lehrende betreiben auch Forschung, Studierende betreiben auch Forschung, Forscher betreiben Lehre.“ Weitergehend ist u. a. auch auf der Outputseite eine Verbundenheit oftmals gegeben. So ist der Einsatz von Forschungsergebnissen in der Lehre üblich und andersherum können Diskussionen in Lehrveranstaltungen Forschungsbezüge aufweisen (vgl. ebenda).

3.1.3 Implikationen

Die Entscheidungsstrukturen selbstverwaltender Hochschulen implizieren zwei Erkenntnisse für die Gestaltung von Hochschulcontrolling-Systemen:

Innerhalb der Hochschule vollziehen sich sowohl auf zentraler als auch auf dezentraler Ebene Entscheidungen in Bezug auf die Aufgabenerfüllung im Sinne einer nachhaltigen Hochschulentwicklung. **Entscheidungsträger** sind demnach auf zentraler Ebene das Präsidium bzw. die Hochschulleitung und auf dezentraler Ebene entscheiden Dekanate, vertreten durch den Dekan, Dezernatsleiter, Abteilungsleiter etc. im Sinne der Hochschulentwicklung. Das Entscheidungsverhalten vollzieht sich demnach in einem hierarchischen Organisationssystem, wobei Gremien in beiden Ebenen das Entscheidungsverhalten hinsichtlich der Leistungserstellung beaufsichtigen und beraten. Das wahrt zudem die Interessen endogener Anspruchsgruppen. Wichtige exogene Anspruchsgruppen, wie staatliche und wirtschaftliche Vertreter besetzen den Hochschulrat und können in ihrer Funktion Einfluss auf das Entscheidungsverhalten der Hochschulleitung nehmen.

Will man eine autonom handlungsfähige Hochschule, dann ist das zu konstruierende Berichtssystem auf zentraler und dezentraler Ebene so zu operationalisieren, dass sich durch Entscheidungen komplementäre Kopplungen horizontal und vertikal („Frames“) bilden können. Es werden weitgehend analog zu Entscheidungstatbeständen folgende **Handlungsfelder** der Investitionsplanung für den Konsolidierungskreis der Hochschule gebildet:

- Finanzierung inklusive Sachmittel(-verteilung),
- Personal und Stellen,
- Flächen und Räume,
- Studium und Lehre,
- Forschung und Nachwuchsförderung.

Objekte der Leistungserstellung sind Studiengänge und Forschungsprojekte. Das rührt daher, dass Forschungsprojekte als unterste Ebene im Forschungsbereich klar voneinander abgegrenzt und finanzielle, personelle und räumliche Ressourcen einer Organisationseinheit verhältnismäßig klar zugeordnet werden können. Bei Studiengängen verhält sich die Abgrenzung des Objekts als auch dessen Zuordnungsproblematik schwieriger. Zum einen sind Studiengänge noch weiter in Lehrveranstaltungen aufteilbar und diese können sogar importiert sein. Zum anderen weisen aber auch personelle, finanzielle und räumliche Zuordnungen keinen unmittelbaren Entscheidungsbezug auf. Sowohl Studiendekane als auch Forschungsleiter treffen zwar operative Entscheidungen in Bezug auf das Objekt, behandeln aber in der Regel keine Fragen der langfristigen Ressourcenallokation. Es ist jedoch davon auszugehen, dass Ansprüche zur Hochschulentwicklung primär auf Ebene von Studiengängen und Forschungsprojekten geäußert werden. Im Bereich Studium und Lehre sind dies beispielsweise Akkreditierungsauflagen (siehe dazu Abschnitt 3.4). Im Forschungsbereich können Anträge für ausgeschriebene Förderprogramme zu Forschungsprojekten führen. Die Zuordnung von Ressourcen zu Objekten erfolgt dort, wo nach dem Identitätsprinzip Entscheidungsbezüge herrschen (siehe dazu Abschnitt 2.2.2.2). So orientiert sich die Objekthierarchie am realen Organisationssystem der Hochschule. Dennoch wird die Zuordnung wegen systembedingter Kopplungen nicht immer trennscharf erfolgen können (z. B. wegen Lehrverflechtungen). In diesen Fällen ist aus pragmatischen Begründungen heraus eine anteilige Zuordnung und horizontale Entscheidungsfindung zu erarbeiten. Beispielsweise betrifft dies die Planung interdisziplinärer Forschungsprojekte mehrerer Organisationseinheiten oder Studiengänge, die Mehr-Fach-Studierende zulassen.

Das Personal, die Flächen und Finanzmittel stellen **Ressourcen** der Leistungserstellung dar. Sie stehen nach Zuordnung in einem Ursache-Wirkungsbezug zur Objektgenerierung über den ebenenspezifisch entschieden wird. Natürlich können Objekte und Ressourcen, die einen langfristigen Entscheidungsbezug aufweisen, in weiteren Handlungsfeldern modulartig ergänzt werden. So ist es beispielsweise denkbar sonstige Dienstleistungen oder Anlagen und Geräte in den Handlungsrahmen der Hochschule mit aufzunehmen. Handlungen im Bereich der Internationalisierung oder Gleichstellung/Diversität sind den genannten Handlungsfeldern inhärent, können im Einzelfall aber ein eigenständiges Teilsystem ausbilden. Unter Berücksichtigung einer noch zu definierenden Bezugszeit als operativen und strategischen Planungshorizont entsteht aus den dezentralen Organisationseinheiten (OE) und den einzelnen Handlungsfeldern (HF) ein konsolidierungsfähiger **Handlungsrahmen** der Hochschule (siehe Abb. 3.2). Aus Entscheidungstatbeständen bzw. wie in der Terminologie dieser Arbeit können aus Handlungsfeldern zwecks Operationalisierung Rückschlüsse auf den Informationsbedarf von Anspruchsgruppen abgeleitet werden (vgl. *Kirchhoff-Kestel* 2006, S. 51).

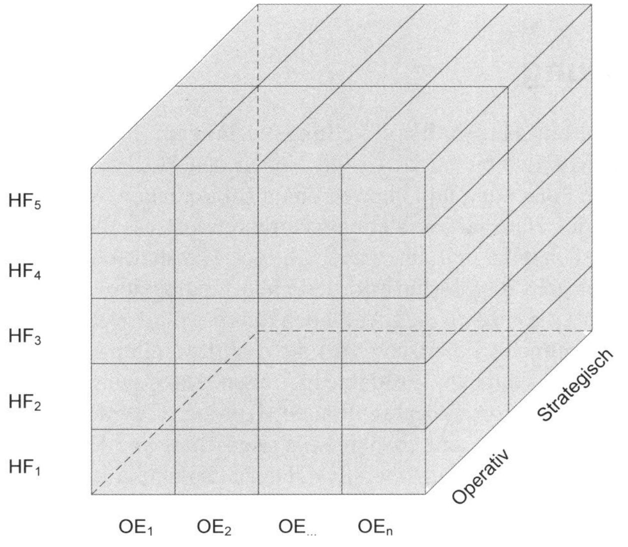

Abb. 3.2: Handlungsrahmen von Hochschulen

Handlungsentwürfe und Entscheidungen zur Entwurfsumsetzung sind objektbezogen und können sich in Hochschulen über einen langen Zeitraum hinziehen. Sei es eine Investition in einen neu zu etablierenden Studiengang mit den dazugehörigen Berufungen oder die Entwicklung eines neuen Forschungsschwerpunktes. Selbst die Aufnahme eines Studiums ist aus Studierendensicht als Investition zu betrachten, die einer wohl überlegten Entscheidung vorausgeht. An Hochschulen ist wie oben aufgezeigt, die Abgrenzung von Objekten aufgrund vorhandener Kopplungen nicht immer trennscharf, sodass die Unschärfe und daraus resultierende Konsequenzen in Entscheidungssituationen mit einzubeziehen ist. Mit dem **Framing** der Entscheidungssituation wird beispielsweise im Bereich Lehre ein neu zu planender Studiengang als Objekt definiert. Dies hat Auswirkungen auf die Kapazität der Lehreinheit, die gegebenenfalls mit Kopplungen zu anderen Lehreinheiten einhergeht. Es ließe sich die Kapazität der Lehreinheit aber auch durch andere Handlungsfelder, wie neues Lehrpersonal oder einer Reduzierung des Forschungsdeputats, aufrechterhalten. Selbst auf Lehrveranstaltungsebene lassen sich Auswirkungen auf andere Handlungsfelder beobachten. Ist die Größe eines Lehrraumes aufgrund erhöhter Studierendenzahlen erreicht, muss sowohl in räumlicher als auch eventuell in zeitlicher und personeller Hinsicht die Lehrveranstaltung umdisponiert werden. Ähnlich verhält sich die Planung bei Forschungsprojekten. Hierbei sind nicht nur die Finanzierungsfragen im Antragsschreiben von Belang, sondern auch personelle, sachliche und räumliche Aspekte sind für das Projekt zu planen.

Es zeigt sich, dass eine ganzheitliche investive Hochschulplanung eine monetäre und nichtmonetäre Komponente umfasst. Auf die hier genannten **Interdependenzen** sind in Planungsprozessen entsprechend einzugehen. Sie können als bedingt variabel angesehen werden, wenn man sich vergegenwärtigt, dass nur begrenzt Flächen und Personal zur Verfügung stehen. Ebenso sind Finanzmittel für Investitionen im Rahmen der Haushaltsanmeldungen Variablen, die den Kapitalbedarf bemessen.

3.2 Haushaltsführung

Das Land Niedersachsen praktiziert ein **Haushaltsaufstellungsverfahren**, in denen die Hochschulen im Einzelplan 06 des MWK eingebunden sind. Neben den Hochschulen bewirtschaftet das MWK hochschulnahe Forschung und überregionale Bibliotheken, Kunst und Kultur und sonstige Aufgaben. Ziel des Haushaltsaufstellungsverfahrens ist es, für ein Kalenderjahr (Haushaltsjahr) einen Haushaltsplan und einen zweijährigen Haushaltsentwurf für zu tätigende Investitionen aufzustellen und die hierfür erforderlichen Finanzmittel überwiegend aus Steuern zu beschaffen, sodass die öffentlichen Aufgaben durchgeführt werden können. Jährlich werden dazu im Ministerium für Finanzen (MF) die Teilpläne aller Aufgabenbereiche des Landes für das aktuelle Haushaltsjahr zusammengetragen. Dazu gehören etwa Aufgaben für Inneres und Sport, Aufgaben für Soziales, Frauen, Familie, Gesundheit und Integration, Wirtschaft, Arbeit und Verkehr, etc. und eben auch Wissenschaft und Kultur mit dem Teilplan für das Aufgabenfeld Hochschulen. Die operative Haushaltsplanung ist in einer mittelfristig angelegten Finanz- und Aufgabenplanung eingebunden.

3.2.1 Operative Haushaltsplanung

Der Haushaltsplanung können zwei investitionstheoretische Begriffe zugrunde gelegt werden. Mit dem **leistungswirtschaftlichen Investitionsbegriff** werden die Ideen durch die Kombination materieller Anlagegüter in eine reale Gestalt umgeformt (vgl. *Ballmann* 1954,

S. 5; zitiert nach *Perridon/Steiner* 1995, S. 26). Investitionen erneuern hiernach die Leistungserstellung durch neue Anlagen und Prozesse. Allerdings sind dafür in der Regel Finanzmittel erforderlich – entweder in der Anschaffung oder in der Unterhaltung. Der **finanzwirtschaftliche Investitionsbegriff** ist gekennzeichnet durch einen Zahlungsstrom und beginnt mit einer Ausgabe (vgl. *Schneider* 1990, S. 148). Zur Investition müssen finanzielle Mittel bereitgestellt werden. Dies ist Aufgabe der Finanzierung. Finanzierung und Investition sind nach dieser Auffassung untrennbar miteinander verbunden (vgl. *Wöhe/Döring* 2010, S. 520). *Ruchti* (1955, S. 500 f.; zitiert nach *Perridon/Steiner* 1995, S. 26) verdeutlicht, dass Ausgaben für Anlagen, Stoffe und Dienste Investitionen darstellen und Einnahmen als Desinvestitionen bezeichnet werden können. In der finanzwirtschaftlich geprägten Investitionstheorie dominieren somit zahlungsorientierte Wertgrößen. Durch den gemischt finanz-leistungswirtschaftlichen Investitionsbegriff lässt sich indes auch der Umwandlungsprozess von Kapital in Vermögen beschreiben (vgl. *Perridon/Steiner* 1995, S. 25 f.; siehe hierzu Abschnitt 3.3.2.1).

Bei Zahlungsströmen unterscheidet man Einnahmen von Ausgaben bzw. Einzahlungen von Auszahlungen. „**Einnahmen** und **Ausgaben** verändern das Geldvermögen, das zuzüglich zum Zahlungsmittelbestand die Forderungen berücksichtigt und die Verbindlichkeiten hiervon abzieht" (*Olfert/Reichel* 2009, S. 24). Neben dem Zahlungsmittelbestand berücksichtigen die Wertgrößen also auch Kreditvorgänge und nicht nur reine Zahlungsvorgänge. Zahlungsvorgänge, d. h. **Einzahlungen** und **Auszahlungen**, bestimmen den Bestand an liquiden Zahlungsmitteln. Der Zahlungsmittelbestand „setzt sich aus Kassenbeständen und jederzeit verfügbaren Bankguthaben oder Kreditlinien zusammen" (*Olfert/Reichel* 2009, S. 24). Kreditlinien stellen lediglich den Zugang zu liquiden Mitteln dar und sind insofern nicht einnahmegleiche Einzahlungen. Das Geldvermögen ändert sich durch die Inanspruchnahme von Krediten nicht, da sich gleichzeitig die Schulden erhöhen. Umgekehrt ergeben sich bspw. durch die Vergabe von Darlehen nicht ausgabengleiche Auszahlungen. Zwar erfolgt ein Zahlungsabfluss, aber das Geldvermögen ändert sich durch die Zunahme an Forderungen nicht (vgl. *Ott* 2011, S. 29 f.).

Nur wenn es zu keinen zeitlichen Differenzen im Zahlungsmittelbestand und im Geldvermögen kommt, sind die Begriffspaare in der Liquiditätsbetrachtung zur Finanzplanung synonym zu verwenden (vgl. ebenda, S. 81). Dies wird in der Investitionstheorie häufig aus pragmatischen Gründen vernachlässigt. *Blohm/Lüder/Schaefer* (2012, S. 44) schreiben hierzu: „Die Einzahlungen und Auszahlungen einer Investition kann man in der Regel durch ihre Einnahmen und Ausgaben genügend genau annähern. Eine Differenzierung zwischen Einzahlungen und Einnahmen bzw. zwischen Auszahlungen und Ausgaben erscheint deshalb für Zwecke der Investitionsrechnung nicht notwendig." Gleichwohl die Unterscheidung der Begriffspaare allein aus Gründen der unmittelbaren Zahlungsfähigkeit (Liquidität) wichtig wäre – Forderungen müssen zunächst einmal eingetrieben werden, um Rechnungen zu bezahlen –, wird in den Ausführungen zur Haushaltsführung die Unterscheidung nicht vertiefend behandelt und zusammenführend von **Finanzmitteln** gesprochen. Dem liegt die Annahme zugrunde, dass die Bundesländer eine hohe Bonität aufweisen und ihre finanziellen Verpflichtungen aus den Haushaltsplänen nachkommen und die finanziellen Mittel an die Hochschulen zuführen. In der kameralen Haushaltsführung spricht man bei Zahlungsvorgängen zwischen staatlichen Einrichtungen von **Zuführungen** und **Ablieferungen**.

Werden die Zahlungsvorgänge in einer Periode – oder zu einem bestimmten Zeitpunkt – schließlich aufgerechnet, d. h. saldiert, berechnet sich die Nettozahlung als Einzahlungs-(Einnahmen)-Überschuss oder als Auszahlungs-(Ausgaben)-Überschuss. Der Nettobetrag wird in der Liquiditätsrechnung auch **Zahlungssaldo** bzw. in der Finanzierungsrechnung **Finanzsaldo** genannt (vgl. *Hummel/Männel* 1986, Nachdruck 2004, S. 91). Werden Ablieferungen und Zuführungen saldiert, ergibt sich ein **Zuschuss**.

3.2.1.1 Haushaltsfunktionen und Haushaltsgrundsätze

Unabhängig davon, ob die reine Kameralistik, die erweiterte Kameralistik oder die Doppik betrieben wird, erfüllt die Haushaltsplanung eine Reihe von Funktionen, aus denen sich formale externe Zielvorgaben für Hochschulen, insbesondere finanzielle Restriktionen und ein Gleichgewicht der Finanzen, ableiten lassen (siehe dazu Abschnitt 2.3.1). Aus den nachfolgenden **Haushaltsfunktionen** wird die nach wie vor hohe Bedeutung des Haushaltsplans für Hochschulen erkennbar (vgl. *Bundesministerium für Finanzen* 2009, S. 6 f.; *Rose* 2009, S. 81 f.):

- **Bedarfsdeckungsfunktion**: Die Deckung des öffentlichen Bedarfs stellt die wichtigste Funktion in der Haushaltswirtschaft dar. Mit dem Haushaltsplan soll der notwendige Finanzbedarf zur Aufgabenerfüllung ermittelt und dargestellt werden.
- **Politische Programmfunktion (Steuerungsfunktion):** Der Haushaltsplan ist monetär ausgerichtet. Damit codiert er das politisch Gewollte zahlenmäßig um und ist Grundlage für nachgelagerte Kontrakte zwischen Staat und öffentlichen Einrichtungen.
- **Volkswirtschaftliche Funktion:** Der Staat nimmt mit seiner Nachfrage und seinem Angebot an Dienstleistungen und Produkten aktiv am Wirtschaftsgeschehen teil. Der Haushaltsplan dient in dieser Hinsicht als Instrument zur flexiblen Anpassung des gesamtwirtschaftlichen Gleichgewichts.
- **Ordnungsfunktion:** Der Haushaltsplan übernimmt eine ordnende Funktion aller öffentlichen Haushalte und koordiniert damit ihr Handeln. Die Haushaltspläne unterliegen daher in ihrem Aufbau „einheitlichen, vergleichbaren und die Verantwortlichkeiten festlegenden Gliederungsprinzipien" (*Bundesministerium für Finanzen* 2009, S. 6).
- **Kontrollfunktion:** Mit In-Kraft-Setzen des Haushaltsplans wird die Verwaltung ermächtigt die Ausgaben zu tätigen und Einnahmen zu erwirtschaften. In der parlamentarischen Demokratie wird die Legitimation des monetären Handelns über den Haushalt dem Parlament und Rechnungshöfen nachgewiesen.
- **Transparenz- und Informationsfunktion:** Das Handeln der öffentlichen Einrichtungen wird übersichtlich und vollständig der Öffentlichkeit im Haushalt nachgewiesen. Dazu gehört auch die Transparenz des Haushaltsverfahrens an sich.
- **Schutzfunktion:** Hierbei geht es um den Schutz der Handlungsfähigkeit künftiger Generationen (sogenannte „Schuldenbremse").

Der inneren Struktur von Haushaltsplänen liegen selbst in der neuen staatlichen Hochschulsteuerung **Haushaltsgrundsätze** zugrunde und prägen die gesamte Haushaltsführung. Haushaltsgrundsätze leiten sich aus dem Grundgesetz (GG), dem Haushaltsgrundsätzegesetz

(HGrG) und Bundeshaushaltsordnungen (BHO) ab. Das *Bundesministerium für Finanzen* (BMF) benennt zwölf Grundsätze (vgl. *Bundesministerium für Finanzen* 2009, S. 7):

- **Grundsatz der Einheit und Vollständigkeit** (Art. 110 Abs. 1 Satz 1 GG): Alle Einnahmen und Ausgaben sind vollständig in den Haushaltsplan einzustellen. Bei Bundesbetrieben und bei Sondervermögen reicht die Einstellung von Zuführungen oder Ablieferungen.
- **Grundsatz des Haushaltsausgleichs** (Art. 110 Abs. 1 Satz 2 GG): Im Haushaltsplan sind Einnahmen und Ausgaben in ihrer Höhe auszugleichen.
- **Jährlichkeitsgrundsatz** (Art. 110 Abs. 2 GG): Der Haushaltsplan wird für ein oder mehrere Rechnungsjahre, getrennt nach Jahren, festgestellt.
- **Grundsatz der Vorherigkeit** (Art. 110 Abs. 2 Satz 1 GG): Der Haushaltsplan ist vor Beginn des ersten Rechnungsjahres festzustellen.
- **Bepackungsverbot** (Art. 110 Abs. 4 Satz 1 GG): Es dürfen nur Vorschriften in das Haushaltsgesetz aufgenommen werden, die sich auf Einnahmen und Ausgaben des beschlossenen Gesetzeszeitraums beziehen.
- **Grundsätze der Wirtschaftlichkeit und Sparsamkeit** (§ 6 HGrG, § 7 BHO): Die Aufstellung und Ausführung des Haushaltsplans unterliegt der Wirtschaftlichkeit und Sparsamkeit. Zu finanzwirksamen Maßnahmen müssen angemessene Wirtschaftlichkeitsuntersuchungen durchgeführt werden, in denen aufgezeigt wird, dass ein gegebenes Ziel mit dem geringsten Mitteleinsatz (Minimalprinzip) oder ein maximales Ziel mit vorgegebenen Mitteln (Maximalprinzip) erreicht wird. In geeigneten Bereichen sollen hierzu Kosten- und Leistungsrechnungen eingeführt werden. Die Sparsamkeit verlangt, dass Mittel verausgabt werden dürfen, solange sie für die Aufgabenerfüllung notwendig sind (siehe hierzu ausführlicher *Ott* 2011, S. 10 ff.).
- **Gebot der Gesamtdeckung** (§ 7 HGrG, § 8 BHO): Durch den Ausgleich der Ausgaben durch die Einnahmen (siehe Grundsatz des Haushaltsausgleichs) dienen die Einnahmen als Deckungsmittel für die Ausgaben und stellen die Zahlungsfähigkeit sicher.
- **Fälligkeitsprinzip** (§ 8 HGrG, § 11 BHO): Der Haushaltsplan ist jährlich zu erstellen und enthält alle zu erwartenden Einnahmen, voraussichtlichen Ausgaben und Verpflichtungsermächtigungen. Verpflichtungsermächtigungen repräsentieren über ein Jahr hinausgehende finanzielle Verpflichtungen, wie etwa Bauinvestitionen.
- **Trennung von Ausgabeermächtigungen und Verpflichtungsermächtigungen** (VE) (§ 12 Abs. 2 HGrG, § 11 BHO, § 15 BHO, § 38 BHO): Laufende Ausgaben werden im Haushaltsjahr fällig und führen zu Auszahlungen. Verpflichtungsermächtigungen führen dagegen erst in späteren Haushaltsjahren zu Auszahlungen. Deren separater Ausweis im Haushaltsplan ermöglicht es, zwischen den laufenden Einnahmen und fällig werdenden Ausgaben sowie leistungswirtschaftlichen Investitionen zu unterscheiden.
- **Bruttoprinzip** (§ 12 Abs. 1 HGrG, § 15 Abs. 1 BHO): Einnahmen und Ausgaben sind getrennt und in voller Höhe (Brutto) anzusetzen. Das gilt auch für doppische Haushalte und Produkthaushalte.
- **Grundsatz der Einzelveranschlagung** (§ 12 Abs. 4 HGrG, § 17 Abs. 1 BHO): Einnahmen werden nach ihrem Entstehungsgrund, Ausgaben und Verpflichtungsermächtigungen nach ihrem Zweck getrennt veranschlagt und ggf. erläutert.
- **Grundsätze der Haushaltswahrheit und Haushaltsklarheit:** Die Haushaltspläne unterliegen der wahrheitsmäßigen Angabe und müssen klar und transparent gegliedert sein.

Der Haushaltsplan bildet die Grundlage zur gemeinsamen Haushalts- und Wirtschaftsführung (siehe hierzu Abschnitt 3.3) einer Hochschule. Hierzu sind insbesondere Modifizierungen in den Grundsätzen der Einzelveranschlagung und des Fälligkeitsprinzips umgesetzt geworden. Anstatt der sachlichen Bindung nach Ausgabenzwecken, d. h. der detaillierten Feinsteuerung auf einzelne Titel, erfolgt eine weitgehend freie Mittelverwendung für Hochschulen. Damit wurde die Deckungsfähigkeit einzelner Titel aufgelockert. Das Fälligkeitsprinzip besagt, dass jährlich Beträge zu vereinnahmen oder zu verausgaben sind. Immer wieder stieß dieses Prinzip in der sich jährlich fortschreibenden, reinen Kameralistik an die Grenzen wirtschaftlicher und sparsamer Handlungen und führte bspw. zum sogenannten **Dezemberfieber** (vgl. *Schedler/Proeller* 2009, S. 71 f.). Das Phänomen führte dazu, dass im Dezember jeden Jahres nicht verausgabte Mittel aus dem Haushalt noch für Sachmittel ausgegeben wurden. Das Prinzip der Sparsamkeit wurde dadurch durchbrochen, um im Folgejahr aufgrund der Fortschreibung und Abführung nicht verausgabter Mittel keine Mittelkürzungen hinnehmen zu müssen. Eine ressourcenschonende Haushaltsführung wurde in der reinen Kameralistik nicht belohnt, sondern durch Haushaltskürzungen im Folgejahr eher sanktioniert und führte zu Motivationsverlusten in der Aufgabenerfüllung. Stattdessen verbleiben nun Ausgabereste aus Haushaltsmitteln auch über den geplanten Periodenzeitraum hinaus in den Hochschulen.

3.2.1.2 Globale Haushaltsplanung

Modifizierungen in der **Haushaltsplanung** wurden 1995 in Niedersachsen zunächst an drei Hochschulen erprobt. Ihnen wurden Mittel zugewiesen, die weitgehend zweckfrei verausgabt werden durften. Durch die „global“ zugewiesenen Mittel wurde der Begriff **Globalhaushalt** eingeführt. Bei diesem Modellversuch sollte bei unverändert hohen Mitteln eine größere Effizienz in der Leistungserstellung nachgewiesen werden (vgl. *Krasny/Ziegele* 1997). Mit der Einführung von Hochschulglobalhaushalten sollten folgende Zielsetzungen erreicht werden (*MWK Niedersachsen* 2012):

- „Stärkung der Selbstständigkeit und Eigenverantwortung der Hochschulen,
- Schaffen von Anreizen für einen möglichst wirtschaftlichen, erfolgsorientierten und effektiven Mitteleinsatz in Forschung, Lehre und Weiterbildung,
- Entwicklung eines hochschulspezifischen Controlling-Systems und
- Erhöhung der Transparenz beim Umgang mit Steuergeldern.“

Seit dem 1. Januar 2001 praktizieren alle niedersächsischen Hochschulen diese Form der finanziellen Autonomie (vgl. ebenda). In diesem System aus Haushalts- und Wirtschaftsführung werden die globalen Haushaltszuführungen und -ablieferungen (**Haushaltsmittel**) auf vier zweckgebundenen Titeln getätigt, die aus Sicht des Landes als Ausgaben deklariert werden (siehe Abb. 3.3):

- Zuführungen für laufende Zwecke des Landesbetriebs,
- Zuführungen an den Landesbetrieb für die Unterhaltung der Grundstücke, der technischen und baulichen Anlagen,
- Zuführungen an den Landesbetrieb für die Beschäftigung von Ersatzkräften für Landesbedienstete im Mutterschutz und
- Zuführungen für Investitionen des Landesbetriebs.

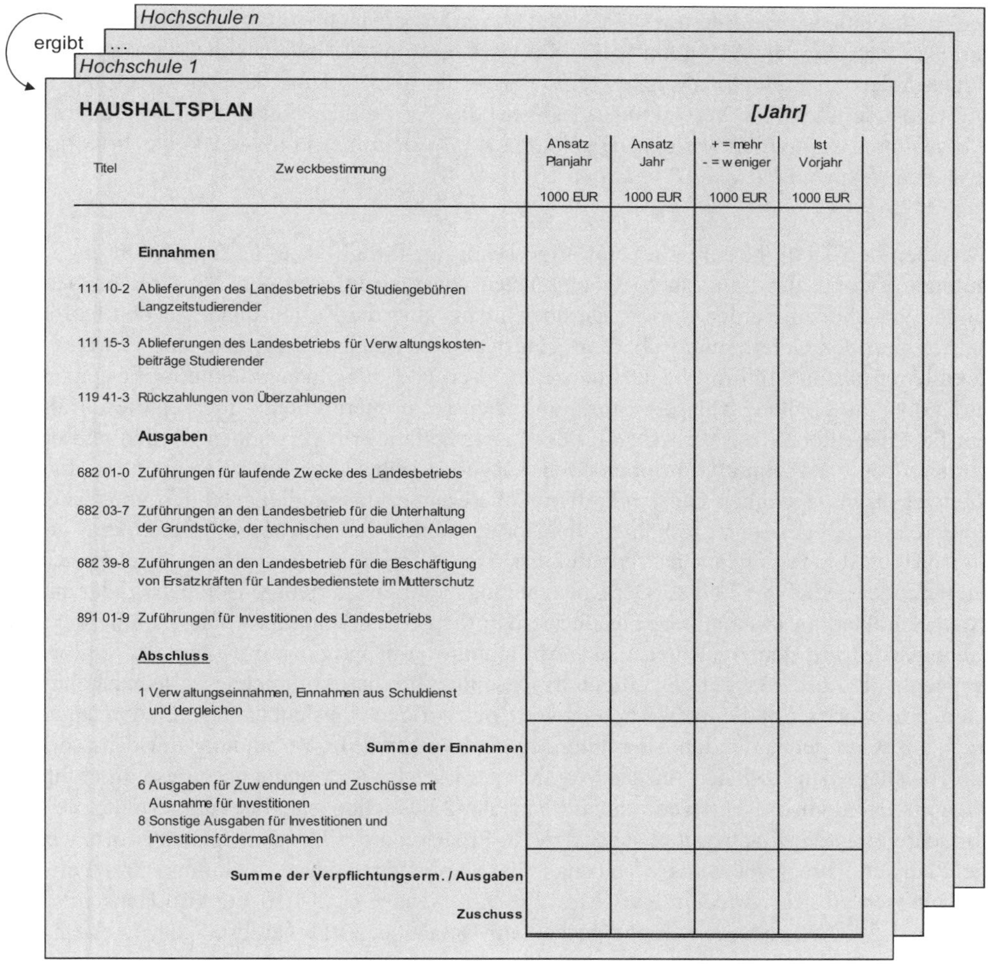

Abb. 3.3: Haushaltsplan in Niedersachsen

Die Haushaltsmittel stellen die Grundfinanzierung aus Landesmitteln dar. Daneben finanzieren sich Hochschulen zusätzlich aus Drittmitteln. Sie stellen Ergänzungsmittel dar. Davon werden als dritte Finanzierungsquelle (Mittelherkunft) sonstige Mittel wie etwa Studiengebühren, Spenden, Eigenerwerb oder eigenes Körperschaftsvermögen unterschieden (vgl. (*Schubert* 2009, S. 56). „Von existentieller Bedeutung für staatliche Hochschulen ist die landesfinanzierte Zuweisung von Mitteln für den Grundbedarf. Im Verhältnis zu den Ergänzungs- und sonstigen Mitteln macht sie ca. 2/3 des Gesamthaushalts der Hochschule aus" (ebenda).

Im Gegensatz zu den Haushaltsmitteln werden vom Statistischen Bundesamt die **Grundmittel** einer Hochschule ausgabenbezogen für laufende Zwecke aufgefasst. Sie ergeben sich, wenn von den Ausgaben die Einnahmen aus Haushaltsmitteln und Dritten subtrahiert werden: „Bei den laufenden Grundmitteln für Lehre und Forschung handelt es sich um den Teil der Hochschulausgaben, den der Hochschulträger aus eigenen Mitteln den Hochschulen für laufende Zwecke zur Verfügung stellt. Sie werden ermittelt, indem von den Ausgaben der Hochschulen für laufende Zwecke (z. B. Personalausgaben, Unterhaltung der Grundstücke und Gebäude, sächliche Verwaltungsausgaben) die Verwaltungseinnahmen und die Drittmitteleinnahmen subtrahiert werden. Die laufenden Grundmittel enthalten keine Investitionsausgaben" (vgl. *Statistisches Bundesamt* 2011a, S. 8).

Zwischen den Titeln besteht eine einseitige **Deckungsfähigkeit**, d. h. dass Zuführungen für laufende Zwecke des Landesbetriebs zugunsten von Investitionen oder für Unterhaltszuführungen verschoben werden dürfen. Darüber hinaus sind die Zuführungen für den laufenden Betrieb und der Unterhaltung über das Haushaltsjahr hinaus übertragbar und gewährt eine flexiblere Haushaltsführung. Sind die ersten drei Titel als finanzorientierte Ausgaben für laufend zu unterhaltene Anlagen, Stoffe und Dienste zu interpretieren, müssen die Zuführungen für Investitionen zur Verbesserung der Leistungsfähigkeit verstanden werden und beziehen sich bspw. auf Bauinvestitionen. Den Ausgaben stehen drei Einnahmearten des Landes Niedersachsen gegenüber. Diese betreffen Ablieferungen für Studiengebühren von Langzeitstudierenden wegen einer erhöhten Inanspruchnahme der Hochschulinfrastruktur gemäß § 13 NHG. Ablieferungen für Verwaltungskostenbeiträge zur Verwaltung und Betreuung Studierender gemäß § 12 NHG. Der Rückzahlungsbetrag ist derjenige Geldbetrag, der anfällt, wenn Schulden an das Land beglichen werden (bspw. aus Darlehen). Die Summe der Einnahmen wird mit den Ausgaben und Verpflichtungsermächtigungen saldiert. Es ergibt sich der geplante Zuschuss der jeweiligen Hochschule für das kommende Haushaltsjahr. Die Planwerte werden um die realisierten Istwerte des vorigen Haushaltsjahres und den angesetzten Planzahlen der laufenden Abrechnungsperiode ergänzt. In Verbindung mit dem vorherigen Haushaltsplan lässt sich für das Vorjahr eine Plan-Ist-Abweichungsanalyse durchführen. So wird lediglich die Differenz einer Plan-Plan-Abweichungsanalyse dargestellt, die eine Fortschreibung der Finanzmittel suggeriert. In Ergänzung des Haushaltsplanentwurfs werden die Planwerte um zwei weitere Haushaltsjahre erweitert, sodass in Summe drei Perioden geplant werden (vgl. *Niedersächsisches Finanzministerium* 2010). Für die Haushaltsjahre 2012 und 2013 wurde der Doppelhaushalt im Dezember 2011 verabschiedet (siehe hierzu *Niedersächsisches Finanzministerium* 2011).

Die Struktur des Haushaltsplans sieht vor, dass jede Hochschule separat betrachtet wird. Dazu dekomponiert sich der Haushaltsplan in Kapiteln, wobei ein Kapitel einer Hochschule entspricht. Erst die Zusammenführung aller Subplanungen ergibt den Haushaltsplan des MWK. So setzt sich die Struktur des Haushaltsplans zusammen aus sachlich orientierten Titeln, einer zeitlichen Komponente sowie durch die Auflösung von Kapiteln aus einer Objektorientierung. Der **Haushaltsplan** stellt sich insofern für alle Aufgabenbereiche und untergeordneten Aufgabenfelder in Niedersachsen als ein hierarchisches System der finanziellen Investitionsplanung (Finanzplanung) mit den Wertgrößen Einnahmen und Ausgaben für ein Haushaltsjahr dar. Aus den Haushaltsfunktionen und -grundsätzen wird zudem deutlich, dass die Haushaltsführung in erster Linie externe Ansprüche des Landes, des Bundes und der Öffentlichkeit bedient. Hochschulen setzen den Haushaltsplan zur Planung künftiger Einnahmen und Ausgaben ein (vgl. *Kirchhoff-Kestel* 2006, S. 16).

Trotz der Lockerung einiger Grundsätze weist die Haushaltsführung öffentlicher Betriebe noch erhebliche Schwächen auf, die der Wirtschaftlichkeit und Sparsamkeit hinderlich sind oder gar entgegenwirken (siehe hierzu bspw. *Ott* 2011, S. 12 ff.;). So fehlt es bspw. an Verfahren zur Bewertung des Sachvermögens und Ressourcenverbrauchs – oder allgemeiner an Grundsätzen der Substanzerhaltung und der intergenerativen Gerechtigkeit. Die o. g. Schutzfunktion kommt dem Schutz künftiger Generationen nur mit zahlungsorientierten Größen nach. Infolge dieser Schwäche wurde in der Wirtschaftsführung von Hochschulen ein **Nachhaltigkeitsfaktor** etabliert, der nicht nur finanzielle Parameter betrachtet, sondern auch zukünftige Lasten aus Versorgungen und Abschreibungen in der kurzfristigen Entscheidungsfindung heranzieht, sodass der Mitteleinsatz effizienter und effektiver gelenkt wird (vgl. *Bundesministerium für Finanzen* 2009, S. 10; siehe dazu Abschnitt 3.3).

Jaspersen/Täschner (2012, S. 763 f.) schreiben zu den Schwächen einer reinen Haushaltsplanung:

- „Da u. a. keine Bewertungen des Sachvermögens stattfinden oder zahlungsunwirksame Vermögensveränderungen (z. B. Abschreibungen) unberücksichtigt bleiben, Rückstellungen und Rechnungsabgrenzungsposten nicht gebildet werden, wird das Vermögen nicht vollständig erfasst und abgebildet.
- Eine bewertete Betrachtung des Ressourcenverbrauchs findet nicht statt. Somit kann das Land als ‚Shareholder' der Hochschulen nicht beurteilen, ob der Grundsatz der Substanzerhaltung eingehalten wird. Ebenso wenig kann beurteilt werden, ob der Ressourcenverbrauch durch die Erträge derselben Periode gedeckt ist. Durch diese Sichtweise sollen künftige Generationen nicht überbelastet werden (Grundsatz der intergenerativen Gerechtigkeit).
- Durch die fehlende Kosten- und Leistungserfassung kann keine Wirtschaftlichkeit im Sinne des ökonomischen Prinzips nachgewiesen werden.
- Die strengen inputorientierten Vorgaben der Kameralistik zu Haushaltstiteln gliedern die Ressourcen nicht nach Arten und Verursachern bzw. Leistungserbringern. Der Grundsatz der Sparsamkeit verlangt, dass Mittel (Ressourcen) nur angewandt werden dürfen, sofern sie für die Aufgabenerfüllung notwendig sind (vgl. *Ott* 2011, S. 11). Dies kann durch die Haushaltstitel nicht umfassend geleistet werden, da im Haushaltsplan keine Produktorientierung verfolgt wird.
- Kostenbewusstsein, ökonomische Entscheidungen und eine motivierende Verhaltenssteuerung werden durch die Kameralistik konsequenterweise nicht gefördert."

3.2.2 Mittelfristige Finanz- und Aufgabenplanung

Trotz der Kritik hinsichtlich der Bewertung bzw. der verwendeten Wertgrößen – die mit der Wirtschaftsführung weitgehend kompensiert werden sollen (siehe dazu Abschnitt 3.3) – steht die Haushaltsplanung in einem zeitlich und sachlich engen Zusammenhang mit der Finanzplanung des Landes (vgl. *Bundesministerium für Finanzen* 2009, S. 11). Die Aufgabenbereiche des Landes sind nach Aufgabenfeldern in einer mittelfristigen **Finanzplanung** über fünf Jahre eingebettet. Darin werden die jährlich erwarteten Einnahmen den erwarteten Ausgaben gegenübergestellt. Die monetäre Planung wird dabei mit einer **Aufgabenplanung** abgestimmt, in der die sachlichen Entwicklungsziele (Sachziele) aufgeführt werden. So steht die politisch gewollte **Hochschulentwicklung** in der mittelfristigen Planung der Jahre 2011 – 2015 unter der Überschrift „Wettbewerbsfähigkeit von Hochschulen und Forschung sichern" (*Niedersächsische Staatskanzlei/Niedersächsisches Finanzministerium* 2011, S. 52).

3.2.2.1 Zukunftsvertrag II

Die Sicherstellung der Wettbewerbsfähigkeit der Hochschulen ist im **Zukunftsvertrag II** am 22.06.2010 vertraglich zwischen allen niedersächsischen Hochschulen und MWK geregelt worden und soll „den Hochschulen bis 2015 Planungssicherheit auf dem Niveau von 2010" (ebenda) gewähren. Und weiter heißt es: „Zusätzlich übernimmt das Land die aus Besoldungs- und Tarifsteigerungen resultierenden höheren Personalkosten der Hochschulen. Die Einnahmen aus Studienbeiträgen stehen den Hochschulen auch künftig in vollem Umfang zusätzlich zu der Finanzierung des Landes für die Verbesserung der Lehre und der Studienbedingungen zur Verfügung" (ebenda).

Ausgaben (in Mio. €)	1.NHP	HPE	HPE	Planung		Gesamt
Vorhaben und Maßnahmen	2011	2012	2013	2014	2015	
Hochschulbereich	1.898,1	2.063,8	2.051,3	2.035,2	1.976,5	10.024,9
davon Zuführungen für lfd. Aufgaben	1.700,5	1.854,6	1.837,0	1.822,7	1.785,9	9.000,7
davon Zuführungen für Investitionen	29,7	29,9	30,1	30,3	30,3	150,3
davon Großgeräte- und Bauinvestition	165,7	177,1	182,0	180,0	158,0	862,8
davon Wissenschaftsadministration	2,2	2,2	2,2	2,2	2,2	11
Hochschulnahe Forschung/ Bibliotheken	302,8	317,7	315,3	321,7	330,6	1.588,1
Kunst und Kultur	189,1	197,1	196,7	197,7	195,3	975,9
Sonstige Aufgaben des MWK	285,8	375,3	382,8	383,8	398,2	1.825,9
Summe Aufgabenbereich MWK	**2.675,9**	**2.954,0**	**2.946,1**	**2.938,4**	**2.900,7**	**14.415,1**

Tab. 3.2: Mittelfristige Finanzplanung im Einzelplan 06 MWK (nach Ministerium für Finanzen)

In der mittelfristigen Planung werden die Jahre 2011 – 2015 in einen Nachtragshaushalt (NHP), zwei Haushaltsplanentwürfe (HPE) und in zwei Grobplanungen unterteilt (siehe Tab. 3.2). In Summe bemisst sich der finanzielle Aufwand der drei Planungsstufen für den Aufgabenbereich des MWK auf 14.415,1 Mio. €. Darauf entfallen auf den Hochschulbereich 10.024,9 Mio. €, wovon allein für laufende Aufgaben 9.000,7 Mio. € veranschlagt werden. Die Zuführungen für Investitionen belaufen sich auf 150,3 Mio. €. Für Investitionen in Großgeräte und Baumaßnahmen gemäß Artikel 91 b und 143 c Grundgesetz (GG) sind 862,8 Mio. € vorgesehen. Zur Organisation der hochschulübergreifenden Selbstverwaltung, wie der Hochschulrektorenkonferenz (HRK), plant das Land Niedersachsen jährlich 2,2 Mio. € ein.

Die mittelfristige Finanzplanung stellt das finanzpolitische Konzept für die Jahre 2011–2015 dar und ist ein reines Planungsinstrument der Regierung, an denen mittelfristige Perspektiven und Erwartungen geknüpft sind. Im parlamentarischen Prozess wird nur der Haushaltsentwurf für das jeweils anstehende Haushaltsjahr beraten und im Haushaltsgesetz festgestellt (vgl. *Bundesministerium für Finanzen* 2008, S. 14 ff.). Aus dem mehrjährigen Haushaltsentwurf wird nach Abstimmungsrunden der gesetzliche Haushaltsplan für die kommende Periode. Das Verfahren findet jährlich bis Dezember erneut statt.

Bei dem Verfahren handelt sich insofern um eine **rollierende Investitionsplanung**, da das Zahlenwerk der kommenden Perioden kontinuierlich aktualisiert und verbessert wird (siehe hierzu *Ehrmann* 2007, S. 240; *Hahn/Hungenberg* 2001, S. 79). Der Kontext der Haushaltsplanung für Hochschulen ist zusammenfassend in Abb. 3.4 dargestellt.

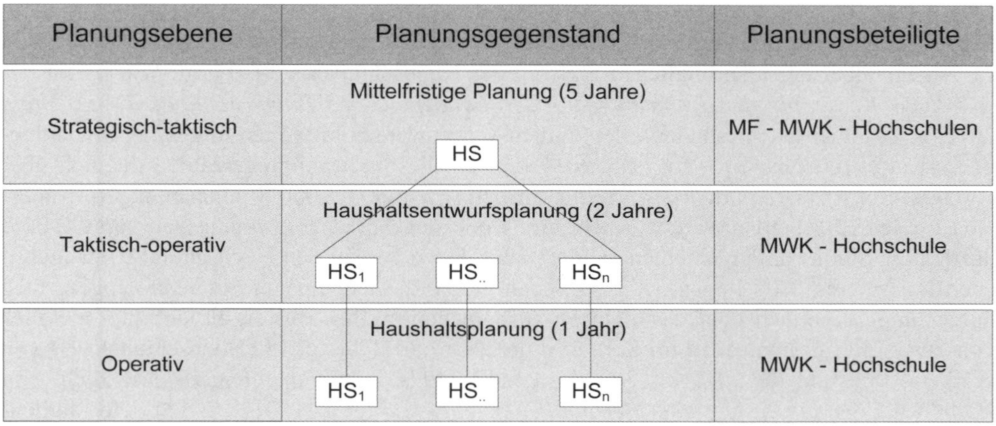

Planungsebene
Planungsgegenstand
Planungsbeteiligte
Strategisch-taktisch
Mittelfristige Planung (5 Jahre)
HS
MF - MWK - Hochschulen
Taktisch-operativ
Haushaltsentwurfsplanung (2 Jahre)
HS1 HS.. HSn
MWK - Hochschule
Operativ
Haushaltsplanung (1 Jahr)
HS1 HS.. HSn
MWK - Hochschule

Abb. 3.4: Struktur und Beteiligte der Hochschul-Haushaltsplanung

3.2.2.2 Hochschulpakt 2020

Des Weiteren steht und fällt die Wettbewerbsfähigkeit der niedersächsischen Hochschulen mit der Umsetzung des zwischen Bund und Ländern geschlossenen **Hochschulpakts 2020**. „Er dient dazu, dem durch die doppelten Abiturjahrgänge und demografisch bedingten starken Anstieg der Studienberechtigtenzahlen mit einem entsprechenden Ausbau des Lehrangebotes zu begegnen. Die niedersächsischen Hochschulen haben sich verpflichtet, in der zweiten Phase des Hochschulpakts von 2011 bis 2015 insgesamt 38.848 zusätzliche Studienanfänger im 1. Hochschulsemester aufzunehmen" (*Niedersächsische Staatskanzlei/Niedersächsisches Finanzministerium* 2011, S. 53).

Nach 2015 wird eine Normalisierung der Studienanfänger erwartet. Die Modellrechnung basiert auf Prognosen des Sekretariats der ständigen Konferenz der Kultusminister der Länder in der Bundesrepublik Deutschland (nachfolgend KMK) vom 18.09.2008 und berechnet für die fünf Jahre bundesweit ca. 334.250 zusätzliche Studienanfänger im Vergleich zum Basisjahr 2005 (siehe dazu *Sekretariat der ständigen Konferenz der Kultusminister der Länder in der Bundesrepublik Deutschland* 2009a). Auf Niedersachsen entfallen davon 38.848 Studierende, die sich auf fünf Jahre verteilen (vgl. Tab. 3.3).

Jahr	2011	2012	2013	2014	2015	Gesamt
Zusätzliche Studienanfänger 1. HS (Plan)	10.619	9.917	6.385	6.103	5.824	38.848
Beträge Hochschulpakt 2020 (in Mio. €)	88,6	177,2	176,6	169,6	131,8	743,8

Tab. 3.3: Studienanfänger und Beträge im niedersächsischen Hochschulpakt 2020 (nach Ministerium für Finanzen)

Den zusätzlichen Studienanfängern werden Sondermittel vom Bund und den Ländern zugewiesen. Die Finanzierung bemisst sich nach Clusterpreisen. Dass die Planzahlen des Hochschulpakts 2020 bereits wieder veraltet sind, zeigt die aktuellere Studie der KMK aus dem Jahr 2012. Die neuen Prognosewerte für Niedersachsen im Zeitraum 2011–2015 sind in Tab. 3.4 dargestellt und zeigen in Summe einen zusätzlichen Studienanfängeraufwuchs von 21 % gegenüber der ursprünglichen Planung des Hochschulpakts 2020 (vgl. *Sekretariat der ständigen Konferenz der Kultusminister der Länder in der Bundesrepublik Deutschland* 2012, S. 17). Für das gesamtdeutsche Studiensystem werden bisweilen folgende Entwicklungen erwartet (ebenda, S. 1 f.): „Bis 2019 bleiben die Studienanfängerzahlen deutlich über 450.000. Ein Absinken unter das Niveau von 2010 ist mit 442.000 Studienanfängern frühestens im Jahr 2021 zu erwarten. Auch zum Ende des Vorausberechnungszeitraums (2025) dürften die Studienanfängerzahlen deutlich über denen des für den Hochschulpakt maßgeblichen Basisjahres 2005 liegen. [...] So liegen die vorausberechneten Studienanfängerzahlen durchgängig erheblich über der alten Vorausberechnung. Pro Jahr ergibt sich hier ein Plus von etwa 75.000, kumulativ im Zeitraum der Jahre 2011 bis 2015 (Hochschulpakt II) von etwa 357.000 und für 2011 bis 2020 von rund 749.000 Studienanfängern zusätzlich." Zu ähnlichen Ergebnissen kommen *Berthold/Gabriel/Herdin* et al. (2012, S. 13). Die Studiennachfrage wird in allen Modellrechnungen bis zum Jahr 2025 signifikant über dem Niveau von 2005 liegen. Eine flexible Anpassung der Sondermittel ist nicht vorgesehen.

Jahr	2011	2012	2013	2014	2015	Gesamt
Zusätzl. StudAnf. 1.HS (Plan 2008)	10.619	9.917	6.385	6.103	5.824	38.848
Beträge Hochschulpakt 2020 (in Mio. €)	88,6	177,2	176,6	169,6	131,8	743,8
Zusätzl. StudAnf. 1.HS (Plan 2012)	11.059	9.070	8.970	8.870	9.170	47.139

Tab. 3.4: Hochschulpakt 2020 und revidierte Prognose der Studienanfängerzahlen in Niedersachsen (nach Kultusministerkonferenz)

Sofern die Politik nicht (u. a.) ihr finanzpolitisches Konzept überarbeitet, erweist sich die angestrebte Planungssicherheit aus Sicht der Hochschulen vielmehr als Hindernis und zeigt der starren mittelfristigen Planung des HP2020 ihre Grenzen auf. Gleichwohl unterliegt die neuere Prognose der KMK naturgemäß Fehler, sodass keine zuverlässigen Aussagen zur Anzahl an zusätzlichen Studienanfängern gemacht werden können. Entsprechend ungewiss fällt der Finanzmittelbedarf aus. Insofern wäre auch in dieser Hinsicht eine rollierende Investitionsplanung mit einer jährlichen Überarbeitung dieser Sondermittel aus den sich ergebenen Umweltveränderungen angebrachter als eine starre 5-Jahres-Planung. Dem stehen momentan die vertraglichen Vereinbarungen mit den Hochschulen entgegen.

Setzt die mittelfristige Finanz- und Aufgabenplanung noch recht unspezifische Ziele und finanzielle Ressourcen zwischen allen Hochschulen und MWK fest, gestaltet sich die Aufgabenplanung jeder einzelnen Hochschule und dem MWK individuell in Form von **Zielvereinbarungen**, an denen die Mittelzuweisung aus dem Haushaltsplan geknüpft ist. Zielvereinbarungen sind Bestandteil der Wirtschaftsführung von Hochschulen.

3.2.3 Implikationen

Als Landesbetriebe sind Hochschulen in der Finanz- und Aufgabenplanung des Landes einbezogen. Die Landesfinanzplanung erfolgt jährlich mit überarbeiteten Werten und bezieht sich auf vorzunehmende Investitionen. Insofern kann das Verfahren der finanziellen Mehrjahresplanung als **rollierende Investitionsplanung** charakterisiert werden. Neben dieser rein monetären Sichtweise vollzieht sich die Aufgabenplanung auf entwicklungsfähige sachbezogene Ziele. Hierbei kann von einer nonmonetären **Landesentwicklungsplanung** gesprochen werden. Die staatliche Koordination der Hochschulen in der Haushaltsführung vollzieht sich primär auf Budgets.

Zur Landesentwicklungsplanung kann kritisch angemerkt werden, dass diese nicht durchdringend betrieben wird. So werden zwar gemäß Hochschulpakt 2020 zusätzliche Studierende den Hochschulen zugeordnet und die Finanzierung ist – wenn auch starr – sichergestellt, jedoch sind Interdependenzen zu anderen Handlungsfeldern nicht oder nur sehr zögerlich reglementiert worden. Beispielsweise fehlt die Thematisierung des Handlungsfeldes „Flächen“ in der Entwicklungsplanung gänzlich und führt mittlerweile landesweit zu überfüllten Hörsälen und weiterführend zu geringerem Wohnraum mit steigenden Mieten. Nur sehr zögerlich sind Personalbedarfe angegangen worden und eine Entfristung temporär berufener Professoren ist noch ungewiss.

Zu einer tragfähigen Landesentwicklungsplanung zählt auch die Fragestellung, wie die Planwerte zustande kommen. In der Struktur des Haushaltsplans ist vorgesehen, dass die Hochschulen ihre finanziellen Bedarfe entsprechend ihrer Wirtschaftsplanung anmelden. Damit ist zumindest der kurzfristige Horizont geplant. Wenngleich in der mittelfristigen Planung weitgehend vertragliche Regelungen über Finanz- und Sondermittel (z. B. Zukunftsvertrag II, Hochschulpakt 2020) getroffen wurden, so fehlen doch genaue Planwerte aus den Hochschulen für diese Perioden. Die Planwerte ergeben sich weitgehend aus einer **Fortschreibungsbudgetierung**. Hiernach werden die Vorjahreswerte lediglich hinsichtlich Tarifsteigerungen für die künftige Periode angepasst, um wenigstens eine um Inflation bereinigte Budgetierung auszuweisen und den Status Quo beizubehalten. Der *Landesrechnungshof Niedersachsen* (2012, S. 92) schreibt in seinem Jahresbericht 2012 zur Haushalts- und Wirtschaftsführung: „Die Budgets der Hochschulen werden zu mindestens 90 % auf der Basis historisch gewachsener Größen fortgeschrieben.“

Obgleich dieser Kritikpunkte erlangen die Hochschulen mit der Haushaltsführung über fünf Jahre eine recht stabile Prognose ihrer Einnahmen aus Landesmitteln, die in der zweijährigen Haushaltsentwurfsplanung präzisiert und im Haushaltsplan für das kommende Fiskaljahr fixiert werden. In dieser Hinsicht gibt das Land mit diesem Instrumentarium den operativen und strategischen Bezugszeitrahmen für ein zu konstruierendes Berichtssystem im Controlling vor.

Es ist deutlich geworden, dass die staatliche Investitionsplanung Auswirkungen auf die Hochschul- bzw. Fakultätsebene hat und eine Hochschulplanung deshalb an den staatlichen Mechanismen strukturell, begrifflich und prozessual gekoppelt werden sollte. Weiterhin wird aus der Haushaltsführung der staatliche Anspruch deutlich, in welcher finanziellen Höhe die Hochschule operieren kann, um ihre Ziele zu erreichen. Im Hinblick auf eine Schuldenbegrenzung des Landes ist der Anspruch abzuleiten, dass diese Zuweisungen nicht zu überschreiten sind. Betrachtet man die Investitionsplanung aus Sicht der Hochschulen, besteht die Möglichkeit, monetäre Ansprüche dem Staat gegenüber zu argumentieren. Zur Planung finanzieller Ansprüche bedarf es aber einer hochschulspezifischen Wirtschaftsführung.

3.3 Wirtschaftsführung

Gemäß § 26 Abs. 1 LHO (Landeshaushaltsordnung) ist dem Haushaltsplan als Anlage ein **Wirtschaftsplan** beizufügen. Der „Wirtschaftsplan ist nicht Teil des staatlichen Haushalts, [sondern] dient nur der Binnensteuerung“ (*Palandt* 1997, S. 4) und besteht in Anlehnung an Verwaltungsvorschrift (VV) Nr. 1.3 zu § 26 LHO aus einer Zielvereinbarung, einem Erfolgsplan sowie einem Finanzplan. Die Strukturen und Prozesse dieser Instrumente determinieren die staatliche Finanzierung und Wirtschaftsführung von Hochschulen nach §§ 1 und 49 NHG.

Zielvereinbarungen können nicht losgelöst von formelgebundenen Finanzierungsverfahren gesehen werden. Beide Verfahren legen Sachziele und finanzielle Ressourcen von Hochschulen fest. Sie bestimmen nicht nur auf staatlicher Ebene die Höhe der Finanzmittel, sondern sind in der Regel auch in der hochschulinternen Ressourcenvergabe integriert. Zur Erstellung des Wirtschaftsplans ist eine Finanzbuchführung mit doppelter Buchführung und Bilanzierung erforderlich. Die Finanzbuchführung bildet die Basis der Vermögens-, Erfolgs- und Finanzplanung, bezweckt aber vornehmlich eine externe Rechnungslegung, um die Einhaltung formaler Ziele nachzuweisen. Im Jahresabschluss werden die Angaben handelsrechtlich wie große Kapitalgesellschaften geprüft. Die Meldung hochschulspezifischer Kennzahlen nach den Erfordernissen statistischer Landes- und Bundesämter kann als ein weiteres externes Rechenschaftsinstrument angesehen werden, da hiermit die Verwendungszwecke von Steuergeldern offengelegt und gegenüber der Gesellschaft gerechtfertigt werden. Hierzu werden die rein finanzorientierten Systeme um weitere Informationssysteme ergänzt, die mit nichtmonetären Daten oftmals objektbezogen – seien es Studierende, Prüfungen, Personalangaben oder die Raumsituation – operieren. Zur Kennzahlenbildung muss das Hochschulrechnungswesen gemäß § 49 Abs. 1 Nr. 5 NHG zusätzlich eine interne Kosten- und Erlösrechnung umfassen. Durch deren Planungen werden nicht zuletzt EU-rechtliche Ansprüche an Hochschulen umgesetzt. Die Kosten- und Erlösrechnung sowie Nebenbuchführungen werden der Betriebsbuchführung zugeordnet. Die Abb. 3.5 stellt das Instrumentarium der Wirtschaftsführung dar und grenzt das **Hochschulrechnungswesen** vom **Hochschulzielsystem** ab (in Anlehnung an *Eilenberger* 1995, S. 6).

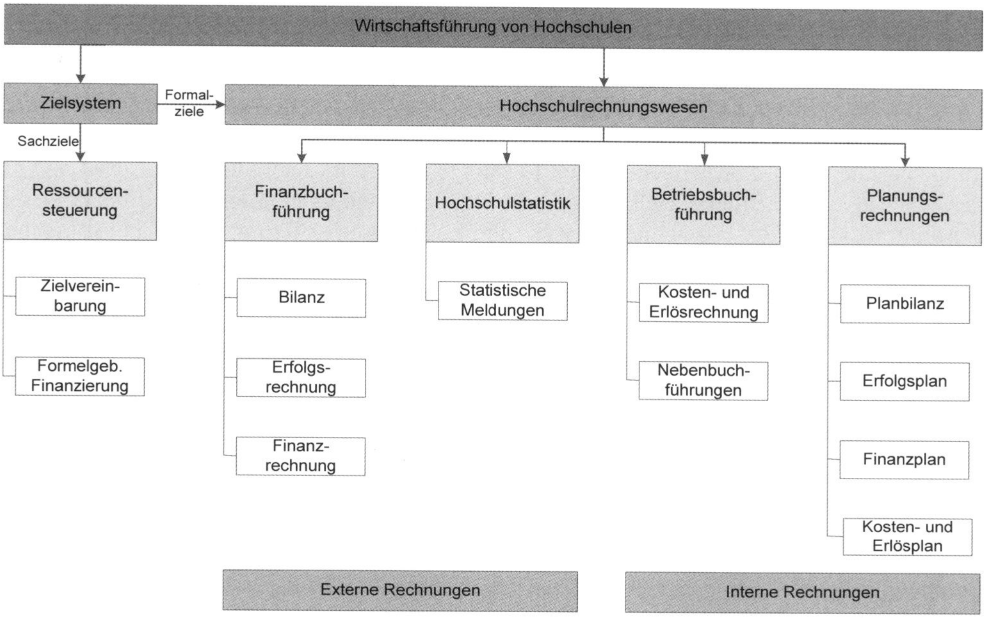

Abb. 3.5: Struktur der Wirtschaftsführung von Hochschulen (in Anlehnung an Eilenberger)

Die Umsetzung externer Ansprüche verlangt Transparenz über den Istzustand der Hochschule und zur Hochschulentwicklung ein planvolles Vorgehen, welches strukturell in Planungsrechnungen zum Ausdruck kommt. *Küpper* (2000, S. 223) führt hierzu vier **Rechnungszwecke** an, die analog zu erwerbswirtschaftlichen Unternehmen an Hochschulen gelten (vgl. *Küpper* 2002, S. 931) und durch den Arbeitskreis Hochschulrechnungswesen um einen weiteren Rechnungszweck ergänzt wurden (vgl. *Weichselbaumer* 2008, S. 16):

- Die Schaffung von **Transparenz** über Hochschulstrukturen und -prozesse bildet die Grundlage der nachfolgenden Zwecke. Information und Kommunikation bildet dabei das Medium, um den Zustand von Transparenz zu schaffen und zu erhalten (vgl. *Hofmann* 2006, S. 352).
- Mit der Hochschulautonomie und der einhergehenden Dezentralisierung von Entscheidungen steigt die Notwendigkeit der **Planung** des Ressourceneinsatzes.
- Über Anreizsysteme (z. B. Zielvereinbarungen, Mittelvergabeverfahren) soll eine auf Ziele hin ausgerichtete Verhaltensbeeinflussung stattfinden (**Verhaltenssteuerung**).
- Durch die Schaffung von Transparenz können **Kontrollen** durchgeführt werden, um die Planung und deren Umsetzung zu kontrollieren.
- Die **Entscheidungsunterstützung** soll im täglichen Geschäft Hochschulen bei der Klärung von Fragen helfen – z. B. bei der Ermittlung von Preisober-/untergrenzen, Make-or-buy-Entscheidungen oder betriebswirtschaftlichen Evaluationen.

3.3.1 Leistungsorientierte Ressourcensteuerung

Die Ziel- und Leistungsorientierung ist elementarer Bestandteil im New Public Management (vgl. *Schedler/Proeller* 2009, S. 71 ff.). Hiernach werden Hochschulen nicht mehr isoliert über Ressourcen (Inputs) gesteuert, sondern über erbrachte Leistungen (Outputs) und Wirkungen (Outcomes). Zur Erreichung von Leistungen und Wirkungen vereinbart das Land mit den Hochschulen sachliche Ziele, die die finanzielle Ressourcenbereitstellung beeinflussen. *Schröder* (2004, S. 30) bezeichnet die Ziel- und Leistungsorientierung auch als **leistungsorientierte Ressourcensteuerung**, da die Zuweisung von Ressourcen von den vereinbarten (ex ante) oder bereits erbrachten (ex post) Sachzielen abhängt. Die primären Sachziele sind im Bereich der Lehre und Forschung zu sehen und beziehen sich auf dessen Objekte (siehe dazu Abschnitt 3.1.3). Man könnte insofern auch von einer objektorientierten Ressourcensteuerung sprechen. Zu den wichtigsten Verfahren der angewandten Ressourcensteuerung zählen Zielvereinbarungen und Formelmodelle. Daneben ist die langfristig orientierte Entwicklungsplanung ein Instrument der Ressourcenallokation.

Die Ziele von Hochschulen sind in der einschlägigen Literatur nicht eindeutig geklärt. Erste betriebswirtschaftliche Untersuchungen zu Hochschulzielsystemen formuliert die Projektgruppe um *Heinz Bolsenkötter*. Das Zielsystem muss hiernach in Teilziele unterschiedlicher Art aufgelöst werden, sodass die Aufgaben praktikabel (operational) erfassbar werden. Die Teilziele lassen sich in **Sachziele**, die das Leistungsprogramm unter Beachtung von Mengen- und Qualitätszielen beschreiben, und in **Formalziele**, welche den wirtschaftlichen Erfolg ausdrücken, unterteilen. Dabei wird das **Leitbild** herangezogen, welches das Selbstverständnis einer Hochschule und Grundprinzipien oder Normen für das Handeln nach innen und nach außen formuliert (siehe hierzu *Hubig* 2009, S. 87 ff.; *Amrhein* 1998, S. 107 f.).

Die Formalziele umfassen den Grundsatz der Wirtschaftlichkeit sowie Ertragsziele, die in Hochschulen allerdings eine weniger dominante Rolle spielen als in erwerbswirtschaftlichen Unternehmen. Die Sachziele sind nach Haupt- und Nebenziele zu untergliedern, die wiederum hinsichtlich Forschung, Lehre, andere Dienstleistungen und sonstige Nebenziele klassifiziert werden. Daneben sind externe Zielvorgaben, Auflagen und Nebenbedingungen einzuhalten, wie etwa Vorgaben, Restriktionen in der Ressourcenverwendung oder die Einhaltung des finanziellen Gleichgewichts. An Hochschulen stellt sich die Zielstruktur aufgefächert nach Fachrichtungen, Fächern oder Fachgebieten, Studiengängen oder Forschungsprojekten dar. In der Regel stehen Ziele in einem Konkurrenzverhalten. Es entstehen Zielkonflikte, die in (nicht ausschließlich internen) Zielfindungs- bzw. Entscheidungsprozessen gelöst werden müssen (vgl. *Bolsenkötter* 1976, S. 23 ff; siehe Abb. 3.6).

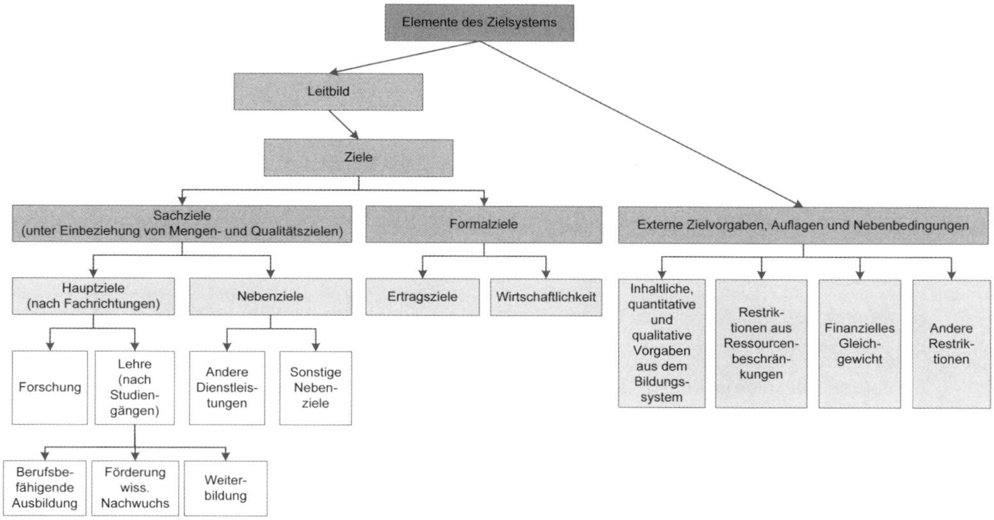

Abb. 3.6: Hochschulzielsystem (nach Bolsenkötter)

Die Aufgaben der niedersächsischen Hochschulen nach § 3 NHG liefern Hinweise auf die Formulierung von Sachzielen (siehe Tab. 3.5). Die Operationalisierung in Indikatoren zur Messung der Aufgabenerfüllung fällt schwer. Es werden weder inhaltliche Angaben gemacht, noch wird das Anspruchsniveau oder ein Zeitbezug für die Erfüllung genannt. Die Interpretation der Aufgabenwahrnehmung und -erfüllung unterliegt dadurch subjektivem Empfinden seitens der Hochschulen. Es ist anzunehmen, dass dies gesetzlich durchaus gewollt ist. *Küpper* (2000, S. 222) schreibt dazu: „Für sie [die Hochschulen] ist maßgeblich, dass die Hochschulgesetze mehrere Ziele in Forschung, Lehre und Service setzen, diese Ziele qualitativ formuliert sind und keine eindeutigen, einheitlich akzeptierten Maßstäbe zu ihrer jeweiligen Messung bestehen oder festgelegt haben. Für Hochschulen muss es mehrere Erfolgsmaßstäbe geben. Ein einziger Maßstab wäre nur erreichbar, wenn die verschiedenartigen Leistungen in einer einheitlichen Größe wie Geld bewertet würden."

Grundsätzlich müssen die als relevant eingestuften Sachziele operationalisiert und mit Soll-Werten attribuiert werden. Alsdann werden die Ergebnisgrößen gemessen, sodass eine Bewertung von Erfolgsgrößen erfolgen kann. Da die erbrachten hoheitlichen Leistungen in Forschung und Lehre nicht über Marktpreise veräußert werden, scheitert eine monetäre Bewertung der Erfolgsgrößen. Es lässt sich schlichtweg kein absolutes Erfolgsmaß aus der Differenz von Output und Input ermitteln. Vielmehr sind Verhältnisgrößen zu bilden, die durch einen Vergleich Aussagen zum Ausmaß des Erfolgs zulassen (vgl. *Küpper* 2002, S. 932). *Gaugler* (1988, S. 22) führt das Problem der Effizienzkontrolle auf die üblicherweise monetär ausgerichteten betriebswirtschaftlichen Verfahren zurück: „Die Eigenarten der Aufgabenerfüllung in Forschung, Lehre und Studium leisten der Überwachung der Effizienz der Hochschulen schwer überwindbare Widerstände. Insbesondere sind das übliche Rechnungswesen der öffentlichen Verwaltung [Anm.: die Kameralistik] und die betriebswirtschaftlichen Verfahren der Leistungsrechnung [i. S. e. Erlösrechnung] wenig geeignet, fundierte Aussagen über die Effizienz der Hochschulen i. a. und über die Wirtschaftlichkeit bei der Erfüllung ihrer wissenschaftlichen Aufgaben im Besonderen zu liefern.“

1	Pflege und Entwicklung der Wissenschaften und Künste durch Forschung, Lehre, Studium und Weiterbildung in einem freiheitlichen, demokratischen und sozialen Rechtsstaat
2	Vorbereitung auf berufliche Tätigkeiten, die die Anwendung wissenschaftlicher Erkenntnisse und Methoden oder die Fähigkeit zu künstlerischer Gestaltung voraussetzen
3	Förderung des wissenschaftlichen und künstlerischen Nachwuchses
4	Förderung des Wissens- und Technologietransfers sowie von Unternehmensgründungen aus der Hochschule heraus
5	Förderung der internationalen Zusammenarbeit im Hochschulbereich und des Austauschs zwischen deutschen und ausländischen Hochschulen unter besonderer Berücksichtigung der Belange ausländischer Studierender
6	Weiterbildung des Personals
7	Mitwirkung an der sozialen Förderung der Studierenden unter Berücksichtigung der besonderen Bedürfnisse von Studierenden mit Kindern und behinderter Studierender, wobei die Hochschulen dafür Sorge tragen, dass behinderte Studierende in ihrem Studium nicht benachteiligt werden und die Angebote der Hochschule möglichst ohne fremde Hilfe in Anspruch nehmen können
8	Vergabe von Stipendien an Studierende insbesondere aufgrund besonderer Leistungen, herausgehobener Befähigungen, herausragender ehrenamtlicher Tätigkeiten oder Tätigkeiten in der Hochschulselbstverwaltung sowie zur Förderung der unter Nummer 5 genannten Ziele
9	Förderung der kulturellen und musischen Belange sowie des Sports an den Hochschulen
10	Unterrichtung der Öffentlichkeit über die Erfüllung ihrer Aufgaben

Tab. 3.5: Sachziele niedersächsischer Hochschulen

Die Entwicklung von Verfahren zur Messung und Bewertung der Hochschulleistungen mit nichtmonetären Indikatoren gewinnen in dieser Hinsicht an Bedeutung (ebenda, S. 23). Allerdings ist die Verwendung von **Indikatoren** zur Leistungsmessung und -bewertung nicht unproblematisch. So stellt *Kromrey* (1991, S. 113) hohe Anforderungen bei der Verwendung von Indikatoren in empirischen Sozialforschungen. Erstens muss der empirische Bezug gegeben sein, d. h., dass konstruierte Theorien mit Hypothesen nach dem Input-/Output-Modell an der wahrnehmbaren Realität („Erfahrung“) empirisch überprüfbar sein müssen und auch nicht bestätigt werden könnten. Zweitens müssen die theoretischen Begriffe exakt definiert sein. Ist der empirische Bezug zwischen Theorie und Realität nur indirekt gegeben, müssen drittens Indikatoren auf die theoretischen Begriffe schließen („indizieren“). Viertens müssen die Begriffe operationalisierbar sein. Dazu müssen Beobachtungsoperationen angegeben werden, mit dem das Ausmaß des Begriffes erfasst werden kann. Die Verwendung von Indikatoren ist daher insbesondere hinsichtlich Steuerungs- und Planungszwecken problematisch, wenn keine klaren Hypothesen über Zusammenhänge formuliert werden können.

Hingegen weist die reine Abbildung von **Kennzahlen** lediglich einen Indikatorcharakter auf und bildet in aggregierter Form quantitativ messbare Sachverhalte klar und einfach hierarchisch ab. Zudem sind Kennzahlen partizipativ mit den Beteiligten hergeleitet (vgl. *Küpper* 2008, S. 397) und vermutlich in Sozialisationsprozessen kognitiv leichter zu verarbeiten als (sozialwissenschaftliche) Indikatoren. Denn letztendlich müssen Entscheidungsträger die Werte interpretieren können und Handlungsalternativen daraus ableiten. Allerdings ist auch die Verwendung von Kennzahlen nicht unproblematisch. *Küpper* (ebenda) verdeutlicht zusammenfassend mögliche Konsequenzen von zusammenhangslosen Kennzahlen und Indikatoren: „Kennzahlen werden häufig als Instrument des Controlling empfohlen und eingesetzt. Dabei besteht die Gefahr, eine solche Fülle von Kennzahlen zu ermitteln, dass ihre Vielfalt eine klare Analyse und/oder Steuerung eher verhindert. Dieses Problem verstärkt sich bei einer Verwendung als Indikatoren, wenn man keine genauen Vorstellungen über die Einflussgrößen und Zusammenhänge besitzt. Im Zweifel ermittelt man eher mehr Kennzahlen, um auf jeden Fall die relevanten einzubeziehen. Deren Herausfinden und Einschätzung bleibt dem Verwender überlassen. Dann kann es dazu kommen, dass jeder die Kennzahlen und die Interpretationen wählt, die seinen individuellen Zielen und Anschauungen am besten entsprechen."

In der Leistungserstellung werden der Hochschule zugängliche **Ressourcen** kombiniert, die als Input- oder Produktionsfaktoren bezeichnet werden. *Bolsenkötter* (1976, S. 181 ff.) beschreibt das Grundmodell des Kombinationsprozesses in Hochschulen und erläutert die Problematik und Gestaltungsmöglichkeiten der wirtschaftlichen Nutzung von Ressourcen durch deren Substitution. Verbrauchsstoffe und Fremdleistungen sind weitgehend kurzfristig durch Eigenleistungen, Instandhaltungen und Wartungen substituierbar. Entscheidend sind aber die Arbeitsleistungen des **Personals**, welches in der Regel langfristig gebunden ist. Zwar werden webbasierte Kurse, Tutorials oder selbst I-Pads für Prüfungen (maschinelle Lehrmittel) an Hochschulen vermehrt angewendet und unterstützen die Lehre, aber eine gänzliche Substitution menschlicher Arbeit erscheint beispielsweise durch Stellenumsetzungen, Aufgabenübertragungen, Gruppenzusammenlegungen, durch die Vergabe von Lehraufträgen oder Lehrimporten nur begrenzt möglich. Da Gebäude und Räume (**„Flächen"**) kurzfristig nur durch Anmietung erweiterbar wären, wird vorgeschlagen, den Flächennutzungsgrad zu erhöhen – beispielsweise durch Anpassung der Semesterzeiten oder über eine veränderte Raumzuordnung, um die Ausnutzung der Raumkapazitäten zu erhöhen. Allerdings sind auch diese Optionen nur begrenzt möglich, da mit Zunahme fachspezifischer Anforderungen teilweise andere Raumarten (z. B. Labore anstatt Hörsäle) notwendig werden. Erst mittel- bis langfristig sind Veränderungen des Raumbedarfs zu realisieren. Der Substitutionsgrad von Flächen ist wie bei dem Personal insofern kurzfristig äußerst begrenzt und begründen eine langfristige Planung und Umsetzungskontrolle.

Damit es überhaupt erst zu Kombinationsprozessen, d. h. zu Entscheidungen der Ressourcenverwendung kommen kann, sind **finanzielle Mittel** erforderlich. Entscheidungen zur Verteilung finanzieller Mittel – die Budgetierung – sind grundlegend für die Steuerung hochschulischer Ressourcen und daraus resultierender Leistungen. So sind „[n]ahezu alle relevanten Fragen der Hochschulentwicklung – ob Berufungsentscheidungen, die Einrichtung neuer Studienangebote oder die Bildung von Schwerpunkten in der Forschung – [...] in erster Linie Ressourcenentscheidungen oder zumindest eng mit ihnen verknüpft" (*Jaeger* 2008, S. 90). Wie staatliche Instrumente der leistungsorientierten Ressourcensteuerung auf Hochschulen einwirken, ist Gegenstand dieses Abschnitts.

3.3.1.1 Struktur- und Entwicklungsplanung

Die Struktur- und Entwicklungsplanung ist in allen Bundesländern gesetzlich verankert (vgl. *Behm* 2010, S. 5). Ihre Laufzeit ist oftmals auf 5 Jahre begrenzt. Trotz unterschiedlicher Bezeichnungen in den Bundesländern korrespondiert der Zweck im Wesentlichen mit der mittelfristigen Finanz- und Aufgabenplanung auf staatlicher Seite (siehe hierzu Abschnitt 3.2.2). In Niedersachsen regelt der § 1 Absatz 3 Satz 1 und 2 NHG die Erstellung eines mehrjährigen **Entwicklungsplans**, um die Grundzüge der Hochschulentwicklung und Leistungsziele zu bestimmen. Hochschulentwicklungspläne müssen vom Senat im Einvernehmen mit dem Präsidium beschlossen werden (§ 41 Absatz 2 Satz 1 NHG).

Im betriebswirtschaftlichen Sinn handelt es sich bei der Entwicklungsplanung um eine strategische Programmplanung (siehe dazu Abschnitt 2.2.3.3), wobei das Verfahren in Hochschulen jedoch als nicht standardisiert einzustufen ist. Zum einen werden im NHG keine gesetzlichen Vorgaben hinsichtlich der Verfahrensweisen von Entwicklungsplanungen gemacht. Entgegen der Handhabung auf ministerieller Seite wird den Hochschulen keine rollende Planung vorgeschrieben. Eine Aktualisierung kann insofern mit Ablauf des festgelegten Gültigkeitszeitraums erfolgen. Zwar muss die Entwicklungsplanung durch den Senat legitimiert werden, aber eine explizite Beteiligung von dezentralen Entscheidungsträgern – beispielsweise in einem Gegenstromverfahren – ist ebenso wenig eine Bedingung des Planungsverfahrens wie die direkte Partizipation von Anspruchsgruppen. Die hohe Flexibilität von Verfahrensweisen geht deshalb einher mit einer erforderlichen hochschulspezifischen Verfahrensdefinition.

Des Weiteren bietet die Entwicklungsplanung aus struktureller und inhaltlicher Sichtweise Verbesserungspotenziale. Die Ausarbeitung von Planungsberichten ist bislang nicht referenziell durchdekliniert worden. Stattdessen werden Investitionsvorhaben zur Hochschulentwicklung oftmals aus Normen und Werten prosaischer Leitbilder allein hermeneutisch begründet. Es werden kaum quantitativ-empirische oder analytische Planungsverfahren angewandt. Daher lassen sich keine verlässlichen oder belastbaren Aussagen generieren an denen der (monetäre und nichtmonetäre) Erfolg der Hochschulentwicklung gemessen bzw. auf die Zielerreichung steuernd eingegriffen werden kann. Der Planungsprozess zur Hochschulentwicklung ist deshalb unklar und lässt einen hohen Interpretationsspielraum für die Sinnhaftigkeit von Investitionsvorhaben übrig.

Dennoch liefert das Instrument großes Potenzial in Bezug auf die Koordinierung von Handlungen zur Hochschulentwicklung. So kann der Entwicklungsplan nach Handlungsfeldern strukturiert sein und mit Berichtssystemen zur Planung und Kontrolle von Investitionen unterlegt werden. Zudem kann der Entwicklungsplan Bestandteil eines Hochschulcontrolling-Systems sein, welches einen Entscheidungsprozess vorsieht, an denen dezentrale Entscheidungsträger partizipieren (siehe dazu Abschnitt 4.1). Jenes ist auch mit der Einführung globaler Haushalte explizit als staatliche Zielsetzung definiert worden (siehe Abschnitt 3.2.1.2).

3.3.1.2 Zielvereinbarungen

Zielvereinbarungen zählen zu den Kernelementen staatlicher Hochschulsteuerung (vgl. *Ziegele* 2006). Sie konkretisieren die Struktur- und Entwicklungsplanung für jede Hochschule und sind damit Instrument des sachlichen Zielsystems. Als vertraglich fixierte Kontrakte zwischen dem MWK und den einzelnen Hochschulen setzen sie den Grundsatz der Steuerungsfunktion um (siehe hierzu Abschnitt 3.2.1.1). Jede Hochschule vereinbart dazu mit dem MWK gemeinschaftlich Sachziele, die in einem bestimmten Zeitraum eigenverantwortlich zu erreichen sind. Dadurch ergibt sich der Erfolg einer Hochschule in dem Maße, wie die Ziele erfüllt worden sind. Die Höhe der laufenden Zuführungen der Haushaltsplanung bemisst sich an den zu erreichenden Zielen. Von Wirtschaftlichkeit kann gesprochen werden, wenn die Ziele mit den zur Verfügung stehenden Mitteln erreicht worden sind, und nicht wie im erwerbswirtschaftlichen Sinn, wenn reine Wertgrößen ins Verhältnis gesetzt werden (vgl. *Weichselbaumer* 2008, S. 14). Der partizipative Ansatz von Zielvereinbarungen soll zugleich eine intrinsische Motivation zur Zielerreichung und Leistungssteigerung auslösen und damit effektivitäts- und effizienzsteigernd wirken. Da den Hochschulen mit diesem Verfahren finanzielle Ressourcen bereitgestellt werden, zählen Zielvereinbarungen zu den wichtigsten Ressourcensteuerungsverfahren.

Obwohl bislang kein Gericht die Rechtssicherheit festgestellt hat, haben sich Zielvereinbarungen in allen 16 Bundesländern verbreitet (vgl. *König* 2009, S. 32). *König* (2009, S. 34 f.) arbeitet auf Basis der Verwaltungstheorie zwei Logiken des **Verhandlungsprozesses** zwischen Hochschulen und Politik heraus:

- Die hierarchische Logik folgt der Steuerung von Ergebnissen. Dabei werden vom Staat möglichst genau erwartete Leistungen den Hochschulen „top-down" vorgegeben und notwendige Ressourcen bereitgestellt.
- Die kooperative Logik verfolgt dagegen eher partnerschaftliche Elemente. Dem liegt die Annahme zugrunde, dass eine Motivation zur Zielerreichung nur dann vorliegt, wenn sie anspruchsvoll, aber nicht überfordernd sind. Entsprechend sollen Ziele im Dialog festgelegt werden, sodass die Hochschule eigene Vorstellungen mit einbringt und Ziele und Zwecke beiderseitig nachvollzogen werden.

Bei der kooperativen Logik von Zielvereinbarungen wird zudem vorausgesetzt, dass „weitgehend gleichberechtigte Partner sich über Ziele verständigen, deren Erfüllung zu einem späteren Zeitpunkt auch überprüft werden" (*Müller-Böling* 1997, S. 607). Nach *König* (2009, S. 35) ist es jedoch bislang nicht gelungen, Bedingungen für eine Gleichberechtigung zu bestimmen, noch in einem gemeinschaftlichen – auf Augenhöhe geführten – Prozess praktisch anzuwenden. Wie die Haushaltsplanung schließlich gezeigt hat, sind Hochschulen im politischen System eingebunden und können somit nicht vollständig autonom vertraglich agieren. Als „nachgeordnete Behörden" kommt es zu einer asymmetrischen Machtverteilung, die nicht zwangsläufig zu einem fairen Interessenausgleich führt (vgl. *Sandberg* 2003, S. 41). „Insofern sind die Organisationsziele von Universitäten genauso von den politischen Zielen beeinflusst, wie umgekehrt die Umsetzung der politischen Ziele von der Kooperationsbereitschaft der Hochschulen abhängt" (*Nickel* 2007, S. 124).

In der Praxis sind das hierarchische und kooperative Modell als eine Bandbreite der Beziehung zwischen Staat und Hochschulen zu interpretieren, in denen Aushandlungsprozesse stattfinden können. So werden in Niedersachsen bedingt staatliche Vorgaben für die Entwicklung von Zielvereinbarungen gemacht. Es existiert eine **Leitlinie**, die den Hochschulen als Orientierungsrahmen für die Erarbeitung von Zielvereinbarungsentwürfen dient. Entlang von acht Themenfeldern formuliert das Land seine Zielvorstellungen für alle Hochschulen. Damit weisen Zielvereinbarungen für niedersächsische Hochschulen eine identische Struktur auf (vgl. *Niedersächsische Ministerium für Wissenschaft und Kultur* 2009; siehe Abb. 3.7). Die Ziele und Leistungen beziehen sich auf einen Zeitraum von drei Jahren und sind umrahmt von Leitlinien der Hochschulentwicklungsplanung – als Pendant der Leitlinien des Ministeriums – und Berichtspflichten zum Erfüllungsgrad. Nach Einreichung des Entwurfs behält sich das MWK nach Diskussion eine Überarbeitung der gemachten Ziele vor. Erst dann wird eine Zielvereinbarung beiderseitig durch Minister/in und Präsident/in unterzeichnet und erhält seine Gültigkeit für den Zeitraum. Die Zielvereinbarungen werden um **Studienangebotszielvereinbarungen** ergänzt, die eine Gültigkeit von einem Studienjahr besitzen. Jährlich werden Vereinbarungen hinsichtlich der Einrichtung, Schließung oder wesentlicher Änderung von Studiengängen sowie Finanzierung und Maßnahmen zur Umsetzung des Hochschulpakts 2020 getroffen.

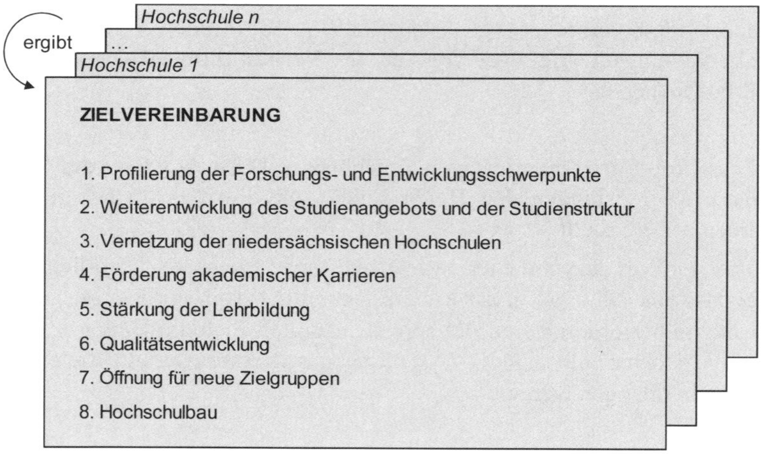

Abb. 3.7: Struktur niedersächsischer Zielvereinbarungen

Um sicherstellen zu können, dass die Steuerungswirkungen bzw. die mit Zielvereinbarungen verfolgten Ziele auf allen Ebenen verfolgt werden, haben sich in der Praxis endogene Mechanismen etabliert, mit denen Ziele vereinbart und Ressourcen verteilt werden. Grundsätzlich konnten in Fallstudien mit sechs Universitäten zwei Ansätze festgestellt werden (vgl. *Jaeger* 2006, S. 1): Entweder dienen Zielvereinbarungen als zentrales Steuerungsinstrument in periodischen Abstimmungsprozessen oder sie werden punktuell eingesetzt, um spezifische, strategische Steuerungsziele umzusetzen. Hochschulinterne Zielvereinbarungen fokussieren sich primär auf Aufgaben und Maßnahmen. Ziele stehen nicht im Vordergrund und so besteht grundsätzlich die Gefahr, dass die traditionelle Detailsteuerung unter dem Deckmantel eines partizipativen Verhandlungsprozesses fortgesetzt wird. Ein Teil der Ressourcenzuteilung ist direkt an die vereinbarten Ziele bzw. Maßnahmen gekoppelt.

Nickel (2007, S. 127 und S. 138; siehe Abb. 3.8) fasst den Verhandlungsprozess in zwei Grundmodellen für die staatliche und für die hochschulinterne Ebene zusammen. Der Prozess erfolgt sowohl von unten nach oben („Bottom-up“) als auch umgekehrt von oben nach unten („Top-Down“). Dadurch bringen die beteiligten Instanzen ihre jeweiligen Zielvorstellungen ein, die beiderseitig auf Erfüllung geprüft und ggf. revidiert werden. Es kommt zu einer Zielvereinbarung im **Gegenstromverfahren**. Zur Zielerreichung gewährt der Staat Finanzmittel zur weitgehend zweckfreien Verwendung (Globalhaushalt), die in der Hochschule bzw. nach Verteilung in nachgelagerten Organisationseinheiten für Projekte und Maßnahmen verwendet werden. Nach Abschluss des Zeitraums werden die Ergebnisse in einem Bericht an die übergeordnete Instanz zusammengefasst.

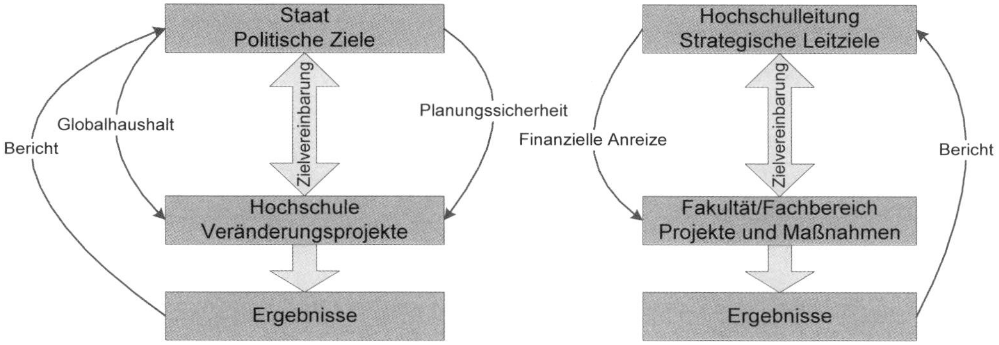

Abb. 3.8: Grundmodell Zielvereinbarungen Staat – Hochschule – Fakultät/Fachbereich (in Anlehnung an Nickel)

Die Steuerung über Ziele ist in der Betriebswirtschaft nicht neu. Bereits *Drucker* (1962, S. 153 ff.) schlug den Führungsansatz **Management by Objectives** (MbO) vor. MbO stellt eine Führungstechnik dar, bei dem es darum geht, zwischen Führungsebene und Mitarbeitern individuelle Ziele gemeinsam zu vereinbaren. Die Erreichung der Ziele obliegt dem Mitarbeiter (siehe hierzu bspw. *Jung* 2010, S. 236 f).

Die praktische Führungstechnik bzw. Zielvereinbarungen an Hochschulen können neoinstitutionenökonomisch erklärt werden. So stellt *Guhn* (2007, S. 32) in Anlehnung an *Liefner* (2001, S. 53; siehe Abb. 3.9) Ebenen von Prinzipal-Agenten-Konstellationen dar und erläutert daran deren Thesen. Die Theorie analysiert exogene und endogene Steuerungsprobleme und befasst sich mit der Ausgestaltung und den Wirkungen ökonomischer Anreize zwischen dem Prinzipal (Auftraggeber) und dem Agenten (Auftragnehmer). Im Modell treten in Abhängigkeit von der Organisationsstruktur Konstellationen auf, die von einer ungleichen Informationsverteilung über Ziele und Ressourcen geprägt sind. Im Falle fehlender Kontrollinstrumente führt diese **Informationsasymmetrie** auf allen Ebenen zu dem Risiko, dass sich der Auftragnehmer – unter der Annahme rationalen Verhaltens – nutzenmaximal verhält, d. h. aus Sicht des Auftragsgebers opportunistisch verhält („hidden actions“) oder nur mit geringstem Aufwand die Zielerreichung betreibt. Wesentlicher Ansatzpunkt zur Lösung des Steuerungsproblems wird in der Gestaltung von Anreizen gesehen, mit denen der Agent extrinsisch motiviert wird, im Sinne des Prinzipals zu handeln. Der Steuerung mit Zielvereinbarungen liegt die Annahme zugrunde, dass dezentrale Entscheidungen besser sind als staatliche Detailsteuerung und Eigenverantwortung motivierend wirkt (vgl. *Ziegele* 2006, S. 79). *Nickel* (2007, S. 124) formuliert die Erwartungen von Zielvereinbarungen aus Sicht der Politik und Hochschulleitungen: „Während die Politik hofft, mit Hilfe von Zielvereinbarungen [...] die Leistungsfähigkeit von Forschung und Lehre besser extern beeinflussen zu können, hoffen die Universitäten, durch universitätsinterne Zielvereinbarungen, die zwischen Präsidien/Rektoraten und Fakultäten/Fachbereichen abgeschlossen werden, die eigene Handlungsfähigkeit und damit auch die Autonomie gegenüber dem Staat erhöhen zu können".

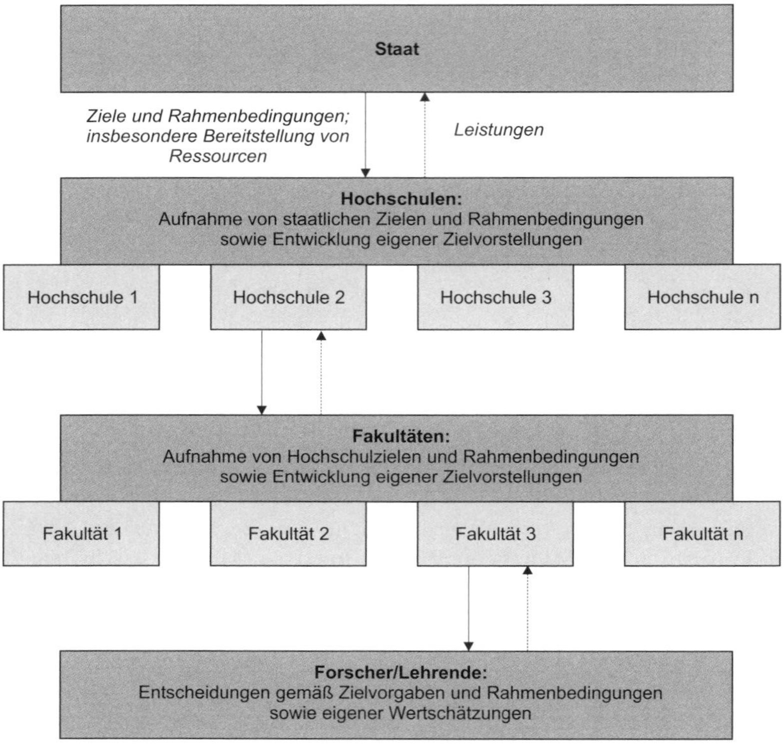

Abb. 3.9: Prinzipal-Agenten-Konstellationen im Hochschulwesen (nach Liefner)

In der Praxis verbinden Hochschulakteure mit Anreizstrukturen zur Ressourcensteuerung den Druck, Ergebnisverbesserungen zu erzielen (vgl. *Liefner* 2001, S. 206; zitiert nach *Guhn* 2007, S. 34), „wobei damit nicht gesagt ist, dass sich diese Aktivitätssteigerung auch qualitätssteigernd auswirken muss. Denn Wissenschaftler konzentrieren sich nach eigenen Angaben durch die outputorientierte Steuerung auf die Erfüllung von vom Zuweisungssystem erfassten Leistungen" (*Guhn* 2007, S. 34). Demnach besteht bei der Führung mit Zielen die Gefahr, Entwicklungen, die nicht in Zielvereinbarungen aufgegriffen werden, aufgrund fehlender staatlicher Honorierung zu vernachlässigen oder gar zu übersehen. Insofern dürfen nicht zu detaillierte Ziele vereinbart werden und es müssen finanzielle Ressourcen zur flexiblen Verwendung bspw. für innovative Maßnahmen bereitgestellt werden. Hierbei entsteht jedoch das Problem, dass bei pauschalen Zielen eine Messbarkeit und infolge dessen eine Prüfung auf Zielerfüllung erschwert wird.

Schröder (2004, S. 40 f.) hat in einer repräsentativ eingeschränkten Studie weitere Grenzen von Verfahren der Ressourcensteuerung verdeutlicht. Auf strategischer Hochschulebene wird zwar eine effiziente Verwendung von Finanzmitteln ermöglicht, eine Anreiz- und Leistungsgerechtigkeit angestrebt und Transparenz über Forschung und Lehre geschaffen, aber die intendierten Leistungsanreize werden nicht gesetzt. In der Profilbildung von Hochschulen spielen stattdessen Maßnahmen zur Steigerung der Drittmitteleinnahmen und zur Anwerbung potenzieller Studierender eine weitaus größere Rolle. Ebenso sind Grenzen der Wirkungen und die Akzeptanz von Anreizstrukturen auf operativ handelnder Ebene der Wissenschaftler untersucht worden. So gaben lediglich 2,3 % der befragten Wissenschaftler an, die Verfahren eignen sich in sehr guter Weise, die Leistungsbereitschaft zu steigern. 6,8 % der Befragten gaben an, dass Verfahren der Ressourcensteuerung die Tätigkeiten der Mitarbeiter und Professoren in eine bestimmte Richtung sehr gut lenken können. *Liefner* (2002, S. 13) fasst zusammen und folgert, dass der wichtigste Erfolgsfaktor in der Qualifikation des wissenschaftlichen Personals gesehen werden muss: „Somit sind die Aussagen der Principal-Agent-Theorie für Hochschulsysteme zu relativieren. Die Theorie bildet das Prinzip der Wirkungen leistungsorientierter Ressourcensteuerung richtig ab; über den tatsächlichen Erfolg einer Hochschule kann sie aber keinen Aufschluss geben, da hierfür die Qualität des wissenschaftlichen Personals entscheidend ist. Somit lässt sich festhalten, dass das Leistungspotenzial einer Hochschule durch die Qualität ihrer Wissenschaftler determiniert wird; lediglich die zielgerichtete Ausschöpfung dieses Potenzials kann durch die leistungsorientierte Ressourcensteuerung beeinflusst werden."

Zur Rechenschaftslegung über die Zielerreichung wird dem Berichtswesen große Bedeutung beigemessen. So stellen **Zielvereinbarungsberichte** einen systematischen Teil der Berichterstattung gegenüber dem Land und der Öffentlichkeit dar (vgl. *Ziegele* 2006, S. 84). Allerdings ist die Anwendung von derartigen Berichten nicht immer gegeben und untergräbt das Steuerungsparadigma. Der *niedersächsische Landesrechnungshof* (2012, S. 16) schreibt hierzu: „Auch Zielvereinbarungen sind – wenn es sie denn überhaupt gibt – in der Praxis vielfach so allgemein gehalten, dass eine betriebswirtschaftliche Steuerung versagen muss. Hier bedarf es einer an Kennzahlen orientierten Konkretisierung. Kennzahlen müssen spezifisch, messbar, akzeptiert, realistisch und terminiert (SMART) sein."

Das CHE (Centrum für Hochschulentwicklung) schlägt für Nordrhein-Westfalen ein Berichtsmodell vor, welches über den Umsetzungsstand vereinbarter Ziele berichtet (vgl. *Müller/Ziegele* 2003, S. 21 f.; siehe Tab. 3.6). Im Kern wird jedes Handlungsfeld mit Kennzahlen operationalisiert und qualitativ kommentiert. Zunächst wird ein Überblick über die Zielerfüllung getrennt nach Vereinbarungszeitraum und Berichtsjahr wiedergegeben. Anschließend werden die Teilziele eines Handlungsfeldes einzeln ausgewiesen. Es können Teilziele, die nicht explizit in der Zielvereinbarung genannt wurden, nachrichtlich erwähnt werden. Die Teilziele werden nach Prüfgrößen/ Indikatoren operationalisiert. Der Sollwert aus dem Zielvereinbarungsprozess wird dem Istwert für den Berichtszeitpunkt gegenübergestellt. In der Kommentierung wird qualitativ begründet, inwiefern das Ziel erfüllt wurde. Die Ziele von

Handlungsfeldern können innerhalb der Laufzeit in begründeten Fällen modifiziert werden und schaffen Flexibilität. Eingeleitete Maßnahmen informieren über zu erwartende Innovationen, die gegebenenfalls von der Zielvereinbarung abweichen können. Darüber hinaus können Lerneffekte für kommende Zielvereinbarungsrunden notiert und weiterer Gesprächsbedarf festgehalten werden. Zur Umsetzung des Berichtsmodells wird ein allgemeines Berichtswesen gefordert, welches sowohl interne als auch externe Berichtspflichten aufeinander abstimmt. Dadurch minimiert sich der Erstellungsaufwand und es werden einheitliche Steuerungsinstrumente geschaffen (vgl. ebenda, S. 4). Eine derart systematische Berichterstattung ist an niedersächsischen Hochschulen nicht festzustellen. Die Berichtspflichten der Hochschulen beziehen sich primär auf die verbale Beschreibung einzelner Zielerreichungsgrade. Dadurch wird zwar eine gewisse Flexibilität erreicht, die aber auch Spielräume bei der Formulierung als auch bei der Interpretation der Zielerreichung offen lässt.

<table>
<tr><td colspan="6">1. Überblick Handlungsfeld A</td></tr>
<tr><td></td><td colspan="5">1.1 Zielerfüllung im Vereinbarungszeitraum</td></tr>
<tr><td></td><td colspan="5">[Text]</td></tr>
<tr><td></td><td colspan="5">1.2 Zielerfüllung im Berichtszeitraum</td></tr>
<tr><td></td><td colspan="5">[Text]</td></tr>
<tr><td colspan="6">2. Einzeldarstellung der zum Handlungsfeld gehörenden Teilziele</td></tr>
<tr><td></td><td>Teilziele</td><td>Prüfgröße/Indikator</td><td>Soll</td><td>Ist zum [Datum]</td><td>Kommentar</td></tr>
<tr><td></td><td>A1</td><td></td><td></td><td></td><td></td></tr>
<tr><td></td><td>...</td><td></td><td></td><td></td><td></td></tr>
<tr><td></td><td>An</td><td></td><td></td><td></td><td></td></tr>
<tr><td colspan="6">3. Anpassungsbedarf innerhalb der Laufzeit (bei Bedarf)</td></tr>
<tr><td></td><td colspan="5">[Text]</td></tr>
<tr><td></td><td colspan="2">Vorschlag zur Veränderung von Teilzielen</td><td colspan="2">Begründung</td><td>Ausmaß der Veränderung</td></tr>
<tr><td></td><td colspan="2">...</td><td colspan="2"></td><td></td></tr>
<tr><td colspan="6">4. Kurzinformation über Maßnahmen im Handlungsfeld</td></tr>
<tr><td></td><td colspan="3">Wesentliche Maßnahmen der Berichtsperiode</td><td colspan="2">Ggf. kurze Darstellung/Begründung von Veränderungen gegenüber der Zielvereinbarung</td></tr>
<tr><td></td><td colspan="3">...</td><td colspan="2"></td></tr>
<tr><td colspan="6">5. Kommentare (bei Bedarf)</td></tr>
<tr><td></td><td colspan="5">[Text]</td></tr>
</table>

Tab. 3.6: Struktur von Zielvereinbarungsberichten (nach CHE)

3.3.1.3 Formelgebundene Finanzierung

Neben Zielvereinbarungen erfolgt die leistungsorientierte Vergabe von Finanzmitteln über formelgebundene Finanzierungsmodelle („Formelmodelle"). In der Diskussion ist die Nutzung des Begriffes oftmals unklar. Bislang werden die Begriffe parametergestützt, kriterienbasiert, indikatorbasiert, leistungsorientiert und – bezogen auf die Finanzierung – Mittelverteilung oder -vergabe synonym verwendet. Grundsätzlich berechnen **Formelmodelle** finanzielle Zuführungen aus dem globalen Haushalt auf Basis der Erreichung staatlicher Sachziele, die als gewichtete Indikatoren operationalisiert, gemessen sowie bewertet werden.

Die formelgebundene Finanzierung soll anhand der Leistungskriterien unter den Hochschulen wettbewerbliche Anreize setzen und damit Effektivitäts- und Effizienzsteigerungen auslösen (vgl. *Jaeger* 2008, S. 90). *Franck* (2002, S. 176) verdeutlicht die Lenkungsfunktion von Finanz- und Ressourcenströmen in den USA durch die Bewertung von Indikatoren am Beispiel des Absolventenerfolgs: „In dem Maße, wie Absolventenerfolg eine wichtige Lenkungsfunktion über die Finanz- und Ressourcenströme übernimmt, kann man Hochschulen ernsthafte Absichten zur Qualitätsproduktion unterstellen. Auf diese Weise erhalten eine ganze Reihe von Indikatoren, mit deren Hilfe Qualität in den Markt signalisiert werden soll, ihre Glaubwürdigkeit.“ Durch die Gewichtung von Indikatoren zu einem Formelmodell wird quasi ein Marktersatz – ein sogenannter **Quasimarkt** – geschaffen, der einen Markt im erwerbswirtschaftlichen Sinne simulieren soll.

Wie bei den Zielvereinbarungen werden auch Formelmodelle in der Regel zur internen Ressourcensteuerung ausgeweitet. Die Ausgestaltung der internen Formelmodelle orientiert sich weitgehend an den staatlichen Verfahren. So gaben bereits 2005 in einer bundesweiten Studie über 85 % der Universitäten in staatlicher Trägerschaft an, Formelmodelle zur internen Ressourcenverteilung anzuwenden. Weitere 12 % planten zu der Zeit bereits einen Einsatz. In der Regel sind Fakultäten die Empfänger der Ressourcen, vereinzelt auch Institute. Hochschulintern wurden allerdings lediglich geringe Haushaltsmittel verteilt. Im Durchschnitt betrug die Verteilung 4 % und bezog sich allein auf die Finanzierung von Sachmitteln (vgl. *Jaeger/Leszczensky/Orr* et al. 2005, S. 1). Die Zuweisung von Personalbudgets wird bislang kaum durchgeführt, sondern erfolgt zumeist traditionell durch Fortschreibung oder per Verteilung über Inputgrößen, wie etwa die Anzahl der Personalstellen (vgl. *Breitbach* 2006, S. 6 f.); (*Jaeger* 2008), S. 91).

Durch die Verpflichtung der Hochschulen staatliche Aufgaben wahrzunehmen, entfällt die Bewertung über Preise und damit die Selbstregulation der hochschulischen Leistungserstellung über Aufwendungen und über Märkte verdiente Erträge (vgl. *Fangmann/Heise* 2008, S. 49). Zur formelgebundenen Hochschulfinanzierung lassen sich grundsätzlich zwei Bewertungsverfahren unterscheiden (vgl. *Jaeger/Leszczensky/Orr* et al. 2005, S. 16 f.):

- **Preismodelle** multiplizieren Leistungsmengen (z. B. Studierendenzahlen) mit festen Geldbeträgen (Preisen). Daraus ergibt sich der Budgetanteil für die empfangenden Hochschulen.
- **Verteilmodelle** verteilen einen Teil der festgelegten Haushaltsmittel prozentual unter den empfangenden Hochschulen. Dabei ist die „relative“ Zielerreichung unter den Hochschulen ausschlaggebend für die Höhe der Finanzmittel.

Niedersachsen praktiziert ein Verfahren, welches 10 % des Globalhaushalts aus Haushaltstitel 682 01 (siehe Abb. 3.3) zur leistungsorientierten Verteilung vorsieht. Das Verfahren firmiert unter dem Begriff **Hochschulkennzahlensystem** und bezweckt neben der formelgebundenen Finanzierung auch eine fachbezogene Beurteilung zur Entwicklung des Hochschulwesens für parlamentarische Beratungen. Deshalb werden amtliche Daten der Hochschulstatistik überwiegend über Studierende, Personal und Absolventen herangezogen (siehe dazu Abschnitt 3.3.2.4) und zu Kennzahlen aufbereitet, die dann in das leistungsorientierte Mittelvergabeverfahren einfließen sowie für Haushaltsentwurfsplanungen bereitstehen (vgl. *Dölle/Brummer* 2010, S. 1 und 14 f.).

Das Formelmodell unterteilt sich nach den Aufgabenbereichen Lehre, Forschung und Gleichstellung. Die unterschiedlichen Bildungsaufträge von Universitäten und Fachhochschulen spiegeln sich in der Gewichtung der Kennzahlen wider. Stammen an Fachhochschulen 84 % der leistungsorientierten Mittel aus dem Bereich Lehre, sind es an Universitäten nur 48 % und damit identisch zu den Forschungsleistungen. An Fachhochschulen werden erbrachte Forschungsleistungen hingegen mit 12 % leistungsorientiert verteilt. Die Gleichstellung als dritter Aufgabenbereich ist mit 4 % an beiden Hochschultypen identisch hoch ausgeprägt. Eine weitere Gewichtung erfolgt auf Ebene der einzelnen Kennzahlen (siehe hierzu Abb. 3.10).

<table>
<tr><th>Aufgabenbereich</th><th>Universitäten
Parameter | Anteil *</th><th>Fachhochschulen
Parameter | Anteil *</th></tr>
<tr><td>Lehre</td><td>48 %</td><td>84 %</td></tr>
<tr><td></td><td colspan="2">Eingeschriebene Studienanfänger im 1. Hochschulsemester (21%)</td></tr>
<tr><td></td><td colspan="2">Mit der Regelstudienzeit abschlussgewichtete Absolventen (75%)</td></tr>
<tr><td></td><td colspan="2">Bildungsausländer (2 %)</td></tr>
<tr><td></td><td colspan="2">Outgoings</td></tr>
<tr><td>Forschung</td><td>48 %</td><td>12 %</td></tr>
<tr><td></td><td>Drittmittelerträge** 74%</td><td>Drittmittelerträge** (100 %)</td></tr>
<tr><td></td><td>Promotionen (24 %)</td><td></td></tr>
<tr><td></td><td>Humboldt-Stipendiaten und Preisträger</td><td></td></tr>
<tr><td>Gleichstellung</td><td>4 %</td><td>4 %</td></tr>
<tr><td></td><td>weibliches wissenschaftliches Personal (20 %)</td><td>weibliches wissenschaftliches Personal (30 %)</td></tr>
<tr><td></td><td colspan="2">neu ernannte Professorinnen (40 %)</td></tr>
<tr><td></td><td>Absolventinnen (20 %)</td><td>Absolventinnen (30 %)</td></tr>
<tr><td></td><td>Promotionen (weiblich, 20 %)</td><td></td></tr>
</table>

Abb. 3.10: Aufgabenbereiche und Leistungsparameter im Hochschulkennzahlensystem (nach Dölle/Brummer)

Als lehrbezogene Kennzahlen werden die in das erste Hochschulsemester eingeschriebenen Studienanfänger, die mit der Regelstudienzeit abschlussgewichteten Absolventen, sowie Bildungsausländer und Outgoings (Studierende im Ausland) herangezogen, um die Lehrleistungen jeder Hochschule zu messen. Forschungsleistungen werden an Fachhochschulen durch Drittmittelerträge operationalisiert. An Universitäten werden darüber hinaus noch Promotionen und Humboldt-Stipendiaten und Preisträger in das Zielsystem miteinbezogen. Im Aufgabenbereich der Gleichstellung werden wieder identische Kennzahlen verwendet. Dazu zählen das weibliche wissenschaftliche Personal, neu ernannte Professorinnen, Absolventinnen sowie Promotionen, die von Frauen durchgeführt worden sind.

Die genannten Kennzahlen zur Leistungsbemessung werden im Dreijahresdurchschnitt kalkuliert. „Der Erfolg einer Hochschule bemisst sich dabei an ihrem Anteil an der Gesamtausprägung des jeweiligen Parameters“ (*Dölle/Brummer* 2010, S. 9). Der Hochschulerfolg im Hochschulkennzahlensystem orientiert sich demnach an nichtmonetäre Erfolgskennzahlen, und dass in relativer Weise im Vergleich zu anderen Hochschulen. Daran wird deutlich, dass die Bewertung des öffentlichen Bildungs-, Innovations- und Gleichstellungsauftrags durch das Parlament leistungsorientiert erfolgt. Dabei werden Vergleichsmaßstäbe („Benchmarks“) gesetzt, um das Leistungsniveau relativ zu bewerten.

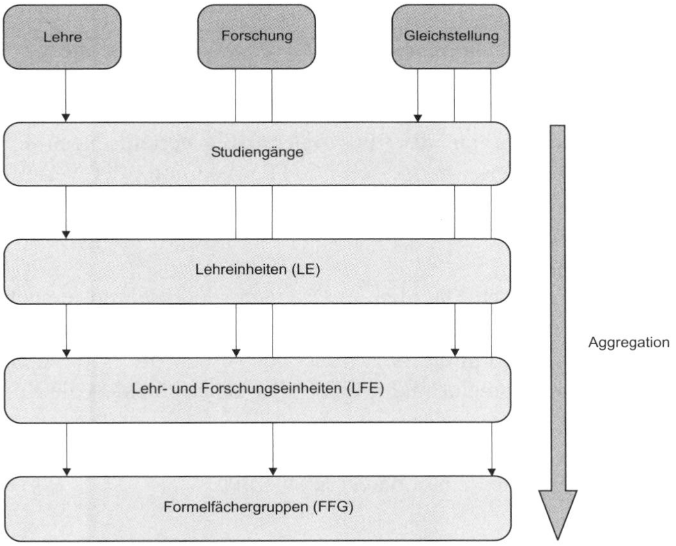

Abb. 3.11: Datenaggregation im Hochschulkennzahlensystem (nach Dölle/Brummer)

Zur Erstellung der erforderlichen Kennzahlen erfolgt die Datenerhebung auf der Ebene von Lehr- und Forschungseinheiten. Nach *Dölle/Brummer* (2010, S. 5) bestehen **Lehr- und Forschungseinheiten** (LFE) in der Regel aus Lehreinheiten nach KapVO (siehe hierzu Abschnitt 3.1.2) und „zentralen Einheiten“. Allerdings umfassen LFE neben dem Lehrbezug auch Forschungsprojekte und können um wissenschaftliche Einrichtungen erweitert werden, sodass auch Daten reiner Forschungseinheiten der Systematik zugeordnet werden können. **Zentrale Einheiten** bilden „diejenigen Sachverhalte der Hochschule ab, die nicht auf Lehr- und Forschungseinheiten dargestellt werden können“ (ebenda), wie beispielsweise zentrale Einrichtungen. Die Zuordnung studiengangsbezogener Daten zu einzelnen LFE erfolgt über Lehrverflechtungsmatrizen (siehe hierzu Abschnitt 3.1.2). Zur Mittelvergabe werden die Daten der LFE-Ebene auf Ebene der Formelfächergruppen aggregiert. **Formelfächergrup-**

pen weichen von der Fächergruppensystematik der amtlichen Hochschulstatistik ab (siehe hierzu Abschnitt 3.3.2.4). An Universitäten unterscheidet man im Hochschulkennzahlensystem nach Geistes- und Gesellschaftswissenschaften, Naturwissenschaften und Ingenieurwissenschaften. Fachhochschulen werden hinsichtlich Wirtschafts- und Sozialwissenschaften sowie nach technischen Wissenschaften inklusive Gestaltung klassifiziert. Die Datenaggregation erfolgt stufenweise über vier Ebenen in den drei Aufgabenbereichen Lehre, Forschung und Gleichstellung (vgl. *Dölle/Brummer* 2010, S. 17; siehe Abb. 3.11).

Das Verfahren der formelgebundenen Finanzierung kann mit beispielhaften Leistungswerten dreier Fachhochschulen als Input-/Output-Modell verdeutlicht werden (siehe Abb. 3.12):

1. Der Messzeitraum für die Leistungsparameter umfasst die letzten drei Kalenderjahre. Prozentual werden die Zuführungen für laufende Zwecke des Landesbetriebes aus dem Haushaltsplan (Titel 682 01) auf die Formelfächergruppen (FFG) und die zentralen Einheiten (ZE) verteilt. Die Prozentwerte zur Verteilung der Haushaltsmittel auf die FFG und ZE berechnen sich aus einer dezentralen Ertragsabbildung. Dazu wird üblicherweise ein Budgetierungsverfahren angewendet. Alternativ kann eine Fachhochschule die Aufteilung plausibel vornehmen (siehe hierzu *Dölle/Rupp/Niermann* 2010, S. 9 und S. 20 f.).
2. Es werden anschließend die Mittel der ZE auf die FFG gleichmäßig verteilt. Nach der Umlage bilden 10 % des Betrages die Verteilmasse je FFG. Die Addition aller Verteilmassen der Hochschulen ergibt die Gesamtverteilmasse.
3. Entsprechend der Gewichtung verteilt sich die Gesamtverteilmasse auf die Aufgabenbereiche und Kennzahlen.
4. Die ermittelten Werte der Leistungsparameter werden im Dreijahresdurchschnitt je nach Hochschule und FFG getrennt ausgewiesen. Im Verhältnis zur Summe wird prozentual der Leistungsbeitrag jeder Hochschule ermittelt. Anschließend werden die ermittelten Prozentwerte mit der Verteilmasse je Parameter multipliziert. Daraus ergibt sich die Zuteilung je Parameter und Hochschule.
5. Aus der Gesamtzuteilung einer Hochschule kann das **Umverteilungsergebnis** je FFG durch Subtraktion der ursprünglichen Verteilmasse berechnet werden.

Das Umverteilungsergebnis der formelgebundenen Mittelverteilung kann positiv oder negativ ausfallen. Je nachdem erzeugt das Verfahren „Gewinner" oder „Verlierer". Selbst eine signifikante Verbesserung von Hochschulen im Vergleich zu Vorjahren, kann ein negatives Umverteilungsergebnis erzeugen. Dies ist dann der Fall, wenn andere Hochschulen bessere Leistungswerte aufweisen. Sollten zu hohe Unterschiede in den Leistungswerten zwischen den Hochschulen auftreten, begrenzt sich das Umverteilungsergebnis mittels einer Kappungsgrenze. Gegenwärtig ist das Umverteilungsergebnis auf 10 % begrenzt, d. h., dass eine Hochschule maximal 10 % der Verteilmasse abführen muss.

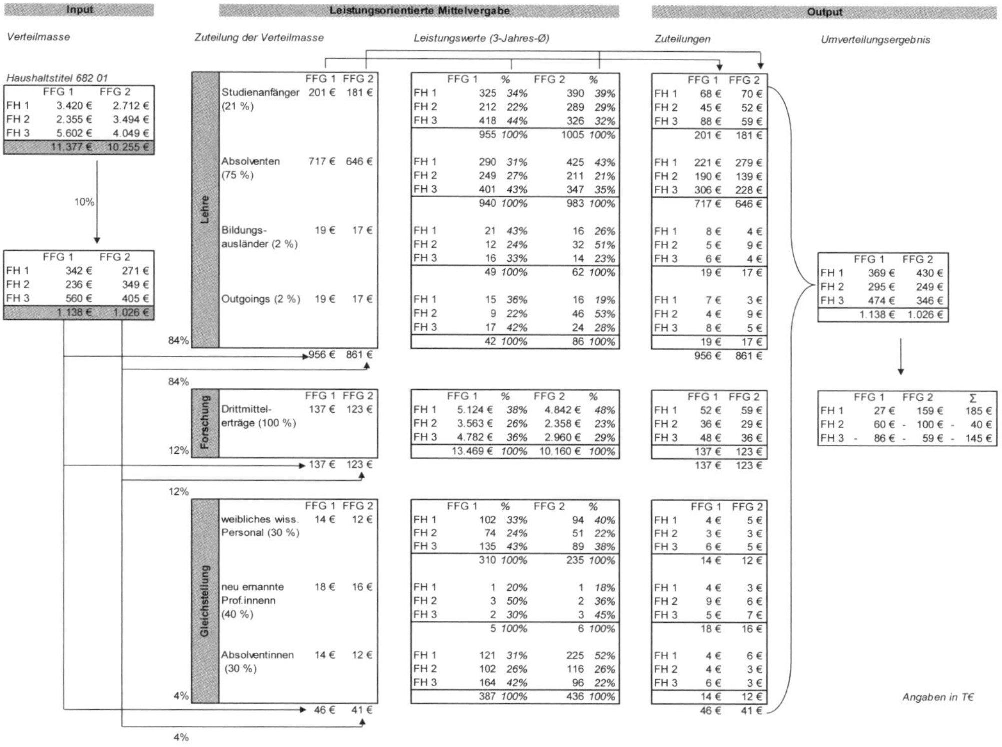

Abb. 3.12: Formelgebundene Mittelvergabe am Beispiel niedersächsischer Fachhochschulen

Die fachliche Beurteilung der Hochschulentwicklung erfordert eine differenziertere Analyse als es für die Zwecke der leistungsorientierten Mittelvergabe der Fall ist. Ergänzend werden daher nichtmonetäre Kennzahlen zum Personal sowie zu Studierende und Absolventen erhoben, um das Leistungspotenzial einer LFE beurteilen zu können. Die Personalkennzahlen sind absolut und werden unterteilt in nicht wissenschaftliches und wissenschaftliches Personal, wobei das wissenschaftliche Personal zusätzlich noch die Anzahl an Professorinnen und Professoren ausweist. Für Studierende an Universitäten werden bei Mehr-Fach-Studiengängen auch Zweit- und Drittfächer in die Gewichtung mit einbezogen. Absolventen werden hinsichtlich ihrer Abschlussart (Bachelor, Master, Altabschlüsse) gewichtet. Die Datenerhebung setzt eine eindeutige Allokation des Personals auf die Ebene der LFE voraus, so wie es in den Aufgabenbereichen Lehre, Forschung und Gleichstellung bereits erforderlich wurde.

Neben den nichtmonetären Kennzahlen werden monetäre Kennzahlen aus der Erfolgsrechnung erhoben (siehe hierzu Abschnitt 3.3.2.1; Abb. 3.13) und für das Haushaltsaufstellungsverfahren herangezogen (siehe hierzu Abschnitt 3.2.1). Die Kennzahlen der Gewinn- und Verlustrechnung werden auf Ebene der Hochschulen dargestellt und sollen ein Monitoring der finanziellen Situation der jeweiligen Hochschule ermöglichen. Der Begriff des **Monitoring** steht im Zusammenhang mit der Kontrolle und rührt aus agencytheoretischen Überlegungen her (vgl. *Hofmann* 2008, S. 193; siehe hierzu Abschnitt 3.3.1.2). Wegen der Informationsasymmetrie zwischen Principal und Agent sind die Handlungen des Agenten zu überwachen, will man die Zielerreichung sicherstellen. Dieser Vorgang wird als Monitoring bezeichnet. Natürlich werden die monetären und nichtmonetären Kennzahlen auch herangezogen, um die Leistungspotenziale und -werte im Vergleich zu anderen Hochschulen zu überwachen. Aus den Leistungswerten („Basisraten") der formelrelevanten Parameter aller Hochschulen können insofern Stärken und Schwächen sowie Benchmarks abgeleitet werden, aus denen für jede Kennzahl Formelgewinne und -verluste ersichtlich werden (vgl. *Dölle/Brummer* 2010, S. 7; *Niermann* 2010, S. 154). Im Vergleich zu anderen Hochschulen liefert das Hochschulkennzahlensystem eine Außensicht zur eigenen Hochschulentwicklung.

Nr.	Kennzahl	Datenherkunft
H1	**Anteil landesfinanzierter Erträge** *(Kennzahl 2 Anlage 4 Haushaltsaufstellung)*	GuV
H2	**Ertrag aus Studienbeiträgen zum Gesamtertrag** *(Kennzahl 2b Anlage 4 Haushaltsaufstellung)*	GuV
H3	**Anteil drittmittelfinanzierter Erträge** *(Kennzahl 4 Anlage 4 Haushaltsaufstellung)*	GuV
H4	**Personalaufwand am Gesamtaufwand** *(Kennzahl 5 Anlage 4 Haushaltsaufstellung)*	GuV
H5	**Sachaufwand am Gesamtaufwand** *(Kennzahl 7 Anlage 4 Haushaltsaufstellung)*	GuV
H6	**Abschreibungsmodell am Gesamtaufwand**	GuV
H7	**Ertrag aus Sondermitteln zum Gesamtertrag** *(Kennzahl 3 Anlage 4 Haushaltsaufstellung)*	GuV
H8	**Anteil DFG-Ertrag zum Gesamtertrag** *(Kennzahl 4b Anlage 4 Haushaltsaufstellung)*	GuV
H9	**Personalaufwand zum Gesamtertrag** *(Kennzahl 6-neu Anlage 4 Haushaltsaufstellung)*	GuV
H10	**Sachaufwand am Gesamtertrag** *(Kennzahl 8-neu Anlage 4 Haushaltsaufstellung)*	GuV

Abb. 3.13: Ergänzende monetäre Kennzahlen auf Hochschulebene (nach Dölle/Brummer)

Auf Basis zahlreicher Untersuchungen fasst *Jaeger* (2008, S. 92 ff.; siehe Tab. 3.7) die Auswirkungen von Formelmodellen hinsichtlich Finanzen, Reaktionen der Hochschulleitung, Reaktionen von Fakultäten/Institute, motivationaler Effekte und Fehlsteuerungseffekte zusammen. Die finanziellen Auswirkungen sind bescheiden. Während sich auf staatlicher Ebene die Gewinne und Verluste in Grenzen halten oder gedeckelt sind und die Verluste teilweise durch den Staat kompensiert werden, sind die hochschulinternen Wirkungen durch die Betrachtung von Sachmitteln vermutlich noch limitierter. Die Hochschulleitungen setzen dennoch zur internen Ressourcensteuerung oftmals identische Verfahren wie auf staatlicher Ebene ein. Die Weiterverteilung der Ressourcen in den Fakultäten orientiert sich wiederum am internen Verfahren. Allerdings werden oftmals zusätzliche Parameter wie z. B. Gutachtertätigkeiten, Lehrveranstaltungsbewertungen oder Tätigkeiten der Selbstverwaltung mit eingebunden. Das setzt eine differenzierte Datenerhebung voraus. Auf professoraler Ebene wirkt sich das Verfahren dahingehend aus, sich verstärkt um Drittmittel und qualitativ hochwertige Lehre zu bemühen. Allerdings steht die Schaffung von Transparenz über die Leistungserstellung im Vordergrund des Verfahrens. Der Nachweis von Fehlsteuerungen führte in Niedersachsen 2008 zur Überarbeitung der formelgebundenen Mittelvergabe und zur Einführung einer Obergrenze für das Lehrangebot durch Lehrbeauftragte. Hintergrund war eine Ausweitung der Lehrkapazität, die durch die Nichtbesetzung vakanter Professuren und die Aufrechterhaltung durch „günstigere" Lehrbeauftragte zustande kam (vgl. *Handel/Jaeger/Schmidlin* 2005).

	Staatliche Ebene	Hochschulinterne Ebene
Finanzielle Auswirkungen	- Begrenzte Zugewinne bzw. Budgetabschläge - Teilweise kompensatorische staatliche Zuweisungen - Budgetdeckelung	- Geringe Budgetmittel (Sachmittel), daher vermutlich geringe finanzielle Auswirkungen
Reaktion Hochschulleitung	- Umsetzung interner Verfahren in Anlehnung am staatlichen Modell	- entfällt
Reaktion Fakultäten/ Institute	- entfällt	- Ausgestaltung von Finanzierungsformeln oft orientiert am internen Verfahren mit zusätzlichen Parametern (z. B. Gutachtertätigkeiten, Lehrveranstaltungsbewertungen, Selbstverwaltung) - Sehr differenzierte Messgrößen
Motivationale Effekte	- Keine empirischen Hinweise	- Bemühungen um Drittmittel und Verbesserung der Lehrqualität - Schaffung von Transparenz der Leistungsgenerierung steht im Vordergrund der Verfahren
Fehlsteuerungseffekte	- Nachweis von Fehlsteuerungen. In Niedersachsen wurden vakante Professuren durch Lehrbeauftragte besetzt, um günstigere Lehre anzubieten. Folge: Einführung einer Obergrenze für Lehrbeauftragte	- Keine empirischen Hinweise

Tab. 3.7: Auswirkungen von Formelmodellen

Das Hochschulkennzahlensystem weist eine Vielzahl an Kritikpunkten auf, von denen drei thematisiert werden (siehe hierzu bspw. *Fangmann/Heise* 2008, S. 49 ff.; *Matschke* 2010; *Speckbacher/Wentges/Bischof* 2008, S. 49 ff.):

- Durch die geringe Umverteilungsquote in Höhe von bis zu 10 % in Verbindung mit den sich teilweise kompensierenden Gewinnen und Verlusten einzelner Kennzahlen fällt das Umverteilungsergebnis insgesamt gering aus, sodass der **Leistungsanreiz** marginal eingeschätzt wird und Ansätze zur Optimierung der Leistungen nicht ernsthaft in den Hochschulen diskutiert werden.
- Zum anderen fällt auf, dass in die Mittelverteilung nur wenige Indikatoren einbezogen werden, die in Summe nicht die komplexe Leistungserstellung von Hochschulen widerspiegeln können („**Multi-Tasking-Problem**") und dennoch zur Honorierung oder Sanktionierung – wenn auch nur im begrenzten Umfang – der gesamten Hochschule führt. Zumal offen bleibt, an welchen Maßstäben die Gewichtung der Kennzahlen erfolgte. Es

werden lediglich Aspekte der hochschulischen Vielfalt gemessen, gewichtet und monitoriert, die politisch relevant erscheinen und nicht an den Strategiezielen von Hochschulen oder an den Motivgründen bzw. Leistungsaspekten der Hochschulangehörigen ansetzen.

- Durch die Fokussierung auf wenige quantitative Kennzahlen steigt zudem die Gefahr der **Tonnenideologie**, d. h. der Vernachlässigung nicht messbarer oder qualitativer Erfolgsdimensionen. Von einem Messsystem, dass die Leistungserstellung hinreichend offenlegt oder gar deren Wirkungen abbildet, kann nicht gesprochen werden. So wird die Leistungsfähigkeit von Universitäten und Fachhochschulen im Hochschulkennzahlensystem primär durch Absolventen in der Regelstudienzeit und Drittmittelerträge beurteilt. Zwar sind diese Größen definitionsgemäß zu messen, aber sie erlauben kaum Rückschlüsse auf die Qualität oder Wirkungsweise der Leistungserstellung zu, und stellen daher die Validität des Messsystems zur Beurteilung der Effektivität im Hochschulwesen in Frage.

Die isolierte Betrachtung von Kennzahlen kann zu verzerrenden Aussagen führen. Wird beispielsweise die Anzahl der Studienanfänger betrachtet, kann eine hohe Nachfrage beispielsweise auf den doppelten Abiturjahrgang, regionale Vorteile, die Qualität oder auf Reputation der Hochschule zurückzuführen sein. Ähnlich verhält es sich bei Drittmittelerträgen. Folglich muss eine Kennzahl im Kontext interpretiert werden und kann erst dann Basis einer Entscheidungsfindung sein. *Fangmann/Heise* (2008, S. 52) schlussfolgern deshalb wie folgt: „Viele Leistungen bzw. Ziele sind gar nicht oder nur unvollkommen abbildbar. Manche Leistungen werden strukturell unterbewertet und erzielen grundsätzlich keine adäquaten Erträge. Es ist kaum möglich, unterschiedliche Ziele in eine kohärente widerspruchsfreie Parameterkonfiguration zu übersetzen, die dann entsprechend homogene und zielkonforme Verhaltenserwartungen induziert." In diesem Sinn ist ein Formelmodell kein Verfahren der leistungsorientierten Ressourcensteuerung, noch eines, welches zur strategischen Positionierung, Profilbildung oder Hochschulentwicklung angewendet werden sollte (vgl. ebenda).

Ferner wurden Defizite in Bezug auf das ursprüngliche Ziel, einen Wettbewerb unter den Hochschulen zu induzieren und damit eine Motivation zur Leistungssteigerung zu erreichen, erkannt. *Jaeger* (2008, S. 99) kommt zu dem Schluss, „dass leistungsorientierte Budgetierungsverfahren in der derzeit praktizierten Form (d. h. unter Einbeziehung nur geringer Budgetanteile) in begrenztem Umfang wettbewerbliche Anreizwirkungen entfalten. Diese Effekte gehen jedoch nicht auf die monetären Auswirkungen der Verfahren – d. h. auf finanzielle Zugewinne oder Verluste – zurück, sondern primär auf die Offenlegung von Leistungsdaten und die Herstellung von Transparenz." Aus Sicht der Hochschulen muss der Zweck des Hochschulkennzahlensystems insofern darin gesehen werden, Leistungen permanent auf den dezentralen Ebenen zu erfassen und im Rahmen einer Außensicht einzuordnen. Die Leistungsmessung durch das Hochschulkennzahlensystem bildet damit eine Grundlage zur Diskussion über Leistungen und Ziele primär auf staatlicher Ebene und ergänzt in der Hinsicht das Instrument der staatlichen Zielvereinbarungen. Während Zielvereinbarungen flexible, kommunikative, auf Partizipation ausgerichtete Instrumente sind, ist das Kennzahlensystem klar operationalisiert, weitgehend automatisiert und bedarf keiner Verhandlung.

3.3.2 Hochschulrechnungswesen

Im Hochschulrechnungswesen werden die rein zahlungsorientierten Wertgrößen der Haushaltsführung (siehe hierzu Abschnitt 3.2.1) um handels- oder steuerrechtlich beeinflusste sowie kostentheoretische Größen erweitert. Beide Wertgrößen bezwecken die Messung der Wirtschaftlichkeit von Sachverhalten, bei der eine zielorientierte Preiszuordnung stattfindet. Mit der Bepreisung oder **Bewertung** wird der Güterverbrauch oder die Dienstleistung in Geldeinheiten abgebildet (vgl. *Schweitzer/Küpper* 2003, S. 15). Mit dem Rechnungswesen wird somit Rechenschaft über die Erreichung des formalen Hochschulzielsystems abgelegt.

Erträge und **Aufwendungen** sind Begriffe der Finanzbuchführung und werden in der Gewinn- und Verlustrechnung ausgewiesen. Ihr Saldo weist den Gesamterfolg, also entweder den Gewinn oder den Verlust einer Periode, aus (vgl. *Hummel/Männel* 1986, S. 90 f.; *Olfert* 2008, S. 35). *Macha* (2010, S. 17) definiert Erträge und Aufwendungen entsprechend wie folgt: „Erträge sind alle nach handels- oder steuerrechtlichen Konventionen bewerteten, erstellten oder verkauften Güter und Dienstleistungen einer Periode. [...] Aufwand sind alle nach handels- oder steuerrechtlichen Konventionen bewerteten, verbrauchten Güter und Dienstleistungen einer Periode."

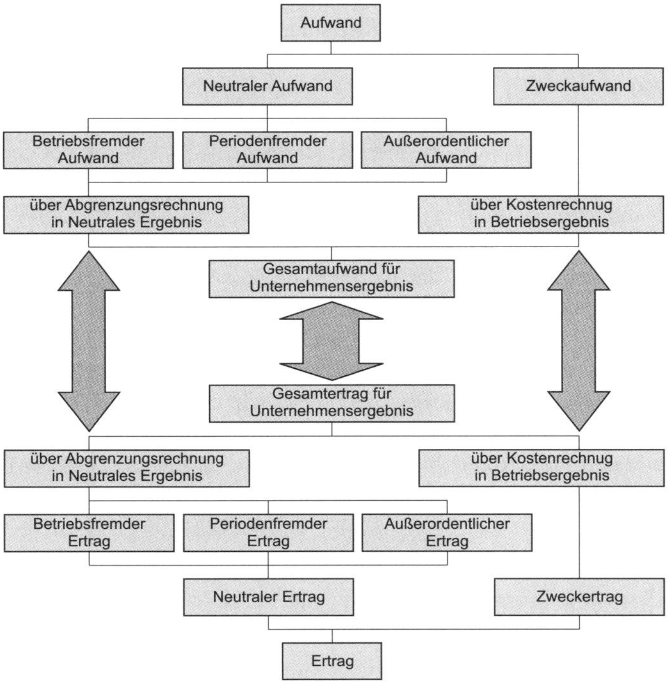

Abb. 3.14: Aufwand und Ertrag (nach Jaspersen/Täschner)

Aufwendungen sind hinsichtlich Zweckaufwand und neutralem Aufwand zu unterscheiden. Mit dem Zweckaufwand ist derjenige Aufwand gemeint, der die betriebliche Leistung erstellt. Der neutrale Aufwand umfasst hingegen betriebsfremde, periodenfremde und außerordentliche Aufwendungen. Sie sind entweder untypisch für den Betrieb (z. B. Spenden, Brände etc.) oder der bestimmten Periode nicht zuzuordnen. Die Unterscheidung der Aufwendungen korrespondiert mit den Erträgen (vgl. *Jaspersen/Täschner* 2012, S. 357 f.; siehe Abb. 3.14). Durch die Saldierung von Aufwand und Ertrag ergeben sich ein neutrales Ergebnis, ein Betriebsergebnis und ein Gesamtergebnis, wobei das Betriebsergebnis noch über die Kostenrechnung kalkulatorisch korrigiert werden kann.

Kosten und **Erlöse** sind begrifflich der Betriebsbuchführung zuzuordnen. Sie determinieren den betrieblich-leistungsbezogenen Hochschulerfolg, welcher allein aus der Leistungserstellung resultiert. Dem betrieblichen Werteverbrauch an Ressourcen steht die Wertschöpfung gegenüber. Der Saldo aus Kosten und Erlöse wird als Betriebsergebnis bezeichnet (vgl. *Hummel/Männel* 1986, S. 91; *Macha* 2010, S. 17).

Während der Erlösbegriff relativ gut abgrenzbar ist, ist die Diskussion des Kostenbegriffs weitläufiger (siehe hierzu auch *Riebel* 1990, S. 409 ff.). Im Wesentlichen können der wertmäßige, pagatorische und der entscheidungsorientierte Kostenbegriff voneinander abgegrenzt werden. Der **wertmäßige Kostenbegriff** nach *Eugen Schmalenbach* kommt in der Betriebsbuchführung zur Anwendung (vgl. *Olfert* 2008, S. 37). Er ist gekennzeichnet durch einen leistungsbezogenen Güterverbrauch, der bewertet wird (vgl. *Macha* 2010, S. 19). Der von *Helmut Koch* geprägte, auf Zahlungen operierende, **pagatorische Kostenbegriff** (pagare = zahlen) betrachtet allein leistungsbezogene Ausgaben. Außen vor sind demnach z. B. Kredittilgungsausgaben (vgl. *Koch* 1958, S. 361 f.; zitiert nach *Hummel/Männel* 1986, S. 75). In beiden Kostenbegriffen werden Geldgrößen zugrunde gelegt. Allerdings, so verdeutlichen es *Hummel/Männel* (1990, S. 75), steht bei dem pagatorischen Kostenbegriff das Entgelt bei der Kostenerfassung im Vordergrund, welches für die Leistungserstellung zu entrichten war, noch ist oder entrichtet werden müsste. Es können Anschaffungs-, Tages- oder Wiederbeschaffungspreise zur Bewertung des Werteverzehrs herangezogen und mit den eingesetzten Mengen multipliziert werden. Hingegen betrachtet der wertmäßige Kostenbegriff allein den leistungsbedingten Güterverbrauch und unterzieht ihn einer „narrenfreien" (*Riebel* 1990, S. 410) Bewertung mit Verrechnungspreisen (siehe hierzu *Schweitzer/Küpper* 2003, S. 16; Abschnitt 3.3.2.2). Der pagatorische Kostenbegriff ist im Gegensatz dazu durch die Betrachtung von Marktpreisen empirisch beobachtbar und lässt grundsätzlich weniger Interpretationsspielräume zu (siehe Abschnitt 2.2.2.2). Allerdings können Annahmen eingeführt werden, die nicht die situativen Gegebenheiten widerspiegeln (vgl. *Schweitzer/Küpper* 2003, S. 16). So können beispielsweise bei Schenkungen korrespondierende Kostenwerte angesetzt werden.

Der **entscheidungsorientierte Kostenbegriff** nach *Riebel* (1990, S. 427) basiert auf dem Identitätsprinzip (siehe hierzu Abschnitt 2.2.2.2). Hiernach werden kosten- und leistungsbezogene Größen, den Objekten hierarchisch dann zugeordnet, wenn sie eindeutig zurechenbar sind, also auf einen identischen Entscheidungszusammenhang zurückzuführen sind. Kosten lösen danach in der Hierarchie zusätzliche (beeinflussbare) Ausgaben aus, wonach sich eine mehrstufige Einzelkostenrechnung bildet. *Riebel* (1990, S. 75 f.) erläutert den Entstehungszusammenhang, der Entscheidungen zugrunde liegt: „Fasst man die Zurechenbarkeit als eine Gegenüberstellung eindeutig zusammengehöriger Größen auf, dann scheinen in einem Unternehmen nur jeweils solche entstandenen Leistungsgüter und solche verzehrten Kostengüter einander eindeutig-zwingend gegenüberstellbar, also einander „zurechenbar“ zu sein, die gekoppelte Wirkungen ein und desselben Kausalprozesses sind. Da der Kausalprozess stets von einem Finalprozess überlagert und durch Entscheidungen über Ziel und Mittel ausgelöst wird, kann die eindeutige Zurechenbarkeit von Güterverzehr und Leistungsentstehung ebensogut auf denselben, identischen Finalprozess, auf eine identische Entscheidung [...] zurückgeführt werden.“ Im Unterschied zum wertmäßigen Kostenbegriff zieht der entscheidungsorientierte Kostenbegriff die finanziellen Folgen einer Entscheidung mit ein und stellt durch die Betrachtung finanzieller Größen die Auswertbarkeit für die Finanzplanung sicher (vgl. ebenda, S. 627).

Grundsätzlich sind in der Betriebswirtschaft (wertmäßige) Kosten und Erlöse bei der Bewertung des Werteverbrauchs frei von bilanziellen oder steuerlichen Vorgaben. Stattdessen erfolgt eine betriebliche Bewertung mit frei bestimmbaren Wertansätzen, die sich am tatsächlichen Verbrauch und an der Erstellung von Gütern und Dienstleistungen orientieren. Aufgrund dessen sind Kosten und Erlöse der kalkulatorischen Rechnung zuzuordnen (vgl. *Hummel/Männel* 1986, S. 89). Die kalkulatorische Rechnung kann periodisch (Kostenträgerzeitrechnung) und objektbezogen (Kostenträgerstückrechnung) erfolgen und ist damit auf den kurzfristigen Erfolg ausgerichtet.

Der freie Wertansatz drückt sich insbesondere in der Anwendung kalkulatorischer Kosten aus. Aufwandsgleiche Kosten werden als Grundkosten bezeichnet. **Kalkulatorische Kosten** verhalten sich aufwandsungleich oder sind gar aufwandslos. Die Betriebsbuchführung wird durch die Anwendung kalkulatorischer Kosten von bilanzpolitischen Maßnahmen, Zufälligkeiten und Unregelmäßigkeiten bereinigt. Damit verstetigen sie den tatsächlichen Werteverbrauch und berücksichtigen den betriebsbedingten Verbrauch an Gütern und Dienstleistungen (vgl. *Olfert* 2008, S. 105 f.). Dadurch sollen inner- oder zwischenbetriebliche Vergleichsmöglichkeiten sowie eine bessere Ausgangsbasis für Entscheidungen und Wirtschaftlichkeitsberechnungen geschaffen werden. Beispielsweise divergieren in der Regel die handels- und steuerrechtlich geprägten Abschreibungen auf Sachanlagen vom tatsächlichen Werteverzehr und beeinflussen so die Wirtschaftlichkeit im hohen Maße. Ebenso können kostenrechnerische Korrekturen in Bereichen wie Mieten oder Personalkosten anfallen.

Die Grundlage der intern frei gestaltbaren Betriebsbuchführung sind die Buchungen der Finanzbuchführung. Die Finanzbuchführung ist aber nach externen Adressaten, allen voran auf die Belange des Staates hin ausgerichtet, und unterliegt gesetzlichen Vorgaben des Handels- und Steuerrechts. Das Verhältnis zwischen beiden Buchführungen kann mittels Ein- oder Zweisystemen gelöst werden. Es wird entweder die Betriebsbuchführung in die Finanzbuchführung mit einem einheitlichen Kontenrahmen integriert. Dann spricht man von einem **Einsystem**. Werden hingegen beide Buchführungen getrennt und in sich geschlossen betrachtet, spricht man von einem **Zweisystem**. Hierbei weist das erste System aus der Differenz von Ertrag und Aufwendungen den pagatorischen Erfolg aus. Das zweite System beschränkt sich auf den betriebsbedingten Erfolg aus der Saldierung von Kosten und Erlösen (vgl. *Eilenberger* 1995, S. 227). Die Überführung im Zweisystem kann mittels einer Ergebnistabelle realisiert werden (siehe hierzu *Jaspersen/Täschner* 2012, S. 382).

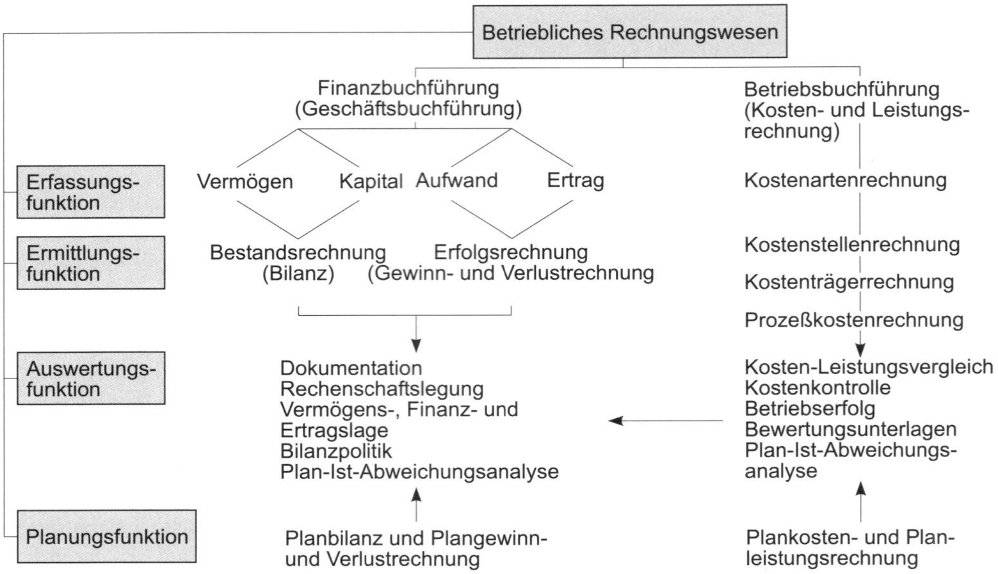

Abb. 3.15: Systematik des betrieblichen Rechnungswesens (nach Jaspersen/Täschner)

Die Finanz- und Betriebsbuchführung bilden den Kern des betrieblichen Rechnungswesens (vgl. *Jaspersen/Täschner* 2012, S. 336; siehe Abb. 3.15). *Eisele/Knobloch* (2011, S. 3) klassifizieren das betriebliche **Rechnungswesen** als Informationssysteme und stellen die Aufgaben des Rechnungswesens heraus: „Das betriebliche Rechnungswesen ist zentraler Bestandteil des Informationssystems. Es ist daher institutionell in Form eines Subsystems in die Gesamtorganisation des Unternehmens eingebunden. Durch einen Komplex funktional ausgerichteter, zielorientierter Abbildungsprozesse sollen die innerbetrieblichen ökonomischen Prozesse und die wirtschaftlich relevanten Beziehungen des Unternehmens zur Umwelt quantitativ erfasst, dokumentiert, aufbereitet und ausgewertet werden.“ Obwohl sich die Aufgaben auf Unternehmen beziehen, sind sie ebenso für das Hochschulrechnungswesen gültig. Die Aufgaben lassen sich als vier aufeinander aufbauende Funktionen verdeutlichen, die das betriebliche Rechnungswesen zu erfüllen hat:

- **Erfassungsfunktion**. Dem erfassten Vermögen wird das Kapital bzw. dem Aufwand der Ertrag gegenübergestellt. Intern werden Kosten nach Kostenarten erfasst.
- **Ermittlungsfunktion**. Ermittelt werden Bilanz zu einem Zeitpunkt und Gewinn- und Verlustrechnung für einen Zeitraum. Intern werden Kostenarten den Kostenstellen und Kostenträgern zugeordnet. Gegebenenfalls werden Prozesskosten ermittelt.
- **Auswertungsfunktion**. In der Finanzbuchführung erfolgt eine Dokumentation der buchungsrelevanten Vorgänge, um Informationsanforderungen zu erfüllen bzw. Rechenschaft abzulegen. Es wird über die Vermögens-, Finanz- und Ertragslage und über die Bilanzpolitik berichtet. In der Betriebsbuchführung werden Kosten und Erlöse verglichen, Kostenkontrollen durchgeführt und der Betriebserfolg ausgewertet. Kosten und Erlöse er-

läutern zudem Auswertungen der Finanzbuchführung. In Verbindung zur Planungsfunktion können Plan-Ist-Auswertungen durchgeführt werden.

- **Planungsfunktion**. Die Istdaten können sowohl in der Finanz- als auch in der Betriebsbuchhaltung um Plandaten zukünftiger Perioden erweitert werden. Abweichungen geplanter und realisierter Werte lassen Rückschlüsse hinsichtlich der Effizienz des Hochschulmanagements, der Durchführung von Entscheidungen und auf die Effizienz der Planung selbst zu.

Trotz der umfassenden Funktionsbreite, mit der die Entscheidungsfindung unterstützt werden soll, haben Finanz- und Betriebsbuchführung ihre Grenzen in der Aussagefähigkeit (vgl. *Jaspersen/Täschner* 2012, S. 338). Mit der Erfassung aller zu buchenden monetären Geschäftsfälle auf Konten, wird lediglich eine Teilmenge der betrieblichen Realität ausgewählt. Zwar kann der monetäre Aufwand des Hochschulpersonals erfasst, ermittelt, ausgewertet und geplant werden, Aussagen zur Lehr- und Forschungsqualität liefert das System aber nicht. Darüber hinaus können die erfassten Geschäftsfälle zu Interpretationsproblemen führen. Insbesondere dann, wenn die erfassten, begrifflichen und wertmäßigen Attribuierungen weiterführend verrechnet werden. So kommt es in der einschlägigen Literatur immer wieder zu der Diskussion über die Einheit von Forschung und Lehre. Können Kosten und Leistungen der Lehre und Forschung getrennt ausgewertet werden, oder handelt es sich um eine Kuppelproduktion, in der Kosten der Lehre und Forschung untrennbar miteinander verbunden sind und nur über willkürliche Schlüsselungen zu Ergebnissen führen? (siehe hierzu bspw. *Heise* 2001, S. 117 ff.; *Dobrindt* 2003, S. 6 und S. 44; *Kronthaler* 1999, S. 583).

Hochschulische Nebenbuchführungen setzen sich im Wesentlichen aus Anlagen- und Personalbuchführungen zusammen und werden in Verbindung mit der Finanz- und Betriebsbuchführung zunehmend als ein integriertes Informationssystem mit zentraler Datenbasis betrachtet (siehe dazu Kapitel 3.2.2.1). Die Hochschulstatistik ist in erster Linie exogen ausgerichtet. Gemäß Hochschulstatistikgesetz (HStatG) erheben das statistische Landesamt und das statistische Bundesamt zum Zwecke der Gesetzgebung und Planung zahlreiche Merkmale zu Studierenden und Prüfungen, Gasthörern, Habilitierten, Personal und Stellen, Räumen sowie Finanzen. In endogener Hinsicht fehlt es der Hochschulstatistik oftmals an formaler und inhaltlicher Ausgestaltung. Zwar werden vielfältige Statistiken in Hochschulen für Entscheidungsträger generiert, aber ein in sich geschlossenes inhaltlich aussagekräftiges Berichtswesen mit kontinuierlicher Berichterstattung standardisierter Informationen ist meist nicht vorhanden. So muss das Hochschulmanagement oftmals eine Vielzahl von Berichten generieren, um entscheidungsrelevante Informationen zu erhalten. Daneben sind in der Berichterstattung formale Kriterien, wie die Definition von Kennzahlen oder die termingerechte Berichtsgenerierung, oftmals nicht erfüllt (vgl. *Link/Seiter/Rosentritt* 2011).

3.3.2.1 Finanzbuchführung

Wöhe/Mock (2010, S. 4 f.) bezeichnen die doppelte **Buchführung** (Doppik) als „chronologische und sachlich geordnete wertmäßige Erfassung aller Geschäftsvorfälle auf Bestands- und Erfolgskonten.“ Zu den Teilbereichen der Finanzbuchführung gehört auch die Inventarisierung als das „Ergebnis der art-, mengen- und wertmäßigen Erfassung von Vermögensbeständen und Schulden durch körperliche Bestandsaufnahme (Inventur)“ (ebenda). Jährlich wird über den **Jahresabschluss**, also die Erstellung der Bilanz, Erfolgsrechnung und bei Kapitalgesellschaften der Anhang, den Bilanzadressaten Rechenschaft über die Vermögens- und Ertragslage abgelegt (vgl. ebenda). Zur Beurteilung der Finanzlage und der Zahlungsfähigkeit erstellen Hochschulen darüber hinaus noch eine Kapitalflussrechnung (§ 264 Abs. 1 Satz 2 HGB). Bilanz, Erfolgs- und Finanzrechnung sind interdependent und bilden die wesentlichen Teilbereiche der Finanzbuchführung von Hochschulen. Die zahlenmäßige Abbildung des Betriebsgeschehens durch das Rechnungswesen ist zweckgerichtet und muss dabei die besonderen Aufgaben von Hochschulen berücksichtigen. Von daher stellt sich die Frage, inwiefern die Rechnungszwecke der kaufmännischen Rechnungslegung auf die Hochschuldoppik modifiziert werden müssen. *Berg* (2011, S. 16 ff.) erarbeitet drei **Rechnungszwecke**:

- Sofern Hochschulen Betriebe gewerblicher Art unterhalten (siehe hierzu Abschnitt 3.3.2.2), sind sie steuerpflichtig. Die Hochschuldoppik kann insofern den Zweck der steuerlichen Bemessungsgrundlage umfassen.
- Es werden Selbst- und Fremdinformationszwecke erfüllt, die zur Urteilsbildung der Adressaten über die Vermögens-, Finanz- und Ertragslage darauf abzielen, vollständig, klar und zutreffend das Betriebsgeschehen abzubilden. Aufgrund der fehlenden Gewinnerwirtschaftung müssen jedoch andere Erfolgsmaßstäbe herangezogen werden (siehe hierzu Abschnitt 3.3.1).
- Zur Beweissicherung, insbesondere bei Straftatbeständen erfüllt die Hochschuldoppik einen Dokumentationszweck.

In der einschlägigen Literatur beschreibt der Rechnungszweck der nominellen **Kapitalerhaltung** die Sicherung des Fortbestands zum Schutz der Gläubiger durch die Verstetigung des Eigenkapitals (vgl. bspw. *Baetge/Kirsch/Thiele* 2011, S. 96 f.). Das nominelle Eigenkapital darf deshalb nicht an die Gesellschafter ausgeschüttet werden. Zu einer Ausschüttung kommt es nur, wenn Gewinne erwirtschaftet werden. Die Zwecksetzung ist wegen der fehlenden Gewinnzielorientierung für Hochschulen daher nicht übertragbar (vgl. *Berg* 2011, S. 17). Für die Aufstellung eines Jahresabschlusses gemäß § 49 Abs. 1 Nr. 1 NHG und deren Prüfung gemäß § 53 Abs. 1 Nr. 1 und 2 des Haushaltsgrundsätzegesetzes (HGrG) sind neben zahlreichen Runderlassen (siehe hierzu *MWK/KPMG/PwC* 2004, S. VI) folgende rechtliche Grundlagen jeweils in ihrer aktuellen Fassung zu beachten:

- Handelsgesetzbuch (HGB)
- Einkommenssteuergesetz (EStG)
- Niedersächsische Hochschulgesetz (NHG)
- Landeshaushaltsordnung (LHO), insbesondere § 26 LHO
- Verwaltungsvorschriften (VV) zu § 26 LHO
- Bilanzierungsrichtlinie – Grundlagen der Buchführung für Hochschulen
- Betriebsanweisung für die Hochschulen in staatlicher Trägerschaft
- MWK-Kontenrahmen

Das Kapital wird Hochschulen durch das Land Niedersachsen über Zuschüsse zugewiesen oder über andere öffentliche oder private Geldgeber zugeführt. Durch **Investitionen** „wechselt das Kapital von seiner Geldform in die Sachform über, d. h. es wird nun in Grundstücken, Gebäuden, Maschinen, Warenvorräten u. a. angelegt (‚investiert')" (*Gutenberg* 1990, S. 99). Diese Perspektive kennzeichnet den gemischt finanz-leistungswirtschaftlichen Investitionsbegriff. Denkbar ist auch die direkte Bereitstellung von Sachmitteln. In Abwandlung der Definition nach *Gutenberg* (ebenda) lässt sich das **Kapital** demnach auffassen als entweder den Hochschulzweck gewidmeten Geldbetrag oder den in Geldeinheiten ausgedrückten Wert aller zum Bestande einer Hochschule gehörenden Güter, also die „Investitionssumme" zum bestimmten Zeitpunkt. Der Begriff des Vermögens wird von *Gutenberg* (1990, S. 106) gütermäßig aufgefasst und basiert auf der Inventarisierung und Bewertung aller materiellen und immateriellen Güter. Der Wert der Vermögensgegenstände entspricht dem investierten Kapital und so lässt sich das **Vermögen** abgewandelt nach *Gutenberg* definieren als die Summe der Werte aller materiellen und immateriellen Güter, in denen das Kapital der Hochschule investiert ist.

Den Überblick über das Kapital und das Vermögen einer Hochschule liefert die **Bilanz**. Sie ist eine jährliche Bestandsrechnung zum Bilanzstichtag 31. Dezember, in der dem Land Niedersachsen und der interessierten Öffentlichkeit als primäre Adressaten der Rechnungslegung über das Geschäftsjahr (= Kalenderjahr) Rechenschaft abgelegt wird. Grundsätzlich können auch Privatwirtschaft, Studierende, andere Hochschulen, Arbeitnehmer/Gewerkschaften, Lieferanten, Hochschulrat und Hochschulleitung zu den Adressaten gezählt werden (vgl. *Büchtmann/Lickfett* 2011, S. 259). Die Bilanz wird maßgeblich beeinflusst durch das Handels- und Steuerrecht, sodass die Bewertung angesetzter und ausgewiesener Werte den Grundsätzen ordnungsgemäßer Buchführung und Bilanzierung (GoB) nach § 243 Abs. 1 HGB unterliegen und – anders als in der internationalen Rechnungslegung – nicht den zu Marktpreisen bewerteten Vermögens- oder Kapitalwerten entsprechen müssen. Die Bilanz nach dem HGB stellt sich somit in erster Linie als ein auf externe Ansprüche zielgerichtetes Konstrukt dar.

Die GoB bilden eine Systematik von „Wert- und Ordnungsvorstellungen, die nur teilweise gesetzlich kodifiziert sind und insbesondere dem Schließen von Gesetzeslücken und der Interpretation auslegungsbedürftiger gesetzlicher Regelungen dienen" (*Weyers* 2011, S. 56). Dadurch sollen die im Jahresabschluss enthaltenen Informationen standardisiert und objektiviert werden, sodass eine Vergleichbarkeit möglich ist. Zu den **Dokumentationsgrundsätzen** zählt *Weyers* (ebenda, S. 57 ff.; siehe Abb. 3.16) einen systematischen Aufbau der Buchführung, die Vollständigkeit der Konten, die vollständige und verständliche Aufzeichnung von Geschäftsfällen und den Beleggrundsatz, wonach keine Buchung ohne Beleg erfolgen darf. Zu den **Rahmengrundsätzen** der Buchführung und Bilanzierung zählt die Richtigkeit – im Sinne von objektiv und intersubjektiv nachprüfbar – der Abbildung wirtschaftlicher Gegebenheiten (§ 239 Abs. 2 HGB). Es dürfen nur realitätsnahe und keine willkürlichen (manipulierte) Informationen im Jahresabschluss enthalten sein. Im Zeitverlauf sollen die Informationen vergleichbar sein, um sich ein Bild der Hochschulentwicklung machen zu können. Die Jahresabschlussposten müssen klar und übersichtlich (§ 243 Abs. 2 HGB) bezeichnet und geordnet sein. Im Jahresabschluss müssen alle Geschäftsvorfälle zum Bilanzstichtag vollständig ausgewiesen sein (§ 243 Abs. 3 HGB). Das Periodisierungsprinzip (§ 252 Abs. 1

Nr. 5 HGB) verhindert, dass der Ansatz von Aufwendungen willkürlich den Geschäftsjahren zugeordnet wird.

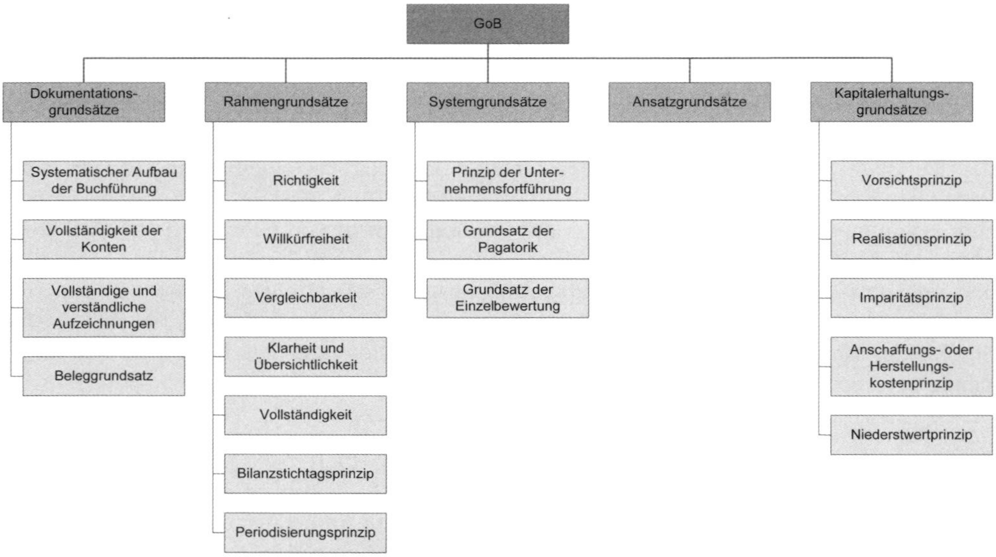

Abb. 3.16: Systematik der GoB (nach Weyers)

Das Prinzip der Unternehmensfortführung wird sinngemäß auf Hochschulen übertragen und zählt zu den **Systemgrundsätzen** (ebenda, S. 59 f.). „Dieses Prinzip resultiert aus der Zwecksetzung, Rechenschaft über einen periodengerechten Jahreserfolg abzugeben. Ungeachtet der Tatsache", so führt *Weyers* (ebenda) fort, „dass der ‚Erfolg' einer Hochschule ein anderer ist als der eines erwerbswirtschaftlichen Unternehmens, kann auch für Hochschulen angenommen werden, dass die quantitativen Informationen zur Quantifizierung der Inputfaktoren der Hochschulleistungen periodengerecht bereitgestellt werden sollten." Mit dem Grundsatz der Pagatorik (§ 252 Abs. 1 Nr. 5 HGB) entfallen kalkulatorische Werte, sodass die Bewertung von Vermögen und Schulden primär auf Zahlungsgrößen beruht. Dadurch ergibt sich ein hohes Maß an Objektivität. Das Prinzip der Einzelbewertung (§ 252 Abs. 1 Nr. 3 HGB) verhindert Verrechnungen von Vermögensgegenständen und Schulden und erhöht ebenso die Objektivität sowie den Aussagegehalt der Informationen. Die Frage nach zu aktivierenden Zahlungen legen **Ansatzgrundsätze** fest. An Hochschulen erfüllen Ansatzgrundsätze in erster Linie die Funktion einer Vereinheitlichung von Aktivierungskriterien, statt – wie bei erwerbswirtschaftlichen Unternehmen – die Bemessung von Ausschüttungssummen an Investoren über die Erfolgsrechnung. **Kapitalerhaltungsgrundsätze** sollen das nominelle Kapital einer Hochschule im Sinne des Gläubigerschutzes erhalten. Der Rechnungszweck ist aufgrund fehlender Ausschüttungsregelungen nicht auf Hochschulen übertragbar (vgl. *Berg* 2011, S. 17), führt aber in der Anwendung nicht zu einer signifikanten Informationsverzerrung, da eine vorsichtige Gewinnermittlung an allen Hochschulen durchgeführt wird und sich im Rahmen vergleichender Analysen ausgleicht (vgl. *Weyers* 2011, S. 60 f.). Durch das Vorsichtsprinzip (§ 252 Abs. 1 Nr. 4 HGB), das Realisationsprinzip (§ 252 Abs. 1 Nr. 4 HGB), das Imparitätsprinzip (§ 252 Abs. 1 Nr. 4 HGB), das Anschaffungs- oder Herstellungskostenprinzip (§ 253 Abs. 1 Satz 1 HGB) und das Niederstwertprinzip (§§ 253 Abs. 3 Satz 3 und 4, 253 Abs. 4 HGB) wird tendenziell ein geringerer Gewinn ermittelt. Durch die Auslegung der Prinzipien und Wahlrechte können stille Reserven gebildet werden, mit der Folge, dass ein den tatsächlichen Verhältnissen entsprechendes Bild der Hochschule nicht mehr abgebildet wird. So kann die Informationsverzerrung zu Fehlentwicklungen führen, wenn die Finanzbuchhaltung als alleiniges Informationssystem für hochschulinterne Entscheidungen herangezogen wird. Die Restbuchwerte von Sachanlagen bilden zwecks Substanzerhaltung zwar ein hinreichendes, aber kein notwendiges Kriterium für Reinvestitionen.

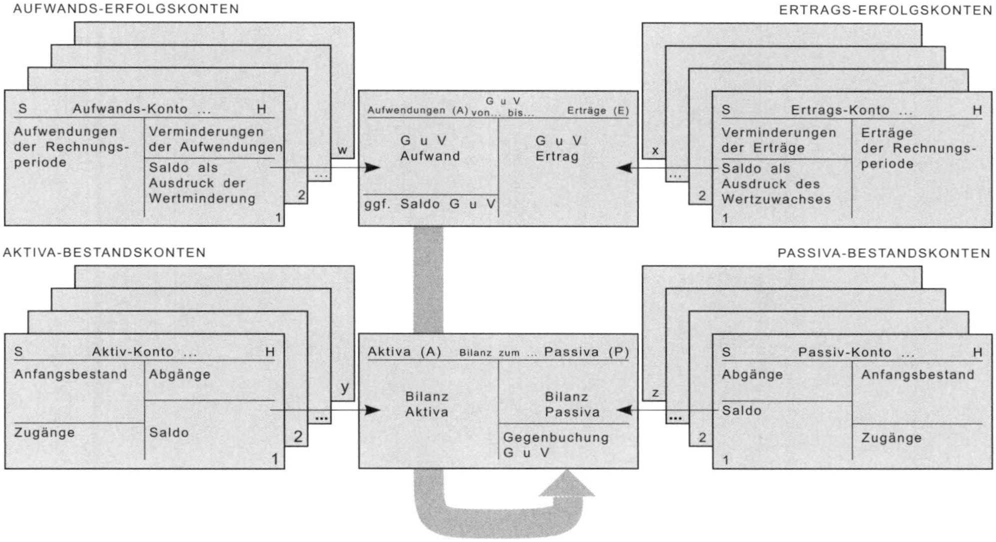

Abb. 3.17: Verrechnungszusammenhang von Einzelkonten, GuV und Bilanz (nach Jaspersen/Täschner)

Die Veränderung des Vermögens und des Kapitals wird auf **Bestandskonten** dokumentiert. Davon abgegrenzt sind die **Erfolgskonten**, die wertmehrend oder -mindernd auf die GuV einwirken. Aktivkonten verändern den Vermögensbestand und Passivkonten verändern die Schulden bzw. das Kapital. Zum Bilanzstichtag wird ein Bilanzgewinn oder -verlust ermittelt. Einzelkonten, Bilanz und GuV stehen in einem engen Verrechnungszusammenhang (vgl. Abb. 3.17). *Jaspersen/Täschner* (2012, S. 343) schreiben hierzu: „Da bei jeder Buchung ins System immer in gleicher Höhe eine Soll- und eine Habenseite belastet worden ist, muss der Abschlusssaldo der GuV als Gegenbuchung die Bilanz ausgleichen. Die Aufwandskonten werden im Laufe der Periode praktisch nur auf der Sollseite belastet, auf die Habenseite entfallen lediglich die Verminderungen der Aufwendungen durch Stornierungen oder Umbuchungen. Bei den Ertragskonten ist das im Prinzip genauso, nur dass die Erträge der Rechnungsperiode auf der Habenseite und die Minderungen auf der Sollseite verbucht werden. Die Abschlüsse der Einzelkonten erfolgen wie bei den Bestandskonten. Mit der Saldobuchung werden beide Seiten ausgeglichen, die Gegenbuchung wird jeweils auf der entsprechenden Seite der GuV […] getätigt.“

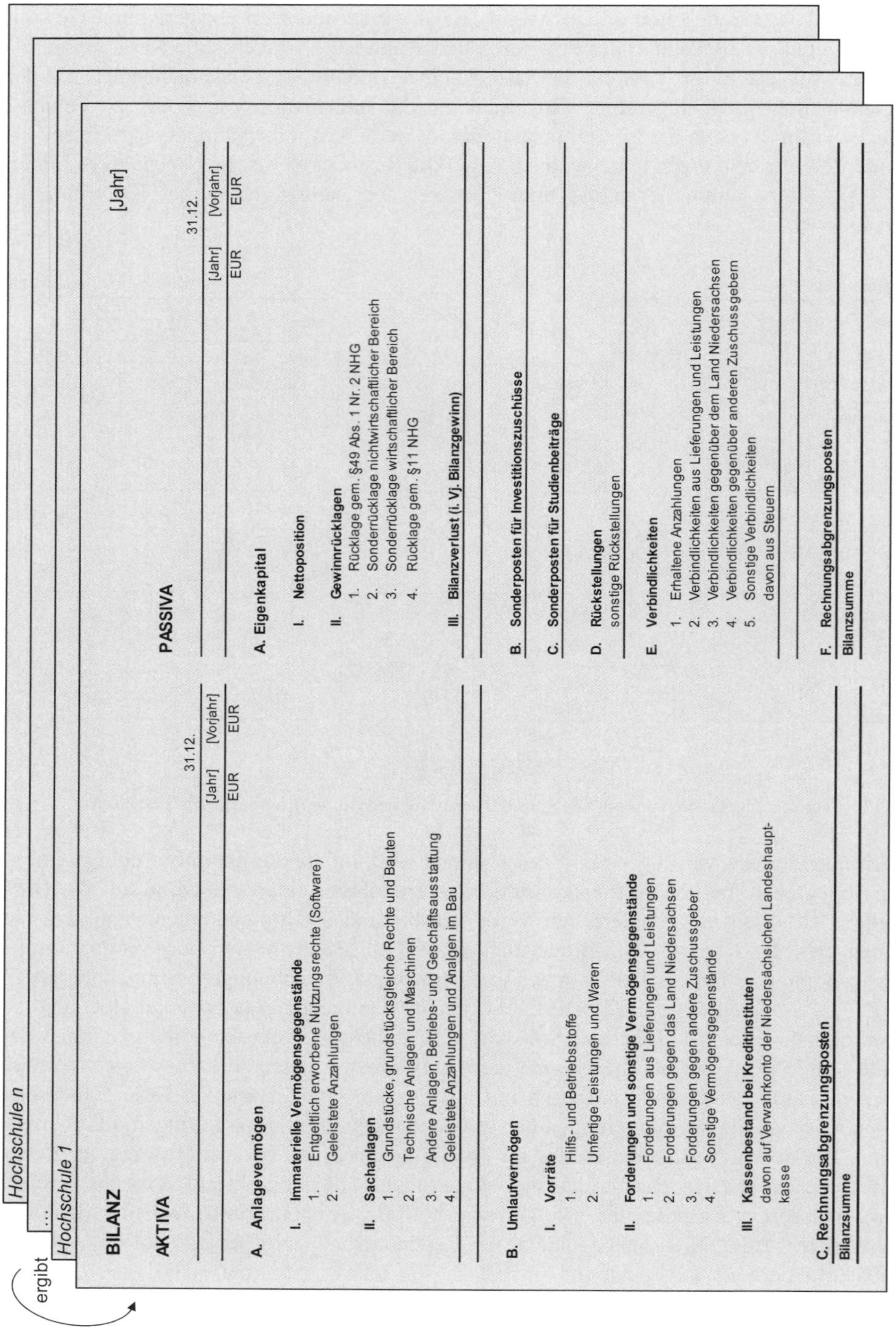

Abb. 3.18: Bilanzstruktur niedersächsischer Hochschulen

Der MWK-Kontenrahmen ist ein am industriellen Kontenrahmen orientiertes Referenzmodell zur individuellen Bildung von Kontenplänen in der hochschulischen Buchführung in Niedersachsen. Er wird durch die Darlegung der Bilanz- und GuV-Strukturen behandelt und teilt sich in zehn Kontenklassen auf.

Die Struktur der **Hochschulbilanz** gliedert sich sinngemäß nach den Vorgaben des § 266 HGB großer Kapitalgesellschaften (siehe Abb. 3.18). Das Vermögen wird auf der Aktivseite getrennt nach Anlagevermögen mit immateriellen Vermögensgegenständen und Sachanlagen (Kontenklasse 0), Umlaufvermögen mit Vorräten, Forderungen und Kassenbeständen und Rechnungsabgrenzung (2) ausgewiesen. Auf der Passivseite wird das Kapital unterteilt in Eigenkapital, Sonderposten für Investitionszuschüsse und Studienbeiträge, Rückstellungen (3), Verbindlichkeiten und Rechnungsabgrenzung (4). Nachfolgend wird auf strukturelle Besonderheiten gegenüber erwerbswirtschaftlichen Bilanzposten eingegangen, um das Ausmaß der Erfassung und Abbildung von Betriebsgeschehnissen aufzuzeigen.

Bis auf Geschäfts- und Firmenwerte (0), Finanzanlagen (1) und Wertpapiere des Umlaufvermögens (2) gliedert sich das Anlage- und Umlaufvermögen deckungsgleich zu den Vorgaben des § 266 HGB. Die Posten entfallen aufgrund der „äußerst begrenzten Handlungsspielräume von Hochschulen im Finanzierungsbereich“ (*Küpper* 2000, S. 219).

Die Passivseite weist deutlich mehr Besonderheiten auf. So enthält das **Eigenkapitel** zunächst eine **Nettoposition**. „Die Nettoposition beinhaltet den Bilanzgewinn / bzw. -verlust der Eröffnungsbilanz sowie einen Aktivwert als Gegenposten zu den Rückstellungen für Urlaubsrückstände, Gleitzeitüberhänge und Jubiläumszuwendungen. Soweit Rückstellungen für Altersteilzeitverpflichtungen aufgrund abgeschlossener Verträge gebildet wurden, ist ebenfalls in der Höhe der passivierten Verpflichtung ein Aktivwert innerhalb der Nettoposition zu bilden“ (*MWK/KPMG/PwC* 2004, S. 63).

Die Hochschulen bilden im Eigenkapital **Gewinnrücklagen**. Gemäß § 29 Abs. 1 Nr. 2 NHG können Hochschulen Gewinnrücklagen bilden, die aus nicht verbrauchten Zuführungen resultieren. Sie sind innerhalb von fünf Jahren zur Aufgabenerfüllung zu verausgaben. Falls die Mittelaufwendungen die Zuführungen übersteigen – also ein Verlustvortrag entsteht – sind Rücklagen dieser Art aufzulösen. Sonderrücklagen resultieren aus der Abrechnung von drittmittelgeförderten Forschungsprojekten und werden diskriminiert nach wirtschaftlichen und nichtwirtschaftlichen Bereich. Nicht oder zu viel verausgabte Zuschüsse Dritter (Antragsforschung) werden im nichtwirtschaftlichen Bereich und Gewinn/Verluste aus der Auftragsforschung (Aufträge Dritter) werden im wirtschaftlichen Teil gebucht (siehe hierzu Abschnitt 3.3.2.2). Die Auftragsforschung unterliegt zudem der Mehrwertsteuer, obwohl die Berechnung der Vorsteuer für Sachmittel an Hochschulen sehr aufwändig und in der Summe gering sein kann. Der größte Teil vieler Forschungstätigkeiten sind Personalaufwendungen, die nicht der Vorsteuer unterliegen (vgl. *MWK* 2002). Hingegen ist die (hoheitliche) Antragsforschung nicht mehrwertsteuerpflichtig, da deren Ergebnisse der Gesellschaft zugänglich sind und die Hochschule die Verwertungsrechte beibehält (vgl. *Ufermann* 2008, S. 537). Deutlich wird weiterhin, dass die Hochschulen kein gezeichnetes Kapital gemäß § 272 Abs. 1 HGB aufweisen. Das spiegelt die Tatsache wider, dass Hochschulen als öffentlich-rechtliche Körperschaften des Landes keiner Insolvenzgefahr ausgesetzt sind (siehe hierzu Abschnitt 3.1.1) und somit kein Haftungskapital ausweisen müssen. Das Eigenkapitalkonto weist zuletzt den Übertrag des Bilanzgewinns oder -verlusts der Periode aus, welcher mit der GuV korrespondiert.

Die **Sonderposten** einer Hochschule können als Kombination aus Eigenkapital und Fremdkapital interpretiert werden. Sie sind Fremdkapital in dem Sinne, als dass sie zweckgebundenes Kapital zur Aufgabenerfüllung bilden. Dadurch weisen die Hochschulen auf diesen Sonderposten lediglich rechtlich unselbstständige Vermögenswerte aus (VV Nr. 2 zu § 26 LHO). So werden einerseits **Investitionszuschüsse** vom Land Niedersachsen für die Erneuerung des Anlagevermögens ausgewiesen. Die Zuschüsse des Haushaltsplans werden als Erträge aus Zuweisungen und Zuschüsse zur Finanzierung von Investitionen der GuV mit dem Anlagevermögen als Gegenkonto ausgewiesen und erfolgswirksam gebucht. Zum Bilanzstichtag erfolgt durch die Buchung des Sonderpostens gegen ein Aufwandskonto (Pos. 11g; siehe Abb. 3.18) eine erfolgsneutrale Passivierung des Ertrags. Insofern stimmen die Bilanzwerte des Anlagevermögens und des Sonderpostens zum Bilanzstichtag überein und bilden den gesamten Investitionsbereich erfolgsneutral ab. Möglicherweise liegen dem Vorgehen Überlegungen zur Einhaltung einer **Fristenkongruenz** zwischen Kapital und Vermögen zugrunde, wonach das Anlagevermögen langfristig durch das Eigenkapital gedeckt sein sollte, um einen Liquiditätsengpass zu vermeiden („goldene Bilanzregel"). Da dem Eigenkapital kein gezeichnetes Kapital der Gesellschafter angehört, wäre das Anlagevermögen langfristig nicht durch Kapital finanzierbar. Das Sonderkapital trägt so zum nominellen Erhalt des Anlagevermögens bei. Das Eigenkapital und die Verbindlichkeiten sind hingegen zum Aufbau eines – weitgehend zweckgebundenen – Liquiditätspolsters zu interpretieren (vgl. *Breithecker/Goch* 2010, S. 50) und korrespondieren zusammen mit den eingeschränkten Möglichkeiten der Hochschulen am Kapitalmarkt zu investieren, den verhältnismäßig hohen Kassenbestand von Hochschulen.

Weitgehend analog wird buchungstechnisch bei dem Sonderposten für Studienbeiträge verfahren. Gemäß § 11 NHG handelt es sich bei **Studienbeiträgen** um erhobenes Kapital von Studierenden zur Verbesserung des Studiums und der Lehre. Es stellt zweckgebundenes Kapital dar, welches in der Regel auf Aufwandskonten aufgelöst wird. Darunter fallen Lehr- und Lernmaterial, zusätzliches Personal für bessere Betreuungsverhältnisse, Tutorien Stipendien usw. Eine Aktivierung der Aufwendungen in das Anlagevermögen ist ab einem Wert von 150 € (§ 6 Abs. 2 EStG) in Fällen möglich – so wie beispielsweise bei Investitionen in die Informationstechnologie (IT) oder in die Bibliotheks-, Lehr- und Laborraumausstattung.

Zum Bilanzstichtag werden die nicht abgeschlossenen Projekte aus Dritt- und Sondermittel abgegrenzt und deren Minderausgaben führen zu **Verbindlichkeiten**. Für den Fall, dass zum Zeitpunkt Mehrausgaben getätigt wurden, sind **Forderungen** geltend zu machen (vgl. *MWK/KPMG/PwC* 2004, S. 32). Erhaltene Anzahlungen werden für Aufträge Dritter gebucht, Verbindlichkeiten aus Lieferungen und Leistungen werden für andere Mittel Dritter, wie beispielsweise Tagungsbeiträge oder Doktorandenstipendien, gebildet. Sondermittel des Landes sind beispielsweise Mittel des Hochschulpakts 2020 (siehe hierzu Abschnitt 3.2.2.2) und stehen den Hochschulen für laufende Aufwendungen und Investitionen zur Verfügung.

Sie werden als Verbindlichkeiten gegenüber dem Land Niedersachsen ausgewiesen. Ähnlich verhält es sich bei Zuschüssen Dritter, die Projektmittel des Bundes, Länder, EU, aber auch nicht öffentlicher Zuschussgeber wie Stiftungslehrstühle umfassen. Sie werden über Verbindlichkeiten oder Forderungen gegenüber anderen Zuschussgebern abgegrenzt.

Die Ausführungen zu den Besonderheiten der Hochschulbilanz zeigen, dass das Instrument für Anspruchsgruppen, die nicht mit der Finanzbuchführung vertraut sind, undurchsichtig wirken kann. Obwohl das Instrument Rechenschaft über die Vermögenslage der Hochschulen transparent ablegen soll, kann daraus schnell eine Fehlinterpretation bezüglich des Kapitals und des Vermögens entstehen – zumal unklar bleibt, über welche Finanzmittel frei entschieden werden kann. Infolge dessen können falsche Ansprüche und weiterführend falsche Entscheidungen abgeleitet werden. Das Instrument wird durch Wahlrechte in der Bewertung angesetzter und ausgewiesener Werte in Bezug auf seine Aussagekraft für Außenstehende noch undurchsichtiger, wie nachfolgend aufgezeigt wird.

Der Bilanzgewinn wird nicht ausschließlich durch den Leistungserstellungsprozess und der finanziellen Mittel beeinflusst, sondern auch durch die Ausnutzung von **Bewertungswahlrechten** (siehe hierzu ausführlich *Breithecker* 2011; *Reemann* 2011). So stellen **Rückstellungen** in ihrer Höhe ungewisse Verbindlichkeiten dar, die nach vernünftiger kaufmännischer Beurteilung für beispielsweise Bauunterhaltung, Prozesskosten, Urlaub, Reisekosten, Höhergruppierungen oder Berufungszusagen gebildet werden und das Kapital erhöhen (siehe hierzu *Döpper/Mittag* 2011; *Breithecker/Schaarschmidt* 2011). Dass die Einflussnahme des Hochschulmanagements auf den Ausweis von Kapital und Vermögen trotz gesetzlicher Reglementierung und GoB groß ist und teils subjektiven Einflüssen ausgesetzt ist, kann am Beispiel von Rechnungsabgrenzungsposten und Abschreibungen auf das Sachanlagevermögen verdeutlicht werden.

Rechnungsabgrenzungen (§ 250 HGB) werden zur periodengerechten Erfolgsermittlung gebildet (vgl. *Eisele/Knobloch* 2011, S. 502). Das Verfahren setzt die Prinzipien der Periodisierung und Pagatorik (§ 252 Abs. 1 Nr. 5 HGB) um. Auf der Aktivseite der Bilanz weist der Rechnungsabgrenzungsposten im Voraus getätigte Ausgaben wie beispielsweise die Zahlung eines Jahresabonnements einer Zeitschrift, Versicherungsprämien oder geleistete Anzahlungen aus, die erst Aufwand des nachfolgenden Geschäftsjahres darstellen. Die Auflösung des Vermögens erfolgt erst im folgenden Jahresverlauf. Erfolgt eine Einnahme erst nach dem Bilanzstichtag, stellt aber Ertrag der abzuschließenden Periode dar, werden sonstige Vermögensgegenstände aktiviert und wieder aufgelöst, sobald die Einnahme erzielt wurde. Dabei kann es sich beispielsweise um noch zu erhaltene Drittmittel handeln. Passive Abgrenzungen werden vorgenommen, wenn erhaltene Einnahmen oder Anzahlungen wie beispielsweise vorab gewährte Drittmittel, eingenommene Tagungsbeiträge etc. vor dem Bilanzstichtag erfolgen, aber der Ertrag erst der nächsten Periode zuzuordnen ist. Sonstige Verbindlichkeiten entstehen bei nachschüssig zu zahlenden Beträgen, wie z. B. bei offenen Lieferantenrechnungen, die aufgrund langer Zahlungsziele erst im Folgejahr zu Ausgaben führen. Denkbar sind auch Lehraufträge, die nicht monatlich, sondern semesterweise nachschüssig gezahlt werden.

Angeschaffte Gegenstände des Sachanlagevermögens sind mit ihren Anschaffungskosten zu aktivieren und planmäßig abzuschreiben (§ 255 Abs. 1 i. V. m. § 253 Abs. 3 Satz 1 HGB). Ebenso stellt die Aktivierung selbstgeschaffener immaterieller Vermögensgegenstände aus Forschungstätigkeiten eine Option dar, das Vermögen bilanzpolitisch zu beeinflussen (vgl. *Breithecker/Goch* 2010, S. 121). Mit der planmäßigen **Abschreibung** von Vermögensgegenständen werden Aufwendungen gebucht, die das Anlagevermögen und über die GuV erfolgswirksam den Bilanzgewinn schmälern. Allerdings werden Abschreibungen durch die Bildung von Sondervermögen kapitalbildend wieder neutralisiert. Die Höhe der Abschreibung bemisst sich nach der Nutzungsdauer des Anlagegutes und dem gewählten Abschreibungsverfahren (siehe hierzu *Eisele/Knobloch* 2011, S. 439 ff.). Die degressive Abschreibung ist für Güter, die nach dem 1. Januar 2011 angeschafft wurden, rechtlich nicht mehr anwendbar, sodass sich das lineare Verfahren mit periodisch gleichbleibenden Beträgen als das vorrangige Verfahren herausstellt (vgl. § 7 Abs. 2 Satz 1 EStG).

Die KPMG AG (2001) hat auf Basis der amtlichen Absetzung für Abnutzungstabellen (AfA-Tabellen) und der Geräte-Gruppenschlüssel der Deutschen Forschungsgemeinschaft (DFG) eine AfA-Tabelle für Hochschulen entwickelt. Die AfA-Tabelle gibt Auskunft über die Nutzungsdauer der Geräte. Obwohl die AfA-Tabelle Nutzungsdauern vorgibt, werden oftmals abgeschriebene Wirtschaftsgüter weiterhin genutzt. Vergleicht man das Wirtschaftsgut mit Marktpreisen, entstehen aus der Differenz von Buchwert und Marktwert **stille Reserven** – Vermögen, das bilanziell nicht ausgewiesen wird, aber genutzt und bei Bedarf liquidiert wird. Die steuerlich motivierte Wertminderung bildet somit Ressourcen nicht verursachungs- oder leistungsgerecht ab. So ist die handels- und steuerrechtliche Bewertung abhängig von den bilanzpolitischen Entscheidungen des Hochschulmanagements. Den tatsächlichen Werteverschleiß bilden Abschreibungsverfahren zwar nicht ab, aber Hochschulen können sich über Abschreibungen ihren (Re-)Investitionsbedarf ermitteln, um die substanzielle Infrastruktur und letztlich die Studien- und Arbeitsbedingungen zu erhalten (vgl. *Breithecker/Goch* 2010, S. 49; siehe auch *Kirchhoff-Kestel* 2006, S. 88). Die Handlungsalternativen verdeutlicht *Breithecker* (2011, S. 91): „Die politische Entscheidung des Rektorats oder des Präsidiums lautet also unter Beachtung der […] Bilanzierungs- und Bewertungswahlrechte:

- Ein höheres Eigenkapital ausweisen als Beleg für ordnungsgemäßes Verwalten des Hochschulhaushaltes in der Vergangenheit mit dem Nachteil, dass zukünftige Perioden über höhere Abschreibungen belastet werden oder
- ein niedriges Eigenkapital zeigen, um u. U. die finanzielle Bedürftigkeit der Hochschule zu untermauern mit dem Vorteil, dass zukünftige Perioden weniger hoch mit dadurch implizierten Abschreibungen belastet werden.“

Die Istwerte der Einnahmen und Ausgaben werden aus der jährlichen Erfolgs- und Finanzrechnung bestimmt. Die Hochschulerfolgsrechnung ist dem Grunde nach eine **Gewinn- und Verlustrechnung** (GuV) erwerbswirtschaftlicher Art für ein abgelaufenes Geschäftsjahr und wird durch die Erweiterung um die Anzahl der vorgegebenen Haushaltsplanjahre zu einem Planungsinstrument. So ermittelt der **Erfolgsplan** den Jahresüberschuss bzw. -fehlbetrag aus Erträgen und Aufwendungen der abgelaufenen Periode und Plandaten für die kommenden beiden Geschäftsjahre (siehe Abb. 3.19).

Hochschule n

ergibt …

Hochschule 1

GEWINN- UND VERLUSTRECHNUNG ***[Jahr]***

	Konten-gruppe	Planjahr +1 EUR	Planjahr EUR	Jahr EUR
1. Erträge aus Zuweisungen und Zuschüssen für laufende Aufwendungen	501			
a) des Landes Niedersachsen aus Mitteln des Fachkapitels	…			
aa) laufendes Jahr	…			
ab) Vorjahre	…			
b) des Landes Niedersachsen aus Sondermitteln	502			
c) von anderen Zuschussgebern	503			
Zwischensumme 1:				
2. Erträge aus Zuweisungen und Zuschüssen zur Finanzierung von Investitionen				
a) des Landes Niedersachsen aus Mitteln des Fachkapitels	504			
b) des Landes Niedersachsen aus Sondermitteln	507			
c) von anderen Zuschussgebern	509			
Zwischensumme 2:				
3. Erträge aus Studienbeiträgen und Langzeitstudiengebühren				
a) Erträge aus Studienbeiträgen				
b) Erträge aus Langzeitstudiengebühren				
Zwischensumme 3:				
4. Umsatzerlöse				
a) Erträge für Aufträge Dritter	510 - 512			
b) Erträge für Weiterbildung	513, 5402			
c) Übrige Entgelte	*			
Zwischesumme 4:				
5. Erhöhung oder Verminderung des Bestandes an unfertigen Leistungen	52			
6. Andere aktivierte Eigenleistungen	53			
7. Sonstige betriebliche Erträge				
a) Erträge aus Stipendien	*			
b) Erträge aus Spenden und Sponsoring	542			
c) Andere sonstige betriebliche Erträge	540, 514 - 518			
(davon Erträge aus der Auflösung des Sonderpostens für Investitionszuschüsse)	541, 543 - 545			
(davon Erträge aus der Auflösung des Sonderpostens für Studienbeiträge)	548			
Zwischensumme 7:				
8. Materialaufwand/Aufwendungen für bezogene Leistungen				
a) Aufwendungen für Roh-, Hilfs- und Betriebsstoffe und andere Materialien	60			
b) Aufwendungen für bezogene Leistungen	61			
Zwischensumme 8:				
9. Personalaufwand				
a) Entgelte, Dienstbezüge und Vergütungen	62, 63 (ohne 638)			
b) Soziale Abgaben und Aufwendungen für Altersversorgung und Unterstützung (davon: für Altersversorgung)	64			
Zwischensumme 9:				
10. Abschreibungen auf immaterielle Vermögensgegenstände des Anlagevermögens und Sachanlagen	65			
11. Sonstige betriebliche Aufwendungen				
a) Bewirtschaftung der Gebäude und Anlagen	674,676			
b) Energie, Wasser, Abwasser und Entsorgung	679			
c) Sonstige Personalaufwendungen und Lehraufträge	66, 638			
d) Inanspruchnahme von Rechten und Diensten	67 (ohne 674, 676, 679)			
e) Geschäftsbedarf und Kommunikation	68			
f) Betreuung von Studierenden	694			
g) Andere sonstige Aufwendungen	69 (ohne 694), 76			
(davon: Aufwand aus der Einstellung in den Sonderposten für Investitionszuschüsse)	Teile aus 697			
(davon: Aufwand aus der Einstellung in den Sonderposten für Studienbeiträge)	Teile aus 697			
Zwischensumme 11:				
12. Erträge aus Beteiligungen	55			
13. Sonstige Zinsen und ähnliche Erträge	57			
14. Abschreibungen auf Beteiligungen	74			
15. Zinsen und ähnliche Aufwendungen	75			
16. Ergebnis der gewöhnliche Geschäftstätigkeit				
17. Außerordentliche Aufwendungen = Außerordentliches Ergebnis				
18. Steuern vom Einkommen und Ertrag	77			
19. Sonstige Steuern	70,78			
20. Jahresüberschuss/-fehlbetrag				
21. Gewinn-/Verlustvortrag				
22. Entnahmen aus Gewinnrücklagen				
23. Einstellungen in Gewinnrücklagen				
24. Veränderung der Nettoposition				
25. Bilanzgewinn/-verlust				

* hochschulseitige Kosten

Abb. 3.19: Erfolgsplan

Die monetäre **Hochschulerfolgsrechnung** wird nach Ertrags- und Aufwandsarten operationalisiert. Auf der Ertragsseite werden sieben Arten unterschieden. Erträge aus Zuweisungen und Zuschüssen für laufende Aufwendungen entsprechen den ersten drei Titeln des Haushaltsplans. Hinzu kommen Sondermittel wie bspw. Mittel aus dem Hochschulpakt 2020 oder zur Graduiertenförderung. Mittel anderer Zuschussgeber umfassen insbesondere öffentliche **Drittmittel**, also „solche Mittel, die zur Förderung von Forschung und Entwicklung sowie des wissenschaftlichen Nachwuchses und der Lehre zusätzlich zum regulären Hochschulhaushalt (Grundausstattung) von öffentlichen [...] Stellen eingeworben werden“ (*Statistisches Bundesamt* 2012a, S. 5). Private Drittmittel dienen demselben Zweck wie öffentliche Drittmittel, zählen aber zu den Umsatzerlösen. Es wird unterschieden zwischen Aufträgen Dritter (wirtschaftsnahe „Auftragsforschung“), Aufträgen Weiterbildung und übrige Entgelte. Die Zuführungen für Investitionen aus dem Haushaltsplan korrespondieren mit den Erträgen aus Zuweisungen und Zuschüssen zur Investitionsfinanzierung sowie Sondermitteln für Investitionsvorhaben (z. B. Bauförderungen) und anderer Zuschussgeber wie beispielsweise Finanzmittel aus Private-Public-Partnerships. Erträge aus Studiengebühren und Langzeitstudiengebühren sowie ggf. Bestandsveränderungen, anderen aktivierten Eigenleistungen und sonstige betriebliche Erträge (z. B. Stipendien, Spenden, Sponsoring und andere sonstige betriebliche Erträge wie etwa Gebühren, Inanspruchnahme von Personal und Geräten im Rahmen von Nebentätigkeiten, Verkaufserlöse von Waren etc.) führen zur letzten Zwischensumme der Erträge.

Mit dem Material- und Personalaufwand, Abschreibungen auf immaterielle Vermögensgegenständen des Anlagevermögens und Sachanlagen sowie sonstigen betrieblichen Aufwendungen stehen den Ertrags- vier Aufwandsarten gegenüber. Der Materialaufwand unterteilt sich in Roh-, Hilfs- und Betriebsstoffe und anderen Verbrauchsmaterialien sowie Aufwendungen für bezogene Leistungen. Personalaufwand entsteht für Entgelte, Dienstbezüge und Vergütungen sowie sozialer Abgaben und Altersversorgung. Sonstige betriebliche Aufwendungen fallen bspw. für die Bewirtschaftung der Gebäude und Anlagen an oder für Lehraufträge, Geschäftsbedarf, Telefon, Studierendenbetreuung etc.

Das Ergebnis der gewöhnlichen Geschäftstätigkeit ergibt sich aus den genannten Ertrags- und Aufwandsposten sowie Beteiligungserträgen, Zinsen und ähnlichen Erträgen, Abschreibungen auf Beteiligungen, an die die Hochschule vertraglich beteiligt ist, und Zinsaufwendungen oder Ähnliches. Nicht dem Geschäftsjahr zuzurechnende Aufwendungen sind außerordentlich. Nach § 277 HGB fallen sie z. B. für Katastrophen an. Allerdings bedürfen sie nach § 37 Abs. 1 LHO der Einwilligung des Finanzministeriums und können bis zur nächsten Haushaltsplanung zurückgestellt werden. Außerordentliche Erträge können Hochschulen nicht erwirtschaften, da Hochschulen keine Erträge außerhalb ihrer Geschäftstätigkeit erzielen. So entsprechen außerordentliche Aufwendungen dem außerordentlichen Ergebnis. Zusammen mit Steuern vom Einkommen und Ertrag sowie sonstigen Steuern ergibt sich der Jahresüberschuss bzw. -fehlbetrag. Korrigiert um den Gewinn- bzw. Verlustvortrag, Entnahmen und Einstellungen aus bzw. in Gewinnrücklagen und die Veränderung der Nettoposition errechnet sich der Bilanzgewinn oder -verlust.

Die Begrifflichkeiten einer erwerbswirtschaftlichen GuV nach § 275 Abs. 2 HGB wurden weitgehend für Hochschulen übernommen und vereinzelnd durch hochschulspezifische Begriffe ersetzt. So stellt sich der Erfolgsplan „als ein nach den Gesamtkostenverfahren operierendes Konstrukt dar, das den monetären Erfolg einer Hochschule misst“ (*Jaspersen/Täschner* 2012, S. 773). Bis auf wenige Ertrags- und Aufwandskonten ist der Erfolgsplan eine Einnahmen- und Ausgabenrechnung im Sinne einer erweiterten Kameralistik und kann nicht als Erfolgsindikator herangezogen werden (vgl. *Küpper* 2000, S. 221). Im Grunde ist die kamerale Haushaltsplanung um eine Artenrechnung erweitert worden, deren Einnahmeüberschuss oder Ausgaberest als Bilanzgewinn bzw. -verlust in das Folgejahr übertragen wird. Insbesondere zählen Sonderposten (Pos. 11g) und Abschreibungen (Pos. 10 und 14) zu den wertberichtigenden Konten. Somit stellt sich die GuV überwiegend als ein zahlungsorientiertes Konstrukt zur Erfolgsermittlung dar. Durch einen Vergleich der Plandaten mit den realisierten Istdaten kann der Erfolg positionsbezogen hinsichtlich Abweichungen untersucht werden. Zudem lässt sich durch Division des Ertrags durch den Aufwand eine Form von (monetärer) Wirtschaftlichkeit an Hochschulen berechnen und somit die Erreichung formaler Ziele nachweisen (siehe hierzu Abschnitt 3.3.1).

Hochschule n

ergibt …

Hochschule 1

KAPITALFLUSSRECHNUNG ***[Jahr]***

			Jahr TEUR	Vorjahr TEUR
1.		Periodenergebnis		
2.	+/-	Abschreibungen/Zuschreibungen auf Gegenstände des Anlagevermögens		
3.	+/-	Zunahme/Abnahme der Rückstellungen		
4.	+/-	Sonstige zahlungsunwirksame Aufwendungen/Erträge Veränderungen des Sonderpostens Investitionszuschüsse Veränderungen des Sonderpostens Studienbeiträge		
5.	+/-	Gewinn/Verlust aus dem Abgang von Gegenständen des Anlagevermögens		
6.	+/-	Zunahme/Abnahme der Vorräte, der Forderungen, sowie anderer Aktiva, die nicht der Investitions- oder Finanzierungstätigkeit zuzuordnen sind		
7.	+/-	Zunahme/Abnahme der Verbindlichkeiten sowie anderer Passiva, die nicht der Investitions- oder Finanzierungstätigkeit zuzuordnen sind		
8.	**=**	**Cashflow aus laufender Geschäftstätigkeit (Summe aus 1. bis 7.)**		
9.	+	Einzahlungen aus Abgängen von Gegenständen des Sachanlagevermögens		
10.	+	Einzahlungen aus Abgängen von Gegenständen des immateriellen Anlagevermögens		
11.	-	Auszahlungen für Investitionen in das Sachanlagevermögen		
12.	-	Auszahlungen für Investitionen in das immaterielle Anlagevermögen		
13.	-	Auszahlungen für Investitionen in das Finanzanlagevermögen		
14.	-	Auszahlungen aufgrund von Finanzmittelanlagen im Rahmen der kurzfristigen Finanzdisposition		
15.	**=**	**Cashflow aus der Investitionstätigkeit (Summe aus 9. bis 14.)**		
16.	+	Einzahlungen aus der Aufnahme von Krediten (einschl. Finanzierung Anteile)		
17.	-	Auszahlungen aus der Tilgung von Krediten		
18.	**=**	**Cashflow aus der Finanzierungstätigkeit (Summe aus 16. und 17.)**		
19.	**=**	**Zahlungswirksame Veränderungen des Finanzmittelfonds (Summe der Zeilen 8., 15. und 18.)**		
20.	+	Finanzmittelfonds am Anfang der Periode		
21.	**=**	**Finanzmittelfonds am Ende der Periode (Summe aus 19. und 20.)**		

Der Finanzmittelfluss setzt sich wie folgt zusammen:

Kassenbestand, Guthaben bei Kreditinstituten
abzüglich kurzfristige Verbindlichkeiten gegenüber Kreditinstituten

Abb. 3.20: Kapitalflussrechnung

Der Jahresüberschuss bzw. -fehlbetrag der Hochschulerfolgsrechnung stellt in der **Kapitalflussrechnung** das Periodenergebnis dar (siehe Abb. 3.20). Zweck der Kapitalflussrechnung liegt in der Beurteilung der hochschulischen Finanz- und Investitionstätigkeiten sowie der

Liquidität i. S. e. termingerechten Erfüllung von Zahlungsverpflichtungen (vgl. *Wöhe/Döring* 2010, S. 585). Es werden aus dem Periodenergebnis Zahlungsströme (**Cashflows**) dargestellt und hinsichtlich Herkunft und Verwendung analysiert (vgl. *Jaspersen/Täschner* 2012, S. 365 ff.).

In der Kapitalflussrechnung werden zunächst zahlungsunwirksame Posten eliminiert. Das sind vor allem Abschreibungen, Zuschreibungen und Rückstellungen. Es ergibt sich der Cashflow aus laufender Geschäftstätigkeit. Durch die Addition von Einzahlungen und Auszahlungen des bilanziellen Anlagevermögens berechnet sich der Cashflow aus der Investitionstätigkeit. Der Saldo aus Kreditaufnahmen und -tilgungen ergibt den Cashflow aus der Finanzierungstätigkeit. Die Summen der drei Cashflows bestimmen die zahlungswirksame Veränderung der Finanzmittel in dem Geschäftsjahr. Werden die Finanzmittel zu Beginn der Periode hinzuaddiert, so ergibt sich der Finanzmittelfonds am Ende der Periode. Einzahlungen und Auszahlungen haben in der Wirtschaftsführung von Hochschulen infolge dessen eine hohe Bedeutung. Ihnen obliegt es, Liquiditätsengpässe im Rahmen der Finanzrechnung und -planung zu vermeiden. Um das Nebenziel der Liquiditätssicherung zu gewährleisten, können Finanzplanungen daher selbst eine Revision von Erfolgsplanungen nach sich ziehen (vgl. *Perridon/Steiner* 1995, S. 7).

Wie die GuV ist die Kapitalflussrechnung eine perioden- oder zeitraumbezogene Rechnung und ermittelt am Ende der Periode den Finanzmittelfonds, welcher dem bilanziellen Kassenbestand und das Guthaben bei Kreditinstituten abzüglich kurzfristiger Verbindlichkeiten entspricht. Die Kapitalflussrechnung kann insofern als ein abgeleitetes Instrument aus Bilanz und Erfolgsrechnung zur Abbildung und Beurteilung von Zahlungsströmen interpretiert werden, welches Aussagen zur Finanzautonomie, Investitionskraft und Kredittilgungskraft zulässt (vgl. *Jaspersen/Täschner* 2012, S. 365). Dazu werden die nicht-zahlungswirksamen Posten aus dem Jahresergebnis der GuV eliminiert. So berechnet sich die Kapitalflussrechnung indirekt (derivativ) aus der Erfolgsplanung. Durch Betrachtung der zahlungswirksamen Plandaten aus der Erfolgsplanung lässt sich auch direkt (originär) der **Finanzplan** ermitteln (siehe dazu Abschnitt 4.2.1.1).

Grundsätzlich ergibt sich aus den Instrumenten der Finanzbuchführung die Möglichkeit der **Konsolidierung**. Ähnlich einer Konzernstruktur mit dem Land Niedersachsen als Muttergesellschaft und den Hochschulen als Töchtergesellschaften ließen sich die Vermögens-, Finanz- und Ertragslage jeder Hochschule zu einer Gesamtlage zusammenführen, wenn auf Landesebene eine Holdingstruktur mit doppelter Buchführung etabliert wäre. So wie es seit 2010 in Hamburg bereits praktiziert wird (vgl. *Vernau* 2010, S. 69). Dadurch könnte die Gefahr einer bewussten oder unbewussten Intransparenz über die Gesamtsituation gemindert werden. *Budäus/Hilgers* (2010, S. 514) schreiben hierzu: „Es werden teilweise verselbstständigte öffentliche Einheiten ganz bewusst als Schattenhaushalte geschaffen oder genutzt, um die Vermögens- und die Finanzlage der Gebietskörperschaft zu verschleiern." Obwohl bislang keine Konsolidierung in Niedersachsen betrieben wird, sind die Voraussetzungen geschaffen und die Konsolidierung ist durch die Abbildungen deshalb (vorerst) nur angedeutet.

3.3.2.2 Betriebsbuchführung

Zur Abbildung und Sicherung des wirtschaftlichen Ressourceneinsatzes sind Hochschulen verpflichtet worden, Kosten- und Leistungsrechnungen (KLR) zu betreiben (§ 49 Abs. 1 Nr. 5 NHG). Obwohl der Begriff der Kosten- und Leistungsrechnung in der betriebswirtschaftlichen Literatur etabliert ist, ist er nicht unumstritten. Der Begriff „Leistung" wurde bereits in Abschnitt 3.1.2 diskutiert und ist per definitionem physisch besetzt. *Hummel/Männel* (1986, S. 83 ff.) als auch *Schweitzer/Küpper* (2003, S. 20 f.) bemessen den kalkulatorischen Erfolg stattdessen aus der Differenz von Kosten und Erlösen. So argumentiert *Witte* (2001, S. 83) in ähnlicher Weise: „Der Begriff ‚Leistung' kann vom allgemeinen Sprachverständnis her sowohl monetär bewerteten Output als auch nichtmonetären abbilden. Im Gegensatz dazu ist der Begriff ‚Erlös' sprachlich von vornherein auf monetär bewertete Sachverhalte beschränkt. Deshalb wäre statt des Begriffs ‚Kosten- und Leistungsrechnung' die Bezeichnung ‚Kosten- und Erlösrechnung' für eine Rechnung, die ausschließlich monetär quantifizierte Sachverhalte abbildet, treffender." Unter Beachtung dieser Auffassung ist der nachfolgende Argumentationsstrang zu sehen.

Die Kosten- und Erlösrechnung bildet den Kern der **Betriebsbuchführung** und wird vereinfachend synonym verwendet. Sie ist als interne Rechnung kalkulatorisch ausgelegt. Es werden Wertansätze gewählt, die den tatsächlichen Werteverbrauch abbilden sollen und nicht den handelsrechtlichen Regelungen unterliegen. Die Strukturen und die kalkulatorischen Kostenwerte sind also grundsätzlich frei bestimmbar (siehe hierzu Abschnitt 3.3.2). An Hochschulen sind jedoch rechtliche Regelungen zu beachten, sodass eine auf die individuellen Bedürfnisse abzielende Gestaltung von Betriebsbuchführungen eingeschränkt ist. Die Datenübernahme aus der Finanzbuchhaltung führt in der Praxis der Kosten- und Erlösrechnung zu einer pragmatischen Kostenteilung über Verteilungsschlüssel auf Stellen der Hochschulorganisation. Anschließend werden die Kosten unter normativen Aspekten den Objekten zugeordnet.

Die Betriebsbuchführung unterliegt den in Abschnitt 3.3 genannten **Rechnungszwecken**. In einer bundesweiten Studie stellt *Kirchhoff-Kestel* (2006, S. 276 ff.) fest, dass in den 1990er-Jahren die Hochschulen der Entscheidungsunterstützung, der Wirtschaftlichkeitskontrolle und der Verhaltensbeeinflussung die höchste Bedeutung beigemessen haben. Die Wirtschaftlichkeitskontrolle subsumiert Ist-Ist- und Soll-/Ist-Vergleiche von Kostenarten, Betriebsvergleiche unter Hochschulen, Kostenkontrollen von Verantwortungsbereichen und die Gegenüberstellung von Kosten und Erlösen. Entscheidungsunterstützend sollte das Instrument u. a. in Bezug auf die Streichung, Ergänzung oder dem Neuaufbau von Studiengängen wirken oder für die interne Mittelverteilung nach Kosten- oder Erlöskriterien herangezogen werden. Durch das Kostenbewusstsein und wirtschaftliche Handeln verbanden die Hochschulen mit der Kosten- und Erlösrechnung ursprünglich auch eine Verhaltenssteuerung. Die gestellten Erwartungen sind jedoch kaum erfüllt worden. So führen *Kirchhoff-Kestel/Ott* (2013) eine replikative Studie durch, die erkennen lässt, dass „die Entwicklungen [...] nicht in den vorher vermuteten Ausbau- bzw. Entwicklungsstufen verlaufen. Ursprünglich geplante bzw. eingeführte Prozesskostenrechnungen wurden wieder aufgegeben. Eine flächendeckende Kostenträgerrechnung konnte sich ebenso wenig durchsetzen. Letztlich scheint es sogar so, dass die meisten Informationen nur in wenigen Fällen zu Berichten an die Entscheidungsträger in den Hochschulen weitergegeben oder von diesen abgefragt werden."

Die Anwendung der Betriebsbuchführung setzt seit dem 1. Januar 2009 in erster Linie EU-rechtliche Regelungen um. Hiernach ist eine staatliche Quersubventionierung für am Markt abgesetzte Güter und Dienstleistungen zu vermeiden. Die Lösungsansätze zur Umsetzung von Anforderungen der EU werden oftmals unter dem Begriff der **Trennungsrechnung** diskutiert (vgl. bspw. *Rupp* 2009; *Beyer* 2009). Ausgangspunkt bildet die im Jahr 2006 überarbeitete Fassung des Gemeinschaftsrahmens für staatliche Beihilfen für Forschung, Entwicklung und Innovation (FuEuI-Rahmen). Der FuEuI-Rahmen soll eine Vereinbarkeit zu Artikel 87 Abs. 1 EG-Vertrag gewährleisten. Artikel 87 Abs. 1 EG-Vertrag, jetzt Artikel 107 Abs. 1 des Vertrags über die Arbeitsweise der Europäischen Union (AEUV), formuliert, dass „staatliche oder aus staatlichen Mitteln gewährte Beihilfen gleich welcher Art, die durch die Begünstigung bestimmter Unternehmen oder Produktionszweige den Wettbewerb verfälschen oder zu verfälschen drohen, mit dem gemeinsamen Markt unvereinbar [sind], soweit sie den Handel zwischen Mitgliedsstaaten beeinträchtigen".

Vor diesem Hintergrund legt die EU-Kommission im FuEuI-Rahmen fest, unter welchen Kriterien Forschungseinrichtungen einschließlich Hochschulen als Empfänger staatlicher Beihilfen im Sinne von Artikel 87 Abs. 1 EG-Vertrag anzusehen sind. Der Unternehmenscharakter hängt dabei nicht davon ab, welche Rechtsform (öffentlich-rechtlich oder privatrechtlich) ausgeübt wird, sondern ob wirtschaftliche Tätigkeiten ausgeübt werden. Davon abgegrenzt sind die nichtwirtschaftlichen Tätigkeiten. Unter ihnen werden die „wesentlichen Tätigkeiten von Forschungseinrichtungen" verstanden, „d. h.

- die Ausbildung von mehr und besser qualifizierten Humanressourcen,
- die unabhängige FuE [Forschung und Entwicklung], auch im Verbund, zur Erweiterung des Wissens und des Verständnisses,
- die Verbreitung der Forschungsergebnisse" (*Europäische Kommission* 2006, S. 11).

Die Tätigkeiten des Technologietransfers, wie etwa die Lizenzierung oder die Gründung von Spin-Off-Unternehmen kann unter Erfüllung zweier Kriterien ebenfalls als nichtwirtschaftliche Tätigkeit eingestuft werden (siehe hierzu ebenda). Der FuEuI-Rahmen nennt in Bezug auf wirtschaftliche Tätigkeiten z. B. die Aufträge Dritter (Auftragsforschung), die Vermietung von Forschungsinfrastruktur oder Beratungstätigkeiten. Übt eine Hochschule wirtschaftliche Tätigkeiten aus, dann sind sie zu marktüblichen Bedingungen zu erbringen. Deren staatliche Finanzierung wird grundsätzlich als Beihilfe eingestuft (vgl. ebenda).

Der FuEuI-Rahmen präzisiert weiterhin, unter welchen Kriterien mittelbare staatliche Beihilfen an Unternehmen durch staatlich finanzierte Forschungseinrichtungen vorliegen. Die Voraussetzungen können sich entweder auf Forschungskooperationen zwischen Forschungseinrichtungen und Unternehmen beziehen (siehe hierzu auch *Kussauer/Mittag* 2011, S. 374 f.) oder auf Projekte der **Auftragsforschung**. Letzteres schließt in der Regel die

Übernahme des Risikos durch den Auftraggeber ein sowie die Übertragung von Verwertungsrechten aus den Forschungsergebnissen. Der Auftraggeber erhält keine mittelbare staatliche Subventionierung, wenn die Forschungseinrichtung

- „ihre Dienstleistung zum Marktpreis" (*Europäische Kommission* 2006, S. 12) erbringt oder
- ihre Dienstleistung zu einem Preis anbietet, „der sowohl sämtliche Kosten als auch eine angemessene Gewinnspanne enthält, sofern es keinen Markt gibt" (ebenda).

Die staatliche Finanzierung der Hochschulen wird bei Nichterfüllung dieser Kriterien als Beihilfe angesehen. Hochschulen, die sich wirtschaftlich betätigen, müssen innerhalb der EU deshalb nachweisen, dass ihre wirtschaftlichen Leistungen subventionsfrei erbracht wurden. Die Nachweispflicht macht eine buchhalterische Trennung wirtschaftlicher von nichtwirtschaftlichen (hoheitlichen) Kosten und Finanzierungen erforderlich (siehe hierzu ausführlich *Kussauer/Mittag* 2011, S. 375 ff.). Die Abgrenzung und Zuordnung wirtschaftlicher und nichtwirtschaftlicher Tätigkeiten gestaltet sich in der Hochschulpraxis schwierig. Dem wirtschaftlichen Bereich werden in der Praxis oftmals die steuerlich nachgewiesenen Tätigkeiten von Betrieben gewerblicher Art (BgA) zugewiesen (vgl. hierzu *Nielen/Müller* 2011, S. 309 ff.). Das in der Praxis übliche Abgrenzungskriterium zwischen hoheitlicher und wirtschaftlicher Tätigkeit ist jedoch „nicht immer eindeutig oder zweifelsfrei möglich" (*Kussauer/Mittag* 2011, S. 376).

Kussauer/Mittag (ebenda, S. 387 ff.; siehe Abb. 3.21) empfehlen ein **Prüfungsschema** ohne Entscheidungsbaum. Zunächst werden die Kriterien des FuEuI-Rahmens getrennt nach wirtschaftlichen und nichtwirtschaftlichen Tätigkeiten aufgelistet. Indizien sowie Beispiele sollen für eine positive Zuordnung sorgen. Sofern anhand der Indizien und Beispielen eine Zuordnung nicht möglich ist, werden im dritten Abschnitt Tätigkeitsmerkmale mit Indizien auf Basis der Rechtssprechung des EuGH benannt. Es gibt bei diesem Prüfungsschritt durchaus Fälle, die anhand der Tätigkeitsmerkmale nicht eindeutig als wirtschaftlich oder nichtwirtschaftlich klassifiziert werden können und zu Widersprüchen führen. So kann eine Tätigkeit von staatlicher Seite her übertragen worden sein und indiziert zunächst eine nichtwirtschaftliche Tätigkeit (z. B. Weiterbildungsstudiengänge). Weiterbildungsstudiengänge können aber auch von privatwirtschaftlicher Seite her angeboten werden. Das deutet wiederum auf eine wirtschaftliche Tätigkeit hin. Die letztendliche Prüfung und Bewertung der Marktnähe unterliegt den Tätigkeitsmerkmalen hinsichtlich des bestimmenden Charakters der jeweiligen Tätigkeitsart. Die dominierenden Merkmale der Tätigkeit klassifizieren dann nach wirtschaftlicher oder nichtwirtschaftlicher Tätigkeit. *Kussauer/Mittag* (ebenda, S. 388) schreiben hierzu: „Je mehr Merkmale und Indizien für eine nichtwirtschaftliche Tätigkeit sprechen, desto wahrscheinlicher ist das Vorliegen einer solchen. Sprechen nur wenige Hinweise dafür und lässt sich die Abgrenzung zur wirtschaftlichen Tätigkeit nur schwer treffen, so ist es ratsam, im Zweifelsfall eine Zuordnung zum wirtschaftlichen Bereich vorzunehmen." Dem ist unter Risikogesichtspunkten zuzustimmen, da durch die fehlerhafte Zuordnung nach dem EU-Beihilferecht formelle und materielle Rechtsfolgen drohen (siehe hierzu *Beyer* 2009, S. 3).

1. Nichtwirtschaftliche Tätigkeiten

	Tätigkeit	Indizien	Beispiele
A	Ausbildung von mehr oder besser qualifizierten Humanressourcen	- Lehre, Schulung oder Studium für einen künftigen Beruf	- Erst- oder Aufbaustudiengang
B	Unabhängige Forschung (auch im Verbund) zur Erweiterung des Wissens und Verständnisses	- Zuschussfinanzierung - Forschungsziele und -vorgehen werden von der Forschungseinrichtung bestimmt - Verwertungsrechte verbleiben bei der Forschungseinrichtung - Eine kurzfristige, diskriminierungsfreie Veröffentlichung ist vorgesehen	- Grundlagenforschung - Zuschussfinanzierte Programme der DFG, des BMBF oder der EU - Ressortforschung (in Abhängigkeit von der Projektgestaltung)
C	Verbreitung von Forschungsergebnissen	- Wissen wird zu öffentlichem Gut (Dritte können an der Verwendung dieser Kenntnisse nicht gehindert werden)	- Forschungsberichte, Studien, Paper etc.
D	Interner Technologietransfer (Lizenzierung, Gründung von Spin-offs, Wissensmanagement) unter der Maßgabe, dass alle Einnahmen daraus wieder in die Haupttätigkeiten (A, B oder C) fließen	- Leistungsaustausch zwischen Einrichtungen der Hochschule - Hochschulangehörige sind Leistungsempfänger	- Weiterbildung für Hochschulangehörige (Studenten und Beschäftigte, vgl. § 36 Abs. 1 HRG)

2. Wirtschaftliche Tätigkeiten

	Tätigkeit	Indizien	Beispiele
A	Vermietung von Infrastruktur	- Räumlichkeiten, Anlagen oder sonstige Güter der Einrichtung werden Dritten zur wirtschaftlichen Nutzung überlassen	- Vermietung/ Bereitstellung von Hörsälen, Laboren, Werkstätten etc.
B	Dienstleistungen für gewerbliche Unternehmen	- Leistungsempfänger ist Unternehmen i.S.d. Wettbewerbsrechts - Dienstleistung wird ebenfalls von anderen nicht staatlich finanzierten Einrichtungen angeboten - Tätigkeit hat Marktbezug (vgl. Bereich 3)	- Analysen - Gutachten - Durchführung von Testreihen - Forschungsbezogene Dienstleistungen
C	Auftragsforschung	- Vollfinanzierung durch Auftraggeber - Forschungsziele und -vorgehen werden von Auftraggeber bestimmt (ggf. Werkvertrag) - Verwertungsrechte fallen Auftraggeber zu - Eine Veröffentlichung ist nicht vorgesehen - Die Forschung ist tendenziell „anwendungsnah“	- Forschungsaufträge der Privatwirtschaft - Ressortforschung (in Abhängigkeit der Projektgestaltung)

3. Prüfung des Marktbezuges

	Tätigkeit	Indizien
nichtwirtschaftlich	- Die Tätigkeit kann nur durch öffentliche Einrichtung oder auf deren Rechnung ausgeübt werden und lässt sich nicht mit Tätigkeiten der privaten Unternehmen vergleichen. - Die Ausrichtung auf Zwecke der Allgemeinheit oder Solidarüberlegungen stehen im Fokus der Tätigkeit. - Es mangelt an einer auf Kapitalmehrung gerichteten Marktlogik.	- Staatlich übertragene Aufgabe - Enger Zusammenhang mit staatlich übertragener Aufgabe - Fehlender Wettbewerb und fehlende Wettbewerbsausrichtung - An Solidarüberlegungen ausgerichtete Entgeltgestaltung/ Unentgeltlichkeit - Ohne staatlichen Zuschuss kann eine ausgeglichene Bilanz (für diese Tätigkeit) nicht erreicht werden.
wirtschaftlich	- Private und öffentliche Einrichtungen üben die gleiche Tätigkeit aus. - Die Tätigkeit wurde nicht immer und wird nicht notwendigerweise von öffentlichen Einrichtungen erbracht. - Die Tätigkeit folgt der Marktlogik (Kapitalmehrung)	- Existenz privater Angebote - Leistungsaustausch ist bestimmender Bestandteil für die Tätigkeit - Leistung ist auf die Unterstützung wirtschaftlicher Tätigkeit des Auftraggebers ausgerichtet - Es mangelt an einer Ausrichtung/ einem Nutzen für die Allgemeinheit

Abb. 3.21: Prüfschema zur Klassifizierung (nicht-)wirtschaftlicher Tätigkeiten (nach Kussauer/Mittag)

Das **EU-Forschungsrahmenprogramm** (FRP) hat für die deutsche Forschungslandschaft hohe Bedeutung erlangt (vgl. *Bundesministerium für Bildung und Forschung* 2007, S. 5 ff.). Deutsche Hochschulen haben in vergangenen Programmen etwa 20 % der Fördermittel eingeworben, um Infrastruktur- und Verwaltungskosten zu refinanzieren. Das aktuelle 7. FRP hat eine Laufzeit von 2007 bis 2013 und umfasst ein Finanzvolumen von 53, 2 Mrd. €. Gegenüber dem 6. FRP mit einer Laufzeit von 5 Jahren und Finanzmitteln in Höhe von 17,5 Mrd. € ergibt sich eine Steigerung von 3,5 Mrd. € p. a. auf 7,6 Mrd. € p. a. (+217 %). Ziel des FRP ist es, die Wettbewerbsfähigkeit der europäischen Gemeinschaft grenzüberschreitend zu stärken, Grundlage einer innovativen Wirtschaft zu sein und zugleich unmittelbaren Nutzen für die Bürger zu stiften (vgl. ebenda). Um Finanzmittel zusätzlich zu den beantragten Projektmitteln auch aus dem FRP einzuwerben, sind, wie durch das EU-Beihilferecht, Anforderungen an die Kostenrechnung umzusetzen.

Zwar sind für das Nachfolgeprogramm **Horizont 2020**, das nach dem Gesetzgebungsverfahren ab 2014 beginnt, Vereinfachungen in der Finanzierung geplant, aber genauere Regelungen sind bislang nicht bekannt. So sollen z. B. vorhandene Buchhaltungspraktiken stärker toleriert werden, durch Mindestanforderungen die Zeiterfassung vereinfacht werden oder die Berechnung indirekter Kosten durch einen Pauschalsatz auf die direkten Kosten als generelle Regelung gelten (vgl. *Europäische Kommission* 2011b, S. 2). Der Wegfall externer Anforderungen wäre ein wichtiger Schritt für eine weitere Ausrichtung der Betriebsbuchführung auf die Erwartungen interner Anspruchsgruppen.

Zu den nicht erstattungsfähigen Kosten des 7. FRP zählen laut Anhang II der **Finanzhilfevereinbarung** identifizierbare indirekte Steuern einschließlich Mehrwertsteuer, Zölle, Schuldzinsen, Rückstellungen für eventuelle Verluste oder Verbindlichkeiten, Wechselkursverluste, Kosten anderer EU-Projekte sowie Zinsen aus Verbindlichkeiten oder unwirtschaftliche Ausgaben (vgl. *Europäische Kommission* 2011a, Anhang II.14.3). Als erstattungsfähige Kosten werden direkte Kosten und indirekte Kosten genannt (vgl. ebenda, Anhang II.15). Direkte Kosten sind als **Einzelkosten** den F&E-Projekten unmittelbar zuzuordnen (z. B. Reisekosten, Verbrauchsmaterial, Abschreibungen für projektbezogene Anlagegüter oder zuzuordnende Personalkosten). Indirekte Kosten werden auch als **Gemeinkosten** oder Overheadkosten bezeichnet. Sie werden indirekt durch das Projekt verursacht. Beispielhaft können Verwaltungskosten oder Versicherungen genannt werden. Sie sind nur mittelbar über die Bildung von Zusammenhängen zu den direkten Kosten den Projekten zuzuordnen. Der Nachweis erstattungsfähiger Kosten hat durch den Ausweis im Rechnungslegungssystem des Empfängers zu erfolgen. Zur Soll-Kostenkalkulation und Ist-Abrechnung mit dem Geldgeber werden in der Finanzhilfevereinbarung zwei alternative Methoden vorgeschlagen (vgl. ebenda):

- Ermittlung der tatsächlichen indirekten Kosten über a) eine analytische Rechnungslegung oder b) eine vereinfachte, von Wirtschaftsprüfern oder der Innenrevision der Hochschule zu zertifizierende Methode, die anhand des letzten abgeschlossenen Rechnungsjahres die erstattungsfähigen Kosten berechnet.
- Ansatz eines Pauschalsatzes in Höhe von 20 % oder im Falle von Non-Profit-Organisationen, die die indirekten Kosten nicht zuverlässig ermitteln können, Ansatz ei-

nes Pauschalsatzes in Höhe von 60 % der erstattungsfähigen direkten Kosten (ohne Unteraufträge).

Die Kriterien des EU-Beihilferechts und des 7. FRP stellen für das Rechnungswesen von Hochschulen hohe Anforderungen (vgl. *Andersen* 2010, S. 1237 ff.):

- Es müssen für wirtschaftliche F&E-Projekte sämtliche (tatsächlichen) Kosten inklusiver Gewinnspanne kalkuliert und abgerechnet werden. Dazu zählen neben Personal-, Gebäude-, IT- auch Verwaltungs- und Servicekosten.
- Die Kostenrechnung muss in der Lage sein, direkte und indirekte Kostenarten für F&E-Projekte zu ermitteln.
- Doppelfinanzierungen über die EU und anderen Drittmittelgebern für Drittmittelprojekte (direkte Kosten) sind zu vermeiden. Hingegen sind Kosten der Grundausstattung erstattungsfähig (indirekte Kosten).
- Die Erstattungsfähigkeit der Grundausstattung bedingt eine Bewertung der Kosten der Grundausstattung. Zumindest ist dann für das Personal, welches nicht nur für ein einzelnes EU-Projekt tätig ist, eine Zeiterfassung erforderlich. Aber auch andere Kostenarten müssen nach ihren tatsächlichen Kosten bewertet werden.
- Da im 7. FRP nur direkte und indirekte Forschungskosten erstattet werden, ist eine Trennung zwischen Forschungs- und Lehrkosten erforderlich. Das wissenschaftliche Personal ist aber in der Regel sowohl in Forschung als auch in Lehre tätig und wird entsprechend für beide Bereiche entlohnt. Schwierig ist zudem die Trennung indirekter Servicebereiche wie etwa Personal- oder Baudezernate hinsichtlich Forschung oder Lehre.

Die Anforderungen können sinnvollerweise mit einem Kostenrechnungssystem auf Vollkostenbasis umgesetzt werden (siehe hierzu *Schweitzer/Küpper* 2003, S. 67 f.). Eine **Vollkostenrechnung** erfasst sämtliche Kosten in einer Periode und teilt sie zur Verrechnung auf Produkte und Projekte in Einzel- und Gemeinkosten auf (vgl. *Eisele/Knobloch* 2011, S. 799 f.). Dadurch können die **Selbstkosten**, definiert als die Summe der im Leistungserstellungsprozess entstehenden Kosten für ein Produkt bzw. Kostenträger (vgl. *Wöhe/Döring* 2010, S. 974 f.), ermittelt und geplant werden. Kostenrechnungssysteme sind dreigeteilt (vgl. *Kussauer/Mittag* 2011, S. 391 ff.; siehe Abb. 3.22):

- Die **Kostenartenrechnung** beantwortet die Frage, welche Kosten entstanden sind (z. B. Personalkosten, Sachmittel etc.).
- Die **Kostenstellenrechnung** geht der Frage nach, wo die Kosten entstanden sind (z. B. Organisationseinheiten wie Fakultäten, Institute, Zentrale Einrichtungen etc.).
- Die **Kostenträgerrechnung** behandelt die Frage, wofür die Kosten entstanden sind (z. B. Produkte der Lehre, Forschung oder sonstigen Dienstleistungen).

Rupp (2009, S. 3 ff.) hat für niedersächsische Hochschulen ein Konzept der Betriebsbuchführung entworfen, welches von der KPMG AG Wirtschaftsprüfungsgesellschaft in Bezug auf die Ansprüche der EU geprüft wurde. Hiernach entspricht die Summe der Kosten und Erlöse den Aufwendungen und Erträgen der GuV. Lediglich für das Landespersonal werden pro Besoldungs-/Entgeltgruppe aus den Istpersonalkosten der Vorjahre hochschulspezifische Durchschnittskosten („kalkulatorische Personalkosten“) gebildet, da aktuelle Daten für Landesbetriebe gemäß § 81 des Niedersächsischen Personalvertretungsgesetzes (NPersVG) nicht verwendet werden dürfen.

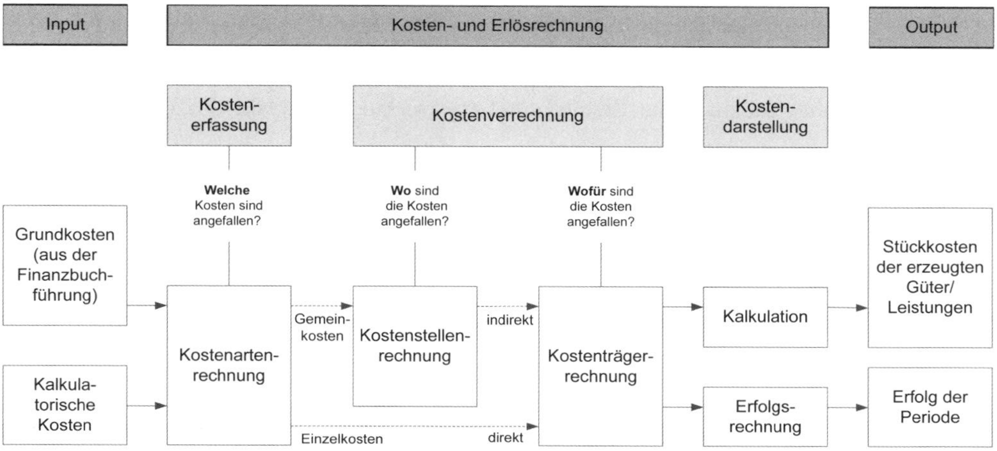

Abb. 3.22: Struktur einer Kosten- und Erlösrechnung (in Anlehnung an Kussauer/Mittag)

Entgegen der erwerbswirtschaftlichen Vorgehensweise übernehmen niedersächsische Hochschulen aus der Finanzbuchführung neben dem Zweckaufwand auch den neutralen Aufwand als **Grundkosten** in die Kostenartenrechnung. Das Vorgehen wird einerseits mit der Deckung der neutralen Aufwendungen durch die Landeszuschüsse als Erlöse begründet und andererseits mit der einheitlichen Bildung von Kosten- und Erlöskennzahlen für das Monitoring der Hochschulentwicklung (vgl. *Dölle/Rupp/Niermann* 2010, S. 19; siehe hierzu Abschnitt 3.3.1.3). Weitere **kalkulatorische Kosten** werden nach Vorgabe des MWK nicht in der Kostenrechnung gebildet. Abschreibungen auf das Anlagevermögen und Mieten für Gebäude, Lizenzen etc. werden gemäß den bilanziellen Wertminderungen übernommen. Einstellungen in den Sonderposten für Investitionen finden keine Anwendung, da sie lediglich einen nominellen Werterhaltungscharakter aufweisen (siehe hierzu Abschnitt 3.3.2.1).

Durch die Übernahme von Daten aus der Finanzbuchführung orientiert sich die **Kostenartenrechnung** in ihren Begrifflichkeiten am Kontenplan der GuV und ordnet sich hierarchisch nach **Verbrauchsarten** (vgl. *Schubert* 2009, S. 237 ff.; siehe Abb. 3.23). Der Kontenplan vervollständigt die Kontenklassen 0 bis 4 der Bilanz zu einem geschlossenen Einsystem. Es werden die Erträge der Kontenklasse 5 in Zuwendungen, Entgelte, Bestandsveränderungen, Eigenleistungen, Erlöse, Zinserträge und Spenden unterteilt. Die Aufwendungen (Kontenklasse 6) werden entsprechend der GuV in zehn Kontenuntergruppen klassifiziert. In der Kontenklasse 7 werden Steuern und Zinsen verbucht und die Kontenklasse 9 dient der Kostenverrechnung innerhalb der Kosten- und Erlösrechnung, in der wirtschaftliche Projekte und Dienstleistungen abgerechnet sowie Umlagen verbucht werden. In der Regel wird in der Kontenklasse 8 mit der Saldierung der Erträge und aller Aufwendungen eine Ergebnisrechnung durchgeführt. Die Gestaltung der Kostenartenstruktur sollte die Ansprüche von Geldgebern wie dem 7. FRP bereits umsetzen und nicht erstattungsfähige Kosten wie Zölle, Schuldzinsen usw. abgrenzen.

Des Weiteren muss der Buchungsbeleg zur Datenerfassung in der Finanzbuchführung nicht nur nach Konten, Kostenart, Kostenstelle und Kostenträger (**Mittelverwendung**) unterscheiden, sondern zwecks Kalkulation und Abrechnung einzeln geförderter Projekte und Produkte muss auch die Finanzierungsquelle (**Mittelherkunft**) mit erfasst werden. Beispielsweise sind die Mittel für Angestellte aus Drittmittelprojekten oder Studiengebühren zweckgebunden und müssen entsprechend separat geplant und kontrolliert werden. Ebenso können Finanzierungsquellen nach Haushalt und Sondermittel (bspw. Hochschulpakt 2020) unterschieden werden.

Konten(unter)gruppe	Bezeichnung
5	Erträge
50	Zuwendungen
51	Entgelte
52	Bestandsveränderungen
53	Eigenleistungen
54	Erlöse
57	Zinserträge
58	Spenden
6	Aufwendungen
62	Lohn
63	Vergütungen und Bezüge
64	AG-Anteile zur Sozialversicherung, soziale Abgaben
66	Sonstiger Personalaufwand
60	Verbrauchsmaterialien
61	Sonstige Aufwendungen
65	Abschreibungen
67	Miete und Reinigungsaufwand
68	Aufwand Formulare, Dienste und Reisekosten
69	Versicherungen, Gebühren und Beiträge
7	Steuern und Zinsen
70	Steuern
75	Zinsen
9	Interne Verrechnungen
91	Projektabrechnung
95	Interne Dienstleistungen
97	Umlagen

Abb. 3.23: Gliederung der Kostenartenrechnung zur Primärkostenerfassung (in Anlehnung an Schubert)

Die erfassten Daten der Finanzbuchhaltung bilden außerhochschulische Leistungen ab, die sich auf den Verbrauch von in der Regel erkauften Produktionsfaktoren wie z. B. menschliche Arbeit beziehen. Die Daten der Finanzbuchhaltung werden in die Kosten- und Erlösrechnung übernommen. Gemäß der **Herkunft** bezeichnet man den bewerteten Verbrauch an außerhochschulischen Leistungen der Kontenklassen 5, 6 und 7 auch als **Primärkosten**. Die Bewertung innerbetrieblicher Verrechnungsvorgänge der Kosten- und Erlösrechnung bestimmt hingegen die Höhe der **Sekundärkosten** in der Kontenklasse 9 (vgl. hierzu *Macha* 2010, S. 38 f.). Beispielsweise lässt sich monatlich die Kostenart „Telefongebühren" auf Kostenstellen eindeutig zuordnen. Die investiven Kosten und Instandhaltungskosten der Telefonanlage können jedoch nur als sekundäre Kosten proportional anhand der Kennzahl „Anzahl der Telefonapparate" auf die Kostenstellen umgelegt werden. Statt der Zurechenbarkeit auf Kostenstellen und Kostenträger wie bei Einzel- und Gemeinkosten steht bei Primär- und Sekundärkosten die Herkunft im Vordergrund der Betrachtung. In ihrer Höhe sind jedoch beide Begriffspaare an Hochschulen in Niedersachsen identisch, da sich die Wertansätze der Kosten- und Erlösrechnung aus der Finanzbuchhaltung bestimmen.

Kosten können in der Kostenartenrechnung neben ihrer Zurechenbarkeit und Herkunft grundsätzlich auch hinsichtlich ihres Verhaltens bei Beschäftigungsschwankungen systematisiert werden (vgl. ebenda, S. 31 ff.). **Beschäftigung** bezeichnet in der Betriebswirtschaft „die Ausnutzung oder den Ausnutzungsgrad der Kapazität von Anlagen, Kostenstellen, Unternehmensbereichen oder des Unternehmens" (*Hummel/Männel* 1986, S. 101). Die Unterscheidung in (beschäftigungs-)variable und (beschäftigungs-)fixe Kosten ist in Hochschulen jedoch selten entscheidungsrelevant angesichts langfristig gebundener und damit kaum beeinflussbarer hoher Personalkosten, die durch den Beamtenstatus vieler Mitarbeiter entstehen. Allerdings ist eine Kategorisierung in Leistungs- und Bereitschaftskosten für Hochschulen relevant (vgl. hierzu *Kirchhoff-Kestel* 2006, S. 159 ff.). **Leistungskosten** weisen eine direkte Beziehung zu den tatsächlich erbrachten Leistungen auf und ändern sich mit der kleinsten Änderung des Beschäftigungsgrads. **Bereitschaftskosten** sind hingegen leistungsunabhängig. Sie sind in ihrer Höhe identisch zu den fixen Kosten, „[s]olange Kapazität und Betriebsbereitschaft [...] nicht verändert werden, [...] und zwar auch dann, wenn innerhalb einer Periode überhaupt keine Leistungen erstellt werden" (*Hummel/Männel* 1986, S. 102). Mittel- und langfristig gelingt der „Aufbau oder Abbau der Kapazität oder der Betriebsbereitschaft [...] meist nur sprunghaft, nur in bestimmten Intervallen und nur zu bestimmten Terminen" (ebenda). Beispielsweise lassen sich Personalkosten nur unter Berücksichtigung der Kündigungsfristen bei den Angestellten senken. Derartige Maßnahmen zur Beeinflussung mittelfristiger oder wie bei Mietverträgen üblicherweise langfristiger Bereitschaftskosten hängen von der Bindungsdauer ab und sind deutlich vom Ausnutzungsgrad der Kapazität mit den sich automatisch ergebenden variablen und den beschäftigungsfixen Kosten zu unterscheiden (vgl. ebenda). Obwohl erwartet wird, dass die Leistungskosten (z. B. Lehraufträge) zunehmen werden, lässt der hohe Anteil an Bereitschaftskosten in Hochschulen eine Erstellung von **Vertragsdatenbanken** für Personal oder Anlagen als Nebenbuchführungen zwecks Beurteilung der Abbaufähigkeit sinnvoll erscheinen (vgl. *Kirchhoff-Kestel* 2006, S. 161 f.).

Zur internen Verrechnung der Einzelkosten auf Kostenträger sind bereits bei der buchhalterischen Erfassung in der Finanzbuchhaltung Objektbezüge herzustellen. So können die Kosten des Dritt- und Sondermittelpersonals als Istkosten direkt einem Projekt zugeordnet werden. Selbiges gilt für Reisekosten, Sachmittel oder extern beschaffte Dienstleistungen bzw. Unteraufträge, vereinzelt auch für Abschreibungen. Die Kosten des Landespersonals werden über Verfahren der **Zeiterfassung** den Projekten und Produkten direkt zugeordnet. Das EU-Büro hat ein entsprechendes Muster für Forschungsprojekte entworfen, welches von der Europäischen Kommission bestätigt wurde (siehe hierzu BMBF o.J.). In der Praxis kommen Zeiterfassungssysteme zum Einsatz, die nach der Genehmigung gebuchter Zeiten durch die Beschäftigten eine Personalkostenverrechnung anstößt. Die Zeitaufschreibung bildet aufgrund des hohen personellen Einsatzes ein wichtiger Bestandteil zur Bewertung des gesamten produkt- bzw. projektbezogenen Ressourceneinsatzes (vgl. *Syring/Hartmann* 2008, S. 206).

Sind die Einzelkosten den Projekten und Produkten in der Kostenträgerrechnung noch verursachungsgerecht direkt zuzuordnen, werden die Gemeinkosten über die **Kostenstellenrechnung** verrechnet. *Häberle* (2008, S. 717) bezeichnet eine **Kostenstelle** als betrieblichen Teilbereich. Die Kostenstellen einer Hochschule lassen sich gemäß der Organisationsstruktur zu einer **Kostenstellenhierarchie** ordnen und die erfassten Kosten können in den definierten Verantwortungsbereichen separat geplant und kontrolliert werden (vgl. *Hummel/Männel* 1986, S. 190; siehe auch *Schubert* 2009, S. 76). Zur Umsetzung der Anforderungen aus dem FuEuI-Rahmen ließe sich auf die Kostenträgerrechnung verzichten, wenn die Kostenstellen getrennt nach wirtschaftlichen und nichtwirtschaftlichen Tätigkeiten strukturiert werden (vgl. *Kussauer/Mittag* 2011, S. 396).

Über Umlageschlüssel lassen sich Kosten in der Kostenstellenrechnung nach dem **Kostenstellenumlageverfahren** – oftmals auch Stufenleiterverfahren genannt – verrechnen (vgl. *Eilenberger* 1995, S. 268 f.). Aus Gründen der Praktikabilität wird das alternative Kostenstellenausgleichsverfahren mit der Modellierung bilateraler Leistungsbeziehungen nicht angewendet (siehe hierzu ebenda, S. 269 ff.). Beim **Stufenleiterverfahren** wird (vereinfachend) angenommen, dass zwischen den Organisationseinheiten einseitige Leistungsbeziehungen bestehen. Entsprechend der Wertschöpfung werden die Kostenstellen für die Kostenverrechnung einseitig nach sendende und empfangende Kostenstellen angeordnet. Beispielsweise erbringt das Präsidium genau wie die Kostenstelle Gebäude für alle nachfolgenden Kostenstellen Leistungen. Analoge Überlegungen müssen für das Rechenzentrum oder die Bibliothek angestellt und hochschulspezifisch festgelegt werden. Man unterscheidet im niedersächsischen Modell zwischen Hilfs- und Endkostenstellen sowie Verrechnungskostenstellen (vgl. *Schubert* 2009, S. 75 f.):

- **Vorkostenstellen** erbringen üblicherweise infrastrukturelle Leistungen für nachgelagerte Kostenstellen und belasten diese mit ihren angefallenen Kosten. Gelegentlich erbringen Vorkostenstellen aber auch externe Dienstleistungen („echte Produkte"), die dann unmittelbar in der Kostenträgerrechnung kalkuliert und abgerechnet werden müssen. So können beispielsweise Drittmittelprojekte von einer Vorkostenstelle „Rechenzentrum" durchgeführt und entsprechend abgerechnet werden.
- **Endkostenstellen** sind wesentlich an der Leistungserstellung in Lehre, Forschung, Weiterbildung und externer Dienstleistung beteiligt; so z. B. die Kostenstellen der Institute. Zur zweckgebundenen Auswertung kann sich die Bildung von Endkostenstellen an Kategorien der Mittelherkünfte orientieren.
- **Verrechnungskostenstellen** werden für Zwecke der Kosten- und Erlösrechnung eingerichtet und dienen beispielsweise der Nachkalkulation von Personaldurchschnittskosten oder der Abrechnung pauschal angesetzter Gebäude- und Stromkosten. Die Verrechnung geprüfter Jahresabschlussangaben erfolgt dann im Dezember.

Nach Anordnung der Kostenstellen entsprechend ihrer (einseitigen) Leistungsverflechtung erfassen im ersten Verrechnungsschritt alle Kostenstellen ihre primären Kosten. Die Kostenzuordnung kann aber nicht wie bei den Einzelkosten immer nach dem **Verursachungsprinzip** erfolgen, da ein Zusammenhang zwischen Kosten und Produkten bzw. Projekten in vielen Fällen fehlt. Ein nicht unerheblicher Teil der Gesamtkosten in Hochschulen sind daher

Gemeinkosten. Die Verrechnung von Gemeinkosten von Vor- auf Endkostenstellen erfolgt in der Regel nach dem **Beanspruchungsprinzip**, wobei die Gemeinkosten proportional nach hochschulspezifischen Umlageschlüsseln verteilt werden. **Umlageschlüssel** oder **Verrechnungsschlüssel** bestimmen das Verhältnis der Kostenaufteilung (vgl. *Schubert* 2009, S. 76 ff.; siehe Tab. 3.8). Ein Umlageschlüssel zur Verteilung der Gebäudekosten ist beispielsweise die Nutzfläche in Quadratmeter. Die Kosten der Hochschulleitung können anhand der Vollzeitäquivalente oder zu gleichen Anteilen verteilt werden. Denkbar wäre auch, die Personalkosten auf nachgelagerte Einrichtungen umzulegen (vgl. *Rupp* 2009, S. 12).

Stufe	Abgebende Kostenstellen	Verrechnungsschlüssel	Empfangende Kostenstellen
1	Gebäude	Anzahl Quadratmeter	Alle Einrichtungen mit eigenen Räumen
2a	Hochschulleitung	Gleiche Anteile	Alle zentralen Einrichtungen, Dezernate und Dekanate
2b	Dezernat Personal	Anzahl Beschäftigte	Alle Einrichtungen mit eigenem Personal
2c	Dezernat Liegenschaft und Technik	Anzahl Quadratmeter	Alle Einrichtungen
2d	Übrige Dezernate	Gleiche Anteile	Alle Dekanate
3a	Rechenzentrum	Anzahl Netzzugänge	Alle Einrichtungen mit Netzzugängen
3b	Bibliothek	Anteile nach Nutzergruppen	Alle Einrichtungen und externe Dienstleistungen
3c	Sprachenzentrum	Anteile nach Nutzergruppen	Alle Einrichtungen und externe Dienstleistungen
3d	Druckerei	Anteile nach Nutzergruppen	Alle Einrichtungen und externe Dienstleistungen
4	Sportzentrum	Anteile nach Nutzergruppen	Alle Einrichtungen und externe Dienstleistungen
5a	Dekanate	Gleiche Anteile	Alle Einrichtungen einer Fakultät
5b	Serviceeinrichtungen einer Fakultät	Gleiche Anteile	Alle wissenschaftlichen Einrichtungen einer Fakultät

Tab. 3.8 Verrechnungsstufen und -schlüssel eines Hochschulabrechnungsbogens (nach Schubert)

Schubert (2009, S. 78 f.; siehe Abb. 3.24) erläutert das Stufenleiterverfahren zur Kostenverrechnung sekundärer Kosten in einem **Hochschulabrechnungsbogen** in fünf Stufen: „

1. Stufe: Verrechnung der Kosten für die Gebäudenutzung auf Hilfskostenstellen der Hochschulverwaltung, für zentrale Aufgaben, für den wissenschaftlichen Bereich (sonstige Einrichtungen und Fakultätshilfskostenstellen) sowie auf Endkostenstellen.

2. Stufe: Verrechnung der Kosten für die Hochschulverwaltung auf Hilfskostenstellen für zentrale Aufgaben, für den wissenschaftlichen Bereich (sonstige Einrichtungen und Fakultätshilfskostenstellen) sowie auf Endkostenstellen.
3. Stufe: Verrechnung der Kosten zentraler Einrichtungen auf Hilfskostenstellen für den wissenschaftlichen Bereich (sonstige Einrichtungen und Fakultätshilfskostenstellen) sowie auf Endkostenstellen.
4. Stufe: Verrechnung der Kosten sonstiger Einrichtungen auf Fakultätshilfskostenstellen sowie auf Endkostenstellen.
5. Stufe: Verrechnung der Kosten innerhalb der Fakultäten auf Endkostenstellen (die dann ggf. auf Kostenträger abgerechnet werden)."

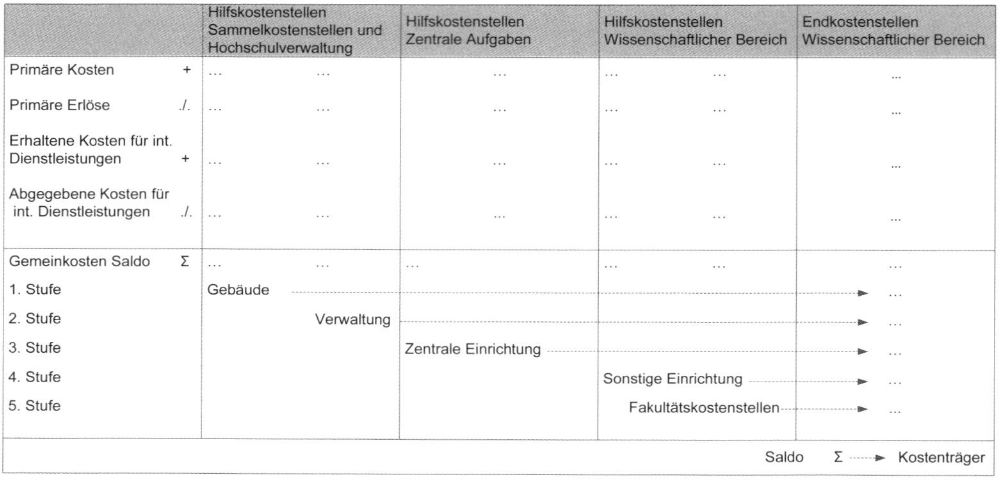

Hilfskostenstellen Sammelkostenstellen und Hochschulverwaltung
Hilfskostenstellen Zentrale Aufgaben
Hilfskostenstellen Wissenschaftlicher Bereich
Endkostenstellen Wissenschaftlicher Bereich
Primäre Kosten +
Primäre Erlöse ./.
Erhaltene Kosten für int. Dienstleistungen +
Abgegebene Kosten für int. Dienstleistungen ./.
Gemeinkosten Saldo Σ
1. Stufe
2. Stufe
3. Stufe
4. Stufe
5. Stufe
Gebäude
Verwaltung
Zentrale Einrichtung
Sonstige Einrichtung
Fakultätskostenstellen
Saldo Σ Kostenträger

Abb. 3.24: Stufenleiterverfahren für die Verrechnung von zentralen Kostenblöcken (nach Schubert)

Der FuEuI-Rahmen impliziert eine Abbildung der Projekte und Produkte als Kostenträger. Für jedes einzelne Projekt oder Produkt muss ein Kostenträger angelegt werden, um die Kosten und Erlöse den Objekten für die Kalkulation und Erfolgsrechnung zuzuordnen. Es bietet sich an, Kostenträger gleicher Art hierarchisch zu gruppieren und in einem **Produktkatalog** zu dokumentieren (*Kussauer/Mittag* 2011, S. 396); siehe Abb. 3.25). Produktkataloge können wie in Niedersachsen entsprechend der hochschulischen Kernprozesse und um externe Dienstleistungen aus Unterstützungsprozessen in Produktbereiche strukturiert werden. Letzteres umfassen auch echte Produkte aus Vorkostenstellen. Die Fächergruppenstruktur und eine zentrale Einheit für nichtfachliche Einrichtungen lassen sich als Produktgruppen auffassen, die wiederum in Fachprodukte aus Lehr- und Forschungseinheiten sowie einzelnen Verwaltungseinheiten aufgeteilt werden. Auf unterster Ebene gliedern sich die Kostenträger nach detailreicheren Klassen der Produktbereiche. So umfasst beispielsweise der Produktbereich Lehre alle Studiengänge. Unter der Nachwuchsförderung im Produktbereich Forschung können alle Promotions- und Habilitationsvorhaben sowie Junior-Professuren klassifiziert werden, da sie überwiegend forschend tätig sind.

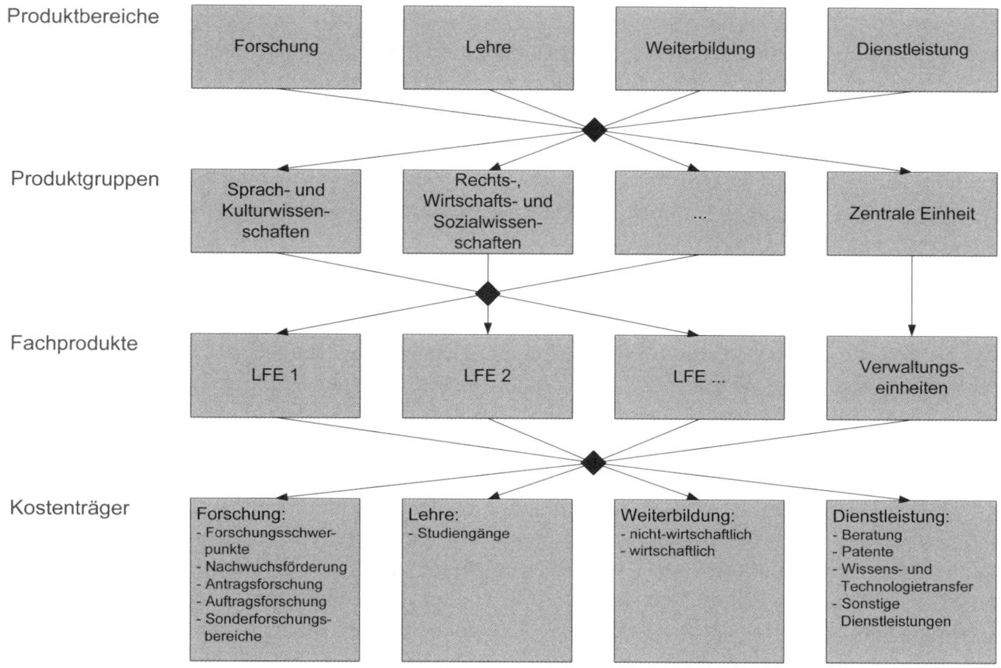

Abb. 3.25: Beispiel einer Kostenträgerhierarchie im Hochschulbereich

An der Kostenträgerhierarchie wird deutlich, dass sowohl wirtschaftliche als auch nichtwirtschaftliche Tätigkeiten (z. B. hoheitliche Studiengänge) als Kostenträger angelegt werden können. Dadurch lassen sich sämtliche Kosten auf Kostenträger verteilen (vgl. *Kussauer/Mittag* 2011, S. 397) und die Leistungsstruktur gewinnt an Transparenz. In der Praxis der **Kostenträgerrechnung** erfolgt deshalb im ersten Schritt die Trennung von Forschung und Lehre auf Basis normativ gesetzter Forschungs- und Lehrkoeffizienten der HIS Hochschul-Informations-System GmbH (vgl. *Dölle/Jenkner/Leszczensky* et al. 2002, S. 7). Obgleich der Schwächen normativ festgelegter Werte, kann eine empirisch ausgerichtete Methode mit einer flächendeckenden Zeiterfassung inklusiver Selbstaufschreibung von Tätigkeiten dagegen sehr aufwändig und anfällig für Verzerrungen sein (vgl. ebenda, S. 18).

Im AKL-Vergleich der HIS GmbH wird das Verfahren der normativen Kostenspaltung erläutert und begründet: „Aufgrund der primären Zuständigkeit für Forschung und Lehre und der hohen Kostenrelevanz wird zunächst das wissenschaftliche Personal betrachtet. [...] Dazu wird die Aufteilung der Kosten für Lehre und Forschung in einem ersten Schritt anhand der Lehrverpflichtung für die unterschiedlichen Kategorien des wissenschaftlichen Personals vorgenommen. Ausgangspunkt der Überlegungen ist, dass seinerzeit mit der Festlegung des Deputats für Universitätsprofessoren (8 SWS) sichergestellt werden sollte, dass diese in etwa zur Hälfte ihrer Arbeitszeit zu lehren und zur anderen Hälfte zu forschen in der Lage sind. Verwaltungstätigkeit ist dabei gedanklich den Hauptaufgaben Lehre und Forschung zugerechnet.

Ergebnis der Aufteilung der Arbeitszeit der Professoren ist damit ein Lehr- und Forschungskoeffizient von jeweils 0,5. Auf dieser Grundlage sind allen Kategorien des wissenschaftlichen Personals nach der Lehrverpflichtungsverordnung Deputate und entsprechend des Verhältnisses des jeweiligen Deputats zum Deputat für Professoren Lehr- und Forschungskoeffizienten zugeordnet worden. Bei einem Deputat von 4 SWS für Personal auf Qualifikationsstellen [...] ergibt sich danach beispielsweise ein Lehrkoeffizient von 0,25.

Auf diese Weise lassen sich für das wissenschaftliche Personal Lehr- und Forschungskoeffizienten lückenlos generieren" (ebenda).

Die normativ geregelte Aufteilung primärer Kosten auf die Kostenträger der Forschung und der Lehre erfolgt daher in Abhängigkeit von den Lehrverpflichtungen. An Universitäten sind dies in der Regel 50 %. An Fachhochschulen lassen sich pauschale Lehranteile zwischen 85%–95% ansetzen, um personalbasierte Koeffizienten zu generieren (vgl. *Dölle/Deuse/Jenkner* et al. 2010, S. 173 f.). In der zweiten Stufe können nach Produktgruppen und weiterführend nach LFE und Verwaltungseinheiten Kostendaten differenziert werden. Zusätzlich lassen sich die Kostenträger der Forschung nach Forschungsschwerpunkten, Antragsforschung, Auftragsforschung, Nachwuchsförderung und Sonderforschungsbereiche unterscheiden. Zur Kalkulation (**Kostenträgerstückrechnung**) einzelner Projekte oder Produkte werden die Gemeinkosten mittels eines Gemeinkostenzuschlagssatzes berechnet. Der **Gemeinkostenzuschlagssatz** verteilt die Gemeinkosten auf die Kostenträger, indem eine Zuschlagsbasis in den Einzelkosten festgelegt wird (vgl. *Eisele/Knobloch* 2011, S. 877 ff.). Aufgrund ihrer hohen Bedeutung in Hochschulen üben Personalkosten einen wesentlichen Einfluss auf die Gesamthöhe aus und werden deshalb im niedersächsischen Modell als Nenner in der Berechnung eines Zuschlagssatzes angesetzt. Nach normativer Trennung von Forschung und Lehre werden nur die forschungsbezogenen Soll-Arbeitsstunden des wissenschaftlichen Personals und des Drittmittelpersonals verwendet. Mit den indirekten Kosten im Zähler berechnet sich der Gemeinkostenzuschlagssatz, wenn der Quotient als Prozentwert angegeben wird. Aus der ersten vereinfachten Formel (vgl. *Kussauer/Mittag* 2011, S. 398) leitet sich die niedersächsische Formel ab, die noch um eine Vorsteuerberechnung bereinigt wird (vgl. *Rupp* 2009, S. 18 f.):

$$\text{Gemeinkostenzuschlagssatz} = \frac{\text{Summe indirekter Kosten}}{\text{Summe Personalkosten}} \times 100 \qquad (2)$$

$$\text{Gemeinkostenzuschlagssatz} = \frac{\text{Kosten der Vorkostenstellen (inkl. Personal) + Kosten auf Sonder- und Haushaltsmittelprojekten (inkl. Personal) + Kosten auf Endkostenstellen (ohne Personal)}}{\text{Personalkosten auf Projekten (ohne Sondermittel- und Haushaltsmittelprojekte) + Personalkosten der Endkostenstellen}} \times 100 \qquad (3)$$

Der Gemeinkostenzuschlagssatz berechnet sich jährlich neu auf Basis des letzten testierten Jahresabschlusses (vgl. ebenda, S. 31). Natürlich darf der Zuschlagssatz ausschließlich zur Kalkulation des betreffenden Hochschulbereiches und personalbezogener Gemeinkosten angewendet werden. Grundsätzlich lassen sich aber auch Zuschlagssätze für andere Kostenarten bilden. Ebenso besteht die Möglichkeit nach einzelnen Lehreinheiten, Fakultäten, zentralen Einrichtungen zu unterscheiden oder einen einheitlichen Zuschlagssatz für die gesamte Hochschule zu ermitteln.

Bei Anwendung bereichsspezifischer Zuschlagssätze wird die Bezugsbasis getrennt. Neben zentral umgelegten Gemeinkosten aus Gebäuden, Verwaltung oder anderen Einrichtungen decken die dezentralen Gemeinkosten die der Organisationseinheit direkt zurechenbaren Gemeinkosten ab. So können beispielsweise indirekte IT-Servicekosten hinsichtlich zentraler und dezentraler (fakultätsspezifischer) Tätigkeiten unterschieden werden. Unter Annahme stark schwankender bereichsspezifischer Gemeinkosten, kann die Anwendung dezentraler Zuschlagssätze den Genauigkeitsgrad einer Projektkalkulation stark erhöhen (vgl. *Kussauer/Mittag* 2011, S. 399). Die Entscheidung über die Berechnungsmethode ist hochschulpolitisch zu beantworten und hängt natürlich auch von der Größe und Fächervielfalt der Hochschule ab: Fördert man Transparenz, kann dies vereinzelt zu betragsmäßig höheren Projektkalkulationen führen. Fördert man durch einen einheitlichen Zuschlagssatz Intransparenz, verteilen sich die Gemeinkosten auf alle Organisationseinheiten in Abhängigkeit von den Personalkosten gleichermaßen und lässt gegebenenfalls Projekte günstiger (bspw. experimentelle Fächer) bzw. teurer (bspw. geisteswissenschaftliche Fächer) in der Planung erscheinen (vgl. ebenda, S. 414). Dies kann Vor- und Nachteile in der Antragsstellung nach sich ziehen.

<table>
<tr>
<td>Personalkosten
• fest angestelltes Personal, das an dem Forschungsprojekt beteiligt ist
• zusätzlich eingestelltes Personal

Sachkosten
• Reisekosten
• Büroausstattung
• Abschreibungen
• Kosten im Rahmen von Managementaktivitäten
• Kosten für Unteraufträge</td>
<td>Einzelkosten Forschungsprojekt</td>
<td rowspan="2">Selbstkosten Forschungsprojekt</td>
</tr>
<tr>
<td>Zentrale Gemeinkosten
• Gebäudekosten
• Zentrale Verwaltung
• Zentrale Einrichtungen

Dezentrale Gemeinkosten
• Dekanat einer Fakultät/eines Fachbereichs
• Serviceeinrichtungen einer Fakultät/ eines Fachbereichs</td>
<td>Gemeinkosten Forschungsprojekt
(Zuschlagsbasis Projektpersonalkosten)</td>
</tr>
</table>

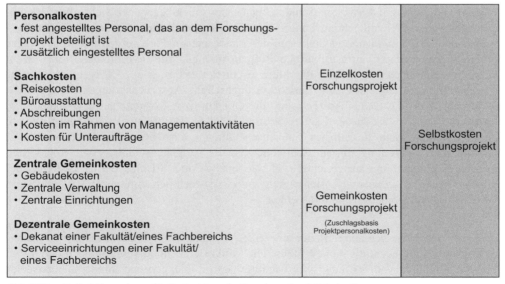

Abb. 3.26: Kalkulationsschema für Kostenträger der Forschung (nach Schubert)

Die **Zuschlagskalkulation** ist eine Kostenplanung. Im Produktbereich Forschung erfolgt sie in Niedersachsen am Kalkulationsschema von *Schubert* (2009, S. 81; siehe Abb. 3.26). Nach Zuordnung der projektrelevanten Einzelkosten werden die Gemeinkosten der Endkostenstellen verteilt. Dabei bemisst er zunächst zentrale Gemeinkosten aus nichtfachlichen Organisationseinheiten. Dezentrale Gemeinkosten entstehen im Dekanat und durch etwaige Serviceeinrichtungen einer Fakultät/ eines Fachbereichs. Analog kann für die Lehre und Weiterbildung sowie der externen Dienstleistungen die Kalkulation und Abrechnung erfolgen (siehe hierzu ebenda, S. 81 f.). Bei wirtschaftlichen Projekten werden auf die Selbstkosten indessen noch Gewinnzuschläge von 3 bis 5 % und Mehrwertsteuerbeträge von 19 % kalkuliert, um Marktpreise zu erhalten. Die formalzielorientierte Erfolgsermittlung erfolgt durch Saldierung der Drittmittelerlöse mit den Selbstkosten.

Etwaige Gewinne werden in der Finanzbuchführung im Eigenkapital ausgewiesen und können mit Fehlkalkulationen, Marktpreisschwankungen etc. verrechnet werden. Dabei sollten Gewinne aus wirtschaftlichen Tätigkeiten wegen des Verbots der Quersubventionierung separat ausgewiesen werden. Der Umgang mit erstatteten Mitteln wie etwa aus dem 7. FRP – hier vor allem die Gemeinkosten – muss hochschulintern geregelt werden und kann beispielsweise zur (Re-)Finanzierung der Infrastruktur budgetiert werden (vgl. *Kussauer/Mittag* 2011, S. 406; *Rupp* 2009, S. 32).

Die Anwendung der **Vollkostenrechnung** in der hier vorgestellten Form besteht aus einer Mischung von Ist- und Normalkosten und führt in der Kalkulation und Abrechnung von Projekten zu einer Deckung der Selbstkosten. Für die Umsetzung der EU-Anforderungen erscheint die Vollkostenrechnung insofern geeignet. Für Planungs- und Kontrollzwecke im Rahmen eines Controllings weist die Vollkostenrechnung jedoch Mängel auf. So ist die Verteilung von Kosten auf Basis von Schlüsselungen aus objektbezogener Sicht oftmals kaum begründbar oder nachvollziehbar. Langfristig gebundene Gemeinkosten an Hochschulen – insbesondere die normalisierten Fixkosten des Landespersonals – werden auf Kostenträger umverteilt, um dadurch infrastrukturelle Refinanzierungen für Investitionen freizusetzen. Durch diese durchaus von Wirtschaftsprüfern testierte, aber bestenfalls EU-rechtlich plausible Umverteilungen kann in einem Bericht an ungeschulte Anspruchsgruppen der Eindruck aufkommen, dass die Gemeinkosten durch die Objekte bzw. Kostenträger entstanden sind, obwohl die Personalkosten des Landes ohnehin anfallen. Die nicht verursachungsgerechte Kostenverteilung kann deshalb zu Fehlentscheidungen hinsichtlich Produktentwicklung, -auswahl und -einstellung führen. Schließlich ist die Aufgabenstellung einer Hochschule nicht auf Kapitalmehrung ausgerichtet (vgl. *Kussauer/Mittag* 2011, S. 393 f.). Lediglich bei wirtschaftlichen Tätigkeiten (Kostenträgern) muss EU-rechtlich zumindest kostendeckend und mit einer Gewinnmarge operiert werden.

Die Erwartung einer gerechteren oder sinnvollen Verteilung von Mitteln kann die Kosten- und Erlösrechnung ebenfalls nicht erfüllen. Die Vollkostenrechnung entfernt sich durch ihre Verrechnungsstufen von den empirisch nachprüfbaren Zahlungen und ihren Buchungsbelegen. Sie büßt in der internen Berichterstattung an Anspruchsgruppen dadurch ihre Akzeptanzbasis ein. Das Problem wird durch die ein-periodische Betrachtung von Kosten und Erlösen noch verstärkt. In der Hinsicht liefert das Instrument kein nachvollziehbares Zahlenmaterial für investive Entscheidungen. Für langfristige Finanz- und Investitionsplanungen einzelner Organisationseinheiten oder der gesamten Hochschule ist vielmehr die Höhe der mehrjährigen Einnahmen und Ausgaben sowie deren Aufbau- und Abbaufähigkeit relevant.

Kostenstelle XY **Institut XY [Verantwortlicher]**

Berichtszeitraum 01 - 12 2011 **Stand: 24.01.2012**

Budget [in Euro]	IST	Gesamtkosten	Rest
Grundhaushalt	225.000,00	219.114,08	5.885,92
Personalmittel	195.000,00	194.000,20	999,80
Sachmittel	30.000,00	25.113,88	4.886,12

Primäre Kosten [in Euro]		IST	PLAN	IST / PLAN in %
Personalkosten	630000 Vergütung Angestellte	83.000,20	85.000,00	97,65
	631100 Bezüge Professor	111.000,00	115.000,00	96,52
Sachkosten	607100 Bücher	8.450,00	7.000,00	120,71
	607400 Verbrauchsmaterial EDV	2.128,78	1.800,00	118,27
	680100 Büromaterial	2.530,10	2.600,00	97,31
	685100 Reisekosten Inland	12.005,00	13.000,00	92,35
Summe primäre Kosten		219.114,08	224.400,00	97,64
Sekundäre Kosten [in Euro]				
	970015 Umlage Gebäude	127.761,20		
	970018 Umlage zentrale Verwaltung	60.000,00		
	970022 Umlage Rechenzentrum	10.097,16		
	970023 Umlage Bibliothek	24.725,00		
Summe sekundäre Kosten		222.583,36		
Gesamtkosten		441.697,44		

Monetäre Kennzahlen [in Euro]		IST		Anteil in %
	MK0050 Personalkosten	194.000,20	an primären Kosten	88,54
			an Kostenstellengesamtkosten	43,92
	MK0060 Sachkosten	25.113,88	an primären Kosten	11,46
			an Kostenstellengesamtkosten	5,69
Nichtmonetäre Kennzahlen				
	NK6300 Angestellte [Anzahl Personen]	3		
	NK6311 Professoren [Anzahl Personen]	1		
	NK9715 Nutzung Gebäude [Quadratmeter]	120		
	NK9718 Verwaltung [Anzahl Personen]	4		
	NK9722 Netzports [Anzahl Ports]	9		
	NK9733 Bibliothek [Anzahl Ausleihen]	116		

Abb. 3.27: Beispiel eines Kostenstellenberichts mit Budgetvorgabe, Kosten und erfassten Kennzahlen (nach Schubert)

Der Zweck einer Kosten- und Erlösrechnung liegt in der Erfüllung externer Berichtsanforderungen und in der kurzfristig-operativen Planung und Kontrolle von Kostenstellen zur Sicherstellung wirtschaftlicher Handlungen. So wird die Kosten- und Erlösrechnung zusammen mit der Zeiterfassung an der FU Berlin primär zum Gemeinkostencontrolling von Verwaltungs- und Servicebereichen und sekundär zur externen Berichterstattung eingesetzt (vgl. *Syring/Andersen* 2010, S. 99 ff.). *Schubert* (2009, S. 182; siehe Abb. 3.27) entwirft einen Kostenstellenbericht, welcher auf Zahlungen basiert und den primären Kosten Planwerte gegenüberstellt sowie absolute und relative Abweichungen ausweist. Es wird deutlich, dass die Kostenstellen über die primäre Kostenzuordnung zunächst auch anfallende Kostenträgereinzelkosten übernehmen. Der Bericht wird durch die Zahlungsorientierung intersubjektiv nachprüfbar und ermöglicht zumindest in kurzfristiger Hinsicht eine finanzielle Handlungskoordination. Das Modell berechnet mit den sekundären Kosten zugleich die Gesamtkosten der Kostenstelle und bildet somit die Ausgangsbasis der Kostenverrechnung für die Kostenträgerrechnung. Zudem stellt der Bericht im unteren Abschnitt monetäre und nichtmonetäre Kennzahlen dar, die für Umlagen notwendig sind und durch die IT automatisiert erstellt werden. Die auf den Berichten ausgewiesenen nichtmonetären Kennzahlen haben aber nur einen rein informativen Charakter und reichen deshalb nicht für eine sachzielorientierte Hochschulplanung aus.

3.3.2.3 Nebenbuchführung

Die Erweiterung der Finanz- und Betriebsbuchführungen um Nebenbuchführungen etabliert ein **Rechnungssystem**, welches die Erwartungen hochschulischer Anspruchsgruppen wertmäßig differenzierter darlegen kann. Erst durch die Attribute einzelner Objekte der Nebenbuchführungen werden zahlreiche Betriebsereignisse für Verwaltungstätigkeiten handlungsleitend und gewährleisten eine simultane Buchung auf Konten der Finanzbuchführung und indirekt der Betriebsbuchführung (vgl. *Jaspersen/Täschner* 2012, S. 411).

So sind in Hochschulen Nebenbuchführungen vorzufinden, deren Objekte einzeln geplant und kontrolliert werden. Die **Anlagenbuchführung** weist je nach Sachanlage Begriffskategorien auf, die in der Bilanzierung als auch in der Erfolgsrechnung nötig sind. Beispielsweise sind anlagenspezifisch Anschaffungsdatum, Nutzungsdauer gemäß DFG-Geräteschlüssel, historische Anschaffungskosten, Abschreibungsmethoden etc. angegeben, auf dessen Basis sich die Höhe der jährlichen Abschreibung berechnet (vgl. ebenda, S. 413 f.). Während Prozesse der **Kreditorenbuchführung** mit der sachlichen und rechnerischen Prüfung sowie der buchhalterischen Erfassung von Lieferantenrechnungen in Hochschulen etabliert sind, ist die **Debitorenbuchführung** in Hochschulen kaum ausgeprägt. Das liegt u. a. an den allenfalls im Lehrbereich zu handhabenden Studienbeiträgen, Studiengebühren oder Langzeitstudiengebühren. Durch die IT hat sich dieser Prozess weitgehend automatisiert. Allenfalls ist die Zuordnung von Zahlungen zu Studierendenkonten personalintensiv. Im Forschungsbereich bezieht sich die Verwaltung auf den Abruf von Drittmitteln. Je nach Geldgebern sind monetäre und nichtmonetäre Begriffskategorien für Datensätze einzelner Forschungsprojekte vorzufinden und bedingen die Drittmittelabrechnung (siehe z. B. www.dfg.de/formulare).

Das MWK hat beispielsweise zur **Drittmittelverwaltung** für Projekte, die durch den europäischen Fonds für regionale Entwicklung (EFRE) gefördert werden, ein webbasiertes Portal (EFRE-Datenbank) entwickelt, welches zur internen und externen Berichterstattung genutzt wird. Für EFRE-geförderte Projekte sind nichtmonetäre Attribute in den Klassen Titel, Kontakt, Projektinfo, Antrag, Checkliste, Antragsanlagen und Kooperationspartner hinterlegt. Monetäre Attribute beziehen sich auf Finanzierungs- und Kostenplanungen (siehe Tab. 3.9). Die N-Bank fungiert als Zahlungsstelle von EFRE-Projekte. Die **Drittmittelabrechnung** erfolgt unter Angabe geleisteter Stunden, Gehaltsnachweise, Originalbelege für Sachmittel, Reisekosten, Fremddienstleistungen etc. Neben den Mittelanforderungen sind Verwendungs- und Zwischennachweise an die N-Bank unter Angabe eines qualitativen Sachberichts über den Projektverlauf und einen zahlenmäßigen Nachweis mit einer detaillierten Darstellung der Finanzierung und Kosten zu erbringen. Die Verwendungsnachweise werden von einer Wirtschaftsprüfung stichprobenartig geprüft.

Nonmonetäre Attribute:				
Titel	Titel	Autor	Erstelldatum	
Kontakt	Strukturfondsbeauftragter		Antragsteller	
Projektinfo	ABAKUS-Nummer	Systemnummer	Förderlinie	Projekt
	Antragsteller(in)	Organisation	Einrichtung	Status
Antrag	Kurzbeschreibung	Beginn	Ende	Antrag als PDF
Checkliste	Unterschrift und Weiterleitung	Vorhabens-beschreibung	Qualitätskriterien Scoring	Arbeitspakete und Meilensteine
	Finanzierungsplan	Berechnung Gemeinkosten	Branchen der Kooperationspartner	
Antragsanlagen	Beliebige Dateianhänge			
Kooperationen	Beliebige Kooperationspartner			

Monetäre Attribute:	
Finanzierungsplan	Kostenplan
EFRE	Personalkosten
+ Landeszuwendung	+ Anschaffungs- und Herstellungskosten
+ Kofinanzierungen	+ Bauliche Infrastruktur
Summe zuwendungsfähige Mittel	+ Nutzung von Anlagen und Geräten
- Nicht zuwendungsf. öffentlich-nationale Mittel	+ Sachmittel
- Nicht zuwendungsfähige private Mittel	+ Reisekosten
- Sonstige nicht zuwendungsfähige Mittel	+ Fremddienstleistungen
Summe nicht zuwendungsfähige Mittel	+ Indirekte Kosten/Gemeinkosten
Gesamtfinanzierung des Projekts	Gesamtkosten des Projekts

Tab. 3.9: Beispiel eines Datensatzes für Forschungsprojekte

Als weitaus komplexere Nebenbuchführung ist die **Personalbuchführung** einzustufen. Ihr liegt eine **Stellenplanung** für Beamte nach § 49 Abs. 6 LHO zugrunde. Für den Besoldungsbereich stehen standardisierte Personalkostensätze zur Verfügung (vgl. Nds. MBl. 2011 Nr. 9, S. 181). Darüber hinaus unterliegt die professorale W-Besoldung nach § 34 Bundesbesoldungsgesetz (BBesG) einen Vergaberahmen, welcher den Gesamtbetrag der Leistungsbezüge bemisst. Während Stellen für Beamte beantragt werden, sind nach § 49 Abs. 1 Nr. 3 NHG Einstellungen in Hochschulen für tariflich Beschäftigte im Rahmen einer **finanziellen Obergrenze** (FinOG) vorzunehmen. Die Höhe der FinOG jeder Hochschule bemisst sich per Erlass vom niedersächsischen Finanzministerium. Die Umstellung zur eigenständigen **Personalplanung** ist eine Folge der globalen Zuweisung von Haushaltsmitteln (siehe dazu Abschnitt 3.2.1). Zur Planung der Personalausgaben im Tarifbereich stellen ebenfalls Personalkostensätze zur Verfügung (vgl. Nds. MBl. 2011 Nr. 9, S. 181).

Zahlreiche gesetzliche und tarifliche Regelungen bestimmen die Prozesse und Strukturen der Personalbuchführung. So bemisst sich die **Personalabrechnung** in Hochschulen wie auch der Planungen weitgehend aus öffentlichen Besoldungs- und Entgeltgruppen (siehe hierzu *OFD Niedersachsen* 2012a und 2012b). Deren Entwicklungsstufen bilden das Grundgehalt der Beamten und Angestellten. Leistungszulagen, Arbeitszeitregelungen, Steuerklassen und Sozialversicherungen sowie personenbezogene Daten vervollständigen die Stammdaten zur Generierung einer Abrechnung. Die abrechnungsrelevanten Daten werden in der Oberfinanzdirektion (OFD) Niedersachsen, die u. a. als landesweite Bezüge- und Versorgungsstelle (LBV) tätig ist, sowie in den Hochschulen gehalten. Ausgehend von der OFD-LBV erfolgt die Auszahlung elektronisch mittels Zahlungsdateien, die über die Landeshauptkasse an die Nord/LB und von dort an die niedersächsischen Hochschulen als Empfängerinstitute übermittelt werden, sodass die Wertstellung (Valutierung) am gesetzlichen und tariflichen Fälligkeits- bzw. Zahltag zum Monatsende erfolgen kann. Die Hochschulen schließen den Zahlungsverkehr mit einer Sammelüberweisung ab (vgl. *OFD Niedersachsen* 2012c). Nach Erfassung von Angaben zur Zahlungsaufnahme werden analog studentische und wissenschaftliche Hilfskräfte von der OFD-LBV abgerechnet. Zugleich werden die Zahlungsdateien monatlich innerhalb der Hochschulen finanzbuchhalterisch und nach Bildung jährlicher Durchschnittssätze für das aus Grundmitteln finanzierte Personal auch betriebsbuchhalterisch erfasst und stellen die Bewegungsdaten der Gehaltsbuchführung dar.

Die niedersächsischen Hochschulen sind gemäß Beamtenversorgungsgesetz (BeamtVG) verpflichtet, für Beamte einen 30%igen **Versorgungszuschlag** und eine Pauschale von 4 % für Beihilfen und **Versorgungsrücklagen** an das Land abzuführen. Die Ausgaben werden allerdings nicht personenbezogen kalkuliert, sondern auf Basis der Ist-Aufwendungen für die Beamtenbezüge inklusive derjenigen Angestelltenbezüge, die aus Planstellen finanziert werden. Nach Auffassung der Hochschulen handelt es sich hierbei um Arbeitgeber-Sozialversicherungsbeiträge und wären demnach erstattungsfähig (vgl. *Rose* 2008, S. 17). Das Land berücksichtigt über den Haushalt diese Kostenarten zunächst pauschal und zahlt oder erhält Differenzen mit einer zeitlichen Verzögerung (Spitzabrechnung). Jedoch werden die Kosten von der EU bislang nicht anerkannt, da in den meisten Bundesländern üblicherweise die Kostenarten nicht in den Hochschulen, sondern auf Landesebene behandelt werden. Die an das MWK zu zahlenden Versorgungszuschläge und Beihilfen werden als Kosten in der Vollkostenrechnung der Hochschulen in Niedersachsen berücksichtigt (vgl. *Hillmer/Ravensberg/Stiefs* 2011, S. 14). Obwohl diese Kosten nicht einzelnen Projekten oder Produkten zugeordnet werden können, und dies aufgrund des EU-Rechts auch nicht notwendig ist, sind die Versorgungsleistungen des Landes für Beamte in den Gesamtkosten der Hochschule zu berücksichtigen.

Der Wartungsaufwand von Stammdaten in der Personalbuchführung ist immens, ermöglicht allerdings erst die Generierung von Bewegungsdaten, wie die der Personalabrechnung oder der Versorgungsabführungen. Darüber hinaus sind weitere Einsatzbereiche für die Abwicklung personalspezifischer Fragestellungen in Hochschulen von Bedeutung. Zu den weiteren üblichen Feldern des Personalmanagements in Hochschulen zählen Personalplanung, Personalgewinnung, Personalerhaltung, Personalbeurteilung, Personalentwicklung sowie diverse Querschnittsbereiche (siehe hierzu *Pellert/Widmann* 2008, S. 46 ff.). Die Schnittmenge erforderlicher Daten dieser Aufgabenfelder ist mit den personalabrechnungsrelevanten Daten verhältnismäßig groß, sodass es sich zwecks einheitlicher Datenerfassung und -wartung empfiehlt, nur eine Personaldatenbank einzusetzen aus der die jeweiligen Statistiken generiert werden können (vgl. *Jaspersen/Täschner* 2012, S. 418 ff.).

Die Nebenbuchführungen in Hochschulen verleihen vielfältigen innerhochschulischen Prozessen eine Handlungsstruktur und bedienen externe Ansprüche, die die Finanz- und Betriebsbuchführungen allein nicht imstande sind zu bewältigen. Zugleich bilden die Datenbanken relevante Quellsysteme für Personal- und Forschungsplanungen, die Bestandteile einer gesamten Hochschulplanung sein können. Dazu sind allerdings auch Hochschulinformationssysteme einzubeziehen, die sich um Prozesse wie dem des Studiums und der Lehre oder der Raumverwaltung ergeben. Wie aus dem Rechnungssystem sind auch aus anderen Hochschulinformationssystemen statistische Kennzahlen generierbar.

3.3.2.4 Hochschulstatistik

Gemäß der §§ 1 und 6 Abs. 2 Hochschulstatistikgesetz (HStatG) erheben statistische Ämter der Länder und des Bundes seit 1990 die **Hochschulstatistik** für Gesetzgebungs- und Planungszwecke von Landes- und Bundesbehörden sowie Hochschulen. Die Erhebungsmerkmale beziehen sich nach § 3 Abs. 1 und 2 HStatG auf monetäre und nichtmonetäre Aspekte:

- Es werden diverse Merkmale Studierender, Exmatrikulierter und Gasthörer semesterweise für die **Studierendenstatistik** erhoben. Nach Abschluss des Prüfungsverfahrens werden ebenfalls semesterweise Merkmale von Prüfungen erhoben (**Prüfungsstatistik**).
- Habilitierte werden zum Zeitpunkt ihrer Habilitation erhoben und in der **Habilitiertenstatistik** publiziert.
- Zur **Personalstatistik** (Stellen und Tarifpersonal) werden jährlich zum 1. Dezember und zum 30. Juni auch nach § 17 Bundesstatistikgesetz diverse Merkmale nach Dienstbezeichnungen gemeldet (siehe dazu Anhang A).
- Die Raumgrößen der Hochschulen samt fachlicher und organisatorischer Zuordnung, Gebäudezuordnung und Nutzung können – obwohl derzeit nicht praktiziert – jährlich zum 1. Oktober für die **Rahmenplanmeldung** im Hochschulbau abgerufen werden. Raumbestandsdaten werden nach Raumnutzungsarten klassifiziert (siehe dazu Abschnitt 2.1.3).

- **Hochschulfinanzstatistik**: Die Aufwendungen, Erträge und Investitionsausgaben, bewirtschaftete Drittmittel inklusive Mittelgeber sowie interne Leistungsverrechnungen werden vierteljährlich nach Kostenarten gemeldet. Eine detailreichere Meldung erfolgt jährlich auf Basis des Jahresabschlusses und der Vollkostenrechnung hinsichtlich fachlicher und organisatorischer Gliederung sowie Zweckbestimmung.

Die aus den Erhebungen resultierenden Statistiken, wie etwa „Personal an Hochschulen", „Studierende an Hochschulen", „Prüfungen an Hochschulen" oder „Finanzen der Hochschulen", werden vom Statistischen Bundesamt seit 1992 in Tabellenbändern der Fachserie 11 „Bildung und Kultur" in der Reihe 4.1 und 4.2 publiziert (siehe hierzu www.destatis.de). Die zu meldenden Erhebungsmerkmale sind begrifflich definiert (siehe bspw. den Definitionenkatalog, *Statistisches Bundesamt* 2010, S. 158 ff.) und bestimmen die Datenlieferung der Hochschulen.

Die Datenerhebungen werden in Hochschulen lokal organisiert und dienen der Verwaltung von Personal, Studierenden, Prüfungen, Räumlichkeiten und Ähnlichem. Wenngleich sich Datenbanken wie Campus-Management-Systeme zunehmend etablieren (siehe dazu Abschnitt 2.2.2.1), ist die Verbreitung noch nicht flächendeckend und führt die Datenhaltung zu inkonsistenten Datenverdichtungen (siehe Abschnitt 1.1.1). Die Erhebung von Daten unterliegt zudem dem **Datenschutz** nach § 17 NHG. Die Verarbeitung personenbezogener Daten können in Ordnungen der Hochschule spezifiziert werden. Grundsätzlich sind erhobene Daten frühestmöglich zu anonymisieren. Es dürfen personenbezogene Daten verarbeitet werden, wenn sie

- der Einschreibung, Teilnahme an Lehrveranstaltungen und Prüfungen oder der Kontaktpflege mit ehemaligen Mitgliedern der Hochschule dienen,
- der Zutrittskontrolle, Zeiterfassung, Abrechnung oder Bezahlung dienen,
- der Beurteilung von Absolventen, der Lehr- und Forschungstätigkeiten, des Studienangebots oder des Studien-/Prüfungsablaufs Merkmale dienen,
- der Bewilligung und Abwicklung von Studiendarlehen dienen oder
- im Rahmen der Qualitätsorientierung zur Evaluation und Akkreditierung angewendet werden (siehe dazu Abschnitt 3.4).

Neben den Einzelstatistiken veröffentlicht das *Statistische Bundesamt* in der Reihe 4.3 monetäre und nichtmonetäre Kennzahlen (vgl. *Statistische Bundesamt* 2011a, *Statistische Bundesamt* 2011b). Die Berichterstattung wird nach internationalen und nationalen Kennzahlen unterschieden. Die monetären Kennzahlen enthalten auch Ergebnisberechnungen zu den Ausgaben und dem Personal für Forschung und Entwicklung (siehe Abb. 3.28).

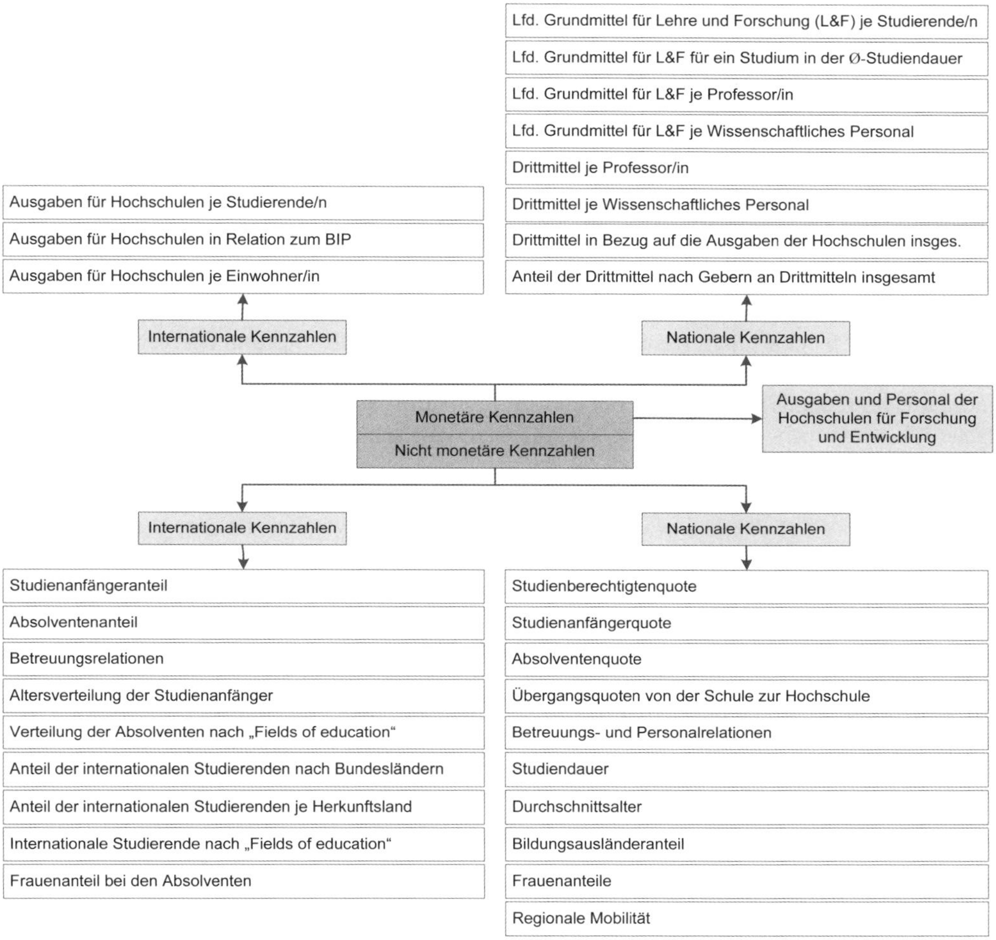

Abb. 3.28: Hochschulbezogene Kennzahlen des Statistischen Bundesamts

Die fachspezifische Datenauswertung und Kennzahlenberechnung durch die statistischen Ämter erfolgt durch eine systematische Zuordnung der einzelnen Statistiken, sodass eine hierarchische Datenverdichtung der Studienfächer (Studierendenstatistik) und der Fachgebiete (Personalstatistik) zu Fächergruppen einer Hochschule möglich wird (vgl. *Statistische Bundesamt* 2011b, S. 632 ff.). **Fachgebiete** werden in der Fächersystematik als kleinste erfassbare organisatorische Einheiten für ein Forschungsgebiet oder Lehrfach bzw. Aufgabengebiet bei den zentralen Einrichtungen in der Personalstatistik und etwa dem **Studienfach** in der Studierendenstatistik aufgefasst. Je nach örtlichen Gegebenheiten können in organisatorischer Hinsicht Lehrstühle, Seminare, Institute, Fachbereiche, Abteilungen, Einrichtungen oder zentrale Einrichtungen unterschieden werden. Die Zusammenführung mehrerer Fachgebiete bildet einen **Lehr- und Forschungsbereich** (LFB) aus. Ein LFB entspricht etwa einem **Studienbereich** in der Studierendenstatistik, in der mehrere Studienfächer zusammengefasst sind. Die höchste Aggregationsstufe ist eine Fächergruppe, in der fachlich benachbarte LFB verdichtet werden. Die **Fächergruppen** einer Hochschule sind für Personal- und Raumerhebungen sowie für Studierende und deren Prüfungen mit Ausnahme der Fächergruppe „Zentrale Einrichtungen" begrifflich identisch (vgl. *Statistische Bundesamt* 2010, S. 161 und 176 f.). Die nichtmonetären Kennzahlen können auf Ebene der Fächergruppen mit monetären Kennzahlen verknüpft werden. „Die Abgrenzung der Fächergruppen der Hochschulfinanzstatistik ist weitgehend mit der der übrigen Hochschulstatistiken vergleichbar" (*Statistische Bundesamt* 2011a, S. 9), sodass Kennzahlen wie beispielsweise „Ausgaben pro Studierender" auf Ebene der Fächergruppen generiert werden.

Die Generierung dieser Kennzahlen weist gravierende methodische Schwachpunkte auf (vgl. ebenda). In dieser Arbeit soll die Methodik der Datenverknüpfung nicht umfassend untersucht werden, jedoch sollen wenige eindringliche Beispiele die Grenzen der Vergleichbarkeit und Aussagekraft von statistischen Kennzahlen aufzeigen. So schreibt das *Statistische Bundesamt* etwa (ebenda): „Probleme bei der Zusammenführung [monetärer und nichtmonetärer Daten] bereiten insbesondere die in den einzelnen Hochschulstatistiken angewandten Verfahren zum Ausgleich der Antwortausfälle. Bei der Zusammenführung blieben grundsätzlich die nichtmonetären Daten derjenigen Hochschulen unberücksichtigt, für die keine Finanzdaten vorlagen. Dies führt dazu, dass die bei der Berechnung verwandten Bezugsdaten der Hochschulstatistik (Summen auf aggregierter Ebene) nicht mit den in den jeweiligen Fachserien veröffentlichten Daten übereinstimmen." Ebenso ist die Thematik der Lehrverflechtung ungelöst. Bei der Kennzahlenberechnung werden lediglich Studierende mit dem ersten Studienfach berücksichtigt. Durch Reorganisation der Hochschulen – beispielsweise die Auflösung zahlreicher pädagogischer Hochschulen – ist außerdem die Darstellung nach Hochschularten im Zeitverlauf beeinträchtigt. In finanzieller Hinsicht haben sich mit der Einführung von Finanz- und Betriebsbuchführungen die Einnahme- und Ausgabekategorien verändert. Dadurch unterliegen die Zeitreihenanalysen Einschränkungen in der Aussagekraft (vgl. ebenda, S. 9 f.).

3.3.3 Implikationen

Aus der leistungsorientierten Ressourcensteuerung leiten sich drei Anforderungen an die Gestaltung von Berichtssystemen für das Hochschulcontrolling ab:

- Zum einen wird deutlich, dass ein intern geführter **Entscheidungsprozess** notwendig ist, der an den staatlichen Instrumenten ansetzt und zu einer Abstimmung und Festlegung von exogenen, aber auch von endogenen Sachzielen führt. Aufgabe des Entscheidungsprozesses muss es sein, einen Anspruchsausgleich auf zentraler und dezentraler Ebene über die Handlungsfelder in langfristiger Hinsicht zu erzielen. Dafür ist der Entscheidungsprozess klar und transparent für alle Beteiligten zu gestalten und die Entwicklungsplanung muss stärker integriert werden.
- Zum anderen stellen sich Gestaltungsfragen der internen Ressourcenplanung. Die Allokation von Budgets ist seit langem ein Thema im Hochschulcontrolling (vgl. *Albers* 1999, S. 585). In Budgetierungsverfahren werden hochschulintern die finanziellen Ressourcen des kommenden Geschäftsjahres festgelegt. Obwohl sich bei der **Budgetierung** viele Hochschulen an den staatlichen Gegebenheiten der Formelmodelle orientieren, so ist doch für dezentrale Organisationseinheiten unklar, mit welchem Handlungsspielraum sie

in Zukunft zu rechnen haben, um die vereinbarten Sachziele zu erfüllen. Die Ressourcenverteilung ist dabei nicht auf die finanzielle Dimension begrenzt, sondern schließt auch eine Personal- und Flächenallokation mit ein. Erst wenn Finanzmittel sowie Personal und Flächen entsprechend eines methodisch bemessenen Bedarfs dezentraler Einheiten verteilt werden, kann von einer ganzheitlich, effizienzbasierten Ressourcenverteilung gesprochen werden.

- Drittens spielt es für eine qualitativ hochwertige Leistungserstellung eine große Rolle, welche **Anreizmechanismen** dezentrale Organisationseinheiten vorfinden. So kann im Handlungsfeld „Finanzen" angenommen werden, dass ein Übertrag budgetierter Mittel in das neue Geschäftsjahr als Belohnung für sparsames Handeln aufgefasst wird, wenn die Ziele erreicht wurden. Angesichts knapper Ressourcen im Hochschulsektor sind für eine effiziente Nutzung ebenfalls anreizwirksame Belohnungs- und Sanktionsstrukturen im nonmonetären Bereich als relevant einzustufen.

Das Rechnungswesen zählt zur Klasse der betrieblichen Informationssysteme (*Eisele/Knobloch* 2011, S. 3). Es soll die Wirtschaftsführung der Hochschulen unterstützen und hierin insbesondere Rechenschaft über die Erfüllung formaler Ziele ablegen. Das Hochschul-Rechnungswesen ist im Kontext der Haushaltsplanung und leistungsorientierten Ressourcensteuerung zu sehen und bildet mit diesen Instrumenten eine integrierte **Hochschulverbundrechnung** (siehe hierzu auch *Budäus/Hilgers* 2010, S. 508 ff.; *Hilgers* 2008, S. 184 ff.; siehe Abb. 3.29). Hiernach werden die finanziellen Mittel im Hochschulhaushaltsplan gemäß Zielvereinbarungen und leistungsorientierter Mittelvergabe für die kommende Periode veranschlagt. Die Ausgaben des Landes stellen neben Drittmitteln einen Großteil der Erlöse einer Hochschule dar. Partiell werden Aufwendungen an das Land abgeführt (z. B. Studiengebühren Langzeitstudierender). Aufwendungen und Erträge der GuV werden in der Kosten- und Erlösrechnung übernommen und nach Kostenarten über Vor- und Hauptkostenstellen schließlich den Kostenträgern in Forschung, Lehre, Weiterbildung und Dienstleistung zugeordnet. Es ergibt sich der Selbstkostenanteil der Objekte. Aus empirischen Daten können nach diesem Verfahren auch Objektkalkulationen durchgeführt werden, um EU-rechtlichen Ansprüchen zu entsprechen. Aus dem Jahresüberschuss/-fehlbetrag kann in der Kapitalflussrechnung nach Abzug nicht-zahlungswirksamer Posten der Finanzmittelbestand zum Ende der Periode berechnet werden. Dieser entspricht zugleich dem Kassenbestand/Bankguthaben in der Bilanz.

Das Hochschulrechnungswesen weist in der Unterstützung einer leistungsorientierten Ressourcensteuerung Grenzen auf. Es ist darauf ausgerichtet, den Erfolg mit monetären Werten kurzfristig zu planen und zu kontrollieren. Zudem liefert nur die Hochschulstatistik auch nichtmonetäre Daten, die in sachzielbezogenen Berichten Anwendung finden könnten. Allerdings werden diese Informationen kaum in Entscheidungsprozessen genutzt, weil die Datenlieferungen primär auf staatliche (exogene) Dokumentations- und Planungszwecke ausgerichtet sind. Der Datenschutz lässt aber prinzipiell Erhebungen auch für zahlreiche interne Zwecke zu, sofern personenbezogene Daten anonymisiert verarbeitet werden.

Die exogen festgelegten monetären und nichtmonetären Daten weisen per se keine Entscheidungsrelevanz im Sinne einer Hochschulentwicklung auf. So unterliegen die nichtmonetären Daten zwecks hochschulübergreifender Datenaggregation und der damit einhergehenden Vergleichsmöglichkeiten einem Organisationskonstrukt (z. B. Lehreinheiten, Lehr- und Forschungsbereich oder Fächergruppen) und sind nicht an der realen, entscheidungsorientierten Aufbauorganisation einer Hochschule ausgerichtet. Der Dekan als Entscheidungsträger einer Fakultät findet damit keine organisatorisch abgegrenzten Daten vor, die zur Planung herangezogen werden könnten.

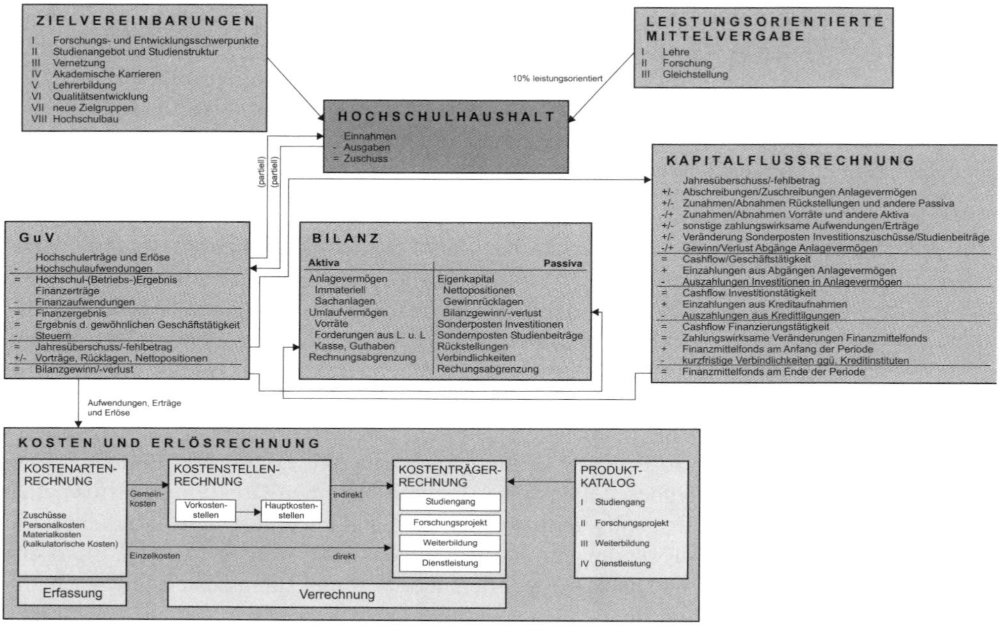

Abb. 3.29: Integrierte Hochschulverbundrechnung (in Anlehnung an Budäus/Hilgers)

Eklatanter ist es im monetären Bereich. Jene Daten sind in zeitlicher Hinsicht als auch in ihrer Wertinterpretation limitiert, da auch sie primär auf die Belange exogener Ansprüche hin ausgerichtet sind. Mit der Betrachtung voller Kosten wird nicht zuletzt auf EU-rechtliche Anforderungen reagiert und begründet damit ein Aussagensystem, welches entsprechend auf der Objektebene wirtschaftlicher Tätigkeiten wie Auftragsforschungsprojekte eigenständig zu planen und zu kontrollieren ist. Kurzfristige Entscheidungstatbestände sind damit rechtlich gut handhabbar – etwa, wenn es um die Erstellung eines Angebots mittels einer Vorkalkulation geht. Die unzureichende Wertezuweisung, die durch teils willkürliche Schlüsselungen der Gemeinkosten auf Kostenstellen und weiterführend auf Kostenträger entsteht, führt allerdings zu Interpretationsspielräumen und Verständnisproblemen innerhalb der Hochschule. Im Grunde sind die kalkulierten Werte Näherungslösungen und aufgrund der Verrechnungen nicht intersubjektiv nachprüfbar. Damit wird zugleich in Kauf genommen, dass Entscheidungsträgern keine Informationen für langfristige Planungszwecke bereitgestellt werden. Entscheidungen und Aussagen bezüglich einer langfristigen Hochschulentwicklung können entsprechend nicht getätigt werden. *Riebel* (1990, S. 35) weist diesbezüglich explizit auf die Mängel der Vollkostenrechnung in der Beurteilung von Wirtschaftlichkeitsuntersuchungen hin: „Die übertriebene Zurechnung aller Kosten auf die Kostenträger nach einem starren Schema mag für die staatliche Preiskontrolle und für den Kostennachweis bequem zu handhaben sein, doch ist sie für interne betriebswirtschaftliche Aufgaben ungeeignet. [...] Alle Entscheidungen, die auf der Grundlage der vollen Kosten der Kostenstellen und -träger getroffen werden, sind daher mit größter Wahrscheinlichkeit falsch."

Bereits seit den 1980er-Jahren wird diskutiert „Investitionsrechnungen auf Basis kalkulatorischer oder pagatorischer Periodenerfolgsgrößen durchzuführen" (*Küpper* 1985, S. 26). Folgt man der investitionstheoretischen Argumentation, dann führt dies zur Ausrichtung der Kosten- und Erlösrechnung an langfristige Zielsetzungen. *Küpper* (ebenda) argumentiert: „So scheint es folgerichtig, für die Konzeption kurzfristiger Planungsrechnungen von einer mehrperiodigen Zielsetzung als dem Oberziel und einer langfristigen Planungsrechnung als übergeordnetem Rechensystem auszugehen." Der Ansatz zielt auf eine Verknüpfung langfristiger und kurzfristiger Planungs- und Kontrollzwecke ab (siehe Abschnitt 2.2.3.3). Betrachtet man die Haushalts- und Wirtschaftsführung, wie in der Hochschulverbundrechnung dargestellt, als interdependent, dann bildet das finanzielle Begriffspaar der Einnahmen und Ausgaben auch in dieser Hinsicht eine gemeinsame Basis für Planungs- und Kontrollberichte. Der Einsatz des Rechnungswesens als Messinstrument finanzieller Größen ist geradezu prädestiniert, da die Buchführung jegliche Finanzströme begrifflich als Kostenarten erfasst. Zudem weist das Rechnungswesen über Kostenstellen mit den Kostenträgern gemäß definierter Produktkataloge eine Objektorientierung auf.

3.4 Qualitätsorientierung

Qualitätsorientierung ist den Hochschulen nicht neu, doch spielt sie seit dem Paradigmenwechsel eine zunehmend bedeutsamere Rolle in Theorie und Praxis. *Banscherus* (2011, S. 43 ff.) zeigt die bisherige zeitliche Entwicklung der Qualitätsorientierung in Deutschland in zwölf Etappen auf: Angefangen mit studentischen Protesten (1988) über Rankings (seit 1989) und Lehrveranstaltungsbewertungen (ab 1993) bis hin zu vielfältigen Diskussionen über Evaluationen und Akkreditierungen in der neueren Zeit. Der Gestaltwandel fällt im Vergleich zur Organisation und zur Haushalts- und Wirtschaftsführung in zeitlicher Hinsicht nicht so radikal aus und hält immer noch an, da sich die gesetzlichen Bestimmungen auf Mindestangaben zur Qualität beschränken und sich noch keine Standards herausbilden konnten.

Das Studiensystem ist gesetzlich stark dezentralisiert worden. Gemäß § 6 Abs. 2 NHG muss jeder Studiengang durch eine landes- und hochschulunabhängige, wissenschaftsnahe Einrichtung qualitativ bewertet werden. Die so genannte **Akkreditierung** vollzieht sich insofern allein auf den Bereich Studium und Lehre, die durch Akkreditierungsagenturen hinsichtlich ihrer Qualität überprüft werden. Eine staatliche Einflussnahme beschränkt sich lediglich auf die Festlegung von Fristen zur Akkreditierung oder nachzuholender Akkreditierungen in Zielvereinbarungen. Selbst die Qualitätsbewertung durch die Akkreditierungsagenturen und der Fristensetzung können obsolet werden, wenn die Hochschule ihr Qualitätssicherungsverfahren akkreditiert. Die damit bezeichnete **Systemakkreditierung** stellt die höchste Form der Deregulierung im Studiensystem dar. Allein auf die Einführung, Änderung oder Abwicklung von Studiengängen in Studienangebotszielvereinbarungen nimmt das Land Niedersachsen Einfluss auf das Studiensystem (siehe hierzu Abschnitt 3.3.1.2).

Entsprechend der geringen rechtlichen Bestimmung von **Studienqualität**, sind die Erwartungen von Anspruchsgruppen sehr vielfältig und widersprechen sich teilweise: Arbeitgeber und die Bologna-Initiatoren fordern eine „Employability", d. h. eine an den Anforderungen des Arbeitsmarktes orientierte Ausbildung der Studierenden, ein. Dagegen sehen Wissenschaftler die fachliche Breite und inhaltliche Tiefe als zentrale Momente einer Hochschulausbildung an. Studierende äußern hingegen immer wieder ihr Interesse an der Vermittlung fachübergreifender, politischer und sozialer Kenntnisse sowie nicht zuletzt eine stärkere Fokussierung auf die Persönlichkeitsentwicklung (vgl. *Banscherus* 2011, S. 8).

Die Diskussion der Qualitätsorientierung ist weithin geprägt von Konzepten und Verfahren, die die Qualität sichern, entwickeln oder managen sollen. Was dann „Qualität" ist, hängt von den zugrunde liegenden Begrifflichkeiten und deren Begründungs- und Verwertungszusammenhängen ab. *Teichler* (2005, S. 131) plädiert für den Oberbegriff „Evaluation". Er schreibt: „Wenn der Reformprozess geglückt ist, hat sich eine Evaluationskultur entwickelt [...]; neu an ‚Evaluationskultur' ist, dass ein allumfassendes und systematisches Nachdenken über Bedingungen, Prozesse und Auswirkungen von Programmen und Aktivitäten gefördert wird und dass dies in einem Spannungsverhältnis von handlungsorientierter Selbstreflexion und Kontrolle zur Selbstverständlichkeit wird" (ebenda). Wenn sich eine zu begrüßende Evaluationskultur entwickelt, so prägt doch der Begriff **Qualität** die Diskussion. *Pasternack* (2001, S. 6 ff.; siehe Abb. 3.30) systematisiert unter dem übergreifenden Begriff der **Qualitätsorientierung** die Fachtermini für den Hochschulsektor, dem hier gefolgt wird. Er führt die Begrifflichkeiten Qualitätsbestimmung, -entwicklung und -bewertung in einem Prozessmodell über und ordnet ihnen in einer dritten Betrachtungsebene entsprechende Konzepte und praktische Instrumente zu. Daher leitet sich mit dem Oberbegriff Qualitätsorientierung „eine inhaltliche wie praktische Ausrichtung von Denken und Handeln auf Qualität" (ebenda, S. 6) ab.

Abb. 3.30: Qualitätsorientierung an Hochschulen: Strukturmodell (nach Pasternack)

Mit der Ausrichtung auf Qualitätsdenken und -handeln wird sinngemäß die Strukturierung von Prozessen verstanden. So verfolgt eine Prozessplanung und -entwicklung ein zu erreichendes Ergebnis, das von den Beteiligten als „Qualität" bezeichnet wird (vgl. ebenda). In Hochschulen lassen sich aber nur sehr bedingt Prozessnormen oder -standards einführen, die als Ergebnis bzw. als „Qualität" angesehen werden können. Beispielsweise ist die Einführung einer Norm bei repetitiven Tätigkeiten in der Verwaltung oder im Dekanat vorstellbar, aber kaum in der Lehre, in der kein geschlossenes und von den Studierenden zu hinterfragendes Wissen vermittelt wird bzw. in der Forschung, wo sogar neue Denkansätze entwickelt werden sollen. Angesichts dessen, unterscheidet *Pasternack* (vgl. ebenda, S. 7 f.; *Pasternack* 2007, S. 20 f.) zwei Grundmuster der **Qualität** an Hochschulen:

- Qualitäten erster Ordnung: Lässt sich die Komplexität eines Prozesses oder einer Leistung in Einzeleigenschaften ausdrücken und standardisieren, sind sie quantifizierbar und für Interventionen zugänglich. So ist beispielsweise die Dauer des Berufungsprozesses ein in der Praxis wohlwollender Indikator für die Effizienz der Hochschule.
- Qualität zweiter Ordnung: Wird ein Prozess oder eine Leistung ganzheitlich betrachtet, deren Eigenschaften sich einer Standardisierung entziehen, kann er nur durch Systemveränderungen beeinflusst werden. Obwohl das Thema **Gleichstellung** an Hochschulen kritisch diskutiert wird (siehe hierzu *Buchholz* 2012a; *Buchholz* 2012b), ist die Politik dessen ein Beispiel dafür, wie Frauen stärker in den Wissenschaftsbetrieb integriert werden sollen. Der Wissenschaftsrat fordert eine Frauenquote und Maßnahmen zur Verbesserung von Karriereverläufen (vgl. *o. V.* 2012, S. 534). Die Einführung der Norm würde das System aufgrund exogener Ansprüche und die „Qualität" dessen verändern. Autonome Steuerung verlangt aber eine systembezogene Metaebene, mit der die Qualitätsentwicklung eigenverantwortlich reflektiert werden kann.

Die Qualitätsorientierung nach *Pasternack* (2001, S. 10 f.) umfasst drei interdependente Dimensionen: Qualitätsbestimmung, Qualitätsentwicklung und Qualitätsbewertung. Nach einer Zielbestimmung der Qualität wird der methodische Weg zur Zielerreichung festgelegt. Um Akzeptanz beim Personal zu schaffen und um die spezifische Qualität überhaupt definieren zu können, hängt die Qualitätsbestimmung allerdings auch von der Qualitätsentwicklung ab. Damit erlangt die **Qualitätsentwicklung** als Implementationsphase zentrale Bedeutung, die sich instrumentell auf zwei mögliche Wege, der Qualitätssicherung und dem Qualitätsmanagement, realisieren lässt. Deren Instrumente sind daher nicht bewusst vorgegeben, sondern müssen vielmehr hochschulindividuell in Abstimmung mit den Qualitätszielen gewählt werden. Die Qualitätsbewertung des Prozesses bzw. der Leistung untersucht schließlich die Ergebnisse, die durch die Methodenwahl hinreichend zuverlässig bestimmt werden sollen.

Die Abgrenzung der Qualitätssicherung vom Qualitätsmanagement ist unklar. Selbst der Begriff „Qualitätssicherung" fungiert oftmals als Oberbegriff in politischen und wissenschaftlichen Diskussionen. In Anlehnung an *Banscherus* (2011, S. 9) sowie *Pasternack* (2001, S. 11 f.) sollen beide Begriffe für die nachfolgenden Ausführungen abgegrenzt werden. Unter **Qualitätssicherung** wird im Hochschulkontext die Erhaltung von Qualität durch das Vorbeugen von Mängeln verstanden. Ein Qualitätssicherungsverfahren prüft hierbei Normen (Mindeststandards) eines Gegenstands auf deren Erfüllung. Hingegen umfasst **Qua-**

litätsmanagement all diejenigen operativen Maßnahmen, die zur Sicherung und zur kontinuierlichen Verbesserung von Strukturen und Prozessen verstanden werden. Qualitätsmanagement zielt auf die Erreichbarkeit eines hohen Qualitätsniveaus ab. Damit steht weniger die Qualität des einzelnen Objekts im Vordergrund als vielmehr die indirekte Beeinflussung der gesamten Studienqualität.

Pasternack (2009, S. 1 f.) unterscheidet drei instrumentelle Typen der Qualitätsentwicklung, von denen die beiden letztgenannten Relevanz für die vorliegende Arbeit aufweisen und nachfolgend eingehender abgegrenzt werden:

1. Traditionelle Instrumente gibt es in Hochschulen seit jeher. Sie wurden jedoch nicht explizit der Qualitätssicherung zugeordnet. Zu ihnen zählen u. a. fachkulturelle Standards, Peer Reviews, Prüfungs- und Qualifikationsverfahren etc. (siehe hierzu *Pasternack* 2004, S. 24 ff.). Zur Verbesserung des Studiums und der Lehre sind zudem Methoden der Hochschuldidaktik von steigender Bedeutung (siehe hierzu bspw. *Wegner/Nückles* 2011).
2. Im Laufe des letzten Jahrhunderts sind anglo-amerikanische Instrumente der Qualitätssicherung in Deutschland eingeführt worden. Evaluations- und Akkreditierungsverfahren sind von den deutschen Hochschulen weitgehend akzeptiert und werden als kulturell integriert bezeichnet. Des Weiteren sind Ranking-, Rating- oder Benchmarkingverfahren als kulturell integrierte Instrumente zu nennen. Sie sind auf eine vergleichende Qualitätsbewertung angelegt und stellen im engeren Sinne keine Qualitätssicherungsverfahren dar (vgl. hierzu *Banscherus* 2011, S. 22).
3. Bislang kulturfremde Instrumente sind meist technisch entlehnte Konzepte, die für den Hochschulbereich angepasst werden. Dazu zählen vor allem Zertifizierungen nach DIN ISO 9000 ff. und das Total Quality Management (TQM).

3.4.1 Qualitätssicherungsverfahren

Zu den kulturell sozialisierten Qualitätssicherungsverfahren in Hochschulen sind besonders Evaluations- und Akkreditierungsverfahren hervorzuheben.

3.4.1.1 Evaluationsverfahren

Unter **Evaluation** versteht man im europäischen Sinn die Überprüfung und Optimierung der Qualität eines spezifischen Gegenstands in systematischer Weise. Im Studiensystem können einzelne Lehrveranstaltungen, Studiengänge oder Studienfächer evaluiert werden (vgl. *Banscherus* 2011, S. 13). Grundsätzlich lassen sich auch Evaluationen im Bereich der Forschung (vgl. *Schiene* 2006; *Schiene/Schimank* 2006) und Verwaltung (vgl. *Pasternack* 2004, S. 75 f.) durchführen, sodass die gesamte Hochschule oder einzelne Organisationseinheiten Gegenstand von Evaluationsverfahren sein können. Evaluationsverfahren dienen primär der Verbesserung der Selbststeuerung und sekundär der Rechenschaftslegung (vgl. *Erichsen* 2005, S. 65). Die relevantesten Evaluationsverfahren werden kurz charakterisiert (siehe hierzu ausführlich *HRK* 2007, S. 7 ff.; *Kaufmann* 2009, S. 30 ff.; *Banscherus* 2011, S. 13 ff.; *Pasternack* 2004, S. 69 ff.).

Das Instrument der **Lehrveranstaltungsevaluation** ist seit Beginn der Reformen in den 1990er Jahren an Hochschulen fest etabliert. Durch die Fokussierung auf die Befragung von Studierenden werden Lehrveranstaltungskritiken erhoben und teilen den Dozenten ihre Stärken und Schwächen mit. Eine Diskussion mit den Studierenden kann erfolgen, wenn die Evaluation im Laufe des Semesters durchgeführt wird. Anwendungszwecke ergeben sich auch in Berufungs- und Bleibeverhandlungen (vgl. *HRK* 2007, S. 10; *Pasternack* 2004, S. 77 ff.). Allerdings kann durch eine übermäßige Befragung der Studierenden die Datenvalidität stark beeinträchtigt werden. Das Instrument verkommt zur Pflichtübung. Zudem sind die Befragungsbögen nicht immer theoriebezogen hergeleitet und erfüllen dann nicht die Anforderungen einer empirischen Sozialforschung. Daneben sind institutionelle Konsequenzen für schlechte Leistungen wie beispielsweise didaktische Weiterbildungen oder auch Sanktionsmechanismen nicht immer gegeben. Zudem zielen die Studierendenbefragungen primär auf die Erfassung der Zufriedenheit mit der Lehre ab und nicht auf die Qualität (vgl. *Pasternack* 2004, S. 74). „Die Zufriedenheit wiederum, so ein verbreiteter Einwand, sage nicht unbedingt etwas über Wissenszuwächse oder die Entwicklung individueller Fertigkeiten wie Erhöhung der Problemlösungskompetenz aus“ (ebenda). *Pohlenz/Seyfried* (2010, S. 83) zeigen jedoch auf, dass „die studentischen Zufriedenheitsurteile gerade nicht, wie vielfach vermutet und kritisiert, ausschließlich auf einer subjektiv verzerrten Basis zu Stande kommen.“ Trotz aller Für und Wider bildet das Instrument ein wichtiges Qualitätssicherungsverfahren in der Praxis.

Bei der endogenen Evaluation führen Angehörige der Hochschule eine Stärken- und Schwächenanalyse durch und dokumentieren ihre Ergebnisse in Selbstberichten. Der Selbstbericht dient zugleich als Grundlage einer sich anschließenden exogenen Evaluation. Deren Gruppenmitglieder, sogenannte Peers, sind u. a. Fachkollegen, Studierende oder Vertreter der Berufspraxis. Dadurch setzt sich eine Peer-Group aus Vertretern hochschulinterner und -externer Anspruchsgruppen zusammen, um eine vielschichtige Qualitätsbewertung zu erreichen. Als Ergebnis (Follow up) einer Vor-Ort-Begehung mit umfangreichen Interviews und Einschätzungen wird ein Evaluationsbericht mit Gutachten, einer Stellungnahme der Hochschule sowie ein Maßnahmenkatalog mit Verbesserungsvorschlägen formuliert, deren Umsetzung durch die Erstellung eines Umsetzungsberichts nachverfolgt wird. Man bezeichnet den mehrstufigen Evaluationsprozess häufig als **Peer Evaluation** (vgl. *Mittag/Bornmann/Daniel* 2003, S. 30). Dem Verfahren liegt die Annahme zugrunde, dass Qualität(en) besser durch eine Innen- vs. Außensicht identifiziert werden können (vgl. *Pasternack* 2004, S. 76).

3.4.1.2 Akkreditierungsverfahren

Die **Akkreditierung** von Studiengängen dient der Sicherstellung von Standards, sodass eine Vergleichbarkeit der Studienabschlüsse gewährleistet wird (vgl. *HRK* 2010). Zwar wird die Akkreditierung nicht von staatlicher Seite durchgeführt, sondern von Akkreditierungsagenturen, doch wird das Verfahren als quasi-staatlich angesehen, da die Beschlüsse der KMK praktisch den Zertifizierungsstandard vorgeben (vgl. *Nickel/Rischke* 2011, S. 45). Die KMK wendet dabei auch europäische Qualitätsstandards, die sogenannten Standards and Guidelines for Quality Assurance in the European Higher Education Area (ESG), an. Die Begutachtungen koordiniert der Akkreditierungsrat, indem er Anforderungen an die Akkreditierung regelt und Akkreditierungsagenturen fachlich-inhaltlich prüft. Akkreditierungsverfahren überprüfen Studiengänge oder die gesamte Hochschule hinsichtlich europäischer Qualitätsstandards, die gesellschaftlichen Ansprüchen genügen müssen (vgl. *Erichsen* 2005, S. 63). Bei Erfüllung der Qualitätsstandards – im internationalen Vergleich sind Mindeststandards üblich – erfolgt eine Zertifizierung (vgl. *Banscherus* 2011, S. 17). Im Unterschied zur Evaluation gilt bei der Akkreditierung der Grundsatz der alleinigen Qualitätsorientierung, d. h. die Unabhängigkeit gegenüber den Interessen involvierter Anspruchsgruppen. Zwar haben die beteiligten Anspruchsgruppen die Entscheidungsbefugnis zur Einführung eines Qualitätssicherungssystems und bestimmen dessen Zwecke, bei der Systemgestaltung müssen sie sich aber an (exogene) Grundsätze halten, um die Qualitätsorientierung und eine unabhängige Ja-/Nein-Entscheidung zur Zertifizierung zu gewährleisten (vgl. *Erichsen* 2005, S. 64). *Banscherus* (2011, S. 17 ff.) unterscheidet für staatliche Hochschulen die

- Programm- bzw. Clusterakkreditierung sowie die
- Systemakkreditierung.

Bei der **Programmakkreditierung** werden einzelne Studiengänge auf fachlich-inhaltliche Kriterien geprüft, wie beispielsweise Lehrinhalte, aber auch Studienbedingungen oder personelle und sachliche Ausstattungen, um daraus Rückschlüsse auf gesetzte oder zu erreichende Qualifikationsziele ziehen zu können. Ziel ist die ganzheitliche (summative) Betrachtung von Qualität („Qualität zweiter Ordnung“). Der Verfahrensablauf orientiert sich weitgehend an der Peer Evaluation (vgl. *HRK* 2007, S. 11). Im Vergleich zur Evaluation wird jedoch kein Maßnahmenkatalog erstellt und deren Umsetzung kontrolliert. Stattdessen werden die Ergebnisse in einem Gutachterbericht festgehalten und um eine Stellungnahme der Hochschule ergänzt. Bei Akkreditierung ohne Auflagen wird der Hochschule ein Gütesiegel (Zertifikat) verliehen. Sind einige Qualitätsstandards zeitweilig nicht erfüllt, kann das Verfahren mit Auflagen versehen oder zurückgestellt werden. Im Falle einer Ablehnung ist keine Nacharbeitung mehr möglich (vgl. *HRK* 2010).

Die **Clusterakkreditierung** stellt eine Weiterentwicklung der Programmakkreditierung dar. Bei diesem Verfahren werden mehrere fachlich zusammenhängende Studiengänge gebündelt und kann schneller und kostengünstiger durchgeführt werden. Neben den Selbstberichten der Studiengänge wird ein Strukturbericht verfasst, der das fächerübergreifende Studiengangskonzept begutachtet (vgl. *HRK* 2007, S. 12 f.). Beide Formen sind zeitlich befristet. So beträgt die Erstakkreditierung eines oder mehrerer Studiengänge fünf Jahre, eine Reakkreditierung kann bis zu sieben Jahre gültig sein (vgl. *Akkreditierungsrat* 2012, S. 14). Allerdings verändern sich die Anforderungen an Reakkreditierungen im Vergleich zur Erstakkreditierung. So stellt beispielsweise die Durchführung systematischer **Absolventenstudien** und deren Ergebnisverwendung ein Kriterium zur Beurteilung des Studienerfolgs dar (vgl. *HRK* 2010). Die Befragung von Hochschulabsolventen zum beliebigen Zeitpunkt nach ihrer Graduierung (ca. 1-3-5 Jahre) kennzeichnet eine Absolventenstudie (vgl. *Janson* 2008, S. 62). „Primär werden Absolventenstudien dazu genutzt, den Berufserfolg von Personen, die ihr Studium erfolgreich abgeschlossen haben, zu ermitteln“ (*Janson/Teichler* 2007, S. 5). Neben objektiven Kriterien wie beispielsweise Einkommen oder Beschäftigungsposition, können auch subjektive Kriterien ermittelt werden. Dazu zählen etwa Motive zur Studiengangs- oder Berufswahl, Zufriedenheit mit dem Studium oder dem Beruf, Vermittlung von Kompetenzen und deren Nutzung (vgl. ebenda; *Schaeper/Spangenberg* 2008). So bieten die „als ‚externe Zwänge' erscheinenden Auflagen [...] für die Hochschulen ein enormes Potenzial, diese Studien nicht nur als Pflichterfüllung abzuleisten, sondern sie für die institutionelle Entwicklung und Qualitätssicherung einzusetzen" (*Janson* 2008, S. 64).

Bei der **Systemakkreditierung** wird die interne Qualitätssicherung im Bereich Studium und Lehre auf relevante Strukturen und Prozesse überprüft. Es wird dabei festgestellt, ob die Hochschule in der Lage ist, ihre festgelegten Qualifikationsziele zu erreichen und eine hohe Studiengangsqualität zu gewährleisten (vgl. *Akkreditierungsrat* 2012, S. 23). „Die Qualifikationsziele umfassen fachliche und überfachliche Aspekte, insbesondere wissenschaftliche Befähigung, die Befähigung, eine qualifizierte Beschäftigung aufzunehmen, die Befähigung zum zivilgesellschaftlichen Engagement und Persönlichkeitsentwicklung" (ebenda, S. 24). Eine Systemakkreditierung soll nachweisen, dass die Hochschule über ein wirksames und autonom betriebenes Steuerungssystem im Bereich Studium und Lehre verfügt und dieses aktiv nutzt. Das beinhaltet eine eigenständige und regelmäßige Überprüfung der Kriterien für die Akkreditierung von Studiengängen gemäß KMK, Akkreditierungsrat und ESG (vgl. ebenda). Insofern übernimmt die Hochschule die Aufgaben einer Programmakkreditierung selbst und erhöht das autonome Denken und Handeln in den Prozessen des Studiums und der Lehre. Dazu muss die Hochschule auch über ein **Berichtssystem** verfügen, welches „die Strukturen und Prozesse in der Entwicklung und Durchführung von Studiengängen sowie die Strukturen, Prozesse und Maßnahmen der Qualitätssicherung, ihre Ergebnisse und Wirkungen dokumentiert" (ebenda, S. 26).

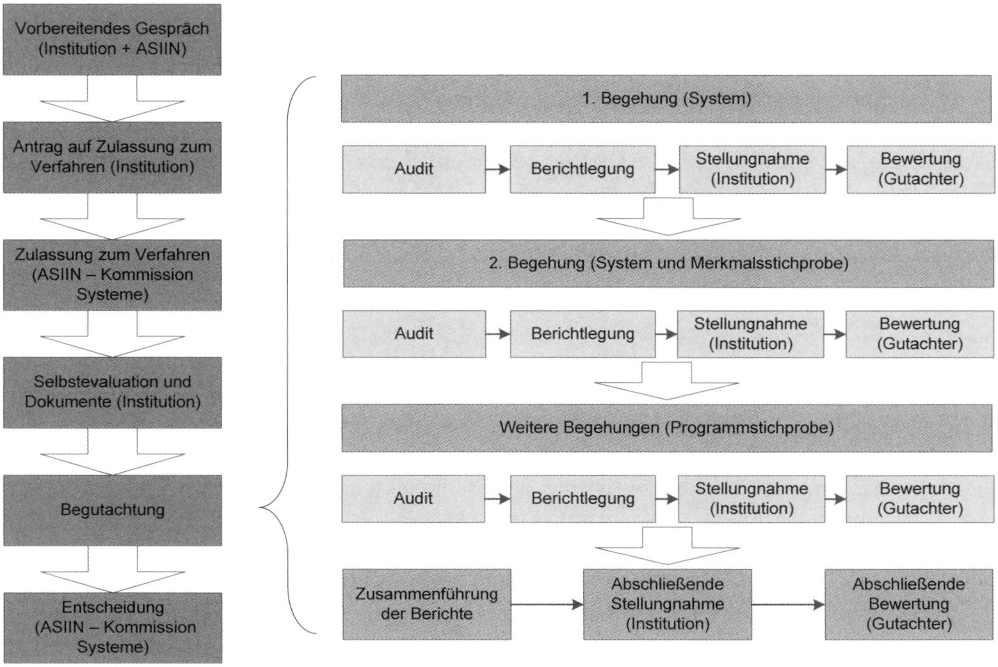

Abb. 3.31: Ablauf des Verfahrens zur Systemakkreditierung (nach ASIIN)

Die ASIIN (Akkreditierungsagentur für Studiengänge der Ingenieurwissenschaften, der Informatik, der Naturwissenschaften und der Mathematik) ist eine von zehn Akkreditierungsagenturen in Deutschland und beschreibt ihren Ablauf des Verfahrens zur **Systemakkreditierung** (vgl. *ASIIN* 2009, S. 17 ff.; siehe Abb. 3.31). Grundlage bildet das Vorgehen der Peer Evaluation mit einer endogenen und exogenen Komponente. Nach einem vorbereitenden Gespräch zwischen Hochschule und ASIIN, kann es zu einem Zulassungsantrag zum Verfahren durch die Hochschule kommen. Nach der Einreichung des Antrags bei der Kommission Systeme wird von der Hochschule eine Selbstevaluation durchgeführt und der Bericht der Akkreditierungsagentur übergeben. Die Begutachtung findet in zwei Begehungen statt. In der ersten Begehung werden Gesprächsrunden mit verschiedenen Gruppen durchgeführt. Die Berichtslegung dokumentiert die erste Begehung und hält fest, welche zusätzlichen Unterlagen benötigt werden. In der zweiten Begehung wird der Vorgang unter Einbezug der zusätzlichen Informationen wiederholt und um Merkmalsstichproben ergänzt. Bei Merkmalsstichproben werden Merkmale der Studiengangsgestaltung und -durchführung sowie Qualitätssicherung vertiefend und vergleichend untersucht. Danach planen ASIIN, Hochschule und ggf. kooperative Agenturen Programmstichproben, die von der Hochschule eigenständig durchzuführen sind. Programmstichproben wählen Studienprogramme aus und überprüfen sie nach den Anforderungen und Grundsätzen der Programmakkreditierung. Der Vorgang endet mit einer Begehung der Gutachtergruppe sowie der Begutachtung der Programmstichproben. Abschließend werden die Mängel aus Programmstichpunkten hinsichtlich systemischer Fehler bewertet und führen nach Zusammenführung aller Berichte und einer Stellungnahme durch die Hochschule zur Bewertung durch die Gutachter. Auf Basis des abschließenden Gutachtens entscheidet die ASIIN über die Systemakkreditierung.

Angesichts der hohen Anforderungen entsteht der Eindruck einer „Qualitätsbürokratie“, die sich auch in der Tatsache äußert, dass bislang erst wenige Fälle von Hochschulen bekannt sind, die eine Systemakkreditierung erfolgreich durchgeführt haben. Infolgedessen fordern HRK und CHE eine Weiterentwicklung des Akkreditierungssystems (vgl. *Nickel/Ziegele* 2012; *HRK* 2012). So hat die *HRK* (2012, S. 3) auf ihrer Mitgliederversammlung im April 2012 verabschiedet, den kontrollorientierten Ansatz der Akkreditierung zu einem Unterstützungs- und Beratungsansatz weiter entwickeln zu wollen. Hiernach fungiert der Akkreditierungsrat künftig als Qualitätsrat und das Institutionelle **Qualitätsaudit** (IQA) oder einfach „Quality Audit“ soll die Systemakkreditierung ablösen.

In ihrer Pressemitteilung vom 27.04.2012 konkretisiert die HRK-Mitgliederversammlung das IQA: „Durch ein Qualitätsaudit wird beurteilt, ob die Strukturen und Prozesse einer Hochschule geeignet sind, die von ihr selbst gesteckten Qualitätsziele in Lehre und Studium zu erreichen. Im Rahmen eines solchen Audits legen Hochschulleitung sowie Fakultäten und Fachbereiche dar, dass sie gemeinsam die Weiterentwicklung der Qualität in Lehre und Studium konsequent verfolgen.“ IQAs werden grundsätzlich nach dem Prinzip der Peer Evaluation durchgeführt (vgl. *Nickel/Rischke* 2011, S. 45). In Akkreditierungsverfahren ist die Überprüfung der normbasierten (Mindest-)Qualität ausschlaggebend für die Zertifizierung bzw. Akkreditierung. Dagegen steht bei einem Qualitätsaudit vornehmlich die Beratung im Vordergrund. Die Auditoren geben den Hochschulen in erster Linie ein Feedback zum Istzustand des Qualitätsniveaus und formulieren Verbesserungsmöglichkeiten, um Impulse für eigenständige Lernprozesse anzustoßen und die autonome Steuerungsfähigkeit weiter zu entwickeln. Dabei muss sich ein Qualitätsaudit nicht allein auf den Bereich Studium und Lehre begrenzen, sondern kann auch die Bereiche Forschung und Verwaltung mit einbeziehen. Deshalb liegt das Hauptziel in der Beratung bei der Konzeption und Umsetzung von qualitätsorientierten Systemen für die gesamte Hochschule (vgl. ebenda, S. 46).

3.4.2 Qualitätsmanagementsysteme

Im vorigen Abschnitt beschriebene Verfahren der Qualitätssicherung können zu einem zusammenhängenden **Qualitätssicherungssystem** zusammengeführt werden. Aus der Systembetrachtung ergibt sich der Vorteil, dass der „Faktor ‚Qualität' aufgrund seiner wachsenden strategischen Bedeutung für Hochschulen intensiver und wirkungsvoller als bisher in das Entscheidungs- und Handlungssystem" (*Nickel* 2008, S. 20) integriert wird. Mit der Systembetrachtung auf den Faktor „Qualität" etablieren sich ebenso vermehrt privatwirtschaftliche Qualitätsmanagementsysteme (QMS) in Hochschulen (vgl. *Mittag/Daniel* 2008).

Qualitätsmanagement bezieht sich einerseits auf die Qualität der Leistungserstellung, und andererseits auf die Qualität der Führung (Management) selbst. Letzteres schließt die Qualitätspolitik, deren Zielsetzungen und Verantwortlichkeiten sowie die planvolle Qualitätsumsetzung und stetige Verbesserung mit ein (vgl. von *Lojewski* 2008, S. 60 f.). Zu den wichtigsten Ansätzen im Qualitätsmanagement zählen seit den 1990er-Jahren die internationale Norm ISO 9000 ff. und das TQM – Total Quality Management. Beide Ansätze bilden Führungskonzepte und stammen ursprünglich aus der Technikentwicklung, da sie schwerpunktmäßig die Betriebsphysis regeln (vgl. *Jaspersen/Täschner* 2012, S. 147).

3.4.2.1 Prozessorientiertes Qualitätsmanagement nach ISO 9000 ff.

Die qualitätsorientierte Hochschulsteuerung nach DIN EN ISO 9001 ist ein Führungskonzept, welches vom Akkreditierungsrat nicht ausdrücklich in die Diskussion der Qualitätsorientierung einbezogen wurde, obwohl zahlreiche Redundanzen zu den Kriterien der Systemakkreditierung vorliegen (vgl. *Binner* 2009, S. 6). So führt die ASIIN in Zusammenarbeit mit dem Technischen Überwachungsverein Nord (TÜV NORD CERT GmbH) eine Synopse der Kriterien der **Systemakkreditierung** und der ISO 9001:2008 durch und bieten ein koordiniertes Verfahren an, um eine Systemakkreditierung und eine ISO-9001-Zertifizierung an Hochschulen durchzuführen (vgl. *ASIIN/TÜV NORD CERT* 2012).

Brunner/Wagner (2011, S. 92 ff.) beschreiben die Struktur und Inhalte der ISO (International Standardisation Organisation) 9000 Normenreihe im Überblick. *Nickel* (2008, S. 24 f.; siehe auch *Binner* 2009, S. 9) führt aus, dass dem Qualitätsmanagement nach der ISO acht Grundprinzipien zugrunde liegen, „die sich zu einem Qualitätskreislauf zusammenfügen, bei dem die Anforderungen und die Zufriedenheit der Kundinnen sowie der Kooperationspartner den hauptsächlichen Gradmesser für die Leistungsqualität darstellen:

- Kundenorientierung (customer focus),
- Führung (leadership),
- Beteiligung der Mitarbeiter und Mitarbeiterinnen (involvement of employees),

- Prozessmanagement (process approach),
- Denken und Handeln in Zusammenhängen (system approach to management),
- Kontinuierliche Verbesserung (continual improvement),
- Datenbasierte Entscheidungen (factual approach to decision making),
- Vertrauensvolle, für beide Seiten ertragreiche Beziehung mit Kooperationspartnern (mutual beneficial supplier relationship)" (ebenda, S. 25).

Die Anwendung von TQM und der ISO-Normenreihe erfordert eine Reihe von Anpassungen an die Besonderheiten des Hochschulbereichs. So ist beispielsweise unklar, wie der Kundenbegriff, eine Prozessnorm oder das gesamte Qualitätscontrolling betrieben werden kann (vgl. ebenda). Die Probleme der Übertragung lassen sich am Beispiel der **Kundenorientierung** verdeutlichen. *Degenhardt/Schröder* (2010, S. 210 ff.) führen diesbezüglich aus, dass die Kundenorientierung mit dem Wandel der Hochschulen als Bildungsdienstleister korrespondiert. Traditionell empfängt der Kunde als Person oder Organisation nach der ISO 9000 Dienstleistungen oder Produkte und verhält sich bei seiner Wahl rational im Sinne des Homo oeconomicus. Zwar bietet eine Hochschule kommunikative Dienstleistungen an, aber die Leistungserstellung im Bereich Studium und Lehre erfolgt nur unter Einbezug der Studierenden. Dieser „externe Faktor" ist bereits hinreichend in Abschnitt 3.1.2 thematisiert worden und macht deutlich, dass sich der Kundenbegriff nur als soziales Handeln nach *Max Weber* (1984) auffassen lässt, wonach sich das Handeln aus der Antizipation und der Ausrichtung an den Ansprüchen der Studierenden, aber auch anderen Anspruchsgruppen, wie der Lehrenden oder Mitarbeitern, ergibt. „Kundenorientierung kann so als regulative Idee verstanden werden, die eine bestimmte Richtung vorgibt, doch in ihrer konkreten Ausgestaltung immer wieder neu verhandelt werden muss" (ebenda, S. 214). Das soziale Handeln der Akteure ist ein offener und dynamischer Prozess, woraus sich die Notwendigkeit ergibt, dass die Kultur(en) und Dienstleistungen der Hochschule kontinuierlich auf bzw. mit den Kunden abgestimmt werden müssen. Wer nun konkret „Kunde" der Hochschule ist, muss perspektivisch aus Sicht der Hochschulakteure betrachtet werden und bedarf einer situativen Erwartungsanalyse (siehe hierzu ebenda, S. 216 ff.). Kundenorientierung ist in Hochschulen demnach ein bedeutender Teil des Managements von Anspruchsgruppen.

Mit der Berücksichtigung von Erwartungshaltungen der Anspruchsgruppen sind die Strukturen und Prozesse von fachlichen und nicht-fachlichen Organisationseinheiten wie beispielsweise Studierendenzentren, Bibliotheken oder Zentrale Einrichtungen von der Entbürokratisierung hin zu einer Serviceorientierung vom Qualitätsmanagement betroffen. Um diesem ständigen Prozess eine Orientierung im Sinne einer Konstante oder eines „Ankers" zu geben, bedarf es Überzeugungen, Werte oder Normen (vgl. ebenda, S. 215), um so ein gemeinsames qualitätsorientiertes Zielverständnis festzulegen und ein Denken und Handeln danach zu rechtfertigen. Derartige gemeinsame politische und philosophische Überzeugungen stellen einen generellen Rahmen für zu planende Handlungen dar und manifestieren sich in **Leitbildern**.

Neben der Kundenorientierung bildet das Prozessmanagement ein wesentliches Prinzip im Qualitätsmanagement. **Prozesse** werden nach DIN EN ISO 9001 als ein „Bündel von Aktivitäten“ definiert, „für das ein oder mehrere Inputs nötig sind und das für den Kunden ein Ergebnis von Wert erzeugt“ (*Binner* 2009, S. 7). *Ould* (1995, S. 2 ff.) unterscheidet leistungserstellende Kernprozesse von Dienstleistungs- und Führungsprozessen, in der losgelöst von der Aufbauorganisation wiederkehrende Aktivitäten modelliert werden.

Während sich Verfahren der Qualitätssicherung zunächst auf die Bereiche Studium und Lehre sowie Forschung konzentrieren, kann ein QMS in Abhängigkeit von der Ausgestaltung die gesamte Hochschule umfassen. *Nickel* (2007, S. 19 ff.) unterscheidet als Kernprozesse die Bereiche Forschung sowie Studium und Lehre. Zusammen mit Leitungs- sowie Dienstleistungsprozessen bilden sie das gesamte QMS aus. Durch den Einbezug von Leitungs- und Dienstleistungsprozessen entsteht eine Kopplung der Lehr- und Forschungsqualität zur strategischen Hochschulsteuerung. „Hauptziel von QM-Systemen ist demnach der strategische, d. h. mittel- und langfristige Erfolg einer Organisation durch qualitativ hochwertige Leistungen. Dazu braucht es eine klare Qualitätspolitik und -strategie inklusive operativer Ziele“ (*Nickel* 2008, S. 27).

Die Offenlegung und Dokumentation der Prozesse in einem **Qualitätsmanagement-Handbuch** deckt korrigierbare Schwachstellen in den Prozessen auf. Die Struktur des Handbuchs kann nach der allgemeinen Prozessordnung von *Martyn Ould* (1995) in Kern-, Unterstützungs- und Führungsprozesse gegliedert sein. Auf oberster Ebene sind die Qualitätspolitik und die Qualitätsziele definiert. Die zweite Ebene enthält Verfahrensanweisungen mit Verantwortlichkeiten getrennt nach den drei genannten Prozesskategorien. Auf der dritten Ebene des Qualitätsmanagement-Handbuchs werden Arbeits- und Prüfanweisungen vorgegeben, die arbeitsplatzbezogen detailliert Tätigkeiten festlegen (vgl. *Jaspersen/Täschner* 2012, S. 286 ff.).

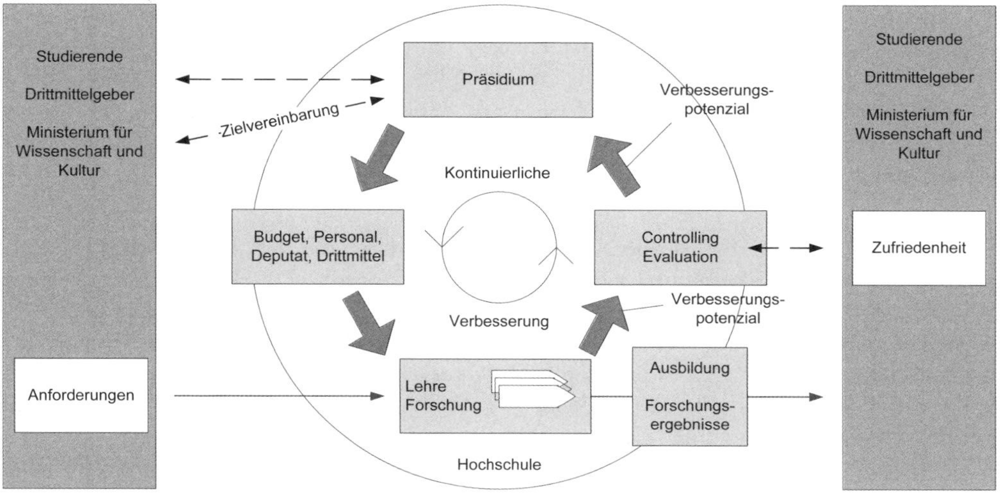

Abb. 3.32: Prozessorientiertes Qualitätsmanagement (nach Schlünz)

Das prozessorientierte QMS betrachtet als externe Kunden Studierende, Drittmittelgeber und das MWK als Repräsentant der Steuerzahler und Gesellschaft (vgl. *Schlünz* 2006, S. 168; siehe Abb. 3.32). Entsprechend der umfassenden Kundenorientierung fließen neben exogenen Anforderungen (besser: Ansprüche) auch endogene Ansprüche in die Qualitätsziele ein und sind Impulsgeber des kontinuierlichen Verbesserungsprozesses innerhalb der Hochschule. Die vertragliche Formalisierung der exogenen Ansprüche erfolgt mit dem MWK durch Zielvereinbarungen. QMS sind insofern zu Instrumenten der leistungsorientierten Ressourcensteuerung gekoppelt (siehe hierzu Abschnitt 3.3.1.).

Schlünz (2006, S. 165 f.) unterscheidet in Anlehnung an die DIN EN ISO 9001 die Qualität einer Dienstleistung in Hochschulen nach drei Aspekten (vgl. auch *Binner* 2009, S. 7 f.; *Nickel* 2008, S. 29; siehe Abb. 3.33):

- Die **Strukturqualität** beschreibt das Potenzial (Input) für die Leistungserstellung. An der Hochschule sind dies vor allem die Qualifikationen der personellen Ressourcen und Ausstattungen wie Räume, Sachmittel etc. sowie Finanzmittel, Deputate und Dritt- bzw. Sondermittel. Sie geben sodann den Qualitätsstandard vor, anhand derer die externen Kunden im Vorfeld hochschulische Dienstleistungen auswählen und im Nachhinein beurteilen.
- Die **Prozessqualität** betrifft die Leistungserstellung in Forschung und Lehre sowie die Führungs- und Dienstleistungsprozesse. Die Prozessqualität deckt im Bereich Studium und Lehre die Ausbildung der Studierenden vom Einstieg bis zum Übergang in den Arbeitsmarkt ab und soll mit der Einführung, Durchführung, Evaluation, Verbesserung oder Aufhebung eines Studiengangs kontinuierlich optimiert werden (vgl. von *Lojewski* 2008, S. 66; von *Lojewski/Boentert* 2009, S. 30). Im Forschungsbereich betrifft die Prozessqualität die Antrags- und Abrechnungsabwicklung eines Forschungsprojekts sowie die Bedingungen der Verwertungsmöglichkeiten und zum Technologietransfer.
- Die Prozessqualität ist nur Mittel zum Zweck. Erst die **Ergebnisqualität** der Leistungserstellung zeigt in einem Qualitätsregelkreis auf, ob die definierten Qualitätsziele auch realisiert wurden. Dazu werden die Qualitätsziele durch Kennzahlen wie z. B. Absolventen und ihre Zufriedenheit operationalisiert und mit Sollwerten belegt. Die Ergebnisqualität wird gemessen und durch einen Ist-Ist- oder Soll-Ist-Vergleich werden kontinuierlich Verbesserungspotenziale der Prozessqualität offenbart werden, die Gegenstand neuer Zielbildungen sein können (vgl. ebenda, S. 65 f.).

Wie in der DIN EN ISO 9004 vorgeschlagen, entsteht durch die Verknüpfung der Qualitätsaspekte ein PDCA Zyklus mit Rückkoppelungs- bzw. Feedbackeffekt (vgl. *Binner* 2009, S. 7): Entsprechend der Qualitätspolitik und der Qualitätsziele werden die Inputs oder Ressourcen geplant (Plan), in Prozessen der Lehre und Forschung transformiert (Do), die entstehenden Outputs und Outcomes anschließend gemessen, analysiert, bewertet und verbessert (Check) und schließlich mit den Qualitätszielen abgeglichen. *Brunner/Wagner* (2011, S. 93) bezeichnen die Verbindung der vier Elemente als **Prozessmodell**. Jedoch stellt *Nickel* (2008, S. 33 f.) fest: „Ein systematischer Abgleich zwischen der Qualität der Ergebnisse in Lehre und Forschung und den strategischen Qualitätszielen der Hochschulen findet in seltensten Fällen statt. [...] Lücken bestehen vor allem bei der konsequenten Einbindung von Qualitätsansprüchen aus dem Umfeld in die Strategiebildung, der Formulierung aussagekräftiger Indikatoren sowie bei adäquaten Verfahren der Qualitätsmessung und finanziellen Anreizen." Somit ist das leistungsbezogene Controlling im QMS oftmals nicht vorhanden oder unterentwickelt.

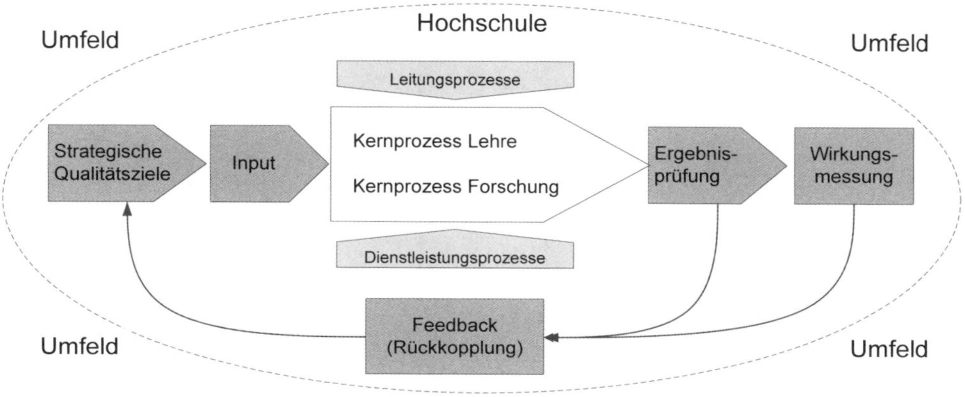

Abb. 3.33: Grundmodell Qualitätsmanagementsystem (in Anlehnung an Nickel)

An Hochschulen steht die Transparenz und Manipulation der **Prozessqualität** oftmals im Mittelpunkt des Qualitätsmanagements. Sie kann bei einem gemeinsamen methodischen Rahmen die Qualitätskultur nachhaltig prägen (vgl. von *Lojewski* 2008, S. 67 f.). Bei der Modellierung unterscheidet man zwei Verfahren, die hierarchisch Einzelprozesse in Teilprozesse und diese wiederum in einzelne Vorgänge auflösen oder verdichten. In beiden Fällen entsteht eine systematische Abbildung der Hochschulprozesse (vgl. *Jaspersen/Täschner* 2012, S. 269; *Pfeifer/Schmitt* 2010, S. 282; siehe Abb. 3.34).

- Nach dem **Bottom-up-Ansatz** koordiniert sich die Prozessordnung evolutionär. Ausgehend von einer organisatorischen Teileinheit oder „Insel", bildet sich innerhalb der Organisation induktiv nach und nach eine verdichtete Gesamtstruktur.
- Nach dem **Top-down-Ansatz** werden Prozesse gemäß eines vordefinierten Prozessmodells klassifiziert, um „dann nach der ‚Salamitaktik', Prozess nach Prozess in seiner messbaren Qualität zu spezifizieren und mit einem IT-gesteuerten Workflow zu unterlegen" (*Jaspersen/Täschner* 2012, S. 269).

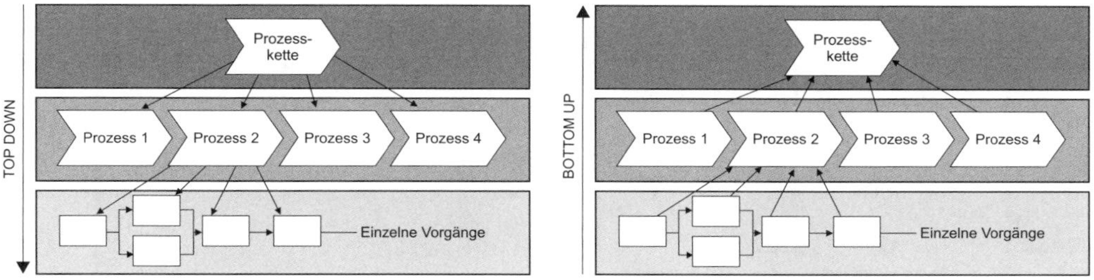

Abb. 3.34: Deduktives und induktives Vorgehen bei der Prozessanalyse (nach Schmitt/Pfeifer)

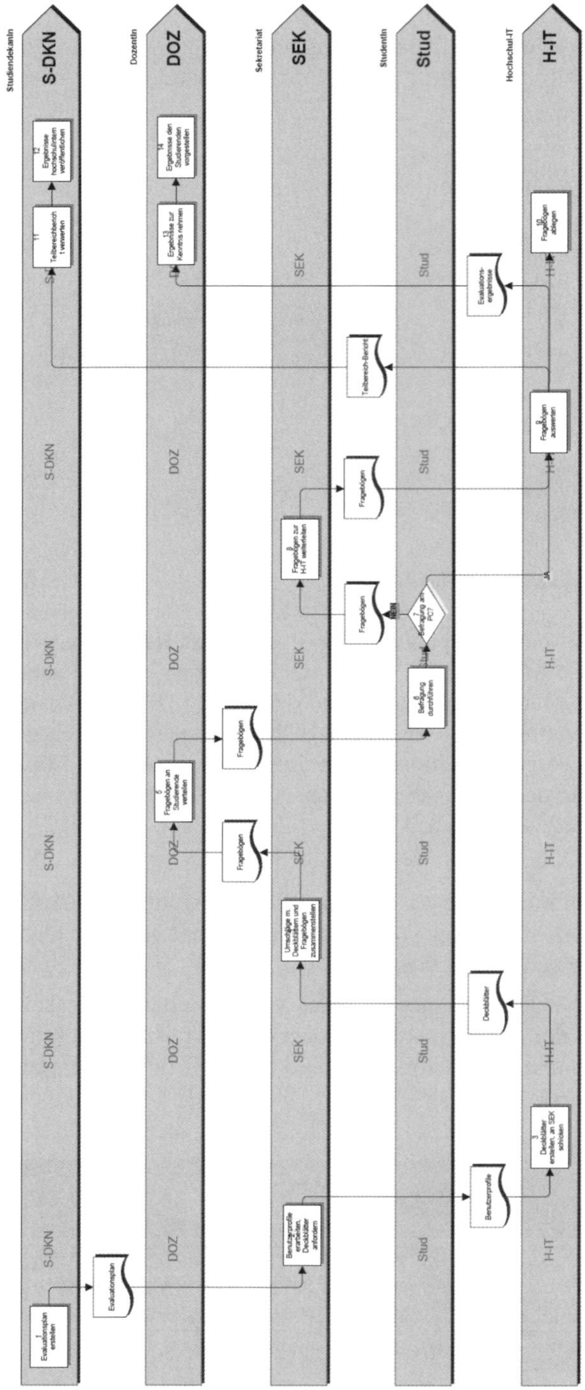

Abb. 3.35: Lehrevaluationsprozess (Hochschule Hannover)

Mit dem IT-gestützten Management von Arbeitsabläufen („Workflows") werden Arbeitsinhalte in Vorgängen organisiert. Zudem können IT-Systeme die Grundlage für Zeit- und Mengenmessungen, Simulationen oder auch für Kostenermittlungen sein. In der Abb. 3.35 ist das Verfahren der **Lehrevaluation** aus dem Kernprozess Studium und Lehre der Hochschule Hannover exemplarisch aus dem Qualitätsmanagement-Handbuch modelliert, welches in einem IT-gesteuerten Workflow-System gespeichert ist (*Hochschule Hannover* 2010, S. 149). Die Vorgänge und Interaktionen der am Teilprozess beteiligten Akteure lassen sich wie folgt beschreiben: „Zunächst werden ein Evaluationsplan vom Studiendekan erstellt und vom Sekretariat die Benutzerprofile mit Deckblatt angefordert. Nachdem die Deckblätter von der Hochschul-IT erstellt und an das Sekretariat verschickt wurden, werden die Deckblätter mit den Fragebögen in Umschlägen zusammengestellt. Der Dozent verteilt die Fragebögen, und die Studierenden bewerten daraufhin die Lehrveranstaltung und reichen den Umschlag mit den Fragebögen im Sekretariat ein, um sie von der Hochschul-IT auswerten zu lassen. Für den Fall, dass die Fragebögen am PC ausgefüllt wurden, kann die Hochschul-IT die Daten direkt auswerten. Anschließend werden die Fragebögen abgelegt bzw. gespeichert. Ein Teilbereich der Auswertung gelangt an den Studiendekan, um die Ergebnisse so hochschulintern zu veröffentlichen. Das gesamte Evaluationsergebnis wird dem Dozenten zugesandt, um Rückschlüsse zur Lehre zu erhalten und diese mit den Studierenden zu besprechen" (*Jaspersen/Täschner* 2012, S. 795).

Wie die beispielhafte Dokumentation des Lehrevaluationsprozesses zeigt, bildet das QMS eine Metaebene zur Ablauforganisation visuell ab. Selbst die Prozessqualität eines Qualitätssicherungsverfahrens kann durch die Planung und Umsetzung eines standardisierten Ablaufes optimiert werden. Die Ausführung der Lehre und Forschung bleibt hiervon unberührt. *Jaspersen/Täschner* (2012, S. 797) beschreiben in Anlehnung an *Schmelzer/Sesselmann* (2010) Vorteile der Prozessorientierung:

- „Die Dokumentation dient dazu, das Wissen über Abläufe transparent und verfügbar zu machen (Externalisierung von internem Wissen).
- Aufgrund dessen können Optimierungen geplant, durchgeführt und kontrolliert werden.
- Zudem ist es möglich, ein prozessorientiertes Benchmarking mit anderen Hochschulen durchzuführen und Optimierungspotenziale offenzulegen.
- Durch die Prozessstandardisierung können Verantwortlichkeiten abgegrenzt und Schnittstellen zu Umsystemen wie IT-Systemen und anderen Prozessen definiert werden.
- Die Prozessorientierung erlaubt eine Separierung von Aktivitäten im Sinne eines Outsourcings oder Restrukturierungen."

Kritisch gesehen werden muss jedoch, dass mit der Prozessstandardisierung an Hochschulen und der einhergehenden Handlungssicherheit und Verlässlichkeit von Vorgängen die Gefahr steigt, ein kreatives und selbstständiges Handeln der am Prozess beteiligten Akteure zu untergraben und ein zunehmend bürokratisches Arbeitsumfeld zu fördern. Der entzogene Freiraum kann sich negativ auf die Motivation und Arbeitszufriedenheit auswirken. Ferner kann die angestrebte ständige Verbesserung der Prozesse innovationshemmend wirken, wenn keine Kommunikationskanäle oder Anreizmechanismen zur Beteiligung der Mitarbeiter vorhanden sind (vgl. ebenda). Darüber hinaus muss die Optimierung des Prozessmodells im

Kontext der sozial handelnden Menschen interpretiert werden, bei denen die Bestrebung angenommen werden muss, aus Erfahrungen lernen zu wollen. Dem organisationalen Lernen ist somit ein subjektives Lernen inhärent, welches der organisatorischen Ebene gar überlegen sein kann. Die Erfassung der sozialen Dimension erfordert indes qualitative und informelle Aspekte, wenn man komplexe Prozessrealitäten modellartig visualisieren und manipulieren will (vgl. *Stratmann* 2011, S. 23).

3.4.2.2 Total Quality Management

Einen zur ISO 9000 Normenreihe eng verknüpften Ansatz verfolgt das TQM (vgl. *Jaspersen/Täschner* 2012). In der Praxis kommen daher auch Elemente des EFQM-Modells (European Foundation for Quality Management) zum Tragen (vgl. von *Lojewski* 2008, S. 67). *Nickel* (2008, S. 22) schreibt hierzu: „Das EFQM basiert auf denselben Grundprinzipien [wie der ISO 9000 ff.], folgt aber einer eigenen Methode. In deren Mittelpunkt steht ein Selbstbewertungsverfahren (self assessment), welches in regelmäßigen Abständen durch eine externe Qualitätsprüfung (quality audit) ergänzt wird." So wendet die Hochschule für Technik und Wirtschaft des Saarlandes ein mögliches EFQM-Modell für Hochschulen an (vgl. *Fourman/Folz* 2012, S. 355; siehe Abb. 3.36). TQM und EFQM können als Weiterentwicklung des ISO-Modells angesehen werden (vgl. *Schlünz* 2006, S. 172 f.). Zusammen mit den Kriterien Führung, Mitarbeiter, Politik und Strategie sowie Ressourcen bilden die Prozesse die Klasse der Befähiger. Die Klasse der Ergebnisse setzt sich aus mitarbeiterbezogenen Ergebnissen, Zufriedenheit der Studierenden, gesellschaftsbezogenen Ergebnissen sowie einer weiteren Kategorie von Ergebnissen, Zielen und Wirkungen zusammen. Durch die Dekomposition der Handlungsfelder in Unterkriterien und Indikatoren, die sich an Akkreditierungsvorgaben halten können, wird eine Befragung von Anspruchsgruppen durchgeführt, um so eine Bewertung und Evaluation zu ermöglichen. Dies soll innovationsfördernd wirken und ein Lernumfeld schaffen (vgl. *Fourman/Folz* 2012, S. 355 f.).

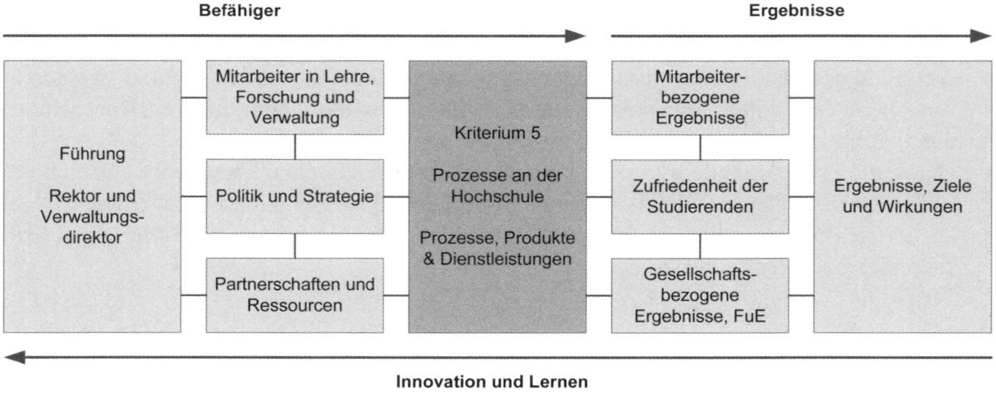

Abb. 3.36: TQM an der Hochschule für Technik und Wirtschaft des Saarlandes (nach Fourman/Folz)

3.4.3 Implikationen

An der Qualitätsdiskussion wird zunächst einmal deutlich, dass das Hochschulrechnungswesen für die Erreichung von Sachzielen allein nicht geeignet ist. Qualitätsbezogene Kennzahlen sind nichtmonetärer Art. Es bedarf daher eines Leistungsmanagements und -controllings („Performance Managements"), mit dem Qualitätskennzahlen geplant und kontrolliert werden können. Die Diskussion der Qualität in Hochschulen ist primär nichtmonetärer Art, um daraus Aussagen zur Qualitätsentwicklung ableiten zu können. Hierzu haben sich Qualitätssicherungs- und -managementverfahren fest etabliert, allerdings ohne bisher in einem kybernetischen Kreislauf aus Planung, Umsetzung und Kontrolle verbunden zu sein. Entsprechend muss die Konstruktion von Berichtssystemen für das Hochschulcontrolling neben organisatorischen und haushalts-/wirtschaftsrelevanten Bezügen auch eine nichtmonetäre (leistungsbezogene) Qualitätsrelevanz aufweisen, will man Berichtssysteme in Hochschulen in ihrem Verfahrensablauf koppeln (koordinieren).

Unter dem Begriff **Qualitätssicherung** wird in Verfahren die Einhaltung von Normen überprüft. Es sind somit primär exogen bestimmte Instrumente, um einen festgelegten Qualitätsstandard im Bereich Studium und Lehre zu sichern. Natürlich kann der Nachweis eines Qualitätsniveaus mit einer Qualitätsverbesserung einhergehen und der Gegenstandsbereich kann in Evaluationsverfahren auf den Forschungsbetrieb ausgedehnt werden, aber im Vordergrund der Verfahren steht die Bewertung der Leistungserstellung nach normativen Anforderungen. Das Verständnis von Qualität unterliegt subjektivem Empfinden, so die These. Die Qualitätspolitik der Kontrolle exogener Experten zu überlassen und damit die Annahme, dass Qualität objektiv bewertbar ist, darf infrage gestellt werden. Qualität ist per se nicht existent noch objektiv mess- oder bestimmbar, sondern wird organisationsspezifisch ausgeprägt und hängt damit auch in weiten Teilen von bewussten oder unbewussten Faktoren ab, wie z. B. einer sozial konstruierten Kultur ab – einer sogenannten Qualitätskultur. Die Qualität wird über die Sinne vom Kunden erlebend multidimensional wahrgenommen (vgl. hierzu bspw. *Pfeifer/Schmitt* 2010, S. 213 ff.). Nichtsdestotrotz ist eine Außensicht der Dinge als durchaus sinnvoll zu erachten, wenn sie als beratend im Sinne eines Quality Audits wahrgenommen werden.

QMS zielen auf eine hochschulweite Qualitätsentwicklung samt Führungs- und Serviceprozesse ab. Damit erweist sich ihr Gegenstandsbereich gegenüber Evaluations- und Akkreditierungsverfahren als holistisch und das Qualitätsverständnis kann autonom bestimmt werden. In der Argumentation von QMS geht es in weitreichender Hinsicht darum, eine Standardisierung von Geschäftsprozessen zu erreichen („Prozessqualität"). Dazu werden die Prozesse kontinuierlich erfasst, dokumentiert sowie geplant und umgesetzt. So wird nicht die Leistungserstellung an sich, sondern die korrespondierenden Führungs- und Serviceprozesse soweit automatisiert, als dass damit eine qualitativ hochwertige Ergebnisqualität als Output der Leistungserstellung ermöglicht wird (vgl. von *Lojewski/Boentert* 2008, S. 39). Zudem weisen QMS ein umfassenderes Anspruchsgruppendenken auf als es in Qualitätssicherungsverfahren der Fall ist. Wenngleich Ansprüche Studierender oder Forscher in Evaluations- und Akkreditierungsverfahren seit der Bologna-Reform vermehrt in den Vordergrund rücken, so sind im Führungsansatz von QMS unter dem Begriff der Kundenorientierung bspw. auch

Mitarbeiter und Professoren in der Qualitätsorientierung stärker integriert – und damit potenziell ihre subjektive Qualität.

QMS erfassen aber nicht alle Prozesse in Hochschulen. Es werden nur solche erfasst, die im Qualitätsmanagement-Handbuch als Prozess definiert werden. In Folge dessen, wird nicht die gesamte Organisation abgebildet, sondern nur die standardisierten Geschäftsprozesse. So wird nur eine Teilmenge der Realität abgebildet, die eine beeinflussbare Wirklichkeit konstruiert. Es kann insofern nicht ausgeschlossen werden, dass das Qualitätsmanagement die Realitätsaspekte nicht hinreichend genug modelliert hat, um eine Qualitätsentwicklung zu garantieren, zumal Prozesse lange andauern können. Das kann drei Gründe haben, die das Qualitätsmanagement in ihrem Aufgabenfeld in Betracht ziehen muss:

- **Reliabilität**: Die Prozesse laufen ganz anders ab, als sie geplant und zunächst umgesetzt wurden. Das Prozessmodell ist also unverlässlich.
- **Validität**: Die Prozessmessungen sind sachlich oder zeitlich zu ungenau, als dass damit Verhaltensbeeinflussungen möglich sind. Das Prozessmodell ist also unwirksam.
- **Objektivität**: Die Modellierungssprache bzw. das Instrument weist Unzulänglichkeiten oder Interpretationsspielräume auf.

QMS fokussieren sich auf die Optimierung des Leistungserstellungsprozesses, welcher als Black Box angesehen wird. So werden Prozessziele, Ressourcen („Inputs“) und Ergebnisse („Outputs“ und „Outcomes“) geplant und kontrolliert. Dadurch wird zwar eine prozessbezogene, aber keine quantitative Metaebene abgebildet, welches den Aussagehorizont von QMS limitiert. An dieser Modellbildung muss die Gestaltung von Berichtssystemen mit nichtmonetären Kennzahlen ansetzen, da sie die Qualität erster Ordnung planen und kontrollieren kann. So sind z. B. Kennzahlen für (Re-)Akkreditierungen relevant, um den Qualitätsanspruch nach exogenen Erfordernissen auszurichten. Gleichzeitig sind aber auch endogene Kennzahlen, die die Ansprüche von Mitarbeitern und Professoren darstellen, in das nichtmonetäre Controlling zu integrieren.

Die Planung und Kontrolle der Qualität zweiter Ordnung führt zu einer Selbstreflexion des Gesamtsystems auf einer Metaebene. So sind nicht einzelne Kennzahlen isoliert, sondern in einem größeren Begründungszusammenhang zu sehen, wenn man die Systemstabilität beurteilen will. In der Unternehmenspraxis haben sich hierzu verschiedene Kennzahlensysteme etabliert, die primär auf monetäre Ziele ausgerichtet sind und daher kaum Übertragungsmöglichkeiten bieten. Aufgrund der Ausrichtung auf das staatliche Monitoring mit seiner kurzfristigen Perspektive ist das Hochschulkennzahlensystem ungeeignet, Qualitätsansprüche zu planen (siehe hierzu Abschnitt 3.3.1.3). Stattdessen wird vermehrt über den Einsatz von Balanced Scorecards in Hochschulen diskutiert (vgl. Abschnitt 2.2.1.1).

3.5 Zusammenfassung

Die Steuerung von Hochschulen ist von einer starken Kontextabhängigkeit geprägt (vgl. *Kirchhoff-Kestel/Schulte* 2006, S. 107). Dieser Annahme folgend, wurde die staatliche Hochschulsteuerung in Niedersachsen untersucht, um daraus Anforderungen an die Gestaltung von Hochschulcontrolling-Systemen abzuleiten. Die Gestaltungsanforderungen werden nachfolgend thesenartig zusammengefasst und begründet. Dadurch wird die erste Forschungsfrage abschließend beantwortet (siehe Abschnitt 1.2).

1. Für das ganzheitliche Framing von Entscheidungen muss das Berichtssystem in interdependenten Handlungsfeldern strukturell an zentrale und dezentrale Entscheidungsebenen konstruiert sein:

In strukturell-organisatorischer Hinsicht muss das Berichtssystem an zentrale und dezentrale Organisationseinheiten anknüpfen. Studiengänge und Forschungsprojekte sind typische Leistungsobjekte einer Hochschule. Berichtssysteme enthalten dementsprechend objektbezogene Planungs- und Kontrollinformationen der Entscheidungsebenen. Als interdependente Entscheidungs- bzw. Handlungsfelder kristallisieren sich Finanzen, Personal, Flächen, Studium/Lehre sowie Forschung heraus. Natürlich sind situationsspezifisch weitere Felder, wie etwa Weiterbildung oder Sachanlagen denkbar. Diese Systembildung kann auf einer integrierten Datenbasis aufsetzen und führt so zu einer organisationsstrukturellen und objektorientierten Datenkonsolidierung. *Graf/Link* (2010, S. 379) fordern diesbezüglich: „Aufgrund der unverkennbaren Veränderungen in den Rahmenbedingungen von Hochschulen ist aber auch der Zwang zu einer stärkeren Steuerung weitgehend unbestritten. Die Heterogenität der Fachbereiche und Fächerkulturen und die damit verbundenen Fragen der Leistungsbewertung erfordern allerdings eine verantwortungsvolle und differenzierte Analyse und Interpretation akademischer Kennzahlen.“ Die Teilung der Organisation in organisatorische und entscheidungsbezogene Einheiten geht einher mit dem Bedarf, die Interdependenzen dieser Einheiten in den Entscheidungsprozessen zu koordinieren, will man eine ganzheitliche Hochschulentwicklung erreichen.

2. Die auf fünf Jahre ausgelegte Hochschulentwicklung wird in Entscheidungsprozessen und darin verwendeten Berichtssystemen pagatorisch und leistungsbezogen als Investition geplant:

Eine strategische und operative Hochschulentwicklung unterliegt der zeitlichen Diskussion. In der Haushaltsführung bemisst sich der Planungshorizont auf fünf Jahre. Gegenstand der Haushaltsplanung ist primär die Bemessung finanzieller Mittel für die Leistungserstellung in den Hochschulen. Die Plandaten werden in der mittelfristigen Finanz- und Aufgabenplanung konsolidiert und jährlich rollierend aktualisiert. In der Praxis agieren Hochschulen verlustavers und schreiben Finanzmittel als Planwerte in Zielvereinbarungsprozessen fort. So sind an den Objekten orientierte, leistungsbezogene und langfristige Entwicklungsplanungen weitgehend unterentwickelt. In derartigen Entscheidungsprozessen bleibt das Anspruchsniveau der Hochschulen unklar, äußert sich in interpretierbarer Prosa und schränkt eine wirkungsvolle Steuerung von Outputs/Outcomes ein. Die für ein Controlling erforderlichen monetären Istdaten werden im Hochschulrechnungswesen als Teil der Wirtschaftsführung generiert und bilden ein integriertes Verbundsystem. Zudem ist die Wirtschaftsführung auf ein Geschäftsjahr begrenzt und damit für die Gestaltung eines operativen Hochschulcontrollings geeignet. Wenngleich es Aufgabe des Rechnungswesens ist, Rechenschaft über die wirtschaftliche Mittelverwendung an das Bundesland abzulegen, lassen sich mit der Buchführung neben rein pagatorischen Istdaten auch nichtmonetäre Leistungsdaten generieren und den Objekten/Organisationseinheiten zuordnen.

3. Als Medien kommunizieren Berichtssysteme in Entscheidungsprozessen Planungs- und Kontrollwerte mit Begrifflichkeiten, die an Nomenklaturen von Anspruchsgruppen aus Steuerungsinstrumenten gekoppelt sind:

Vor der geschilderten formalzielbezogenen Steuerungsdominanz ist aus qualitätsorientierter Argumentation zu überlegen, wie quantitative Ressourcen- und Output/-Outcomedaten in Entscheidungsprozesse stärker zu integrieren sind. Die Betrachtung finanzieller Größen bildet grundsätzlich den formalen Rahmen und ist in der Steuerung somit eine einzuhaltende Nebenbedingung bei der Aufgabenerfüllung. In der Planung der Leistungserstellung können jedoch die dafür notwendigen finanziellen Mittel als Entwurf in die Haushaltsanmeldungen eingehen. In der Investitionsplanung werden Aspekte der Mittelverwendung und -beschaffung gleichermaßen betrachtet (vgl. *Walz/Gramlich* 2011, S. 8 f.), sodass Ressourcen, Leistungen und Finanzen Gestaltungsvariablen sind, die prognostische Aussagen zugrunde legen. Soll die investive Entwicklungsplanung anspruchsgruppenorientiert erfolgen, sind Begrifflichkeiten der Steuerungsinstrumente zu verwenden, da diese als legitime Anspruchsgruppen Einfluss auf die Hochschule ausüben. Deren Nomenklaturen kommunizieren operationalisierte Wertvorstellungen. Wenn die endogenen Berichte mit der exogenen Berichterstattung zeitlich synchron verlaufen, erzeugen hiernach generierte Berichte kommunikative Anschlüsse für Vergleichszwecke oder Akkreditierungen. Auf diese Weise entsteht eine selbstreferenzielle Außensicht, die das Entscheidungsverhalten in Prozessen verbessern kann.

4. Die Kopplung von Berichtssystemen mit einer Balanced Scorecard stabilisiert das organisationale Lernen:

Berichtssysteme kommunizieren die geplante und umgesetzte Qualität erster Ordnung. Die Balanced Scorecard bildet perspektivisch die Qualität zweiter Ordnung ab. Über zentrale und dezentrale Entscheidungsebenen werden mit Indikatorvariablen das gesamtorganisatorische Gefüge („double loop-learning") geplant und gesteuert. Wenn das Oberziel in der langfristigen Stabilisierung der Hochschulentwicklung gesehen wird, um eine qualitativ hochwertige Aufgabenerfüllung zu generieren, dann stellen Indikatorvariablen die primären Erfolgskennzahlen der Hochschule dar. So kann angenommen werden, dass Indikatorkennzahlen anspruchsgruppenübergreifend Gültigkeit haben. Daher ist das Instrument zwischen normativer Strategie und handlungsnaher Operation positioniert. Durch Verknüpfung der Handlungsfelder als Perspektiven bildet das Instrument zudem ein grobes Ursache-Wirkungs-Modell zwischen Ressourcen und Ergebnissen/Wirkungen ab.

5. Als Nutzer von Berichtssystemen müssen Entscheidungsträger der Hochschulentwicklung bei der Einführung beteiligt sein:

Controllingverfahren zur Hochschulentwicklung sind in der Praxis der Hochschulen noch nicht ausgereift. Daher stellt sich neben rein technischen Fragen die Herausforderung, ein neues Planungs- und Kontrollverfahren einzuführen. Wegen der Komplexität dieses geplanten Wandels, ist der Einführungsprozess von Berichtssystemen eine Heuristik, bei der die Sinnfälligkeit durch zentrale und dezentrale Entscheidungsträger der Hochschule evaluiert wird. Nicht nur, dass durch eine frühe Partizipation von Entscheidungsträgern die Qualität der Berichtssysteme sicherzustellen ist, sondern vor allem muss das Berichtssystem in seinem Aussagehorizont – seinem Bezug zu Anspruchsgruppen – mit dem neuen Controllingverfahren sozialisiert werden. Als Entscheidungsträger der Hochschulentwicklung fungieren in der Regel die Hochschulleitung sowie die Dekane und Abteilungs-/Dezernatsleiter.

4 Referenzmodellbasierte Einführung von Hochschul-Berichtssystemen

Unter Bezugnahme der theoretischen und konzeptionellen Grundlagen sowie den praktischen Kontextfaktoren lässt sich zusammenfassend der Begriff **Hochschulcontrolling** definieren als die sachliche und zeitliche Abstimmung sozialer Handlungen durch Planungs- und Kontrollprozesse unter Verwendung methodengestützter IT-Verfahren in Hochschulen. Als wesentliche Aufgabe des Hochschulcontrollings stellt sich insofern die Gestaltung eines Planungs- und Kontrollsystems samt Prozessen dar, um nach der Umsetzung dessen in der Operation die Hochschule aus einer pragmatischen (zweckorientierten) Position heraus zu beobachten und so die Hochschulentwicklung im Wandel des Umfelds zu planen. Entsprechend wird nachfolgend ein entscheidungsorientiertes Hochschulcontrolling-System konstruiert, welches durch ein Referenz-Berichtssystem begrifflich operationalisiert sowie technisch und sozial umgesetzt werden kann.

4.1 Bezugsrahmen Hochschulcontrolling-System

Ansprüche an Objekte staatlicher Hochschulen sind in den Dimensionen

- Organisation,
- Finanzmittel,
- Wirtschaftlichkeit sowie
- Qualität

mit dem Steuerungsparadigma gesetzlich legitimiert worden. In Abhängigkeit des Auftretens machtbezogener und dringlicher Ansprüche bestimmt sich aus diesen Rahmenbedingungen der Grad der Handlungsautonomie zur Hochschulentwicklung. Dabei agieren zentrale und dezentrale Entscheidungsträger innerhalb des Werte- und Zielsystems sowie des Führungssystems einer Hochschule (siehe Abb. 4.1).

Zur autonomeren Entscheidungsfindung bedarf es stets der Unterstützung durch geeignete Planungs- und Kontrollsysteme, denn das neue Steuerungsparadigma setzt eine Planungsaktivität voraus (siehe Kapitel 1). Entsprechend obliegt es Entscheidungsträgern, Ansprüche an Objekte der Hochschule in monetären und nichtmonetären Planberichten aus normativen Werten zu erfassen, strategisch und zielbezogen aufeinander abzustimmen sowie deren operative Umsetzung im physischen Leistungssystem (Basissystem) zu kontrollieren. Dabei bedingt die Planung und Kontrolle eine Umsetzung der legitimen Rahmenbedingungen in operative Informationssysteme. So sorgen Operationssysteme also nicht allein für eine routinemäßige Objekthandhabung, sondern die Datenverarbeitung muss auch die Umsetzung rechtlicher Ansprüche nachweisen. Mit der objektorientierten Datenerfassung und -verarbeitung messen Operationssysteme sowohl Istdaten des Rechnungswesens als auch nichtmonetäre Attribute und werden als Kontrollwerte den Planungswerten im Berichtssystem auf Entscheidungsebenen konsolidiert gegenübersteIlt. Das Berichtssystem stellt sich mit mittelfristigen Finanz- und Entwicklungsplänen als Instrument der Planung und Kontrolle dar. Der Planungs- und Kontrollprozess basiert auf normativen Aussagen zur Hochschulentwicklung. Daher wird das Berichtssystem um eine Balanced Scorecard erweitert, die das Wertesystem abbildet. So beeinflusst das Berichtssystem mit seinen mittelfristigen Aussagehorizont einerseits den (kurzfristigen) Zielvereinbarungsprozess als auch das Basis- bzw. Leistungssystem mit umzusetzenden Planwerten. Des Weiteren werden auf instrumenteller Ebene Sichtweisen der Formelmodelle in Planungs- und Kontrollprozesse einer Hochschule einbezogen und im Berichtssystem erfasst.

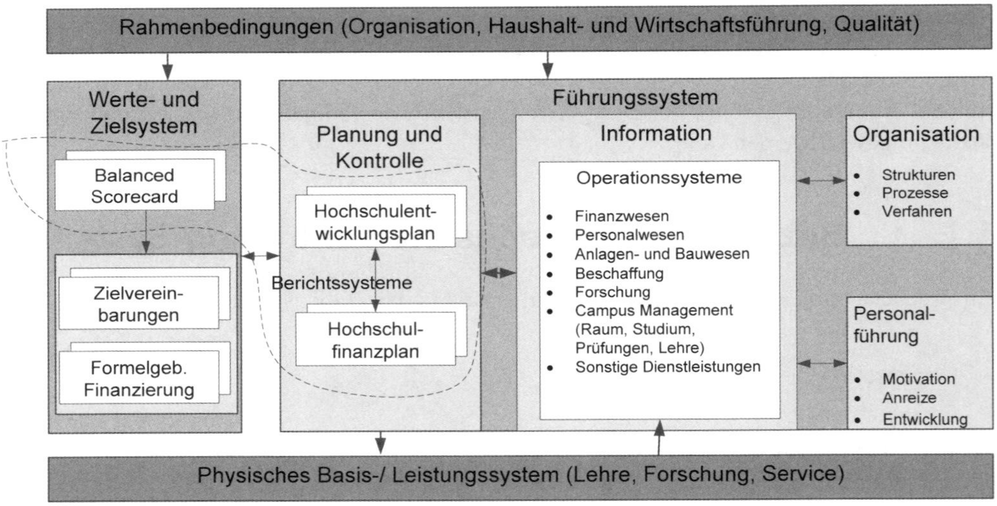

Abb. 4.1: Bezugsrahmen für ein Hochschulcontrolling-System

Die Diskussion bisheriger Planungs- und Kontrollprozesse fokussierte sich auf die kurzfristige Perspektive innerhalb des Rechnungswesens zur Sicherstellung formaler Zielsetzungen. Die Verfahren zur Erstellung mittelfristig-strategischer Finanz- und Entwicklungspläne sind methodisch und prozessual in Hochschulen daher noch unterentwickelt (siehe Abschnitt 3.3.1.1). In den folgenden Ausführungen des Bezugsrahmens liegt der Schwerpunkt deshalb auf der Konzeption einer strategisch ausgerichteten Investitionsplanung mit aufeinander abgestimmten monetären und nichtmonetären Berichten, sodass die operative Handlungsumsetzung unterjährig kontrolliert werden kann. Die Dokumentation von Plänen in Berichtssystemen erfolgt dem Wandel entsprechend im Gegenstromverfahren rollierend. Entsprechend sind die Berichte auf Entscheidungsebenen zu modellieren. Das Planungs- und Kontrollsystem wird mit einer Balanced Scorecard gekoppelt, um die Hochschule auf Basis normativer Werte stabil zu halten. Es entsteht so ein hierarchisches Planungssystem mit dezentralen und zentralen Berichten für Entscheidungsträger.

Es ist davon auszugehen, dass sich die Investitionsplanung und -umsetzung nicht nur auf das Verhalten innerhalb des Leistungssystems auswirkt, sondern auch auf die Organisation und das personelle Verhalten. Investitionen führen im Sinne des organisatorischen Lernens zu Anpassungen operativer Prozesse oder Verfahren, dementsprechend auch von Machtstrukturen und können motivierende/demotivierende Wirkungen nach sich ziehen. In Wandlungsprozessen herrscht jedoch nicht nur eine einseitige Wirkungskette. Der Veränderungserfolg hängt auch davon ab, inwieweit auf gegebenen Strukturen und Prozessen aufgesetzt werden kann. Entsprechend unterliegt die Einführung von Hochschulcontrolling-Systemen einer situativen Anpassung, die in das Konzept mit einzubeziehen ist.

Das Hochschulcontrolling-System ist mit der Planungs- und Kontrollfunktion in das Führungssystem eingebettet. Zusammenfassend wird von zwei Elementen ausgegangen, die jeweils eigenständige Beziehungsgeflechte ausbilden (vgl. *Hahn/Hungenberg* 2001, S. 77 f.):

- Zentrale und dezentrale **Entscheidungsträger** dokumentieren als agierende Subjekte in Entscheidungsprozessen Handlungsentwürfe in Planungs- und Kontrollberichten. Entscheidungsträger sind in der Sozialstruktur der Hochschule eingebunden.
- Planungs- und Kontrollberichte enthalten **Informationen** über Objekte. Informationen mit Objektbezug sind in beeinflussbaren Handlungsfeldern eingebunden.

Im Zuge der Sekundärkoordination wird der Bezugsrahmen nachfolgend hinsichtlich der Entscheidungsprozesse mit Entscheidungsträgern sowie der hierarchischen Struktur von Planungs- und Kontrollberichten detailliert. Die situativen Rahmenbedingungen führen im Einzelfall jedoch zu spezifischen Elementen. Das Hochschulcontrolling-System ist aufgrund dieser einzigartigen Beziehungen zwischen Entscheidungsträgern, -prozessen sowie Plan- und Kontrollinformationen an die organisatorischen Gegebenheiten anzupassen.

Während bei der Prozess- und Strukturgestaltung je nach Situation der Hochschulorganisation ein „optimaler" Entwurf im Sinne einer konzeptionellen Gesamtplanung konstruiert wird, befasst sich die Betriebswirtschaft bislang kaum mit der Realisation und Durchführung des sozialen Wandels (vgl. *Kirsch* 1974, S. 264). Dies gilt umso mehr für das komplexe System einer Hochschule. In der anwendungsorientierten Wissenschaft reicht die Konzeption als eine Art Handlungsempfehlung nicht aus, um einen sozialen Wandel zu initiieren. Die Betriebswirtschaft muss auch Lösungen zur Umsetzung von Entwürfen in praktikable Routinen erproben. Deshalb wird das Hochschulcontrolling-System um eine Methode zur Einführung von Berichtssystemen ergänzt.

4.1.1 Entscheidungsprozess

Der Abstimmungsmechanismus zwischen den Entscheidungsträgern verläuft innerhalb des Hochschulcontrolling-Systems prozessual. Entscheidungen werden im Zusammenhang einer Hochschulentwicklung aufgefasst. Der **Entscheidungsprozess** hat somit die Aufgabe, Ansprüche zentraler und dezentraler Entscheidungsebenen als Handlungsentwürfe zu planen, sodass die jeweiligen Vorstellungen über Sachziele zu einer organisatorisch gemeinsamen und sachlich abgestimmten Zieldefinition führen. Nach der Zielplanung wird die Umsetzung der geplanten Handlungen unterjährig über Soll-Ist-Vergleiche kontrolliert (monitoriert) und zu den Zielen zurückgekoppelt (vgl. *Jaspersen* 2008, S. 14; *Wild* 1975, S. 1594; siehe Abb. 4.2).

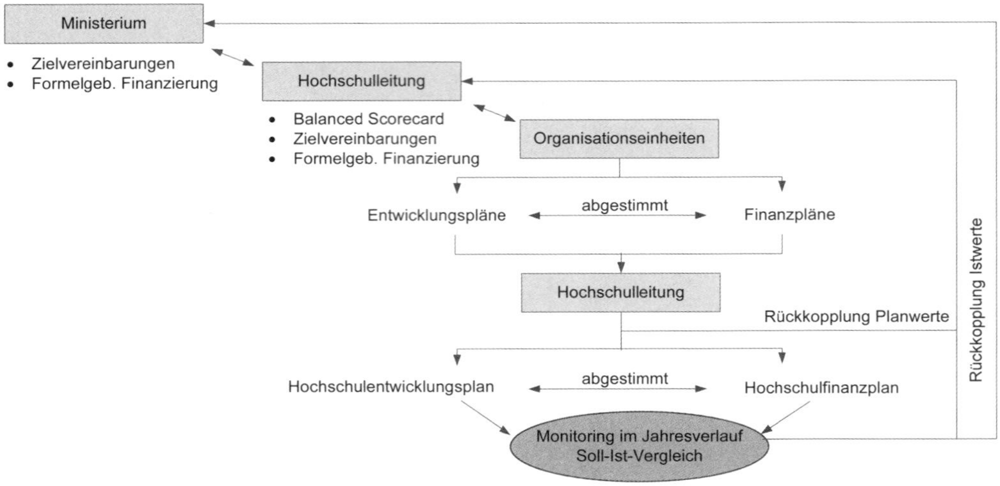

Abb. 4.2: Rollender Entscheidungsprozess in Hochschulen (in Anlehnung an Jaspersen)

Der Entscheidungsprozess formalisiert die arbeitsteilige Entscheidungsfindung innerhalb der sozialen Strukturen einer Hochschule. Indem der Prozess verlässliche Bedingungen der Kommunikation für Entscheidungsträger schafft, können die jeweiligen Ansprüche von Anspruchsgruppen zeitlich geregelt geplant und hierarchisch konsolidiert werden. Damit wird das Anspruchsniveau der Hochschule in langfristiger Hinsicht festgelegt und mündet in kurzfristig umzusetzenden Zielvereinbarungen. Der Entscheidungsprozess trennt sich daher in die Phasen der

- Planung,
- Umsetzung sowie
- Kontrolle.

Die erste Phase bezeichnet den **Planungsprozess**. Das Ministerium vereinbart hierin mit dem Präsidium als zentrale Entscheidungsebene die Ziele der Hochschule, die auf die internen Organisationseinheiten transponiert werden. Optional können Ziele mit Kennzahlen aus Formelmodellen für fachliche Organisationseinheiten vereinbart werden. An den internen Zielvereinbarungen sind die Dekanate als Entscheidungsträger der dezentralen Ebene beteiligt. Es bildet sich das Zielsystem aus, welches unmittelbar handlungsstiftend für den Gültigkeitszeitraum der Zielvereinbarungen ist. Das **Zielsystem** ist insofern auf die kurzfristige Handlungsumsetzung ausgerichtet, wofür im Haushaltsplan Finanzmittel budgetiert und hochschulintern umgelegt werden. Zielvereinbarungen basieren auf einer investiven 5-Jahres-Planung.

Der **Umsetzungsprozess** hängt von den Dauern einzelner Investitionsziele ab, die in den Zielvereinbarungen festgelegt werden. So kann die „Etablierung eines Studiengangs Bio-Informatik“ durchaus mehrere Planungsperioden in Anspruch nehmen. Im **Kontrollprozess** wird die operative Umsetzung von Investitionsplanungen monitoriert. In einer Abweichungsanalyse werden dazu realisierte Istwerte zur letzten Planungsperiode zurückgekoppelt. Dies geschieht unter Einbezug integrierter Informationssysteme, die tatsächliche Werte des Leistungssystems messen. Die entstandenen Abweichungen als auch die neuen Planwerte müssen im jährlich neu verfassten Finanz- und Entwicklungsbericht schriftlich erläutert werden, damit die Berichte Anspruchsgruppen direkt ansprechen.

Auf strategischer Ebene differenziert sich die mehrjährige Investitionsplanung in eine nichtmonetäre Entwicklungs- und eine monetäre Finanzplanung. Diese Teilplanungen entwickeln rollierend und iterativ Handlungsalternationen je Handlungsfeld im Entwurfsstatus. Der gesamte Handlungsrahmen ist somit sachlich und zeitlich weit gefasst, wodurch sich periodisch abzustimmende Interdependenzen über Sachinvestitionen und den dafür notwendigen Finanzmitteln ergeben. Die Iteration im Entscheidungsprozess zwischen zentralen und dezentralen Entscheidungsträgern erfolgt in fünf Schritten:

1. **Strategische Entwicklungsplanung**: Zunächst wird die Leistungserstellung für fünf Geschäftsjahre auf dezentraler Entscheidungsebene geplant. Hierbei sind periodisch Forschungsprojekte und Studiengänge unter Einbezug regulatorischer Anforderungen (z. B. maximal einsetzbare Lehrbeauftragte, Lehrverpflichtungsstunden etc.) aufeinander abzustimmen. Ausgangspunkt sind also nichtmonetäre professorale, studentische, staatliche (z. B. Formelmodelle) sowie rechtliche (z. B. KapVO) Ansprüche. Als Qualität erster Ordnung werden diese Anforderungen für die kommenden zwei Perioden detailliert quantifiziert und für die darauffolgenden drei Perioden grob geplant. Hierfür sind entsprechende personelle und räumliche Ressourcen planerisch zu antizipieren.
2. **Strategische Finanzplanung**: Nach Abstimmung nichtmonetärer Interdependenzen gemäß den Erwartungen von Anspruchsgruppen erfolgt die dezentrale Kapitalbedarfsplanung unter der Annahme, dass Finanzmittel für die Investitionen variabel verfügbar sind. Mit der Finanzplanung wird insofern eine qualitative Hochschulentwicklung monetär begründet. Damit ändert sich die Wirkungskette im bisherigen strategischen Denken dahingehend, als dass nicht mehr die alleinige wirtschaftliche Kontrolle der Leistungserstellung im Vordergrund steht (Kostenperspektive), sondern die Einnahmenseite über den Haushalt als beeinflussbar angesehen wird.
3. **Operative Zielplanung**: Nach Konsolidierung und wiederholter Abstimmung im Gegenstromverfahren dezentraler Finanz- und Entwicklungsplanungen bedarf der detaillierte Teil der Investitionsplanung der staatlichen Abstimmung. Im Zielvereinbarungsprozess werden die monetären und nichtmonetären Plandaten entsprechend vorgetragen. Mit der dazugehörigen Haushaltsanmeldung ergeben sich gegebenenfalls Restriktionen in der Zuweisung von Finanzmitteln (z. B. durch sinkende Steuereinnahmen) oder staatlicher Entwicklungsansprüche, sodass eine wiederholte Anpassung des geplanten Anspruchsniveaus notwendig wird. Das ausgehandelte Niveau wird als Zielvereinbarung vertraglich fixiert. Im Anschluss daran erfolgt mit dezentralen Entscheidungsträgern die innerhochschulische Transposition der operativ umzusetzenden Ziele.

4. **Umsetzung**: Die Qualität zweiter Ordnung wird mit der Balanced Scorecard dezentral und hochschulweit abgebildet. Das Wertesystem liefert mit Indikatorvariablen Impulse zur Stabilisierung und Nachhaltigkeit der Hochschulentwicklung. Demzufolge ist ein unterjähriges Reporting für Entscheidungsträger angebracht, aus denen Maßnahmen abgeleitet werden. So stellt das Instrument das Bindeglied zwischen Strategieentwicklung und operativer Umsetzung dar. Zwar wird die unmittelbare Leistung durch Professoren sowie durch Studierende erbracht, aber Dekane als dezentrale Entscheidungsträger nehmen in Zielvereinbarungsprozessen teil. Sie koordinieren deshalb die Leistungserstellung innerhalb dezentraler Organisationseinheiten, d. h., dass sie die routinemäßige Umsetzung der Investitionen sicherstellen. Das Reporting mit der Balanced Scorecard ist deshalb nicht nur auf Ebene der Hochschule, sondern auch auf dezentralen Ebenen sinnvoll.
5. **Operative Kontrolle**: Die Personal-, Flächen- und Lehrdaten müssen zur operativen Kontrolle stichtagsbezogen erhoben werden, sodass Akkreditierungs- und Evaluationsagenturen Informationen zur Qualitätsbeurteilung erster Ordnung erhalten und Daten nach exogenen Vorgaben (z. B. der Hochschulstatistik) erstellt werden. Nichtmonetäre Forschungsdaten eignen sich zur besseren Abstimmung, wenn sie an den Stichtagen der Lehre ausgerichtet sind. Monetäre Forschungsdaten orientieren sich am Geschäftsjahr. Jährliche Finanzdaten können bis zur Haushaltsmeldung aggregiert werden, sodass ein staatliches Monitoring der verausgabten Mittel vollzogen werden kann. Daneben lassen sich der monetäre Erfolg und die Liquiditätssicherung auf jeder Entscheidungsebene auch unterjährig monitorieren.

Die Beziehungen der Entscheidungsträger und der Teilprozesse konstituieren einen verhaltensorientierten Systemansatz des Investitionscontrollings. Um ein möglichst plausibles Aussagensystem zu schaffen, ist im Gegenstromverfahren der Planungsprozess gegebenenfalls mehrmals zu durchlaufen und jährlich zu aktualisieren. Die investive Mehrjahresplanung ist somit ein heuristisches Verfahren und basiert auf der Annahme, dass Entscheidungen auf menschlichem Informationsverarbeitungs- und Verhaltensweisen herbeigeführt werden (vgl. *Blohm/Lüder/Schaefer* 2012, S. 3; siehe Abschnitt 2.1.1.2). Das bisherige Entscheidungsverfahren der Fortschreibung von Einnahmen ist von einer Verlustaversion geprägt. Der hier vorgestellte Prozess plant hingegen das Verhalten der Hochschulmitglieder ex ante. Dadurch wird nicht nur eine objektbezogene Langfristplanung vollzogen, die mit bestehenden Steuerungsinstrumenten abgestimmt ist, sondern es werden vor allem Begründungszusammenhänge für den Kapitalbedarf von Investitionen geschaffen, die in Zielvereinbarungsprozessen mit dem Ministerium überführt werden sollen. *Breitbach* (2009, S. 33) äußert sich hierzu wie folgt: „Die Verantwortung für die strategische Entwicklung einer Hochschule liegt spätestens seit Beginn des Autonomisierungsprozesses im Zuge der Hochschulreformen zuvörderst bei den Hochschulen. In Hinblick auf die gesetzliche Verantwortung des Landes für eine landesübergreifende Struktur- und Entwicklungsplanung können die strategischen Entwicklungen, welche die Hochschulen verfolgen, zugleich als Angebot an die Länder verstanden werden, diese anzuerkennen, aufzugreifen und zu unterstützen."

Wenngleich idealtypische Verläufe von Entscheidungsprozessen empirisch oftmals invalide sind und in der Regel iterativ, phasenüberspringend, retrograd oder zyklisch ablaufen (vgl. *Schreyögg* 2008, S. 56), so offenbart die Prozessperspektive doch grundlegende Beziehungen zwischen Entscheidungsträgern. Auf diese Weise kann eine zielgerichtete Planung und Steuerung des soziotechnischen Systems „Hochschule“ modelliert werden. Um eine möglichst realitätsnahe und praxistaugliche Systemkopplung zu gewährleisten, werden Modelle der staatlichen Steuerung in das Konstrukt integriert. Insofern liefert die Modellierung exogener Objektbeziehungen zugleich Vorgaben für die Operationalisierung von Berichtssystemen.

4.1.2 Strukturmodell

Der Einführung von Berichtssystemen liegt eine entsprechende Informationsverarbeitung zugrunde, welches strukturell nachfolgend modelliert wird.

Der strukturell-sachliche Entscheidungsbezug ordnet hochschulische Objekte und führt sie in einer gleichförmigen Hierarchie zusammen. Als Objekte haben sich nach dem Produkt-/Dienstleistungsprinzip Studiengänge und Forschungsprojekte etabliert, die entlang des entscheidungsbezogenen Organisationssystems hierarchisiert konsolidiert werden können (siehe hierzu Abschnitt 3.1.3; siehe auch *Kirchhoff-Kestel* 2006, S. 336 f.). Eine dezentrale Organisationseinheit mit Entscheidungsbezug kann zum Beispiel eine Fakultät mit einem Dekan als Entscheidungsträger darstellen.

Objekte des Hochschul-Leistungssystems und entfalten ihre Wirkungen zeitlich verzögert. So können beispielsweise Absolventenzahlen Attribute des Objekts Studiengang sein und stellen zunächst ein Ergebnis dar. In Verbindung mit Planwerten, die an den Erwartungen von Anspruchsgruppen geknüpft sind, wird der Leistungserfolg im Zielerreichungsgrad ersichtlich. Um den Nutzen für Anspruchsgruppen zu erfassen, werden entsprechende Begrifflichkeiten zur Datenerfassung verwendet. Mit der retrospektiven Sichtweise von Absolventen bemisst sich der Wirkungserfolg eines Studiengangs zeitlich versetzt. Beispielsweise können hierfür Zufriedenheitsmaße als weiteres Attribut operationalisiert werden. Bei der Ausübung zielgerichteter Handlungen wirken dem Input-Output-Modell Störungen als intervenierende Variable entgegen. So ist es beispielsweise denkbar, dass einem Objekt nicht genügend Studierende wegen schlechter Nachfrage zugeordnet werden können. Absolventen sind unzufrieden, weil die Beschäftigungslage auf dem Arbeitsmarkt schlecht ist.

Betrachtet man die unterste Hierarchieebene in der Organisation, so ergibt sich ein vereinfachtes, objektbezogenes Input-Output-Modell, welches Finanzmittel, Personal sowie Flächen als Ressourcen zur Leistungsgenerierung kombiniert (siehe Abb. 4.3). Daneben tragen Studierende als externe Faktoren im Bereich Lehre mit zum Studienerfolg bei. Sie entziehen sich jedoch weitgehend einer Planung der Hochschule, weil das Studienverhalten auch im personellen Bereich von Studierenden liegt, auf das hochschulseitig nur bedingt Einfluss genommen werden kann (vgl. *Blüthmann/Lepa/Thiel* 2008, S. 415). Im Input-Output-Modell sind zudem sonstige Dienstleistungen (z. B. Gutachten, interne Dienste etc.) nicht dargestellt worden, obwohl sie im praktischen Umfeld fester Bestandteil des Outputs sind.

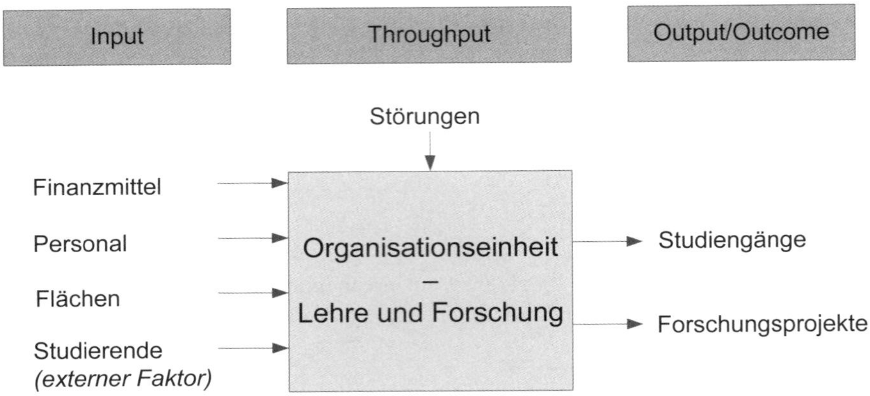

Abb. 4.3: Objektorientiertes Input-Output-Modell in Hochschulen

Im Input-Output-Modell ergibt sich der Ursache-Wirkungsbezug erst nach Zuordnung von Flächen, Personal, Studierenden und Finanzen zu den einzelnen Objekten. Es wird nach dem Identitätsprinzip verfahren, d. h., dass z. B. Mitarbeiter oder Professoren einer Lehreinheit als dezentrale Organisationseinheit nicht einzelnen Studiengängen zugeordnet werden können, wenn Dienstleistungen für die gesamte Lehreinheit erbracht werden. Ähnlich verhält es sich mit Flächen, die mehrfach genutzt werden. Selbst Finanzmittel sind nicht per se Studiengängen zuordenbar. Drittmittel hingegen können als Einzelkosten direkt Forschungsprojekten zugerechnet werden. Die Ressourcen werden demzufolge einer Hierarchieebene zugeordnet, wenn ein direkter Entstehungszusammenhang vorliegt, auf die mit Entscheidungen über kurz oder lang Einfluss genommen werden kann (siehe Abschnitt 2.2.2.2 i. V. m. 3.3.2).

Das Input-Output-Modell ist an das kybernetische Modell angelehnt (siehe hierzu Abschnitt 2.1.2.3). So ergibt sich ein hierarchisches Modell entlang des Organisationssystems, das in der Umsetzung Störungen ausgesetzt ist. Die zentralen und dezentralen Zielsetzungen gelangen als Planwerte in das Modell. Die erreichten Istwerte werden in der übergeordneten Ebene konsolidiert betrachtet. Unter Berücksichtigung der zeitlichen Komponente (5 Jahre) entsteht ein hierarchisches Strukturmodell des Hochschulcontrolling-Systems mit drei Dimensionen (siehe Abb. 4.4):

- Die erste Dimension bildet die Hochschule und ihre Teileinheiten ab, sodass eine horizontale und vertikale Koordination der zentralen und dezentralen Ebenen ermöglicht wird.
- Die zweite Dimension diskriminiert die operative und strategische Tragweite und nimmt damit Bezug auf den zeitlich abzustimmenden Rahmen von Entscheidungen.
- Die dritte Dimension ist begrifflich und wertmäßig ausgeprägt und soll eine sachliche Koordination gewährleisten. Hierzu sind Interdependenzen zwischen Finanz- und Entwicklungsplanung aufeinander abzustimmen.

Die Definition des Strukturmodells hängt entscheidend vom Organisationssystem der betrachteten Hochschule ab, welches wirtschaftlich über **Kostenstellen** abgebildet wird. Das zu entwerfende Strukturmodell sollte sich zwar auch grundsätzlich an Kostenstellen orientieren, muss aber mit den (historisch gewachsenen) Entscheidungsebenen der Leistungserstellung abgestimmt sein (siehe Abschnitt 3.1.2). So lassen sich etwa Kostenstellen nach Lehreinheiten einrichten. Natürlich können auch andere Entscheidungsebenen hinzugefügt werden. Daher kann die Kostenstellenhierarchie von einer Fakultät, über Abteilungen, Fachgebiete, Lehreinheiten bis zum kleinsten strukturellen Subsystem – dem Lehrstuhl oder Institutsleiter – hinunter gebrochen sein. Selbiges gilt für nicht-fachliche Einrichtungen. Bei der Strukturierung des Berichtssystems ist zudem nicht nur die Hierarchie, sondern auch der **Konsolidierungskreis** festzulegen. So ist im Einzelfall zu klären, ob bzw. welche Institute für die Hochschulplanung zu konsolidieren sind. Die grundsätzliche Struktur ist jedoch hierarchisch und unterscheidet zwischen zentraler und dezentraler Entscheidungsebene, sodass sich die Hochschule (HS) aus zu definierenden Organisationseinheiten (OE) konsolidiert. Je nach Anzahl der Hierarchieebenen sind entsprechend viele Iterationen im Entscheidungsprozess zu durchlaufen.

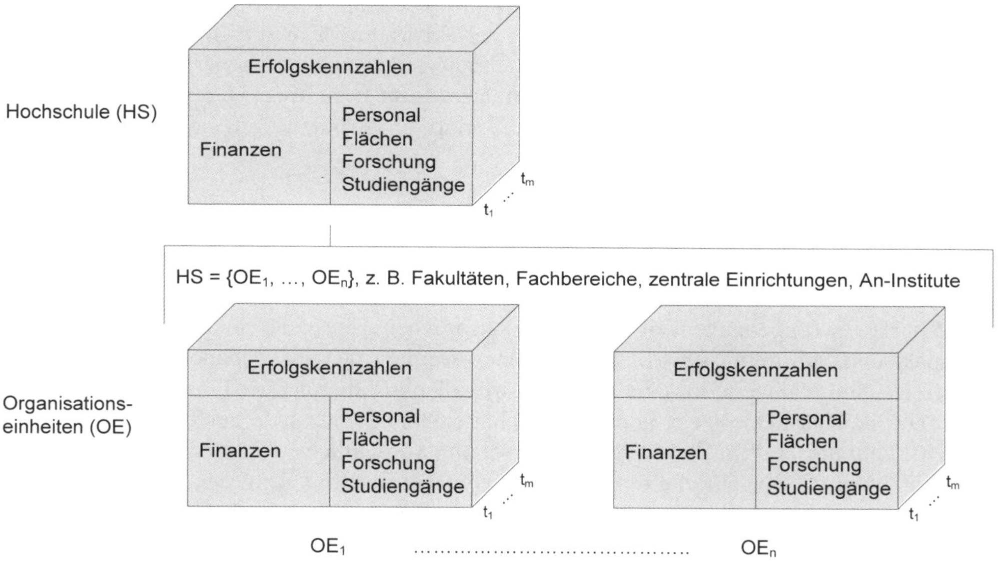

Abb. 4.4: Strukturmodell für Berichtssysteme im Hochschulcontrolling

Operationalisierte Ansprüche können nach kritischen Variablen des Systems und Indikatorvariablen unterschieden werden. Letztere beeinflussen die Stabilität des Systems nur im geringen Maße und hängen von vielen weiteren Systemvariablen ab. Sie sind aber wichtig, um den Systemzustand in Gänze zu erfassen. Kritische Variablen beeinflussen dagegen zahlreiche andere Variablen (siehe hierzu Abschnitt 2.1.2.4). Aus dem normativen Wertemanagement definierte **Erfolgskennzahlen** kommissionieren sich aus den monetären und nichtmonetären Handlungsfeldern und lassen sich in einer Balanced Scorecard im Rahmen eines Werte-Controllings darstellen. In Abgrenzung zum Planungs- und Kontrollsystem, worin kritische Indikatoren die Elemente des soziotechnischen Systems „Hochschule" darstellen, bildet die Balanced Scorecard den Zustand des Gesamtsystems mehrdimensional ab und lässt sich zur Bewertung der Systemstabilität verwenden. Dazu werden Indikatorvariablen aus dem Planungs- und Kontrollsystem verdichtet. Aufgrund ihrer Aussagefähigkeit zur Stabilität der Hochschule und ihrer Teileinheiten, die im Interesse aller Anspruchsgruppen liegt, werden Indikatorvariablen als (gemeinsame) Erfolgskennzahlen bezeichnet.

Es ergibt sich ein strukturelles Systemgefüge, welches Subsysteme nach Organisationseinheiten gliedert, jedoch bei Bedarf auch Teilsysteme nach Handlungsfeldern konsolidieren kann. Letzteres ist etwa dann der Fall, wenn Informationen zum Personalbestand oder zum Liquiditätsbestand der gesamten Hochschule nachgefragt werden. Daneben ist die Systembildung vor allem von zwei Aspekten geprägt:

Einerseits können sich das Organisationssystem oder die Handlungsfelder der Hochschule mit dem Wandel der Zeit verändern. So kann z. B. eine neue Fakultät entstehen oder ein Handlungsfeld „Internationalisierung“ wird etabliert, weil die Hochschule diesbezügliche Entscheidungen separat handhaben möchte. Infolge dessen erweisen sich historisierte Daten als inkompatibel mit Datensätzen neuerer Herkunft. Die empirischen Daten des Berichtssystems und damit Aussagen für das Monitoring der Hochschule wären nicht valide. Das Problem bei der **Historisierung** von Daten lässt sich mit Zeitstempeln als separate Attribute einer Datenerhebung zumindest dahingehend lösen, als das im Bericht (z. B. einer Trendanalyse) der Zeitpunkt der Veränderung markiert wird. Derartige Veränderungen sind im Finanz- und Entwicklungsbericht gesondert zu erläutern.

Die zweite Bemerkung bezieht sich auf die Konsolidierung von Informationen. Es wird nicht immer möglich sein, Objektinformationen auf höhere Ebenen zu konsolidieren. Die Finanzplanung setzt sich wie die Entwicklungsplanungen aus **Teilplanungen** zusammen, die aufgrund ihrer Zweckgebundenheit nach den Ansprüchen Haushalt, Studienbeiträge, Hochschulpakt und Drittmittel separat vorgenommen werden müssen. Dennoch sind die dargestellten Ist- und Planwerte für eine hochschulweite Konsolidierung der Finanzen kommensurabel. Das ist aber keineswegs immer für nichtmonetäre Kennzahlen der Fall, wie z. B. der Begriff „Lehrangebot“ in der Studiengangsplanung verdeutlicht. Der Begriff bemisst nach § 7 Abs. 2 KapVO für eine Lehreinheit die Deputatsstunden je Semester. Zwar ließen sich die Werte datentechnisch mittels Schlüsselungen auf Studiengangs-, Fakultäts- oder Hochschulebene generieren, jedoch hätten die Werte keinen Sinnbezug, da in Kommunikationsprozessen keine kapazitätsrechtlich konformen Aussagen abgeleitet oder Entscheidungen getroffen werden könnten. Die Inkommensurabilität einzelner Begriffe resultiert aus den unterschiedlichen Sichtweisen der Anspruchsgruppen auf das Objekt. Jede Gruppierung sieht verschiedene Ansprüche an die Objekte und ist auf der Suche nach (subjektiven) Sinnbezügen für Wirklichkeitsauffassungen (siehe dazu Abschnitt 2.1.2). Ein Entscheidungsbezug kann daher solange nicht abgeleitet werden, bis sich das Organisationssystem an die exogenen Vorgaben anpasst, d. h., dass eine dezentrale Organisationseinheit einer Lehreinheit entsprechen muss. Wenngleich es aus Gründen der besseren Außendarstellung auch hilfreich sein kann, dass die Hochschule eine Auslastung von 100 % vorzuweisen hat, kann daraus kein Entscheidungsbezug abgeleitet werden; es sei denn, die Hochschule bestünde aus nur einer Lehreinheit. Ein entscheidungsorientiertes Hochschulcontrolling-System darf jedoch nur relevante Informationen für die Entscheidungsträger darstellen.

4.1.3 Vorgehensmodell

Die Einführung von Berichtssystemen bewirkt tiefgreifende Änderungen der Entscheidungsprozesse und der Organisationsstruktur und ist deshalb durch einen Wandel des sozialen Systems „Hochschule" gekennzeichnet (vgl. *Kirsch* 1974, S. 265). Der geplante Wandel erfolgt durch die Initiierung von Projekten (vgl. ebenda, S. 285; *Schreyögg* 2008, S. 432). Vor diesem Hintergrund wird nach dem prozessorientierten Gliederungsprinzip ein Vorgehensmodell konstruiert, welches als Projektstrukturplan im Projektmanagement eingesetzt werden kann. Das Gesamtvorhaben wird darin in Subprojekte mit wiederholbaren Phasen zerlegt, worin spezifische Arbeitspakete abgeleitet werden können. Innerhalb der Subprojekte fungiert ein Lenkungsausschuss für die Entscheidungsfindung. Ein Projektteam wird für die operative Handhabung der Arbeitspakete gebildet. Das Ziel des **Vorgehensmodells** liegt in der Einführung von Planungs- und Kontrollsystemen mit Berichten unter technischen und sozialen Gesichtspunkten in Hochschulen. Es handelt sich dabei um eine heuristische Methode, da der Einführung ein komplexes System mit nicht ausnahmslos validen Entscheidungszusammenhängen zugrunde liegt (siehe Abschnitt 2.1.3).

Die Entwicklung von IT-Systemen grenzt sich begrifflich von der Einführung ab. Während die Entwicklung primär das Ziel verfolgt, Berichtssysteme informationstechnisch zu konzipieren und umzusetzen, wird mit der Einführung das Ziel verfolgt, Planungs- und Kontrollsysteme gleichermaßen wirtschaftlich und sozial erfolgreich in den Organisationsprozessen zu verankern. Dazu ist zum einen ein dekomponiertes Vorgehen erforderlich und zum anderen ist die Akzeptanz und Nutzung der Berichtssysteme sicherzustellen (siehe Abschnitt 2.2.3.4).

Die **Dekomposition** des Vorhabens in Subprojekte erfolgt nach den vorab definierten Handlungsfeldern der Hochschule, sodass zunächst in sich eigenständige Datenmodelle mit einem erweiterbaren Aussagehorizont entstehen. Beispielsweise bilden studiengangsbezogene Berichte einen abgegrenzten Aussagehorizont, der nach Umsetzung flächenbezogener Berichte ergänzt werden kann. Durch Kombination beider Berichtstypen entsteht für die Organisationseinheit vom Framing der Entscheidungssituation her ein größerer Aussagenhorizont (z. B. Studierende pro Seminarraum). Durch diesen Change-Management-Ansatz lassen sich ausgehend vom Gesamtproblem separat behandelbare Teillösungen erarbeiten, die nach und nach in die Organisationsprozesse verankert werden bis das Gesamtsystem sozialisiert ist. Infolge der deduktiv konzipierten Gesamtplanung in prozessualer und struktureller Weise kann es nach Umsetzung einzelner Berichtssysteme zu Nachbesserungen kommen, da bei jeder Einführung induktiv neue Erkenntnisse gewonnen werden, die das geplante Gesamtsystem anpassen können. Es ist insofern eine iterative Vorgehensweise notwendig.

Trotz des dekomponierten und iterativen Change-Ansatzes ist die technische Entwicklungsperspektive des Berichtssystems nach wie vor zentraler Bestandteil des Vorgehens und so wird grundsätzlich zwischen einer Konzeptions- und Umsetzungsphase in den Einzelprojekten unterschieden (siehe Abb. 4.5).

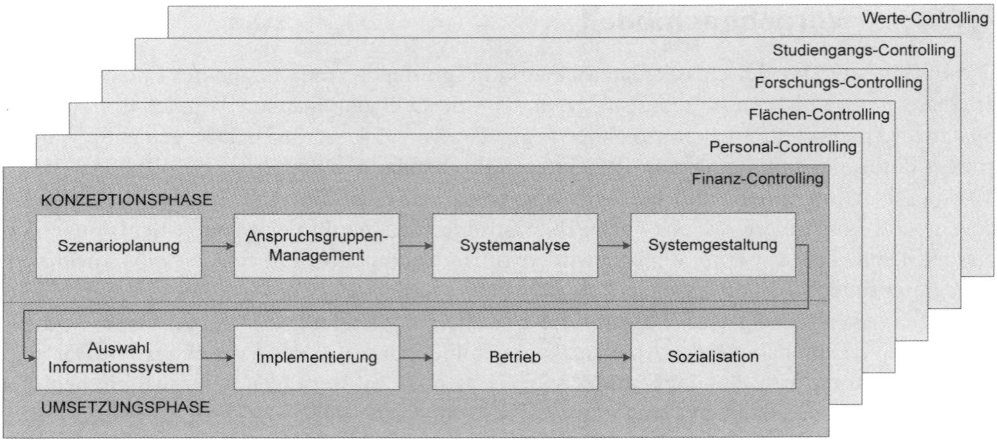

Abb. 4.5: Vorgehensmodell zur Einführung von Berichtssystemen

Innerhalb der **Konzeptionsphase** bilden Systemanalyse und Systemgestaltung wesentliche Subphasen. Zur Durchführung der Analyse und Gestaltung muss das Projekt aber zunächst initiiert und ein Veränderungsszenario gefunden werden. Das größte Problem bei der Einführung von Berichtssystemen stellen unklare Anforderungen an die Gestalt dar. Das geplante Szenario reduziert die Handlungskomplexität dahingehend. Anschließend wird der Lösungsansatz vor-sozialisiert, indem die Erwartungen der Anspruchsgruppen mit den Entscheidungsträgern als spätere Nutzer des Systems validiert und gegebenenfalls weiterentwickelt werden. In Verhandlungen kommt es hierbei zu einer Konfliktbewältigung hinsichtlich der verfolgten Pragmatik des zu erstellenden Systems. Erst dann folgt die Systemanalyse bestehender Planungs- und Kontrollprozesse samt vorhandener Berichtssysteme in Bezug auf Syntax und Semantik, um diese entsprechend dem validierten Szenario neu zu operationalisieren. Der fertig konzipierte Entwurf („Fachkonzept") des Berichtssystems bildet sodann die Entscheidungsgrundlage für die Umsetzung des Vorhabens.

Die **Umsetzungsphase** ist zunächst von technischer Seite her geprägt. Es werden Informationssysteme ausgewählt, die die konzeptionellen Anforderungen bestmöglich umsetzen können. Die Auswahl der geeigneten technischen Basis geht einher mit der Entscheidung zur datentechnischen Implementierung samt Abnahmetest des Berichtssystems. Es beginnt der technische Betrieb mit der dazugehörigen Pflege und Wartung, um kontinuierlich die Datenqualität zu erhöhen und neue fachliche Anforderungen automatisiert umzusetzen. Eine valide Datenqualität dient dabei zugleich als Voraussetzung für die Glaubwürdigkeit und Akzeptanz des Berichtssystems durch die Entscheidungsträger. Die Inbetriebnahme von IT-Systemen garantiert aber letztlich nicht den Erfolg eines Wandlungsprozesses bzw. kann nicht als Abschluss dessen angesehen werden. Vielmehr bedarf es einer sozialen Verankerung.

Insofern wird davon ausgegangen, dass der Change-Ansatz erst dann erfolgreich abgeschlossen ist, wenn die routinemäßige Nutzung der Berichte (präziser: der durch das Medium kommunizierten Aussagen) im Entscheidungsprozess gelingt. Insofern ist die Hauptphase der **Sozialisation** vom Zusammenschluss des neuen Mediums mit den Entscheidungsträgern geprägt und zieht mit der Umsetzung der Planungsprozesse eine Verhaltensänderung nach sich. Die Sozialisation der Controllingverfahren erspart dezentrale Controller, weil Entscheidungsträger dazu angelernt werden, die Planung und Kontrolle eigenständig durchzuführen. In der Regel handelt es sich bei dezentralen Entscheidungsträgern um professorale Dekane, die das Berichtssystem für Planungszwecke anwenden. Im Falle einer Partizipation erhöht das Verfahren vermutlich zugleich die Akzeptanz bei den handelnden Personen an der Basis von Lehre und Forschung. Dass die Änderung menschlichen Verhaltens ein künftig prägendes Thema in der Betriebswirtschaft sein wird, ist nicht zuletzt den Erkenntnissen von *Amos Tversky* und *Daniel Kahneman* geschuldet (siehe dazu Abschnitt 2.1.1.2). Die Sozialisation des Berichtssystems geht deshalb einher mit dem Denken im psychischen System („System 2") und dem Handeln nach Ansprüchen. Vor diesem Hintergrund ist die Unterstützung durch das Hochschulcontrolling künftig stärker zu problematisieren. Hierzu werden ausgewählte Maßnahmen vorgeschlagen. Gelingt die Phase der Sozialisation nicht, ist die Einführung gescheitert und das Berichtssystem wird neben anderen Instrumenten zeitlich weitergeführt bis es letztendlich durch ein besseres Planungs- und Kontrollverfahren mit anspruchsgerechteren Berichten ersetzt wird. Eine Ersetzung erscheint immer dann sinnvoll, wenn die reale Handlungsebene der Anspruchsgruppen nicht mehr abgebildet ist oder manipuliert werden kann.

Sofern personelle und finanzielle Ressourcen vorhanden sind, können sich Einzelprojekte zeitlich überlappen, aber die Phasen eines Projekts werden stets sequentiell ausgeführt. Die sequentielle Vorgehensweise hat den Vorteil, dass sich das Gesamtsystem in kleinen Schritten mit kleinen Teams realisieren lässt. Indem in Abschnitt 4.3 die Teilphasen nach Vorgängen operationalisiert werden, erlaubt das Vorgehensmodell auch weitgehend unerfahrenen Projektleitern und -mitgliedern die Anwendung der dreischichtigen Methodik. Nach Abschluss der Konzeptionsphase und nach Abschluss der Umsetzungsphase ist jeweils eine Dokumentation der Ergebnisse erforderlich. Eine Übergabe an ein Nachfolgeteam ist nach Beendigung eines Handlungsfeldes somit nicht notwendig. Der hohe Dokumentationsaufwand kann zwar auch als Nachteil angesehen werden, jedoch kommunizieren genehmigte Dokumente als Output des Einführungsprozesses eine Verbindlichkeit. Sie schließen jedoch nicht aus, dass Rücksprünge zu bereits abgeschlossenen Phasen bei besonderen Anlässen bzw. Notwendigkeiten – mit Ausnahme der Phase, in der das Informationssystem ausgewählt wird – möglich sind.

Das Vorgehensmodell ist optional selbst ein Kommunikationsmedium mit den Anspruchsgruppen, wenn der Fortschritt des Vorgehens beispielsweise in einem Web-Interface oder Newsletter aufgezeigt wird. So kann eine Kommunikationsplattform programmiert werden, welche die einzelnen Projekte, Projektemitglieder, Phasen, Meilensteine, Arbeitspakete, Dokumente und Kontaktmöglichkeiten anspricht.

Statt der Dekomposition nach Handlungsfeldern ließe sich alternativ ein Berichtssystem zunächst vollständig innerhalb einer dezentralen Organisationseinheit etablieren und die Einführung anschließend hochschulweit ausdehnen. In diesem Fall führt eine Organisationseinheit einen Prototyp ein und die Erfahrungen liefern praktisch erprobte Routinen zur hochschulweiten Ausdehnung. Allerdings pflegen fachliche Organisationseinheiten oftmals kulturelle Besonderheiten. Das führt dazu, dass in einigen Organisationseinheiten die Sozialisation schwieriger gelingt als in anderen. Die vorgeschlagene Dekomposition nach Handlungsfeldern (Teilsystemen) weist deshalb vier Vorteile auf:

- Die Notwendigkeit und Umsetzung des Gesamtvorhabens kann auf Grundlage der konzeptionellen Gesamtplanung zu Beginn mit den Entscheidungsträgern diskutiert und entschieden werden, die das Vorhaben in ihre Organisationseinheiten kommunizieren und Bedenken rückkoppeln.
- Die konzeptionelle Phase beginnt nach der Entscheidung verhältnismäßig zügig und hochschulweit, sodass das Veränderungsprojekt noch mental abrufbar ist. Dadurch könnte die Bereitschaft zur Veränderung stärker sein.
- Durch die hochschulweite Konzeption von Teilsystemen werden unmittelbar kulturelle Besonderheiten im Szenario validiert und im Sinne der Anspruchsgruppen weiterentwickelt, sodass mit der Systemgestaltung ein abgestimmtes Datenmodell zur Entscheidung vorgelegt wird.
- Interdependenzen zwischen Teilsystemen werden iterativ im Rahmen der Wartung hochschulweit aufeinander abgestimmt.

4.2 Wertorientiertes Hochschulcontrolling

Das Konzept des wertorientierten Managements in Hochschulen ist hinsichtlich normativer, strategischer und operativer Aussagen zur Hochschulentwicklung zu unterscheiden (siehe Abschnitt 2.2.1.1). Dieser Auffassung wird mit dem Strukturmodell (siehe Abschnitt 4.1.2) insofern gefolgt, als dass mit dem **Werte-Controlling** auf normativer Weise die Gesamtstabilität der Hochschule geplant und kontrolliert wird. Die hierzu zu generierenden Erfolgskennzahlen werden in der Balanced Scorecard abgebildet. Das **wirtschaftliche** und **qualitative Hochschulcontrolling** verbindet operativ-kurzfristig zu planende Objekte mit strategisch-langfristigen Optionen (siehe Abb. 4.6).

In der Steuerung niedersächsischer Hochschulen hat sich das **Rechnungswesen-Controlling** weitgehend etabliert (siehe Abschnitt 3.3.2). Insbesondere für wirtschaftliche Forschungsprojekte („Auftragsforschung“) wird eine **Kosten- und Erlösplanung** durchgeführt, um einer staatlichen Quersubventionierung vorzubeugen. Obwohl sie integraler Bestandteil einer Hochschulverbundrechnung ist, wird die **Bilanzplanung** nicht praktiziert und auch hier nicht weiter ausgeführt. Das rührt einerseits daher, dass eine nominelle Werterhaltung des Anlagevermögens jährlich durch den Sonderposten für Investitionszuschüsse gewährleistet ist und andererseits Finanzanlagestrategien haushaltsrechtlichen Einschränkungen unterliegen, was zu einem hohen Kassenbestand der Hochschulen führt. Damit ist die Aktivaseite einer Bilanz wertmäßig nahezu erschöpft und rechtfertigt den personellen Aufwand sowie die Aussagekraft einer Planbilanzierung nicht mehr, zumal die Finanztätigkeiten und Liquiditätssicherung über die Kapitalflussrechnung – der **Finanzplanung** – gedeckt sind.

Nicht absehbar ist augenblicklich eine weitere Anpassung des Steuerungsparadigmas in dieser Hinsicht, mit der Folge, dass sich ein „Asset- und Cash-Management" als sinnvoll erweisen könnte. Im Anlagevermögen (Assets) wären dann Tätigkeiten zur Optimierung der Kapitalverwendung, wie etwa die Erlösung stiller Reserven oder die Ermittlung des Reinvestitionsbedarfs über Abschreibungen, zu definieren. Allenfalls werden Finanzmittel auf das Verwahrkonto der Landeshauptkasse angelegt, aber von einem Agieren auf dem Kapitalmarkt kann nicht gesprochen werden. Die Planung der Vermögens- und Kapitalstruktur erweist sich daher momentan nicht als zielführend.

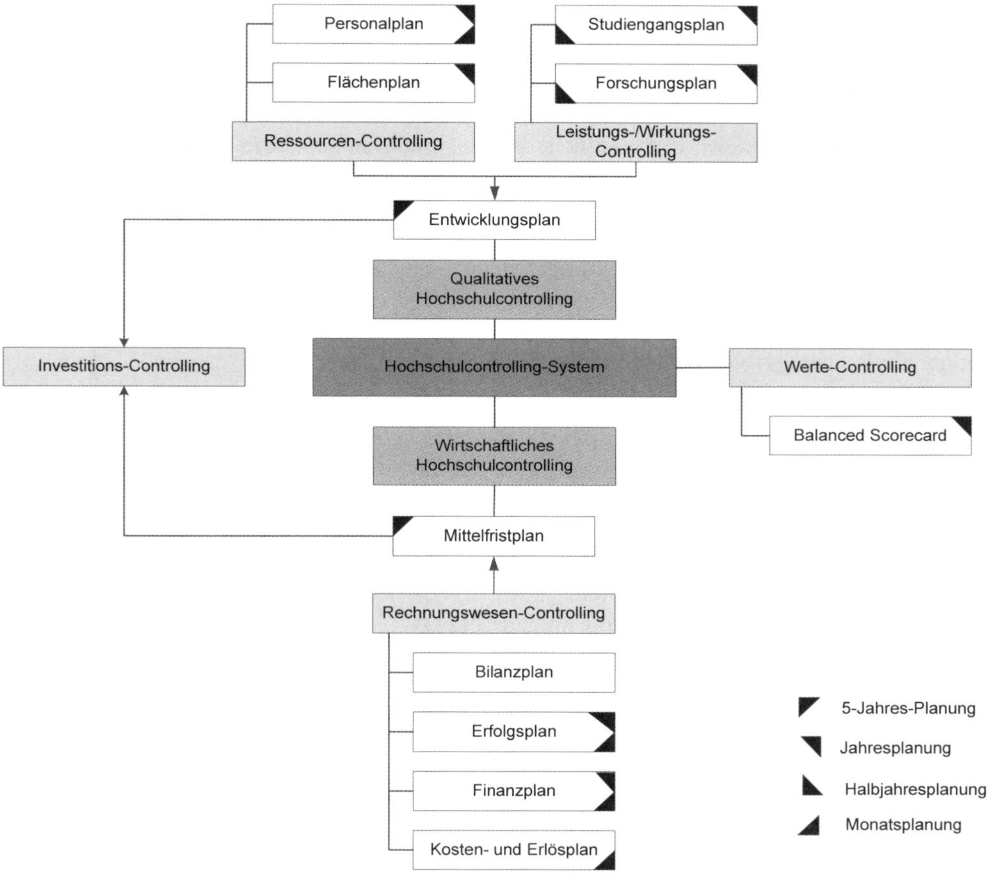

Abb. 4.6: Komponenten wertorientierter Hochschulcontrolling-Systeme

Die Redundanz einer Bilanzplanung würde sich nicht nur auf die Finanzplanung mit der Anpassung des Kassenbestands im Umlaufvermögen beziehen, sondern vor allem führt die handelsrechtliche **Erfolgsplanung** zur periodischen Bewertung des Eigenkapitals auf der Passivseite der Bilanz. Allerdings ist die Erfolgsplanung auf ein Geschäftsjahr ausgerichtet und unterliegt bilanzpolitischer Wahlrechte in der Bewertung von Aufwendungen. Auch die Kosten- und Erlösplanung unterliegt subjektiv gewählten Verteilungsschlüsseln und ist kurzfristiger Natur, sodass ein Entscheidungsbezug zur Hochschulentwicklung jeweils nicht unmittelbar gegeben ist. Infolgedessen wird in Abschnitt 4.2.1 das Konzept der **pagatorischen Erfolgsplanung** für das Finanz-Controlling auf Basis der Ausführungen zur monetären Grundrechnung entwickelt (siehe Abschnitt 2.2.2.2). Der Finanzplan vereint finanzielle Größen mit Begrifflichkeiten der Erfolgsplanung, sodass finanzielle Istwerte auf direkter Ermittlungsweise aus der Buchhaltung generiert werden. Dadurch werden funktional sowohl die Liquidität (als Nebenziel hochschulischer Handlungen) als auch eine langfristige Kapitalbedarfsplanung (als Ressource hochschulischer Handlungen) gedeckt und ermöglicht eine **Mittelfristplanung** für das Investitions-Controlling. Auf diese Weise ist das Investitions-Controlling mit dem Rechnungswesen gekoppelt.

Im **Investitions-Controlling** wird entgegen klassischer Investitionsrechenmodelle nicht das Kapital auf den Barwert abgezinst, um eine Entscheidung herbeizuführen (siehe dazu *Blohm/Lüder/Schäfer* 2012), sondern im Vordergrund steht der **Planungsprozess**, welcher einen Objektbezug aufweist. In Anbetracht der Ansprüche an den sozialen Wandel werden im Ergebnis Aussagen abgeleitet, die die Sachinvestition finanziell und qualitativ bemessen (siehe dazu Abschnitt 2.2.3.4). Dieser Objektbezug führt als Gegenpol der Mittelfristplanung zum Konzept der fünfjährigen **Entwicklungsplanung** und unterscheidet sich hinsichtlich Forschungsprojekten und Studiengängen mit den zugeordneten Ressourcen Personal und Flächen. Das investive Planungsverfahren ist rollierend und iterativ und führt zu einer Entscheidung über sachliche Entwicklungsziele sowie dessen Finanzierungsbedarf bzw. das Budget zur Sachzielerreichung (siehe Abschnitt 4.1.1).

Für unterjährige, jährliche und mehrjährige Planungsverfahren wird nachfolgend ein **Referenzmodell** für **Berichtssysteme** konstruiert, welches ausgehend vom Strukturmodell deduktiv Nomenklaturen einwirkender Anspruchsgruppen als Begriffssysteme verwendet und induktiv von Entscheidungsträgern im Einführungsprozess evaluiert wird (siehe dazu Abschnitt 4.3). Wenn keine exogenen Begriffssysteme, wie im Fall von Studiengängen und Forschungsprojekten, vorhanden sind, sind isoliert Begriffe aus dem Umfeld (z. B. HIS GmbH) herangezogen worden, die einen Planungs- und Steuerungscharakter aufweisen.

4.2.1 Finanz-Controlling

Die **Finanzplanung** erfüllt zwei Planungszwecke: Zum einen wird mit der Liquiditätsplanung kurzfristig das finanzielle Gleichgewicht als Nebenbedingung zur Aufgabenerfüllung sichergestellt (siehe Abschnitt 3.3.1). Die periodische Liquiditätsplanung ist eng mit einem Rücklagenmanagement, einer unterjährigen Hochrechnung sowie einer Budgetierung verbunden. Des Weiteren wird eine mittelfristig ausgelegte Kapitalbedarfsplanung (oder: Mittelfristplanung) verfolgt, anhand derer, u. a. im Rahmen der Haushaltsplanung der ministeriellen Seite Investitionsplanungen dargelegt werden (siehe Abschnitt 3.2.1; vgl. auch *Perridon/Steiner* 1995, S. 571 ff.). Dementsprechend bildet das **Finanz-Controlling** Planungs- und Kontrollaktivitäten in kurzfristig-operativen und langfristig-strategischen Berichten bzw. Finanzplänen ab, denen ein Finanzplanungsprozess vorausgeht.

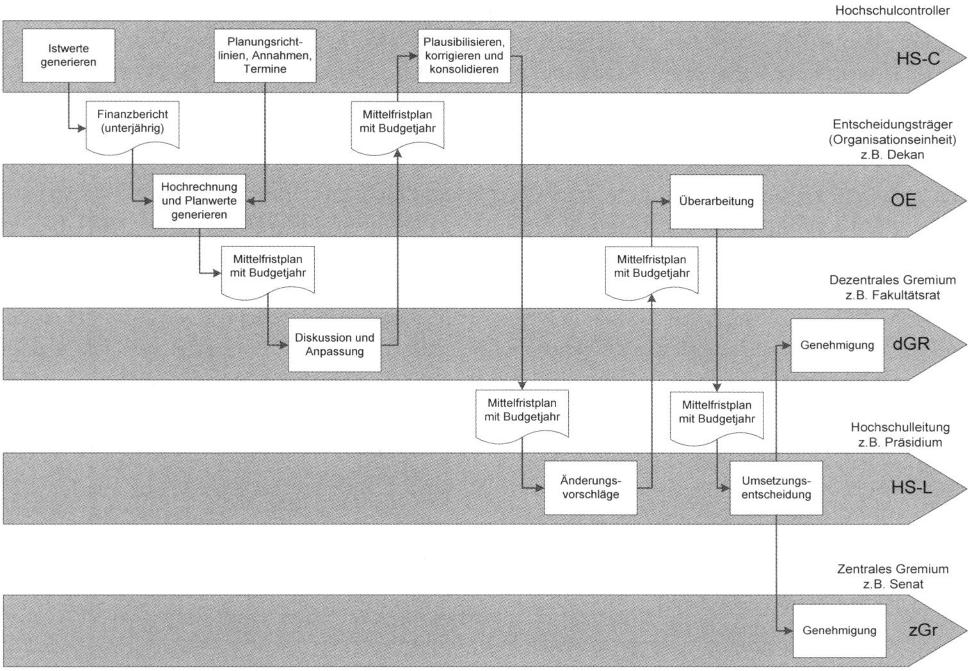

Abb. 4.7: Finanzplanungsprozess

Entsprechend der Strukturierung von Organisationseinheiten gliedert sich zwecks Entscheidungsverantwortung das Berichtssystem im Finanz-Controlling hierarchisch (siehe Abschnitt 4.1.2). Sodann liegt dem Entscheidungsprozess ein jährlicher **Finanzplanungsprozess** zugrunde, dem die folgenden Vorgänge zugeordnet werden können (siehe Abb. 4.7):

1. Durch eine zentrale Stabsstelle oder ein Dezernat (z. B. Hochschulcontrolling, Hochschulplanung o. Ä.) werden aus dem Rechnungswesen monatlich heraus Istwerte generiert. Es entstehen unterjährige Finanzberichte je Organisationseinheit (Subpläne), die als Referenz Vorjahreswerte mit ausweisen.
2. Die Finanzberichte werden an die zuständigen Entscheidungsträger (z. B. Dekane/Abteilungsleiter) gesandt. Planungsrichtlinien, -annahmen, Terminpläne oder Hochschul-Strategiekonzepte ergänzen die Korrespondenz.
3. Durch die Entscheidungsträger werden Entwurfsplanungen der kommenden fünf Jahre dezentral erstellt und nach einer Gremiendiskussion an die Stabsstelle zurückgesandt. Die Subpläne werden dort plausibilisiert und ggf. in Rücksprache korrigiert.
4. Es erfolgt eine hochschulweite Konsolidierung der Hochschul-Finanzplanung, weshalb es nach Abstimmung zur Hochschul-Entwicklungsplanung zu einer erneuten Anpassung der Subpläne von Organisationseinheiten kommen kann.
5. Nach der dezentralen Plan-Koordination schließen einvernehmliche Änderungsvorschläge der Hochschulleitung die Hochschulplanung ab und führen zur Umsetzungsentscheidung. Zentrale und dezentrale Gremien genehmigen Gesamt- und Subpläne.

Im Finanzplanungsprozess werden Standardberichte angewandt, welche über eine einheitliche Begriffs- und Werteverwendung koordiniert sind. Die Standardberichte der Finanzplanung greifen auf Ausgabe- und Einnahmewerte zurück, da pagatorische Kostenwerte u. a. den Objekten intersubjektiv zugeordnet werden können und geeignet sind, die monetäre Hochschulentwicklung langfristig abzubilden (siehe Abschnitt 2.2.2.2). Als zugrunde liegendes Begriffssystem dient der Kontenplan einer Hochschule, um eine aus der Buchhaltung stammende Wertgenerierung zu gewährleisten. In der Hochschulplanung werden allerdings – anders als im Rechnungswesen-Controlling – nicht die Gesamtheit aller Konten für Objekte geplant, sondern lediglich Kontenklassen bzw. je nach spezifischer Anforderung der Hochschule und ihrer Teileinheiten auch einzelne Kontenunterklassen (vgl. *Jaspersen* 2008, S. 16; siehe Abb. 4.8). Obwohl der Personalaufwand bereits separiert dargestellt ist, kann der Kontenaufriss von Aufwendungen im Anwendungsfall natürlich noch tiefer gegliedert sein (siehe hierzu Abschnitt 3.3.2.2). In jedem Fall sollte sich die Mittelverwendung im Fachkonzept der Hochschule an die Kontenklassensystematik anlehnen, um den Kapitalfluss von Investitionen begrifflich nachvollziehen und eine Wertattribuierung aus der Buchhaltung generieren zu können.

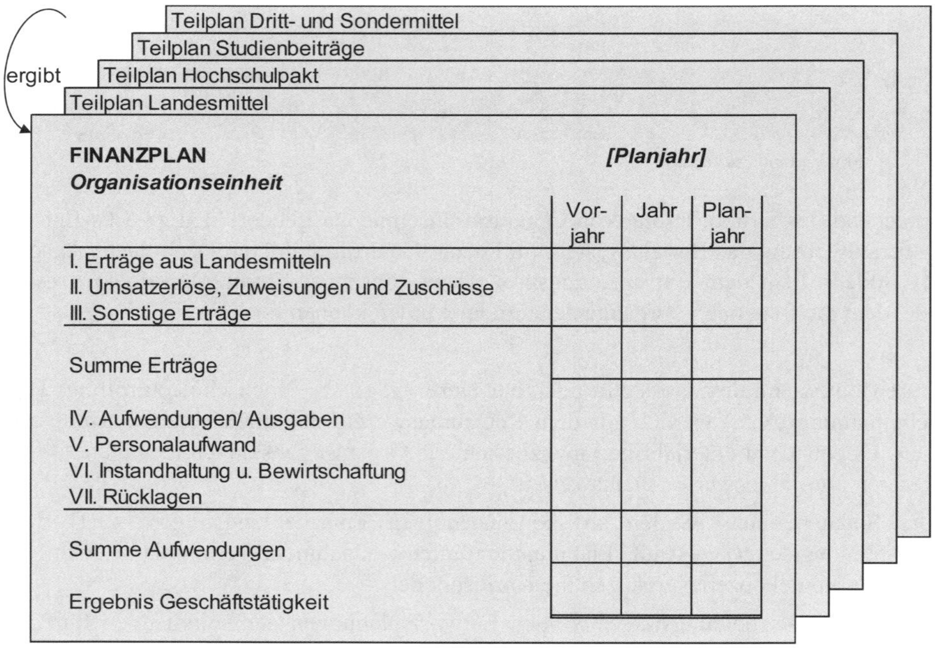

Abb. 4.8: Operativer Finanzplan (in Anlehnung an Jaspersen)

Die Generierung von Planwerten obliegt den Dekanen und Abteilungsleitern als verantwortliche Entscheidungsträger von Organisationseinheiten. Neben Planwerten werden im operativen Finanzplanungsbericht Istwerte des Vorjahres als Referenzwert sowie der geplante Istwert des aktuellen Geschäftsjahres als Zielwert dargestellt. Bevor auf die monetäre Datengenerierung näher eingegangen wird, wird erstens die Nähe des Verfahrens zur Liquiditätsplanung und zweitens die Abgrenzung von Organisationseinheiten und der einhergehenden Wertezuweisung erläutert.

Wie in der Kapitalflussrechnung, worin der liquide Mittelendbestand den Anfangsbestand der neuen Periode bildet (siehe Abschnitt 3.3.2.1), erfolgt eine Übernahme von Rücklagen aus der operativen Geschäftstätigkeit in die Ertragspositionen des Folgejahres. Als Anreizregulierung für sparsames Handeln werden also die überschüssigen Mittel in das neue Geschäftsjahr übernommen. Aus Verfahrenssicht werden die Rücklagen um das positive Ergebnis erhöht, um ein finanzielles Gleichgewicht des Geschäftsjahres auszuweisen. Die gebildeten Rücklagen des laufenden Geschäftsjahres korrespondieren mit Ertragsunterkonten des Planjahres („Rücklagen aus Vorjahren"). Sollte das Rücklagenkonto aufgelöst sein und eine Unterdeckung ausweisen, sind zweckabhängig Zuschüsse von übergeordneter Hierarchieebene mit Maßnahmen der Rückzahlung zu vereinbaren. Auf Hochschulebene muss sich ein positiver oder ausgeglichener Saldo ergeben; anderenfalls ist das finanzielle Gleichgewicht der Hochschule nicht mehr gegeben. Die Etablierung von Fonds, wie z. B. Forschungspools, Gleichstellungspools etc., können auf Hochschulebene als sonstige Rücklagen angesetzt, nach Antrag verausgabt oder periodisch übertragen werden. Folglich sichert ein Rücklagenmanagement die **Liquidität** auf allen Hochschulebenen.

Die Organisationseinheiten sind über Kostenstellenhierarchien voneinander abgegrenzt. Ebenso werden die Kostenwerte nach dem **Identitätsprinzip** den Organisationseinheiten gemäß einer Deckungsbeitragsrechnung zugeordnet. Auf Ebene der gesamten Hochschule ergänzen daher erst Zinsen und Steuern die Aufwendungen. Sie betreffen die gesamte Hochschule und werden nicht geschlüsselt weiterverteilt, sondern dort ausgewiesen, wo sie anfallen. Eine Leistungsverrechnung von Ausgaben nach dem Verursachungsprinzip erfolgt indes nicht. Die Finanzplanung stellt sich daher als eine Einzelkostenrechnung mit objektbezogenen und entscheidungsorientierten Kosten dar (siehe Abschnitt 2.2.2.2 i. V. m. 3.3.2.2). Im Unterschied zum rein entscheidungsorientierten Kostenbegriff werden den Organisationseinheiten nunmehr alle pagatorischen Kostenwerte direkt zugeordnet. So werden z. B. auch Mieten und sämtliche Personalausgaben als Kosten angesetzt, obwohl langfristige Verträge keinen unmittelbaren Entscheidungsbezug herstellen. Je länger die zeitliche Betrachtungsweise ist, desto größer wird die Abbaufähigkeit von Kosten – seien es Mieten oder Beamtenbezüge, die durch neue Mietverträge oder Berufungen ersetzt werden können. Eine Vertragsdatenbank kann daher als Fundament zur Langfristplanung fungieren (siehe auch Abschnitt 3.3.2.2).

Wenn nicht gesondert vermerkt, dann sind Kosten im weiteren Verlauf der Arbeit auch konsequenterweise pagatorisch zu verstehen. Begrifflich wird aber nach wie vor die Erfolgsrechnung verwendet, weshalb es sich um eine **pagatorische Erfolgsrechnung** handelt, die sich mit nichtzahlungswirksamen Konten auf konsolidierter Hochschulebene grundsätzlich zur handelsrechtlichen GuV überleiten ließe. Wenngleich der operative Finanzplan Kosten für eine Organisationseinheit abbildet, um einen Entscheidungsbezug herzustellen, basieren Teilpläne auf Kalkulationen von Kostenträgern (Objekten) aus der Betriebsbuchführung (siehe Abschnitt 3.3.2.2). Die wertmäßigen Kosten, wie z. B. Abschreibungen, werden im Finanz-Controlling jedoch abgegrenzt. Sodann werden die verrechneten Kosten nach Herkunft separiert. Während die Einzelkosten eines Forschungsprojekts oder Studiengangs einer Organisationseinheit direkt zugeordnet werden können (z. B. Wissenschaftliche Mitarbeiter aus Projektmitteln oder Lehrauftragskosten), sind dagegen die Gemeinkosten nach zentraler und dezentraler Herkunft zu trennen (siehe Abb. 3.26). In dezentralen Gemeinkosten werden überwiegend Personalkosten von Studiengängen ausgewiesen, die nicht direkt Objekten, wohl aber über Kostenstellen den Organisationseinheiten zugeordnet werden können. Werden die Einzelkosten und dezentralen Gemeinkosten über alle Objekte der Organisationseinheit zugeordneten Kostenstellen addiert, ergeben sich bereichsbezogene pagatorische Werte. Es entsteht eine Sichtweise auf Kosten, die dazu führt, dass Entscheidungsträger nur jene Finanzmittel sehen, die auf eine leistungsbezogene Entscheidung in ihrem Bereich aus der Vergangenheit zurückzuführen ist (Identitätsprinzip). So werden dann zwar interdisziplinäre Forschungsprojekte hinsichtlich Personal- oder Sachkosten über separate Kostenträger getrennt – die ursprüngliche Entscheidung liegt gerade in der Interdisziplin – aber Kosten aus Lehrverflechtungen nicht, da diese keine primären Intentionen bei Entscheidungen zur Leistungserstellung darstellen. Die Sichtweise der pagatorischen Erfolgsrechnung ist dahingehend in Hochschulen bereits realisiert, als dass Objekte getrennt nach Primär- und Sekundärkosten erfasst werden (siehe Abb. 3.27). Kurzum, die pagatorische Erfolgsrechnung basiert auf einer Deckungsbeitragsrechnung, worin Wertberichtigungen und Sekundärkosten aus investiven Zwecken nur nachrichtlich erscheinen.

Der Finanzplan stellt in der konsolidierten Hinsicht eine ganzheitliche Abbildung der Finanzlage und Liquidität einer Organisationseinheit dar. Die eigentlichen Planungs- und Kontrollaktivitäten erfolgen nach Mittelherkünften in **Teilplänen**. In Abhängigkeit von der rechtlichen Situation können zweckgebundene Teilpläne gebildet werden. So werden pagatorische Werte von Forschungsprojekten über den Teilplan „Drittmittel" konsolidiert. „Studienbeiträge" wie auch Einnahmen und Ausgaben aus dem „Hochschulpakt" basieren auf Kalkulationen von Studierendenzahlen einzelner Studiengänge (siehe dazu Abschnitt 4.2.2.2). Die „Landesmittel" als weiterer Teilplan bemessen sich aus Haushaltsplanungen. Basierend auf eindeutigen Kontenzuweisungen zwischen Planungssystem und Kontenplan können die Istwerte des Vorjahres aus dem Rechnungswesen problemlos für die Teilpläne generiert werden. Das setzt voraus, dass die Kontierungsbelege der Buchführung bereits eine wertmäßige Zuordnung von Kostenarten auf Kostenstellen und Kostenträgern vorsehen (siehe hierzu Abschnitt 3.3.2.2). Hingegen unterliegt die Planung des Istwertes im aktuellen Geschäftsjahr einer unterjährigen Planung und determiniert das operative Hochschulcontrolling.

Grundsätzlich wird die unterjährige Planung bis zum Jahresabschluss als monatlicher Standardbericht geführt und um Plan- und Istwerte angereichert. Am Beispiel von Landesmitteln mit frei angesetzten Werten können das Rücklagenmanagement, die Hochrechnung und die Budgetierung als kurzfristige Planungsverfahren verdeutlicht werden (siehe Abb. 4.9).

FINANZPLAN LANDESMITTEL
Organisationseinheit

Hochrechnung IST für Q-IV *[Planjahr]*

Angaben in TEUR	Vorjahr	Jahr																Planjahr
		Jan		Feb		...		Sep		Okt		Nov		Dez		Summe		
	Ist	Plan	Ist	Plan	Ist	Plan	Ist	Plan	Ist	Plan	Ist	Plan	Ist	Plan	Ist	Plan	Ist	Budget
I. Erträge aus Landesmitteln																		
Zuführungen für laufende Zwecke	258	22	22	22	22	...		22	22	22	*22*	22	*22*	22	22	269	*260*	230
Rücklagen aus laufenden Zwecken	15	15	20	6	10	...		14	13	15	*14*	14	*14*	14	*15*	14	*15*	15
Zuführungen Personalaufwand	1650	140	110	140	135	...		140	144	140	*138*	140	*138*	140	*138*	1680	*1668*	1688
Zuführungen Baunterhalt. u. Bewirtschaftung	420	37	37	37	37	...		37	37	37	*37*	37	*37*	37	*37*	441	*439*	454
Rücklagen Bauunterhaltung aus Vorjahren	23	23	27	23	30	...		19	19	19	*17*	19	*14*	19	*16*	19	*11*	11
Zuführungen für Investitionen	123	3	3	18	18	...		27	27	9	*9*	3	*9*	3	*9*	102	*103*	104
Rücklage Investitionen aus Vorjahren	4	1	3	13	13	...		19	18	13	*15*	6	*7*	0	*0*	0	*0*	0
Sonstige Zuführungen	12	3	4	0	2	...		0	1	3	*3*	0	*0*	3	*3*	16	*13*	16
Sonstige Rücklagen	4	4	4	4	5	...		4	3	3	*2*	3	*2*	3	*2*	3	*2*	2
Summe Erträge	**2509**	**248**	**229**	**264**	**272**	**...**		**283**	**282**	**261**	***257***	**244**	***242***	**241**	***242***	**2544**	***2512***	**2521**
IV. Aufwendungen/ Ausgaben																		
Hardware	108	4	4	64	62	...		64	63	4	*5*	4	*3*	4	*4*	172	*165*	75
Software	18	2	2	2	2	...		6	6	6	*6*	6	*6*	6	*6*	52	*52*	26
Maschinelle Anlagen	0	0	0	0	0	...		0	0	0	*0*	0	*0*	0	*0*	0	*0*	0
Geschäftsausstattung	61	2	0	2	2	...		2	3	2	*3*	2	*2*	2	*0*	47	*49*	60
Lehraufträge und Gastvorträge	83	9	9	0	0	...		5	5	5	*5*	5	*5*	5	*5*	51	*48*	59
Sonstige	92	9	11	4	3	...		8	9	8	*8*	8	*8*	8	*8*	98	*99*	105
V. Personalaufwand																		
Personalaufwand aus Landesmitteln	1650	140	110	140	135	...		140	144	140	*138*	140	*138*	140	*138*	1680	*1668*	1688
VI. Instandhaltung und Bewirtschaftung																		
Gebäude und Liegenschaften	420	37	33	37	39	...		37	37	37	*38*	37	*40*	37	*34*	441	*444*	454
VII. Rücklagen	**46**	**43**	**53**	**46**	**59**	...		**56**	**52**	**50**	***48***	**42**	***37***	**36**	***34***	**36**	***29***	**29**
Summe Aufwendungen	**2478**	**246**	**222**	**295**	**301**	**...**		**261**	**267**	**201**	***203***	**201**	***202***	**201**	***195***	**2541**	***2525***	**2467**
Ergebnis der Geschäftstätigkeit	31	2	6	-32	-29	...		21	16	60	*54*	43	*40*	40	*47*	3	*-13*	54

Abb. 4.9: Unterjährige Finanzplanung am Beispiel fiktiver Landesmittel

Indem nicht verausgabte Finanzmittel in das kommende Geschäftsjahr übernommen werden, behebt das **Rücklagenmanagement** Mängel der kameralen Haushaltsführung (siehe hierzu Abschnitt 3.2.1.1) und fördert die dezentrale Autonomie und das langfristige Denken und Handeln. Da Personalkosten über die OFD-LBV abgerechnet werden, ergeben sich für diese Position keine Rücklagen (siehe Abschnitt 3.3.2.3). Beispielhaft wird dafür die Rücklagenbildung zur Bauunterhaltung aufgegriffen. Diese betrugen im Vorjahr 23 TEUR. Nimmt man Plan-Zuführungen in Höhe von 441 TEUR an, die sich proportional auf die Monate verteilen, dann schreibt sich das Rücklagenkonto in Abhängigkeit von den Plan-Ausgaben monatlich fort. Der geplante Endbestand aus Anfangsbestand, Einnahmen und Ausgaben bildet sodann den Rücklagenbestand des Folgemonats. Anders als in der Kapitalflussrechnung, in der der Kapitalfluss indirekt ermittelt wird (siehe Abschnitt 3.3.2.1), liegt der Generierung von Plan- als auch von Istwerten somit eine zeitraumbezogene und direkte Perspektive auf die Finanzmittel zugrunde, die eine monatliche Steuerung zulässt. Das Ergebnis der Geschäftstätigkeit zeigt an, inwiefern die Liquiditätsbedingung der Organisationseinheit eingehalten werden soll bzw. wurde. Von zentraler Stelle aus kann das Ergebnis schließlich saldiert werden.

Es können auf zentraler Ebene Unterdeckungen von Organisationseinheiten temporär ausgeglichen werden, wenn freie Finanzmittel für Innovationen und Kernkompetenzen vorgehalten werden, die gleichzeitig eine Deckungsreserve – gewissermaßen einen Cashpool oder Fonds – bilden. Ebenso können auch Überdeckungen anderer Organisationseinheiten zur Umschichtung genutzt werden. Beispielsweise finanzieren langfristig gebildete Investitionsrücklagen von Organisationseinheit A kurzfristig Unterdeckungen von Organisationseinheit B. Das Rücklagenmanagement mit zentralen Finanzmitteln eignet sich darüber hinaus für Anschubfinanzierungen von Studienprogrammen oder Forschungsprojekten. Für die Vergabe freier Finanzmittel als auch für Belohnungen/Sanktionen aus Über-/Unterdeckungen sind in Abhängigkeit von der strategischen Ausrichtung hochschulspezifische Kriterien zu diskutieren und zu entwickeln. Im Fall von Unterdeckungen sind mindestens Vereinbarungen zu treffen, die in den Folgejahren Überdeckungen erwarten lassen.

Im Rahmen einer **Hochrechnung** werden unterjährig die Planwerte des letzten Quartals durch Prognose der Istwerte validiert oder gegebenenfalls das geplante Ergebnis der Geschäftstätigkeit korrigiert. In Abhängigkeit von der Größe der Hochschule, Risiken aus prekärer Finanzlage oder kurzfristig erwarteten Sondereffekten ist auch eine vorgelagerte Hochrechnung zum Halbjahr prinzipiell denkbar. Wenn das Liquiditätsziel gefährdet ist, können so rechtzeitig von den Entscheidungsträgern Steuerungsmaßnahmen ergriffen werden. Das Verfahren einer Hochrechnung ist also ein weiterer Mechanismus, der das finanzielle Gleichgewicht als Nebenziel der Hochschule und ihrer Teileinheiten kurzfristig sicherstellen soll.

In Analogie zur leistungsorientierten Ressourcensteuerung, in der aus staatlicher Sicht Finanzmittel allokiert werden, ist es Aufgabe einer **Budgetierung** Finanzmittel aus Sicht der Hochschule ex ante zu planen und für die Organisationseinheiten festzulegen. Als Anreiz zur Aufgabenerfüllung können Indikatoren aus Formelmodellen die Budgetierung von Grundmitteln und Einnahmen aus Fonds ergänzen. Allerdings weisen die Formelmodelle kaum finanzielle Wirkungen auf (siehe hierzu Abschnitt 3.3.1 und Abschnitt 3.3.3) und führen in der Praxis zu einer Fortschreibung von Finanzmitteln („inputorientierte Budgetierung"). Natürlich kann die Hochrechnung als Referenzwert für die Budgetierung des kommenden Geschäftsjahres angesetzt werden. Dann handelt es sich zwar immer noch um eine Fortschreibung verausgabter Finanzmittel, ohne dass die geplante Leistungsperspektive in den Vordergrund der Planung gerät, aber die Aussagekraft kann sich erhöhen, wenn Sondereffekte bereinigt und die Veränderungen aus der Investitionstätigkeit angepasst werden. Es handelt sich dann wenigstens um ein angepasstes inputorientiertes Budgetierungsverfahren („adjusted inputoriented Budgeting"). Die Antizipation der Ausgabewerte bleibt aber ungewiss, zumal eine leistungsbezogene Argumentation der geplanten Einnahmen gegenüber dem MWK nicht vorliegt und nur verbal erfolgen kann. Dadurch bleibt die Verhandlungsposition der Hochschulen in Zielvereinbarungsprozessen von vornherein geschwächt (siehe hierzu Abschnitt 2.1.1.2).

Im leistungsbezogenen („outputoriented") Budgetierungsverfahren werden Investitionen in laufende Ausgaben für Personal, Bewirtschaftung etc. (Grundmittel) und Ausgaben aus Ersatz- und Erweiterungsinvestitionen getrennt (siehe Abschnitt 3.2.1.2). Während in der Hochschule etablierte Objekte hinsichtlich Personal-, Sachmittel- und Bewirtschaftungsausgaben als laufende Kosten klassifiziert und routinemäßig geplant und kontrolliert werden, unterliegen Ersatz- und Erweiterungsinvestitionen einem gänzlich neuen Investitionsprozess (siehe Abschnitt 2.2.3.4). Die Willensbildung der Organisationseinheit zur Innovation (z. B. ein neuer Studiengang oder neues Forschungsprojekt) wird zunächst von Initiatoren auf personeller Ebene eruiert und liegt als Entwurfspapier mit Einnahmen und Ausgaben vor. Daneben sind aber auch Personaleinsatz, ggf. räumliche/sachliche Ausstattungen und Abhängigkeiten zum Lehr- und Forschungsbetrieb zu klären. Der Entwurf muss letztlich durch Gremien legitimiert werden. Der legitimierte Antrag wird sodann an die Hochschulleitung bzw. an eingesetzte Kommissionen gesandt, um die Anträge zu prüfen, aufeinander abzustimmen und schließlich zu genehmigen. Hochschulweite Innovationen – so z. B. die Einführung eines Berichtssystems (siehe hierzu Abschnitt 4.3), Qualitätsmanagementsystems oder übergreifender IT-Systeme – sind über die Hochschulleitung, ab definierten Wertgrenzen auch über den Senat und im Falle von personenbezogenen Daten über den Personalrat zu legitimieren. Nach der zentralen Genehmigung erfolgt die Umsetzungsphase, zu der Finanzierungsanträge (z. B. für Anschübe, Drittmittel, Bauvorhaben) formuliert, Berufungen und andere Personaleinstellungen sowie weitere Vorbereitungen getätigt werden müssen, bevor die routinemäßige Aufgabenerfüllung des Vorhabens angegangen werden kann.

In den nachfolgenden Abschnitten erfolgt die Detaillierung von Standardberichten der Entwicklungsplanung sowie deren Planungsprozessen getrennt nach Teilsystemen. Dabei sind Planwerte im Bereich Personal und Sachmittel von etablierten Objekten zu generieren. Mit der Projektion innovativer Objekte vervollständigt sich die leistungsbezogene Budgetierung. Die Budgetierung stellt sich als Investitionsplanung dar, wenn sie sich nicht nur auf das nächste Geschäftsjahr beschränkt, sondern einen langfristigen Planungshorizont aufweist (siehe Abschnitt 2.2.3.4 i. V. m. Abschnitt 3.2.3). Zur Bemessung des Kapitalbedarfs für Investitionen wird deshalb das Finanz-Controlling analog zur ministeriellen Finanzplanung um eine 5-Jahres-Planung (Mittelfristplanung) erweitert (siehe Abb. 4.10), deren Planwerte sich jährlich rollierend aktualisieren und hochschulweit konsolidieren. Die **Mittelfristplanung** ist ein strategisches Controllingverfahren und schließt sich im Planungskalender an die Hochrechnung und Budgetierung an, sodass eine Abgabefrist dezentraler Organisationseinheiten im Zeitraum Oktober/November festzulegen ist, um bis Jahresende auf zentraler Ebene noch Abstimmungen und Konsolidierungen vornehmen zu können.

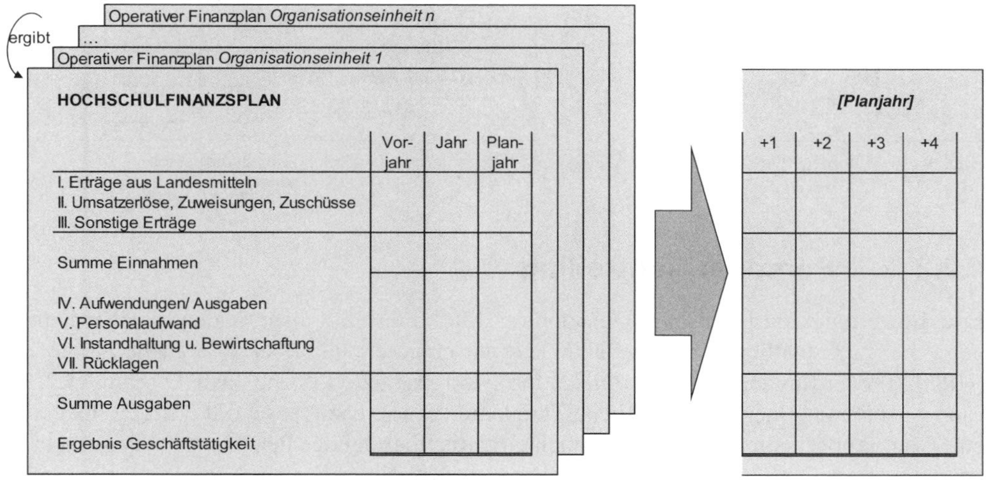

Abb. 4.10: Strategischer Hochschulfinanzplan („Mittelfristplan“)

Die Investitionsplanung liefert über Anträge natürliche Begründungszusammenhänge zur iterativ abgestimmten Finanz- und Entwicklungsplanung und verdeutlicht dessen **Interdependenz**. Es lassen sich nicht nur Forschungsanträge mit Finanzierungsplänen einreichen, sondern auch über interne „Anträge zur Einrichtung von Studiengängen“ sind notwendige

Ressourcen und Leistungswirkungen monetär darstellbar. Entsprechend lassen sich langfristige Entwicklungs- und Finanzplanungsberichte zusammenhängend auffassen (vgl. *Jaspersen* 2008, S. 16; siehe Abb. 4.11). So finanzieren Einnahmen, beispielsweise das Personal, welches Personalkosten verursacht und in Räumen das Leistungsangebot durchführt. Die Wirkungskette dieser Argumentation wird in der Investitionsplanung von Entwicklungsvorhaben umgekehrt. Lag der Fokus bislang darin, dass das MWK Mittel bereitstellt, um Aufgaben zu erfüllen, so kann für eine Organisationseinheit über die investive Planung von Objekten nunmehr aufzeigen, wie hoch der Ressourcenbedarf (Finanzen, Personal, Flächen etc.) für die Leistungserstellung sein muss. Schließlich darf angenommen werden, dass es für eine hochschulweite Entscheidung, aber auch für eine ministerielle Entscheidung, relevant ist zu wissen, welche zusätzlichen Kosten für einen neuen Studiengang (oder ein anderes Objekt) anfallen. Und so darf weiter angenommen werden, dass der Genehmigung von Zusatzkosten personelle und ausstattungsbezogene sowie leistungs- und wirkungsbezogene Sachbegründungen vorausgehen, die als Szenario antragsmäßig definiert werden müssen.

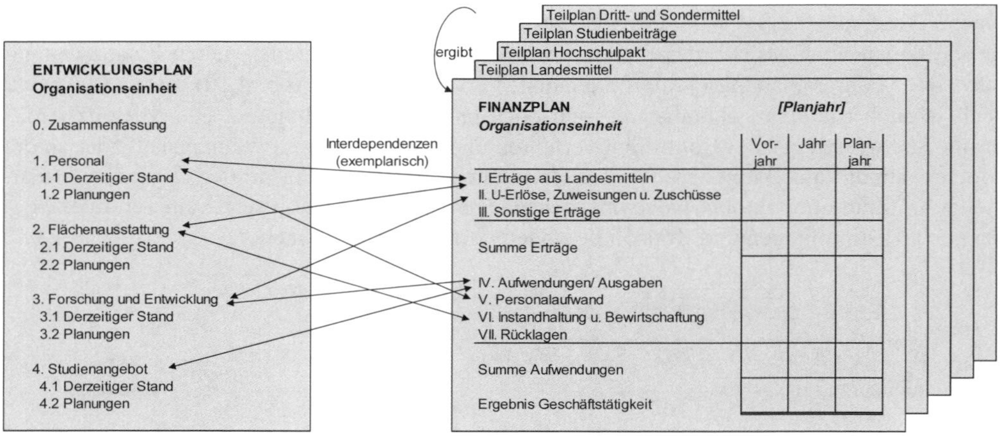

Abb. 4.11: Interdependenzen der Entwicklungs- und Finanzplanung (in Anlehnung an Jaspersen)

4.2.2 Personal-Controlling

Eine Bewertung von Hochschul-Objekten mit Marktpreisen – insbesondere von Studiengängen – wird im staatlichen Hochschulkontext nur eingeschränkt über zusätzliche Studierende (HP2020) oder Studienbeiträge politisch motiviert praktiziert (siehe dazu Abschnitt 3.2.2.2). Eine Ausnahme bilden wirtschaftliche Tätigkeiten (siehe dazu Abschnitt 3.3.2.2). Es entfällt eine Marktkoordination und dadurch auch eine Regulierung des Personals. So verursacht das Personal zwar einen hohen Anteil der laufenden Investitionskosten, bildet aber zugleich die wichtigste Ressource bei der Erstellung kommunikativer Dienstleistungen. Vor diesem Hintergrund stellt sich die Frage nach einem effektiven, effizienten und qualifizierten Personaleinsatz, welches im Rahmen eines **Personal-Controllings** geplant und kontrolliert wird.

Für das Personal-Controlling wird eine quantitative Personalbedarfsplanung konzipiert, die auf einem Leistungs-Controlling aufsetzt (siehe Abschnitt 4.2.2) und anhand dessen sich Personalkosten ermitteln lassen. Ein effizienter Personaleinsatz kann aber dennoch nicht auf endogener Weise nach den Kriterien der Wirtschaftlichkeit und Produktivität sichergestellt werden, sondern muss sich primär durch eine Außensicht prozessual regulieren (siehe dazu Abschnitt 3.4.2.1). In diesem Zuge etablieren sich vermehrt Benchmarking-Clubs, um exogene Kennzahlen und Prozesse vergleichend zu analysieren und daraus Empfehlungen zur Optimierung ableiten (siehe dazu *Dahlmann* 2011, S. 41 ff.). Ebenso leiten sich aus hochschulübergreifenden Vergleichskennzahlen im Rahmen von Formelmodellen näherungsweise Aussagen zum wirtschaftlichen Ressourceneinsatz ab (siehe Abschnitt 3.3.1.3; Abb. 3.12), ohne allerdings Handlungsempfehlungen aussprechen zu können. Als Anreizmechanismen zur effektiven, effizienten und qualitativen Leistungserstellung kommen aber nicht zuletzt auch qualitative Planungen mit Maßnahmen zur Personalentwicklung zur Geltung (vgl. *Pellert/Widmann* 2008, S. 49). Entsprechend gliedert sich der **Personalplan** in drei Teilsysteme:

- Personalbedarfsplan,
- Personalkostenplan,
- Personalentwicklungsplan.

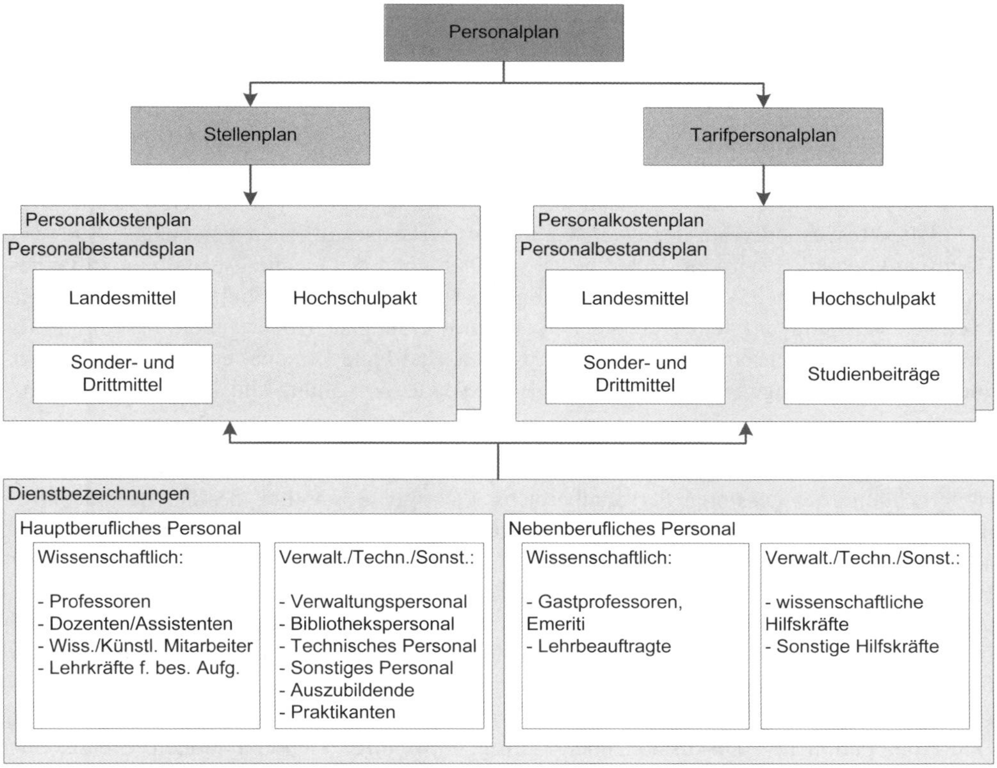

Abb. 4.12: Struktur der quantitativen Hochschulpersonalplanung

Den quantitativen Personalplänen unterliegt eine Struktur, die drei exogenen Anforderungen genügt (siehe Abb. 4.12):

- Die Personalklassifikation in Besoldungs- und Entgeltgruppierungen führt zu einem Personalbedarfs- und -kostenplan, welche jeweils zwischen Stellen- und Tarifpersonal unterscheiden (siehe Abschnitt 3.3.2.3). Für den Tarifpersonalbereich ist die aus dem Globalhaushalt resultierende finanzielle Obergrenze zu budgetieren, während Stellenhülsen traditionell im MWK beantragt und genehmigt werden müssen und das jährliche Stellenbudget ausmachen.
- Als weiteres Kriterium ergibt sich wie auch im Finanz-Controlling eine Zuteilung nach Mittelherkünften, um zweckbezogene Personalkosten nach Kostenstellen budgetieren zu können. So gliedert sich der Besoldungsbereich nach Landesmittel, Hochschulpakt und Drittmittel. Letzterem können Verwaltungsprofessuren zugeordnet werden, wenn Professuren aus Landesmitteln in Forschungsprojekten tätig sind und hierfür Drittmittel zur Aufrechterhaltung der Lehre eingeworben worden sind. Professoren, die aus Mitteln des Hochschulpakts eingestellt werden, sind zeitlich befristet. Dem Tarifbereich steht als vierte Finanzierungsquelle Studienbeiträge zur Verfügung.
- Zwecks Hochschulstatistik gliedert sich der Personalplan begrifflich zudem in Dienstbezeichnungen (siehe Anhang A).

In einem operativen Informationssystem muss die dargelegte Struktur nach Organisationseinheiten hinterlegt sein, um daraus die nachfolgenden Standardberichte für ein Berichtssystem für das Personal-Controlling zu entwickeln. Daneben sind IT-Systeme heranzuziehen, die Daten zur Planung der Personalentwicklung liefern. Die Personalentwicklung stellt ein qualitatives Konzept dar, dass sich primär der kollektiven Bildungsplanung widmet, um so das Leistungspotenzial der Organisation optimal auszuschöpfen (siehe hierzu *Olfert* 2012, S. 113 ff.). Insbesondere in der Qualifikation des wissenschaftlichen Personals – Stichwort Hochschuldidaktik – wird ein Hebel gesehen die Qualität der Leistungserstellung zu verbessern (siehe Abschnitt 3.3.1.2 i. V. m. Abschnitt 3.4). Angesichts der Vielzahl an kommunikativen Dienstleistungen stellt sich die Personalentwicklung in Hochschulen als ein Ansatzpunkt dar, das wissenschaftliche und nicht-wissenschaftliche Personal entsprechend der veränderten Anforderungen in Forschung und Lehre sowie Verwaltung und Technik zu fördern.

Neben dem Verfahren der Personalbudgetierung ist insbesondere die Monatsplanung samt Hochrechnung des gesamten Personalbereichs wichtiger Bestandteil des Hochschulcontrolling-Systems, da ein Großteil der laufenden Investitionsausgaben personalgebunden ist und so unterjährig gesteuert werden kann. Ebenso beeinflusst gerade die Berufungsstrategie das Hochschulprofil, da Professoren in der Regel langfristig an die Hochschule gebunden sind und für die Ausübung der Kernprozesse verantwortlich zeichnen. Das Verfahren der mittelfristigen Personalplanung über fünf Jahre kann vor diesem Hintergrund zwar nicht in qualitativer Hinsicht Aussagen zur Berufungsplanung leisten, aber es werden monetäre Handlungsspielräume in den Organisationseinheiten erkennbar, deren Besetzung oder Wiederbesetzung eine Antizipation und Diskussion über künftig notwendige Denominationen, Stellen oder Beschäftigte in Abhängigkeit von der Studiengangsentwicklung und Forschungsprofilbildung auslöst. Entsprechend stellt sich der **Personalplanungsprozess** wie folgt dar (siehe Abb. 4.13):

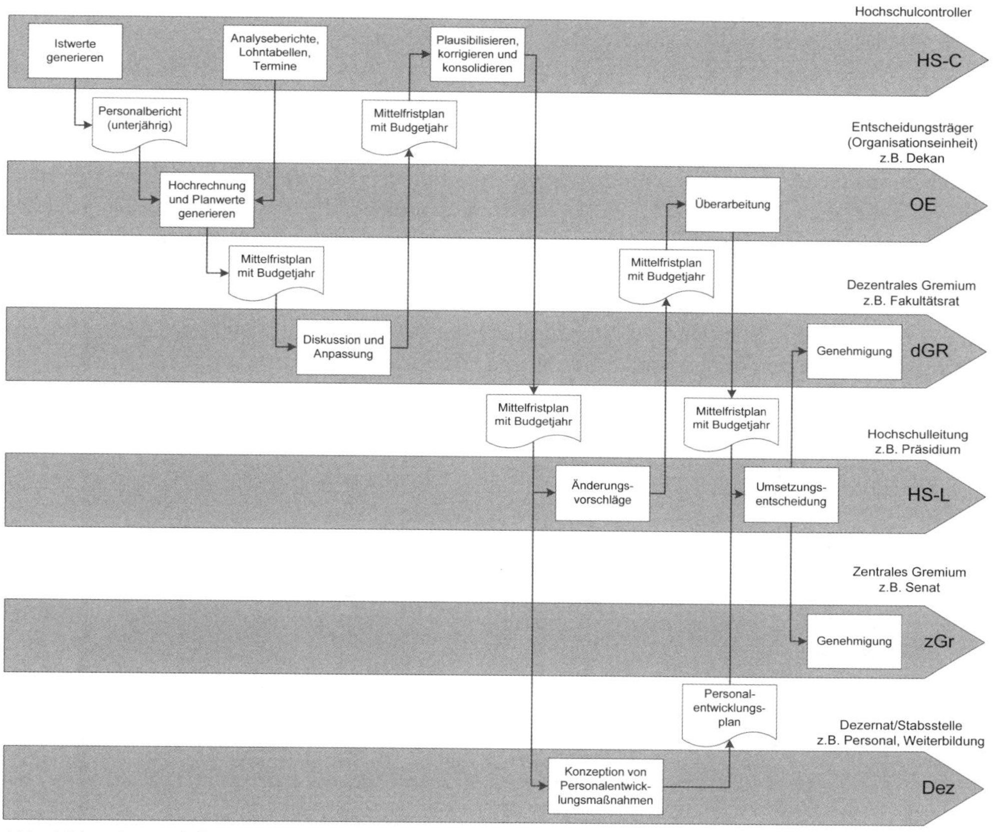

Abb. 4.13: Personalplanungsprozess

1. Zunächst erfolgt durch eine zentrale Stabsstelle oder Dezernat (z. B. Hochschulcontrolling) die Bereitstellung der monatlichen Istwerte aus dem Vorjahr, die aus dem Personalabrechnungssystem getrennt nach Organisationseinheiten generiert werden.
2. Zusammen mit den Personalberichten und einer Terminplanung werden Entgelt- und Besoldungstabellen sowie zusätzliche Analysen, wie etwa Pensionierungen, offene Stellen, Fluktuationsraten etc., an die dezentralen Entscheidungsträger übermittelt.
3. Die dezentralen Entscheidungsträger entwerfen und diskutieren in Gremien eine Mittelfristplanung über fünf Jahre, wovon das kommende Geschäftsjahr das Budgetjahr darstellt. Ergänzend können Zielwerte und Anforderungen an die Personalentwicklung formuliert werden.
4. Nach einer Plausibilisierung und möglichen Wertekorrektur in Zusammenarbeit mit dem Hochschulcontrolling erfolgt eine Zusammenführung der Personalplanung über den Kon-

solidierungskreis. Sollte die finanzielle Obergrenze überschritten werden, so ist eine Anpassung von Subplänen vorzunehmen.

5. Hochschulleitung und Gremien genehmigen die Personalplanung zur Umsetzung, wenn keine Einwände vorliegen. Zur Umsetzung der Personalentwicklung muss das Personaldezernat darüber hinaus geeignete Maßnahmen erarbeiten.

Die Personalbedarfsplanung und die Personalkostenplanung werden exemplarisch für das Tarifpersonal im Teilplan Landesmittel erläutert. Die unterjährige Planung und Kontrolle erfolgt durch Generierung monatlicher Standardberichte (siehe Abb. 4.14). Hierzu gliedert sich die Tabelle in den Spalten nach Dienstbezeichnungen. In den Zeilen werden Entgeltgruppen ausgewiesen. Wenngleich bestimmte Personalkategorien im Teilplan Landesmittel in der Regel keine tariflichen Werte ausweisen dürften – so zum Beispiel Professoren – werden der Vollständigkeit halber alle Dienstbezeichnungen aufgelistet, da Einzelfälle auftreten können und zweitens sich dann die Standardberichte bei horizontaler und vertikaler Konsolidierung von Teilplänen in den Spalten nicht mehr verändern.

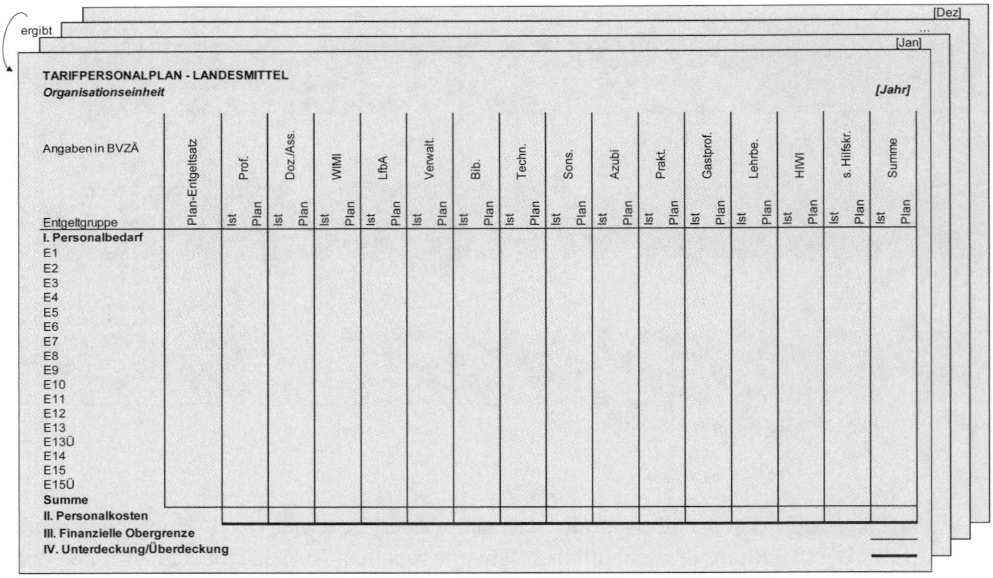

Abb. 4.14: Tariflicher Personalbedarfs- und -kostenplan am Beispiel von Landesmitteln

Während die Istwerte monatlich aus dem Personalabrechnungssystem ausgewertet werden, beruhen die Planwerte auf einem Budgetierungsverfahren. Bei der **Personalbudgetierung** gilt es, für das kommende Geschäftsjahr im Tarifbereich der Landesmittel die finanzielle Obergrenze zu planen (vgl. Abschnitt 3.3.2.3), um diese im Rahmen der Haushaltsanmeldung genehmigen zu lassen. Dem Standardbericht zur jährlichen Budgetierung liegt eine quantitative Bedarfsermittlung zugrunde. Mit der Stellenmethode wird der Personalbedarf einer Organisationseinheit in Abhängigkeit von der Forschungs- und Lehrplanung über Zugänge und Abgänge fortgeschrieben (siehe hierzu *Olfert* 2012, S. 97 f.; vgl. auch *Pellert/Widmann* 2008, S. 52 ff.). Dabei wird die folgende Formel angewendet:

$$\text{Personalbedarf (Planwert)} = \text{Personalbestand (Istwert)} - \text{Abgänge} + \text{Zugänge} \quad (4)$$

Grundsätzlich lassen sich Umwidmungen, Beförderungen, Versetzungen als auch Neueinstellungen oder Entlassungen/Kündigungen durch Ab- und Zugänge darstellen. Die Abgänge und Zugänge können im Monats- oder Jahresbericht auch separat ausgewiesen werden. Selbst eine granulare Sichtweise auf die Personalien lässt sich an dieser Stelle erzielen, wenn die Anlässe der Personalveränderungen angegeben werden. Zwecks detaillierter Planung der Kosten erscheint es jedoch notwendig, als Maßeinheit der Personalveränderungen keine nominellen Werte („Köpfe"), sondern reale Ist- und Planwerte anzusetzen. Für den Hochschulbereich hat sich hierzu die Größeneinheit der Beschäftigten-Vollzeitäquivalente (BVZÄ) etabliert, die sich aus der „jahresanteiligen Beschäftigungsdauer und der anteiligen tariflichen Arbeitszeit" (*Dölle/Deuse/Jenkner* et al. 2010, S. 179; siehe auch *Pellert/Widmann* 2008, S. 50 f.) berechnet.

Zur Umrechnung von BVZÄ in Euro werden landes- oder hochschulspezifische Entgelttabellen herangezogen (siehe hierzu Abschnitt 3.3.2.2 und Abschnitt 3.3.2.3), die ergänzend als Spalte zu den Entgeltgruppen angegeben sein können, um die Kalkulation auf dem Bericht besser nachzuvollziehen. Zusätzlich lässt sich der Bericht hinsichtlich der Personalkosten variieren. Je nachdem, ob einzelne Entgeltgruppen monetär transparent werden sollen, lässt sich die monatliche Personalkostenplanung daher nicht nur als Summe ausweisen, sondern ließe sich auch nach Entgeltgruppen untergliedern, die zusätzlich zu Kontenklassen des Finanzplans gekoppelt sind, um eine Datenübernahme zu gewährleisten. Je nachdem, wie detailliert die Personalkostenplanung betrieben werden soll, kann grundsätzlich nach Löhnen, Gehältern, Sozialversicherungsbeiträgen sowie nach sonstigem Personalaufwand unterschieden werden (siehe Abb. 3.23).

Die Budgetierung fungiert als Jahresplanung auf Basis der entgelttariflichen und dienstlichen Klassifikation und verteilt die Planwerte in Abhängigkeit von den Zu- und Abgängen auf die Monate. Zwar ist den Entgeltgruppen und auch den Dienstbezeichnungen zu gewissen Anteilen ein Anforderungsniveau an Aufgaben inhärent, aber das quantitative Verfahren ersetzt keineswegs die Einschätzung des Personalbedarfs hinsichtlich notwendiger Anzahl von Stellen und aufgabenbezogener Stellenbeschreibungen. Vielmehr ergeben sich erforderliche Stellenbedarfe samt Entgelt-/Besoldungsgruppen und Dienstbezeichnungen aus Prozessanalysen oder hermeneutisch begründeten Anträgen. Alsdann spezifizieren Berufungskommissionen oder Bewerbungsverfahren Anforderungsprofile den Bedarf, die nach Gremienbeschluss die Basis der Ausschreibung und der Auswahlkriterien bilden.

Sind unbefristete Personalstellen sowie Beamte als verhältnismäßig verlässlich zu planen, unterliegt die Planung des befristeten Personals – insbesondere der wissenschaftlichen und künstlerischen Mitarbeiter, Lehrbeauftragte, Hilfskräfte und dergleichen – einer hohen Fluktuationsrate und muss sich permanent aus neuen Anträgen zu Objektkalkulationen ergeben (siehe hierzu Abschnitt 4.2.2.1 und Abschnitt 4.2.2.2). Im Zusammenhang mit der Komplexität der Teilplanungen im Personalbereich – insbesondere der W-Besoldung – kann es insgesamt zu hohen Abweichungen zwischen Plan- und Istwerten kommen, die eine unterjährige

Planung und Steuerung zwingend erforderlich erscheinen lässt. Beispielsweise lässt sich jährlich zum dritten Quartal analog zur Finanzplanung eine **Hochrechnung** zum Jahresabschluss durchführen (siehe Abb. 4.15). Dient das Budgetierungsverfahren noch der Festlegung der finanziellen Obergrenze, ist die Hochrechnung als Steuerungsmechanismus der Istwerte im laufenden Geschäftsjahr anzusehen, um die Planwerte aus der Budgetierung tatsächlich einzuhalten. Wenn die Grenze in der Hochrechnung überschritten werden sollte, müssen Maßnahmen zur Anpassung der jeweiligen Personalgruppe erarbeitet werden.

Sowohl das monatliche Verfahren wie auch die Hochrechnung und Budgetierung sind unter Einbezug haushaltsrechtlicher Regelungen für den Besoldungsbereich mit Besoldungstabellen getrennt nach A-, C- und W-Besoldung durchzuführen, sodass sich in Summe ein **Stellenplan** ergibt, der mit seinen Istwerten den Haushaltsplan in der staatlichen Berichterstattung ergänzt (siehe Abschnitt 3.3.2.3). Gleichermaßen können Standardberichte für Sonder- und Drittmittel als auch Studienbeiträge etabliert werden, die jeweils die Ergebnisse der Planungsverfahren dokumentieren.

TARIFPERSONALPLAN - LANDESMITTEL
Organisationseinheit

Hochrechnung IST für Q-IV ***[Jahr]***

Angaben in TEUR	Vorjahr	Jahr															
		Jan		Feb		...		Sep		Okt		Nov		Dez		Summe	
	Ist	Plan	Ist	Plan	Ist	Plan	Ist	Plan	Ist	Plan	Ist	Plan	Ist	Plan	Ist	Plan	Ist
I. Hauptberuflich wiss. u. künstl. Personal																	
Professoren																	
Dozenten/Assistenten																	
Wissenschaftl. / künstl. Mitarbeiter																	
Lehrkräfte für besondere Aufgaben																	
Summe																	
II. Hauptberufl. Verwalt.-, techn. u. sonst. Personal																	
Verwaltungspersonal																	
Bibliothekspersonal																	
Technisches Personal																	
Sonstiges Personal																	
Auszubildene																	
Praktikanten																	
Summe																	
III. Nebenberufliches Personal																	
Gastprofessoren, Emeriti																	
Lehrbeauftragte																	
Wissenschaftliche Hilfskräfte																	
Sonstige Hilfskräfte																	
Summe																	
Ergebnis																	
Finanzielle Obergrenze																	
Unterdeckung/Überdeckung																	

Abb. 4.15: Hochrechnung von Tarifpersonalkosten am Beispiel von Landesmitteln

Nach *Pellert/Widmann* (2008, S. 102) umfasst **Personalentwicklung** in der Regel die Aufgaben der Aus- und Weiterbildung sowie der Mitarbeiter/innen-Förderung als auch eine personale, soziale und methodische Kompetenzerweiterung. Im Rahmen der Personalentwicklung wird die quantitative Planungskomponente um eine qualitative Ausrichtung ergänzt. Entgegen der quantitativen Planung wird in der Strukturierung aber nicht nach Stellen- und Tarifpersonal separiert, sondern es wird zwischen wissenschaftlichem und nichtwissenschaftlichem Personal unterschieden, da sich die persönlichen Motive in diesen beiden Gruppierungen stark unterscheiden (vgl. *Hofmann* 2008, S. 200) und zielgerichtete Maßnahmen bedürfen, wenn eine wirkungsvolle Personalentwicklung angestrebt werden soll. In der Planung von Maßnahmen kann es natürlich zu Überschneidungen kommen, etwa in den

Bereichen IT oder Fremdsprachen. Sodann wird unterstellt, dass Personal sich nur entwickeln kann, wenn die Arbeitsbedingungen dies zulassen.

Es liegt im Aufgabenbereich des Personaldezernats oder einer Weiterbildungseinrichtung ein Konzept zur **Personalentwicklung** zu erstellen (siehe Abb. 4.12). Dabei orientiert sich der Bedarf der Personalentwicklung an der sich stetig verändernden physischen Basis (siehe dazu Abschnitt 2.1.2.4) sowie an den personellen Bedürfnissen der Belegschaft. Inwiefern Maßnahmen dann zielführend sind, unterliegt jedoch der Bewertung von dezentralen Entscheidungsträgern. Aus Verfahren wie Lehrevaluationen (siehe Abb. 3.35), Mitarbeiter- oder Forscherbefragungen können dementsprechend Standardberichte definiert werden, die eine Beurteilung durchgeführter Maßnahmen in den Bereichen Forschung, Lehre und Verwaltung zulassen:

- Für hauptberufliche Wissenschaftler werden hierzu Bewertungskennzahlen zum Inhalt und zur Didaktik der Lehrveranstaltungen sowie zu Forschungsbedingungen herangezogen. Ein generelles Zufriedenheitsmaß lässt auf das Arbeitsklima der Wissenschaftler schließen.
- Das hauptberuflich nicht-wissenschaftlich tätige Personal weist einen anderen Motivationshintergrund auf als Wissenschaftler. Die **Arbeitszufriedenheit** als Maß der subjektiven Arbeitsbewertung samt einwirkenden Arbeitsbedingungen misst die Bedürfnisbefriedigung der Mitarbeiter durch die Führungskräfte (vgl. *Olfert* 2012, S. 333). Maßnahmen der Aus- und Weiterbildung, das Verhalten der Vorgesetzten sowie das entgegengebrachte Commitment, d. h. die innere Bindung an die Hochschule, beeinflussen u. a. das **Betriebsklima**, also die kollektive Stimmungslage nicht-wissenschaftlicher Beschäftigter (vgl. ebenda, S. 333 f.).

Aus den Teilplanungen komplettiert sich der Personalbericht der Organisationseinheit (siehe Abb. 4.16). Im konsolidierten Personalbericht werden zunächst die Vorjahreswerte, der voraussichtliche Istwert des aktuellen Geschäftsjahres aus der Hochrechnung sowie der budgetierte Planwert des kommenden Geschäftsjahres nach Dienstbezeichnungen gegenübergestellt und weist demnach einen kurzfristig-operativen Handlungshorizont aus. Es können dabei entweder alle Dienstbezeichnungen zum Ansatz gebracht werden, oder aber es werden nur Veränderungen ausgewählter Gruppierungen transparent hervorgehoben. Ebenso lässt sich das Personalergebnis um Teilergebnisse anreichern, etwa um Kennzahlen, die zwecks Gleichstellungspolitik zu kommunikativen Anschlüssen exogener Steuerungsinstrumente befähigen. Beispielsweise sind neben den Dienstbezeichnungen der externen Berichterstattungen auch die beiden Kennzahlen „weibliches wissenschaftliches und künstlerisches Personal“ sowie „neu ernannte weibliche Professorinnen“ aus dem Hochschulkennzahlensystem mit dem Personalbericht gekoppelt und werden so einer Planung im dezentralen Verantwortungsbereich unterzogen (siehe hierzu Abschnitt 3.3.1.3). Selbiges gilt für die oben erwähnte Kennzahl „Finanzielle Obergrenze“ sowie für das „wissenschaftliche Personal“, welches zur Berechnung von Betreuungsquoten im Rahmen eines Studiengangs-Controllings angewandt werden kann (siehe dazu Abschnitt 4.2.5).

Zwecks detaillierter Monetarisierung ist die Bewertung des Personalbedarfs nach BVZÄ unabdingbar. Sollten die spezifischen Anforderungen daneben nominale Werte („Köpfe") erfordern, können diese nachrichtlich in den Personalbericht integriert sein. Darüber hinaus weisen Kennzahlen der Personalentwicklung Mittelwerte (mw) und Standardabweichungen (s) aus. Natürlich ließen sich im Teilplan Personalentwicklung auch Ordinalskalen samt Verteilungen angeben. Indessen ist in der Übersicht die Angabe des Mittelwertes als ausreichend zu erachten.

Durch die Verdichtung von Daten im Bereich der Personalentwicklung sind Informationen mitunter schwierig zu interpretieren (siehe Abschnitt 2.2.4). Allein durch die Verdichtung von Mittelwerten nivellieren sich sehr schlechte durch sehr gute Beurteilungen. Zwar können Standardabweichungen auf derartige Sachverhalte aufmerksam machen, aber durch die Datenaggregation wird der Informationsgehalt hinsichtlich individueller Fähigkeiten und Potenziale in Forschung und Lehre reduziert. Die Mittelwerte sind dennoch kommensurabel und dokumentieren für Entscheidungsträger auf Basis von Referenzwerten das organisationale Lernen als Qualität erster Ordnung im Zeitverlauf (siehe Abschnitt 3.4 i. V. m. Abschnitt 2.2.2.4).

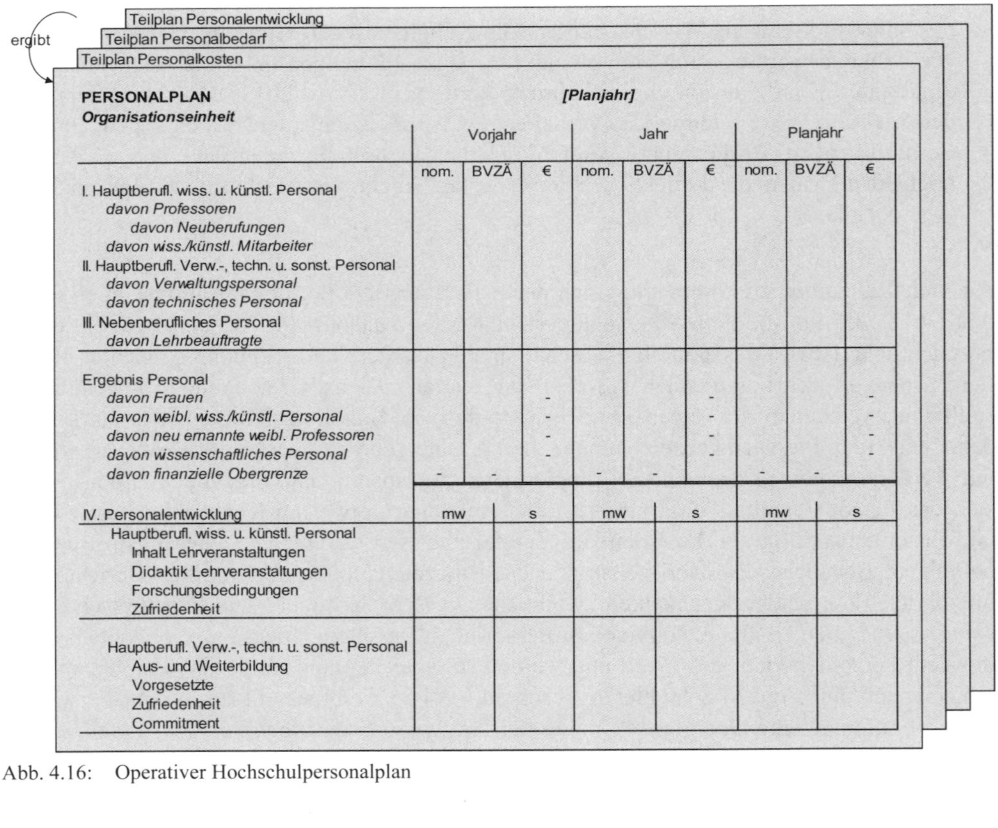
ergibt
Teilplan Personalentwicklung
Teilplan Personalbedarf
Teilplan Personalkosten
PERSONALPLAN
Organisationseinheit
[Planjahr]
Vorjahr
Jahr
Planjahr
nom.
BVZÄ
€
I. Hauptberufl. wiss. u. künstl. Personal
davon Professoren
davon Neuberufungen
davon wiss./künstl. Mitarbeiter
II. Hauptberufl. Verw.-, techn. u. sonst. Personal
davon Verwaltungspersonal
davon technisches Personal
III. Nebenberufliches Personal
davon Lehrbeauftragte
Ergebnis Personal
davon Frauen
davon weibl. wiss./künstl. Personal
davon neu ernannte weibl. Professoren
davon wissenschaftliches Personal
davon finanzielle Obergrenze
IV. Personalentwicklung
mw
s
Hauptberufl. wiss. u. künstl. Personal
Inhalt Lehrveranstaltungen
Didaktik Lehrveranstaltungen
Forschungsbedingungen
Zufriedenheit
Hauptberufl. Verw.-, techn. u. sonst. Personal
Aus- und Weiterbildung
Vorgesetzte
Zufriedenheit
Commitment

Abb. 4.16: Operativer Hochschulpersonalplan

In Berufungsverfahren lassen sich gezielt strategische Neuausrichtungen der Hochschule realisieren. Nicht nur wegen ihrer Bedeutung für das Forschungs- und Lehrprofil einer Organisationseinheit und der gesamten Hochschule beanspruchen Professorenstellen daher einer strategischen Zu- und Abgangsplanung, sondern auch, weil ein hoher Anteil der gesamten Kosten Personalkosten ausmachen. Mit der mehrjährigen **Entwicklungsplanung** ergibt sich ein Controllingverfahren, das sich der langfristigen Personalplanung widmet. So lassen sich im Teilplan Landesmittel freie und durch Pensionierungen freiwerdende Planstellen aufzeigen, die in den kommenden fünf Jahren anstehen und durch Neuberufungen kompensiert werden müssen. Unter Einbezug von Befristungen, Altersstrukturanalysen oder auch Fluktuationsraten lassen sich ebenso für den Tarif- und Besoldungsbereich Personalveränderungen mehrjährig planen. Bei der Dimensionierung der Personalkosten sind in der 5-Jahres-Planung zudem auf neue Tarifabschlüsse zu achten. Um die Plandaten dezentral erstellen zu können, sollten derartige Entwicklungen von Rahmenbedingungen als auch Personalanalysen vom Hochschulcontrolling mit Beginn des Planungsprozesses kommuniziert werden (siehe Abb. 4.13). Mit Abschluss der dezentralen Planung wird die Personalplanung schließlich zur Hochschulsicht aggregiert (siehe Abb. 4.17), um die Investitionen im Bereich Personal ganzheitlich durch die Hochschulleitung und den zentralen Gremienvertretern beurteilen und genehmigen zu können.

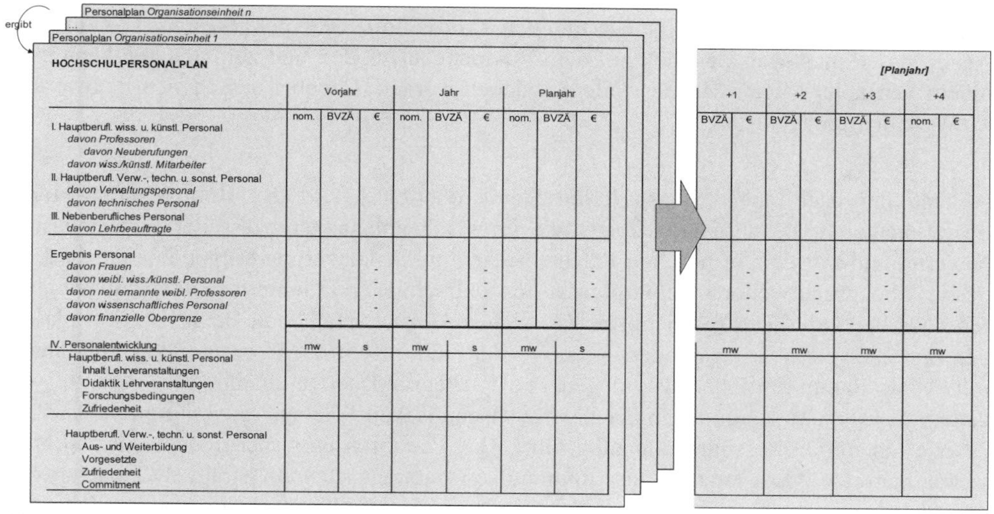

Abb. 4.17: Strategischer Hochschulpersonalplan

4.2.3 Flächen-Controlling

Nach *Breitbach* (2009, S. 28) haben Investitionsentscheidungen über Hochschulbauten eine strategische Funktion, da sie „eine langfristig wirkende Entscheidung zur Durchführung von Forschung und Lehre" (ebenda) darstellen. Die zunehmende Bedeutung von Bauinvestitionen rührt erstens her aus gestiegenen Anforderungen an die Lehre durch die Bologna-Reform und zweitens ist von anhaltend hohen Studierendenzahlen in den kommenden Jahren auszugehen (vgl. *Moog/Vogel* 2006, S. 14 ff.; siehe Abschnitt 3.2.2). Nicht ohne Grund wird in der

Presse immer wieder von überfüllten Hörsälen berichtet, sodass die Hochschulen unkonventionelle Maßnahmen ergreifen, wie etwa Abend- oder Samstags-Vorlesungen. Zur wirtschaftlichen und qualitativen Nutzung stellt sich vor diesem Hintergrund die Ressource Fläche in interdependenter Abhängigkeit zur Personal-, Studiengangs- und Forschungsplanung als Gegenstand in der Entwicklungsplanung dar (siehe hierzu Abschnitt 3.1.3 i. V. m. 4.1.2).

Der Flächenzuteilung liegen nichtmonetäre oder monetäre **Flächensteuerungsmodelle** zugrunde (siehe dazu *Ruiz* 2009, S. 5 ff.), die entweder

- Räume den Organisationseinheiten dauerhaft zuweisen (Zuweisungsmodell),
- Räume dezentral untereinander handeln (Raumhandelsmodell),
- Räume in Zielvereinbarungen verhandeln (Zielvereinbarungsmodell),
- Überzählige Räume oder Unterdeckungen monetarisieren (Bonus-Malus-Modell) oder
- Räume im Vermieter-Mieter-Verhältnis (Mietmodell) entgeltlich überlassen.

Das klassische Zuweisungsmodell führt zu einem starren Denken und Handeln hinsichtlich der Flächennutzung. Hingegen weist die Anwendung des Bonus-Malus-Modells Spezifika auf, die als Referenzmodell für ein **Flächen-Controlling** geeignet erscheinen. Zum einen basiert das Bonus-Malus-Modell auf dem Raumhandelsmodell und zum anderen kann es zu einem Vermieter-Mieter-Modell weiterentwickelt werden. Daneben lassen sich Planwerte in Zielvereinbarungen festlegen.

Anhand der nachfolgend konstruierten Standardberichte wird das **Bonus-Malus-Modell** operationalisiert. Es wird aufgezeigt, wie im Flächenplanungsprozess der Flächenbestand bewertet und mit dem ermittelten Flächenbedarf eine Bilanzierung vorgenommen wird, sodass ein hochschulweiter **Flächenplan** aus dezentralen Begründungszusammenhängen abgeleitet werden kann. Der Flächenplan lässt sich sodann in staatlichen Bauinvestitionsplanungen und Zielvereinbarungsprozessen verwenden, um gezielt die Notwendigkeit für Finanzmittel zur Bauinvestitionen darzulegen und zu begründen. Durch monetäre Anreize wird zudem eine höhere Mobilität in der innerhochschulischen Flächenverteilung erreicht, die zu einer effizienteren Ressourcennutzung führt. Das Verfahren ist ferner transparent und bahnt vermutlich eine Akzeptanz bei den Raumnutzern und Entscheidungsträgern. Zugleich wird innerhalb einer Hochschule ein Kostenbewusstsein für die landesseitig unentgeltliche Nutzung von Immobilien geschaffen. Die entstehenden Nutzungsentgelte können in einem Bauinvestitionspool einfließen und leichte bauliche Verbesserungen sowie Prämien für Rückgaben überschüssiger Flächen finanzieren.

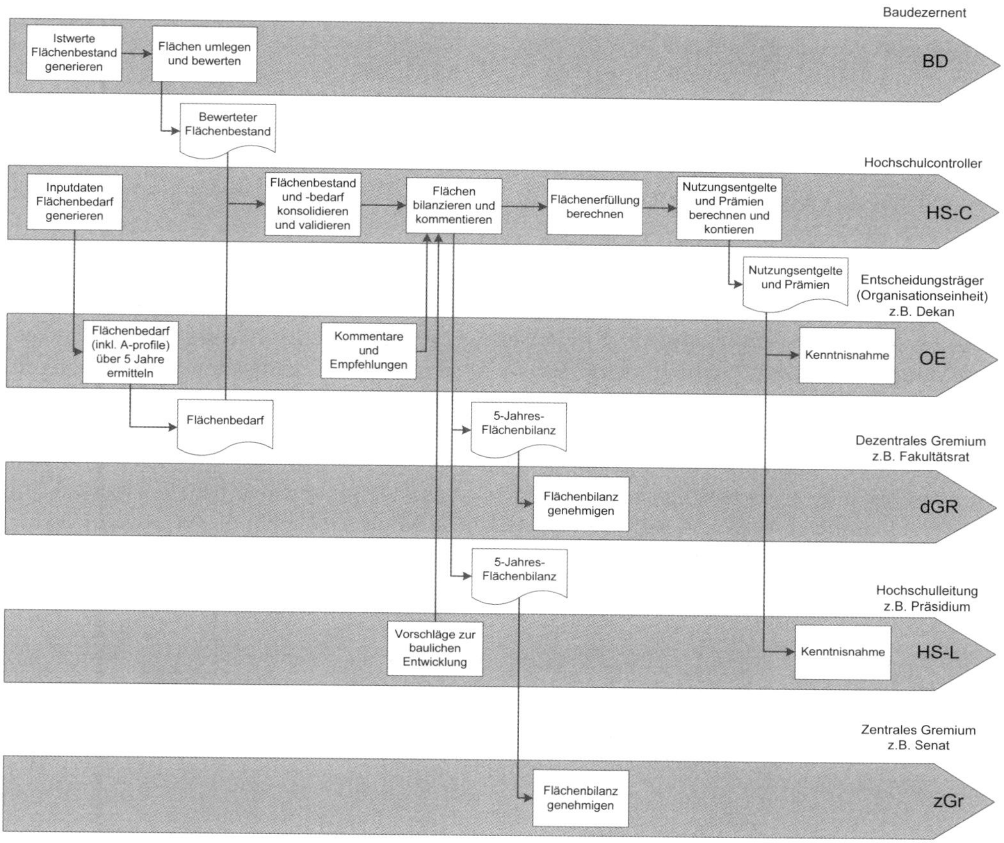

Abb. 4.18: Flächenplanungsprozess

Der **Flächenplanungsprozess** besteht aus vier Teilprozessen (siehe Abb. 4.18):

1. Zunächst werden die Istwerte aus den operativen Quellsystemen extrahiert und bewertet. Gegebenenfalls sind gemeinsam genutzte Lehrflächen auf fachliche Organisationseinheiten umzulegen.
2. Im zweiten Schritt werden die Flächenbedarfe ermittelt. Hierbei müssen die Eingangsparameter nach Organisationseinheiten bereitgestellt werden, sodass diese gesondert Arbeitsprofile und Flächenbedarfe berechnen können.
3. Nach Konsolidierung der Flächenbedarfe sowie der bewerteten Flächenbestände kann eine Bilanzierung durch Gegenüberstellung der Plan- und Istwerte durchgeführt werden. Es entsteht eine Flächenbilanz, aus der bauliche Veränderungen oder Reallokationen von Flächen empfohlen werden. Die genehmigten Maßnahmen müssen in der 5-Jahres-Flächenbilanz als Planwerte mit angesetzt werden.
4. Das Potenzial im Anreizsystem wird zunächst durch einen Flächenerfüllungsgrad ermittelt. Daraus werden Nutzungsentgelte und Prämien für die Organisationseinheiten berechnet und über Kostenstellen kontiert.

Das Flächen-Controlling (vgl. *Bauer* 2009, S. 15; siehe Abb. 4.19) nach dem Bonus-/Malus-Modell gliedert sich in die Teilsysteme

- Flächenbestand,
- Flächenbedarf sowie
- Nutzungsentgelte und Prämien.

Als Input der Bilanzierung dienen Bestandsdaten sowie Planungsparameter, die den Flächenbestand bewerten und dem Bedarf gegenüberstellen. Die Monetarisierung der Flächennutzung ist als **Anreizwirkung** für Effizienzsteigerungen zu sehen. Beträgt der Erfüllungsgrad in der Flächenbilanzierung gleich 100 % oder weist die Organisationseinheit Unterdeckungen auf, sind Nutzungsentgelte zu entrichten. Wird der Erfüllungsgrad übertroffen, kann die Organisationseinheit über Rückgabe zu viel genutzter Flächen entscheiden. Hierfür wird eine Prämie ausgeschüttet, die sich durch vereinnahmte Nutzungsentgelte finanziert. Die Wertansätze müssen hochschulspezifisch unter Berücksichtigung der Nutzungsbereiche in Zielvereinbarungen festgelegt werden, da ortsübliche Mietpreise nicht die Verwendungszwecke der Gebäude (z. B. Labore) einbeziehen. Zudem könnten einzelne Organisationseinheiten finanziell überlastet werden.

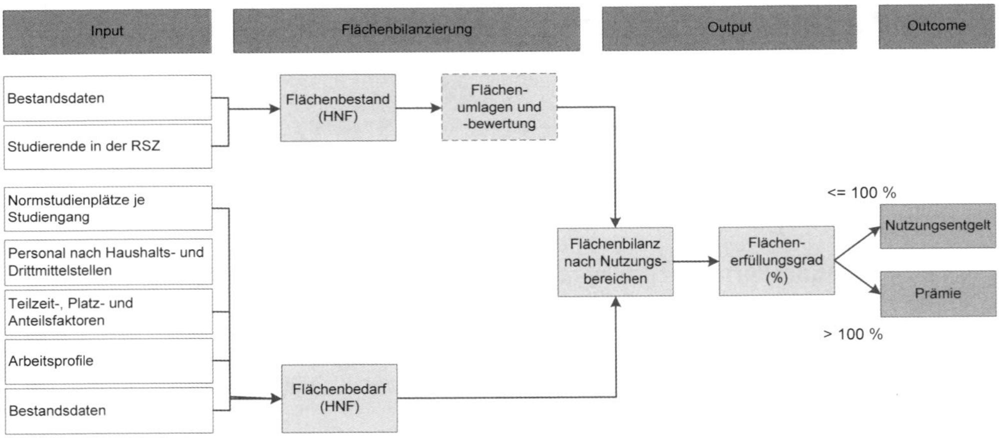

Abb. 4.19: Parametrisierte Flächenbilanzierung mit Anreizwirkung (in Anlehnung an Bauer)

Im Zuge der Berechnung von Studienplätzen (siehe dazu Abschnitt 4.2.5) richtet sich die Bewertung des **Flächenbestands** primär nach kapazitätsrechtlichen Belangen (§ 15 KapVO). Zur Grundausstattung für Forschung und Lehre ist jeder Organisationseinheit eine kapazitätswirksame Nutzfläche 1 bis 6 (ehemals Hauptnutzfläche – HNF) zugewiesen, die nach **Nutzungsbereichen** (NB) gegliedert sein kann (siehe dazu Abb. 2.12). Im Idealfall sind alle kapazitätsrechtlichen Flächen den fachlichen Organisationseinheiten zugeordnet.

Optional – und sofern vorhanden – können entgegen dem Identitätsprinzip gemeinsam genutzte Hochschulflächen (z. B. Zentrale Hörsäle) auf die einzelnen Organisationseinheiten

(OE) umgelegt und sodann hinsichtlich Abzugsflächen korrigiert werden. Die Umlageflächen beziehen sich beispielsweise auf zentral verwaltete Lehrflächen, die aufgeschlüsselt durch vollzeitäquivalente (VZÄ) Studierende verteilt werden (siehe hierzu Abschnitt 4.2.5). Hingegen sind zentral genutzte Einrichtungen (z. B. Rechenzentren) genau wie nutzungsuntaugliche Flächen nicht kapazitätswirksam und werden aus dem Flächenbestand abgezogen (vgl. *Planungsausschuss für den Hochschulbau* 2006, S. 73). Es ergibt sich die folgende Formel der Flächenbestandsbewertung:

$$\begin{array}{l}\text{Bewerteter}\\ \text{Flächenbestand}\\ \text{(Istwert)}\end{array} = \sum_{i=OE_1}^{n} (m^2 \text{ pro NB je } OE_i) + \begin{array}{c}\text{Umlage-}\\ \text{flächen}\end{array} - \begin{array}{c}\text{Abzugs-}\\ \text{flächen}\end{array} \qquad (5)$$

Unter Berücksichtigung von Flächen aus Drittmittelforschungen sowie kapazitätsunwirksamen Flächen, die nicht im direkten Zusammenhang mit Lehr- und Forschungstätigkeiten stehen, mündet die Flächenbewertung der grundständigen Ausstattung in den Standardbericht Flächenbestand (siehe Abb. 4.20).

FLÄCHENBESTAND
Organisationseinheit ***[Jahr]***

Studierende [VZÄ]: ☐

Angaben in m^2	Flächenbestand NF1-6	Umlage gemeinsamer Einrichtungen[1]	Umlage Zentrale Lehrflächen	Abzug Zentrale Einrichtungen	Abzug Kapazitätsunwirksamkeit	Abzug Nutzungstauglichkeit	bewerteter Flächenbestand
I. Grundausstattung							
NB1: Büroflächen							
NB2: Fachspezifische Flächen							
NB3 und 4: Werkstätten und Lager							
NB5: Bibliothek[2]							
NB6: Praktika							
NB7: Rechnerräume							
NB8: Hörsäle							
NB9: Seminarräume							
Flächenbestand Grundausstattung							
II. Bestand Drittmittelforschung							
NB1: Büroflächen							
NB3 und 4: Werkstätten und Lager							
Flächenbestand Drittmittelforschung							
III. Kapazitätsunwirksamer Bestand							
Sport u.Gymnastik, Tierhaltung, Pflanzenzucht etc.							
Kapazitätsunwirksamer Flächenbestand							
Ergebnis Flächenbestand							
davon kapazitätswirksam							

[1] inkl. An-Institute und Studierendenverwaltung
[2] bei Zentralbibliothek erfolgt Abzug als Zentrale Einrichtung. Dezentrale Bibliotheken sind kapazitätswirksam.

Abb. 4.20: Teilplan Flächenbestand

Zur Generierung der Istwerte im Standardbericht Flächenbestand sollte die Struktur des datentechnischen Quellsystems aber nicht allein numerisch gegliedert sein. Zwar liefern die systemseitig generierten Standardberichte schließlich Flächenangaben der Organisationseinheiten nach m^2 und lassen sich für die gesamte Hochschule problemlos aggregieren, aber die investitionsrelevanten Planungstätigkeiten sind in Gebäuden primär grafischer Art. Ergeben sich Änderungen in Computer Aided Design (CAD)-Plänen, so muss der Wandel konform in kaufmännischen Daten abgebildet sein. Anderenfalls entfernt sich der Flächenplan von der Abbildung realer Gegebenheiten und führt zu Kommunikationsstörungen und Fehlentscheidungen (siehe dazu Abschnitt 2.1.2.3).

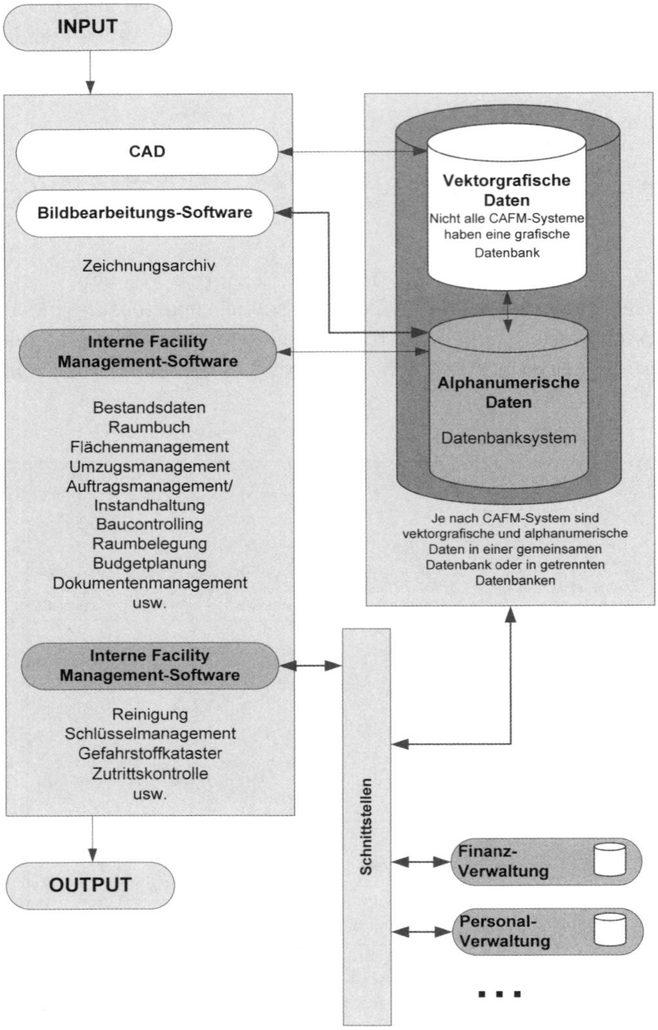

Abb. 4.21: Struktur eines CAFM-Systems (nach Domscheit)

Konsequenterweise haben sich gebäudespezifische IT-Systeme entwickelt, die die Möglichkeit vorsehen, wirtschaftliche mit technischen Daten zu koppeln. Im Anhang B befindet sich ein vereinfachtes Datenmodell nach dem Star Schema am Beispiel von fünf Fakultäten. *Domscheit* (2010, S. 5; siehe Abb. 4.21) verdeutlicht die Struktur von derartigen **Computer Aided Facility Management** (CAFM)-Systemen: „Die Informationsbasis eines CAFM-Systems bildet eine Datenbank, in der alle gebäudespezifischen Daten gespeichert sind, die dann entsprechend den Anforderungen aufbereitet den Nutzern zur Verfügung gestellt werden können. Die Bereitstellung kann in Listen (Inventur, Schlüssel, Anlagen, ...), Grafiken oder als Exportdateien für andere IT-Programme (z. B. MS-Excel, MS-Access) erfolgen. Mit den Daten ist es möglich, definierte Kennzahlen und Berichte, bspw. für Benchmarkings und Controlling zu erstellen sowie das Management bei seiner Entscheidungsfindung zu unterstützen."

Von der Datenverarbeitung her wird der Input für bauliche Maßnahmen im CAFM-System zunächst vektorgrafisch mittels CAD modelliert und so alphanumerisch transponiert, dass in der Bildbearbeitung beide Datenbestände simultan abgerufen und als Output in webbasierten Berichten dargestellt werden können (vgl. *Universität Hannover* 2011, S. 8; siehe Abb. 4.22). Für das Management fußt die Bezeichnung von Flächen begrifflich auf **Raumnutzungsarten** nach DIN 277, die zu **Nutzungsbereichen** übergeleitet werden. Bauliche Maßnahmen als auch Raumzuordnungen werden direkt nach Nutzungsbereich und Organisationseinheit entworfen. Dadurch generieren sich numerische Planwerte, mit denen sowohl nichtmonetäre als auch monetäre Berichte erstellt werden können. Ferner sind interne und externe Facility Management-Funktionen integriert, die etwa Bestandsdaten bewerten, ein Raumbuch für externe Statistiken erstellen oder das Schlüsselmanagement unterstützen (siehe *Domscheit* 2010, S. 52 zur Bedeutung von Funktionen für den Hochschulbereich). Schnittstellen koppeln zum Beispiel das Flächenmanagement mit der Finanz- und Personalverwaltung.

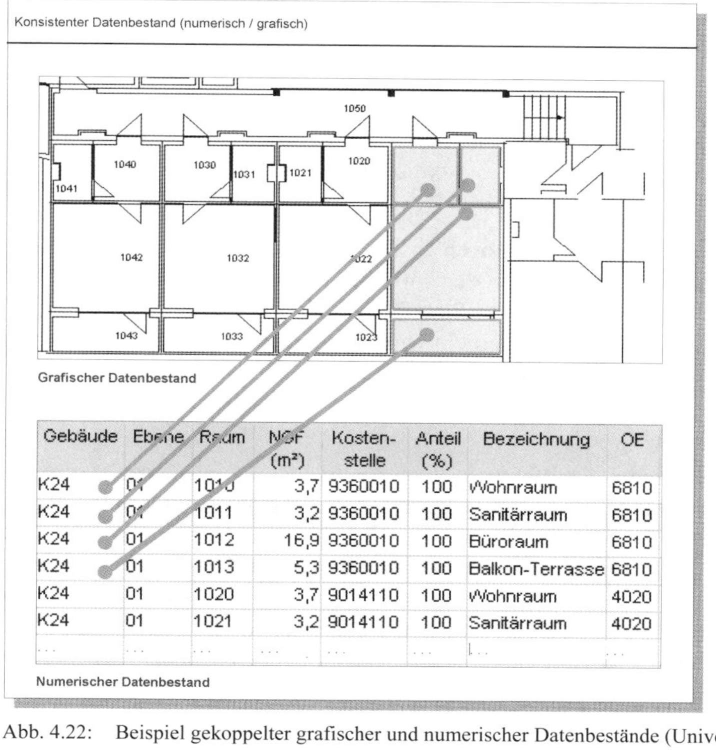

Gebäude	Ebene	Raum	NGF (m²)	Kosten-stelle	Anteil (%)	Bezeichnung	OE
K24	01	1010	3,7	9360010	100	Wohnraum	6810
K24	01	1011	3,2	9360010	100	Sanitärraum	6810
K24	01	1012	16,9	9360010	100	Büroraum	6810
K24	01	1013	5,3	9360010	100	Balkon-Terrasse	6810
K24	01	1020	3,7	9014110	100	Wohnraum	4020
K24	01	1021	3,2	9014110	100	Sanitärraum	4020
...	...	...	...	...	...	...	...

Abb. 4.22: Beispiel gekoppelter grafischer und numerischer Datenbestände (Universität Hannover)

Der **Flächenbedarf** einer Hochschule ist im Rahmenplan für den Hochschulbau auf Basis studienplatzbezogener Richtwerte bis 2006 normativ festgelegt worden (vgl. *Vogel* 2006, S. 68; siehe *Planungsausschuss für den Hochschulbau* 2006, S. 72 ff.). So weist ein Studienplatz der Geisteswissenschaften an Universitäten beispielsweise einen Flächenrichtwert von 4,0–4,5 m^2 der Hauptnutzfläche (HNF) auf. Danach bemisst sich der Flächenbedarf der Hochschulmitglieder für Forschung und Lehre (außer Sonderforschungsbereiche). Angesichts der Ausdifferenzierung von Forschungs- und Lehrprofilen erweist sich das pauschalisierte Verfahren als unsachgemäß. *Vogel* (2006, S. 68) fasst die Kritik zusammen: „Bei den studienplatzbezogenen Flächenrichtwerten handelt es sich letztlich um hoch aggregierte Pauschalwerte, bei denen Annahmen über das Studienprofil, das Forschungsprofil sowie das quantitative Verhältnis von Studierenden und Lehrpersonal unterstellt werden."

Mit der **parametrisierten Flächenbedarfsermittlung** lassen sich je nach Forschungs- und Lehrprofil Planwerte differenziert nach Nutzungsbereichen situationsspezifisch ermitteln. Dazu sind diverse Eingangsgrößen in das Planungsverfahren einzubeziehen. Zum einen sind Flächenangaben in m^2 der Bedarfsparameter an Projekthochschulen ermittelt und erprobt worden (vgl. *Ritter/Hansel* 2005, Anhang A) und situationsspezifisch zu ergänzen. Die ermittelten Werte sind in Anhang C übernommen und an geeigneten Stellen ergänzt worden. Zum anderen bilden personenbezogene Bezugsgrößen die wesentlichen Inputs zur Bemessung des Flächenbedarfs. Es handelt sich dabei um Daten bezüglich Normstudienplätzen sowie Personalstellen aus den Teilsystemen Personal- und Studiengangs-Controlling (siehe hierzu Abschnitt 4.2.2. und Abschnitt 4.2.5).

Die Bezugsgrößen werden mittels Faktoren so transformiert, dass Belegungs- und Beschäftigungsverhältnisse entstehen, die durch Multiplikation mit Flächenansätzen Aussagen zum Flächenbedarf zulassen. Im Transformationsprozess kommen drei Faktoren zum Einsatz:

- Die Studienplätze werden durch **Platzfaktoren** in Belegungsverhältnisse transformiert. Platzfaktoren ergeben sich aus der Relation der vorhandenen Arbeitsplätze und der Personenzahl, die die Arbeitsplätze nutzen. Ein Platzfaktor von 1,0 sagt aus, dass der Arbeitsplatz ganztätig von einer Person beansprucht wird. Bei einem Platzfaktor von kleiner 1,0 nutzen mehrere Personen den Arbeitsplatz. Für Studienplätze mit einem Platzfaktor von 0,2 kommen auf einen Arbeitsplatz (beispielsweise in Rechnerräumen) fünf Studierende.
- Demselben Prinzip unterliegen Teilzeitfaktoren. Unter Verwendung von **Teilzeitfaktoren** (siehe Anhang C) werden aus Stellen nach BVZÄ Beschäftigungsverhältnisse je Personalkategorie errechnet, um den personalabhängigen Büroflächenbedarf zu ermitteln. Dabei wird bei wissenschaftlichen und künstlerischen Mitarbeitern zwischen zeitlich befristeten Drittmittel- und befristeten/unbefristeten Haushaltsstellen unterschieden. Letztere genannte Kategorien bemessen kapazitätswirksamen Flächenbedarf. Zudem kann der Teilzeitfaktor größer 1 sein. Dann geht die Stelle einher mit mehr Platzbedarf als generell üblich. Dies ist abhängig von der Fächergruppe.
- Wird eine Fläche von mehreren Nutzungsbereichen oder Organisationseinheiten genutzt, lässt sich die Fläche über **Anteilsfaktoren** aufteilen. Daneben lassen sich Anteilsfaktoren

so verwenden, dass Abhängigkeiten von Flächen bemessen werden können. So kann etwa die Größe eines Lagers aus der Laborgröße resultieren.

Die Flächenbedarfsplanung wird wie in der Bestandsbewertung getrennt nach Nutzungsbereichen innerhalb der Grundausstattung, Drittmittelforschung sowie kapazitätsunwirksamen Zusatzbedarf ermittelt (siehe Abb. 4.23). Die frei erfundenen Werte verdeutlichen die Zusammenhänge der Kalkulation.

FLÄCHENBEDARF
Organisationseinheit

Datum: 01.10.2011
Planjahr: ***2012***

	Stellen (BVZÄ)	Teilzeit-faktor	Beschäft.-verhältnis (BV)	Bezugsgröße	Anzahl/ Faktor	Flächen-ansatz [m²]	Flächen-bedarf (m²)
I. Grundausstattung							
NB 1: Büroflächen							
Professoren	*14,0*	1,00	14,0	BV	1,0	12	168
Wiss./Künstl. MA - Haushalt Dauerstellen	*3,0*	1,00	3,0	BV	1,0	12	36
Wiss./Künstl. MA - Haushalt Zeitstellen	*0,0*	1,25	0,0	BV	1,0	12	0
Verwaltungspersonal	*9,8*	1,50	14,7	BV	1,0	12	176
Technisches und sonstiges Personal	*4,2*	1,10	4,6	BV	0,3	12	17
Hilfskräfte, Absolvierende	-	-	14,0	BV Prof.	1,0	6	84
Büroergänzungsräume	-	-	36,3	BV haupt. Pers.	1,0	2,2	80
Lager und Archive	-	-	36,3	BV haupt. Pers.	1,0	1	36
Verwaltung der Organisationseinheit	-	-	-	Anteilig	1,0	48	48
Summe Büroflächen							645
NB 2: Fachspezifische Flächen							
Laborflächen	-	-	-	siehe Profilzuordnung			880
Versuchshallen	-	-	-	siehe Profilzuordnung			350
Gefahrstofflager	-	-	-	Anteilig	1,0	24	24
Summe fachspezifischer Flächen							1254
NB 3 und 4: Werkstätten und Lager							
Werkstätten	-	-	17,0	BV Wiss. Per.	1,0	5	85
Lager	-	-	-	Laborfläche	0,1	880	88
Lager	-	-	-	Werkstätten	0,2	85	17
Summe Werkstätten und Lager							190
NB 5: Bibliothek[1] - Art: 1. Zentralbibliothek 2. Bibliothek der Organisation (kapazitätswirksam) **X** 3. Keine Bibliothek							
Bibliothekspersonal							
Benutzerarbeitsplätze							
Bestandsstellfläche	-	-	-				
Summe Bibliothek							
NB 6, 7, 8, 9: Lehrflächen	Studierende (VZÄ)	Platzfaktor	Belegungs-verhält.(BV)				
NB 6: Praktika	773,0	0,065	50,2	BV	1,0	6,0	301
NB 7: Rechnerräume	773,0	0,05	38,7	BV	1,0	3,9	149
NB 8: Hörsäle	773,0	1	773,0	BV	1,0	1,3	1005
NB 9: Seminarräume	773,0	1	773,0	BV	1,0	0,2	155
Summe Lehrflächen							1610
Summe Grundausstattung							3.699
davon kapazitätswirksam[2]							*3.699*
II. Bedarf Drittmittelforschung (kapazitätsunwirksam)							
NB 1: Büroflächen							
Wiss./Künstl. MA - Drittmittel Zeitstellen	*2,5*	1,25	3,1	BV	1,0	12	38
Büroergänzungsräume	-	-	3,1	BV MA Drittm.	1,0	2,2	7
Lager und Archive	-	-	3,1	BV MA Drittm.	1,0	1	3
Werkstätten und Lager							
NB 3: Werkstätten	-	-	3,1	BV MA Drittm.	1,0	5	16
NB 4: Lager	-	-	-	Werkstätten	0,2	16	3
Summe Drittmittelforschung (kapazitätsunwirksam)							66
III. Zusatzbedarf (kapazitätsunwirksam)							
Sport u.Gymnastik, Tierhaltung etc.	-	-	-	Flächenbestand	1,0	-	0
Summe Zusatzbedarf (kapazitätsunwirksam)							-
Ergebnis Flächenbedarf							3.765

[1] Bibliotheken von fachlichen Organisationseinheiten sind kapazitätswirksam. Zentralbibliotheken sind nicht kapazitätswirksam.
[2] Grundausstattungen fachlicher Organisationseinheiten sind kapazitätswirksam

Abb. 4.23: Teilplan Flächenbedarf

Zur Ermittlung der notwendigen **Büroflächen** werden je Dienstbezeichnung die Beschäftigungs- und Belegungsverhältnisse mit dem Teilzeitfaktor und dem spezifischen Flächenansatz multipliziert. Zusätzlich werden Büroergänzungsräume (z. B. Sozial- und Besprechungsräume) sowie Lager- und Archivräume über die Beschäftigungsverhältnisse und einem pauschalen Flächenansatz bemessen. Für die Verwaltung der Organisationseinheit bemisst sich zusätzlich ein pauschaler Flächenbedarf. Beim technischen Personal kann die Bürofläche über den Anteilsfaktor korrigiert werden, wenn Laborplätze zur Verfügung stehen.

Fachspezifische Flächen werden überwiegend zu Forschungszwecken benötigt und hängen maßgeblich von den Anforderungen der Fächergruppe ab. Während nicht-experimentelle Fächer zumeist Forschungsleistungen im Büro erbringen, sind für experimentelle Fächer fachspezifische Ansprüche aus profilbezogenen Flächenansätzen zu bemessen. Die Lehrstühle oder Fachgebiete einer Organisationseinheit werden hierbei nach angewendeten Methoden vordefinierten Arbeitsprofilen zugeordnet (siehe dazu *Ritter/Hansel* 2005, Anhang A.17). Ist eine eindeutige Zuordnung nicht konsensfähig, kann eine anteilige Zuordnung erfolgen. Die Vorschrift des Berechnungsverfahrens kann am Beispiel der Elektrotechnik in Abb. 4.24 nachvollzogen werden.

Experimentalfach: *Elektrotechnik*

Arbeitsprofil			
Nutzungsbereich	Profilbezeichnung		Flächenansatz [m²]
Laborflächen	Profil 1	*Energietechnik (Großm.)*	140
	Profil 2	*E.- u. Prod'techn. (Kleinm.)*	190
	Profil 3	*Produktionstechn. (Großm.)*	100
	Profil 4	*physikal.-technisch (Laborm.)*	110
	Profil 5	*phys.-chem.-techn. (Laborm.)*	150
	Profil 6	*softwaretechnisch (Laborm.)*	100
Versuchshallen	Profil 1	*Energietechnik (Großm.)*	200
	Profil 3	*Produktionstechn. (Großm.)*	150
Gefahrstofflager	Anteilig aus Organisationseinheit		24

Personalzuordnung									
Fachgebiet oder Lehrstuhl	Laborflächen						Versuchshallen		Gefahrstoff-lager
	Profil 1	Profil 2	Profil 3	Profil 4	Profil 5	Profil 6	Profil 1	Profil 3	
Prof. Dr.-Ing. Müller		*1*							
Prof. Dr.-Ing. Schmidt	*1*						*1*		
...			*1*					*1*	
Prof. Dr.-Ing. Pfeiffer		*1*		*1*	*1*				
Summe	**1**	**2**	**1**	**1**	**1**	**0**	**1**	**1**	**1**
Zwischensumme [m²]	**140**	**380**	**100**	**110**	**150**	**0**	**200**	**150**	**24**
Ergebnis Flächenbedarf [m²]	**880**						**350**		**24**

Abb. 4.24: Personelle Profilzuordnung experimenteller Fächer am Beispiel der Elektrotechnik

Der Flächenansatz für **Werkstattflächen** ist nicht verlässlich zu objektivieren, sondern abhängig von den spezifischen Lehr- und Forschungserfordernissen der Hochschule. Deshalb bedarf es für Werkstätten hermeneutisch begründete Flächenbedarfe. Daneben kann ein **Lagerbedarf** für fachspezifische Flächen und Werkstattflächen entstehen, der mittels Anteilsfaktoren über die fachspezifischen und Werkstattflächenbedarfe zugeschlagen werden kann.

Bibliotheksflächen werden in dezentrale, kapazitätswirksame Bibliotheken und unwirksame Zentralbibliotheken klassifiziert (vgl. *Planungsausschuss für den Hochschulbau* 2006, S. 73 Fußnote 35). Der Bedarf für Bibliothekspersonal ist identisch zum Verfahren der Büroflächen. Allerdings existieren zu Benutzerarbeitsflächen keine einheitlichen Richtwerte (siehe dazu *Vogel/Cordes* 2005, S. 97). Hingegen gibt es zur Bemessung von Bestandsstellflächen unterschiedliche Verfahren (vgl. ebenda, S. 55 ff.).

Lehrflächen in den Nutzungsbereichen sechs bis neun umfassen Praktika-, Rechner-, Seminarräume und Hörsäle. Ausgehend von Normstudienplätzen und Platzfaktoren ergeben sich Belegungsverhältnisse, die mit Anteilsfaktoren und Flächenansätzen zu Flächenbedarfen multipliziert werden. Flächen für Praktika decken den studentischen Bedarf an physikalischen, technischen und nass-präparativen Übungsräumen; denkbar sind auch spezielle Projekträume. Rechnerräume sind speziell für Studierende ausgestattete Übungs- und Lernräume mit Personalcomputern. Vorlesungen und Seminare finden überwiegend in Seminarräumen und Hörsälen statt. Im Gegensatz zu den nicht dauerhaft besetzten Praktika- und Rechnerräumen ist mit einem Platzfaktor von 1,0 auszugehen. Im Vergleich zu den Praktika- und Rechnerräumen fällt der Flächenansatz dagegen geringer aus.

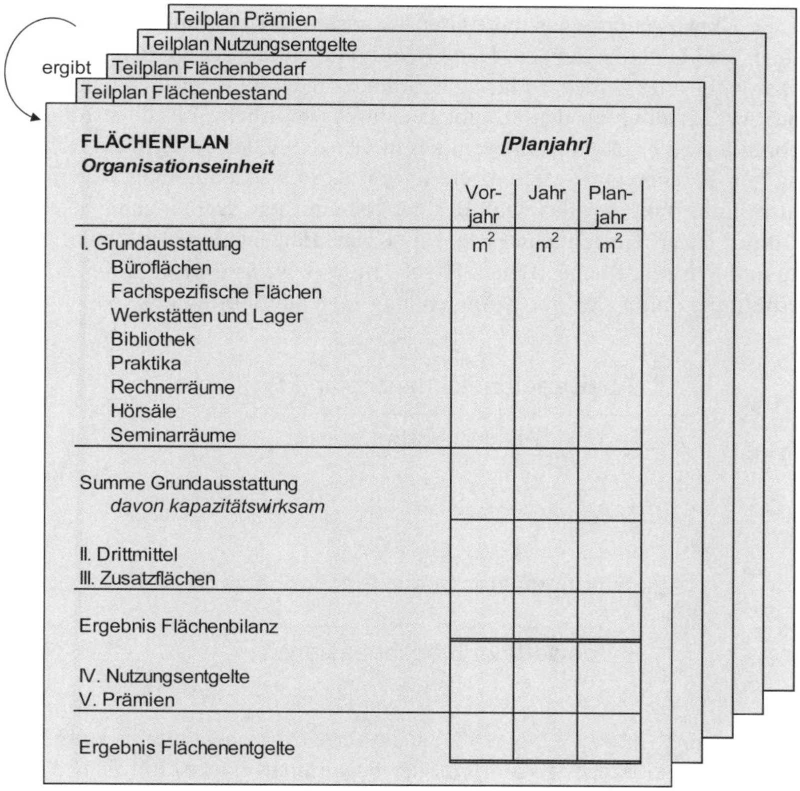

Abb. 4.25: Operativer Flächenplan

In der Flächenbedarfsermittlung werden kapazitätsunwirksame **Zusatzbedarfe**, die sich aus Sport- und Gymnastikzwecken, Tierhaltung, Pflanzenzucht, Sondereinrichtungen für Forschung etc. ergeben, nicht betrachtet (siehe hierzu *Planungsausschuss für den Hochschulbau* 2006, S. 73 f.). Sie müssen in ihrem Bestand als Flächenbedarf hinzugefügt werden. Um die gesamte Hochschule zu bilanzieren, ist das Verfahren um zentrale Einrichtungen der Hochschule zu erweitern. Dafür ist überwiegend der Nutzungsbereich 1 – Büroflächen relevant.

Aus der Bilanzierung mit dem bewerteten Flächenbestand ergibt sich eine Über- bzw. Unterdeckung je Nutzungsbereich. Orientiert man sich stichtagsbezogen an die exogene Berichterstattung (siehe Abschnitt 3.3.2.4), dann stellt die **Flächenbilanz** jährlich zum 1. Oktober Bedarf (Planwert) und Bestand (Istwert) gegenüber und leitet Aussagen zur gegenwärtigen Situation ab (siehe Abb. 4.25). Im Vorjahr sowie im aktuellen Jahr wird der bewertete Flächenbestand ausgewiesen. Das Planjahr gibt den Bedarf an. Obwohl mit dem Flächenplan der Status quo in Investitionsanträgen für Bauvorhaben abgebildet ist, führt die Flächenbilanz hochschulintern zunächst zu keinen Verbesserungen. Erst unter Verwendung von Nutzungsentgelten und Prämien können Anreize für einen innerhochschulischen Flächenhandel geschaffen werden (siehe Abb. 4.26).

Ausgangspunkt für die Konstruktion eines monetären **Raumhandelssystems** ist die prozentuale Angabe der Über- und Unterdeckungen. Der so ermittelte einfache **Flächenerfüllungsgrad** dient als Indikator für eine gerechte Flächenzuordnung nach Nutzungsbereichen einer Organisationseinheit. Als Erweiterung dessen gibt der durchschnittliche Flächenerfüllungsgrad die Flächenzuordnung einer Organisationseinheit in Gänze wieder. Er wird im Rahmen der Monetarisierung von Flächen zur Differenzierung von Kostensätzen herangezogen. Daneben bewerten Ausstattungsfaktoren das Maß der Kostenintensität der Nutzungsbereiche. Ein **Ausstattungsfaktor** ist an Kostenkennwerte von Kostenflächenarten der Zentralstelle für Bedarfsmessung und Wirtschaftliches Bauen angelehnt (vgl. *Ritter/Hansel* 2005, S. 33). Die Durchschnittsermittlung ergibt sich durch Anwendung folgender Formeln:

$$\text{Ø Flächenerfüllungsgrad} = \sum_{i = NB_{1-9}} \frac{\text{bewerteter Flächenbestand}}{\text{Flächenbedarf}} * 100 \qquad (6)$$

$$\text{Ø Ausstattungsfaktor} = \frac{\sum_{i = NB_{1-9}} (\text{Ausstattungsfaktor} * \text{bew. Flächenbestand})_i}{\text{bewerteter Flächenbestand}} * 100 \qquad (7)$$

Ist der Flächenerfüllungsgrad ≤ 100 %, so wird die bewertete Flächenunterdeckung oder alternativ eine definierte Entgeltfläche (z. B. 10 % der bewerteten Fläche) mit dem durchschnittlichen Ausstattungsfaktor sowie einem festgelegten monatlichen Kostensatz pro m^2 multipliziert. Liegt eine Flächenüberdeckung vor (> 100 %), sollte ein höherer Kostensatz b festgelegt werden, um Anreize zur Abgabe überschüssig genutzter Flächenbestände auszulösen. Aus der Summe der separaten Monetarisierung von Flächenüber- und -unterdeckung ergibt sich das **Nutzungsentgelt**. Die nachfolgenden Formeln 8, 9 und 10 verdeutlichen den Zusammenhang.

Flächenerfüllungsgrad ≤ 100 %

$$\text{Nutzungsentgelt}_{\text{Unterdeckung}} = \text{Entgeltfläche} * \varnothing\ \text{Ausstattungsfaktor} * \text{Kostensatz}_a \quad (8)$$

Flächenerfüllungsgrad > 100 %

$$\text{Nutzungsentgelt}_{\text{Überdeckung}} = \text{Entgeltfläche} * \varnothing\ \text{Ausstattungsfaktor} * \text{Kostensatz}_b \quad (9)$$

$$\text{Nutzungsentgelt} = \text{Nutzungsentgelt}_{\text{Unterdeckung}} + \text{Nutzungsentgelt}_{\text{Überdeckung}} \quad (10)$$

Selbstverständlich können die angesetzten Kostensätze neben der Unterscheidung zwischen Flächenerfüllung zudem nach Nutzungsbereichen definiert werden. In jedem Fall sind die Kostensätze für das Verfahren hermeneutisch zwischen Organisationseinheiten und Hochschulleitung herzuleiten und zu beschließen. Die Kostensätze können dynamisiert werden, wenn sich ein prozentualer Anteil an den aufgewendeten Bewirtschaftungskosten vereinbaren lässt. Alternativ sind Kostenansätze denkbar, der die realen Bewirtschaftungskosten durch den bewerteten Flächenbestand einer Organisationseinheit teilt. Eine fiktive Jahresmiete entsteht, wenn das Nutzungsentgelt für ein Jahr kalkuliert wird.

Analog zu Kostensätzen lassen sich Erlössätze zur Prämienkalkulation heranziehen, wenn überschüssige Flächen von einer Organisationseinheit zur anderweitigen Nutzung innerhalb der Hochschule zur Verfügung gestellt werden. So stellen **Prämien** einmalige Erlöse dar, die anfallen, wenn Überdeckungen abgebaut werden. Unter Verwendung des durchschnittlichen Ausstattungsfaktors zur Wertberichtigung der abgegebenen Flächen ergibt sich folgende Formel 11, die mit dem Nutzungsentgelt zu einem **Flächenentgelt** verrechnet werden kann (siehe Formel 12).

$$\text{Prämie} = \text{Flächenrückgabe} * \varnothing\ \text{Ausstattungsfaktor} * \text{Erlösansatz} \quad (11)$$

$$\text{Flächenentgelt} = \text{Nutzungsentgelt} - \text{Prämien} \quad (12)$$

Flächenerfüllungsgrad > 100% Kostenansatz: [ ] (EUR / Monat und m² bew. Flächenbestand o. Zentrale Lehrflächen) Erlösansatz: [ ] (EUR / Monat und m² abgegebene Fläche) Datum *[Jahr]*

Flächenerfüllungsgrad <= 100% Kostenansatz: [ ] (EUR / Monat und m² bew. Flächenbestand o. Zentrale Lehrflächen) Erlösansatz: [ ] (EUR / Monat und m² abgegebene Fläche)

Flächenerfüllungsgrad <= 100% Entgeltfläche: [ ] (in % des bewerteten Flächenbestands ohne Zentrale Lehrflächen)

Grundausstattung NF1-6	NB 1: Büroflächen	NB 2: Fachspez. Flächen	NB 3: Werkstätten	NB 4: Lager	NB 5: Bibliothek	NB 6: Praktika	NB 7: Rechnerräume	NB 8: Hörsäle	NB 9: Seminarräume	bewert. Flächenbestand [m²] ohne Zentrale Lehrflächen	kapazitätswirksamer Flächenbedarf [m²]	Flächenerfüllungs-grad [%]	durchschnittlicher Ausstattungsfaktor	Nutzungsentgelte Flächenerfüllung <= 100% [€]	Nutzungsentgelte Flächenerfüllung > 100% [€]	Summe Nutzungsentgelte [€]	Abgegebene Flächen [m²]	Summe Prämien [€]
Ausstattungsfaktor	*1,0*	*2,0*	*1,0*	*0,4*	*1,5*	*2,0*	*1,0*	*1,5*	*1,0*									
OE 1																		
OE 2																		
OE 3																		
OE …																		
OE n																		
Gesamt HS																		

Abb. 4.26: Teilplan Nutzungsentgelte und Prämien

Da das Bonus-Malus-Modell lediglich einen virtuellen Markt der Ressource Fläche betreibt, können Flächen nicht real gehandelt werden. Zurückgegebene Flächen befinden sich nach wie vor im staatlichen Eigentum und im Besitz einer Hochschule. Deshalb sollten Flächenrückgaben so organisiert sein, dass eine innerhochschulische Nachnutzung möglich ist. Deshalb sind vom Liegenschaftsdezernat Flächen zu identifizieren und Optionen für die weitere Verwendung zu erarbeiten.

Die Monetarisierung der Flächen ist als Anreizmechanismus zu sehen, der weder die realen Bewirtschaftungs- und Mietpreise bemisst noch diese plant. Vielmehr wird eine innerhochschulische Regulierung von Flächenzuteilungen angestrebt, um so Bedingungen der operativen Raumvergabe für die Lehre und Forschung zu optimieren. Durch die Belastung der Kostenstellen kann mit den Flächenentgelten ein Pool zur baulichen Qualitätsverbesserung („Rücklagen Bauunterhaltung") unterausgestatteter Organisationseinheiten eingerichtet werden (siehe dazu Abschnitt 4.2.1). Diese Finanzierungsform der **Substanzerhaltung** darf in keinem Fall die Bewirtschaftung/Instandhaltung oder die Investitionsanträge ersetzen, noch die Organisationseinheiten dahingehend überlasten, dass die Forschung und Lehre gefährdet wird.

Angesichts der zunehmenden Studierendenzahlen sowie der gestiegenen Anforderungen von Drittmittelforschungen mit dem einhergehenden Flächenbedarf ist das Bilanzierungsverfahren über 5 Jahre zu simulieren, um anhaltend überlastete Nutzungsbereiche und Organisationseinheiten zwecks Bauinvestitionsplanung zu identifizieren. Hingegen erscheint eine unterjährige Planung nicht geeignet, weil Zuteilungen von Räumen nicht so dynamisch wie finanzielle und personelle Werte verlaufen können. Das liegt zum einen daran, dass neue Flächen- bzw. Raumzuteilungen während des Semesters nicht auf Akzeptanz der Nutzer stoßen dürfte, und zweitens die Bedarfsbemessung von der Forschungs- und Studiengangsplanung abhängt.

4.2.4 Forschungs-Controlling

Die Durchführung eines Forschungsprojektes ist allgemein abhängig von verfügbaren Finanzen, Ausstattungen und Personalien. Die Entscheidung zur Umsetzung eines Forschungsprojektes ist aber auch abhängig von der Studiengangsplanung, da die dort geltende Lehrverpflichtungsverordnung die Aufrechterhaltung der Lehre regelt und damit die Planung des Handlungsfeldes mit beeinflusst. Vor diesen Zusammenhängen stellt sich ein Forschungsantrag als nichts anderes dar als ein Investitionsantrag, bei dem qualitative Aussagen zum Forschungsthema getätigt werden. Zudem werden die dafür notwendigen Ressourcen unter Berücksichtigung von Interdependenzen zur Lehre begründet und für einen begrenzten Zeitraum finanziell geplant. Bilden genehmigte Investitionsanträge die Basis zur Plandatenerfassung, stellen konsolidierte Forschungsberichte Istwerte den geplanten Werten gegenüber. Es konstituiert sich ein **Forschungs-Controlling**.

Unabhängig davon, ob Antrags- oder Auftragsforschung betrieben wird, beginnt der **Forschungsplanungsprozess** semesterweise mit einem Investitionsantrag vom Wissenschaftler an die Organisationseinheit und ggf. an den Finanzmittelgeber (siehe Abb. 4.27). Selbst im Falle interner Forschung, die einher geht mit einer temporären Freistellung vom Lehrbetrieb, muss der Wissenschaftler bei seiner Organisationseinheit einen entsprechenden Antrag einreichen. Erst nach endogenen und exogenen Abstimmungen, die von sozialem Konsens geprägt sein müssen, wird der Wissenschaftler mit der Durchführung des Forschungsvorhabens beauftragt. Wenngleich zunehmend interdisziplinäre Forschungsprojekte, Sonderforschungsbereiche und Forschungsschwerpunkte von mehreren verantwortlichen Personen geplant werden, wird künftig vereinfachend von der Rolle eines Antragsstellers ausgegangen. In der Praxis können Trennungen von Verantwortungsbereichen dann über Kostenstellen oder -träger erfolgen. Im Einzelnen lassen sich folgende Vorgänge im Planungsprozess unterscheiden:

1. Der Antragsteller formuliert zunächst einen Forschungsantrag oder eine Kurzfassung dessen und sendet die Unterlagen an das Dekanat der Organisationseinheit. Bei Antrags- oder Auftragsforschung wird – soweit erstellt – der vollständige Antrag/Auftrag samt Kalkulation dem Drittmittelgeber zur Begutachtung überreicht.
2. Die Organisationseinheit konsolidiert die eingegangenen Forschungsanträge für das kommende Semester und erstellt einen unterjährigen Forschungsplan. Dieser ist als vorläufig zu bezeichnen, da einerseits nicht alle Forschungsanträge vollumfänglich ausgearbeitet sind und andererseits eine dezentrale Genehmigung erforderlich ist. Wenn nicht schon geschehen, wird nach dem Gremiumsbeschluss, der eine Abstimmung zur Lehre beinhaltet, der Wissenschaftler mit der Ausarbeitung des Antrags fortfahren.
3. Um den strategischen Kontext der Forschung abzubilden, wird in der Organisationseinheit über die unterjährige Planung hinaus jährlich ein rollender 5-Jahres-Forschungsplan in Zusammenarbeit mit dem Hochschulcontrolling und einer zentralen Forschungsstelle erstellt und hochschulweit konsolidiert, sodass ein zentrales Gremium Anpassungen und Empfehlungen zur Umsetzung und Weiterentwicklung des Forschungsbereiches (z. B. Mittel zur Forschungsförderung) beschließen kann.

4. Nach der Diskussion und möglichen Einarbeitung von Änderungsvorschlägen seitens der Hochschulleitung erfolgt semesterweise die Umsetzungsentscheidung, die über die Organisationseinheiten an die betroffenen Wissenschaftler übermittelt werden. Sollte der exogene Entscheid positiv ausgefallen sein, kann das Forschungsvorhaben umgesetzt werden.
5. Zur finanziellen Steuerung des Vorhabens kann monatlich oder semesterweise ein Abrechnungsbericht durch das Hochschulcontrolling oder Rechnungswesen an den Wissenschaftler und an die zentrale Forschungsstelle bereitgestellt werden.
6. Die finanziellen Kontrollwerte sichern aber nicht den qualitativen Anspruch an ein Forschungsprojekt. Stattdessen sind Verwertungen wie Publikationen, Patente, Auszeichnungen oder gar Ausgründungen sowie die Förderung des wissenschaftlichen Nachwuchses in Form von Abschlussarbeiten relevant. Dies schlägt sich nieder in qualitativen Forschungsberichten, die laufend und zum Ende eines Projekts an die Anspruchsgruppen zur Bearbeitung übermittelt werden.

Der **Forschungsantrag** muss in der Regel die Formalien des exogenen Finanzmittelgebers aufweisen (siehe Abschnitt 3.3.2.3), jedoch erweist es sich in der endogenen Kommunikation und Abstimmung als vorteilhaft, wenn die Plandatenerfassung innerhalb der Hochschule mittels Formvorgaben standardisiert erfolgt. Darauf aufbauend lässt sich eine automatisierte Berichtsgenerierung durchführen. So enthält bereits ein vorläufiger Forschungsantrag wesentliche Plandaten (siehe Tab. 4.1), die in einem IT-System auch direkt als Objektdatensatz erfasst werden können.

Wie in der datentechnischen Erfassung von Forschungsanträgen durch Drittmittelgeber (siehe dazu Abschnitt 3.3.2.3), lässt sich die endogene Erfassung von **Forschungsdaten** in monetären und nichtmonetären Stammdaten aufteilen. Zum Stammdatensatz eines neuen Forschungsprojekts zählen natürlich die organisatorische und personelle Zuordnung sowie das Antragsdatum samt Laufzeiten. Mit der Beschreibung des Projektziels erfolgt eine grobe inhaltliche Einordnung. Die Anzahl privater oder öffentlicher Kooperationspartner soll die Vernetzung des Projekts verdeutlichen. Es wird vereinfachend zwischen Eigenforschung, Antrags- und Auftragsforschung unterschieden. Daraus ergibt sich bereits eine erste Einordnung der Drittmittelherkünfte. Um Aussagen zur Herkunft von Drittmitteln abzuleiten, sind Drittmittelgeber aber detailreicher zu kategorisieren. So gliedert beispielsweise das Hochschulkennzahlensystem in Niedersachsen Drittmittelerträge nach Zuschüssen, Aufträgen, Lehre/Weiterbildung sowie Sonstige Drittmittel. Jeweils werden Unterkategorien wie z. B. Mittel des Bundes, der DFG, der EU, EFRE/ESF (Europäischer Sozialfonds) etc. gebildet. Ebenso können Forschungsprojekte aus Sondermitteln finanziert sein (vgl. *Dölle/Rupp/Niermann* 2010, S. 17 f.). In Tab. 4.1 sind Kooperationspartner sowie Mittelherkünfte simplifizierend definiert worden, weshalb die Kategorisierung situationsspezifisch angepasst werden muss.

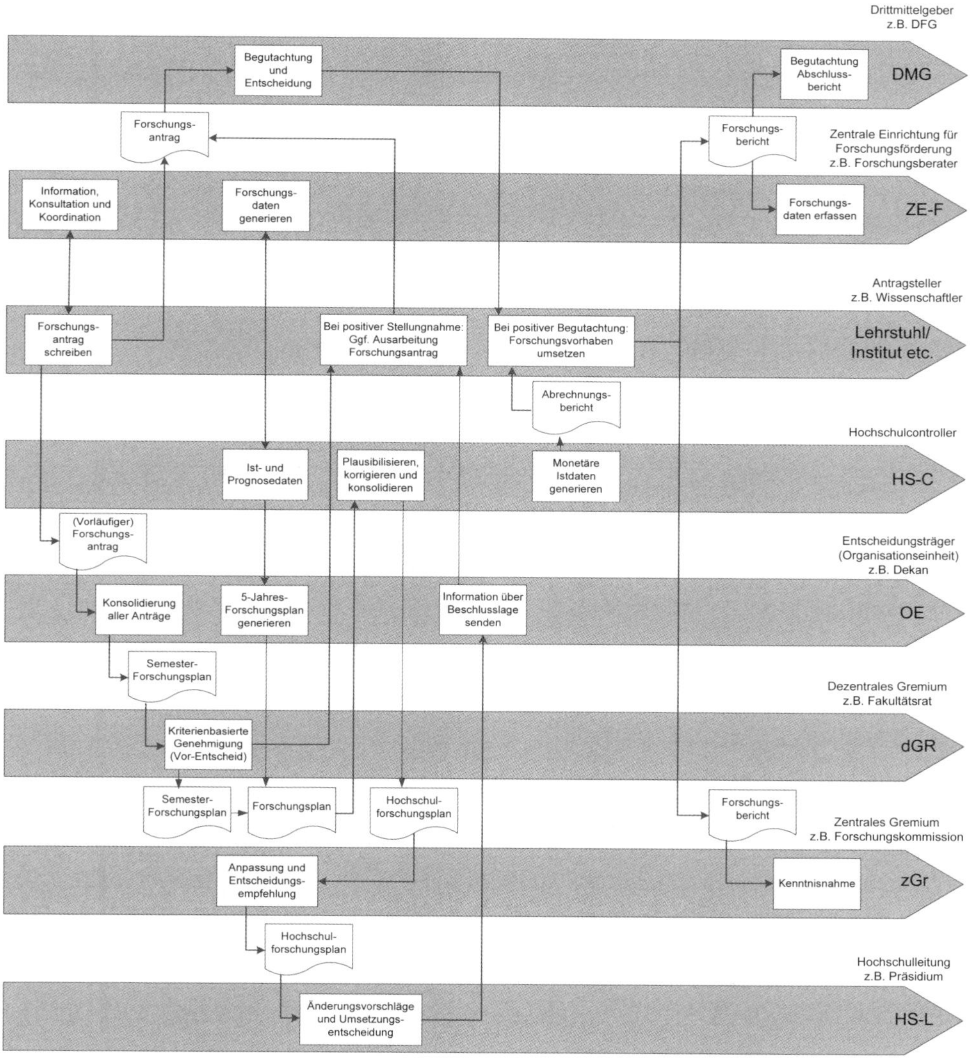

Abb. 4.27: Forschungsplanungsprozess

Sofern sich das Projekt noch in der Antragsphase befindet, können Finanzmittel auf geschätzten Prognosewerten beruhen und nach Genehmigung abgeändert werden. Sollten Verfahren zur monetären Forschungsförderung etabliert sein – etwa „Forschungspools" im Sinne des Rücklagenmanagements (siehe Abschnitt 4.2.1) – ist zwischen Drittmitteln und hochschulinternen Fördermitteln aus zentralen Pools und/oder dezentralen Forschungsmitteln zu unterscheiden. Die Forschungsförderung kann sich aber auch auf nichtmonetäre Weise vollziehen – etwa durch Ermäßigungen von Lehrveranstaltungsstunden [LVS] nach § 9 LVVO oder semesterweisen Freistellungen („Forschungssemestern") von den Regellehrverpflichtungen nach § 24 Abs. 3 NHG. Drittens können in Forschungsprojekten geldwerte Eigenleistungen durch den oder die Antragsteller der Hochschule angesetzt werden – etwa dann, wenn

Professoren freigestellt oder Infrastrukturen (Räume und Ausstattungen) bereitgestellt werden. Falls vorhanden oder bereits abgeschlossen, wird als Anhang der originäre Forschungsantrag beigefügt, welcher idealerweise einen zeitlichen Projektplan sowie eine Kalkulation der Ausgaben und deren Finanzierung enthält (siehe hierzu beispielsweise Tab. 3.9).

Organisationseinheit Antragsteller	Kurzbezeichnung Projektname						Antragsdatum
Forschungsantrag	Neu	Fortführung					
Projektziel	*[Text]*						
Projektlaufzeit	Beginn [xx.xx.xxxx]	Ende [xx.xx.xxxx]					
Kooperationspartner	Hochschulen		Außerhochschulische Einrichtungen	Wirtschaft	Sonstige		
	Deutsche	Ausländische					
Art der Forschung	Eigenforschung	Auftragsforschung	Antragsforschung				
Drittmittelgeber	DFG	EFRE	Bund	EU	Auftrag	Sonstige	Sondermittel
Dritt- oder Sondermittel	Beantragte Mittel [EUR] (vorläufig oder genehmigt)						
Forschungsförderung	Zentrale Mittel [EUR]	Dezentrale Mittel [EUR]	Eigenleistungen [EUR]				
	Lehrermäßigung [LVS]	Forschungssemester [LVS]					
Anhang	Forschungsexposé	Projektplan	Kosten- und Finanzierungsplan				

Tab. 4.1: Plandaten eines Forschungsantrags

Im Falle laufender Forschungsprojekte über mehrere Semester handelt es sich um eine Fortführung der Investition, bei der statt eines Exposés ein Zwischenergebnisbericht dem Antrag beigefügt werden kann. Wird ein gänzlich neuer Antrag verfasst, kann optional eine zentrale Koordinationsstelle für Forschung den Antragsprozess in Bezug auf Antragsformalien, Finanzierungsprogramme, Wirtschafts- oder Hochschulkontakte unterstützen. Darüber hinaus können während der Durchführungsphase operative Unterstützungsvorgänge, wie Mittelabrufe oder Datenbankeinträge von Finanzmittelgebern von zentraler Stelle getätigt werden, um den Kernprozess zu entlasten.

Der Genehmigung des Forschungsprojekts geht ein innerhochschulischer Abstimmungsprozess voraus, bei dem zunächst die Forschungsdaten innerhalb der Organisationseinheit zu einem unterjährigen **Semester-Forschungsplan** konsolidiert werden (siehe Abb. 4.28) und mit anderen Forschungsvorhaben und den Erfordernissen an die Lehre zur Absicherung des Lehrangebots abgeglichen werden (siehe dazu Abschnitt 4.2.5). Wenn die mit dem Forschungsvorhaben beantragten Lehrermäßigungsstunden in Summe die Regellehrverpflichtung der Organisationseinheit übersteigen, ist ein Vor-Entscheid im dezentralen Gremium zu treffen. Der Auswahl können beispielsweise festgelegte Bewertungskriterien, wie die Höhe oder die Dauer der Drittmittelförderung, Interdisziplinarität, Internationalität, Gender etc. zugrunde liegen. Sinnvollerweise sind Kriterien aus den Werten der Hochschule abgeleitet (siehe dazu Abschnitt 4.2.6). Nach der dezentralen Genehmigung entsteht ein Forschungsplan für das kommende Semester, der an zentraler Stelle konsolidiert und zur Umsetzungsentscheidung der Hochschulleitung und dem zentralen Gremium vorgelegt wird.

Der Semester-Forschungsplan listet die einzelnen Projektvorhaben mit den abstimmungsrelevanten Attributen auf. Dazu gehören etwa Plandaten wie Laufzeiten, Dritt-oder Sondermittel sowie monetäre und nichtmonetäre Forschungsförderungen. Die Drittmittel werden dabei in antragsmäßig genehmigten oder vorläufigen Drittmitteln sowie für das kommende Semester noch abzurufenden bewilligten Drittmittel getrennt. Letzterer Wert wird aus dem Finanzierungsplan des Forschungsprojekts entnommen und entspricht einem Budgetwert, welches verausgabt werden kann.

FORSCHUNGSPLAN
Organisationseinheit ***[Plansemester]***

Name	Projekt-Kurzbezeichnung	Antrag	Laufzeit		Drittmittel [EUR]			Forschungsförderung			
			Beginn	Ende	Herkunft	Beantragt	Bewilligt	Zentrale Mittel [EUR]	Dezentrale Mittel [EUR]	Lehre [LVS]	Semester [LVS]
Antragsteller A	Forschungsprojekt 1	Neu	01.07.2014	30.06.2016	DFG	512.000	128.000	0	0	2	0
Antragsteller B	Forschungsprojekt 2	Fortführung	01.03.2012	30.09.2016	EU	776.000	172.000	0	0	4	0
Antragsteller C	Forschungsprojekt 3				-			1.400	700	4	0
...	...	...	...	...	...	...	...	...	...	...	...
Antragsteller n	Forschungsprojekt m	Neu			-	0	0	0	0	0	18
Summe						**2.245.000**	**569.000**	**28.000**	**21.000**	**52**	**36**

Abb. 4.28: Unterjähriger Semester-Forschungsplan

Zur Etablierung einer operativen Controllingstruktur, die den Ansprüchen der Finanzmittelgeber entsprechen, müssen verausgabte Istwerte der Forschungsprojekte aus dem Rechnungswesen extrahiert und den bewilligten Planwerten gegenübergestellt werden. Der operative **Forschungsplan** (siehe Abb. 4.29) einer Organisationseinheit kommt dieser Pragmatik nach und bezweckt zum Jahresabschluss eine Kategorisierung der **Drittmittel** nach Mittelherkünften. Das monetäre Ergebnis nach Mittelherkünften korrespondiert mit dem Teilplan Dritt- und Sondermittel aus dem Finanz-Controlling, welcher jedoch nach Mittelverwendungen (Kostenarten) gegliedert ist und einer staatlichen Pragmatik folgt (siehe dazu Abschnitt 4.2.1). Obwohl die Ergebniswerte beider Standardberichte durch die gemeinsame Festlegung des Stichtags übereinstimmen, entsteht eine andere semantische Sichtweise auf die Dritt- und Sondermittel. Entsprechend müssen die Buchungen der Geschäftsfälle in der Betriebsbuchführung nicht nur nach Mittelverwendungen, sondern auch nach Mittelherkünften organisiert sein (siehe dazu Abschnitt 3.3.2.2).

Zum Zeitpunkt der Generierung des operativen Forschungsplans stehen für das aktuell abgeschlossene Geschäftsjahr zwei Semester-Forschungspläne aus dem letzten Sommer- und Wintersemester zur Verfügung. Die neu beantragten Mittel beider unterjährigen Pläne können daher problemlos für die Ermittlung aktueller Jahreswerte konsolidiert werden. Die Abgrenzung der bewilligten Drittmittel zum Ende des Geschäftsjahres basiert zwar ebenfalls auf den verfügbaren Forschungsdaten aus der Semester-Forschungsplanung. Es bedarf jedoch einer planerischen **Abgrenzungsrechnung**, da die bewilligten Mittel des Wintersemesters jahresübergreifend wirken. Daneben sind planerisch abgegrenzte Mittel des vorigen Wintersemesters hinzu zu kalkulieren. Finanzbuchhalterisch werden die Erlöse aus Drittmitteln ebenfalls bilanziell abgegrenzt, um sie den tatsächlich verausgabten Aufwendungen periodengerecht gegenüberstellen zu können (siehe Abschnitt 3.3.2.1). Entsprechend verhält es sich in der Planungsrechnung.

Für das Planjahr muss die Organisationseinheit beantragte Mittel aus neuen Forschungsanträgen antizipieren. Die bewilligten Mittel sind wenigstens um die Abgrenzungsbeträge laufender Projekte anzusetzen und müssen um prognostizierte Mittelabrufe der Forschungsprojekte erweitert werden. Dazu sind die Plandaten aus den Finanzierungsplänen der Anträge heranzuziehen. Die Kostenpläne veranschlagen hingegen die geplanten verausgabten Mittel.

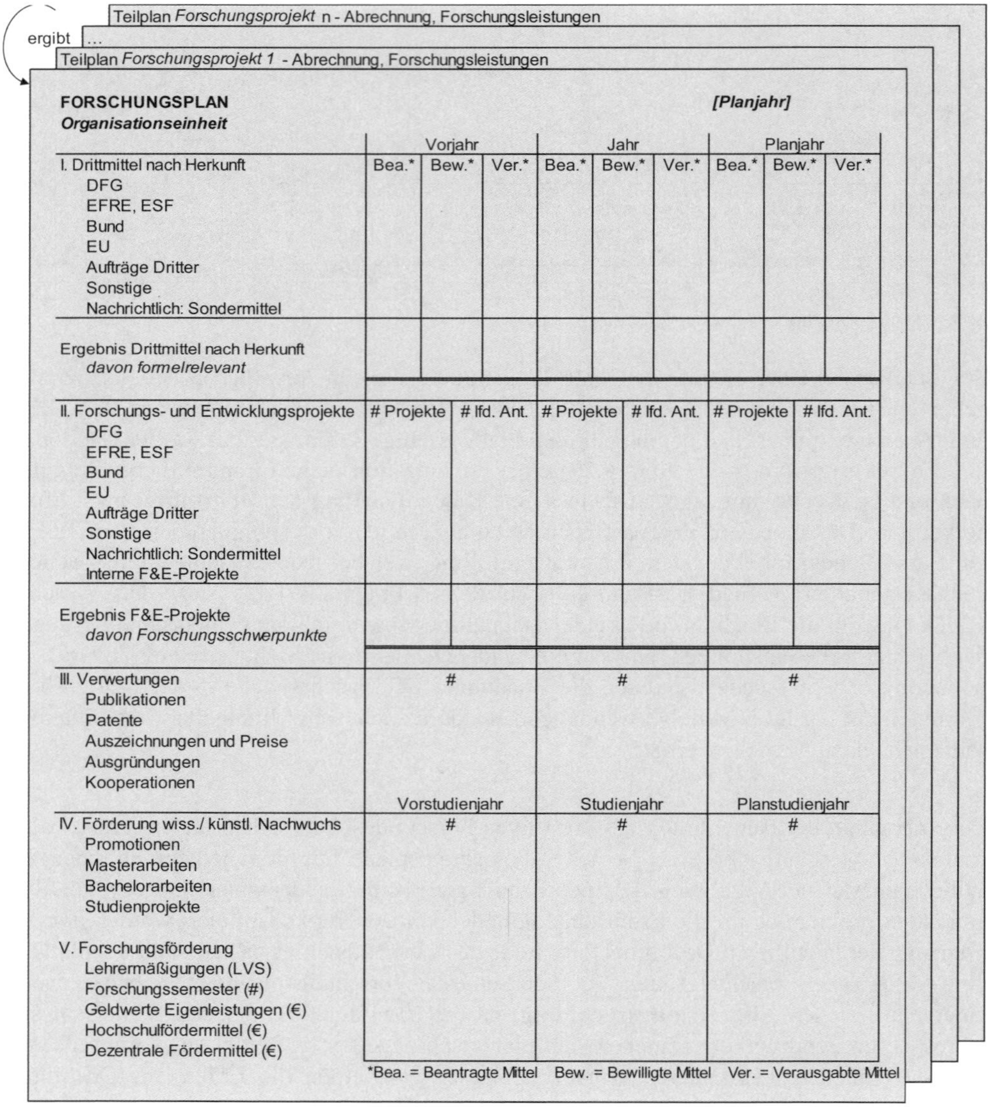

Abb. 4.29: Operativer Forschungsplan

Als Ergebnis werden die Dritt- und Sondermittel des Vorjahres, des soeben abgeschlossenen Jahres sowie des Planjahres ausgewiesen. Nachrichtlich kann jeweils das formelrelevante Ergebnis aufgelistet werden, um auch hier eine kommunikative Anschlussfähigkeit abzubilden (siehe dazu Abschnitt 3.3.1.3). Die monetären Werte der Forschungsprojekte lassen sich im zweiten Abschnitt zahlenmäßig darstellen. Je nach Mittelherkunft werden laufende Projekte und Forschungsanträge mit Referenzwert, aktuellem sowie mit Planwert gelistet. Im Ergebnis lässt sich für die Organisationseinheit eine Summe aller Forschungsprojekte darstellen, wobei beispielsweise auch Forschungsschwerpunkte oder Sonderforschungsbereiche separat und anteilig ausgewiesen werden können.

Stellt die Höhe der Drittmittel primär einen Inputfaktor zur Durchführung von Forschungsprojekten dar, sind **Verwertungen** deren Outputs und Outcomes. So dokumentieren etwa Publikationen und Patente (bzw. Erfindungen) den Forschungsfortschritt und können zu Erfolgen in Form von Preisen oder Auszeichnungen führen. Ebenso können Ausgründungen oder Technologietransfer Ergebnisse von Forschungen sein und Wirkungen in Form von Arbeitsplätzen, Kooperationsverträgen oder Folgeprojekten nach sich ziehen. Die Kategorisierung der Leistungs- bzw. Wirkungsperspektive ist nicht trivial und zeigt sich bereits an der Operationalisierung des Publikationsbegriffs sowie dessen Bewertung. So bewertet das CHE Publikationen nach Fächern (Disziplinen) auf Basis von Stichproben aus Datenbanken (vgl. *Berghoff/Federkeil/Giebisch* et al. 2009, S. B3). „Je nach Heterogenität der Datenbanken, die teilweise von der Monographie bis zum Lexikonbeitrag die unterschiedlichsten Publikationstypen enthalten, wird eine Gewichtung nach Publikationstyp, Seiten-, Autor(inn)enzahl und ggf. Kernzeitschriften durchgeführt. In den Fächern, in denen als Datenbasis das web of science genutzt wird, kann zusätzlich eine Zitationsanalyse durchgeführt und deren Resultate als weiterer Indikator ausgewiesen werden“ (ebenda). Sobald eine begriffliche Kategorisierung von der Hochschule festgelegt worden ist, können nach technischer Umsetzung Istwerte aus Publikationsdatenbanken ausgewertet werden. Eine Planung von Publikationen wie auch anderer Verwertungen erweist sich jedoch als schwierig. Gegebenenfalls können Prognosen auf Basis von Referenzwerten berechnet oder darauf verzichtet werden. Allerdings entsteht kontinuierlich eine Ungenauigkeit in der Istdatengenerierung, wenn Publikationen von berufenen Personen in Forschungsdatenbanken nachträglich erfasst werden.

Unbestritten ist die Bedeutung der **Nachwuchsförderung** des wissenschaftlichen und künstlerischen Nachwuchses innerhalb von Forschungsprojekten. So können bereits im Forschungsantrag Promotionen/Habilitationen, Abschlussarbeiten, Studienprojekte oder sonstige integrative Maßnahmen der Lehre nach Semestern geplant und im Projektverlauf umgesetzt werden. Die Planung der **Forschungsförderung** ist aus den Semester-Forschungsplanungen sowie Forschungsanträgen zu konsolidieren.

Die Feinplanung des Folgesemesters sowie weiterführend des abgegrenzten Geschäftsjahres ist in einer 5-jährigen Forschungsplanung integriert, welche Aussagen zur Forschungsstrategie wertmäßig attribuiert und mit dezentraler sowie zentraler Genehmigung dokumentiert. Zur Grobplanung der strategischen Stoßrichtung erstellt das Hochschulcontrolling in Zusammenarbeit mit Forschungsreferaten sowie den Organisationseinheiten Prognosen. Verlässliche Daten bilden dabei Forschungsanträge langjährig angelegter Forschungsprojekte.

Jedoch ist auch in Abhängigkeit von staatlichen Förderprogrammen sowie Erfolgsquoten aus Anträgen eine monetäre und nichtmonetäre Prognose der Forschungsentwicklung zu erstellen, um beispielsweise aus den Lehrermäßigungen und Forschungssemestern Interdependenzen zum Lehrangebot zu simulieren (siehe dazu Abschnitt 4.2.5). Nicht zuletzt bemisst sich aus den bewilligten Plan-Einnahmen der Teilfinanzplan Dritt- und Sondermittel (siehe Abschnitt 4.2.1).

An den Ausführungen wird deutlich, dass sowohl der operative als auch der strategische Forschungsplan auf einer Objektplanung beruhen. Erst durch die projektspezifischen Planungen konsolidieren sich die Forschungspläne einer Organisationseinheit und weiterführend für die gesamte Hochschule. Grundsätzlich kann auf Objektebene zwischen abrechnungs- (monetären) und leistungsspezifischen (nichtmonetären) Plan- und Istwerten unterschieden werden. Für die Steuerung des einzelnen Forschungsprojekts sind beide Werte von Belang. Die **Forschungsleistungen** werden in der Regel in Projektberichten oder direkt in Publikationen dokumentiert, der Forschungs-Community sowie Kooperationspartnern, Finanzmittelgebern und auch endogenen Entscheidungsgremien zugänglich gemacht und stellen dadurch die inhaltlich-qualitative Fortentwicklung des Projekts zur Disposition. Derartige Forschungsleistungen können als Verwertungen hochschulintern in Publikations- und Forschungsdatenbanken erfasst werden.

Die monetäre Steuerung erfolgt durch **Abrechnungsberichte**, womit semesterweise ein Plan-Ist-Vergleich der bewilligten (budgetierten) Werte mit den vereinnahmten bzw. verausgabten Werten nach Kostenarten abgerufen wird (siehe Abb. 4.30). Der Abrechnungsbericht liefert dem Antragssteller Auskunft über noch verfügbare Mittel im Forschungsprojekt sowie über geplante und tatsächliche monetäre Werte. Die in Abb. 4.30 angedeutete römische Symbolik der Kontenklassen ist in der Praxis um die jeweiligen Kontenklassen, -unterklassen sowie -nummern zu ersetzen. Natürlich kann der Bericht auch monatlich oder zum Projektabschluss erstellt werden. Es werden die geplanten Finanz- und Kostenwerte als Plan-Einnahmen und Plan-Ausgaben nach Kostenarten aus dem Forschungsantrag übernommen und den bewilligten Einnahmen aus Mittelabrufen sowie den verausgabten Mitteln gegenüberstellt. Vereinnahmte, aber nicht verausgabte Mittel werden über Rücklagen in die Folgeperiode übertragen, sodass sich jeweils ein ausgeglichener Saldo ergibt.

Das Beispielprojekt hat nach Abzug zentraler und dezentraler Gemeinkosten ein Investitionsvolumen von 406.000 Euro, wovon 3.000 Euro aus einer hochschulinternen Forschungsförderungsrücklage für Software stammen. Für das abgelaufene Sommersemester sind 90.000 Euro tatsächlich vom Drittmittelgeber abgerufen worden. Laut Forschungsantrag hätten über das Semester kumuliert 96.000 Euro abgerufen werden sollen, wodurch sich eine Rücklage in Höhe von 6.000 Euro bildet. Statt der antragsmäßig geplanten 90.000 Euro werden für das folgende Wintersemester nun 96.000 Euro geplant abzurufen. Auf der Kostenseite ergeben sich Differenzen bei Hardware sowie sonstigen Posten und führen zu einer Rücklage in Höhe von 5.000 Euro, die auch in der Folgeperiode nicht verausgabt werden sollen.

ABRECHNUNG
Forschungsprojekt n ***[Plansemester]***

Angaben in TEUR	Projektbudget		Vorsem.		Sommersemester 2013												Kumuliert		Plansem.
					Mae		Apr		Mai		Jun		Jul		Aug				
	Plan	Ist	Plan	Ist	Plan	Ist	Plan	Ist	Plan	Ist	Plan	Ist	Plan	Ist	Plan	Ist	Plan	Ist	Budget
I. Erträge aus Landesmitteln																			
Rücklagen aus laufenden Zwecken	3	3					3	3									3	3	0
II. Zuweisungen und Zuschüsse																			
Mittel des Bundes	403	90			21	20	15	14	15	14	15	14	15	14	15	14	96	90	90
Rücklagen		6				1		1		1		1		1		1		6	6
Summe Erträge	**406**	**99**	**0**	**0**	**21**	**21**	**18**	**18**	**15**	**15**	**15**	**15**	**15**	**15**	**15**	**15**	**99**	**99**	**96**
IV. Aufwendungen/ Ausgaben																			
Hardware	4	3			4	3											4	3	0
Software	3	3					3	3									3	3	
Maschinelle Anlagen																			
Reisekosten	5	1			1	1											1	1	2
Geschäftsausstattung	2	1			1	1											1	1	0
Lehraufträge und Gastvorträge	72	24			4	4	4	4	4	4	4	4	4	4	4	4	24	24	24
Sonstige	40	8			2	2	2	1	2		2	1	2	2	2	2	12	8	10
V. Personalaufwand																			
Wissenschaftliches Personal	270	54			9	9	9	9	9	9	9	9	9	9	9	9	54	54	54
Nichtwissenschaftliches Personal	10																		
VII. Rücklagen	**0**	**5**			0	1		1		2		1						5	**5**
Summe Aufwendungen	**406**	**99**	**0**	**0**	**21**	**21**	**18**	**18**	**15**	**15**	**15**	**15**	**15**	**15**	**15**	**15**	**99**	**99**	**95**
Ergebnis der Geschäftstätigkeit	0	0	0	0	0	0	0	0	0	0	0	0	0	0	0	0	0	0	0

Abb. 4.30: Abrechnungsbericht

Der Abrechnungsbericht ist in erster Linie als „Kontoauszug“ für den Antragsteller zum Projektcontrolling zu verstehen, als denn eine nachkalkulatorische Vollkostenrechnung im EU-rechtlichen Sinne der Trennungsrechnung (siehe dazu Abschnitt 3.3.2.2). Die Istdaten der Abrechnungsberichte finden sodann – etwa zum Ende des dritten Quartals – Anwendung in der finanziellen Hochrechnung und der sich anschließenden Konsolidierung in der finanziellen Planungsrechnung (siehe Abschnitt 4.2.1).

4.2.5 Studiengangs-Controlling

Hochschulen sind erst seit der Bologna-Reform graduell im Begriff die Entwicklung neuer Studiengänge systematisch zu planen, und diese in eine Lehrroutine zu überführen. Mitunter geht die Initiative von einzelnen Professoren aus, die ein hohes Maß an Motivation an den Tag legen und teils wohl auch Eigeninteresse verfolgen, ein bestimmtes Lehrangebot entsprechend ihrer persönlichen Neigungen und Fertigkeiten bereitzustellen. Daneben kommt der Impuls nicht selten aus der Wirtschaft oder von Wirtschaftsverbänden („**Arbeitskräftebedarfsansatz**“), der Politik oder aus dem Wissenschaftsministerium. Dem Anspruch der Studierenden bzw. der Studieninteressierten wird primär dadurch Rechnung getragen, als dass bestehende Programme mit zusätzlichen Studienplätzen ausgestattet werden, wenn Studiengänge ausgelastet sind. Die **Bildungsnachfrage** von Studierenden an ein Studium kommt damit zu kurz, bedenkt man, dass Studierende an der Leistungserstellung mitwirken und eigene Wertvorstellungen, zu der auch eine Persönlichkeitsentwicklung zählt, haben (siehe hierzu auch Abschnitt 3.1.2 und Abschnitt 3.4).

Die Universität Konstanz hat den Prozess zur Entwicklung ihrer neuen Studiengänge standardisiert (vgl. *Universität Konstanz* 2013; siehe Abb. 4.31). Hiernach wird zunächst die impulsgebende Idee für einen Studiengang im Fachbereich in ein Konzept samt Prüfungsordnung überführt. Auf Basis dessen berechnet die Abteilung „Planung und Information“ den benötigten Curricularwert für den Studiengang. Wird die Zulassung von Studierenden als beschränkt angesehen, so muss der Fachbereich eine Satzung ausarbeiten, anhand derer die Abteilung „Planung und Information" eine Kapazitätsberechnung zur Ermittlung von Zulassungszahlen durchführen kann. Der Fachbereich legt sodann die Vorlagen der Studienkommission sowie dem Justitiariat und dem Referat für Lehrfragen vor. Anschließend erarbeitet der Fachbereichsrat eine Stellungnahme aus, die durch den Sektionsrat eine Zustimmung erfährt, bevor der Ausschuss für Lehre und Weiterbildung (ALW) eine Empfehlung zur Einführung ausspricht, die der Senat letztendlich beschließen kann. Ziel der Universität Konstanz ist es, möglichst flexible Studienbedingungen zu schaffen, sodass auch Prüfungspflichten aufgrund von familiären Angelegenheiten verschoben werden können. Nach Zertifizierung der Studiengänge können Studierende daher Anträge auf Ausstellung eines Studierenden-Elternpasses (STEP) im Referat für Gleichstellung einreichen. Sind neue Studiengänge dafür nicht geeignet, bedarf es einer Stellungnahme des Universitätsrates. Erst dann wird das Justitiariat den Antrag zur Einführung des Studiengangs mit Konzept (Stk.), Prüfungsordnung (PO) und Zulassungssatzung (ZS) an das MWK einreichen. Nach Zustimmung folgt die amtliche Bekanntmachung der Prüfungsordnung und der Zulassungssatzung.

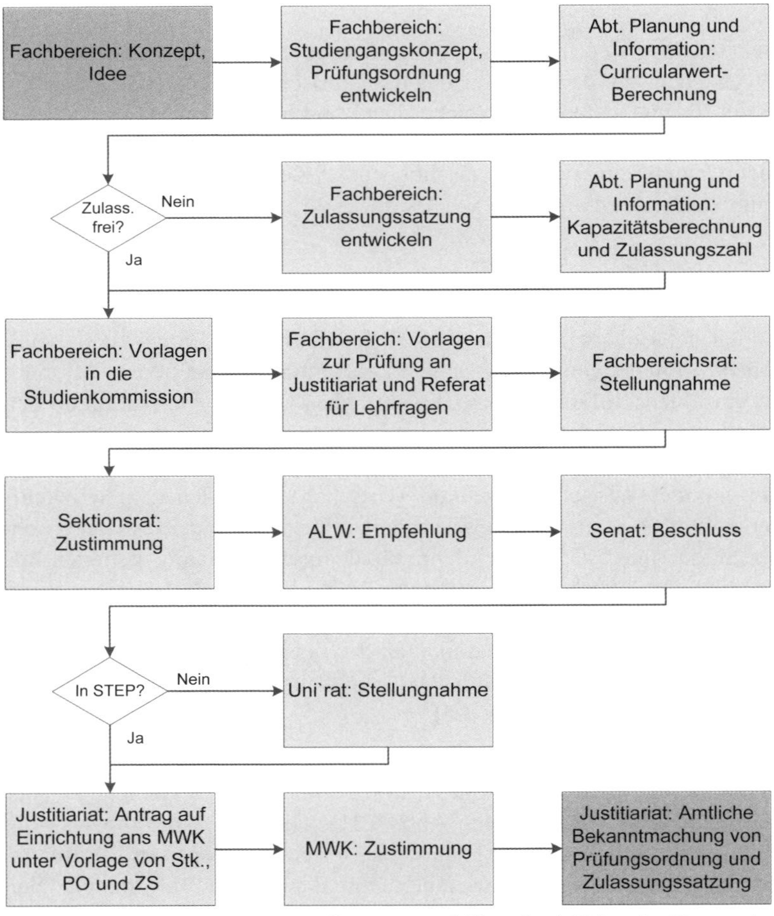

Abb. 4.31: Standardprozess zur Studiengangsentwicklung (nach Universität Konstanz)

Unabhängig davon, wie künftig Bedürfnisse von Studierenden und anderer Anspruchsgruppen in die Konzeption von Studiengängen integriert werden, muss die Studiengangsentwicklung über dezentrale und zentrale Entscheidungsebenen und schließlich auf ministerieller Ebene antragsmäßig genehmigt werden. Dieser Planungsprozess ist durchaus als profilbildend zu bezeichnen, bestimmen doch neue Studienprogramme die Außensicht der Hochschule für viele Jahre und lösen endogen eine Re-Allokation von Ressourcen aus oder begründen gar neue Räume, Personalien oder Finanzen. Die Studiengangsentwicklung entspricht daher einer Investition, die einer umfassenden Planung und Konfliktbewältigung bedarf und solange eine strategische Bedeutung erfährt, bis sich eine operative Routine im Lehr- und Studiengangsbetrieb einstellt (siehe hierzu Abschnitt 2.2.3.4). Dieser Investitionsprozess ist noch nicht in der Hochschullandschaft etabliert und bedarf einer eigenständigen Arbeit.

Die nachfolgenden Ausführungen betreffen in erster Linie das routinemäßig ablaufende Hochschulcontrolling. Es wird ein Planungsprozess samt Standardberichten aufgezeigt, der die Planung bereits bestehender Studiengänge zum Gegenstand hat. Gleichwohl darf aber vermutet werden, dass die Entwicklung neuer Studienprogramme auf Planungs- und Kontrollberichte des hier dargestellten **Studiengangs-Controllings** aufsetzen. Nicht zuletzt, weil Ansprüche von Studierenden in das Konzept einfließen.

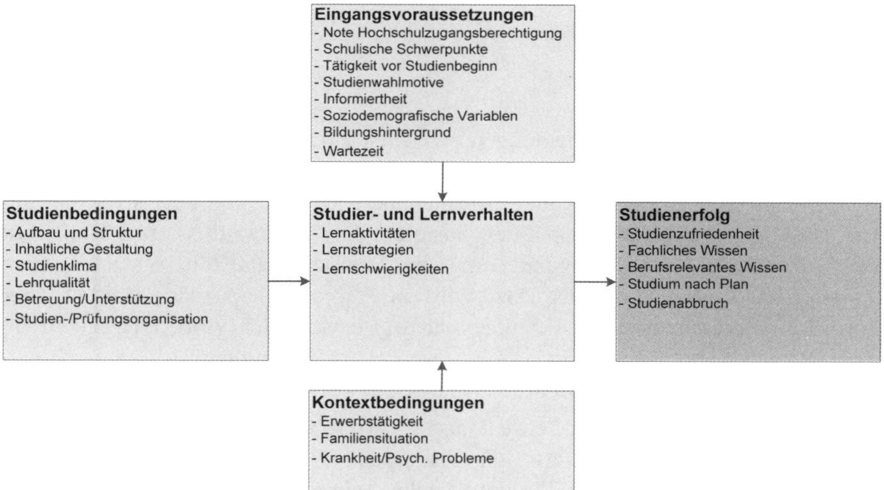

Abb. 4.32: Allgemeines theoretisches Modell des Studienerfolges (nach Blüthmann/Lepa/Thiel)

Blüthmann/Lepa/Thiel (2008, S. 415; siehe Abb. 4.32) beschreiben ein allgemeines Modell des Studienerfolges. Der **Studienerfolg** ergibt sich hiernach aus vier verschiedenen Konstruktvariablen. Die personellen Eingangsvoraussetzungen, die vorherrschenden Studienbedingungen der Hochschule sowie die exogenen Kontextbedingungen wirken sich jeweils auf das personelle Studier- und Lernverhalten aus, welches letztlich zum Studienerfolg führt oder eben nicht. Der Studierende als externer Faktor im Lehrbetrieb trägt folglich maßgeblich mit seinen personellen Variablen zum Studienerfolg bei (siehe auch Abschnitt 4.1.2).

In Konsequenz des hohen personellen Anteils am Studienerfolg, verbleibt aus Sicht einer Hochschule die Manipulation der Studienbedingungen. Durchaus lässt sich das Studier- und Lernverhalten durch hochschuldidaktische Maßnahmen beeinflussen. So zielt die Hochschuldidaktik auf eine Optimierung der Lehrqualität ab (siehe Abschnitt 3.4). Ebenso werden das Studienklima und die Betreuungsqualität maßgeblich vom Personal beeinflusst. Planbar sind des Weiteren der Aufbau, die Struktur und die inhaltliche Ausrichtung von Studiengängen. Sind die Studienbedingungen als weitgehend variabel – und damit als planbar – zu bezeichnen, entzieht sich der Studienerfolg einer Planung. Wohl aber lassen sich der Studienerfolg und die Studienbedingungen, die dazu beigetragen haben, retrospektiv durch ehemalige Studierende messen und einer Beurteilung unterziehen. Indem Absolventen die Studienbedingungen bewerten, können Rückschlüsse auf die Wirkung der Studiengangsplanung gezogen werden. Daneben sind der Berufserfolg sowie der Vergleich von vermittelten und geforderten Kompetenzen ausschlaggebend für die Beurteilung des Studienerfolgs von Absolventen (vgl. Abschnitt 3.4.1.2). Die Operationalisierung des Modells durch **Absolventenstudien** ist zwar nicht abschließend, jedoch etabliert sich bundesweit zunehmend die Absolventenbefragung des INCHER (International Centre for Higher Education Research) der Universität Kassel. Daneben sind als etablierte Instrumente das Bayerische Absolventenpanel (siehe *Falk/Reimer/Hartwig* 2007, S. 6 ff.) und der Studienqualitätsmonitor der HIS GmbH (vgl. *Bargel/Müßig-Trapp/Willige* 2008) zu nennen.

Der jährliche **Studiengangsplanungsprozess** setzt sich aus mehreren Teilplanungen zusammen (siehe Abb. 4.33):

1. Die operativ umzusetzenden Entscheidungen zwischen Hochschulleitung und Ministerium für Wissenschaft und Kultur resultieren aus Studienangebotszielvereinbarungen. Der Vereinbarung liegt eine Kapazitäts- und Lehrplanung zugrunde, die auf Istwerten und Planwerten aus den Organisationseinheiten basieren. Der **Kapazitäts- und Lehrplan** weist nach Ermittlung des Lehrangebots und der Lehrnachfrage die Auslastung von Lehreinheiten nach Studienjahren aus. Dazu wird die Aufnahmekapazität ermittelt, über die in Form von Zulassungszahlen („Studienplätze") entschieden wird. Die Erstellung des Kapazitäts- und Lehrplans erfolgt in rein dezentraler Abstimmung, sodass nach Genehmigung durch dezentrale Gremien die Pläne aggregiert werden.
2. Zur koordinierten Durchführung der Lehre bedarf es in den Organisationseinheiten unterjähriger **Lehrveranstaltungspläne**. Als Planungsergebnis muss den Dekanen und Studiendekanen bekannt sein, welcher Dozent welche Lehrveranstaltungen für das kommende Semester plant. Damit kann eine Abstimmung zur Raum- und Forschungsplanung stattfinden. Werden Lehrveranstaltungen von Lehrbeauftragten durchgeführt oder bedarf es gesonderter Sachmittel für die Lehre, so muss zudem eine Abstimmung zur Finanzplanung erfolgen.
3. Zur Bewertung der Studienleistungen und -wirkungen werden Studierenden- und Absolventenberichte herangezogen. **Studierendenberichte** geben jedes Semester Auskunft über die Zusammensetzung von Studiengängen. Dadurch können Maßnahmen geplant werden, die sich etwa auf die Studiendauer, die Internationalität, Gleichstellung oder Mobilität auswirken. Daneben werden Prüfungsergebnisse, wie Leistungspunkte, Noten, Durchfallquoten etc. zusammengefasst und unterstützen Entscheidungsträgern, den Stu-

dienverlauf von Kohorten besser zu verstehen und entsprechend steuernd einzugreifen (z. B. durch Einrichtung von Tutorien). Abschlussprüfungen und -noten sind zwar als Output zu sehen, allerdings sind Absolventenzahlen kaum geeignet, den Studienerfolg umfassend zu beurteilen, da sie von Studierenden und anderen Anspruchsgruppen individuell als Erfolg oder Misserfolg interpretiert werden können. Erst Befragungsergebnisse von Absolventen komplettieren **Absolventenberichte** um eine Wirkungsperspektive von erbrachten Studienleistungen, um fundierte Erfolgsbeurteilungen durchführen zu können.

4. Studierenden- und Absolventenberichte, sowie Lehr- und Kapazitätspläne können mit Ablauf des Studienjahres in einen **Studiengangsplan** konsolidiert werden. Zwecks Abstimmung langfristiger Investitionen ist dieser auf fünf Jahre hin auszurichten und bedarf diverser Prognosen. Der 5-Jahres-Plan stellt somit geplante Leistungen und Wirkungen im Handlungsfeld „Studium und Lehre“ dar und kann mit den geplanten Ressourcen Finanzen, Personal und Flächen sowie anderen Leistungsobjekten, wie Forschungsprojekte, iterativ abgestimmt werden. Dazu wird der nach Studienjahren ausgerichtete Studiengangsplan planerisch so abgegrenzt, dass sich ein Studiengangsplan nach Geschäftsjahren konstituiert. Durch die zeitliche Abstimmung sind sodann sachlich übergreifende Planungsszenarien konstruierbar.

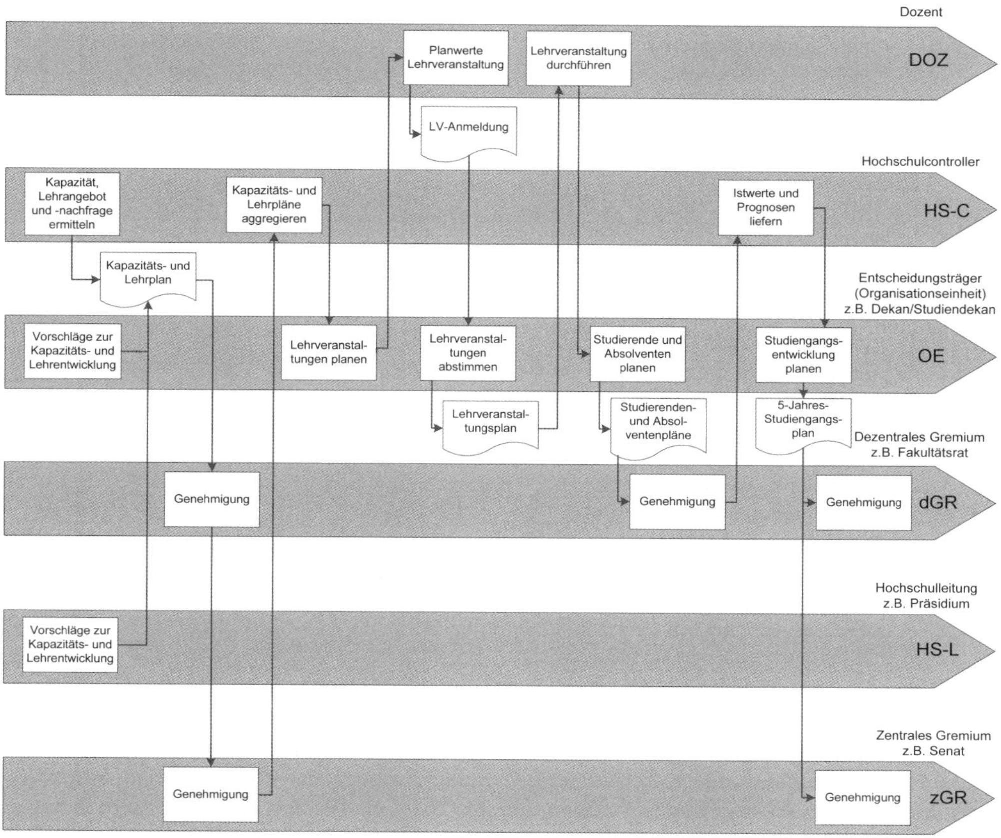

Abb. 4.33: Studiengangsplanungsprozess

Das Verfahrensziel der Kapazitätsplanung liegt in der Harmonisierung des Lehrangebots mit der Lehrnachfrage. Abhängig vom vorhandenen Lehrpersonal werden für zulassungsbeschränkte Studiengänge **Zulassungszahlen** für höchstens aufzunehmende Studierende der kommenden beiden Semester ermittelt. Nach einer internen Abstimmung zwischen dezentraler und zentraler Ebene muss der Planungsbericht der Hochschule ministeriell genehmigt werden. Die Abb. 4.34 verdeutlicht die wesentlichen Begrifflichkeiten im **Kapazitäts- und Lehrplan**. In die Berechnung von Zulassungszahlen gehen gemäß § 1 Kapazitätsverordnung (KapVO) mehrere Faktoren ein. In erster Linie hängen Zulassungszahlen von den verfügbaren Lehrkapazitäten des wissenschaftlichen Personals, vom Curricularnormwert sowie von räumlichen Restriktionen ab, weshalb in Deutschland von einer ressourcenorientierten Kapazitätsplanung gesprochen wird (vgl. *Banscherus* 2010, S. 46).

KAPAZITÄTS- UND LEHRPLAN *[Planstudienjahr]*
Organisationseinheit

	Vorstudienjahr	Studienjahr	Planstudienjahr
I. Kapazität			
Studiengang a			
Anteilsquote (%)			
Curricularnormwert (CNW)			
Kapazität vor Schwund (Anzahl)			
Schwundquote (%)			
Aufnahmekapazität (Anzahl)			
Zulassungszahlen (Anzahl)			
Studiengang …			
…			
Ergebnis Kapazität			
Anteilsquote (%)			
Curricularnormwert (CNW)			
Kapazität vor Schwund (Anzahl)			
Schwundquote (%)			
Aufnahmekapazität (Anzahl)			
Zulassungszahlen (Anzahl)			
II. Lehre			
Unbereinigtes Lehrangebot (SWS)			
Dienstleistungen (SWS)			
Ergebnis bereinigtes Lehrangebot (SWS)			
Lehrnachfrage (SWS)			
Ergebnis Auslastung (%)			

Abb. 4.34: Kapazitäts- und Lehrplan

Der **Curricularnormwert** (CNW) ist ein ministeriell festgelegter Wert für die Intensität der Betreuung von Studierenden innerhalb eines Studiengangs. Nach § 13 KapVO wird der CNW definiert als „in Deputatsstunden gemessenen Aufwand aller beteiligten Lehreinheiten, der für die ordnungsgemäße Ausbildung einer Studentin oder eines Studenten in dem jeweiligen Studiengang erforderlich ist.“ *Zimmermann* (2010, S. 10) beschreibt die Berechnungsvorschrift: „Errechnet wird der Curricularnormwert je Studiengang/-fach aus den Determinanten Studienplan, Art der Lehrveranstaltung (Vorlesung, Übung, Seminar etc.) und einer angenommenen Teilnehmer/innenzahl pro Veranstaltung (200, 60, 20 Studierende). Diese Determinanten werden im Verhältnis zu dem Lehrdeputat einer Lehreinheit bzw. der Deputatsstunde eines/r Lehrenden definiert und (bislang) in Semesterwochenstunden (SWS) gerechnet (vgl. Tabelle [4.2] mit beispielhaft ausgewählten CNWs zur Veranschaulichung der Verhältnisse zwischen Fächergruppen)." Aus den Curricularnormwerten nach Studiengängen kann für eine Lehreinheit ein gewichteter Curricularanteil (CA) über alle zugeordneten Studiengänge gebildet werden. Dieser Wert ist Bestandteil der Berechnung der Aufnahmekapazität und der Lehrnachfrage.

	Curricularnormwerte je Abschlussart						
Studiengang/ Studienfach	Diplom, Magister, Staatsexamen (ohne Lehrämter), Abschlussprüfung	Erste Staatsprüfung für das Lehramt an Gymnasien	Erste Staatsprüfung für das Lehramt an Grund-, Haupt- und Realschulen	Erste Staatsprüfung für das Lehramt für Sonderpädagogik	Diplom-Handelslehrer (Wirtschaftspädagogik, Studienrichtung II)	Master	Bachelor
Anglistik/Englisch	3,20	1,68	1,09	1,09	1,20		
Frauen- und Geschlechterstudien	2,08						
Informatik	4,20	1,52				1,65	3,00
Maschinenbau	4,20					1,08	3,12
Mathematik	3,20	1,52	1,02	1,02	1,20		2,54
Medien-/Kommunikationsw.schaft	3,10						
Medizin	8,20						
Musik	6,80	3,48	2,48	2,48			

Tab. 4.2: Beispiele für Curricularnormwerte (nach Zimmermann)

Das **Lehrdeputat** einer Lehrperson wird in LVS gemessen und ist gemäß §§ 4 und 5 Lehrverpflichtungsverordnung (LVVO) für Universitäten und Fachhochschulen spezifiziert worden. Zur Ermittlung des Lehrangebots werden die Lehrdeputate der verfügbaren Lehrkapazitäten einer Lehreinheit inklusiver Lehraufträge zusammengezogen. Davon werden **Lehrminderungen** nach §§ 7 und 9 LVVO für Veraltungstätigkeiten (Dekane, Präsidium etc.) sowie für Forschungs- und Entwicklungsaufgaben abgezogen (siehe auch Abschnitt 4.2.4). Das so bereinigte Lehrangebot wird abschließend um Dienstleistungen korrigiert, d. h., dass Lehrimporte und Lehrexporte zwischen den Lehreinheiten verrechnet werden. Daneben wird die Höhe der Aufnahmekapazität von den Abgängen an Studierenden beeinflusst. So gibt die

Schwundquote nach § 16 KapVO das Verhältnis zwischen Abgängen und Zugängen an. Ist zu erwarten, dass die Abgänge über den Zugängen liegen werden, so muss die Zulassungszahl für Studienanfänger erhöht werden. Die **Anteilsquote** nach § 12 KapVO kann vom MWK vorgegeben sein. Sie gibt das Verhältnis an, wie die jährliche Aufnahmekapazität der Lehreinheit auf die zugeordneten Studiengänge aufzuteilen sind. Die Aufnahmekapazität kann entsprechend auf einen Studiengang übertragen werden, indem das bereinigte Lehrangebot der Lehreinheit mit der Anteilsquote multipliziert wird und durch den gewichteten Curricularanteil der Lehreinheit geteilt wird (siehe Formel 13). Danach kann die **Aufnahmekapazität** des nächsten Studienjahres in **Zulassungszahlen** für zwei folgende Semester – oftmals im Verhältnis 50:50 – aufgeteilt werden.

Das Berechnungsergebnis ist anhand festgelegter Kriterien nach § 14 KapVO zu überprüfen. So wird quasi als Nebenbedingung die berechnete Kapazität durch die Verfügbarkeit von Räumen beeinflusst. Wird nach § 15 KapVO ein räumlicher Engpass in der Lehreinheit vermutet, so ist der Bedarf festzustellen (siehe hierzu Abschnitt 4.2.3). Zudem muss u. a. auch sichergestellt sein, dass ausreichende Sachmittel sowie wissenschaftliche und nichtwissenschaftliche Mitarbeiter vorhanden sind, um Bedingungen für den Studienerfolg zu schaffen.

Kapazitätsrechtlich ist die **Auslastung** von Studiengängen nicht definiert. Die fehlende Definition ist vermutlich auf die Annahme zurückzuführen, dass die Lehrnachfrage dem Lehrangebot entspricht und sich dadurch eine Quote von 100 % Auslastung berechnet. Die HIS GmbH verwendet die Auslastungsquote einer Lehreinheit, um „nicht nur den aktuellen Anfängerjahrgang, sondern auch die Lehrbelastung durch höhere Jahrgänge innerhalb der Regelstudienzeit“ (*Dölle/Deuse/Jenkner* et al. 2010, S. 12) zu beobachten und zu vergleichen. Deshalb wird die berechnete **Lehrnachfrage** mit dem unbereinigten Lehrangebot gemäß KapVO ins Verhältnis gesetzt. Zusammenfassend ergeben sich die nachfolgenden kapazitätsrechtlichen Formeln aus der KapVO und aus dem AKL-Vergleich der HIS GmbH. Sie determinieren die Kennzahlen im Standardbericht der Kapazitäts- und Lehrplanung.

$$\text{Aufnahmekapazität}_{\text{Stg.}} = \frac{2 * \text{Lehrangebot (bereinigt)}}{\text{Gewichteter Curricularanteil}} * \text{Anteilsquote} \qquad (13)$$

$$\text{Lehrangebot (unbereinigt)}_{\text{LE}} = \sum_{\text{Stg.}} \text{Lehrpersonal} * \text{Lehrdeputat} - \text{Lehrminderungen} + \text{Lehraufträge} \qquad (14)$$

$$\text{Dienstleistungen}_{\text{LE}} = \sum_{\text{Stg.}} \text{Curricularnormwert} * \frac{\text{Studienanfänger nicht der LE zugeordneter Studiengänge}}{2} \qquad (15)$$

$$\text{Lehrangebot (bereinigt)}_{LE} = \text{Unbereinigtes Lehrangebot}_{LE} - \text{Dienstleistungen}_{LE} \quad (16)$$

$$\text{Lehrnachfrage}_{LE} = \sum_{i=1}^{p+q} \text{Studierende in der RSZ}_{\text{Stg } i} * \frac{CA_{\text{Stg } i;LE}}{RSZ_{\text{Stg } i}} \quad (17)$$

$$\text{Auslastung}_{LE} = \frac{\text{Lehrnachfrage}_{LE}}{\text{Unbereinigtes Lehrangebot}_{LE}} \quad (18)$$

Der Kapazitäts- und Lehrplan ist für die Organisation des Lehrbetriebs einer Lehreinheit nicht ausreichend. Es werden stattdessen jedes Semester die Lehrpläne in detailreicherer Form benötigt. Diese beginnen mit der Anmeldung von Lehrveranstaltungen durch Dozenten. Nach der Konsolidierung und Abstimmung zur Forschungsplanung sowie zu den Lehrdeputaten durch den Studiendekan ergibt sich ein **Lehrveranstaltungsplan**. Dem Lehrveranstaltungsplan können anschließend Lehrräume zugewiesen werden, woraus ein Semesterwochen- und Lehrraumplan für Studierende und Dozenten generiert werden kann. Der Lehrveranstaltungsplan bildet sodann die Grundlage zur Erstellung von Modulhandbüchern bzw. Lehrverzeichnissen, die den Inhalt von Studiengängen charakterisieren.

Das Dekanat der Organisationseinheit wird den Planungsprozess für die künftige Lehre im laufenden Semester anstoßen. Bei der Anmeldung von Lehrveranstaltungen wird der Dozent daraufhin Plandaten der Lehrveranstaltung an sein zugeordnetes Dekanat übermitteln (siehe Tab. 4.3). Dabei wird die Lehrveranstaltung benannt und einem Modul zugeordnet. Erfolgt die Plandatenerfassung datenbankgestützt, kann natürlich ein Modul und Modulverantwortlicher im Datensatz bereits hinterlegt sein. So ist es auch denkbar, dass der Datensatz der Lehrveranstaltung als Teilmodul bereits durch den Modulverantwortlichen angelegt wurde, bevor der Dozent die Plandaten erfasst.

Die Kommissionierung von Lehrveranstaltungen bzw. Modulen zu einem oder mehreren Studiengängen erfolgt gemäß den gültigen Prüfungsordnungen. Zur Abstimmung der Lehrplanung mit der Kapazitätsplanung sowie Forschungsplanung sind Lehrverpflichtungsstunden zu erfassen, die als SWS und Credits den zeitlichen und inhaltlichen Umfang der Lehrveranstaltung bemessen. Mit der Auswahl des Semesters samt zugehöriger Ecktermine, aus denen beispielsweise Blockveranstaltungen erkannt werden können, sind auch Wunschtermine des Dozenten mögliche Plandaten. Anhand dessen sowie erwarteter Studierendenzahlen kann im Dezernat geprüft werden, ob der gewünschte Lehrraum für den Zeitraum zur Verfügung steht. Freie Texte oder Hinweise für Studierende oder Dekanate können als Anmerkungen erfasst werden. Sodann können den Plandaten inhaltliche Beschreibungen, Prüfungsformen, Voraussetzungen etc. für Modulhandbücher übermittelt werden. Mittelanträge für Exkursionen, Vorträge, Mobilität, Sachmittel, Lehrbeauftragte etc. können als Anhang den Plandaten vom Dozenten oder Modulverantwortlichen beigefügt werden. Die Plandaten können anschließend nach Studiengängen und Lehreinheiten zu einem Lehrplan aggregiert werden, sodass die Erfüllung von Deputaten und Lehrangeboten für das Plansemester kontrollierbar und nachweisbar wird.

<table>
<tr><th>Organisationseinheit
Dozent</th><th colspan="6">Lehrveranstaltung (Teilmodul) Antragsdatum</th></tr>
<tr><td>Modul</td><td colspan="2">Modul a</td><td colspan="2">...</td><td colspan="2">Modul n</td></tr>
<tr><td>Studiengang</td><td colspan="2">Studiengang a</td><td colspan="2">...</td><td colspan="2">Studiengang n</td></tr>
<tr><td>Lehrveranstaltungsart</td><td>Vorlesung</td><td>Praktikum</td><td>Seminar</td><td colspan="2">Übung</td><td>...</td></tr>
<tr><td>Lehrumfang</td><td colspan="5">Semesterwochenstunden bzw. Lehrverpflichtungsstunden</td><td>Credits</td></tr>
<tr><td rowspan="2">Zeitraum</td><td colspan="3">Semester [WiSe/SoSe xxxx]</td><td>...</td><td colspan="2">n</td></tr>
<tr><td colspan="3">Beginn Tag [xx.xx.xxxx]</td><td colspan="3">Ende Tag [xx.xx.xxxx]</td></tr>
<tr><td rowspan="2">Wochentermin
(priorisiert)</td><td>Montag</td><td>Dienstag</td><td>Mittwoch</td><td>Donnerstag</td><td>Freitag</td><td>Samstag</td></tr>
<tr><td colspan="3">Beginn Uhrzeit [xx:xx]</td><td colspan="3">Ende Uhrzeit [xx:xx]</td></tr>
<tr><td>Studierende
(Schätzwert)</td><td colspan="6">Anzahl Köpfe</td></tr>
<tr><td rowspan="2">Priorisierter Raum</td><td colspan="2">Lehrraum a</td><td colspan="2">...</td><td colspan="2">Lehrraum n</td></tr>
<tr><td colspan="2">Fachspez. Raum a</td><td colspan="2">...</td><td colspan="2">Fachspez. Raum n</td></tr>
<tr><td>Anmerkungen</td><td colspan="6">[Text]</td></tr>
<tr><td>Anhang</td><td colspan="2">Angaben für Modulhandbuch</td><td colspan="2">Ggf. Anträge für Fördermittel</td><td colspan="2">Ggf. Anträge für Personalkosten</td></tr>
</table>

Tab. 4.3: Plandaten einer Lehrveranstaltung

Neben der Angabe des kommenden Plansemesters können Plandaten erfasst werden, die sich grob und unverbindlich auf darüber hinausgehende Plansemester beziehen und neben der Kapazitätsplanung auch Plandaten anderer Handlungsfelder darstellen. Deutlich sind die Interdependenzen von

- Studierenden und
- Lehrverpflichtungsstunden

erkennbar. Wie in Formel 17 aufzeigt, bemessen die **Studierendenzahlen** einerseits die Höhe der Lehrnachfrage (in SWS). Dieser Wert wirkt sich auch in der langfristigen Forschungsplanung dahingehend aus, als dass Lehrermäßigungen für Forschung das Lehrangebot und damit die Aufnahmekapazität verringern. Da die Lehrnachfrage dem Lehrangebot entsprechen muss, können Planungsfehler verringert werden, wenn **Lehrverpflichtungsstunden** erhoben und nach Lehreinheiten zum Lehrangebot (siehe Formel 14) aggregiert werden. Beide Werte können in einer Auslastungsquote verprobt werden. Die effizienteste Lehrbelastung liegt bei 100 % Auslastung. Die Validität und Robustheit der strategisch ausgerichteten Forschungsplanung hängt damit nicht nur von den geplanten Erfolgsquoten aus Forschungsanträgen ab, sondern auch von der Studiengangsplanung und den verfügbaren personellen Lehrkapazitäten.

Die Planung der Studienbedingungen eines Studiengangs ist natürlich vielschichtiger als es mit Kapazitäts- und Lehrberichten vollzogen werden kann. Beispielsweise hängt die Lehrqualität von pädagogischen Fähigkeiten ab und das Klima im Studienbetrieb wirkt ebenso auf den Studienerfolg ein (siehe Abb. 4.32). Da die Einflüsse sowohl im personellen, als auch im organisatorischen und exogenen Bereich der Hochschule liegen können, ist die regelmäßige empirische Beobachtung des Studienverlaufs ein probates Mittel, um steuernd in den Durchführungsprozess eingreifen zu können. Jedes Semester unterstützen deshalb Studierendenberichte und Absolventenberichte die Organisationseinheiten ihre zugeordneten Studiengänge in ihrer Routine empirisch, analytisch oder hermeneutisch begründet zu verbessern.

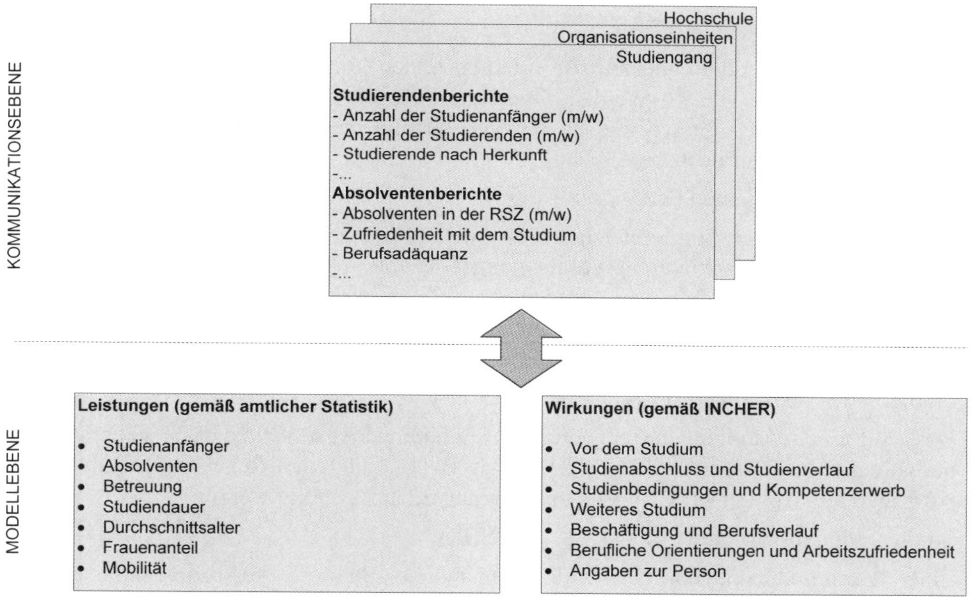

Abb. 4.35: Dimensionen zur Abbildung von Studienleistungen und -wirkungen in Berichtssystemen

Die Konzeption von **Studierendenberichten** und **Absolventenberichten** kann u. a. in Anlehnung an Kennzahlen der amtlichen Hochschulstatistik erfolgen. Je nach Pragmatik der Kommunikation kann sich die Modellebene auch ändern. Aber gegenwärtig liegen in Hochschulen jeweils Datensätze zu acht nichtmonetären Sachdimensionen vor (siehe hierzu Abschnitt 3.3.2.4). In der amtlichen Statistik werden somit bereits zahlreiche leistungsbezogene Daten im Handlungsfeld „Studium und Lehre" erhoben, die auch im Hochschulkennzahlensystem Niedersachsen als Inputdaten angewendet werden (siehe hierzu Abschnitt 3.3.1.3). In der Erhebung fehlt jedoch die Wirkungsperspektive erbrachter Leistungen. So definiert das INCHER mehrere Dimensionen, die in Befragungen von Absolventen operationalisiert werden (siehe *HRK/INCHER* 2011, S. 90 ff.). Mit der Operationalisierung ergibt sich ein gemeinsames Zeichenrepertoire aus anerkannten Sachdimensionen des Umfelds zur Kommunikation von Leistungen und Wirkungen im Handlungsfeld „Studium und Lehre" (siehe hierzu auch Abb. 2.9). Ausgehend von Studiengängen können dementsprechend Kennzahlen hierarchisch nach exogenen oder endogenen Kommunikationserfordernissen aggregiert werden (siehe Abb. 4.35). Da selbige Dimensionen in der exogenen Berichterstattung Anwendung finden, ist folglich die formale exogene mit der endogenen Kommunikation gekoppelt und stellt eine kommunikative Anschlussfähigkeit – bedingungsweise die Voraussetzung für eine Vergleichbarkeit – der Systeme her. Die Abhängigkeit zwischen Kommunikations- und Modellebene ist interdependent.

Um im Berichtssystem zwischen mehreren Hierarchiestufen vergleichend zu analysieren, hängt die Operationalisierung der Dimensionen zunächst vom Verständnis der Objekte „**Studierender**" und „**Absolvent**" ab. So unterscheidet der AKL-Vergleich der HIS GmbH jeweils vier verschiedene Begrifflichkeiten (vgl. *Dölle/Deuse/Jenkner* et al. 2010, S. 176 ff.):

1. Studierende/Absolventen (FFÄ):

   Die Messung der Studierenden/Absolventen einzelner Studiengänge erfolgt in der Einheit Fachfalläquivalente (FFÄ). Werden Studierende/Absolventen mehreren Studiengängen zugeordnet (z. B. Hauptfach und Nebenfach), erfolgt eine verhältnismäßige Aufteilung (z. B. gemäß der Lehrnachfrage).
2. Studierende/Absolventen (VZÄ):

   Durch Messung der Studierenden/Absolventen in der Maßeinheit Vollzeitäquivalente (VZÄ) können unterschiedliche Studiengangskonzepte (Voll-, Teil- oder Teilzeitstudiengänge) aggregiert werden. Die Gewichtung erfolgt nach möglichen Leistungspunkten (Credits) im Verhältnis zu den erreichbaren Leistungspunkten eines Vollzeitstudiums (30 Credits) und der Regelstudienzeit der Studierenden.
3. Studierende/Absolventen (FFÄ) in der RSZ:

   Das sind einem Studiengang zugeordnete Studierende/Absolventen nach Fachfällen innerhalb der Regelstudienzeit (RSZ). Durch Betrachtung der Regelstudienzeit können Aussagen hinsichtlich zur Effizienz des Studienverlaufs getätigt werden.
4. Studierende/Absolventen (VZÄ-DLK) in der RSZ:

   Einer Lehreinheit zugeordnete vollzeitgewichtete Studierende/Absolventen, die um Dienstleistungskoeffizienten (DLK) korrigiert worden sind. Durch die Berücksichtigung der Lehrverflechtung kann eine Abhängigkeit bzw. Unabhängigkeit – gewissermaßen der Anteil für die eigenständig erbrachte Ausbildung – der Lehreinheit abgeleitet werden.

Die innerhochschulischen Dienstleistungen stellen Ressourcen der Leistungserstellung dar und werden bereits separat über Lehrverflechtungsmatrizen geplant und kontrolliert (siehe dazu Abschnitt 3.1.2.1). Deshalb ist die zuletzt genannte Kennzahl in hochschulinternen Planungsaktivitäten nicht zwingend erforderlich, kann in Berichtssystemen aber nachrichtlich auf Ebene einer Lehreinheit zu Vergleichszwecken mitgeführt werden.

In Studierendenberichten sollten primär Kennzahlen zum Studienbeginn (Input) und -verlauf (Prozess) herangezogen werden (siehe Abb. 4.36). Zur Beurteilung des Studienbeginns sind insbesondere die **Zulassungszahlen** des Studiengangs aus dem Kapazitätsplan zu nennen, die zu den tatsächlichen **Studienanfängern** des 1. Fachsemesters abgeglichen werden können. Die Einschreibungen können hinsichtlich Gleichstellung, Internationalität und Fachwechsler nochmals unterschieden werden. Daneben sind **Quereinsteiger** in höhere Semester von Relevanz, da sie ebenfalls die Zugänge an Studierenden erhöhen und insofern Schwund wie **Exmatrikulationen** kompensieren. Die **Hochschulzugangsberechtigung** gibt als Mittelwert (mw) Auskunft über das Potenzial des externen Faktors bei der Leistungserstellung. Die genauere Analyse dessen kann beispielsweise dazu führen, dass verstärkt Deutsch- oder Mathematikkurse zur Vorbereitung auf das Studium angeboten werden. Die Anzahl der **Bewerbungen** von Studieninteressierten ist als Nachfrageindikator zu sehen und liefert einen Hinweis auf die Marktattraktivität des Studiengangs.

Einen möglichen Maßstab für die Bewertung von erwarteten Leistungen und dem korrespondierenden haushaltsrechtlichen Kapitalbedarf sehen *Fangmann/Heise* (2008, S. 55) in **Normstudienplätzen**. „Normstudienplätze dienen [...] als Maßstab für den normierten Lehraufwand zur Ausbildung eines Studierenden bzw. als Kapazitätsmaß für das Vorhalten eines Studienplatzes“ (ebenda). Unter Annahme, dass Studierende nur ein Studium absolvieren, kann anhand der Kennzahl ermittelt werden, wie viele Studierende mit dem verfügbaren Lehrpersonal unter Beachtung von Forschungsaktivitäten ausgebildet werden könnten. Der berechnete Wert entspricht einer theoretischen Vollauslastung des Studiengangs, da die Kennzahl den CNW des Studiengangs in der Berechnung berücksichtigt (ebenda). Es wird daher ein angebotsorientierter Planwert ermittelt, welcher mit den tatsächlich eingeschriebenen Studierenden oder der Aufnahmekapazität abgeglichen werden kann. Ihr liegt folgende Formel zugrunde (ebenda):

$$\text{Normstudienplätze} = \frac{\text{Lehrangebot (SWS)} \ * \ \text{Regelstudienzeit (Sem.)}}{\text{Curricularnormwert}} \tag{19}$$

Die **Studienbedingungen** sind eine qualitative Eingangsgröße des Studienerfolgs für Studienanfänger und werden ex post durch Absolventen beurteilt. Natürlich sind hierzu differenziertere Berichte mit Indikatoren aus Absolventenstudien notwendig, die auf einer Likert-Skala gemessen und bewertet werden. Grundsätzlich lassen sich Indikatoren, wie Praxisbezogenheit, Vertiefungsmöglichkeiten, Ausstattungen etc. zu einer Kennzahl „Studienbedingungen“ verdichten – allerdings geht mit der Aggregation ein Informationsverlust einher, weshalb Berichte mit zugrunde liegenden Indikatoren zwecks Aufriss und Wiederherstellung des sinngebenden Kontexts mit dokumentiert werden sollten.

Die Zusammensetzung von Studiengängen thematisiert den prozessorientierten Studienverlauf. Neben den bereits genannten Kennzahlen von Studierenden sind insbesondere Kennzahlen zur Internationalität und über Prüfungen relevant. So sind **Bildungsausländer** als Studierende zu bezeichnen, die eine Hochschulzugangsberechtigung im Ausland erworben haben. Studierende, die ins Ausland gehen, haben hingegen ihre Hochschulzugangsberechtigung in Deutschland erhalten und absolvieren eine zu definierende Zeitspanne ihres Studiums (z. B. ein Semester) an einer ausländischen Hochschule. Jene Studierende werden als **Outgoings** bezeichnet (siehe Abschnitt 3.3.1.3).

STUDIERENDE *[Planstudienjahr]*
Studiengang

	Vorstudienjahr		Studienjahr		Planstudienjahr	
	WiSe	SoSe	WiSe	SoSe	WiSe	SoSe
I. Studienbeginn						
Bewerbungen (FFÄ)						
davon weiblich						
Zulassungszahlen (FFÄ)						
Studienanfänger 1. Fachsemester (FFÄ)						
davon weiblich						
davon ausländischer Herkunft						
davon 1. Hochschulsemester						
Quereinsteiger (FFÄ)						
Hochschulzugangsberechtigung (mw)						
Normstudienplätze (SWS/CNW)						
Studienbedingungen (mw)						
II. Studienverlauf						
Studierende (FFÄ)						
davon weiblich						
Studierende (VZÄ)						
davon weiblich						
Studierende in der RSZ (FFÄ)						
davon weiblich						
Bildungsausländer (FFÄ)						
davon weiblich						
Ins Ausland gehende Studierende (FFÄ)						
davon weiblich						
Leistungspunkte (Credits)						
Arbeitsaufwand (Std./Woche)						
1. Studienabschnittsdauer (mw in Sem.)						
Exmatrikulationen (FFÄ)						
Zufriedenheit Exma. ohne Abschluss (mw)						

Abb. 4.36: Beispiele für Kennzahlen von Studierendenberichten

Die Beurteilung des Studienfortschritts kann anhand von Prüfungen und den erreichten Leistungspunkten erfolgen. **Leistungspunkte** beschreiben den Lernaufwand von Studierenden. Einem Vollzeitstudium sind 30 Leistungspunkte pro Semester zugeordnet. Pro Leistungspunkt wird ein Arbeitsaufwand von 30 Stunden angesetzt. Jener Wert kann über die Kennzahl **Arbeitsaufwand** (Std./Woche) in Lehrevaluationen erhoben und validiert werden. Über die Modulzuordnungen können die erreichten Leistungspunkte der Studierenden den Planwerten des Studiengangs gegenübergestellt werden (vgl. *Jenkner* 2009, S. 38; *Jaeger/Sanders* 2009, S. 1 ff.). Vor diesem Hintergrund ist für Studiendekane ein Bericht mit Aufriss der Leistungspunkte sinnvoll. Hierin können zudem sowohl Notenspiegel und Durchfallquoten auf Modul- oder Lehrveranstaltungsebene abgebildet und zum Vorjahr referenziert dargestellt sein, sodass ein Monitoring der Module etabliert werden kann. Die erreichten Leistungspunkte spiegeln jedoch nicht den Studienerfolg in zeitlicher Hinsicht ab. Daher bildet die mittlere Dauer bis zur Vollendung des 1. Studienabschnitts eine geeignete Kennzahl zur Beurteilung der zeitlichen Erfolgsdimension. Neben den bereits genannten

Exmatrikulationen, sind die Unterbrechung bzw. der Abbruch des Studiums sowie das Maß der Zufriedenheit mit dem bisherigen Studium zu ergründen, um Studienbedingungen ganzheitlich hinsichtlich der beanspruchten Qualität evaluieren zu können.

In Absolventenberichten sollten Kennzahlen zum Studienabschluss (Output) und zum Berufseinstieg bzw. -verlauf (Outcome) abgebildet sein (siehe Abb. 4.37). Bei der Beurteilung der erreichten Studienleistungen durch Arbeitgeber wird der Abschlussnote sowie der zeitliche Umfang des Studiums nach wie vor der Bologna-Reform eine hohe Bedeutung beigemessen. Die durchschnittliche **Abschlussnote** wie auch die **Studiendauer** der Absolventen sind daher neben den bereits genannten Absolventenzahlen Kennzahlen in Absolventenberichten, die aus zahlreichen Statistiken wie z. B. „Absolventen nach Fachsemestern" ermittelt werden können. Zudem geben **Auslandsaufenthalte** (Wochen/Absolvent) den Grad der Mobilität der Studierenden bzw. der Internationalität des verfolgten Studienverlaufs an.

Die Orientierung der Lehre an der Vermittlung von **Kompetenzen** ist ein wichtiges wirkungsbezogenes Ergebnis (vgl. *Pellert* 2011, S. 61 ff.). *Braun/Hannover* (2008, S. 153 f.) unterscheiden hierzu fachgebundene Basis- von generalisierten Handlungskompetenzen. „Während [...] in der Schule die Überprüfung von abgegrenzten, klar fachbezogenen (Englisch, Mathematik, ...) Basiskompetenzen in bestimmten Schulfächern gefördert werden sollen, ist eine Erweiterung von fachübergreifenden Handlungskompetenzen (z. B. Kommunikationskompetenz) das Ziel der Hochschullehre" (ebenda, S. 154). Die Kompetenzdimensionen als auch deren Operationalisierung ist noch nicht abschließend, weshalb beispielhaft die Unterscheidung nach *Braun/Hannover* (ebenda, S. 157) im Absolventenbericht aufgezeigt worden ist. Sie unterscheiden neben Fach-, Methoden- und Personalkompetenz noch die Bereiche Kommunikation, Präsentation und Kooperation. Die Dimensionen lassen sich in mehrere Einzelitems aufgliedern und in Fragebögen verwenden (siehe hierzu bspw. *HRK/INCHER* 2011, S. 103).

Die Bewertung des Studiums muss aber nicht allein zum Studienabschluss erfolgen. Vielmehr wird der Mehrwert von Absolventenbefragungen erkennbar, wenn Absolventen nach einer deutlichen Zeitspanne von etwa 1 bis 1,5 Jahre nach Studienabschluss im Lichte der beruflichen Realität das Studium reflektieren. Vor diesem Hintergrund hat sich die **Zufriedenheit** der Absolventen mit dem Studium zu einer aussagekräftigen Kennzahl etabliert (vgl. *Schomburg* 2009, S. 57 f.) und sollte als Ergebnis des Studienabschlusses mit erhoben und in das Berichtssystem integriert werden.

Im Zuge der Absolventenbefragung kann darüber hinaus gezielt auf die **Beschäftigung** eingegangen werden. So mag es für den Großteil der Absolventen durchaus ein „Erfolg" sein, wenn innerhalb von drei Monaten nach Studienabschluss eine Anschlusstätigkeit (z. B. Beruf, Aufbaustudium etc.) gefunden worden ist, die prozentual angegeben werden kann. Natürlich hängt die Interpretation derartiger Ergebnisse immer auch von persönlichen Lebensplanungen ab, weshalb Gründe abgefragt werden sollten (z. B. Schwangerschaft, Auszeit, Auslandsaufenthalt etc.). Die langfristigen Wirkungen des Studiums zu operationalisieren, heißt unter anderem, dass Entscheidungsträger Kennzahlen festlegen müssen, die etwa die Zufriedenheit mit der beruflichen Entwicklung, Möglichkeiten zur Anwendung erlangter

Kompetenzen und die berufliche Adäquanz der ausgeübten Stelle thematisieren. Nicht zuletzt spielen Einkommensverhältnisse oder die Wahrnehmung öffentlicher Ämter als Indikator für die Übernahme gesellschaftlicher Verantwortung eine Rolle in der Bewertung langfristiger Wirkungen eines Studiums.

ABSOLVENTEN ***[Planstudienjahr]***
Studiengang

	Vorstudienjahr		Studienjahr		Planstudienjahr	
	WiSe	SoSe	WiSe	SoSe	WiSe	SoSe
I. Studienabschluss						
Absolventen (FFÄ)						
davon weiblich						
Absolventen (VZÄ)						
davon weiblich						
Absolventen in der RSZ (VZÄ)						
davon weiblich						
Absolventen (VZÄ-DLK)						
Abschlussnote (mw)						
Studiendauer (mw in Fachsem.)						
Studiendauer (mw in Hochschulsem.)						
Auslandsaufenthalt (in Wochen/Absolvent)						
Fachkompetenz (mw)						
Methodenkompetenz (mw)						
Präsentationskompetenz (mw)						
Kommunikationskompetenz (mw)						
Kooperationskompetenz (mw)						
Personalkompetenz (mw)						
Zufriedenheit mit Abschluss (mw)						
II. Berufsverlauf						
Beschäftigung (%)						
Zufriedenheit berufliche Entwicklung (mw)						
Anwendung erworbener Qualifikation (mw)						
Berufsadäquanz (mw)						

Abb. 4.37: Beispiele für Kennzahlen von Absolventenberichten

Wie auch bestimmte Varianten der Kennzahlen „Studierender“ und „Absolventen“ sind weitere Kennzahlen aus Studierenden- und Absolventenberichten nicht in jedem Fall zu Kennzahlen höherer Entscheidungsebenen sinnvoll zu verdichten. Zur Verdeutlichung sei die Bewertung von **Studiendauern** genannt, die abhängig ist von der Regelstudienzeit des betreffenden Studiengangs. Da Studiengänge unterschiedliche Dauern haben können, ist eine sinnvolle Zusammenführung der Daten nicht möglich. Zwecks Aggregation bedarf es einer Anpassung der Kennzahl. Es ist daher angebracht, relative Kennzahlen heranzuziehen, die auf Kennzahlen unterer Hierarchien aufsetzen, auf die, wenn zur Interpretation des Handlungsfeldes notwendig, verwiesen werden kann. Im Hochschulkennzahlensystem Niedersachsen wird deshalb die Kennzahl „mit Regelstudienzeit (RSZ) gewichtete Absolventen“ verwendet (vgl. Abschnitt 3.3.1.3). Hierzu heißt es: „Bei einer RSZ von 10 geht ein Studierender, der das Studium nach 10 Semestern abschließt, mit 10/10 = 1 ein. Schließt er das

Studium nach 8 Semestern ab, geht er mit 10/8 = 1,25 ein. Bei Abschluss nach 12 Semestern geht er mit 10/12 = 0,83 ein“ (*Dölle/Brummer* 2010, S. 44; Fußnote 15).

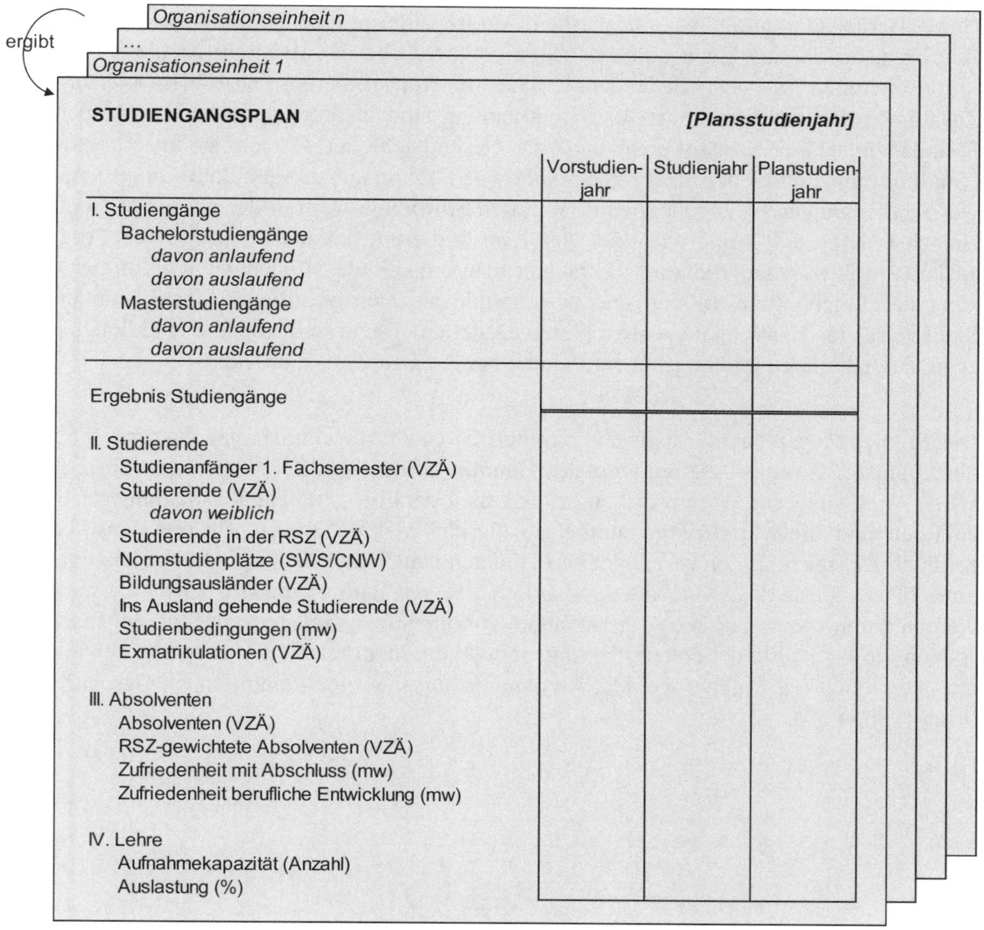
ergibt
Organisationseinheit n
...
Organisationseinheit 1
STUDIENGANGSPLAN
[Plansstudienjahr]
Vorstudienjahr
Studienjahr
Planstudienjahr
I. Studiengänge
Bachelorstudiengänge
davon anlaufend
davon auslaufend
Masterstudiengänge
davon anlaufend
davon auslaufend
Ergebnis Studiengänge
II. Studierende
Studienanfänger 1. Fachsemester (VZÄ)
Studierende (VZÄ)
davon weiblich
Studierende in der RSZ (VZÄ)
Normstudienplätze (SWS/CNW)
Bildungsausländer (VZÄ)
Ins Ausland gehende Studierende (VZÄ)
Studienbedingungen (mw)
Exmatrikulationen (VZÄ)
III. Absolventen
Absolventen (VZÄ)
RSZ-gewichtete Absolventen (VZÄ)
Zufriedenheit mit Abschluss (mw)
Zufriedenheit berufliche Entwicklung (mw)
IV. Lehre
Aufnahmekapazität (Anzahl)
Auslastung (%)

Abb. 4.38: Operativer Studiengangsplan mit Beispielkennzahlen

Des Weiteren können sich gänzlich neue Kennzahlen erst auf höheren Hierarchieebenen ergeben. So sind **Betreuungsrelationen**, die Studierende ins Verhältnis zu Lehrenden setzen (siehe auch Abschnitt 2.2.4), nicht sinnvoll auf Studiengangsebene abbildbar, da Lehrende erst auf Ebene von Lehreinheiten zugeordnet werden können. Ähnlich verhält es sich bei einer Kennzahl „Absolvent pro Professor“. Natürlich kann auf Lehrstuhl- oder Studiengangsebene gemessen werden, wie viele Absolventen betreut wurden. Betrachtet man jedoch das gesamte Studium eines Absolventen sowie die damit verbundene und ausgeübte Lehre, dann muss die Kennzahl „Absolvent pro Professor“ auf Ebene von Lehreinheiten abgebildet werden, die gegebenenfalls noch um Dienstleistungen bereinigt worden ist. Flächen und Finanzen werden ebenso wenig auf Studiengangsebene heruntergebrochen, sodass eine Kennzahl „Fläche pro Studierender“ oder „Ausgaben pro Studierender“ erst auf Ebene von

Lehreinheiten sinnvoll gebildet werden können. Dementsprechend ist bei Studierendenzahlen dieser Hierarchieebenen nicht FFÄ, sondern VZÄ die dominierende Werteinheit.

Unter Berücksichtigung der im vorigen Absatz angesprochenen Kommensurabilität von Begriffen, lassen sich Kennzahlen der Studierenden- und Absolventenberichte nach Organisationseinheiten und anschließend hochschulweit konsolidieren, neu bilden oder ergänzen. Zusammen mit der Kapazitäts- und Lehrplanung sind insofern auf Ebene der Hochschule Studiengangspläne zu etablieren, die eine Gesamtsicht der Ergebnisse im Handlungsfeld „Studium und Lehre" abbilden (siehe Abb. 4.38). Ohne auf die qualitativ-inhaltliche Ebene von Studiengängen einzugehen, kann in einem **Studiengangsplan** der gesamten Hochschule zunächst dargestellt sein, wie groß der Konsolidierungskreis ist und welche Programme auslaufend bzw. anlaufend sind. Betrachtet man anlaufende Studiengänge als in der Umsetzung befindliche Investitionen und auslaufende als Desinvestitionen, kann eine investive Sichtweise der Studiengangsentwicklung entstehen. Dazu sind geplante Studiengangskonzepte zu diskutieren und gegebenenfalls in einer Kennzahl auszudrücken.

Die Studiengangsplanung ist in einer mittelfristigen Entwicklungsplanung über fünf Jahre eingebunden. Zwecks Abstimmung der Handlungsfelder bedarf es zunächst einer planerischen Anpassung der Wertausprägungen, da die operative Studiengangsplanung nach Studienjahren und die Mittelfristplanung nach Geschäftsjahren erfolgt. Es muss insofern eine zeitliche Abgrenzung der vorhandenen Plandaten stattfinden. Das operative Planungssystem muss hierzu Werte der Kennzahlen monatlich erfassen, damit je nach Hochschule spezifiziert werden kann, wann zeitliche Abgrenzungen vorzunehmen sind. Je nach Studiengang können sodann die Planwerte der ersten Planungsperiode um nicht relevante Planwerte korrigiert und um neue Planwerte ergänzt werden. Ab dann erfolgt die reine Planung nach Geschäftsjahren (siehe Abb. 4.39).

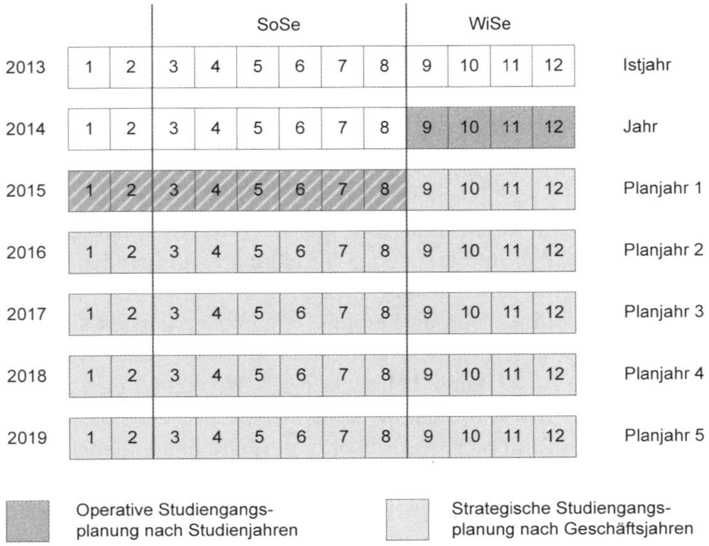

Abb. 4.39: Zeitliche Abgrenzung bei Planung von Studienjahren und Geschäftsjahren

Wie in der operativen Planung, kann die strategische Planung hochschulweit konsolidiert werden (siehe Abb. 4.40). Die strategische Studiengangsplanung ist eine Mengenplanung unter Beachtung qualitativer Zielsetzungen. Durch das Controlling bereitgestellte Prognosen von Studierendenzahlen bieten natürlich Ansätze zur Generierung der Plandaten, aber es kommt in erster Linie auf die Expertenmeinungen der Dekane und Studiendekane an, wie sich die Studiengänge mengenmäßig und qualitativ entwickeln sollen.

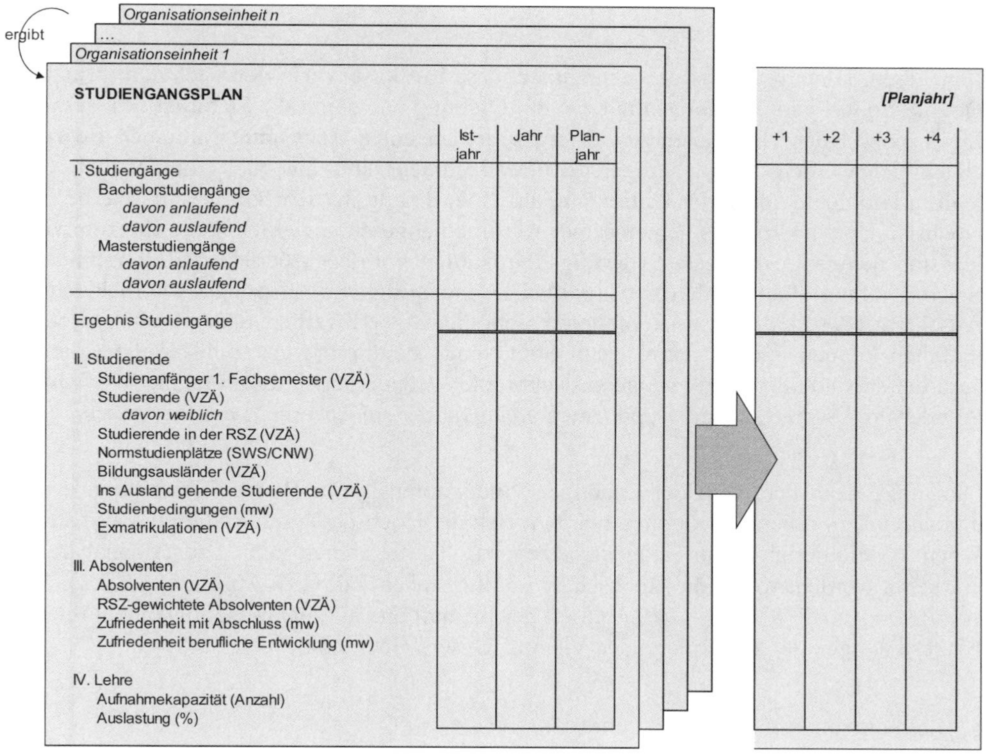

Abb. 4.40: Strategischer Studiengangsplan

Es können nicht zu allen Kennzahlen Planwerte mit einer wohl definierten Studienqualität ermittelt werden, wie es in produktionstheoretischen Ansätzen der Betriebswirtschaft üblich ist (siehe hierzu *Wiendahl* 2010, S. 249 ff.). So können zwar die Absolventenzahlen recht verlässlich unter Berücksichtigung von Schwund prognostiziert werden. Die Ergebnisse des Studiums werden jedoch durch Absolventen und anderen Anspruchsgruppen (z. B. Staat, Wirtschaft, Gesellschaft) beurteilt und lassen dann erst umfängliche Aussagen bezüglich Studien- und Berufserfolg zu. Wie auch in Zielvereinbarungen sind deshalb Zielwerte gemeinsam zwischen (Studien-)Dekanen und Gremienvertretern auf Basis normativer Werte festzulegen. Die daraus abgeleiteten Maßnahmen finden sodann Eingang in die strategische Planung. Wie das normative Hochschulwertesystem gestaltet sein kann, wird im nächsten Abschnitt dargelegt.

4.2.6 Werte-Controlling

Das Konzept der Wertorientierung in Hochschulen – das sogenannte Wertesystem – bildet normativ-ethische Steuerungsgrößen ab. Anhand der Steuerungsgrößen sollen nachhaltige Maßnahmen zur Sicherung der endogenen und exogenen Legitimität abgeleitet werden (vgl. Abschnitt 2.2.1.1). Es stellt sich die Frage, welche Steuerungsgrößen geeignet sind, Entscheidungen bzw. Handlungen in Hochschulen zu legitimieren und wie sie standardmäßig abzubilden sind.

Vor diesem Hintergrund wird angenommen, dass **Indikatorvariablen** nach dem Prinzip des Double-Loop-Learning die Qualität zweiter Ordnung und somit die Stabilität des Gesamtgefüges einer Hochschule anzeigen. Diese sollen in einer **Hochschul-Balanced Scorecard** abgebildet werden. Daraus abgeleitete Maßnahmen sind anspruchsgruppenübergreifend legitim und deuten nach der Umsetzung auf einen Erfolg der Hochschule hin, da die stabile Hochschulentwicklung als gemeinsamer Anspruch angesehen werden kann. Indikatorvariablen sind demnach (mindestens) **Erfolgskennzahlen** von Hochschulen (vgl. Abschnitt 3.5). Sodann sollten Hochschulen machtpolitische und dringliche Ansprüche wahrnehmen (vgl. Abschnitt 2.2.3.2), die zwar nachfolgend nicht thematisiert werden, aber eine hohe Relevanz entfalten können – etwa dann, wenn Studierende demonstrieren, ministerielle Erlasse zu verarbeiten sind oder auch endogene strukturelle Veränderungen dazu führen, dass Mitarbeiter oder Professoren sich als Opponenten organisieren, um Ansprüche durchzusetzen.

Die Frage nach der Wahl der „richtigen" Indikatoren ist im **Werte-Controlling** zunächst einmal ein Priorisierungsvorgang, bei dem sich die Hochschule mit kulturellen und strategischen Positionierungen auseinander setzen muss. Im Rahmen einer Szenarioanalyse kann erarbeitet werden, wofür die Hochschule künftig stehen will (vgl. Abschnitt 2.2.3.3). *Braun von Reinersdorff* (2010, S. 17) formuliert beispielhaft und auszugsweise folgende initiierende Fragestellungen der konstruierenden Vision: „Unsere Hochschule steht für...

- Freiheit von Forschung und Lehre?
- Professionalisierung und Marktorientierung?
- Diversity, Pluralität, Offenheit?"

Erst die kulturellen Grundwerte zeigen eine Vision auf, die im Leitbild auszuformulieren ist, und geben dem strategischen Wandlungsbedarf eine Richtung vor, sodass priorisiert werden kann, welches Markt- und Wettbewerbsverhalten, welche strategischen Positionierungen und welche Wettbewerbsvorteile man am Ende des Tages verfolgen und schließlich im Sinne des Hochschulerfolgs als Indikatoren in einer Hochschul-Balanced Scorecard messen will (vgl. ebenda). Gleichermaßen wird mit der Kultur- und Strategieentwicklung ein Qualitätsanspruch an die Leistungserstellung gestellt (vgl. dazu Abschnitt 3.4), weshalb *Feller/Dahlmann/Sass* et al. (2010, S. 50 f.) in diesem Zuge von einer Quality Scorecard sprechen. Am Beispiel der Hochschule Fulda wird der **Strategieentwicklungs- und umsetzungsprozess** aufgezeigt (vgl. ebenda, S. 51):

1. **Vision**: Bei der Formulierung der Vision wurde auf eine breite Mitwirkung der Gremien und ihrer Statusgruppen geachtet, sodass eine hohe Akzeptanz erzielt wird.
2. **SWOT-Analyse**: Im Workshop wurden Daten unter Einbezug von Anspruchsgruppen hinsichtlich Stärken, Schwächen, Risiken und Chancen (SWOT – Strengths-Weaknesses-Opportunities-Threats) und den visionären Aussagen analysiert.
3. **Ableitung von Strategien**: Mithilfe der SWOT-Analyse wurden Strategien von zentralen und dezentralen Entscheidungsträgern abgeleitet.
4. **Strategy Map**: Es wurden Ursache-Wirkungs-Ketten zwischen den strategischen Zielen identifiziert, die sodann die relevanten Indikatoren festlegen, mit denen die Zielerreichung gemessen werden soll.
5. **Quality Scorecard**: Die Quality Scorecard umfasst eine Struktur- und Entwicklungsperspektive, eine Prozess- und eine Ergebnisperspektive. Beispielhaft wird in der Prozessperspektive verdeutlicht, dass der gesamte Bildungsprozess von Bedeutung für die Steuerung der Studienqualität ist. Dementsprechend werden anhand der Strategien Prozesse aus dem Prozessmanagement priorisiert und mit strategischen Kennzahlen gesteuert. Die nicht priorisierten Prozesse werden mit operativen Kennzahlen gesteuert.
6. **Maßnahmenplan**: In zentralen Einrichtungen sowie der Verwaltung sind zur Zielerreichung umsetzbare Maßnahmen identifiziert worden. Die dezentralen Einheiten erarbeiten eigenständig Maßnahmen, die auf Zielvereinbarungen beruhen.
7. **Strategisches Feedback**: Zur Überprüfung des Umsetzungsgrades von Zielen erhält die Hochschulleitung jährlich einen Ergebnisbericht der dezentralen Organisationseinheiten.

Die **Hochschul-Balanced Scorecard** ist konzeptionell ähnlich strukturiert wie die Quality Scorecard. Sie bildet perspektivisch das Gesamtsystem der Hochschule ab, welches nach Organisationseinheiten („Subsystemen") kaskadenförmig aufgelöst werden kann (vgl. *Täschner/Jaspersen* 2012a, S. 20 f.). Die Perspektiven orientieren sich aber an den in Abschnitt 4.2 erarbeiteten Handlungsfeldern, welche nicht die Prozesse an sich, sondern das Prozessmodell steuert (siehe Abb. 3.33). Damit stehen Ressourcen und Leistungen/Wirkungen im Vordergrund, die ein Ursache-Wirkungsmodell als zu operationalisierenden Bezugsrahmen bilden. Die Operationalisierung des Wertesystems erfolgt im Konsens der zentralen und dezentralen Entscheidungsträger durch wenige Indikatoren im Strategieentwicklungsprozess. Unter Angabe von Zielinhalt, Zielausmaß und Zeitbezug werden die Strategien als messbare Ziele definiert. Ein strategisches Ziel kann dabei durch mehrere Indikatoren operationalisiert sein (vgl. *Budäus/Buchholtz* 1997, S. 325). Die Ausgewogenheit der Hochschulentwicklung, d. h. die Balance, wird durch die parallele Betrachtung der Variablen erreicht.

Anders als in erwerbswirtschaftlichen Unternehmen dominiert in Hochschulen nicht die **Wertschaffung** mit renditeorientierten Steuerungsgrößen nach dem Paradigma des Shareholder Value (siehe dazu *Hahn/Hungenberg* 2001, S. 251 ff.; *Rappaport* 1995). Es sind die sozial-gesellschaftlichen Werte von Anspruchsgruppen nach dem Stakeholder Value-Ansatz, die den Erfolg der Hochschule ausmachen und über Wertschaffung („Gewinne") oder Wertminderung („Verluste") urteilen (siehe Abschnitt 2.2.3.2).

Dennoch ist die finanzielle Perspektive die wesentliche Eingangsgröße bei der Erfolgsbeurteilung (siehe dazu auch *Kirchhoff-Kestel* 2006, S. 397 f.). Daneben bilden das Personal sowie die Verfügbarkeit von Sachmitteln, wie Ausstattungen und Flächen, Ressourcen, die bei der ganzheitlichen Beurteilung durchgeführter Forschungsprojekte und Studiengänge herangezogen werden müssen (vgl. Abschnitt 4.1.2). So umfasst die **Hochschul-Balanced Scorecard** fünf Perspektiven (siehe Abb. 4.41). Je nach praktischer Ausgestaltung der Handlungsfelder kann in das Ursache-Wirkungsmodell eine Perspektive hinzugefügt oder eliminiert werden. Es ist dadurch situationsspezifisch möglich, dass beispielsweise Dienstleistungen oder Weiterbildungen als weitere Perspektiven definiert werden. Dann orientiert man sich in der Modellierung der Wirkungen am Leistungsspektrum bzw. am Produktkatalog der Kosten- und Erlösrechnung (siehe Abb. 3.25). Wie es in einer **Strategy Map** vorgesehen ist, weisen die monetären und nichtmonetären Indikatoren der Perspektiven einen Ursache-Wirkungsbezug auf.

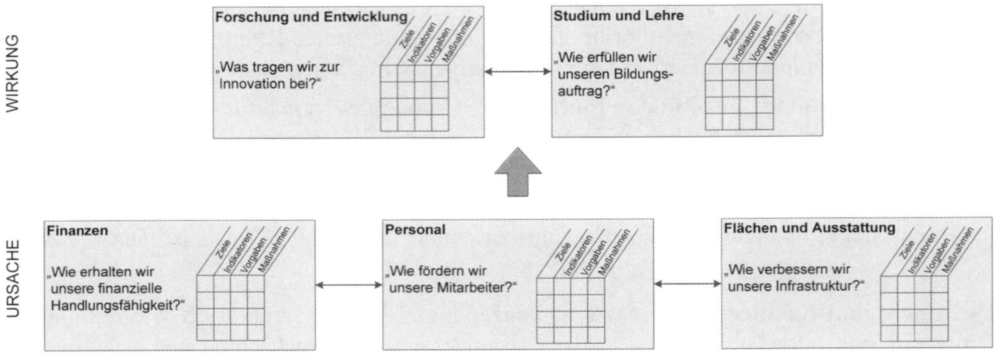

Abb. 4.41: Perspektiven der Hochschul-Balanced Scorecard

Durch die Vereinheitlichung der Perspektiven von Planungs- und Wertesystem erfolgt zugleich eine Systemkopplung. Dadurch beschränkt sich der Operationalisierungsvorgang der Indikatorvariablen auf dem vorhandenen Repertoire an Kennzahlen, die in den einzelnen Handlungsfeldern definiert worden sind. Indem die Hochschul-Balanced Scorecard auf die Berichtssysteme der Handlungsfelder aufsetzt, kann von einer Auswertungsrechnung gesprochen werden. Durch die Datenverknüpfung wird sichergestellt, dass keine redundanten oder inkonsistenten Daten erhoben werden müssen und die Kommunikation auf einem einheitlichen Begriffsverständnis beruht. Insellösungen sind in diesem Konzept nicht vorgesehen, sodass Störungen in den Kommunikationsvorgängen und Entscheidungsfindungen minimiert werden.

Grundsätzlich müssen die Angehörigen einer Hochschule eine gemeinsame Kultur und Strategie definieren, um ihr Denken und Handeln bei den priorisierten Anspruchsgruppen zu legitimieren. Eine Hochschule mit zahlreichen Disziplinen kann jedoch in den Organisationseinheiten jeweils unterschiedliche **Wertgeneratoren** entwickelt haben, die in anderen Einheiten keiner oder nur einer sehr geringen Bedeutung beigemessen wird. Beispielsweise verwendet das CHE-Forschungsranking Indikatoren nicht für alle Disziplinen gleichermaßen, um unterschiedliche Forschungsprofile offen zu legen. Während Promotionen als Indikator für die Nachwuchsförderung in allen Disziplinen erhoben werden, sind Erfindungen nur in sieben von 17 untersuchten Fächern für die Beurteilung der Forschungsaktivitäten relevant (vgl. *Berghoff/Federkeil/Giebisch* et al. 2009, S. B6). Der Indikator „Erfindungen" ist somit in vielen Disziplinen als wirkungsbezogener Wertgenerator relevant für Wirtschaft und Gesellschaft, weist aber in Fächern, wie Anglistik, Betriebswirtschaft, Geschichte, Psychologie oder Soziologie nur eine untergeordnete Rolle auf. Entsprechend der disziplinabhängigen Wertgeneratoren unterscheidet die Hochschul-Balanced Scorecard einen hochschulübergreifenden und einen fächerspezifischen Teil mit jeweils wenigen Erfolgskennzahlen je Perspektive (vgl. *Graf/Link* 2010, S. 377).

In Abb. 4.42 ist eine Hochschul-Balanced Scorecard mit beispielhaften Erfolgskennzahlen und Werten dargestellt. Bei der Generierung hochschulübergreifender Erfolgskennzahlen können grundsätzlich die am höchsten verdichteten Begriffe aus den Berichtssystemen herangezogen werden, da sie Handlungsfelder in Gänze erfassen. Es ist allerdings Konsens über die Werteinheit herzustellen. Im Finanz-Controlling lässt sich die Kennzahl „Ergebnis der Geschäftstätigkeit" mit der Werteinheit Euro eindeutig umschreiben. Die Kennzahl „Ergebnis Personal" unterscheidet die Werteinheiten nominal („Köpfe"), Beschäftigten-Vollzeitäquivalente (BVZÄ) und Euro. Es hängt entsprechend von der verfolgten Kultur und Strategie – der Pragmatik – ab, welche Werteinheiten für eine Hochschule einen Sinn ergeben und eine einheitliche Form der Quantifizierung liefern sollen. Ist beispielsweise die Besetzung offener Stellen ein strategisches Oberziel, dann ist die Kategorie BVZÄ ausschlaggebend für den Wert des Indikators. Stehen finanzielle Ansprüche von Professoren im Vordergrund, kann aus dem Berichtssystem eine entsprechende Kennzahl „Personalkosten Professoren" in Euro abgebildet werden.

Daneben kann es eine Reihe fachspezifischer Sachverhalte geben, die einen strategischen Charakter einzelner Organisationseinheiten aufweisen. So nehmen Studienaufenthalte im Ausland eine wichtige Rolle in der Ausbildung von Studierenden ein. Die ins Ausland gehenden Studierenden („Outgoings") sind eine Menge der gesamten Studierenden (VZÄ). Ein Indikator, der das Ziel „Internationalität erhöhen" misst, kann dann ins Verhältnis beider Begriffe gesetzt werden. Es entsteht eine „Outgoingquote". In jedem Fall ist für das Verständnis der Erfolgskennzahl die Kommunikation einer Zielbeschreibung und der Werteinheit relevant, da sie beide die Semantik des Begriffs prägen.

Sofern es strategische Ziele erfordern, sind in der Hochschul-Balanced Scorecard schließlich Begriffe unterschiedlicher Handlungsfelder kombinierbar. So lassen sich beispielsweise laufende **Sachinvestitionen** für Gebäude in Euro/qm ausdrücken, wenn verausgabte Mittel für Bauunterhaltung und Bewirtschaftung ins Verhältnis zur Nutzfläche gesetzt werden. Diese Kennzahl bezweckt ein Monitoring der Entwicklung relativer Bauunterhaltungskosten und weist einen strategischen Charakter auf, wenn Hochschulgebäude besonders alt und baufällig sind. Zudem kann eine Sachinvestition in neue Gebäude rein monetär oder rein flächenbezogen mit Ist- und Planwerten zum Ausdruck gebracht werden. Während aus Flächenbilanzierungen in qm Maßnahmen, wie Bauanträge abgeleitet werden können, fokussiert sich die monetäre Perspektive auf die Durchführungsphase von Gebäudeinvestitionen und bezweckt das Monitoring der zugeführten Finanzen. Die Grunddaten zur Generierung der Kennzahlenwerte, also sowohl der Ist- und Planwerte, stammen aber jeweils aus dem Finanz- und dem Flächen-Berichtssystem. Selbstverständlich sind zum Bauantrag und nach Baugenehmigung kommentierte Berichte notwendig, um objektspezifisch planen und monitorieren zu können. Aber um Bezüge zur Strategieumsetzung herstellen zu können, bewegt sich die Sachinvestition in der Hochschul-Balanced Scorecard im Kontext der ganzheitlichen Hochschulentwicklung.

Ziele und Indikatoren

Balanced Scorecard *Organisationseinheit n*

...

Balanced Scorecard *Organisationseinheit 1*

HOCHSCHUL-BALANCED SCORECARD — Geschäftsjahr 2012; Studienjahr 2011/12 — Stand: 27.02.2013

Ziel	Erfolgsindikator	Trend	Ist-Wert	Ziel-Wert	Zielerreichung	Maßnahmen
I. FINANZEN						
Ertragssituation verbessern	*Erträge (T€)*		15650	15350	+	Keine
Finanzielle Handlungsfähigkeit wahren	*Geschäftstätigkeit (T€)*		910	900	−	Keine
Drittmitteleinwerbung verstärken	*Drittmittel (€)*		5334890	5248200	+	Abgeschlossen
	Drittmittel pro Professur (€)		29450	30280	−	Abgeschlossen
IT-Ausstattung verbessern	*IT-Sachausgaben (T€)*		1309	1410	−	Keine
II. PERSONAL						
Personalbesetzung sicherstellen	*Personal (BVZÄ)*		744,4	746,4	−	In Planung
Personalbudget einhalten	*Finanzielle Obergrenze (T€)*		17795	17890	+	In Planung
Lehrstühle besetzen	*Professuren (#)*		181,15	187,65	−	Keine
Frauenförderung intensivieren	*Frauenquote wiss. Personal (%)*		14,8%	17,6%	−	In der Durchführung
Mitarbeiterentwicklung	*Zufriedenheit Verw.-, techn.-,u. sonst. Personal (mw)*		2,7	3,2	−	Keine
III. FLÄCHEN						
Flächennutzung optimieren	*Flächenbilanz (qm)*		43795	49624	−	Keine
Flächenqualität erhöhen	*Bewirtschaft./Insthalt. pro Nutzfläche (€/qm)*		8,99	14,67	−	In Planung
IV. STUDIUM & LEHRE		Studienjahr (WS+SS)				
Studienplatzsituation verbessern	*Aufnahmekapazität (#)*		1394	1394	+	In der Durchführung
	Normstudienplätze (SWS/CNW)		7971	7965	+	In der Durchführung
Studienanfänger erhöhen	*Studienanfänger 1. FS (#)*		1187	1214	−	In der Durchführung
Internationalität der Lehre stärken	*Outgoingquote (%)*		12,1%	35%	−	Abgeschlossen
Studierende in RSZ ausbilden	*RSZ-Absolventenquote (%)*		77%	75%	+	Keine
	Studierende in der RSZ (VZÄ)		82,1%	93%	−	Keine
Absolventenzufriedenheit	*Absolventen (#)*		978	934	+	Keine
	Zufriedenheit berufliche Entwicklung (mw)		4,3	4,5	−	Abgeschlossen
Lehrauslastung anstreben	*Auslastung (%)*		93%	98%	−	Keine
V. FORSCHUNG & ENTWICKLUNG		Studienjahr (WS+SS)				
Forschungsprojekte erhöhen	*F&E-Projekte (#)*		54	51	+	Abgeschlossen
Publikationstätigkeiten verbessern	*Publikationen (#)*		29	59	−	In Planung
Förderungen intensivieren	*Promotionen (#)*		42	42	+	Keine

Abb. 4.42: Hochschul-Balanced Scorecard mit Beispielwerten

Ein einzelnes Ziel kann in einem individuell gestaltbaren **Dashboard** mit detaillierten Informationen angezeigt werden (siehe hierzu *Eckstein* 2009, S. 31 ff.; siehe Abb. 4.43). Hierin sollte spezifiziert sein, welche Hierarchieebene für welchen Zeitraum betrachtet wird. Daneben sollte das Ziel mit einem freien Textfeld beschrieben sein, um das Ziel in seiner Semantik ausführlicher zu verdeutlichen als es in der Übersicht der Hochschul-Balanced Scorecard geschieht. Selbiges gilt für den Indikator bzw. die Indikatoren, die das Ziel und dessen Erreichung messen sollen. Darüber hinaus kann die Syntax der Indikatorenberechnung mit angegeben sein. Neben der Perspektive sowie dem Zeitbezug sollte zudem der Standardbericht oder die Standardberichte mit verantwortlichen Ansprechpartnern ersichtlich sein, damit zu den Wertangaben eine personelle Kopplung erfolgt.

Die **Maßnahmen** können in vier Klassen unterteilt werden. Entweder sind keine Maßnahmen zur Zielerreichung geplant oder die Planung von Maßnahmen ist bereits eingeleitet worden. Umfangreiche Maßnahmen können in der Umsetzungsphase sein. Maßnahmen können überdies im abgelaufenen Geschäftsjahr abgeschlossen worden sein, aber die Wirkung bleibt noch aus. Sodann können die Begründungszusammenhänge für geplante Maßnahmen dokumentiert werden. Diese lassen sich dann nach erreichten Meilensteinen kommentieren, um den Stand der Zielerreichung offen zu legen. Es bildet sich ein Projekt-Controlling aus.

Tabellarisch und/oder grafisch sind je nach Zeitbezug Ist- und Zielwerte in einem Dashboard mit anzugeben. Die Werte sind an die Daten des Berichtssystems gekoppelt und weisen einen **Trend** auf. Diese Referenzwerte können sodann in der Übersicht als verkleinerte Diagramme, sogenannte Sparklines, mitgeliefert werden, da sie den Entscheidungsträgern intuitiv Wertschaffung („Gewinne“) oder Wertminderung („Verluste“) im Zeitverlauf kommunizieren und so eine um Basisgrößen angereicherte Entscheidungssituation geschaffen wird.

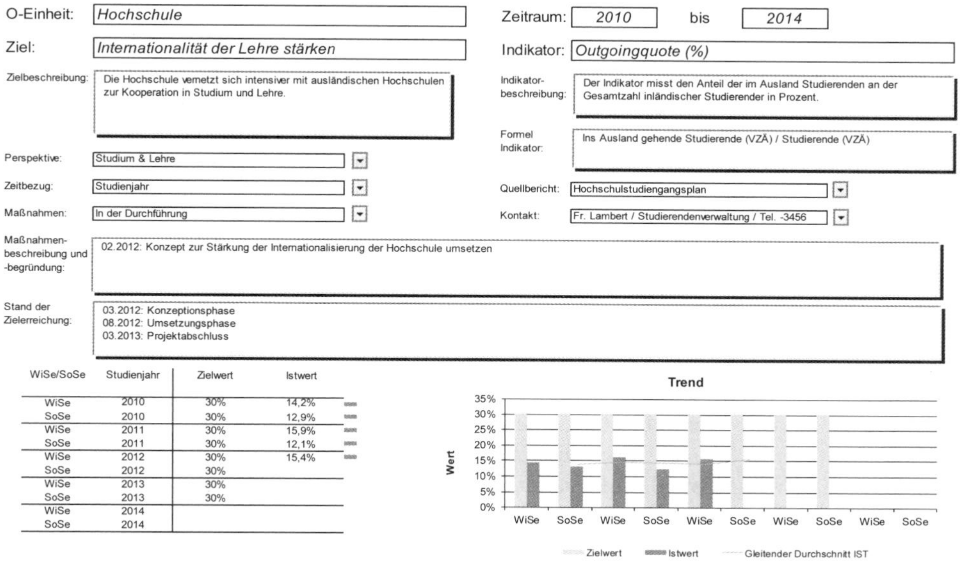

Abb. 4.43: Dashboard einer Hochschul-Balanced Scorecard

Dadurch, dass sich die Hochschul-Balanced Scorecard an normativ-ethischen Werten orientiert, können gezielt Strategien und geeignete Maßnahmen zur Hochschulentwicklung abgeleitet, mittelfristig geplant und umgesetzt werden. Die Zielerreichung wird durch geeignete Indikatoren gemessen, die den Hochschulerfolg ausmachen. Somit ist die Hochschul-Balanced Scorecard ein Instrument, das den inneren Zusammenhalt und die strategische Ausrichtung der Hochschule definiert. Dennoch lässt das Instrument Freiraum für dezentrale Profilbildungen zu. Nimmt man an, dass Profilbildungen – je nach Ansprüchen der Lehre und Forschung – in den dezentralen Organisationseinheiten variieren, sind übergreifende und fachspezifische Strategien zu operationalisieren. Entsprechend muss die Wertschaffung oder -minderung auf Hochschulebene anhand weniger Indikatoren gemessen und um ebenso wenige Indikatoren in den dezentralen Scorecards angereichert werden.

Das Verhältnis der Hochschul-Balanced Scorecard zu **Zielvereinbarungen** ist einfach. Werden in Zielvereinbarungen mit dem Ministerium gemeinsam Maßnahmen vereinbart, können die Vorstellungen seitens der Hochschule auf einer Hochschul-Balanced Scorecard basieren. Sie liefern profilbezogene Begründungszusammenhänge und überwinden dadurch das Problem der einfachen Maßnahmenregulierung. In der Berichterstattung von Zielvereinbarungen wird häufig die Umsetzung von Maßnahmen anstelle der dahinter stehenden Ziele geprüft (vgl. *Ziegele* 2006, S. 88; siehe auch Abschnitt 3.3.1.2). Wird das Verfahren auf interne Organisationseinheiten ausgedehnt, entsteht ein Anreizsystem, welches auf kulturellen und strategischen Überlegungen beruht.

4.2.7 Resümee

Das Hochschulcontrolling-System ist geprägt von der Zusammenführung dezentraler Investitionsentscheidungen im Gegenstromverfahren. Es werden jeweils Ressourcen und Leistungen geplant und umgesetzt, d. h., dass sich das physische Basissystem zielgerichtet weiterentwickelt, wenn das Führungssystem die Maßnahmen aus den priorisierten Ansprüchen des Wertesystems erfasst. Die Hochschul-Balanced Scorecard übernimmt als Instrument des Wertesystems dabei die Rolle, die Bedürfnisse entsprechend der Hochschulkultur zu priorisieren und sowohl Impulse zur mittelfristigen Entwicklungs- und Finanzplanung als auch zur Zielvereinbarung zu liefern.

Sollen dezentrale Organisationseinheiten in Entscheidungsprozessen partizipieren, lassen sich mithilfe von Standardberichten Planungen entlang der Hochschulorganisation konsolidieren. Mit der Rückkopplung von Istwerten entsteht ein hierarchisch, koordiniertes Hochschulcontrolling-System, welches vergleichbar mit einer Szenariorechnung Investitionen für fünf Jahre plant. Das hierarchische System ist für die Hochschule und ihre Teileinheiten gleichermaßen gültig. Je nach Ausgestaltung der Teileinheiten lassen sich nach der Operationalisierung sowohl horizontale und vertikale Konsolidierungen durchführen, um Aussagen zu Finanz- und Entwicklungszusammenhängen abzuleiten. Die Auflösung der mittelfristigen Finanz- und Entwicklungsplanung in feingliedrige Planungsberichte hat drei Vorteile:

- In erster Hinsicht ermöglichen Teilplanungen die Etablierung zweckgebundener Controllingverfahren. So sind beispielsweise Dritt- und Sondermittel zunächst für ein Forschungsprojekt zu planen und zu kontrollieren, sind jedoch monetär in einem Finanzplan der Hochschule und ihrer Organisationseinheiten konsolidierungsfähig.
- In zweiter Hinsicht befähigen Teilplanungen zur direkten Datenanbindung an unterschiedliche IT-Systeme. So ist die Strukturierung der Controllingverfahren nach Herkunft der Quelldaten insbesondere dann geeignet, wenn alphanumerische Zeichenwerte („Werteinheiten") inkommensurabel sind (z. B. Zufriedenheit und Kosten).
- In dritter Hinsicht ergibt sich aus Teilplanungen eine klare Abgrenzung personeller Verantwortlichkeitsbereiche. Sachbearbeiter müssen zur Ausführung von Abstimmungsmechanismen in die Lage versetzt werden, Handlungen routiniert zu planen, durchzuführen und zu kontrollieren. Die Komplexität der Gesamtplanung wird personell handhabbar.

Die (Eigen-)Komplexität des Planungs- und Kontrollsystems wächst durch Teilplanungen immens an, trägt aber einer komplexen Umwelt Rechnung und ist innerhalb der Hochschule deshalb auf Aufgabenträger übertragbar. Die eindeutige Identifikation und Klassifikation von Teilplanungen organisiert die Berichtssysteme und erleichtert auch dessen künftige Reorganisation. Es eignet sich hierzu die Anwendung von **Verbundnummern** (siehe hierzu *Jasper-*

sen/Täschner 2012, S. 40 ff.). „Verbundnummern ergänzen eine klassifizierende Nummer um einen identifizierenden Teil. Die Eindeutigkeit ergibt sich aus der Gesamtheit aller Nummern" (ebenda, S. 43). So kann jedes Handlungsfeld als eine Klasse nummeriert werden, welche um identifizierende Nummern ergänzt werden, die sich aus den Teilplanungen ergeben. Die Logik lässt sich bis auf einzelne Begriffe der Standardberichte übertragen. Es ergibt sich ein **Begriffssystem**, wie es in Abb. 4.44 dargestellt ist.

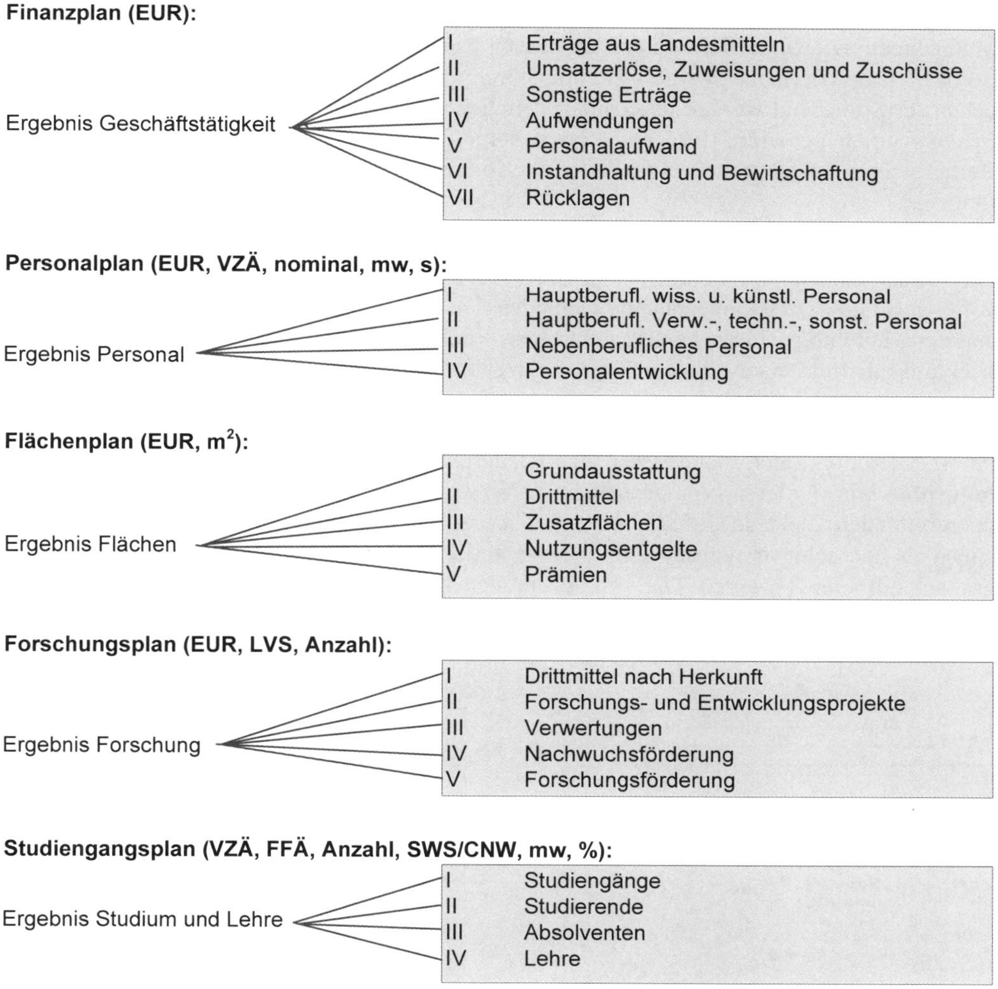

Abb. 4.44: Zusammenfassung des Begriffssystems

Mit der Operationalisierung der Teilplanungen wird der begriffliche Rahmen für die Datengenerierung und -auswertung definiert. Jener Vorgang ist auf Basis eines Strukturmodells durchgeführt worden, dass die grobe Systemebene nach zu operationalisierenden Handlungsfeldern darlegt. Das Strukturmodell diskriminiert dabei zwischen monetären und nichtmonetären Wertgrößen. Darüber hinaus beschreiben die Handlungsfelder aber auch Input- und

Output-/Outcome-Größen. Als Inputgrößen der Leistungserstellung an Hochschulen werden Investitionen, Personal und Flächen betrachtet, die einen Output bzw. Outcome in den Bereichen Studium und Lehre sowie Forschung erbringen bzw. entfalten. Selbige Ursache-Wirkungskette bilden die Perspektiven der Hochschul-Balanced Scorecard mit Erfolgskennzahlen. Natürlich können je nach Belieben weitere Handlungsfelder (z. B. Service, Weiterbildung etc.) das System modular erweitern.

Die Hochschul-Balanced Scorecard transponiert Werte und Normen in Ziele, Indikatoren und Maßnahmen. Die Daten der Scorecards müssen widerspruchsfrei zu den Planungs- und Kontrollwerten der Berichtssysteme sein, um Störungen in der Strategiekommunikation zu umgehen. Entsprechend werden die Ziele mit Indikatorvariablen operationalisiert, die aus Berichtssystemen generiert werden. Insofern sorgt die Hochschul-Balanced Scorecard unter Berücksichtigung einer widerspruchsfreien Kommunikation für die Strategieimplementierung.

Die primär sachzielorientierten Perspektiven der Hochschul-Balanced Scorecard sind sinnvollerweise im Entwicklungsplan eingebunden. Die dezentralen Ziele der Entwicklungspläne aus den Handlungsfeldern Personal, Flächen, Forschung sowie Studiengänge sind im Entwicklungsplan als eigenständige Kapitel jeweils von den Organisationseinheiten kommentiert. Als Zusammenfassung der Planung kann die Hochschul-Balanced Scorecard fungieren, da sie einen Überblick über die gesamte Organisationseinheit samt strategischer Ausrichtung liefert. Die dezentralen Pläne lassen sich wiederum in einem gesamten **Hochschulentwicklungsplan** konsolidieren (vgl. *Jaspersen* 2008, S. 18; siehe Abb. 4.45). Dabei sind die fachübergreifenden Ziele und Maßnahmen voll konsolidierungsfähig und können dementsprechend als hochschulstrategische Ziele von zentraler Stelle aus federführend kommentiert und grafisch aufbereitet werden. Die rein dezentralen Ziele bilden dagegen ein separat zu kommentierendes Kapitel. Jene Scorecards und Kommentierungen werden aus Zusammenfassungen dezentraler Entwicklungspläne übernommen.

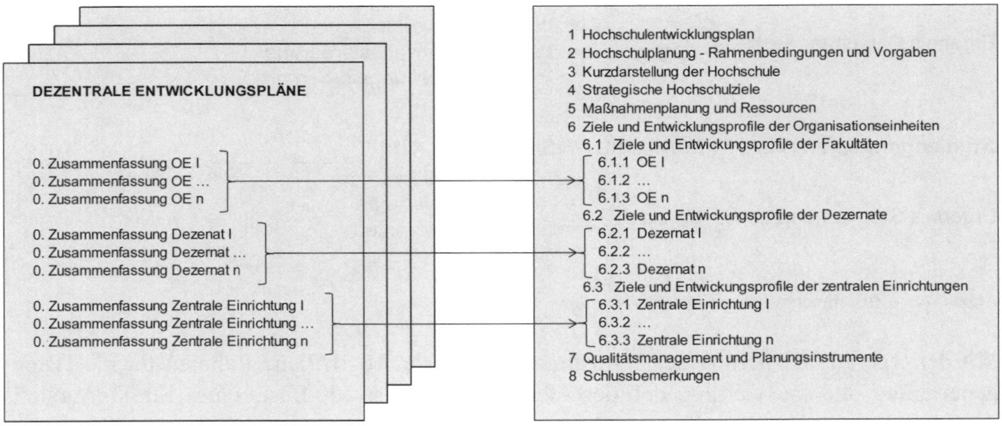

Abb. 4.45: Konsolidierung in der Hochschulentwicklungsplanung (nach Jaspersen)

Es können nicht alle Teilplanungen simultan getätigt werden. Die zeitliche Taktung des Planungsprozesses ist deshalb von entscheidender Relevanz für die partizipative und koordinierte Entscheidungsfindung. Es ist die Erstellung eines **Planungskalenders** sinnvoll (siehe Abb. 4.46), der unter Einbezug exogen vorgegebener Stichtage für Berichterstattungen (z. B. Hochschulstatistik) erstellt sein kann. In den Planungskalender könnten ebenso exogene Steuerungsinstrumente, wie z. B. Zielvereinbarungen, integriert sein. Die unterjährigen Planungen, wie z. B. die Semester-Forschungsplanung, sollten während des laufenden Semesters bereits geplant werden. Um Impulse für die künftige Planung geben zu können, bietet es sich darüber hinaus an, unmittelbar vor der 5-Jahres-Planung eine strategische Diskussion anhand der Werte aus der Hochschul-Balanced Scorecard zu führen. Die Maßnahmen werden sodann in der mittelfristigen Planung direkt aufgenommen.

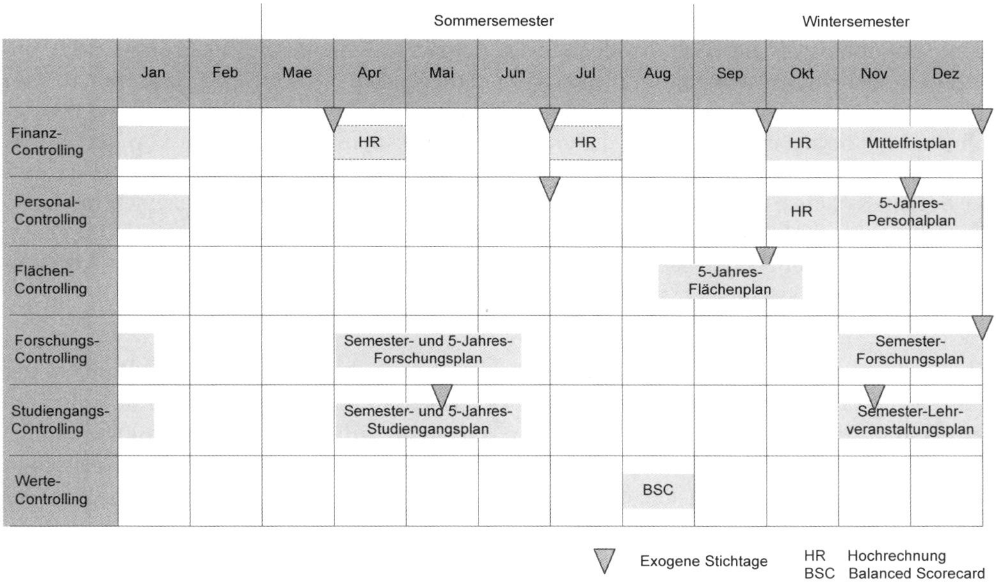

Abb. 4.46: Beispiel eines Hochschul-Planungskalenders

In diesem Abschnitt ist das Hochschulcontrolling-System in fünf Teilsystemen sowie einem Gesamtsystem durchdekliniert worden, sodass es in Form von informationstechnischen Berichtssystemen an die jeweiligen sozialen Strukturen und Prozesse der applizierenden Hochschule konzipiert und umgesetzt werden kann. Die Anpassungsvorgänge von Referenzmodellen an die realen Anforderungen, wie es auch für Standardsoftware (z. B. SAP©) gängig ist, wird **Customizing** bezeichnet (vgl. *Häberle* 2008, S. 245). *Reichmann* (2011, S. 19) spricht in diesem Zuge von einer „Spezifizierung der Systemebene durch die betriebswirtschaftliche und DV-technische **Controlling-Applikation** […].“ Und weiter: „Diese Konfiguration verfolgt die Zielsetzung, sämtlichen Entscheidungsträgern […] die Informationen an die Hand zu geben, deren Bedeutungszusammenhang diesen bekannt ist, deren Einflussfaktoren unter Rückgriff auf die moderne Datenverarbeitung auswertbar sind und deren Steuerungsrelevanz erwiesen ist“ (ebenda). Anders als es sozialwissenschaftliche Gütekriterien erfordern, wird in der Controllingpraxis jedes Controllingverfahren durch die Informationstechnologie nicht nur nach Branchen spezifiziert, sondern vor allem auch nach Betrieben individualisiert. Die Frage, wie eine solche Vorgehensmethodik in Hochschulen auszusehen hat, ist noch nicht hinlänglich ausgearbeitet worden und greift damit den zweiten Teil der letzten Forschungsfrage auf.

4.3 Vorgehen zur Einführung von Hochschul-Berichtssystemen

Ein zügiges und verlässliches Controllingverfahren ist ohne den Einsatz von Informationstechnologie in Hochschulen nicht möglich. Entweder werden Informationstechnologien wegen der Erfordernisse eines Controllings neu eingeführt oder aber, und das dürfte der Normalfall sein, setzen Controllingverfahren auf den technischen Gegebenheiten der Hochschule auf und modifizieren vorhandene Systeme bzw. extrahieren die entscheidungsrelevanten Daten aus Quellsystemen, um diese nach pragmatischen Merkmalen aufzubereiten. Eine hohe Wirksamkeit wird erreicht, wenn Controllingverfahren mit einer integrierten IT-Infrastruktur betrieben werden, da dadurch Kommunikationsstörungen von vornherein verringert werden können. In jedem Fall ist die Informationsnutzung sicherzustellen, d. h., dass die Berichtssysteme – vielmehr deren Aussagen – in den Entscheidungsprozessen im sozialen Diskurs zur Anwendung kommen müssen. Daher ist das Vorgehen keine reine Software-Entwicklung. Vielmehr ist das Vorgehen eine Einführung und unterliegt einem Veränderungsmanagement (siehe hierzu Abschnitt 2.2).

Der Einführungsprozess von Hochschul-Berichtssystemen stellt ein komplexes Problem dar und erfordert ein heuristisches Projektvorgehen, welches das Gesamtvorhaben in isoliert zu bewerkstelligende Teilprobleme dekomponiert, um so die Arbeitsteilung des Projekts und die unterschiedlichen Ansprüche an das Projektziel zu organisieren (siehe hierzu Abschnitt 4.1.3). Nachfolgend werden die einzelnen Phasen innerhalb der beiden Hauptphasen des Vorgehensmodells detailliert ausgeführt.

4.3.1 Konzeptionsphase

Die Konzeptionsphase bildet die erste von zwei Hauptphasen innerhalb des Projektvorgehens. Grundsätzlich ist die Konzeptionsphase von einer unpräzisen Anforderungsspezifikation geprägt, sodass man zwar ungefähre Vorstellungen über das zu konzipierende Datenmodell verfügt, aber ohne diese spezifiziert, validiert oder dokumentiert zu haben. Die Erfüllung dieser Aufgaben kennzeichnet die Konzeptionsphase, die sich in die Teilphasen Szenarioplanung, Anspruchsgruppen-Management sowie Systemanalyse und -gestaltung unterteilen lässt.

In der ersten Phase des Vorgehensmodells wird das Einzelprojekt initiiert und ein **Szenario** gebildet. Letzteres führt fragmentierte Anforderungen und die organisatorische Veränderungsbereitschaft zum umzusetzenden Berichtssystem zu einem hochschulspezifischen Bezugsrahmen als vorläufigen Lösungsansatz zusammen. Es werden hierbei drei Vorgänge unterschieden:

1. In der **Projektsondierung** eruieren die erste und zweite Führungsriege die sozialen Wandlungserfordernisse eines Handlungsfeldes und begründen oftmals hermeneutisch diesbezügliche organisatorische Anpassungen. Anstoß der Willensbildung sind entweder (antizipierte) Veränderungen exogener Rahmenbedingungen (z. B. Akkreditierungen), potenziell unerfüllte endogene Ansprüche (z. B. unzureichende Flächen- oder Finanzzuweisungen) oder fehlende Transparenz über Ansprüche. Diese führen im Ergebnis zur präsidialen Entscheidung für die Projektierung eines Berichtssystems.
2. Nach der Formulierung von Begründungszusammenhängen übernimmt der vom Präsidium benannte Projektleiter die **Projektorganisation**. Hierbei spezifiziert die Projektleitung den Projektstrukturplan hinsichtlich Zeit-, Ressourcen- sowie Kostenplanung und legt die durchzuführenden Arbeitspakete der Konzeptionsphase für das zusammengestellte Projektteam fest (siehe dazu *Wolff/Rosenthaler/Knöpfel* 2010, S. 318 ff. sowie *Scheuring* 2010, S. 407). Als Entscheidungsgremium fungiert ein Lenkungsausschuss bestehend aus einem Präsidiumsmitglied, der IT-Leitung sowie den Dekanen als dezentrale Entscheidungsträger. Dem Lenkungsausschuss steht beratend das Controlling zur Seite. Die Projektleitung ist Teil des Projektteams eines Einzelprojekts und fungiert zugleich als Ansprechpartner im Lenkungsausschuss (siehe Abb. 4.47).
3. Nach organisatorischen Instruktionen führt das Projektteam die eigentliche **Szenarioplanung** durch, um die hermeneutischen Deutungen des Hochschulmanagements zu ergründen. Grundsätzlich bewegen sich soziale Investitionen im Spannungsfeld zwischen Wandlungsbedarf, -fähigkeit und -bereitschaft. Zudem wird die Innovation in der Regel nicht neu eingeführt, sondern etabliert sich auf vorhandenen Modellen und kann diese ersetzen oder modifizieren (siehe Abschnitt 2.2.3.4). Infolgedessen werden die Ausgangssituation des Handlungsfeldes und organisatorische Entwicklungspotenziale mit den Abteilungs- oder Stabsstellenleitern strukturell skizziert. Dadurch präzisiert sich das Spannungsfeld als grober Lösungsansatz („Bezugsrahmen“) mit einem oder mehreren Szenarien für den Einsatz des Berichtssystems.

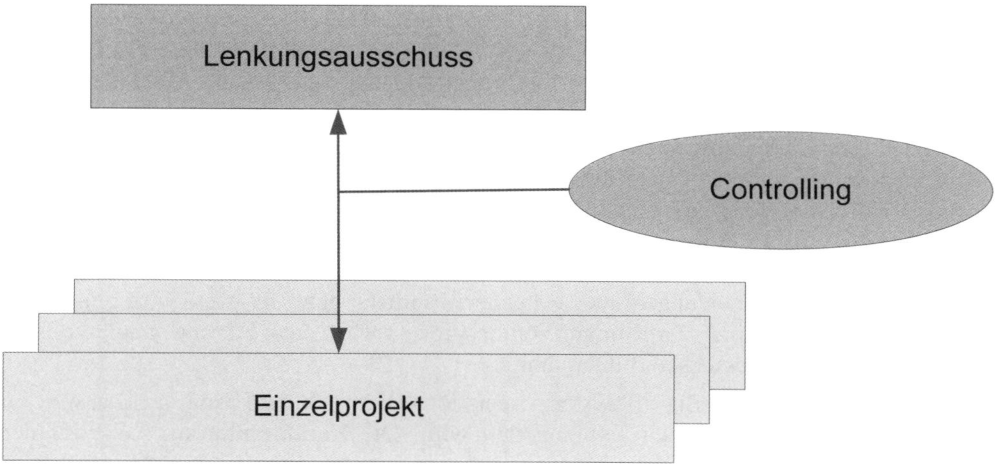

Abb. 4.47: Projektorganisation

In der zweiten Phase der Systemeinführung wird die Sozialstruktur des Handlungsfeldes identifiziert und priorisiert. Zugleich dient die Integration von **Anspruchsgruppen** der Vor-Sozialisation des geplanten Wandels. Um den Wandel a priori kognitiv zu verarbeiten, wird in dieser Phase der vorläufige Lösungsansatz denjenigen Anspruchsgruppen kommuniziert, die aus Nutzersicht das Berichtssystem nach dessen Umsetzung handhaben werden. Das sind je nach Ausgestaltung des Entscheidungsprozesses in der Regel die Entscheidungsträger der Hochschule (siehe hierzu Abschnitt 4.1.1) und kann sich demzufolge im Lenkungsausschuss vollziehen. Zugleich bildet die frühe Einbindungsphase eine „Bühne“ für Verhandlungen aus, in der Konflikte bezüglich der Szenarien gehandhabt werden müssen (vgl. *Kirsch* 1974, S. 285). Geschieht diese Konfliktbewältigung nicht im Sinne einer Konfrontationsdiskussion, dann besteht die Gefahr, „dass der geplante Wandel erst in der Phase der Operation, d. h. nach Einführung des neuen Systems, scheitert, weil spätestens dann die Betroffenen mit der Realität konfrontiert werden“ (ebenda, S. 284). Letztendlich muss sich aus der Abstimmung der Erwartungshaltungen von den Entscheidungsträgern ein konsensfähiger Lösungsansatz herauskristallisieren. Die zweite Phase unterscheidet dementsprechend vier durch das Projektteam durchzuführende Vorgänge (siehe auch *Ellmann/Behrend/Hübner* et al. 2010, S. 78):

1. Mit der **Identifizierung** der Anspruchsgruppen wird die Sozialstruktur des Handlungsfeldes ermittelt. Die Strukturierung der sozialen Kommunikationspartner bezieht sich nicht allein auf endogene Anspruchsgruppen, sondern betrachtet insbesondere auch exogene Anspruchsgruppen.
2. So werden Ansprüche nach formalen Kommunikationsmustern des näheren Hochschulumfeldes untersucht. Idealerweise lassen sich in **Informationsbedarfsanalysen** Nomenklaturen für Objekte oder Ressourcen ausfindig machen, die das Handlungsfeld aus exogener Sichtweise pragmatisch umfassen. Ist dies nicht der Fall, dann müssen explorativ Ansprüche in Interviews, Befragungen oder Beobachtungen operationalisiert werden, um ein eigenständiges Begriffssystem zu konzipieren (siehe hierzu Abschnitt 2.2.2.3).
3. Die Definition des Begriffssystems für ein Handlungsfeld impliziert eine **Priorisierung** der Kommunikation und birgt konfliktäres oder kooperatives Verhalten über nicht involvierte Anspruchsgruppen in den Kommunikationsprozess (siehe Abschnitt 2.2.3.2). Es können vier Fälle auftreten (siehe Abb. 4.48): Entweder gibt es genau ein oder mehrere ineinander überführbare Begriffssysteme für die Beschreibung des Handlungsfeldes. Dann sind Ansprüche begrifflich aufeinander abgestimmt und erhöhen die Wahrscheinlichkeit für eine erfolgreiche Kommunikation. Wenn jedoch keine oder mehrere inkommensurable Begriffsklassifikationen existieren, können machtpolitisch, teils auch bekannte, dringliche Entscheidungen über geltende Ansprüche getroffen werden, die nicht allseits konsensfähig sind. Der Kommunikationsprozess weist dann Störungen auf, die möglicherweise zu Interessenskonflikten führen.
4. Mit der Festlegung des Begriffssystems operationalisiert sich der Lösungsansatz, welcher im Lenkungsausschuss noch kommuniziert wird. Die **Kommunikation** soll zwar den gewählten Lösungsansatz letztendlich validieren und Promotoren generieren, aber es können – insbesondere in den Fällen I und III – Opponenten auftreten, die dem Verände-

rungsprojekt negativ gegenüber stehen. Ihre Interessenslagen sind nach Möglichkeit im weiteren Verlauf zu integrieren.

Kommunikationsprozess / Pragmatik	WAHRSCHEINLICHKEIT FÜR KOMMUNIKATIONSSTÖRUNGEN IST HOCH	WAHRSCHEINLICHKEIT FÜR KOMMUNIKATIONSSTÖRUNGEN IST NIEDRIG
WENIG FORMELLE PRAGMATIKEN	Fall I: Unter Anspruchsgruppen existieren keine anerkannten Begriffssysteme. Die Ansprüche sind begrifflich inhomogen.	Fall II: Unter Anspruchsgruppen existiert exakt ein anerkanntes Begriffssystem. Die Ansprüche sind begrifflich homogen.
VIELE FORMELLE PRAGMATIKEN	Fall III: Unter Anspruchsgruppen existieren mehrere anerkannte unabhängige Begriffssysteme. Die Ansprüche sind begrifflich inkommensurabel.	Fall IV: Unter Anspruchsgruppen existieren mehrere anerkannte gekoppelte Begriffssysteme. Die Ansprüche sind begrifflich kommensurabel.

Abb. 4.48: Pragmatik des Begriffssystems und Erfolgswahrscheinlichkeit im Kommunikationsprozess

Die Systemanalyse bildet die dritte Phase des Vorgehens. Bei der **Systemanalyse** wird das Handlungsfeld hinsichtlich bestehender Objekteigenschaften und -relationen zweischichtig beschrieben, d. h., dass sowohl die Entscheidungsprozesse und die Entscheidungsträger als auch die herangezogenen Informationen untersucht werden. Letzteres beinhaltet in der Regel auch eine Analyse gegenwärtig eingesetzter IT-Systeme. Zur Handhabung der beiden Untersuchungsebenen kann das Projektteam drei Analysemethoden durchführen (siehe dazu auch *Koreimann* 2000, S. 71 ff.; siehe Tab. 4.4):

1. Bei der **Prozessanalyse** wird der gegenwärtige Entscheidungsprozess des jeweiligen Handlungsfeldes im Detail untersucht. Insbesondere ist das Handlungsfeld hinsichtlich herangezogener Berichte (Inputdaten) und abgebender Berichte (Outputdaten) von Planungs- und Kontrollaktivitäten zu analysieren. Daneben muss offen gelegt werden, welche Personen in den Tätigkeiten involviert sind. Nur so kann eine Rekonstruktion der personellen Kopplung zu den ausführenden objektbezogenen Tätigkeiten gelingen. Die Prozessanalyse stellt sich somit als eine detailliertere Form zur Analyse des Input-Output-Modells unter Einbezug der Entscheidungsträger dar (siehe Abschnitt 4.1.2 i. V. m. Abschnitt 3.4.2.1).
2. Die Aufgabe einer **Datenanalyse** liegt in der tiefgründigen Erfassung semantischer und syntaktischer Merkmale der Informationsverarbeitung. Erst durch die Datenanalyse können Aussagen abgeleitet werden, inwiefern das derzeitige IT-System für die entscheidungsorientierte Informationsversorgung mit dem festgelegten Begriffssystem geeignet ist. Zu dokumentieren ist deshalb z. B. das IT-System samt Datenmodell oder die Speicher-/Zugriffsform auf generierte Berichte. Daten-/ Dateienrelationen stellen zudem die Datenkommunikationen dar. Ebenso ist die Auswertung einer Datei oder Datenbank hin-

sichtlich gespeicherter Objekte, Attribute und Werte aufschlussreich für die technische Umsetzung eines Berichtssystems.

3. Die Prozess- und Datenanalyse geht einher mit einer detaillierten Analyse innerhochschulischer Kommunikationsbeziehungen. Die **Kommunikationsanalyse** untersucht insofern, nach welchen Pragmatiken von Anspruchsgruppen bisher berichtet wird. Hierbei ist auch von Bedeutung, welche Zeitpunkte und Stichtage bei Kommunikationen eingehalten werden. An dieser zeitlichen Datenabgrenzung muss die Informationsversorgung für die Entscheidungsträger gekoppelt sein, um Störungen zu vermeiden.

Bericht (Titel)	Berichts-richts-zweck (Was)	Berichts-inhalt (Was)	Sen-der (Wer)	Daten-herkunft (Woher)	Erstell-methode (Wie)	Zeitpunkt/ Stichtage (Wann)	Daten-senke (Wohin)	Emp-fänger (Wer)

Tab. 4.4: Kommunikationsanalyse des Berichtssystems

Die Wissensgenerierung über angewendete Strukturen und Prozesse in der Systemanalyse dient als weitere Basis der Detaillierung der Berichtskonzeption. Im Rahmen der objektorientierten **Systemgestaltung** sind der Planungs- und Kontrollprozess sowie Standardberichte zu konstruieren. Als Referenz für Entwürfe können die in Abschnitt 4.2 genannten Controllingverfahren und Berichte herangezogen sowie situativ angepasst werden. Im Ergebnis entstehen in der abschließenden Konzeptionsphase ein Planungsprozess und ein tabellarisches Informationsmodell. Die Ergebnisse bilden das dokumentierte Fachkonzept für die Umsetzungsentscheidung. In der Implementierungsphase kann das Informationsmodell in Abhängigkeit von den Erfordernissen des gewählten IT-Systems in ein Datenmodell übersetzt oder direkt programmiert werden (siehe dazu Abschnitt 2.2.2.1 sowie Abschnitt 4.3.2). In der Systemgestaltung sind für das Projektteam somit drei Vorgänge von Bedeutung:

1. Anhand der Ergebnisse aus der Prozessanalyse ist zu entscheiden, ob der bisherige Planungsprozess zum Lösungsansatz passt oder ob eine Modifizierung vorzunehmen ist. Zudem ist in der **Prozessgestaltung** sicher zu stellen, dass in allen Organisationseinheiten der Prozess identisch abläuft. Bei diesem Vorgang erfolgt insofern eine Prozessnormierung (ggf. nach ISO 9000 ff.; siehe hierzu Abschnitt 3.4.2.1). Erst durch die prozessorientierte Abstimmung der Arbeitsteilung kann ein standardisiertes Berichtssystem qualitativ und ökonomisch betrieben werden.
2. Ähnlich wie in der Prozessgestaltung stellen sich im Entwurfsstadium tabellarischer Berichte Änderungserfordernisse ein, wenn das bisherige Berichtswesen nicht der neuen Pragmatik entspricht. Dann sind die Ansprüche in ihrer Semantik zu definieren und in **Standardberichte** neu zu modellieren. Im Zuge der Modellierung ist des Weiteren auf zeitliche und hierarchische Aspekte einzugehen, da sich das Berichtssystem entsprechend dem Strukturmodell hochschulweit konsolidieren sollte (siehe hierzu Abschnitt 4.1.2).

Zudem sollte gegebenenfalls die Speicher- und Zugriffsform zwecks Langfristspeicherung und Sicherheit thematisiert werden.

3. Die abschließende **Dokumentation** und Präsentation des Fachkonzepts liefert für den Lenkungsausschuss die Grundlage für die Entscheidung zur Umsetzung des Vorhabens.

4.3.2 Umsetzungsphase

Das Hochschulcontrolling agiert in der Umsetzungsphase an der Schnittstelle zwischen Informations- und Hochschulmanagement. Das Ziel der Umsetzung liegt in der routinemäßigen Anwendung des Berichtssystems samt modifizierten Planungs- und Kontrollprozessen. Es werden dazu Fachkonzepte in Bezug auf die technische Realisierung geprüft und unter wirtschaftlichen und sozialen Gesichtspunkten wird eine Umsetzung der Konzepte angestrebt. Um dies zu erreichen, wird die zweite Hauptphase in die Subphasen der IT-Auswahl, Implementierung und Test, Betrieb und Wartung sowie der Sozialisation unterteilt.

Die **IT-Auswahl** ist erst in wenigen Vorgehensmodellen eine eigenständige Phase. Das rührt zum einen daher, dass bereits mit Ausschreibung und Initiierung eines IT-Entwicklungsprojekts die Softwareauswahl feststeht und die Standardsoftware an die reale Umgebung angepasst wird oder aber es erfolgt die Programmierung einer Individualsoftware, sodass kein Auswahlverfahren stattfinden muss. Die IT-Auswahl stellt aber besonders im Hochschulkontext eine wichtige Phase dar, da immense Veränderungen informationstechnologischer Systeme seit dem Paradigmenwechsel in der Hochschulsteuerung zu beobachten sind (vgl. *Klug* 2006, S. 60). Das zeigt sich nicht zuletzt an den Diskussionen von Aufgaben und Funktionen von Campus-Management-Systemen. Wenngleich Berichtssysteme keine Campus-Management-Systeme darstellen, setzen sie idealerweise auf integrierten Informationssystemen auf (siehe hierzu Abschnitt 2.2.2.1). Das ist aber nicht generell der Fall, da noch nicht flächendeckend derartige Systeme eingeführt worden sind. Wenn der Wandlungsprozess nachhaltig bzw. das Berichtssystem langfristig im Hochschulcontrolling genutzt werden soll, nimmt die Wahl der geeigneten IT vor diesem Hintergrund eine überaus wichtige Rolle ein. Es werden fünf Vorgänge unterschieden:

1. Nach der Entscheidung muss eine **Projektplanung** zur Softwareauswahl durchgeführt werden. Der Auswahlprozess kann erheblich reduziert werden, wenn im Lenkungsausschuss politische Entscheidungen getroffen worden sind. Seien es Entscheidungen in Abhängigkeit zur IT-Strategie, wegen vorhandener Softwarelizenzen oder die generelle Präferenz für ein Produkt. Die zweite Projektplanung umfasst einen dem Auswahlprozess entsprechenden Ablauf- und Kostenplan. Daneben müssen entweder interne Ressourcen freigesetzt werden oder aber die Beratung durch einen externen Implementierungspartner kennzeichnet die Auswahl- und Implementierungsphase. Eine Kombination aus interner und externer Aufgabenteilung ist ebenso möglich. Im Fall politischer Entscheidungen sind die folgenden Auswahlvorgänge obsolet.
2. Grundsätzlich spezifizieren Lastenhefte oder Kriterienkataloge die Anforderungen an das IT-System. Die **Anforderungsanalyse** ist prinzipiell nach fachlichen und technischen Muss- und Kann-Kriterien durchzuführen (siehe dazu *Bick/Grechenig/Spitta* 2010, S. 18).

Kriterien zur Softwareevaluation werden zudem in den ISO/IEC 9126 erläutert (siehe dazu *Balzert* 2011, S. 110 f.).

3. Nachdem Softwareanforderungen definiert worden sind, kann eine **Marktanalyse** potenzielle Anbieter identifizieren. Im Einzelfall ist zu prüfen, ob eine Ausschreibung der Investition notwendig ist. Zu berücksichtigen ist außerdem, ob eine (eigenprogrammierte) Individualsoftware in Frage kommt.
4. Nach einer Marktanalyse werden im Rahmen einer **Vorauswahl** die Anbieter auf drei, maximal fünf Anbieter reduziert. Dabei wird erstens ein Produktvergleich anhand vorab definierter Muss- und Kann-Kriterien und zweitens eine Kostenschätzung durchgeführt, die getrennt Lizenz- und Wartungskosten sowie Implementierungs- und Schulungskosten darstellt. Dadurch werden laufende und einmalige Kosten getrennt und können zum Leistungsumfang bewertet werden.
5. In der **Detailevaluation** folgt die Festlegung auf einen Anbieter. Dazu werden in der Regel Einblicke in die Quellprogramme und Entwicklungsdokumente gewährt oder Referenzen angeschaut (vgl. *Bick/Grechenig/Spitta* 2010, S. 18). Vor der Entscheidung im Lenkungsausschuss erfolgt eine Kosten-Nutzenanalyse der Investition (siehe dazu *Blohm/Lüder/Schaefer* 2012, S. 175 ff.).

In der **Implementierungsphase** wird das Berichtssystem in der IT-Umgebung programmiert. Dazu werden zunächst die benötigten Ressourcen, Finanzmittel und Zeiten geplant. Sodann werden in der Softwareentwicklung die Datenquellen identifiziert und über Skripte in die neue Umgebung extrahiert. Nach dem Testen der Skripte folgt die Abnahme des Berichtssystems (siehe dazu *Balzert* 2011, S. 525). Die drei Vorgänge dieser Phase lassen sich folgendermaßen charakterisieren:

1. Die Implementierung von Standardsoftware ist stark technisch geprägt und kann zeitlich umfangreich sowie kosten- und ressourcenintensiv sein. Selbst bei einer Individuallösung sind Ressourcen freizusetzen und im Falle einer externen Vergabe sind zusätzliche Finanzmittel durch den Lenkungsausschuss zu genehmigen. Deshalb stellt sich nach der IT-Auswahl die Aufgabe, die **Projektplanung** für die Implementierung hinsichtlich Kosten, Ablauf und Ressourcen zu entwickeln.
2. In der **Softwareentwicklung** von Berichtssystemen müssen Datenquellen identifiziert werden, an denen das Berichtssystem gekoppelt wird (siehe Abschnitt 2.2.2.1). Aus den jeweiligen Datenbanken werden im Labor durch einen Programmierer sodann die entscheidungsrelevanten Daten gemäß Fachkonzept extrahiert. Dabei wird die Syntax der Datenaufbereitung in wiederholbare Skripte (Datenbank-Abfragen) programmiert, d. h., es wird die Ordnung der Daten in einer Programmiersprache wie z. B. SQL (Structured Query Language) erstellt. Die Abfragen werden dokumentiert, um die Semantik zum Fachkonzept zu spiegeln. Bei der Softwareentwicklung kann es zu einer iterativen Anpassung mit der Semantik kommen. Etwa dann, wenn sich das fachliche Begriffssystem technisch nicht umsetzen lässt, sind Anforderungen neu zu spezifizieren. Ferner kennzeichnet die Softwareentwicklung die Vergabe von Zugriffs-Berechtigungen für die Entscheidungsträger. Zwecks Übergabe werden zuletzt im Labor und durch ausgewählte Nutzer die Skripte im Testbetrieb auf ihre Funktionalität hin getestet.

3. Mit der Abnahme endet das Projekt formal und das Berichtssystem wird in die Organisationsprozesse integriert. Die **Abnahme** des Berichtssystems kann am Ende einer Informationsveranstaltung oder Benutzerschulung im Kreis des Lenkungsausschusses erfolgen. Den Entscheidungsträgern werden dabei die Zusammenhänge spezifischer Systemmerkmale herausgestellt und Funktionsweisen erläutert. Zugleich wird entschieden, ab wann die modifizierten Planungs- und Kontrollprozesse ihre Gültigkeit erlangen. Bei exogener Programmierung ist es üblich, die Übergabe zu protokollieren.

Nach der Übergabe an die Nutzer sind kontinuierlich qualitative Stabilisierungen und Optimierungen technischer und fachlicher Art durchzuführen. Ein fehlerbehaftetes Berichtssystem wird weder Akzeptanz bei Anspruchsgruppen finden, noch nachhaltig die Hochschulentwicklung beeinflussen können. So werden in der **Betriebsphase** auch Interdependenzen zwischen Berichtssystemen identifiziert und aufeinander abgestimmt. Zum aktiven Betrieb muss das Berichtssystem dazu in technischer und fachlicher Verantwortung (z. B. IT-Leiter und Controller) liegen. *Balzert* (2011, S. 530) begründet die Betriebsphase mit der Alterung und Zweckentfremdung von Software: „Software, bei der nicht ständig Fehler behoben und Anpassungen sowohl an die Umwelt als auch an neue Anforderungen vorgenommen werden, altert und ist irgendwann veraltet. Sie kann dann nicht mehr für den ursprünglich vorgesehenen Zweck eingesetzt werden." Dementsprechend ist das Berichtssystem an den sozialen Wandel und den einhergehenden Veränderungen von Ansprüchen aus Wirklichkeitsauffassungen permanent anzupassen (siehe dazu Abschnitt 2.1.2.4 i. V. m. Abschnitt 2.2.3.2). *Balzert* (ebenda, S. 530) unterscheidet Wartungs- und Pflegeaktivitäten:

1. In der **Wartung** wird das Berichtssystem durch einen Administrator stabilisiert und optimiert (vgl. ebenda, S. 533). Durch die Stabilisierung werden syntaktische Fehler korrigiert, die in der Implementierungsphase entstanden sind und erst ex post lokalisiert wurden. Um die Zuverlässigkeit zu erhöhen, muss das funktionierende System nicht zuletzt technisch optimiert werden (z. B. Speicherbedarf, automatisierte Abfragen, etc.), um das Berichtssystem zu verbessern.
2. In der **Pflege** wird das Berichtssystem primär an die fachlichen Anforderungen angepasst oder erweitert. Der Administrator modifiziert hierbei das funktionsfähige Berichtssystem entsprechend der fachlichen Änderungsanfragen. Zu einer funktionalen Erweiterung des Berichtssystems kann es kommen, wenn z. B. neue Analysemethoden wie Drill-Down oder Drill-Through, eingebaut werden sollen (siehe dazu Abschnitt 2.2.2.1).

In der Phase der **Sozialisation** soll die routinemäßige Nutzung des Berichtssystems sichergestellt werden. Mit der Entwicklung des Berichtssystems stellt sich die Herausforderung, die festgelegte Pragmatik in den Planungs- und Kontrollprozessen zu verinnerlichen und danach zu planen und zu handeln. Nicht nur, dass künftig andere Begriffe die Planungsaktivitäten bestimmen, sondern vor allem ergeben sich andere Handlungsrhythmiken als zuvor. So kann sich das Problem einstellen, dass zwar neue Berichte Investitionsplanungen erfolgreich kommunizieren, aber dass sich mit der Informationsübermittlung keine Verhaltensänderung einstellt, weil das erwartete Handeln mental womöglich noch nicht verarbeitet ist (siehe dazu Abschnitt 2.1.2.2). Die beabsichtigte Wirkung des Planungsverfahrens ist dann nicht nachhaltig in die Organisation verankert worden. Infolgedessen wird das Berichtssystem in seiner

Planungsfunktion den realen Handlungsanweisungen nicht gerecht und die ursprüngliche Intention des sozial geplanten Wandels scheitert. Um diesem Negativszenario entgegenzuwirken, bedarf es einer Unterstützung durch das Controlling mit den neuen Planungsverfahren. Bis es zur eigenständigen Planung und Kontrolle von Handlungsfeldern durch die Entscheidungsträger kommt, haben folgende Vorgänge empfehlenden Charakter und determinieren Aufgabenfelder für den Hochschulcontroller:

1. Werden die generierten Berichte durch Controller und Entscheidungsträger gemeinsam interpretiert, lassen sich unter Verwendung von Prognosen anspruchsgruppenorientierte **Investitionsplanungen** besser entwerfen und hochschulweit abstimmen. Wenngleich mit dem Berichtssystem wesentliche Ansprüche begrifflich identifiziert sind, so ist damit das Anspruchsniveau der kommenden fünf Jahre noch nicht quantifiziert. Im Rahmen des Entscheidungsprozesses unterstützt der Hochschulcontroller deshalb die fristgerechte Generierung von aufeinander abgestimmten nichtmonetären und monetären Planwerten und liefert Begründungszusammenhänge für die Kommentierung der Hochschulentwicklungsplanung.
2. Der Umsetzung von Investitionen stehen immer wieder exogene Störungen gegenüber, die eine zeitliche Verzögerung oder Kostenüberdeckungen zur Folge haben (vgl. Abschnitt 2.2.3.4). Die Unterstützung bei der **Investitionsumsetzung** dient nicht nur der Sozialisation des Verfahrens, sondern auch der Erfolgskontrolle. Es ermöglicht dem Entscheidungsträger beim Personal und den Finanzen auch unterjährig steuernd einzugreifen. Der Entscheidungsträger erkennt dadurch den Nutzen einer kurzfristig und langfristig abgestimmten Planung.
3. Die **Kommunikation** zu Anspruchsgruppen stellt auch nach Inbetriebnahme einen wichtigen Stellenwert bei der Verfahrenssozialisation dar. So können die Anspruchsgruppen über den Projektabschluss einzelner Berichtssysteme aber auch über den Projektabschluss des Gesamtvorhabens informiert werden. Des Weiteren können gegebenenfalls Berichte oder Extrakte im Internet veröffentlicht werden. Die Kommunikation im Internet kann zudem um Ausführungen zum Controllingverfahren und deren technischen Systemen in Form eines Planungshandbuches erweitert werden.
4. Die Intensivierung der **Partizipation** in den Verfahrensablauf ist auf zwei Wegen möglich: Zum einen ist das Verfahren bzw. die Diskussion der Entwicklung von Handlungsfeldern als Tagesordnungspunkt in die Gremienstruktur fest zu verankern. Dadurch werden Vertreter von Anspruchsgruppen in das Verfahren integriert. Eine Möglichkeit der direkten Mitbestimmung ergibt sich, wenn über das Intranet die Investitionsplanungen validiert oder als Vorschläge eingeholt werden.
5. Die kontinuierliche **Weiterentwicklung** des Planungs- und Kontrollverfahrens aus fachlicher Sicht korrespondiert mit der technischen Wartung und Pflege des Berichtssystems an die jeweilige Situation der Hochschule. So können in einem Einzelprojekt kaum alle Interdependenzen zwischen Handlungsfeldern identifiziert, modelliert und umgesetzt werden. Die Abgrenzung von Handlungsfeldern stellt sich oftmals nicht als „natürliche" Grenze dar, sondern ist idealtypisch konstruiert. Daher sind zahlreiche Verflechtungen noch vorhanden, die nicht direkt erkennbar sein müssen. Iterativ nähert man sich mit der Weiterentwicklung dem „Idealzustand" des Hochschulcontrolling-Systems an.

6. Die **Integration** des Planungsverfahrens zu staatlichen Führungsinstrumenten ist weit gediehen. Dennoch kann es zu umfangreichen Veränderungen staatlicher Führungsinstrumente oder zu langfristigen Verträgen kommen, die eine Anpassung des Verfahrens erforderlich machen können (z. B. Handhabung von Studiengebühren, Berufungsrecht, Bauhoheit etc.). Derartige Veränderungen können so fundamental sein, dass es zur Neuaufsetzung eines Berichtssystems kommen kann.

4.3.3 Resümee

„Tiefgreifende Reorganisationen und Entwicklungen umfassender Informationssysteme implizieren Entwurfsprobleme, deren Komplexität die begrenzte Informationsverarbeitungskapazität der Entwerfer übersteigt“ (*Kirsch* 1974, S. 271). Die Annahme begrenzter Informationsverarbeitungskapazitäten bei Menschen wurde in den theoretischen Grundlagen ausführlich dargelegt (siehe Abschnitt 2.1). Die Einführung eines Berichtssystems zur Planung und Kontrolle ist als soziale Investition eine komplexe organisationale Herausforderung und erfordert deshalb eine heuristische Vorgehensweise, in der das Gesamtproblem in Teilprobleme dekomponiert und sozial verträglich umsetzbar wird.

Um dieser Herausforderung gerecht zu werden, zerlegt das hier konstruierte Vorgehensmodell entscheidungsbezogene Handlungsfelder und gibt Phasen für die Projektierung des geplanten Wandels vor. Die Systemgestaltung kennzeichnet nach der groben Szenarioplanung und der feineren Anspruchsgruppenanalyse auf Basis vorhandener Systembezüge die detaillierte Neukonzeption des Berichtssystems. Nach der Auswahl eines IT-Systems, welches die Aufgabe hat, die entscheidungsrelevanten Daten zu erfassen und aufzubereiten, gilt es, das Fachkonzept informationstechnisch zu implementieren und zu testen. Nach Abnahme erfolgen Betrieb und Wartung des IT-Systems. Resümierend kombiniert die Systemkonzeption deduktive und induktive Methoden und führt zu einem konsensfähigen Soll-System, welches im zweiten Schritt umgesetzt wird. Je nach „Fitting“ des ausgewählten IT-Systems mit den organisatorischen Gegebenheiten kommt es in der Implementierungsphase und nach Inbetriebnahme zu einer weiteren Anpassung des Konzepts. Es handelt sich insofern um ein iteratives und dynamisches Vorgehen bei dem der soziale Konsens durch die frühe Beteiligung von Anspruchsgruppen am Einführungsprozess erreicht werden soll (Vor-Sozialisierung). Im Einzelnen sind bei der Systemeinführung die in Tab. 4.5 genannten Gruppierungen involviert.

Die generierten Berichte bezwecken nicht nur die Information der Entscheidungsträger. Ihr primärer Zweck liegt in der Planung der Hochschulentwicklung. In der betrieblichen Realität muss es deshalb zu einer routinemäßigen Nutzung der Berichte in den (möglicherweise modifizierten) Planungs- und Kontrollprozessen kommen. Dies erfordert eine Verhaltensänderung der Entscheidungsträger, die durch eine Verfahrenssozialisation erreicht werden soll. Zur Haupt-Sozialisation zählen deshalb die Akzeptanz der umgesetzten IT-Systeme sowie das Erlernen des Controllingverfahrens unter Einbezug der Planungsberichte. Die Einbindung des Hochschulcontrollers in die Planungsvorgänge kann hierzu erheblich beitragen.

		Präsidiumsmitglied[1]	Entscheidungsträger[1,2]	Controller[2]	Projektleiter[1]	Projektteam	IT-Leiter[1]	Administrator	Programmierer	Fakultätsmitarbeiter[2]
1	Szenario									
1.1	Projektsondierung	A	I							
1.2	Projektorganisation	I			A	B	C			
1.3	Szenarioplanung	C	C	C	A	B	C			B
2	Anspruchsgruppen									
2.1	Identifizierung der Anspruchsgruppen			C	A	B	C			C
2.2	Informationsbedarfsanalyse			C	A	B	C			
2.3	Priorisierung von Anspruchsgruppen			C	A	B	C			
2.4	Kommunikation	I	I	C	A	B	C			I
3	Systemanalyse									
3.1	Prozessanalyse		C		A	B	C			C
3.2	Datenanalyse		C		A	B	C			C
3.3	Kommunikationsanalyse		C		A	B	C			C
4	Systemgestaltung									
4.1	Prozessgestaltung				A	B				
4.2	Entwurf von Standardberichten				A	B				
4.3	Dokumentation und Präsentation Fachkonzept	A	A	C	A	B	C			I
5	Auswahl von Informationssystemen									
5.1	Projektplanung				A	B	B			
5.2	Anforderungsanalyse				A	B	C*			
5.3	Marktanalyse				A	B	C			
5.4	Vorauswahl				A	B	B			
5.5	Detailevaluierung	A	A	C	A	B	C			
6	Implementierung und Test									
6.1	Projektplanung				A	B	C*			
6.2	Softwareentwicklung und Testing			C	A	B	I	B	B*	I
6.3	Abnahme	A	A	C	B	B	A			
7	Betrieb									
7.1	Wartung			C			A	B		
7.2	Pflege		I	C			A	B		I
8	Sozialisation									
8.1	Investitionsplanung	A	B	C						B
8.2	Investitionsumsetzung	A	B	C						B
8.3	Kommunikation	A	B	C						B
8.4	Partizipation	A	B	C						B
8.5	Weiterentwicklung	A	B	C						B
8.6	Integration	A	B	C						B

LEGENDE

1 Lenkungsausschuss
2 Nutzer
* kann extern vergeben werden (Beratung)

A: Verantwortlich (Haftung)
B: Ausführend (fachlich verantwortlich)
C: Beratend
I: Informiert

Tab. 4.5: Vorgehensmodell und beteiligte Rollen

4.4 Praktische Erprobung des Vorgehensmodells

Die Einführung von Berichtssystemen für das Hochschulcontrolling ist nach dem vorgelegten Vorgehensmodell an der Hochschule Hannover (HsH) in Fallstudien erprobt worden. Beispielhaft werden in diesem Abschnitt angewendete Vorgänge und Methoden innerhalb der jeweiligen Phasen erläutert, um die Praktikabilität des Modells aufzuzeigen. Daneben werden die induktiven Ergebnisse erläutert, die neben den theoretischen und hochschulsteuerungsrelevanten Erkenntnissen zur Entstehung des Referenz-Berichtssystems geführt haben.

Die HsH ist durch die Konzentration mehrerer Bildungseinrichtungen 1971 entstanden. Zum Sommersemester 2013 studierten 8.310 Studierende in 54 akkreditierten Studiengängen an der HsH. Verteilt auf fünf Standorte bemisst sich die Nutzfläche auf etwa 57.650 m^2 (vgl. *Hochschule Hannover* 2013a und 2013b). Im Haushaltsjahr 2013 betrugen die Zuführungen des Landes Niedersachsen, einschließlich Investitionen, 46,7 Millionen Euro (vgl. *Niedersächsisches Finanzministerium* 2011, S. 414). Gemessen an der Anzahl von Studierenden und Haushaltsmitteln ist die HsH im niedersächsischen Vergleich als mittelgroße Hochschule zu bezeichnen (siehe hierzu *Landesbetrieb für Statistik und Kommunikationstechnologie Niedersachsen* 2013; *Niedersächsisches Finanzministerium* 2011). Seit Februar 2011 ist die gesamte Hochschule nach DIN EN ISO 9001:2008 zertifiziert (vgl. *Hochschule Hannover* 2013c).

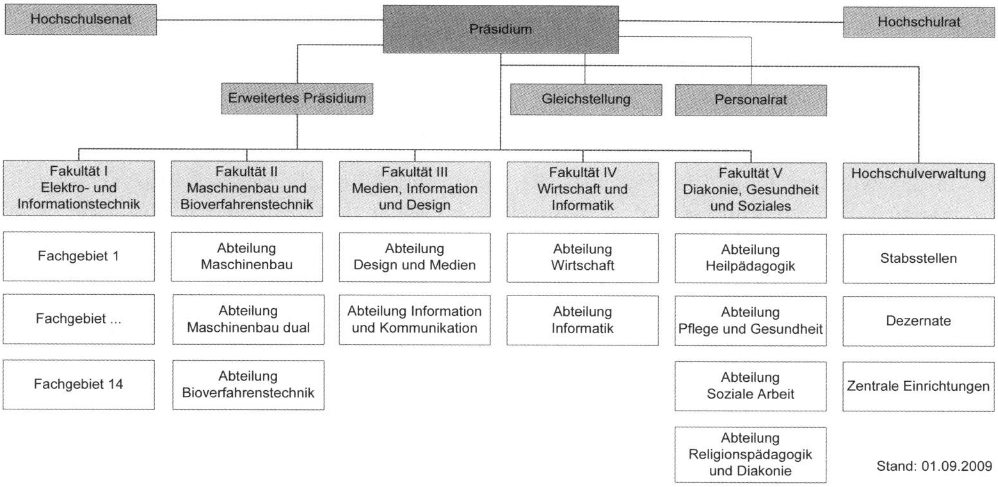

Abb. 4.49: Organigramm der Hochschule Hannover (in Anlehnung an Hochschule Hannover)

Die **Organisationsstruktur** der HsH gliederte sich zum 01.09.2009 in fünf Fakultäten und einer Hochschulverwaltung, in der Stabsstellen, Dezernate sowie zentrale Einrichtungen zusammen gefasst sind (in Anlehnung an *Hochschule Hannover* 2009; siehe Abb. 4.49). Normative Handlungsbasis der Hochschulentwicklung stellt ein einheitliches Leitbild dar, welches zum Teil durch autonome Leitbilder der Fakultäten und Hochschulverwaltung weiterentwickelt worden ist. Die Fakultäten werden jeweils durch einen vom Fakultätsrat legitimierten Dekan geleitet. Das Präsidium erhält Handlungslegitimation durch den Hochschulsenat und dem Hochschulrat. Es wird durch die Organisationseinheiten der Hochschulverwaltung unterstützt. Daneben sind eine Gleichstellungsbeauftragte sowie der Personalrat in der Hochschulpolitik beratend tätig. Zur stärkeren Partizipation der Fakultäten in der zentralen Entscheidungsfindung wurde ein erweitertes Präsidium eingerichtet, dem das Präsidium und die Dekane angehören. Innerhalb einer Fakultät sind Strukturen und Prozesse der Lehre und Forschung in der Regel nach Abteilungen organisiert. Eine Abteilung stellt eine Lehreinheit nach § 7 KapVO dar und ist zugleich die kleinste Organisationseinheit einer Fakultät. Die Fakultät I – Elektro- und Informationstechnik ist nach Fachgebieten gegliedert. An dieser Stelle entspricht die Lehreinheit der gesamten Fakultät. Aus Vereinfachungsgründen sind Institute und Kompetenzzentren in dieser Perspektive abgegrenzt worden, da sie als hochschulübergreifend agierende Teilsysteme Wissen bündeln und Dienstleistungen zur Verfügung stellen. Sie sind daher nicht eindeutig Fakultäten zugeordnet. Vor diesem Hintergrund wird nachfolgend die Erprobung des Vorgehensmodells aufgezeigt.

Im Vorfeld der Fallstudien wurde das Finanz-Controlling bereits umgesetzt, allerdings begrenzt es sich auf ein Geschäfts- oder Studienjahr. In den Fallstudien sind überwiegend Berichtssysteme konzipiert und umgesetzt worden, um Istwerte für Kennzahlen aus operativen Informationssystemen zu generieren, die in Planungsprozessen und Hochschulentwicklungsplänen Anwendung finden und wie im Finanz-Controlling auf ein Geschäfts- oder Studienjahr ausgerichtet sind. Von der Konzeption und Umsetzung von Berichtssystemen ist die Hochschulverwaltung abgegrenzt worden. Die Fallstudien sind im Zeitraum zwischen März 2009 und Juli 2011 als Projekte durchgeführt worden (siehe Abb. 4.50):

- Im ersten Fall ist die Projektmethodik vollumfänglich am Beispiel des Studiengangs-Berichtssystems erprobt worden, weshalb die Projektdauer bis zur Betriebsphase zehn Monate und mit einer einmonatigen Unterbrechung fast ein Jahr umfasste.
- In den weiteren Fällen des Flächen-, Personal- sowie Forschungs-Berichtssystems vollzog sich die Durchführung auf die Konzeptionsphase und dauerte jeweils fünf Monate an. Wie auch in der ersten Fallstudie sind im Ergebnis jeweils Projektdokumentationen („Fachkonzepte“) für die Konstruktion des Referenz-Berichtssystems entstanden.

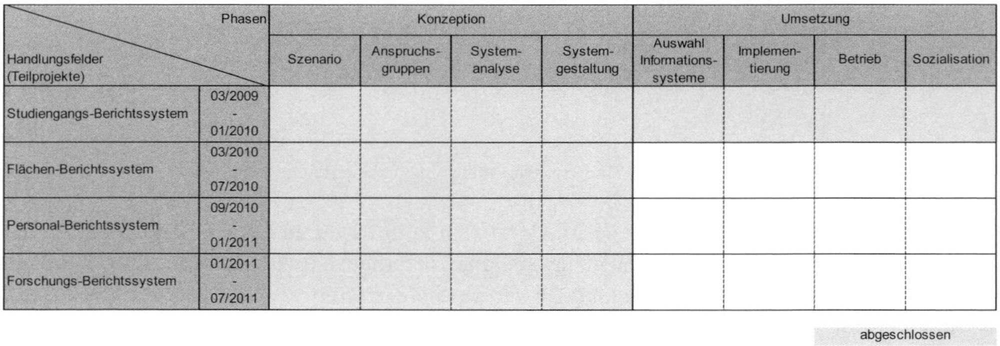

Phasen
Handlungsfelder (Teilprojekte)
Konzeption
Umsetzung
Szenario
Anspruchs-gruppen
System-analyse
System-gestaltung
Auswahl Informations-systeme
Implemen-tierung
Betrieb
Sozialisation
Studiengangs-Berichtssystem
03/2009 - 01/2010
Flächen-Berichtssystem
03/2010 - 07/2010
Personal-Berichtssystem
09/2010 - 01/2011
Forschungs-Berichtssystem
01/2011 - 07/2011
abgeschlossen

Abb. 4.50: Multiprojektplan zur Einführung von Berichtssystemen an der Hochschule Hannover

Das Projektmanagement war vom Ablauf her so organisiert, dass in jeder Fallstudie die identische Vorgehensmethodik verfolgt wurde. Innerhalb jeder Phase wurden Vorgänge als Arbeitspakete definiert und von studentischen Projektteams mit drei bis fünf Studierenden á 3 Arbeitsstunden pro Woche erarbeitet. Im Mittel wurden für die Projektteams jeweils etwa 264 Mannstunden (4 Personen á 3 Std. x 22 Wochen) kalkuliert. Für die Projektleitung wurden 8 Stunden wöchentlich veranschlagt, sodass sich etwa 440 (176+264) Mannstunden als Ressourcen eines halbjährlichen Projekts ergaben. Ein Lenkungsausschuss begleitete die

Teilprojekte und wurde in der Konzeptionsphase zu je zwei Meilensteinen einberufen, die situationsspezifisch sowie einmal fest nach der Phase der Systemgestaltung stattfanden.

4.4.1 Szenarioplanung

Es sind divergente und veränderte soziale Ansprüche und daraus resultierende Entscheidungsfragen, die den Impuls für ein Projekt geben. Dies äußert sich beispielsweise in einer fehlenden Transparenz über ein Handlungsfeld, neuen Rahmenbedingungen wie Akkreditierungen oder auch endogene/exogene Anpassungsanforderungen der Kern- oder Unterstützungsprozesse. Erst danach wird der geplante Wandel als Projekt fixiert und das Projektteam gebildet sowie dessen Organisation erstellt (siehe Abschnitt 4.3.1). Natürlich obliegt es dem **Projektmanagement** zunächst einmal die konkreten oder antizipierten (latenten) Wandlungserfordernisse zu sondieren und als Projektziel zu kanalisieren. Hierzu hält der Projektleiter in der Regel Rücksprache mit dem Präsidium, um den Anlass für die Etablierung eines Berichtssystems zu ergründen.

Auf Basis der Erkenntnisse zum Wandlungsbedarf erstellt das Projektteam in der **Szenarienplanung** einen vorläufigen Bezugsrahmen vom Berichtssystem. Das Konstrukt stellt die konzeptionelle Entwurfsbasis der weiteren Arbeit dar und führt Anforderungen über die Ausgestaltung der künftigen (optimaleren) Struktur des Handlungsfeldes zusammen, sodass sich ein grober Lösungsansatz herausbildet. Die Erstellung eines Bezugsrahmens ist insofern eine **Metaplanung** bei dem ein Szenario über das zu planende Controllingsystem quasi als Annahmen vorläufig entworfen wird. Dabei werden Anforderungen hinsichtlich Zeitpunkte, möglicher Datenquellen, Inhalte sowie Sender und Empfänger spezifiziert (siehe Abschnitt 1.1.2 i. V. m. Abschnitt 2.2.1.2).

Das Handlungsfeld „Personal" beruht beispielsweise auf einem Bezugsrahmen, der zwischen Stellen- und Tarifpersonal sowie zwischen Kosten und Beständen jeweils nach Mittelherkünften unterscheidet (siehe Abschnitt 4.2.2. und Abb. 4.1.2). Das Handlungsfeld „Flächen und Ausstattung" weist einen zu operationalisierenden Bezugsrahmen auf, der zunächst rein nonmonetär den Flächenbestand sowie den Flächenbedarf bilanziert, um zwecks Anreizregulierung im zweiten Verfahrensschritt die Bilanzwerte zu monetarisieren (siehe Abschnitt 4.2.3). Ebenso stellt das Konzept der pagatorischen Erfolgsrechnung einen zu operationalisierenden Bezugsrahmen dar (siehe Abschnitt 4.2.1). Am verwendeten Bezugsrahmen aus dem Handlungsfeld „Forschung" lässt sich nachvollziehen, dass die Planung eines Szenarios geeignet ist, daraus sowohl Planungsprozess als auch zu entwerfende Standardberichte im weiteren Vorgehen zu erarbeiten (siehe Abb. 4.51).

Auf Basis einer SWOT-Analyse, in der Stärken und Schwächen im Handlungsfeld „Forschung" offenbart wurden, sah sich die Hochschule Hannover veranlasst, eine Umstrukturierung des Kernprozesses sowie der damit verbundenen Unterstützungsprozesse vorzunehmen. Hierzu wurde eine neue Richtlinie „zur Förderung von Vorhaben zur Forschung und Entwicklung" (siehe *Hochschule Hannover* 2011, S. 35 ff.) verabschiedet sowie eine Forschungsdatenbank etabliert, die den neustrukturierten Planungsprozess unterstützt und von einer zentraler Stabsstelle „Forschung und Entwicklung" aus betrieben wird. Auf Basis dessen soll ein Berichtssystem konzipiert und umgesetzt werden, welches Daten aus der Forschungsdatenbank aufbereitet. Während das Quellsystem primär das operative Handling des Planungs- und Kontrollprozesses auf Objektebene abwickelt, soll das Berichtssystem dazu dienen, auf Ebene der Fakultäten und auf Ebene der Hochschulleitung, Abstimmungs- und Entscheidungsprozesse zu unterstützen.

Das Ergebnis der Szenarioplanung im Handlungsfeld „Forschung" sieht vor, dass die Antragsteller die Daten des geplanten Forschungsprojekts an ihre zugeordneten Fakultäten bis Mitte Mai bzw. Mitte November jeweils für das folgende Semester zur dezentralen Abstimmung senden und die Stabsstelle für Forschung diese hochschulweit zur zentralen Entscheidungsfindung hinsichtlich Forschungsart und Mittelherkunft anschließend konsolidiert. Als grobe inhaltliche Ausrichtung der Standardberichte werden die Ressourcen Drittmittel, Personal sowie Flächen bzw. Ausstattungen identifiziert.

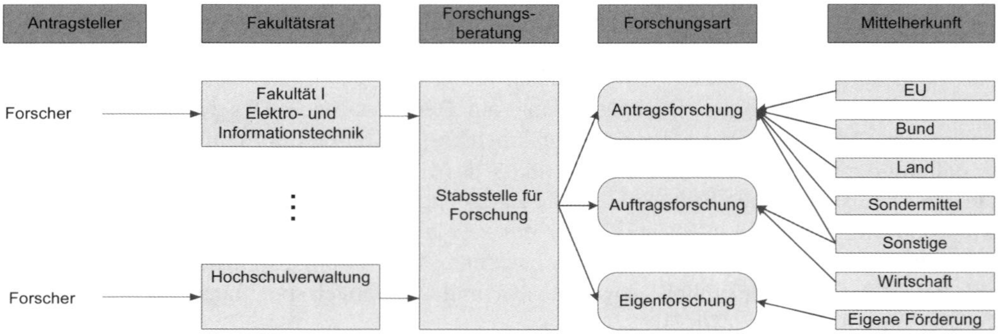

Abb. 4.51: Bezugsrahmen Forschungsprozess an der Hochschule Hannover

Um eine Soll-Struktur bzw. einen Soll-Prozess definieren und schließlich umsetzen zu können, muss zunächst jeweils der aktuelle Stand erfasst werden, welcher in die Konzeption mit einfließt. Es können aus dem geplanten Szenario bereits diesbezügliche Untersuchungsfragen abgeleitet werden, die in der Phase der Systemanalyse erarbeitet werden (siehe dazu Abschnitt 4.4.3). Bezogen auf das Fallbeispiel im Handlungsfeld „Forschung" sind folgende Fragestellungen zu beantworten:

1. Wie ist der Entscheidungsprozess zur Vergabe von Forschungsprojekten derzeit organisiert?
2. Anhand welcher Berichte werden Drittmittel, Flächenressourcen und Reduzierungen von Lehrveranstaltungsstunden in den Fakultäten geplant und kontrolliert?
3. Welches sind die Begrifflichkeiten und Datenquellen bisheriger Berichte?

Bevor allerdings die Bearbeitung der Systemanalyse angegangen werden kann, müssen die begrifflichen Nomenklaturen der Anspruchsgruppen eruiert werden, um die Wertgeneratoren des jeweiligen Handlungsfeldes definieren zu können. Von daher stellt sich die zu behandelnde Frage nach den Anspruchsgruppen und ihrer Wertvorstellungen (siehe dazu Abschnitt 4.4.2).

4.4.2 Anspruchsgruppen-Management

Nach der Erarbeitung des Bezugsrahmens bildet ein wichtiger Gegenstand die inhaltliche Komponente der Berichtssysteme. Die Frage, welche Inhalte zum Empfänger transportiert werden sollen, hängt wesentlich von den Wertgeneratoren der Anspruchsgruppen ab. In der Phase des Anspruchsgruppen-Managements wird deshalb untersucht, welche Operationalisierungen der Handlungsfelder möglich sind, d. h., welche Begriffssysteme der Anspruchsgruppen sich etabliert haben. Hierzu ist zunächst einmal festzulegen, welche Anspruchsgruppen das Handlungsfeld beeinflussen oder beeinflusst werden. Es sind vier Vorgänge in dieser Phase vom Projektteam zu bewerkstelligen (siehe Abschnitt 4.3.1):

- Identifikation der Anspruchsgruppen
- Durchführung von Informationsbedarfsanalysen
- Priorisierung der Kommunikation durch Festlegung der Begriffe
- Validierung der Operationalisierung

Handlungsfeld	Endogene Anspruchsgruppen	Exogene Anspruchsgruppen	Primäre Nomenklaturen
Studium und Lehre	Studierende, Absolventen, Studieninteressierte, Hochschullehrer	Staat und Länder, Gesellschaft, Arbeitgeber	Hochschulstatistik, INCHER-Fragebogen
Flächen und Räume	Studierende, Mitarbeiter, Hochschullehrer	Staat und Länder (staatliche Baumanagement)	DIN 277, Nutzungsbereiche
Personal und Stellen	Hochschullehrer, Mitarbeiter	Staat und Länder (z. B. Oberfinanzdirektion)	Dienstbezeichnungen, Entgeltgruppen
Forschung und Nachwuchsförderung	Forscher, Studierende	Staat und Länder, Gesellschaft, Politik, Wirtschaft, Forschungsförderer	Kostenarten, Kapazitätsrecht, NHG

Tab. 4.6: Anspruchsgruppen und Nomenklaturen der Hochschule Hannover nach Handlungsfeldern

Alle Entscheidungsträger, das sind das Präsidium und die Dekane der Fakultäten, fungieren als Nutzer und Empfänger der Standardberichte im Sinne eines Management Reportings (siehe hierzu Abschnitt 1.1.1). In dieser Phase müssen zunächst die Anspruchsgruppen identifiziert und sodann deren Nomenklaturen – stellvertretend für deren operationalisierte Ansprüche – erhoben werden. Diese werden dann den Entscheidungsträgern vorgelegt, priorisiert und gemeinsam validiert, damit die Vor-Sozialisation – das Denken in Ansprüchen – und letztlich die intendierte Informationsnutzung gelingen kann (vgl. Abschnitt 2.1.2.2 i. V. m. Abschnitt 2.2.3.2).

Aus der Vielzahl unterschiedlicher Anspruchsgruppen ergibt sich die Herausforderung, deren Wertvorstellungen zunächst einmal begrifflich aus Nomenklaturen aufeinander so abzustimmen, dass eine Kommunikationsbasis für eine Abbildung von Werten geschaffen wird (siehe Abschnitt 4.3.1). An der Hochschule Hannover sind je Handlungsfeld mindestens zwei Anspruchsgruppen sowie Nomenklaturen identifiziert worden, aus denen sich ein Begriffssystem für das Berichtssystem ableiten lässt (siehe Tab. 4.6). Es ist eine Priorisierung von Begriffen notwendig, um sich nicht in den Ansprüchen und Handlungsalternativen zu verlieren. Die Priorisierung von Anspruchsgruppen und Nomenklaturen erfordert ein deduktives, induktives oder von beiden Methodenansätzen kombiniertes Vorgehen. In den Handlungsfeldern „Flächen und Räume", „Personal und Stellen" sowie „Forschung" wurden die jeweiligen Nomenklaturen vom Projektteam in Verbindung gesetzt. Der Abstimmungsvorgang lässt sich am Beispiel des Handlungsfeldes „Studium und Lehre" verdeutlichen, wo zwei unabhängige Begriffssysteme existieren.

Staat und Länder als Repräsentanten der Gesellschaft erfassen Informationen zum Handlungsfeld „Studium und Lehre" über die **Hochschulstatistik**, um ihr Anspruchsniveau einem Plan-Ist-Vergleich zu unterziehen und um daraus politische Entscheidungen abzuwägen sowie zu begründen (siehe hierzu Abschnitt 3.3.2.4). Im selben Handlungsfeld etabliert sich ein Standard-Fragebogen vom INCHER, um die Wirkungsdimension im Handlungsfeld durch **Studienabschluss- und Absolventenstudien** hochschulspezifisch als auch -übergreifend zu erfassen und zu bewerten. Es sind darüber hinaus noch HIS-Kennzahlen sowie kapazitätsrechtliche Kennzahlen in Erwägung zu ziehen, die den Bereich Lehre im Berichtssystem abdecken, d. h., jene Ansprüche, die von Hochschullehrern und vom Staat gestellt werden (siehe hierzu Abschnitt 4.2.5).

Auf Basis eines zuvor gebildeten Szenarios im Handlungsfeld „Studium und Lehre" sind mögliche Nomenklaturen von Anspruchsgruppen unter Einbezug von Kennzahlen nach *Tropp* (2002, S. 142 ff.) in einem Fragebogen überführt (siehe Anhang D) und im Rahmen einer **Informationsbedarfsanalyse** angewandt worden. Der Fragebogen setzt sich aus den Fragenkomplexen Zulassungszahlen und Studienplätze, Internationalisierung, Studierenden- und Absolventendaten, Lehre sowie Studienverlaufsdaten zusammen. Innerhalb jeder Rubrik sind bis zu 13 Kennzahlen auf einer 5-Punkt-Likert-Skala von den Entscheidungsträgern hinsichtlich ihrer Informations- und Steuerungsrelevanz bewertet worden. Zu jedem Fragenkomplex wurden zudem zwei offene Antwortmöglichkeiten für weitere Kennzahlen abgefragt. In die Befragung wurden alle Dekane (5) sowie Studiendekane (15) mit einbezogen. Die Rücklaufquote betrug 75 %. Mit der Auswertung der Befragung erfolgt sodann die Priorisierung von Kennzahlen. Um eine umfassende Informationsversorgung zu gewährleisten, wurden in Abstimmung mit dem Lenkungsausschuss Kennzahlen als steuerungsrelevant eingestuft, die einen Mittelwert von 4,0 oder höher aufwiesen. In Workshops sind die Kennzahlen mit Dekanen sowie Vertretern der Hochschulleitung anschließend validiert und bei Bedarf noch ergänzt worden.

Bei der Operationalisierung eines Studienabschluss- und Absolventenfragebogens wurde nicht induktiv-empirisch, sondern deduktiv vorgegangen. Bezugnehmend auf die Operationalisierung von INCHER wurde zunächst eine Vorselektion relevanter Bereiche und Begriffe vorgenommen, da im Szenario bereits festgelegt wurde, dass eine Befragung eigenständig betrieben werden und sich zeitlich auf 15 Minuten begrenzen sollte. Der konzipierte Fragebogen umfasst vier Fragenkomplexe, wobei der vierte Bereich fakultätsindividuell gestaltet werden sollte (siehe hierzu Abschnitt 4.4.4).

Es wird deutlich, dass etablierte Nomenklaturen von Anspruchsgruppen auf die begriffliche Konzeption von Berichtssystemen einwirken. Die Abgrenzung relevanter Begriffe muss durch dringliche, legitime oder machtbezogene Kriterien erfolgen, die einer Priorisierung gleich kommen. Es kann nicht das gesamte begriffliche Repertoire abgebildet und in Entscheidungsprozessen angewendet werden. Dies resultiert nicht nur aus den sich ergebenden umfangreichen Dokumentations- und Planungsaktivitäten, sondern auch, weil sich Nomenklaturen widersprechen können (siehe Abschnitt 4.3.1). Entsprechend wurden im Handlungsfeld „Studium und Lehre“ nicht alle verfügbaren hochschulstatistischen sowie absolventenbezogenen Begriffe ausgewählt, sondern nach legitimen Ansprüchen wurde selektiert. Die Gefahr, dass durch dieses Vorgehen machtbezogene oder dringliche Ansprüche keine oder nur unzureichende Beachtung finden, bleibt indessen bestehen, sodass Planungs- und Kontrollansätze der Hochschule ins Leere laufen könnten.

4.4.3 Systemanalyse

Im Rahmen der Systemanalyse werden die in der Hochschule gegenwärtig praktizierten Prozesse, Daten und Kommunikationswege untersucht (siehe Abschnitt 4.3.1).

In der **Prozessanalyse** wird das Handlungsfeld auf seine Planungs- und Kontrollaktivitäten hin untersucht. Im Vordergrund steht der soziale Abstimmungsprozess der involvierten Entscheidungsträger. Daraus lassen sich für die Konstruktion von Berichtssystemen relevante Entscheidungsträger im Beziehungsgeflecht sowie die eingesetzten Standardberichte erkennen. Weist der dokumentierte Prozess Optimierungspotenziale auf, ist im Rahmen der Systemgestaltung ein Soll-Prozess zu konzipieren.

An der Hochschule Hannover ist der Entscheidungsprozess zur Genehmigung von Forschungsprojekten in allen Fakultäten vor Projektbeginn bereits standardisiert worden (vgl. *Schaldach* 2010, S. 4). Die Standardisierung der Planungsprozesse liegt allerdings nicht in allen Handlungsfeldern vor. Im Rahmen der Projektarbeit wurden in den Handlungsfeldern „Studium und Lehre“ sowie „Flächen und Räume“ individuelle Verfahren mit historisch gewachsenen Standardberichten identifiziert. Ein Prozess zur Absolventenbefragung fehlte im Handlungsfeld „Studium und Lehre“ gänzlich. Im Handlungsfeld „Personal und Stellen“ erfolgt der Planungsprozess zwar standardisiert und weist kein Optimierungspotenzial auf, allerdings ist das Berichtssystem in inhaltlicher Hinsicht verbesserungswürdig, wie die folgenden Ergebnisse der Datenanalyse zeigen werden. Die Konsolidierung von Berichten sowie eine hochschulweite Abstimmung der Entscheidungsfindung in den Handlungsfeldern sind dadurch erschwert bis unmöglich. In der Tab. 4.7 sind die Ergebnisse der Prozessanalyse zusammenfassend dargestellt.

Handlungsfeld	Prozessverantwortliche	Bewertung	Optimierungspotenzial
Studium und Lehre	Fakultäten	Individuell	Ja
Flächen und Räume	Fakultäten	Individuell	Ja
Personal und Stellen	Personaldezernat	Standardisiert	Nein
Forschung und Nachwuchsförderung	Stabsstelle für Forschung	Standardisiert	Nein

Tab. 4.7: Planungsprozesse analysierter Handlungsfelder an der Hochschule Hannover

In der **Datenanalyse** werden Quell- und Berichtssysteme identifiziert (siehe Tab. 4.8) und hinsichtlich zusammenhängender Datenströme analysiert. An der Hochschule Hannover wird kein integriertes Berichtssystem betrieben, welches auf einer gemeinsamen Datenbank aufbaut, wie es in der integrierten Informationsverarbeitung mittels Data Warehousing und Business-Intelligence-Methoden üblich ist. Stattdessen werden aus den operativen Informationssystemen Berichte mittels HIS-ISY, einer MS-Access-Lösung der HIS GmbH, oder durch manuelle Eingabe in MS-Excel erstellt. Lediglich Standardberichte aus Lehrevaluationen, die zur Personalentwicklung im Bereich der Lehre beitragen, werden aus dem IT-System „EvaSys“ automatisiert generiert. Obwohl die Quellsysteme primär von der HIS GmbH entwickelt und gewartet werden, handelt es sich bei den Modulen um Insellösungen, d. h., um IT-Systeme, die keine gemeinsame Datenintegration betreiben. Konsequenterweise geht die Hochschule dadurch ein Risiko ein, die Probleme in der endogenen Kommunikation und Entscheidungsfindung birgt (siehe hierzu Abschnitt 2.2.2.1).

Selbst die operativen Quellsysteme sind mitunter kaum geeignet, den Anforderungen an ein Hochschulcontrolling-System gerecht zu werden. Beispielsweise wird in der Systemanalyse im Handlungsfeld „Flächen und Räume“ deutlich, dass das IT-System allein Istdaten zur exogenen Berichterstattung generiert. Für die hochschulinterne Planung und Steuerung wird kein CAFM-System eingesetzt (siehe hierzu Abschnitt 4.2.3), sodass Plandaten für Entscheidungsträger der Hochschule aus dem gegenwärtig angewendeten HIS-BAU nicht generiert werden können. Infolgedessen weisen die Fakultäten fest zugeordnete Flächen bzw. Räume über MS-Excel oder selbstständig programmierte IT-Lösungen den Lehrveranstaltungen zu. Eine bedarfsorientierte Strategieplanung von Flächen und darauf aufbauend von operativen Raumzuteilungen für Lehre, Forschung und Verwaltung wird gegenwärtig nicht angewendet.

Im Handlungsfeld „Studium und Lehre“ sind zur Verwaltung und Dokumentation für Bewerbungen, Studierende sowie Prüfungen HIS-Module (ZUL, SOS und POS) im operativen Einsatz. Mittels HIS-ISY lassen sich daraus Berichte generieren, die den exogenen Anforderungen der Hochschulstatistik genügen und teils in der endogenen Berichterstattung Anwendung finden. Die Datenanalyse der Berichte ergab zudem, dass sich HIS-ISY als ein Berichtssystem auszeichnete, welches strukturell über viele Jahre gewachsen war und keinen inneren Zusammenhang mehr aufwies. So waren zahlreiche Berichte nicht mehr aktuell oder wurden nicht mehr nachgefragt. Die Generierung von Berichten als auch die Berichterstattung erfolgt stattdessen häufig auf Anfrage der Entscheidungsträger. Dies ist verbunden mit einem hohen manuellen und schlecht planbaren Arbeitsaufwand. Für den Teilbereich „Absolventen“ ist zum Zeitpunkt der Untersuchung kein operatives System betrieben worden, aus dem sich standardmäßig Berichte generieren ließen. Die Analyse des Lehrbereichs entfiel weitgehend, da sich HIS-LSF als operatives System in der Einführungsphase befand und diverse Insellösungen, die teils von Fakultäten eigenständig auch für Berichtszwecke programmiert und gewartet worden, abgelöst werden sollten. Ein Berichtssystem war in anderen Fakultäten weitgehend in MS-Excel bereits etabliert, mit dem Lehrverflechtungen sowie Lehrveranstaltungen, teilweise auch inklusiver Plansemester („Mehrsemesterplanung"), geplant wurden.

Im Handlungsfeld „Forschung und Nachwuchsförderung" werden mittels Navision Objektkalkulationen für Forschungsprojekte durchgeführt. Die Planung von Forschungsprojekten wird über MS-Excel bewerkstelligt. Einer Handhabung der Nachwuchsförderung wird nicht nachgegangen. Dadurch ergibt sich, dass keine operativen Daten erfasst werden, die für eine Kontrolle von Planwerten herangezogen werden könnten.

Handlungsfeld	Teilbereich	Quellsystem	Berichtssystem
Studium und Lehre	Bewerbungen	HIS-ZUL	HIS-ISY
	Studierende	HIS-SOS	
	Prüfungen	HIS-POS	
	Absolventen	Nicht vorhanden	Nicht vorhanden
	Lehre	HIS-LSF, Insellösung	MS-Excel (Lehrverflechtungen, Lehrveranstaltungen und Mehrsemester)
Flächen und Räume	Flächenmanagement (Bilanzierung und Anreizregulierung)	HIS-BAU	Flächenzuordnung über Lehrveranstaltungsplanung
	Ausstattung	MS-Excel, Insellösung	MS-Excel
Personal und Stellen	Personalbestand	HIS-SVA	MS-Excel
	Personalkosten	Navision	MS-Excel
	Personalentwicklung	EvaSys (Lehre)	MS-Excel
Forschung und Nachwuchsförderung	Forschung	Navision, Forschungsdatenbank	MS-Excel
	Nachwuchsförderung	Nicht vorhanden	Nicht vorhanden

Tab. 4.8: IT-Unterstützung analysierter Handlungsfelder an der Hochschule Hannover

Die IT-Unterstützung kann am Beispiel des Handlungsfeldes „Personal und Stellen" ausführlicher thematisiert werden. HIS-SVA und Navision sind die operativen IT-Systeme dieses Handlungsfeldes. Aus ihnen sowie einem abzuzeichnenden Laufzettel innerhalb des Personaldezernats wird die Informationsverarbeitung des Personal-Berichtssystems der Hochschule Hannover betrieben. Im Wesentlichen handelt es sich bei dem Berichtssystem um manuell erstellte MS-Excel-Tabellen, die auf vielfältiger Weise miteinander gekoppelt sind (siehe Abb. 4.52). Grundsätzlich können im Berichtssystem Personalbestands- und -kostendaten voneinander unterschieden werden. Als Basis der Berichtsgenerierung fungiert eine kontinuierlich gepflegte Mitarbeiterliste mit personalbezogenen Stammdaten, die über den Informationsstand der Personalakte in HIS-SVA hinausgeht. Die zweite Basis stellen MS-Excel-Tabellen mit entgeltbezogenen Daten aus Navision dar. Diese Daten werden von der OFD bereitgestellt, da der Lohnabrechnungsprozess der Hochschule Hannover ausgelagert worden ist (siehe hierzu auch Abschnitt 3.3.2.3).

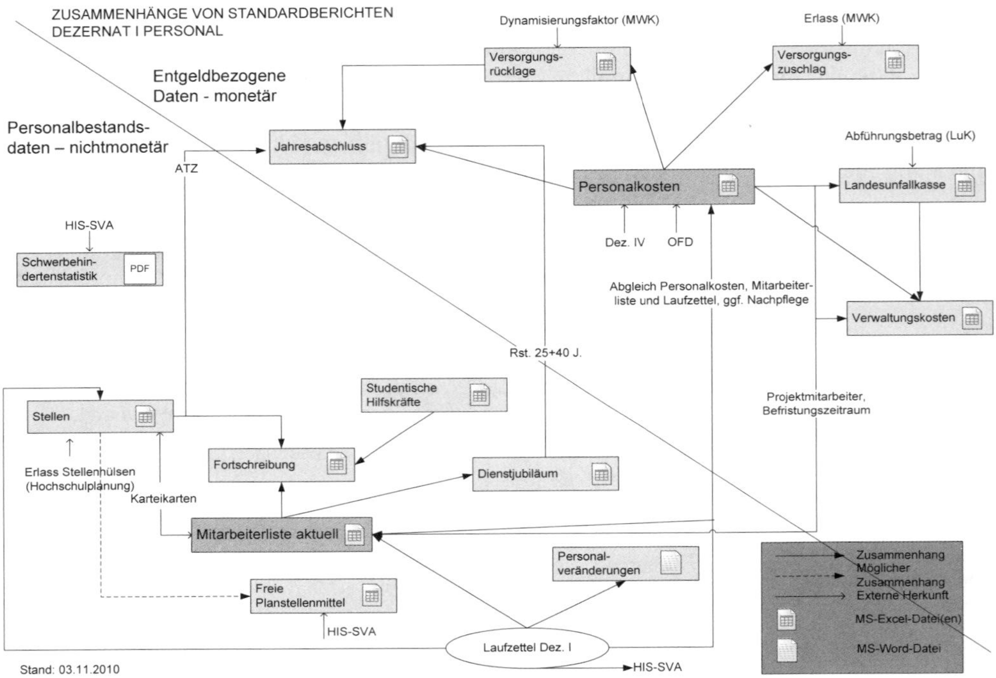

Abb. 4.52: Übersicht der Datenanalyse im Handlungsfeld „Personal und Stellen“

Der Übersicht liegt eine eingehende Untersuchung von Attributen jeder Datei zugrunde. Erst dadurch kann eine Verknüpfung von Dateien dargestellt und hinsichtlich Verbesserungspotenziale innerhalb der Projektgruppe – oder wie in diesem Fall auch innerhalb des Lenkungsausschusses – diskutiert werden. Neben der Untersuchung von Datenverknüpfungen kann eine **Kommunikationsanalyse** die Übersicht des Berichtssystems ergänzen, um die Informationssender und -empfänger des Berichtssystems detailreicher zu thematisieren (siehe Tab. 4.9).

Aus der Datenanalyse und der Kommunikationsanalyse des Personal-Berichtssystems kann abgeleitet werden, dass nach Aufbereitung von Personalkostendaten ausschließlich an staatliche Anspruchsgruppen berichtet wird. Die Datenaufbereitung der Personalkosten vollzieht sich gemäß der Pragmatiken zur Berechnung von Versorgungsrücklagen sowie -zuschlägen, von Beiträgen zur Landesunfallkasse und landesseitigen Verwaltungskosten als auch von Jahresabschlussangaben. Anders als Personalbestandsdaten, die an die Fakultäten und andere

Organisationseinheiten gemeldet werden, sind Personalkosten demnach in der endogenen Hochschulplanung und -kontrolle nicht involviert.

Aufgaben-cluster	Standardbericht	Berichtszweck + Inhalt	Sender	Datenherkunft	Erstell-vorgang	Zeitpunkt	Datensenke	Empfänger
Personal-bestand	Fortschreibung.xls	Personalveränderungen unter Gendergesichtspunkten nach Status- und Laufbahngruppen	Mitarbeiter A (Dezernat I)	Mitarbeiterliste.xls, studentische Hilfskräfte.xls	manuell	alle 3 Jahre (zum Oktober)	-	Gleichstellungsbüro
	Freie Planstellenmittel.xls	Personalmittel aus vorübergehend nicht besetzten Planstellen	Mitarbeiter B (Dezernat I)	HIS-SVA	manuell	2x jährlich bis Semesterbeginn	-	Fakultäten, Dezernat IV
	Mitarbeiterliste aktuell.xls	Beschäftigte und Beamte	Mitarbeiter B (Dezernat I)	Laufzettel	manuell	kontinuierlich	Nahezu alle Dezernatsberichte	Dezernat I
	Personalveränderungen.doc	Personalveränderungen	Mitabreiter C (Dezernat I)	Laufzettel, Personalakte	manuell	kontinuierlich (2x jährlich)	-	Präsidialbüro und Presse
	Planstellen gesamt.xls	Übersicht Planstellen nach Besoldungsgruppen	Mitarbeiter A (Dezernat I)	Stellen Kapazitäts-berechnung.xls	manuell	kontinuierlich	Fortschreibung.xls	Controlling, Dezernat I, Hochschulplanung
	Stellen Kapazitätsberechnung.xls	Auflistung Lehrenden-Stellen; gegliedert nach Fakultäten	Mitarbeiter A (Dezernat I)	Stellen nach OEs.xls, Laufzettel, HIS-SVA	manuell	jährlich	Planstellen gesamt.xls	Controlling, Dezernat I, Hochschulplanung
	Stellen nach OEs.xls	Stellen nach Organisationseinheiten und Statusgruppen	Mitarbeiter A (Dezernat I)	Laufzettel	manuell	kontinuierlich	Stellen Kapazitätsberechnung.xls	Controlling, Dezernat I, Hochschulplanung, Fakultäten
	Studentische Hilfskräfte.xls	Stammdaten Hiwi-Verträge	Mitabreiter C (Dezernat I)	HiWi-Verträge.xls	manuell	kontinuierlich	Fortschreibung.xls	Dezernat I
	W2 Stellen-Entwurf.xls	Übersicht derzeitiger und zukünftiger Stellenhülsen	Mitarbeiter A (Dezernat I)	Stabsstelle Hochschulplanung (Erlass MWK)	manuell	kontinuierlich	Stabsstelle Hochschulplanung	Dezernat I, Hochschulplanung, Präsidium
Personal-kosten	Navision Beschäftigte.xls	Aufwandskonten nach Beschäftigten	Mitarbeiter B (Dezernat I)	Navision	automatisiert	monatlich	Landesunfallkasse.xls, Versorgungsrücklage.xls, Jahresabschluss	OFD, MWK, Landesunfallkasse
	NavisionPersKosten.xls	Aufwandskonten nach Mitarbeitern (Beamte & Angestellte)	Mitarbeiter B (Dezernat I)	Navision	automatisiert	monatlich	Landesunfallkasse.xls, Versorgungs-rücklage.xls, Verwaltungskosten.xls, Jahresabschluss	OFD, MWK, Landesunfallkasse
	NLBVBeamte.xls	Gezahlte Beiträge aller Beamten (inkl. zugehöriger Personendaten)	Mitarbeiter B (Dezernat I)	Navision	automatisiert	monatlich	Landesunfallkasse.xls, Versorgungs-rücklage.xls, Verwaltungskosten.xls, Jahresabschluss	OFD, MWK, Landesunfallkasse
	NLBVBesch.xls	Gezahlte Beiträge von Beschäftigten (inkl. zugehöriger Personendaten)	Mitarbeiter B (Dezernat I)	Navision	automatisiert	monatlich	Landesunfallkasse.xls, Versorgungs-rücklage.xls, Verwaltungskosten.xls, Jahresabschluss	OFD, MWK, Landesunfallkasse

Tab. 4.9: Auszug einer Kommunikationsanalyse an der Hochschule Hannover

Daneben wird deutlich, dass das Berichtssystem eine Eigenkomplexität entwickelt hat und dabei ist, das operative System HIS-SVA nicht nur zu ergänzen, sondern beinahe abzulösen. Obgleich der hohen Verknüpfung des Dateiensystems und der einhergehenden Fehleranfälligkeit, die aus einem hohen manuellen Erfassungs- und Abstimmungsaufwand resultieren, ist das Berichtssystem bei den Entscheidungsträgern tiefer sozialisiert als das eigentliche Operationssystem, welches die Administration und Verwaltung von Personalien bezweckt. Kurzum, es fehlt an Vertrauen in das bestehende System. Infolgedessen hat sich eine alternative operative monetäre und nichtmonetäre Basis entwickelt, aus der überwiegend exogene Berichte generiert werden.

4.4.4 Systemgestaltung

In der Systemgestaltung werden die Planungsprozesse sowie die Standardberichte neu konzipiert und dokumentiert (siehe Abschnitt 4.3.1). Am Beispiel von Studienabschluss- und Absolventenbefragungen werden diese Vorgänge der Systemgestaltung aufgezeigt. Im Ergebnis wird ein fachlicher Entwurf geliefert, den es nach der Entscheidung des Lenkungsausschusses umzusetzen gilt.

An der Hochschule Hannover existierte 2009 kein hochschulweit standardisiertes Verfahren der Absolventenbefragung (siehe Abschnitt 4.3.3). Der Zweck bzw. der Wandlungsbedarf zur Einführung ergab sich aus einer bevorstehenden Reakkreditierung nahezu aller Studiengänge. Hierin ist der Nachweis zu führen, dass ein System der Absolventenbefragung installiert ist (vgl. Abschnitt 3.4.1.2). Nach der Konstruktion eines Bezugsrahmens – ähnlich des Theoriemodells zum Studienerfolg (siehe Abb. 4.32). – sowie der Definition von Projektzielen, sind die Dekane über das Vorgehen samt vorläufigen Entwurf informiert worden. In der Phase der Systemgestaltung wurden daraufhin zunächst die betroffenen Studiengänge festgelegt. Danach sind zwei Fragebögen in Anlehnung an Begriffe des INCHER gestaltet und abschließend validiert worden.

Während der erste Fragebogen in einem Prozess der Studienabschlussbefragung eingebunden ist, wird der zweite Fragebogen in einer Absolventenbefragung verwendet (siehe Abb. 4.53). In der **Studienabschlussbefragung** werden

- allgemeine Fragen zur Person und zum Studium sowie
- Bewertungen von Studienbedingungen und Kompetenzen gestellt.

Im Rahmen der **Absolventenbefragung** werden neben den beiden genannten Klassen außerdem noch

- Fragen der beruflichen Entwicklung sowie
- studiengangs- oder lehreinheitsspezifische Fragen gestellt (siehe Anhang E).

Durch das Vorgehen und die Orientierung an Fragen des INCHER werden einerseits Bedingungen für eine inner- und außerhochschulische Vergleichbarkeit geschaffen. Andererseits ist es Merkmal der Systemgestaltung, dass Daten erfasst werden, die zur Planung und Kontrolle fakultätsspezifischer Strategien verwendet werden können (siehe hierzu Abschnitt 4.2.6). Die Festlegung individueller Begriffe zur Datenerfassung erfolgte hier in Abstimmung mit den Dekanen als verantwortlich handelnde Personen der Fakultäten.

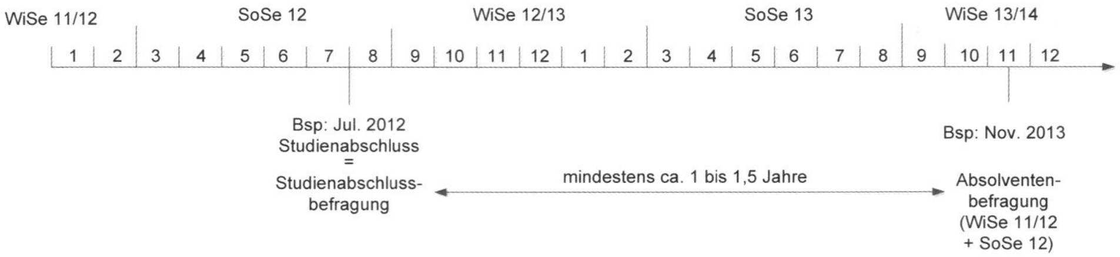

Abb. 4.53: Zeitliche Koordination von Studienabschluss- und Absolventenbefragungen

Zum Zeitpunkt des Studienabschlusses erfolgt IT-gestützt online die Studienabschlussbefragung. Die Filterung der relevanten Studierenden erfolgt über das Prüfungsverwaltungssystem (POS). Mit der Eintragung der Abschlussnote wird eine anonymisierte Transaktionsnummer (TAN) im Befragungssystem generiert und von dort aus versendet. Die Automatisierung der Datenübertragung bedingt eine systemtechnische Kopplung beider IT-Systeme.

Zwecks Folgebefragung werden zum Studienabschluss noch die privaten E-Mailadressen der Absolventen unter Beachtung des Datenschutzes erfasst und in einer Adressdatenbank gespeichert. Im November des Folgejahres, das ist etwa 1 bis 1,5 Jahre nach Studienabschluss, findet jährlich eine Absolventenbefragung statt. Es wird davon ausgegangen, dass die Zeitspanne ausreichend ist, um die erlangten Kompetenzen im Laufe der weiteren personellen Entwicklung, gerade im Hinblick auf die Anforderungen einer beruflichen Tätigkeit, hin nochmals zu reflektieren und zu bewerten (siehe Abschnitt 4.2.5). Daneben wird der Übergang vom Studium in den Beruf für die Hochschule Hannover nachvollziehbar, um daraus mögliche Hinweise zur Verbesserung des Studienangebots abzuleiten. Die Absolventenbefragung stellt sich in ihren Vorgängen wie folgt dar (siehe Abb. 4.54):

1. Aktualisierung des zentralen und dezentralen Teils der Fragebögen (z. B. zeitliche Auswahlkriterien, Integration neuer Studiengänge)
2. Grundgesamtheit inklusiver E-Mail-Adressen des Studienjahres nach Studiengängen festlegen
3. Anschreiben unter Angabe des Internet-Links formulieren und TAN per E-Mail versenden
4. Durchführung der Online-Befragung (ca. 3 Wochen)
5. Berichtsgenerierung und Berichterstattung an die Entscheidungsträger

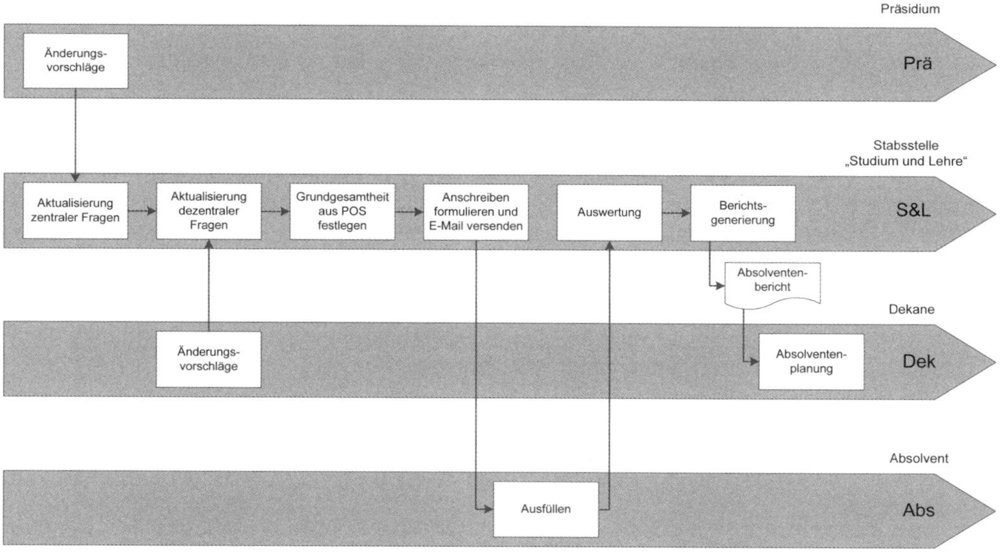

Abb. 4.54: Prozessgestaltung einer Online-Befragung von Absolventen an der Hochschule Hannover

Die Prozessgestaltung kann in zweifacher Hinsicht kritisch betrachtet werden. Obwohl es leicht vorstellbar ist, dass die Studienabschlussbefragung in ähnlicher Weise abläuft, bleibt der Prozess aufgrund der Projektfestlegung auf Istwerte zunächst noch unvollständig. Als ergänzende Vorgänge des Prozesses sind deshalb dezentrale Plandaten auf Basis von Strategien und Maßnahmen zu generieren sowie im entsprechenden Gremium zu genehmigen.

Danach könnte eine Einbindung in eine Entwicklungsplanung sowie eine hochschulweite Konsolidierung samt Genehmigung erfolgen (siehe Abschnitt 4.2.5). Zweitens kann die Berichtsgenerierung und -berichterstattung perspektivisch mit der Absolventenbefragung nach Studienjahren zusammengefasst sein. So ist dann z. B. auswertbar, wie sich die Wahrnehmung des Kompetenzerwerbs im Zeitverlauf verändert hat. Zudem wird der Planungsprozess effizienter. Vorerst sollen jedoch zwei separate Standardberichte aus der Stabsstelle „Studium und Lehre" aus dem Informationssystem generiert werden.

Die Grundstruktur von **Standardberichten** ist tabellarisch. Die Berichte werden in den dokumentierten Fachkonzepten vorerst so modelliert, dass programmiertechnisch darauf aufgesetzt werden kann (siehe Abb. 2.19). Fragen des Layouts zum Zwecke der Präsentation und Berichtsgestaltung lassen sich nach hochschulinternen oder fakultätsspezifischen Vorgaben lösen, wenn tabellarische Auswertungen vorliegen. Zur Verdeutlichung der Modellierungstechnik ist dem Anhang F eine Auswahl von **Studierendenberichten** beigefügt.

Die **Dokumentation** der Fachkonzepte hat sich an den Phasen des Vorgehensmodells orientiert. Die Fachkonzepte sind mit Projektabschluss jeweils den Lenkungsausschüssen übergeben und präsentiert worden. Es sind folgende Entscheidungen getroffen worden:

- Nicht umgesetzt werden Personalberichte, da die Systemanalyse ergab, dass es an Vertrauen in die operative Basis fehlte und die Personaladministration im Wesentlichen durch MS-Excel unterstützt wird. Daher ist zunächst das Operationssystem infrage zu stellen, bevor zu entscheiden ist, ob ein Berichtssystem aufgesetzt werden kann.
- Ebenso hat sich in der Systemanalyse gezeigt, dass die operative IT-Basis die Anforderungen an ein Flächenmanagement nicht umsetzen kann.
- Im Handlungsfeld „Forschung und Entwicklung" ist ein Operationssystem erst neu umgesetzt worden, sodass sich der Prozess zunächst etablieren muss, bevor ein Berichtssystem die Planung und Kontrolle unterstützen soll. Zudem ist ein personalkapazitärer Engpass in der IT-Abteilung festgestellt worden. Die Umsetzung des Konzepts ist daraufhin verschoben worden.
- Im Lenkungsausschuss sind zwei positive Umsetzungsentscheidungen zu Studierendenberichten sowie Absolventenberichten gefällt worden.

In den nachfolgenden Abschnitten werden deshalb die technische und die soziale Komponente des Einführungsvorgehens am Beispiel des Handlungsfeldes „Studium und Lehre" exemplarisch aufgezeigt.

4.4.5 Auswahl von Informationssystemen

Kommt es zur Umsetzungsentscheidung des neu gestalteten Berichtswesens, stellt sich zunächst die Frage, welches technische Informationssystem dafür herangezogen werden sollte. Für diesen Auswahlprozess muss das bisherige Projekt erweitert werden bzw. als Vorprojekt der Implementierung definiert werden. Im Projekt sind dann auf analytischer Weise Kriterien festzulegen und an vorselektierten Softwareprodukten abzuarbeiten. Erst dann kommt es zur Detailevaluation weniger Produkte und letztlich zur Auswahlentscheidung (siehe Abschnitt 4.3.2).

Neben der Analytik kann die Auswahlentscheidung hermeneutisch herbeigeführt werden. Es können Begründungen vom Projektteam oder vom Lenkungsausschuss geliefert werden, die das Auswahlverfahren erheblich verkürzen können. So lassen sich etwa Entscheidungen aus der IT-Strategie ableiten. Ebenso rufen vorhandene Lizenzen oder Erfahrungen mit einer bestimmten Software Präferenzen hervor, die die Entscheidung im Auswahlprozess beeinflussen. Mit Wahl dieser Heuristik geht die Hochschule allerdings auch ein höheres Risiko ein, möglicherweise einen Planungsfehler zu begehen (siehe Abschnitt 2.1.1.2).

Die Umsetzung von Berichtssystemen wird am Beispiel des Handlungsfeldes „Studium und Lehre" erläutert (siehe Tab. 4.10). An der Hochschule Hannover wurde der IT-Auswahlprozess hermeneutisch begründet. Im Falle der leistungsbezogenen Studierendenberichten ist eine kostengünstige In-House-Lösung gewählt worden, die aus den Quellsystemen die nötigen Kennzahlen abfragt und in Microsoft-Excel (XLS bzw. XLSX) sowie in PDF (Portable Document Format) exportiert. Die Festlegung der Berichtsformate hatte zwei Gründe:

- MS-Excel eignet sich zur Weiterverarbeitung der Daten bei den Entscheidungsträgern. Beispielsweise lassen sich individuelle Zeitreihen (Ist-Ist-Vergleiche), Grafiken für Präsentationen, Auswertungen für kommentierte Berichte oder Webseiten erstellen.
- Das PDF eignet sich zur Langfristspeicherung und stellt aufgrund seiner verhältnismäßig sicheren Eigenschaft den offiziellen Bericht in der internen Kommunikation dar.

Handlungsfeld	Teilbereich	Quellsysteme	Berichtssysteme	Berichtsformate
Studium und Lehre	Zulassung	HIS-ZUL	(Leistungsbezogene) Studierendenberichte	XLS PDF
	Studierende	HIS-SOS		
	Prüfungen	HIS-POS		
	Absolventen	EvaSys	(Wirkungsbezogene) Absolventenberichte	XLS PDF

Tab. 4.10: Umsetzung von Berichtssystemen an der Hochschule Hannover

Zur Umsetzung von Berichten aus Studienabschluss- und Absolventenbefragungen wurde als operative Basis das IT-System EvaSys (siehe *Electric Paper* 2011) ausgewählt, weil bereits eine Lizenz vorhanden ist und für Lehrevaluationen eingesetzt wird. Die Software ist insofern in die IT-Landschaft bereits eingefügt und kann technisch qualitativ und kostenneutral betrieben werden. Die Anfangsinvestitionen sowie ein zu etablierendes Know-how entfallen demnach.

4.4.6 Implementierung

Nach der Auswahlentscheidung bezüglich umzusetzender Informationssysteme folgt die technische Implementierung des Berichtssystems. Hierzu werden wiederum Kosten, Ablaufzeiten sowie notwendige Ressourcen im Detail geplant. Dies ist insbesondere notwendig, wenn der Implementierungsprozess durch externe Programmierer und IT-Berater erfolgen soll. Im Wesentlichen ist die Softwareentwicklung geprägt von der Identifikation sowie der Kopplung der Datenstrukturen zwischen Quell- und Berichtssystem. Bevor die Implementierung in den Betrieb übergeht, wird das Berichtssystem getestet und durch den Lenkungsausschuss abgenommen (siehe Abschnitt 4.3.2).

Im Zuge der technischen Implementierung der Standardberichte im Handlungsfeld „Studium und Lehre“ ist an der Hochschule Hannover ein **Implementierungskonzept** erstellt worden, welches zunächst vorsieht, dass die entscheidungsrelevanten Daten aus den HIS-Modulen SOS, POS und ZUL mittels HIS-ISY sowie aus EvaSys abgefragt werden (siehe Abb. 4.55). Die HIS-Module operieren mit INFORMIX- oder PostgreSQL-Datenbanken und verwalten sowie dokumentieren die Geschäftsvorfälle auf der Objektebene einzelner Studierender, Dozenten oder Prüfungen. Aus den Datenbanken werden die entscheidungsrelevanten Daten gemäß Fachkonzept für das Berichtssystem bereitgestellt. Dabei werden Skripte in HIS-ISY über die Programmiersprache SQL programmiert und zu den festgelegten Stichtagen in die bereits definierten Berichtsformate exportiert. In EvaSys ist die Syntax der Ergebnisauswertung bereits standardmäßig im Programmcode hinterlegt und generiert automatisiert Standardberichte je Fragebogen, d. h., je Auswertungen auf Studiengangsebene.

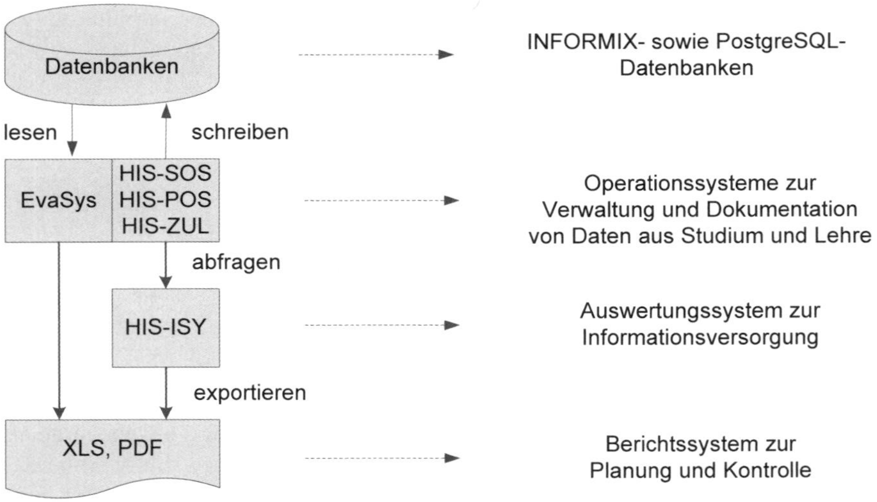

Abb. 4.55: Implementierungskonzept des Berichtssystems am Beispiel „Studium und Lehre“

Das Implementierungskonzept wurde auf einzelne Studierendenberichte und deren Attribute heruntergebrochen sowie jeweils individuell per SQL programmiert, sodass die Daten aus der Datenbank der HIS-Module über HIS-ISY in die benötigten Dateiformate zu den Stichtagen automatisiert abgerufen werden können. Beispielhaft verdeutlicht der Quellcode zum Standardbericht „Studierendendaten“ die Syntax der Programmierung (siehe Abb. 4.56).

```
SELECT DISTINCTROW IIf([stg].[fb]="04" Or [stg].[fb]="08","Fakultät
I",IIf([stg].[fb]="06" Or [stg].[fb]="07","Fakultät II",IIf([stg].[fb]="03" Or
[stg].[fb]="10","Fakultät III ",IIf([stg].[fb]="09" Or [stg].[fb]="11","Fakultät
IV",IIf([stg].[fb]="50" Or [stg].[fb]="51","Fakultät V"))))) AS Fakultaet, stg.fb,
k_fb.ltxt AS fb_dtxt, k_abstgv.dtxt AS stg_dtxt, k_abstgv.vert, k_abint.dtxt,
k_abint.abint, stg.semester, semtxt([stg].[semester],"AL") AS Semester,
Count(stg.mtknr) AS g,
Avg((IIf([sos].[geschl]='w',DateDiff("d",[sos].[gebdat],[sossys].[sembg])/365.25)))
AS dAlterStudentInnen,
Avg((IIf([sos].[geschl]='m',DateDiff("d",[sos].[gebdat],[sossys].[sembg])/365.25)))
AS dAlterStudenten, Avg((IIf([stg].[stgsem]=1 And
[sos].[geschl]='w',DateDiff("d",[sos].[gebdat],[sossys].[sembg])/365.25))) AS dAl-
terStudentInnenFS1, Avg((IIf([stg].[stgsem]=1 And
[sos].[geschl]='m',DateDiff("d",[sos].[gebdat],[sossys].[sembg])/365.25))) AS dAl-
terStudentenFS1, Avg(DateDiff("d",[sos].[gebdat],[sossys].[sembg])/365.25) AS dAl-
terStudierende,
Avg((IIf([stg].[stgsem]=1,DateDiff("d",[sos].[gebdat],[sossys].[sembg])/365.25)))
AS dAlterStudierendeFS1, Count(IIf([sos].[geschl]='M',[sos].[staat])) AS m,
Count(IIf([sos].[geschl]='W',[sos].[staat])) AS w,
Count(IIf([stg].[stgsem]=1,[stg].[stgsem])) AS stggs1, Count(IIf([sos].[geschl]="M"
And [stg].[stgsem]=1,[geschl])) AS stgms1, Count(IIf([sos].[geschl]="W" And
[stg].[stgsem]=1,[geschl])) AS stgws1, IIf((([stg_dtxt])="Konstruktionstechnik" Or
([stg_dtxt])="Mechatronik (Dual)" Or ([stg_dtxt])="Produktionstechnik" Or
([stg_dtxt])="Technischer Vertrieb" Or ([stg_dtxt])="W.-Ing. MBau (Dual)" Or
([stg_dtxt])="Wertschöpfungsman. (Dual)"),"Maschinenbau du-
al",IIf(([stg_dtxt])="Wirtschaftsinformatik","Wirtschaftsinformatik",IIf(([fb_dtxt]
)="Wirtschaft","Betriebswirtschaft",IIf(([fb_dtxt])="Diak., Ges. u. Soz.
(W)","Diak., Ges. u. Soz.",[fb_dtxt])))) AS fb_virt_dtxt
FROM ((((sos INNER JOIN stg ON sos.mtknr = stg.mtknr) INNER JOIN
aF9999s390_sta_nach_STGAbschlZUL_A2_u ON sos.mtknr =
aF9999s390_sta_nach_STGAbschlZUL_A2_u.mtknr) INNER JOIN k_abstgv ON (stg.stg =
k_abstgv.stg) AND (stg.abschl = k_abstgv.abschl) AND (stg.pversion =
k_abstgv.pversion)) INNER JOIN k_abint ON stg.abschl = k_abint.abint) INNER JOIN
k_fb ON stg.fb = k_fb.fb) INNER JOIN sossys ON sos.semester = sossys.aktsem
WHERE (((1)=1) AND ((sos.exmdat) Is Null Or (sos.exmdat)>=[sossys].[stistat]))
GROUP BY IIf([stg].[fb]="04" Or [stg].[fb]="08","Fakultät I",IIf([stg].[fb]="06" Or
[stg].[fb]="07","Fakultät II",IIf([stg].[fb]="03" Or [stg].[fb]="10","Fakultät III
",IIf([stg].[fb]="09" Or [stg].[fb]="11","Fakultät IV",IIf([stg].[fb]="50" Or
[stg].[fb]="51","Fakultät V"))))), stg.fb, k_fb.ltxt, k_abstgv.dtxt, k_abstgv.vert,
k_abint.dtxt, k_abint.abint, stg.semester, semtxt([stg].[semester],"AL")
HAVING (((k_abstgv.vert)="   " Or (k_abstgv.vert) Is Null));
```

Abb. 4.56: Programmiercode am Beispiel des Standardberichts „C1 – Studierendendaten“

Zur Systematisierung bezeichnen **Verbundnummern** im hochschulinternen Netzwerkverzeichnis die Standardberichte der einzelnen Berichtssysteme. Es lassen sich fünf Datenklassen im Handlungsfeld „Studium und Lehre" unterscheiden aus denen Studierenden- und Absolventenberichte sich kommissionieren:

- SAB – Daten aus Studienabschlussbefragungen
- ABS – Daten aus Absolventenbefragungen
- ZUL – Zulassungsdaten
- SOS – Studierendendaten
- POS – Prüfungsdaten

Wird die Klassifizierung um die Angabe des Zeitpunkts sowie der organisatorischen Einheit erweitert, lassen sich die Standardberichte systematisch in ein Ordnerverzeichnis eingliedern (siehe Abb. 4.57).

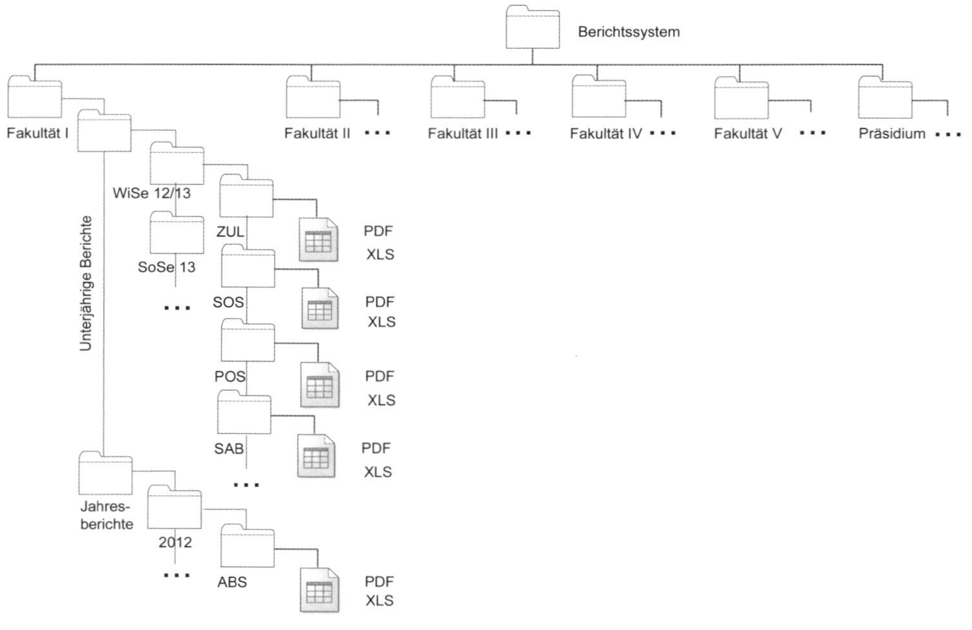

Abb. 4.57: Verzeichnisstruktur des Berichtssystems am Beispiel „Studium und Lehre"

Ein einzelner Standardbericht lässt sich jedoch erst eindeutig identifizieren, wenn eine Kurzbezeichnung festgelegt wird. So wurde beispielsweise für Absolventenberichte vereinbart, dass sich die Kurzbezeichnung direkt auf die Studiengänge beziehen sollte. Studierendenberichte sind hingegen thematisch angeordnet worden. Die Abb. 4.58 verdeutlicht am Beispiel vom Standardbericht „Einschreibungen" der Fakultät III – Medien, Information und Design aus dem Wintersemester 2009/2010 die Struktur der angewandten Verbundnummer.

Abb. 4.58: Klassifikation und Identifikation im Berichtssystem am Beispiel „Einschreibungen"

Das angelegte Ordnerverzeichnis innerhalb der Netzwerkstruktur eignet sich auch zur Zugriffsregelung auf einzelne Ordner und Dateien. Selbst externe Anspruchsgruppen können über das Portal „NetStorage" (https://portal.rz.fh-hannover.de/) benutzer- und passwortgeschützt auf die Berichtssysteme zugreifen. Es wurden zunächst die Dekane sowie Studiendekane als dezentrale Entscheidungsträger sowie Mitarbeiter aus der Stabsstelle Hochschulplanung benannt, die jeweils auf die ihnen zugewiesenen Ordner zugreifen können. Die Entscheidungsträger werden im Rahmen der Planungsprozesse per E-Mail-Verteiler benachrichtigt, sobald neue Standardberichte verfügbar sind.

Mit dem Bestehen des Funktionstests ergibt sich ein flexibel erweiterbares Verbundnummern-System, welches noch zeitlich um eine 5-Jahres-Planung sowie sachlich um weitere Handlungsfelder erweiterbar ist. Die unterjährigen Berichte lassen sich natürlich auch nach Monats- und Halbjahresberichten weiter unterteilen. Neben den dezentralen und zentralen Entscheidungsträgern der Hochschule können weitere Handlungsverantwortliche, wie etwa Gremien, Dezernate oder zentrale Einrichtungen, integriert werden.

4.4.7 Betrieb

Mit dem Abschluss der Implementierungsphase endet formal das initialisierte Projekt zur Entwicklung des Berichtssystems. Die Einführung des Berichtssystems kann aber erst als abgeschlossen betrachtet werden, wenn der technische und fachliche Support gewährleistet ist sowie das Berichtssystem in den Hochschulplanungsprozessen der Entscheidungsträger sozialisiert worden ist. Zur Wartung und Pflege der technischen Systeme wurden die Berichtssysteme daher in die zentrale Einrichtung „Hochschul-IT" eingegliedert.

Aus Sicht der technischen **Wartung** können die in einem angelegten Dateienpool implementierten Standardberichte perspektivisch anhand des Dateinamens per Batch-Skript in die jeweiligen Ordner und Unterordner im Netzwerkverzeichnis verschoben werden. Um diese Automatisierung durchführen zu können, muss jedoch vorausgesetzt sein, dass die Namenskonvention konsequent eingehalten wird. Daneben sind weitere Optimierungen, wie z. B. der Einsatz von Analysemethoden, denkbar (siehe Abschnitt 2.2.2.1).

C1 – Studierendendaten

Dieser Bericht gibt Auskunft über Allgemeine Studierendendaten. Dabei wird für jede Abteilung und jeden Studiengang unterschieden.

C1 - Studierendendaten	Studierendendaten									
	Studierende Gesamt[63]	Frauen-anteil	Ø Alter Studierende[64]	Ø Alter Stud.-1.FS[65]	Studenten[66]	Ø Alter Studenten[67]	Ø Alter m. Stud.-1.FS[68]	Student-Innen[69]	Ø Alter Student-Innen[70]	Ø Alter w. Stud.-1.FS[71]
Bachelor, Religionspäd. u. Diakonie	74	67,57	23,43	22,90	24	23,62	23,04	50	23,34	22,86
Bachelor, Soziale Arbeit	351	72,65	28,45	26,21	96	29,09	26,23	255	28,21	26,21
Master, Bild. u. Man. Pfl. u. Ges	44	75,00	32,09	30,32	11	34,37	32,18	33	31,34	29,74
Master, Master of Social Work	5	20,00	40,74		4	42,42		1	34,04	
Master, Master Social Work	4	50,00	36,22		2	38,61		2	33,83	
Master, Pflege u. Ges.management	7	57,14	35,55		3	34,55		4	36,30	
Master, Social Work	14	92,86	36,02		1	31,63		13	36,36	
Master, Ther. Arb. m. Kind. u. Ju	25	84,00	32,17	32,17	4	30,56	30,56	21	32,48	32,48
Prom.Abschl.vorausgesetzt, Soziale Arbeit	4	50,00	36,37	42,57	2	37,01	39,8	2	35,73	45,34
keine Abschl.prüfung, Pflege PS	1	100,00	23,57		0			1	23,58	
Abteilung gesamt::[72]	879	72,81	29,98	27,13	239	30,9	27,07	640	29,62	27,13
Fachhochschule gesamt:[73]	7.266	38,85	26,07	24,09	4.443	26,07	23,87	2.823	26,08	24,39

[63] Alle Studierenden (incl. Programmstudierende), es zählen keine Gasthörer dazu.
[64] Das Durchschnittsalter wird aus der Differenz aus dem Datum des aktuellen Semesterbeginns (01.09. bzw. 01.03.) und dem Geburtsdatum berechnet; Ergebnis in Jahren
[65] Die Kennzahl „Ø Alter Stud.-1.FS" gibt das Durchschnittsalter aller Studierenden im ersten Fachsemester an.
[66] Die Kennzahl „Studenten" gibt die Anzahl der männlichen Studierenden in dem entsprechenden Studiengang an.
[67] Die Kennzahl „Ø Alter Studenten" gibt das Durchschnittsalter aller männlichen Studierenden an.
[68] Die Kennzahl „Ø Alter m. Stud. – 1.FS" gibt das Durchschnittsalter aller männlichen Studierenden im ersten Fachsemester an.
[69] Die Kennzahl „Studentinnen" gibt die Anzahl der weiblichen Studierenden in dem entsprechenden Studiengang an.
[70] Die Kennzahl „Ø Alter Studentinnen" gibt das Durchschnittsalter aller weiblichen Studierenden an.
[71] Die Kennzahl „Ø Alter w. Stud. – 1.FS" gibt das Durchschnittsalter aller weiblichen Studierenden im ersten Fachsemester an.
[72] Die Kennzahl „Abteilung gesamt" zeigt die Summe der Werte, der einzelnen Merkmale, bezogen auf die entsprechende Abteilung.
[73] Die Kennzahl „Fachhochschule gesamt" zeigt die Summe der Werte, der einzelnen Merkmale, bezogen auf die gesamte FHH.

Abb. 4.59: Auszug aus der Nutzerdokumentation umgesetzter Studierendenberichte

Im Rahmen der **Pflege** kommt es zur Umsetzung von neuen fachlichen Anforderungen. Um diese gezielt adressieren zu können, ist eine Nutzerdokumentation des Berichtssystems erstellt und den Entscheidungsträgern übergeben worden (siehe Abb. 4.59). An den Standardberichten werden die einzelnen Kennzahlen mit Beispielwerten semantisch so definiert, dass die Nutzer eine Vorstellung über Sinn und Aussagekraft bekommen. Mit der Aktivierung des psychischen Systems („System 2") am Beispiel von fiktiven Werten wird eine Sinnbildung initiiert, die eine Diskussion über Veränderungen in den Beobachtungsaktivitäten auslöst. Als Folge dessen werden erstmals neue Anforderungen an das Berichtssystem formuliert, welche künftig beispielsweise durch Änderungsanträge – so genannte **Requests for Change** (RFC) – standardisiert aufgenommen und im Rahmen eines informationstechnisch geprägten Change Managements evaluiert werden können (siehe hierzu *Jaspersen/Täschner* 2012, S. 313 ff.). Die Vorstufe der Sozialisation des Berichtssystems ist damit abgeschlossen.

4.4.8 Sozialisation

Mit dem Erreichen der Betriebsphase ist das Berichtssystem den hochschulischen Erfordernissen der Planungswirklichkeit ausgesetzt. Selbstverständlich muss das Berichtssystem durch neue Anforderungen nachjustiert werden, aber von der Grundarchitektur des umgesetzten Fachkonzepts her, müssen die abgebildeten Begriffe den priorisierten Ansprüchen der Hochschule entsprechen. Dass diese frühzeitig im Vorgehen „ausgefochten" werden, ist wesentlich für die Akzeptanz der verfolgten Pragmatik durch die Entscheidungsträger und determiniert die Phase des Anspruchsgruppen-Managements (siehe Abschnitt 4.1.3 i. V. m. 4.3.1 und 4.4.2). In der Phase der **Sozialisation** sollen die neuen Planungsverfahren in der Sozialstruktur der Hochschule nachhaltig verankert werden, sodass sichergestellt wird, dass die priorisierten Ansprüche geplant und umgesetzt werden (siehe Abschnitt 4.1.3 i. V. m. 4.3.2).

Es zeigt sich erst in der Anwendung des Planungssystems, ob Handlungsalternativen nach neuer Pragmatik geplant und umgesetzt werden, oder aber, ob auf verworfene Berichte mit ausgedienten Planungsverfahren zurückgegriffen wird. Tritt letzterer Fall ein, werden die realen Ansprüche des sozialen Wandels nicht abgebildet und führen entsprechend nicht zu den priorisierten Handlungsergebnissen. Die erreichten Ergebnisse sind dann nicht in jedem Fall zugleich Erfolge der Hochschule. Die Gründe für einen Rückfall in alte Verhaltensgewohnheiten können unterschiedlicher nicht sein und überdecken sowohl menschliche als auch technische Motive (siehe hierzu *Davis* 1989; *Venkatesh/Morris/Davis* et al. 2003). Der soziale Wandel misslingt, wenn das Hochschulcontrolling nicht unterstützend die Nutzung des Berichtssystems und seiner Planungsprozesse begleitet. An der Hochschule Hannover sind vor diesem Hintergrund diverse Maßnahmen durchgeführt worden, die das Berichtssystem in der Sozialstruktur verankern sollen:

- **Verfahrenstest**: Die erstmalige Befüllung der konzipierten Berichte ist durch die Hochschul-IT durchgeführt und durch das Projektteam begleitet worden. Sowohl die Studierendenberichte als auch die Absolventenberichte wurden mit realen Werten aus den jeweiligen Quellsystemen automatisiert generiert, um den Erstellungsprozess in Gänze zu testen.
- **Kommunikation**: Die Ergebnisse sind den Entscheidungsträgern kommuniziert worden. Die Ergebnisse betreffen erstens einen Abschlussbericht, in der das gesamte Projekt dokumentiert wurde und zweitens wurden die generierten Standardberichte erläutert und kommentiert. Daneben ist es durchaus angebracht, zu überlegen, ob eine Abschlusspräsentation für Entscheidungsträger sinnvoll ist.
- **Nutzen**: Mit Abschluss des Projekts sind die Standardberichte in Reakkreditierungen von nahezu allen Studiengängen verwendet worden und stiften so unmittelbar Sinnhaftigkeit für den erbrachten Aufwand, wodurch sich die Akzeptanzbasis verstärkt hat.
- **Übergabe**: Das Berichtssystem ist den Fachabteilungen übergeben worden. Fortan werden die Absolventenberichte in der Stabsstelle „Studium und Lehre“ verantwortet. Studierendenberichte werden hingegen im Dezernat „Studierendenverwaltung“ erstellt. Während das Dezernat für die Beratung und Betreuung von Studierenden und Studieninteressierten zuständig ist, ist die Stabsstelle für die qualitätsorientierte Entwicklung des Handlungsfeldes zuständig und macht die hierfür eingesetzten Instrumente im Internet publik (siehe hierzu *Hochschule Hannover* 2013d).
- **Weiterentwicklung**: Neben Potenzialen der technischen Weiterentwicklung wird das Berichtssystem gemäß den sich wandelnden sozialen Ansprüchen durch die Fachabteilungen optimiert. So sind die Absolventenberichte nach Abschluss des Projekts „Studiengangs-Controlling“ bereits um einen Studienabbruchsbericht erweitert worden (siehe Anhang G).

4.4.9 Resümee

Die Umsetzung eines Informationssystems zur hochschulweiten Planung und Kontrolle verlangt eine endogene Akzeptanz der Beteiligten für den einhergehenden organisatorischen Wandel. Das vorgestellte Vorgehen an der Hochschule Hannover trägt dieser Anforderung insoweit Rechnung, als dass

- der Wandel als Projekt definiert und in Szenarien aufzeigt wurde, wie sich das jeweilige Handlungsfeld samt Sozialstruktur entwickeln kann,
- die Entscheidungsträger früh und aktiv in den Wandel mit einbezogen wurden und
- sodann eine Analyse bestehender Systemstrukturen und -prozesse in die Neugestaltung der Berichtssysteme mit eingeflossen sind,
- die Auswahl von IT-Systemen sich an bereits vorhandenen Systemen orientiert hat,
- die Implementierung mit hausinternen Fachpersonal durchgeführt wurde,
- die Wartung und die Pflege der Systeme künftig ebenfalls hochschulintern erfolgt und
- nach der Übergabe an die Fachabteilungen die Berichtssysteme bereits aktiv genutzt und weiterentwickelt werden.

Die Einführung eines Hochschulcontrolling-Systems kann aus drei Gründen jedoch nicht als abgeschlossen angesehen werden. Erstens ist allein das Handlungsfeld „Studium und Lehre“ als Prototyp vollumfänglich eingeführt worden. Zweitens handelt es bei dem umgesetzten IT-System um ein funktionsfähiges Berichtssystem, welches nur Istdaten erhebt und auswertet. Planwerte werden hingegen nicht generiert. Hierzu sind im nächsten Schritt die entsprechenden Planungsprozesse zu konzipieren und umzusetzen. Drittens sind die Berichtssysteme nur konzeptionell aufeinander abgestimmt. Dadurch, dass sich in der Umsetzungsphase iterativ noch Veränderungen des Konzepts einstellen können, bedarf es nach der Umsetzung aller Berichtssysteme noch einer umfassenden Abstimmung untereinander. Zudem ist offen, ob und inwiefern die getroffenen Sozialisationsmaßnahmen den gewünschten Effekt realisieren werden.

4.5 Kritische Reflexion und Limitationen der Systemmodellierung

Oftmals werden Modelle in der Betriebswirtschaft anhand seiner Hypothesen rigoros an der Realität geprüft (siehe Abschnitt 1.3). Bereits *Kirsch* (1973, S. 294) kritisiert die dahinter stehende Annahme, dass an der Realität geprüfte Entscheidungsmodelle zugleich zweckmäßig sind: „Ein Modell mag trotz seiner weitgehenden Erfüllung der genannten Bedingungen nicht brauchbar sein, weil das wegen seiner realitätsnahen und entscheidungslogischen Adäquanz äußerst komplizierte Modell nicht oder nur mit unvertretbar hohem Aufwand anwendbar ist. Umgekehrt kann ein Modell, dessen Prämissen einer empirischen Überprüfung kaum standhalten und dessen Aufbau vom entscheidungslogischen Standpunkt aus nicht akzeptabel erscheint, durchaus unter bestimmten Bedingungen seinen Zweck erfüllen“ (ebenda, S. 294 f.).

In dieser Arbeit ist ein Forschungsprozess mit einer iterativen Konstruktionsstrategie verfolgt worden, in der Entscheidungsmodelle zu einem Hochschulcontrolling-System konzipiert und in der Praxis als Informationssysteme umgesetzt worden sind. Die Modelle weisen damit eine „pragmatische Relevanz" (ebenda, S. 295) auf. Im Diskurs zwischen „Rigour versus Relevance" unterliegen auch anwendungsnahe Arbeiten **Gütekriterien**, welche eher qualitativ ausgeprägt sind (siehe Abschnitt 1.3). Nachfolgend werden diese Kriterien auf ihre Erfüllung hin überprüft:

1. Erschaffung eines innovativen Artefakts

Das Studiengangs-Berichtssystem ist als Artefakt umgesetzt worden, sodass die Anwendung des Vorgehens aufgezeigt werden konnte. Darüber hinaus sind drei weitere Berichtssysteme in Projekten konzipiert worden. Mit der beispielhaften Konzeption und Umsetzung wird der Punkt als erfüllt angesehen.

2. Relevanz der wissenschaftlichen Problemstellung

Die Relevanz, Berichtssysteme für ein Hochschulcontrolling einzuführen, ist nicht nur in der Problemstellung bereits thematisiert worden (siehe Abschnitt 1.1), sondern wird auch an den Ausführungen zur Hochschulsteuerung (Kapitel 3) deutlich. Obwohl es an staatlichen Steuerungsinstrumenten nicht mangelt, haben sich erst wenige Instrumente der hochschulendogenen Planung und Kontrolle etabliert. Zudem ist einleitend die praktische Herausforderung für das Einführungsvorgehen problematisiert worden.

3. Evaluation von Forschungsresultaten

Der Nutzen, die Qualität und die Effizienz des Referenzmodells sowie des Vorgehensmodells müssen sich an „Verbesserungen" in den realen Entscheidungsprozessen der Hochschulen messen lassen. Daher sind die Modelle in Hochschulprojekten im iterativen Wechselspiel zwischen Theorie und Praxis entwickelt und evaluiert worden. Ausdruck dafür ist, dass zunächst die theoretische und konzeptionelle Ebene ausgeführt und Thesen erst nach Abgrenzung praktischer Rahmenbedingungen gebildet worden sind.

4. Beitrag zum Erkenntnisfortschritt

Der Erkenntnisfortschritt bezieht sich rund um das Thema „Hochschulcontrolling" und hierin insbesondere auf die „Einführung von Hochschul-Berichtssystemen". Die Erkenntnisse basieren auf Beiträgen zahlreicher Autoren auf diesem Forschungsgebiet, sodass das Kriterium als erfüllt angesehen wird.

5. Stringenz der Forschungsarbeit

Zur Applikation von Berichtssystemen ist vor der exemplarischen Anwendung eine Vorgehensmethodik hergeleitet worden. Es fließen konzeptionelle, technische und soziale Komponenten in die Methode ein. Eine hohe Stringenz des Modells wird durch die Wiederholung und iterativen Optimierung des Vorgehens in fünf Projekten erreicht. Einschränkend muss genannt werden, dass das Vorgehen nur in einer Fallstudie vollständig angewendet wurde.

6. Konstruktion als Forschungsprozess

Das Vorgehensmodell ist nicht optimal im Sinne einer objektiv-rationalen und wertfreien Betriebswirtschaft (siehe hierzu Abschnitt 1.3.1). Es ist ein heuristisches Verfahren, welches das Ziel verfolgt, Konzepte in die Praxis zu überführen. Dass dabei nicht alle Handlungsalternativen Erwägung finden, noch Auswirkungen von Entscheidungen richtig antizipiert werden müssen, liegt an der begrenzten menschlichen Informationsverarbeitung. Entsprechend werden schon früh Ansprüche in dem Vorgehensmodell erfasst, um das Artefakt sozial konsensfähig zu gestalten. Dieser Leitgedanke war wegweisend in der konstruktionsorientierten Arbeit und optimierte von Fallstudie zu Fallstudie iterativ das Vorgehen sowie die Referenzmodelle.

7. Kommunikation der Forschungsresultate

Die konstruktionsorientierten Forschungsergebnisse richten sich sowohl an Wissenschaftler der Betriebswirtschaft sowie der Wirtschaftsinformatik als auch an Führungskräfte in Hochschulen. Hierzu ist das Hochschulcontrolling-System nach Prozessen, Strukturen und Vorgehen ausführlich spezifiziert worden. Zudem sind vorab Resultate veröffentlicht worden (siehe hierzu *Täschner/Jaspersen/Krause* 2009; *Jaspersen/Täschner* 2012, S. 763 sowie *Täschner/Jaspersen* 2012b).

Trotz Einhaltung der Gütekriterien von konstruktionsorientierten Arbeiten, sind die Aussagen des Hochschulcontrolling-Systems limitiert. Diese werden getrennt nach Referenzmodell und Vorgehensmodell abgehandelt.

Das **Referenzmodell** weist folgende Limitationen auf:

- Die Zuverlässigkeit der Planung hängt von den prognostizierten Erwartungen der Anspruchsgruppen ab. Diese werden durch die Entscheidungsträger im Sinne von Expertenmeinungen antizipiert und priorisiert. Dieser Vorgang kann dementsprechend Fehleinschätzungen beinhalten, die zu Fehlplanungen führen.
- Die hohe Anzahl der Teilplanungen führt zu einer Eigenkomplexität des Controllingsystems, sodass in Abhängigkeit von der Hochschulgröße im Anwendungsfall ein vereinfachtes (Näherungs-)Verfahren ausreichen könnte. Die Eigenkomplexität kann jedoch durch ein Customizing begrenzt werden.
- Die Beziehungen zwischen den Teilplanungen der Handlungsfelder sind zwar begrifflich hergeleitet, unterliegen jedoch dem Wandel, sodass nicht nur Planungsprozesse kontinuierlich zu optimieren sind, sondern eine Qualitätsentwicklung des Verfahrens auf einer Metaebene im Sinne eines „Deutero-Lernens“ erforderlich ist.
- Die modellierten Planungsverfahren sind nicht umfangreich erprobt worden. Im Vordergrund stand die Validierung des Vorgehens, aus dem das Referenzmodell induktiv aus Projektresultaten und deduktiv aus theoretischen Bezügen abgeleitet wurde.
- Die Planungen sind langfristig ausgerichtet. Eine empirische Untersuchung der Wirksamkeit in Bezug auf eine positive Hochschulentwicklung kann daher erst in einem Zeitraum von fünf bis zehn Jahren nach Etablierung der Verfahren erfolgen.

Die Limitationen des **Vorgehensmodells** können wie folgt beschrieben werden:

- Wie oben erwähnt, ist das Vorgehensmodell ein heuristisches Verfahren. Es kann deshalb nicht ausgeschlossen werden, dass es effektivere oder effizientere Methoden der Einführung von Berichtssystemen im Hochschulcontrolling gibt.
- Die Dekomposition des Vorgehens führt auch zu einer zeitlichen Verlagerung der Projekte. Dies könnte dazu führen, dass signifikante Interdependenzen zwischen den Handlungsfeldern nicht erkannt werden oder sich verändert haben. Infolge dessen könnte das eine Überarbeitung etablierter Berichtssysteme nach sich ziehen.
- Die Phase der Sozialisation ist weitgehend kommunikativer Natur und wurde überwiegend nur problematisiert. Eine betriebswirtschaftliche Lösung der praktischen Herausforderung ist in Form von Unterstützungsvorgängen durch den Hochschulcontroller vorgeschlagen worden. Offen bleiben aber die Akzeptanz- und Motivationswirkungen der Planungsverfahren bei den Entscheidungsträgern.

5 Zusammenfassung, Erkenntnisgewinn und Ausblick

Vor dem Hintergrund einer veränderten Hochschulsteuerung war der Ausgangspunkt der Arbeit die praktische **Problemstellung**, dass in Hochschulen zunehmend Berichtssysteme zur Planung und Kontrolle nachgefragt werden, um stärker strategisch zu Denken und zu Handeln. In diesem Zuge stellte sich zugleich die Herausforderung, Lösungen nicht nur zu konzipieren, sondern auch Wege aufzuzeigen, wie die Konzepte in Informationssysteme umgesetzt und in die organisatorischen Abläufe eingebettet werden können. Die **Zielsetzung** bestand insofern darin, ein Referenzmodell für Hochschul-Berichtssysteme, sowie ein Vorgehensmodell zur Einführung dessen, zu modellieren und zu erproben. Aus der Zielsetzung wurden Forschungsfragen abgeleitet, die zusammen mit dem Forschungsprozess zugleich in einen Aufbau der Arbeit mündeten. Als **Methodik** wurde eine konstruktionsorientierte Forschungsstrategie mit qualitativen Gütekriterien verfolgt, wie es bei der Einführung innovativer Informationssysteme („Artefakte") üblich ist. Diese sah vor, dass auf Basis theoretischer und konzeptioneller Bezüge sowie situativen Rahmenbedingungen niedersächsischer Hochschulen, das Vorgehensmodell in Projekten der Hochschule Hannover iterativ zu modellieren und zu erproben. Gemäß dem konstruktionsorientierten Forschungsprozess sind dadurch im Wechselspiel zwischen Theorie und praktischen Fallstudien Erkenntnisse entstanden, die zur Referenzmodellbildung und zur Vorgehensvalidierung geführt haben. Insofern stellen die an der Hochschule Hannover durchgeführten Projekte die empirische Basis der Arbeit dar. Das erste Kapitel endete mit einer Eingrenzung der Aussagen auf Universitäten und Fachhochschulen, die zusammenfassend als Hochschulen bezeichnet wurden.

Im zweiten Kapitel sind die theoretischen und konzeptionellen Bezüge herausgearbeitet worden. Im Wesentlichen bezieht sich die entscheidungstheoretische Ausrichtung der Arbeit auf verhaltenswissenschaftliche Erkenntnisse. Hiernach sind **Informationsverarbeitungsprozesse** und das **Entscheidungsverhalten** des Menschen nicht in jedem Fall rational begründbar. Vielmehr führen psychologische Faktoren und Heuristiken zu einer begrenzten Wahrnehmung und lassen eine umfängliche Beurteilung der Realität nicht zu. Infolge dessen entspricht die Alternativensuche und -wahl nicht den Maßstäben einer objektiv-normativen Entscheidungsfindung. Daneben sind kommunikative und systemtheoretische Bezüge hergestellt worden, die an die verhaltenswissenschaftliche Entscheidungstheorie anknüpfen. Die Modellierung von semantisch und syntaktisch einwandfreien Begriffssystemen nach kybernetischen Vorgaben bildet in **Kommunikations- und Informationsprozessen** zwischen Sender und Empfänger eine herausragende Rolle. Nicht nur, dass aufeinander abgestimmte Handlungen durch diese Prozesse ausgelöst werden, den Begriffen ist auch eine Zweckorientierung (Pragmatik) inhärent, die einen Sinn dafür liefern, warum eine Handlung ausgeführt werden soll. Dass die Sinnzusammenhänge erschlossen werden, ist wiederum ein **Sozialisationsprozess** des Individuums. Deutlich wurde auch, dass sich Begriffe aufgrund veränderter

Ansprüche ändern können und einen sozialen Wandel, also das Schaffen eines Bewusstseins für neue Zwecke, erfordern. Um sich als Betrieb auf diese Veränderungen einstellen zu können, müssen Instrumente zur Selbstbeobachtung und -organisation eingeführt werden. Erst dadurch wird eine Lernumgebung geschaffen, die es vermag, das eigene Verhalten an die veränderten Ansprüche anzupassen.

Im zweiten Teil des zweiten Kapitels wurden bestehende Konzepte erarbeitet, die im engen Bezug zur Arbeit stehen. Die Konzepte wurden systematisiert nach **Koordination** von interdependenten Teilsystemen, **Informationsverarbeitung** und **Verhaltenssteuerung**. Die Klassifizierung ist idealtypisch. Zahlreiche Konzepte weisen Bezüge zu anderen Klassen auf. Dennoch wird eine Ordnung geschaffen, die dazu führt, dass ein Überblick über relevante Arbeiten im Themengebiet „Hochschulcontrolling" der vergangenen 20 Jahre entsteht. Hier kann der Anspruch natürlich nicht vollständig sein, sondern es wurde gemäß dem Forschungsprozess selektiert und priorisiert.

Im dritten Kapitel wurden **Rahmenbedingungen** der Konstruktion von Hochschulcontrolling-Systemen erarbeitet. Die Klassifikation der einwirkenden Faktoren erstreckt sich auf organisatorische, haushaltsrechtliche, wirtschaftliche und qualitative Belange. Das Kapitel erläutert Konzepte im Rahmen der zweiten Hochschulreform, die in Hochschulen des Landes Niedersachsen bereits umgesetzt sind. Sie determinieren die aktuelle Situation in deutschen Hochschulen, da vergleichbare Steuerungsinstrumente auch in anderen Bundesländern angewendet werden. Es wurde deutlich, dass die Konzepte legitime Ansprüche transponieren, die die Hochschule zu bewältigen hat. Beispielhaft seien Entscheidungstatbestände bzw. **Handlungsfelder** genannt, in denen eine Hochschule, gemäß ihrer selbstverwalteten Organisationsstruktur, weitgehend autonom Objektentscheidungen zur **Leistungserstellung** treffen darf. Auch wurde der Einfluss des **Haushaltsaufstellungsverfahrens**, eine 5-Jahres-Planungsrechnung des übergeordneten Umsystems, herausgearbeitet. Die autonomen Entscheidungen gehen einher mit einer **Wirtschaftsführung**, die auf Rechenschaft verwendeter Mittel an das Land ausgelegt ist. Zudem fordert die EU für wirtschaftsnahe Forschungsprojekte Kalkulationen, die auf Vollkosten basieren. Dadurch können zunächst einmal formale Kriterien der Wirtschaftlichkeit kontrolliert sowie der monetäre Erfolg von Hochschulen ermittelt werden. *Weber* (2009, S. 15) schreibt hierzu: „Die moderne rationale Organisation des kapitalistischen Betriebs wäre nicht möglich gewesen ohne zwei weitere wichtige Entwicklungselemente: die Trennung von Haushalt und Betrieb, welche das heutige Wirtschaftsleben schlechthin beherrscht, und, damit eng zusammenhängend, die rationale Buchführung." Das **Rechnungswesen** wird als Rechenschaftsinstrument gegenüber dem Land für das autonome Handeln nicht infrage gestellt. Es ist ein notwendiges Instrument des hochschulbetrieblichen Alltags geworden. Wie auch in der Wirtschaftspraxis kann es aber nicht allein zum dominierenden Faktor in Entscheidungssituationen werden.

Dementsprechend werden sachliche Ziele in **Zielvereinbarungen** und **Formelmodellen** leistungsorientiert formuliert, sodass Ressourcen auf die Sachzielerreichung hin gesteuert werden sollen. Die Festlegung der Ziele und Maßnahmen ist jedoch eher kurzfristig ausgerichtet. Welche Sachziele langfristig verfolgt werden sollen, ist ein Priorisierungsvorgang und erfordert angesichts eines zunehmenden Wettbewerbs unter den Hochschulen ein strategisches Denken und Handeln. Wie der unausgereifte Prozess der **Entwicklungsplanung** gezeigt hat, fehlt es offenbar an Instrumenten der langfristigen Hochschulplanung. Zugleich wirkt die bedeutsame **Qualitätsorientierung** auf die Konstruktion von Hochschulcontrolling-Systemen ein. Wenn es Aufgabe von qualitätssichernden Instrumenten ist, dass Qualitätsziele geplant, umgesetzt und kontrolliert werden sollen, dann ist die Kopplung mit langfristigen profilbildenden Planungsinstrumenten eine zwangsläufige Voraussetzung für eine nachhaltige Hochschulentwicklung. Zusammenfassend führen die praxisnahen Ergebnisse des dritten Kapitels theorie- und konzeptgeleitet zu Thesen, die ein zu konstruierendes Hochschulcontrolling-System fundieren sollen.

Fassen die zwei vorigen Kapitel überwiegend vorhandene Erkenntnisse im Forschungsgebiet zusammen, dient das vierte Kapitel der Erkenntnisgewinnung. Auf Basis eines hergeleiteten Bezugsrahmens wird das **Hochschulcontrolling-System** in den groben Zügen beschrieben. Hiernach bewegen sich das Werte- und das Führungssystem im Umfeld zwischen Rahmenbedingungen und dem ausführenden (physischen) Basissystem. In den nachfolgenden Abschnitten ist der Bezugsrahmen weiter detailliert worden. Zunächst wurde ein allgemeiner **Entscheidungsprozess** in Hochschulen erläutert. Dieser sieht vor, dass eine ressourcen- und leistungsorientierte Entwicklungsplanung mit der Finanzierungsplanung über fünf Jahre aufeinander abgestimmt wird. Parallel erfolgen personelle Abstimmungen zwischen Entscheidungsträgern dezentraler und zentraler Organisationseinheiten. Aus dem Bezugsrahmen wurde daraufhin die **Grundstruktur** des notwendigen Berichtssystems modelliert, um den Entscheidungsprozess IT-gestützt mit Standardberichten zu unterstützen. Hieran ist deutlich geworden, dass das Hochschulcontrolling nicht rein finanziell ausgerichtet ist, sondern vor allem nichtmonetäre Aspekte in das Framing der Entscheidungen einbezieht. Es entsteht damit eine ganzheitliche, investive Sichtweise auf Ressourcen und Leistungen einer Hochschule.

Wird das Wertesystem als Impulsgeber zur Hochschulentwicklung festgelegt, dann ist die Konstruktion von Prozessen und Berichtssystemen wertorientiert. Die im Strukturmodell genannten Handlungsfelder wurden daher begrifflich in Standardberichte so operationalisiert, dass jeweils Bezüge zu exogenen Nomenklaturen – also Wertgeneratoren von Anspruchsgruppen – entstanden sind. Sie stellen eine gemeinsame Sprache endogener und exogener Kommunikationsprozesse sicher und ermöglichen eine Außensicht auf das eigene Handeln. Die Festlegung relevanter Werte und Ansprüche ist kulturell bedingt und formt das Hochschulprofil samt seiner Teileinheiten. Hierzu wurde im Ergebnis ein Ursache-Wirkungs-Modell in Form einer **Hochschul-Balanced Scorecard** vorgeschlagen, um den Prozess der Strategieimplementierung zu unterstützen. Damit können Maßnahmen im Sinne einer nachhaltigen Hochschulentwicklung abgeleitet und mithilfe der Berichtssysteme über fünf Jahre geplant werden. Entsprechend wird in Planungsprozessen das Anspruchsniveau der Hochschule in zahlreichen Planwerten festgelegt und hochschulweit aufeinander abgestimmt.

Die Planung von Maßnahmen wird als eine **Investitionsplanung** angesehen. Unabhängig davon, ob es sich um ein neues Gebäude, Forschungsprojekt oder um einen neuen Studiengang handelt, werden derartige Maßnahmen zunächst in Entwürfen geplant, beantragt und über Entscheidungsorgane beschieden. Weitgehend analog entscheidet sich der Personaleinsatz. Jeweils müssen in Anträgen Begründungszusammenhänge geliefert werden, die eine

Finanzierung rechtfertigen sollen. Da diese Begründungen in erster Linie nichtmonetär ausgeprägt sind, lässt sich auch keine klassische Investitionsrechnung unter Wirtschaftlichkeitsaspekten durchführen. Wohl aber kann das Investitionsobjekt über nichtmonetäre Wertkategorien in einem operativen Controllingprozess eingebunden sein, um dann in Standardberichten über Plan- und Istwerte zu informieren. Anspruchsgruppen können so über Ergebnis oder Erfolg der Hochschule urteilen.

Bei den zu treffenden Investitionsentscheidungen muss jedoch gesehen werden, dass es die dezentralen Teileinheiten sind, die nach Umsetzung der Entscheidungen routinemäßig die Leistungserstellung erbringen. Die Integration betroffener Mitglieder und Angehöriger bei der Entwicklung von Handlungsentwürfen und Entscheidungen ist daher nicht nur maßgeblich für eine nachhaltige Hochschulentwicklung, sondern gilt generell für Veränderungsmaßnahmen, wie etwa der Einführung von Berichtssystemen.

Die Anwendung der Modelle unterliegt dem Customizing, da sich Hochschulcontrolling-Systeme an den konkreten praktischen Notwendigkeiten sowie den gegebenen technischen und sozialen Gegebenheiten anpassen müssen. Zwecks Einführung der Entscheidungsmodelle in die Praxis ist deshalb ein **Vorgehensmodell** unter gestalterischen, technischen und sozialen Komponenten im Bezugsrahmen grob konstruiert und dann detailliert erarbeitet worden. Unter der Annahme, dass die Einführung von Informationssystemen als soziale Investition einen Wandel von Routinen auslöst, ist das Vorhaben als Entwurf vorab zu planen und in mehreren (Teil-)Projekten umzusetzen. Die Dekomposition erfolgte nach oben genannten Handlungsfeldern. Da die Entwurfsplanung nur grob sein kann, ist dieser als Szenario zu konstruieren und infolge zu detaillieren. Dabei werden Entscheidungsträger schon früh in das Vorgehen einbezogen, um Ansprüche zu priorisieren. Sofern vorhanden, wird der aktuelle Prozess mit den angewendeten Standardberichten des Handlungsfeldes analysiert, um darauf eine Neugestaltung zu konzipieren. Durch die Detaillierung des Szenarios entsteht mit Abschluss der **Konzeptionsphase** ein Metamodell des umzusetzenden Informationssystems.

Nach der Umsetzungsentscheidung durch einen Lenkungsausschuss des jeweiligen Projekts muss in der **Umsetzungsphase** als erstes das Informationssystem ausgewählt werden. Erst danach kann eine technisch getriebene Implementierung des Fachkonzepts erfolgen. Hierbei kann es zu Iterationen mit den definierten Anforderungen des Fachkonzepts kommen, insbesondere dann, wenn Daten nicht so ausgewertet werden können, wie es in konzipierten Standardberichten vorgesehen war. Formal endet das Einführungsprojekt mit der Übergabe und dem Beginn der routinemäßigen Betriebsphase. Jedoch ergeben sich weitere Anpassungen des Berichtssystems erst aus fachlichen und technischen Gründen in der Anwendung. Die abermalige Anpassung ist nicht nur notwendig, weil weitere Interdependenzen zwischen Handlungsfeldern erkennbar werden, sondern auch, weil die Entscheidungsträger das Berichtssystem für Entwicklungs- und Finanzplanungen nutzen sollen. Um das Berichtssystem stärker mit den sozialen Strukturen der Hochschule zu koppeln, sind dementsprechend fachliche Weiterentwicklungen notwendig. Unter anderem tragen auch durch den Hochschulcontroller initiierte Kommunikationsmaßnahmen und Unterstützungstätigkeiten bei Planungen zur Sozialisation des neuen Controllingverfahrens bei.

Das Vorgehensmodell zielt darauf ab, das Planungsverfahren tief in die Kapillare der Organisation zu sozialisieren und den Erfolg der sozialen Investition nachhaltig sicherzustellen. Natürlich ist die Ausgestaltung und Einführung von Berichtssystemen abhängig von der Größe der jeweiligen Hochschule. So kann es in Massenhochschulen mit großzahligen Studierenden durchaus geeignetere Methoden geben, die eine umfangreichere Projektorganisation verlangen. Auch bei kleinen Hochschulen stellt sich die Frage nach der Sinnhaftigkeit von Berichten in Abhängigkeit von den Ansprüchen, sodass das vorgestellte Hochschulcontrolling-System infolge dessen vereinfacht werden könnte. *Scheytt* (2007, S. 16) beschreibt hierzu die Problematik von Quantifizierungen: „Der Einsatz von quantifizierenden Darstellungsformen kann das eigentlich angestrebte Ziel der Steigerung von Effizienz und Effektivität untergraben. Dieser konterkarierende Effekt ist einer Paradoxie geschuldet, die allen Kennzahlen- und Indikatorensystemen innewohnt: Zwar geben Kennzahlensysteme einen scheinbar genauen Aufschluss über das Abgebildete wider, sie reduzieren es aber zugleich auf eine verkürzte, die Komplexität des abgebildeten Sachverhalts nicht gänzlich wiedergebende Information." Bei dem Hochschulcontrolling-System handelt es sich grundsätzlich um ein Modell, das legitime Ansprüche in die Konzeption mit einbezieht. Dennoch ist bei der Konstruktion des Referenzmodells auf Flexibilität und Anpassungsfähigkeit geachtet worden, um in der Praxis etwaige Teilmodelle hinzuzufügen oder auch auszuklammern.

In Abschnitt 4.5 sind Limitationen der Modellbildung genannt worden. Wenngleich diese Einschränkungen bereits auf den künftigen Forschungsbedarf hindeuten, seien insbesondere die nachfolgenden Punkte als Ausblick für künftige Arbeiten zum Thema „Hochschulcontrolling" genannt:

- Zum einen ist das Framing der Handlungsfelder möglicherweise unvollständig. So wurden Anlagegüter und Ausstattungen nicht hinreichend in das Hochschulcontrolling-System integriert, spielen aber gerade bei technisch orientierten Hochschulen eine große Rolle.
- Prozesse der Studiengangsentwicklung nehmen an Bedeutung zu. Vor dem Hintergrund ergibt sich Forschungsbedarf dahingehend, als dass derartige Prozesse im Detail unter Berücksichtigung von Anspruchsgruppen zu konzipieren und umzusetzen sind.
- Die Entscheidungsmodelle bilden nicht ab, ob und inwiefern Rankings die Entscheidungsfindung beeinflussen. Gegebenenfalls sind Möglichkeiten der stärkeren Kopplung zwischen Rankings und der Strategiebildung in der Hochschul-Balanced Scorecard zu untersuchen.
- Die Verhaltenswirkungen der Entscheidungsmodelle zeigen sich erst durch eine mehrmalige Einführung an verschiedenen Hochschulen. Deshalb können erst nach Einsatz der Modelle in der Praxis empirisch die Akzeptanz und Aussagekraft der Modelle überprüft werden, d. h., die Prüfung, ob sich Verhaltensänderungen eingestellt haben, ist erst ex post messbar.
- Wenn es die Rahmenbedingungen künftig erfordern, ist perspektivisch eine HGB-konforme Kostenartenplanung der Studiengänge und Forschungsprojekte über fünf Jahre denkbar. Mit Zunahme der Autonomie könnten zudem Prozesse wie Cashflow- und Bilanzplanungen an Bedeutung gewinnen.

Anhang

Anhang A: Personal an Hochschulen

Personalgruppe und Dienstbezeichnungen	
1.	Hauptberuflich tätiges wissenschaftliches und künstlerisches Personal
	Professoren
	Dozenten und Assistenten
	Wissenschaftliche und künstlerische Mitarbeiter
	Lehrkräfte für besondere Aufgaben
2.	Nebenberuflich tätiges wissenschaftliches und künstlerisches Personal
	Gastprofessoren, Emeriti
	Lehrbeauftragte
	Wissenschaftliche Hilfskräfte
3.	Hauptberuflich tätiges Verwaltungs-, technisches und sonstiges Personal
	Verwaltungspersonal (höherer Dienst/ohne höheren Dienst)
	Bibliothekspersonal (höherer Dienst/ohne höheren Dienst)
	Technisches Personal (höherer Dienst/ohne höheren Dienst)
	Sonstiges Personal (höherer Dienst/ohne höheren Dienst)
	Pflegepersonal
	Auszubildende
	Praktikanten
4.	Nebenberuflich tätiges Verwaltungs-, technisches und sonstiges Personal
	Sonstige Hilfskräfte

(vgl. *Statistische Bundesamt* 2008, S. 2 f.)

Anhang B: Vereinfachtes Datenmodell CAFM-System

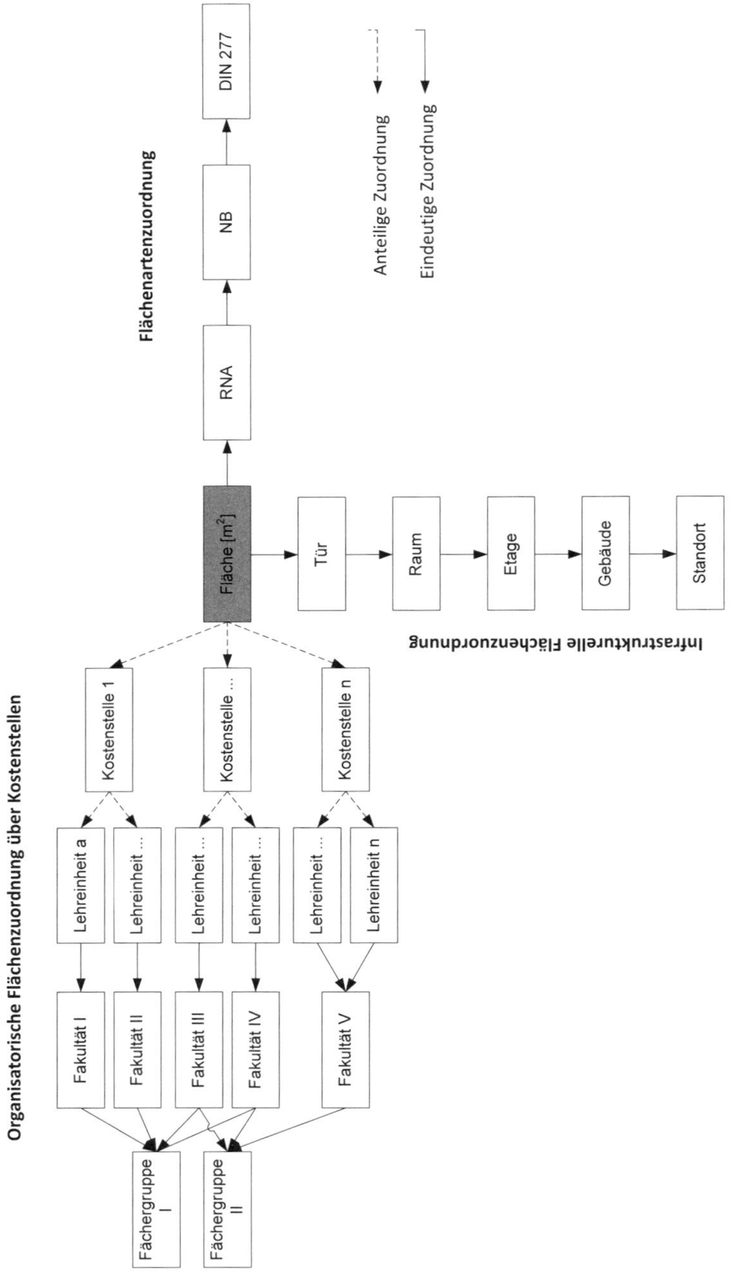

Anhang C: Parameter der Flächenbedarfsermittlung

Beispielhaft für Fachhochschulen

Siehe ausführlich *Ritter/Hansel* 2005, Anhang A.

Teilzeitfaktoren

Personalkategorie	Fächergruppe	Teilzeitfaktor
Professuren	alle	1,00
Wiss./Künstl. MA – Haushalt Dauerstellen		1,00
Verwaltungs- u. Bibliothekspersonal		1,50
Technisches und sonstiges Personal		1,10
Wiss./Künstl. MA – Haushalt Zeitstellen	Rechts-, Wirtschafts- u. Sozialwissenschaften	1,25
	Sprach-, Kultur-, Naturwissenschaften, Informatik	1,50
	Mathematik, Ingenieurwissenschaften	1,25
Wiss./künstl. MA – Drittmittel Zeitstellen	Sprach-, Kultur-, Rechts-, Wirtschafts- und Sozialwissenschaften	1,50
	Naturwissenschaften, Informatik	1,75
	Geowissenschaften	2,00
	Ingenieurwissenschaften	1,25

Nutzungsbereich 1: Büroflächen, inkl. Bibliothekspersonal

Büroflächen	Bezugsgröße	Anzahl/Faktor	Flächenansatz [m^2]
Professuren	Beschäftigungsverhältnis (BV)	1,0	12
Wiss./Künstl. MA – Haushalt Dauerstellen	BV	1,0	12
Wiss./Künstl. MA – Haushalt Zeitstellen	BV	1,0	12
Wiss./Künstl. MA – Drittmittel Zeitstellen	BV	1,0	12
Verwaltungs- u. Bibliothekspersonal	BV	1,0	12
Technisches und sonstiges Personal	BV	0,3[1]	12
Stud. Hilfskräfte, Absolvierende	Normstudienplätze	1,0	6

Bibliothekspersonal			
Büroergänzungsräume	BV aller Mitarbeiter, außer Bibl.	1,0	2,2
Lager und Archive	BV aller Mitarbeiter, außer Bibl.	1,0	1
Verwaltung der Organisationseinheit	(pauschale Größe je Organisationseinheit)	anteilig	48

[1]bei experimentellen Profilen im Nutzungsbereich 2, anderenfalls 100%

Nutzungsbereich 2: Fachspezifische Flächen

Experimentelles Fach	Bezugsgröße	Flächenansatz [m²]
Informatik, Geoinformationswesen		
Laborflächen (EDV)	Profil 1: Experimentell-apparatebez.	42
	Profil 2: Experimentell-computerbez.	28
Chemie, Biowissenschaften, Physik		
Laborflächen	Profil 1: Konstruktiv-exp.	130
	Profil 2: Analytisch-exp.	130
	Profil 3: Software-technisch	70
Versuchshallen	Profil 1: Konstruktiv-exp.	100
Gefahrstofflager	Anteilig aus Organisationseinheit	24
Gartenbau, Landschaftsarchitektur, Umweltplanung		
Laborflächen	Profil 1: Konstruktiv-exp.	130
	Profil 2: Analytisch-exp.	130
	Profil 3: Software-technisch	70
Versuchshallen	Profil 1: Konstruktiv-exp.	100
Gefahrstofflager	Anteilig aus Organisationseinheit	24
Maschinenbau, Mechatronik		
Laborflächen	Profil 1: Konstruktiv-exp.	125
	Profil 2: Analytisch-exp.	100
	Profil 3: Theoretisch (Planung, Steuerung)	70
Versuchshallen	Profil 1: Konstruktiv-exp.	100
Gefahrstofflager	Anteilig aus Organisationseinheit	24
Verfahrens- und Umwelttechnik		
Laborflächen	Profil 1: Konstruktiv-exp	130
	Profil 2: Analytisch-exp.	130
	Profil 3: Software-technisch	70

Versuchshallen	Profil 1: Konstruktiv-exp.	100
Gefahrstofflager	Anteilig aus Organisationseinheit	24
Versorgungs- und Energietechnik		
Laborflächen	Profil 1: Konstruktiv-exp.	130
	Profil 2: Analytisch-exp.	130
	Profil 3: Theoretisch (Planung, Steuerung)	70
Versuchshallen	Profil 1: Konstruktiv-exp.	100
Gefahrstofflager	Anteilig aus Organisationseinheit	24
Elektrotechnik		
Laborflächen	Profil 1: Energietechnik (Großmaschine)	140
	Profil 2: Energie- u. Produktionstechn. (Kleinmaschine)	190
	Profil 3: Produktionstechnische (Großmaschine)	100
	Profil 4: physikalisch-technisch (Laborm.)	110
	Profil 5: phys.-chem.-techn. (Laborm.)	150
	Profil 6: softwaretechnisch (Laborm.)	100
Versuchshallen	Profil 1: Energietechnik (Großm.)	200
	Profil 3: Produktionstechn. (Großm.)	150
Gefahrstofflager	Anteilig aus Organisationseinheit	24
Architektur		
Lehrwerkstätten, -labore	für 10% der Studienplätze	9
Ausstellungsflächen	für 20% der Studienplätze	2
Bauingenieurwesen		
Laborflächen	Profil 1: Konstruktiv-exp.	80
	Profil 2: Analytisch-exp.	100
	Profil 3: Software-technisch	40
Versuchshallen	Profil 1: Konstruktiv-exp.	100
Gefahrstofflager	Anteilig aus Organisationseinheit	24
Augenoptik		
Laborflächen	Profil 1: Konstruktiv-exp.	40
	Profil 2: Analytisch-exp.	40
	Profil 3: Software-technisch	12

Versuchshallen	Profil 1: Konstruktiv-exp.	0
Gefahrstofflager	Anteilig aus Organisationseinheit	24
Theater-/Medientechnik		
	Profil 1: Praktisch	100
	Profil 2: Theoretisch	0

Nutzungsbereich 3: Werkstätten

Organisationseinheiten der Hochschule	Flächenansatz [m²] je Werkstattplatz
OE_1	5
...	0
OE_n	7,5

Die Flächenansätze im Nutzungsbereich 3 – Werkstätten sind hochschulspezifisch zu schätzen. Zu geschätzten Planungswerten für einen Werkstattplatz inkl. Verkehrswege, Zwischenlager und Wenderadien siehe Arbeitsstättenverordnung sowie die Angaben zu Lehrwerkstätten von *Schmigalla* 1995, S. 234.

Nutzungsbereich 4: Lager

Experimentelles Fach	Bezugsgröße	Anzahl/Faktor	Flächenansatz [m²]
Alle Fächer	Bedarf Laborfläche	0,1	Sollfläche Labor
	Bedarf Werkstattfläche	0,2	Sollfläche Werkstatt
Architektur (Modell-/Planlager)	(pauschale Größe)	-	60

Nutzungsbereich 5: Bibliothek[1]

Fächergruppe	Bezugsgröße	Platzfaktor (Arbeitsbibliothek[2])	Flächenansatz [m²][3]
Benutzerarbeitsplätze			
Ingenieurwissenschaften	Normstudienplätze	0,02 (0,04)	4,0
Sprach- u. Kulturwissenschaften		0,04 (0,09)	4,0
Rechtswissenschaften		0,03 (0,06)	4,0
Wirtschaftswissenschaften		0,02 (0,03)	4,0
Sozialwissenschaften, Pädagogik, Psychologie		0,02 (0,05)	4,0

[1]Bibliothekspersonal wird unter Nutzungsbereich 1: Büroflächen geführt.

[2]Arbeitsbibliotheken bündeln einen Großteil der studentischen Lese- und Rechnerarbeitsplätze in der Hochschulbibliothek zu einem zentralen Lern- und Arbeitsort.

[3]Vereinfachende Annahme, da Flächenansätze von der Typisierung der Arbeitsplätze abhängen.

(vgl. *Vogel/Cordes* 2005, S. 89 und 97)

Nutzungsbereich 6-9: Lehrflächen

Fach	Bezugsgröße	Anzahl/Faktor	Flächenansatz [m²]
Praktika			
Informatik, Geoinformationswesen	Normstudien-plätze	0	0
Maschinenbau, Mechatronik, Verfahrens- und Umwelttechnik, Versorgungstechnik, Augenoptik		0,05	6,00
Biologie, Chemie, Physik, Bauingenieurwesen		0,13	4,00
Elektrotechnik		0,065	6,00
Gartenbau, Landschaftsarchitektur und Umwelt-planung		0,2	4,00
Architektur		0,25	6,7
Rechnerräume			
Alle Fächer	Normstudien-plätze	0,05	3,85
Architektur, Informatik, Geoinformationswesen, Physik		0,1	3,85
Seminarräume			
Alle Fächer	Normstudien-plätze	1,0	1,3
Architektur		1,0	1,5
Hörsäle			
Alle Fächer	Normstudien-plätze	1,0	0,2

Zusatzbedarf – kapazitätsunwirksame Nutzfläche 1-6

Kategorie / Fach	Bezugsgröße	Anzahl/Faktor	Flächenansatz [m²]
Sport und Gymnastik, Tierhaltung, Pflanzenzucht, Sonderforschungsbe-reiche etc.	Abzugsfläche kapazi-tätsunwirksame NF 1-6	1,0	Bestandsgröße

(vgl. *Söder-Mahlmann/Saller/Hanrath* 2004, S. 21; *Planungsausschuss für den Hochschulbau* 2006, S. 73-76)

Anhang D: Informationsbedarfsanalyse im Handlungsfeld „Studium und Lehre“

Fragebogen zur Priorisierung von Ansprüchen:

Welche Kennzahlen erachten Sie als wichtig für die Informations- und Steuerungszwecke der Fakultät?						
A	Zulassungszahlen und Studienplätze nach Studiengängen	Wichtig				Unwichtig
A.1	Bewerberzahlen pro Semester					
A.2	Einschreibungen pro Semester					
A.3	Aufnahmekapazität pro Semester					
A.4	Zugangsberechtigung der Studienanfänger					
A.5	Muttersprache der Studierenden					
A.7	Frauenanteil unter den Studienanfängern					
A.8	Anteil der Studienanfänger mit Berufsausbildung					
A.9	Studierende / Aufnahmekapazität					
A.10	Einschreibungen ins 1. Fachsemester / Aufnahmekapazität					
A.11	Bewerbungen / Aufnahmekapazität					
A.12	Weitere Kennzahlen:__________________					
B	Internationalisierung nach Studiengängen	Wichtig				Unwichtig
B.1	Anzahl ausländischer Studierender					
B.2	Anzahl eigener Studierender im Ausland					
B.3	Studierende im Ausland nach Studienland					
B.4	Ausländische Studierende nach Herkunft					
B.5	Ausländische Studierende / Studierende					
B.6	Weitere Kennzahlen:__________________					
C	Studierendendaten nach Studiengängen	Wichtig				Unwichtig
C.1	Anzahl der Studierenden					
C.2	Studierende in der Regelstudienzeit					
C.3	Durchschnittsalter der Studierenden					
C.4	Durchschnittsalter der Studentinnen					
C.5	Studierende nach Wohnort					
C.6	Frauenanteil der der Studierenden					
C.7	Studierende in der Regelstudienzeit / Studierende					
C.8	Studentinnen in der Regelstudienzeit / Studentinnen					
C.9	Weitere Kennzahlen:__________________					

D	Absolventendaten nach Studiengängen	Wichtig				Unwichtig
D.1	Anzahl Absolventen					
D.2	Absolventen ausländischer Herkunft					
D.3	Durchschnittsalter der Absolventen					
D.4	Durchschnittliche Fachsemester der Absolventen					
D.5	Durchschnittliche Hochschulsemester der Absolventen					
D.6	Absolventen / Studienanfänger					
D.7	Absolventen / Professor					
D.8	Frauenanteil der Absolventen					
D.9	Ausländeranteil der Absolventen					
D.10	Weitere Kennzahlen:________________					
E	Lehre nach Studiengängen	Wichtig				Unwichtig
E.1	Angebotene Lehrveranstaltungen					
E.2	Evaluation der Lehrveranstaltungen					
E.3	Lehraufträge (SWS) / Gesamtangebot (SWS)					
E.4	Externe Dozenten / Hochschullehrer					
E.5	Hochschullehrer (SWS) / Hochschullehrer (LVS)					
E.6	Anzahl der Prüfungen / Anzahl Studierende					
E.7	Lehrverflechtungen zwischen Fakultäten, Dienstleistungsquote					
E.8	Weitere Kennzahlen:________________					
F	Studienverlaufsdaten nach Studiengängen	Wichtig				Unwichtig
F.1	Anzahl der Studienabbrecher nach Fachsemester					
F.2	Anzahl der Quereinsteiger nach Studienabschnitt					
F.3	Durchschnittsalter der Studierenden im 1. Fachsemester					
F.4	Durchschnittsalter der Studentinnen im 1. Fachsemester					
F.5	Aufteilung der Studierenden nach Fachsemestern					
F.6	Abgeschlossene Vorprüfungen nach Fachsemestern					
F.7	Anzahl der Vorprüfungen inkl. Notenspiegel					
F.8	Notenspiegel auf Modulebene					
F.9	Durchschnittsnote auf Modulebene					
F.10	Durchschnittsdauer des 1. Studienabschnitts					
F.11	Durchschnittsdauer des 2. Studienabschnitts					
F.12	Vorprüfungen je Fachsemester / Studierende je Fachsemester					
F.13	Durchfallquoten					
F.14	Weitere Kennzahlen:________________					

Anhang E: Fragebögen Studienabschluss- und Absolventenbefragung

Fragebogen Studienabschluss:

Angaben zur Person und zum Studium

Geburtsjahr:

[ ]

Geschlecht:

o männlich o weiblich

Staatsangehörigkeit

o deutsch o EU (ohne deutsch) o andere

Welche Art der Studienberechtigung hatten Sie bei der Aufnahme Ihres ersten Studiums?

o Allgemeine Hochschulreife o Fachgebundene Hochschulreife

o Fachhochschulreife o Sonstiges

[ ]

Haben Sie vor Ihrem Studium einen beruflichen Abschluss erworben?

o Nein o Ja, und zwar als

[ ]

Haben Sie vor Ihrem Studium, abgesehen von einer Berufsausbildung, berufliche Erfahrungen gesammelt? *Bitte beziehen Sie sowohl Vollzeit- als auch Teilzeitbeschäftigungen ein*.

o Nein o Ja, in Monaten insgesamt etwa

[ ]

Welche Durchschnittsnote hatten Sie in dem Zeugnis, mit dem Sie Ihre Studienberechtigung erworben haben?

[Bitte wählen]

Welchen Abschluss haben Sie zuletzt an der Hochschule Hannover erworben?

o Bachelor o Master o Diplom

Mit welcher Note haben Sie Ihr Studium abgeschlossen?

[Bitte wählen]

Wann haben Sie den Abschluss erworben?

[Bitte wählen]

Haben Sie vor Ihrem Studienabschluss bereits einen anderen Studienabschluss oder mehrere andere Studienabschlüsse erreicht?

o Nein o Ja

Welchen anderen ersten Studienabschluss haben Sie erreicht?

o Bachelor o Master

o Diplom o Sonstiges *(bitte angeben)*

[ ]

Erstes Studienfach / Studiengang:

[ ]

Zweites Studienfach / Studiengang:

[ ]

Drittes Studienfach / Studiengang:

[ ]

Jahr des Abschlusses:

[ ]

Name der Hochschule:

[ ]

Land der Hochschule:

[ ]

Wie viele Fachsemester haben Sie für Ihr letztes Studium an der Hochschule Hannover studiert? *(ohne Urlaubssemester, einschließlich Semester im selben Fach an einer anderen Hochschule im In- und Ausland)*

[ ]

Wie viele Hochschulsemester haben Sie insgesamt studiert? *(einschließlich Urlaubssemester, Semester im selben Fach an einer anderen Hochschule und Semester in einem anderen Fach an der letzten oder einer anderen Hochschule im In- und Ausland)*

[ ]

Haben Sie Ihr letztes Studium an der Hochschule Hannover in Regelstudienzeit abgeschlossen?

o Nein o Ja

Inwiefern waren die folgenden Gründe ausschlaggebend dafür, dass Sie länger studiert haben?

Nichtzulassung zur Lehrveranstaltung *(z.B. wegen fehlender räumlicher oder personeller Kapazitäten):*	In sehr hohem Maße	o	o	o	o	o	Gar nicht
Nicht bestandene Prüfungen:	In sehr hohem Maße	o	o	o	o	o	Gar nicht
Änderung / Umstellung der Prüfungs-, Studienordnung bzw. -struktur *(z.B. Bachelor / Master):*	In sehr hohem Maße	o	o	o	o	o	Gar nicht
Nichtzulassung zu einer / mehreren Prüfung(en) *(z.B. wegen fehlender personeller Kapazitäten oder Überschneidung von Prüfungsterminen)*:	In sehr hohem Maße	o	o	o	o	o	Gar nicht
Schlechte Koordination der Studienangebote *(Überschneidung von Lehrveranstaltungen etc.):*	In sehr hohem Maße	o	o	o	o	o	Gar nicht
Fach- / bzw. Schwerpunktwechsel:	In sehr hohem Maße	o	o	o	o	o	Gar nicht
Hochschulwechsel:	In sehr hohem Maße	o	o	o	o	o	Gar nicht
Abschlussarbeit:	In sehr hohem Maße	o	o	o	o	o	Gar nicht
Auslandsaufenthalt(e):	In sehr hohem Maße	o	o	o	o	o	Gar nicht
Erwerbstätigkeit(en):	In sehr hohem Maße	o	o	o	o	o	Gar nicht
Zusätzliche Praktika:	In sehr hohem Maße	o	o	o	o	o	Gar nicht
Familiäre Gründe (z.B. Schwangerschaft, Kinder, Pflege Angehöriger etc.):	In sehr hohem Maße	o	o	o	o	o	Gar nicht
Zusätzliches Studienengagement (habe mich um über den Studiengang hinausgehende Qualifikationen bemüht):	In sehr hohem Maße	o	o	o	o	o	Gar nicht

Breites fachliches (inhaltliches, wissenschaftliches) Interesse (habe auch Veranstaltungen außerhalb meines Studienganges besucht):	In sehr hohem Maße	o	o	o	o	o	Gar nicht
Engagement in Selbstverwaltungsgremien meiner Hochschule:	In sehr hohem Maße	o	o	o	o	o	Gar nicht
Gesellschaftliches Engagement außerhalb des Studiums:	In sehr hohem Maße	o	o	o	o	o	Gar nicht
Persönliche Gründe (z.B. Studieninteresse, Motivation,	In sehr hohem Maße	o	o	o	o	o	Gar nicht
Krankheit:	In sehr hohem Maße	o	o	o	o	o	Gar nicht
Sonstige Gründe (bitte angeben):	In sehr hohem Maße	o	o	o	o	o	Gar nicht

Wie viele Wochen waren Sie insgesamt während Ihres letzten Studiums an der Hochschule Hannover im Ausland?

Welchen Zweck hatte Ihr Auslandsaufenthalt? *Mehrfachnennungen möglich.*

☐ Auslandsemester ☐ Studienprojek ☐ Praktikum ☐ Erwerbstätigkeit

☐ Sprachkurs ☐ Längere Reis ☐ Sonstiges:

Wurde ein Auslandsaufenthalt im Rahmen eines Förderprogrammes unterstützt?

o Nein o Ja, und zwar durch

Studieren bzw. promovieren Sie derzeit?

o Nein

o Ja. Ich erwerbe den folgenden Abschluss:

o Bachelor o Master o Diplom o Promotion

o Sonstiges:

Studienbedingungen und Studienergebnisse

Inwiefern treffen die folgenden Aussagen auf Ihr Studium zu?

Mein Studium war mir nicht so wichtig wie andere Lebensbereiche.	In sehr hohem Maße	o	o	o	o	o	Gar nicht
Ich habe für mein Studium immer mehr getan, als von mir verlangt wurde.	In sehr hohem Maße	o	o	o	o	o	Gar nicht
Ich habe mich in meinem Studium auf bestimmte, mich interessierende Bereiche konzentriert.	In sehr hohem Maße	o	o	o	o	o	Gar nicht
Ich habe mich in der Gestaltung meines Studiums auf die Anforderungen des Arbeitsmarktes konzentriert.	In sehr hohem Maße	o	o	o	o	o	Gar nicht

Wie beurteilen Sie die folgenden Studienangebote und -bedingungen in Ihrem Fach?

Zeitliche Koordination der Lehrveranstaltungen:	Sehr gut	o	o	o	o	o	Sehr schlecht
Zugang zu erforderlichen Lehrveranstaltungen (z.B. Seminare, Übungen):	Sehr gut	o	o	o	o	o	Sehr schlecht
Möglichkeit, die Studienanforderungen in der dafür vorgesehenen Zeit zu erfüllen:	Sehr gut	o	o	o	o	o	Sehr schlecht
System und Organisation von Prüfungen:	Sehr gut	o	o	o	o	o	Sehr schlecht
Aufbau und Struktur des Studiums:	Sehr gut	o	o	o	o	o	Sehr schlecht
Vorbereitung auf den Umgang mit fremdsprachiger Literatur:	Sehr gut	o	o	o	o	o	Sehr schlecht
Vorbereitung auf fremdsprachige Fachkommunikation:	Sehr gut	o	o	o	o	o	Sehr schlecht
Erwerb wissenschaftlicher Arbeitsweisen:	Sehr gut	o	o	o	o	o	Sehr schlecht
Training von mündlicher Präsentation:	Sehr gut	o	o	o	o	o	Sehr schlecht
Verfassen von wissenschaftlichen Texten:	Sehr gut	o	o	o	o	o	Sehr schlecht
Aktualität der vermittelten Methoden:	Sehr gut	o	o	o	o	o	Sehr schlecht
Didaktische Qualität der Lehre:	Sehr gut	o	o	o	o	o	Sehr schlecht
Fachliche Qualität der Lehre:	Sehr gut	o	o	o	o	o	Sehr schlecht
Fachliche Vertiefungsmöglichkeiten:	Sehr gut	o	o	o	o	o	Sehr schlecht
Forschungsbezug von Lehre und Lernen:	Sehr gut	o	o	o	o	o	Sehr schlecht
Kontakte zu Lehrenden:	Sehr gut	o	o	o	o	o	Sehr schlecht
Kontakte zu Mitstudierenden:	Sehr gut	o	o	o	o	o	Sehr schlecht

Wie beurteilen Sie die Beratungs- und Betreuungselemente, die Ausstattung und die praxis- und berufsbezogenen Aspekte in Ihrem Fach?

Individuelle Studienfachberatung:	Sehr gut	o	o	o	o	o	Sehr schlecht
Verfügbarkeit notwendiger Literatur:	Sehr gut	o	o	o	o	o	Sehr schlecht
Ausstattung der Labore / Werkstätten / Unterrichtsräume:	Sehr gut	o	o	o	o	o	Sehr schlecht
Aktualität der vermittelten Lehrinhalte bezogen auf Praxisanforderungen:	Sehr gut	o	o	o	o	o	Sehr schlecht
Verknüpfung von Theorie und Praxis:	Sehr gut	o	o	o	o	o	Sehr schlecht
Praxisbezogene Lehrinhalte:	Sehr gut	o	o	o	o	o	Sehr schlecht

Was waren die zwei wichtigsten Finanzierungsquellen in Ihrem Studium? *(maximal 2 Nennungen möglich)*

- ☐ Unterstützung durch die Eltern und / oder andere Verwandte
- ☐ Unterstützung durch den (Ehe-)Partner / die (Ehe-)Partnerin
- ☐ Ausbildungsförderung nachdem BAföG
- ☐ Eigener Verdienst aus Tätigkeiten während der Vorlesungszeit und / oder der Vorlesungsfreienzeit
- ☐ Kredit (z.B. Bildungskredit von der KfW Bankengruppe; Kredit zur Studienfinanzierung von einer Bank / Sparkasse oder von Privatpersonen)
- ☐ Stipendium
- ☐ Eigene Mittel, die vor dem Studium erworben / angespart wurden
- ☐ Andere Finanzierungsquelle

Haben Sie während Ihres letzten Studiums freiwillige Praktika mit mindestens 4 Wochen Dauer absolviert? *(nicht gemeint sind Nebenjobs,Erwerbstätigkeiten etc.)*

- o Nein
- o Ja. Die Anzahl der freiwilligen Praktika betrug

In welchem Maße verfügten Sie zum Zeitpunkt des Studiumabschlusses über die folgenden Fähigkeiten / Kompetenzen?

Beherrschung des eigenen Faches, der eigenen Disziplin:	In sehr hohem Maße	o	o	o	o	o	Gar nicht
Fähigkeit, neue Ideen und Lösungen zu entwickeln:	In sehr hohem Maße	o	o	o	o	o	Gar nicht
Fähigkeit, sich anderen gegenüber durchzusetzen:	In sehr hohem Maße	o	o	o	o	o	Gar nicht
Fähigkeit sich auf veränderte Umstände einzustellen:	In sehr hohem Maße	o	o	o	o	o	Gar nicht
Fähigkeit, Berichte, Protokolle oder ähnliche Texte zu verfassen:	In sehr hohem Maße	o	o	o	o	o	Gar nicht
Fähigkeit, wissenschaftliche Methoden anzuwenden:	In sehr hohem Maße	o	o	o	o	o	Gar nicht
Fähigkeit, wirtschaftlich zu denken und zu handeln:	In sehr hohem Maße	o	o	o	o	o	Gar nicht
Fähigkeit, das Können anderer zu mobilisieren:	In sehr hohem Maße	o	o	o	o	o	Gar nicht
Fähigkeit, fächerübergreifend zu denken:	In sehr hohem Maße	o	o	o	o	o	Gar nicht
Analytische Fähigkeiten:	In sehr hohem Maße	o	o	o	o	o	Gar nicht
Fähigkeit, in einer Fremdsprache zu schreiben und zu sprechen:	In sehr hohem Maße	o	o	o	o	o	Gar nicht
Fähigkeit, eigene Ideen und Ideen anderer in Frage zu stellen:	In sehr hohem Maße	o	o	o	o	o	Gar nicht
Fähigkeit,effizient auf ein Ziel hin zu arbeiten:	In sehr hohem Maße	o	o	o	o	o	Gar nicht
Fähigkeit, eigene Wissenslücken zu erkennen und zu schließen:	In sehr hohem Maße	o	o	o	o	o	Gar nicht
Fähigkeit, sich selbst und seinen Arbeitsprozess effektiv zu organisieren:	In sehr hohem Maße	o	o	o	o	o	Gar nicht
Fähigkeit, mit anderen produktiv zusammenzuarbeiten:	In sehr hohem Maße	o	o	o	o	o	Gar nicht
Fähigkeit, unter Druck gut zu arbeiten:	In sehr hohem Maße	o	o	o	o	o	Gar nicht
Fähigkeit, in interkulturellen Zusammenhängen zu handeln:	In sehr hohem Maße	o	o	o	o	o	Gar nicht
Fähigkeit, Produkte, Ideen oder Berichte einem Publikum zu präsentieren:	In sehr hohem Maße	o	o	o	o	o	Gar nicht
Fähigkeit, die Folgen von Theorien und Praxis meines Faches für Natur und Gesellschaft zu beurteilen:	In sehr hohem Maße	o	o	o	o	o	Gar nicht
Fähigkeit, im eigenen Aufgabenbereich gleichstellungsorientiert zu handeln:	In sehr hohem Maße	o	o	o	o	o	Gar nicht
Wie zufrieden sind Sie aus heutiger Sicht mit Ihrem letzten Studium an der Hochschule Hannover	Sehr zufrieden	o	o	o	o	o	Sehr unzufrieden

Wenn Sie - rückblickend - noch einmal die freie Wahl hätten, würden Sie ...

... denselben Studiengang wählen.	Sehr wahrscheinlich	o	o	o	o	o	Sehr unwahrscheinlich
... dieselbe Hochschule wählen.	Sehr wahrscheinlich	o	o	o	o	o	Sehr unwahrscheinlich
... nicht wieder studieren.	Sehr wahrscheinlich	o	o	o	o	o	Sehr unwahrscheinlich

Haben Sie während Ihres letzten Studiums ernsthaft erwogen, das Studium abzubrechen?

o Nein o Ja, weil

Fragebogen Absolventenstudie (Berufseinstieg bzw. -verlauf)
am Beispiel des speziellen Fragebogenteils aus dem Studiengang Betriebswirtschaft:

Allgemeine Fragen

Geburtsjahr (JJJJ):

[ ]

Geschlecht:

o männlich o weiblich

Staatsangehörigkeit:

o deutsch o EU (ohne deutsch) o andere

Welchen Abschluss haben Sie erworben?

[Bitte wählen]

Wann haben Sie Ihren Abschluss erworben?

Jahr

[Bitte wählen]

Monat

[Bitte wählen]

Wie viele Fachsemester (ohne Urlaubssemester) haben Sie im Rahmen Ihres Studiums an der Hochschule Hannover studiert?

[ ]

Wie viele Hochschulsemester (einschließlich Urlaubssemester und Semester an anderen Hochschulen) haben Sie insgesamt studiert?

[ ]

Haben Sie im Rahmen des Studiums Erfahrungen Im Ausland gesammelt?

[Bitte wählen]

Mit welcher Note haben Sie Ihr Studium abgeschlossen?

[Bitte wählen]

Was traf auf Ihre Situation unmittelbar nach dem Studium zu? *(Mehrfachnennungen sind möglich)*

☐ Aufnahme einer sozialversicherungspflichtigen Beschäftigung mit mindestens 18 Std./Woche
☐ Jobben
☐ Fort-, Weiterbildung, Umschulung
☐ Zweitstudium
☐ Aufbaustudium (z.B.Master-Studium)
☐ Promotion
☐ Elternzeit, Erziehungsurlaub
☐ Hausfrau, Hausmann, Familienarbeit
☐ nicht erwerbstätig, aber Beschäftigung suchend
☐ Wehr- oder Zivildienst
☐ Längere Reise
☐ Sonstiges

Sind Sie derzeit in einem weiteren Studium oder beabsichtigen Sie ein weiteres Studium aufzunehmen?

[Bitte wählen]

Berufliche Situation

Haben Sie sich nach Abschluss Ihres Studiums auf eine bezahlte, sozialversicherungspflichtige Beschäftigung beworben?

Bitte wählen

In welchem geographischen Umkreis hatten Sie sich beworben? (Mehrfachnennungen möglich)

☐ Hannover und Umland ☐ Niedersachsen ☐ bundesweit ☐ international

Wann haben Sie Ihre erste bezahlte, sozialversicherungspflichtige Beschäftigung (mindestens 18 Std. pro Woche) nach dem Studium aufgenommen?

Jahr

Bitte wählen

Monat

Bitte wählen

Art der ersten sozialversicherungspflichtigen Beschäftigung

Bitte wählen

Waren Sie seit Ihrem Studienabschluss jemals erberbslos und auf der Beschäftigungssuche?

Bitte wählen

Wenn "Ja", wie lange?

Bitte wählen

Ihre Beschäftigung war …

Bitte wählen

Ihre Beschäftigung war …

Bitte wählen

Wo hatten Sie Ihre Tätigkeit aufgenommen?

Bitte wählen

Welchem Sektor war dieser Arbeitgeber zuzuordnen?

Bitte wählen

Organisationsgröße (Anzahl der Mitarbeiter):

Bitte wählen

Wie hoch war Ihr monatliches Brutto-Einkommen (inkl. Sonderzahlungen und Überstunden)?

Bitte wählen

Führen Sie diese Tätigkeit heute noch aus?

Bitte wählen

Üben Sie derzeit eine bezahlte, sozialversicherunspflichtige Beschäftigung von mehr als 18 Stunden/Woche aus?

Bitte wählen

Wie zufrieden sind Sie im Großen und Ganzen mit Ihrer beruflichen Entwicklung seit Studienabschluss?	Sehr zufrieden	o	o	o	o	o	Sehr unzufrieden

Inwieweit werden die folgenden Fähigkeiten / Kompetenzen in Ihrer gegenwärtigen Erwerbstätigkeit gefordert?

Beherrschung des eigenen Faches, der eigenen Disziplin:	Sehr wichtig	o	o	o	o	o	Unwichtig
Fähigkeit, neue Ideen und Lösungen zu entwickeln:	Sehr wichtig	o	o	o	o	o	Unwichtig
Fähigkeit, sich anderen gegenüber durchzusetzen:	Sehr wichtig	o	o	o	o	o	Unwichtig
Fähigkeit sich auf veränderte Umstände einzustellen:	Sehr wichtig	o	o	o	o	o	Unwichtig

Fähigkeit, Berichte, Protokolle oder ähnliche Texte zu verfassen:	Sehr wichtig	o	o	o	o	o	Unwichtig
Fähigkeit, wissenschaftliche Methoden anzuwenden:	Sehr wichtig	o	o	o	o	o	Unwichtig
Fähigkeit, wirtschaftlich zu denken und zu handeln:	Sehr wichtig	o	o	o	o	o	Unwichtig
Fähigkeit, das Können anderer zu mobilisieren:	Sehr wichtig	o	o	o	o	o	Unwichtig
Fähigkeit, fächerübergreifend zu denken:	Sehr wichtig	o	o	o	o	o	Unwichtig
Analytische Fähigkeiten:	Sehr wichtig	o	o	o	o	o	Unwichtig
Fähigkeit, in einer Fremdsprache zu schreiben und zu sprechen:	Sehr wichtig	o	o	o	o	o	Unwichtig
Fähigkeit, eigene Ideen und Ideen anderer in Frage zu stellen:	Sehr wichtig	o	o	o	o	o	Unwichtig
Fähigkeit,effizient auf ein Ziel hin zu arbeiten:	Sehr wichtig	o	o	o	o	o	Unwichtig
Fähigkeit, eigene Wissenslücken zu erkennen und zu schließen:	Sehr wichtig	o	o	o	o	o	Unwichtig
Fähigkeit, sich selbst und seinen Arbeitsprozess effektiv zu organisieren:	Sehr wichtig	o	o	o	o	o	Unwichtig
Fähigkeit, mit anderen produktiv zusammenzuarbeiten:	Sehr wichtig	o	o	o	o	o	Unwichtig
Fähigkeit, unter Druck gut zu arbeiten:	Sehr wichtig	o	o	o	o	o	Unwichtig
Fähigkeit, in interkulturellen Zusammenhängen zu handeln:	Sehr wichtig	o	o	o	o	o	Unwichtig
Fähigkeit, Produkte, Ideen oder Berichte einem Publikum zu präsentieren:	Sehr wichtig	o	o	o	o	o	Unwichtig
Fähigkeit, die Folgen von Theorien und Praxis meines Faches für Natur und Gesellschaft zu beurteilen:	Sehr wichtig	o	o	o	o	o	Unwichtig
Fähigkeit, im eigenen Aufgabenbereich gleichstellungsorientiert zu handeln:	Sehr wichtig	o	o	o	o	o	Unwichtig
Wenn Sie Ihre heutigen beruflichen Aufgaben insgesamt betrachten: In welchem Ausmaß verwenden sie Ihre im Studium erworbenen Qualifikationen?	In sehr hohem Maße	o	o	o	o	o	Gar nicht

Wie würden Sie die Beziehung zwischen ihren Studiumsfach und Ihrem derzeitigen beruflichen Aufgabenfeld charakterisieren?

Bitte wählen

Welches Abschlussniveau ist Ihrer Meinung nach fürIhre derzeitige Beschäftigung am besten geeignet *(Bitte nur eine Angabe)*

Bitte wählen

Wenn Sie alle Aspekte Ihrer beruflichen Situation *(Status, Position, Einkommen, Arbeitsaufgaben usw.)* bezogen auf Ihre derzeitige Beschäftigung berücksichtigen: In welchem Maße ist Ihre berufliche Situation Ihrer Situation Ihrer Ausbildung angemessen?	In sehr hohem Maße	o	o	o	o	o	Gar nicht

Was ist Ihnen in Bezug auf Ihre Berufstätigkeit am wichtigsten?

interessante Aufgabe	Sehr wichtig	o	o	o	o	o	Unwichtig
beruflicher Erfolg	Sehr wichtig	o	o	o	o	o	Unwichtig
gute Einkommenschancen	Sehr wichtig	o	o	o	o	o	Unwichtig
Vereinbarkeit von Familie und / oder Freizeit	Sehr wichtig	o	o	o	o	o	Unwichtig

Spezielle Aspekte des Studienangebots

In welchem Studiengang/Schwerpunkt haben Sie Ihren Abschluss erworben?

o Betriebswirtschaftslehre (BBA) o BWL Banken und Versicherungen (BBI)

Wenn BBA, welchen Schwerpunkt?

o Industrie o Banken und Versicherungen

o Handel und Dienstleistungen

Planen Sie eine Promotion oder sind Sie bereits promoviert?

o geplant o nicht geplant

o Ich bin bereits promoviert

Nennen Sie bitte bis zu 3 Schwerpunkte Ihrer aktuellen beruflichen Tätigkeit:

Bitte wählen

Bitte wählen

Bitte wählen

Wenn andere Tätigkeit, bitte angeben:

Aus Sicht Ihrer aktuellen Tätigkeit: Wie gut war Ihr Studium als Grundlage und Vorbereitung für diese Tätigkeit geeignet?	Sehr gut	o	o	o	o	o	Gar nicht gut

Aus Sicht Ihrer aktuellen Tätigkeit: Ist ein Hochschulabschluss für diese Tätigkeit zwingend erforderlich (also z.B. Einstellungsvoraussetzung?

o in der Regel ja o nicht notwendig

o weiß nicht o in der Regel nein, aber von Vorteil

In welchem Ausmaß benötigen Sie englische Sprachkenntnisse für Ihre Tätigkeit?	Sehr hohes	o	o	o	o	o	Sehr niedriges
In welchem Ausmaß sind Sie durch Ihr Studium auf den Einsatz englischer Sprachkenntnisse vorbereitet worden?	Sehr hohes	o	o	o	o	o	Sehr niedriges
Wie zufrieden sind Sie insgesamt mit Ihrer aktuellen beruflichen Situation?	Sehr zufrieden	o	o	o	o	o	Gar nicht zufrieden

Weitere Anmerkungen/Vorschläge bitte hier eintragen:

Anhang F: Studierendenberichte (Auszug)

Studienbeginn:

Fachhochschule Hannover

Datum:
Sem.:

Bewerbungs- und Zulassungsstatistik nach Semester

	Gesamtkapazität (ZZ)	Bewerbungen			Einschreibungen 1. FS					Restplätze	Auslastung (E:ZZ)
		Gesamt	Aufn.-prüf.		Deutsche		Ausländer		Gesamt (E)		
			bew.	best.	m.	w.	m.	w.			
Fakultät: Medien, Information und Design											
Abteilung: Design und Medien											
Studiengang:											
B - Szenografie - Kostüm											
B - Innenarchitektur											
B - Kommunikationsdesign											
B - Modedesign											
B - Produktdesign											
M - Design und Medien											
Abteilung Gesamt:											
Fachhochschule Gesamt:											

Fachhochschule Hannover

Datum:
Sem.:

Zugangsberechtigung der Studienanfänger

	Zugangsberechtigung							
	1. Fachsemester				>1. Fachsemester			
	Allg. HZB	Fachb. HZB	FH-Reife	Sonstige	Allg. HZB	Fachb. HZB	FH-Reife	Sonstige
Fakultät: Elektro- und Informationstechnik								
Abteilung: Elektro- und Informationstechnik								
Studiengang:								
B - Energietechnik								
B - Informationstechnik								
B - Nachrichtentechnik								
B - Mechatronik								
B - Technische Redaktion								
B - Wirtschaftsingenieur (Elektrotechnik)								
M - Sensor und Automatisierungstechnik								
M - Technische Redaktion								
Abteilung Gesamt:								
Fakultät Gesamt:								
Fachhochschule Gesamt:								

Studienverlauf:

Fachhochschule Hannover

Datum:
Sem.:

Studierendendaten

	Studierendendaten									
	Studierende Gesamt	Frauenanteil	ø Alter Studierende	ø Alter Stud.-1.FS	Studenten	ø Alter Studenten	ø Alter m. Stud.-1.FS	Studentinnen	ø Alter Studentinnen	ø Alter w. Stud.-1.FS
Fakultät: Medien, Information und Design										
Abteilung: Design und Medien										
Studiengang:										
B - Szenografie - Kostüm										
B - Innenarchitektur										
B - Kommunikationsdesign										
B - Modedesign										
B - Produktdesign										
M - Design und Medien										
Abteilung Gesamt:										
Fachhochschule Gesamt:										

Fachhochschule Hannover

Datum:
Sem.:

Studierende nach Staatsangehörigkeit

	Deutsche Studierende			Ausl. Stud./	Ausländische Studierende			Ausländische Studierende nach Staatsangehörigkeit				
	Gesamt	Männl.	Weibl.	Studierende	Gesamt	Männl.	Weibl.	China	Russland	Türkei	Polen	Sonstige
Fakultät: Maschinenbau und Bioverfahrenstechnik												
Abteilung: Maschinenbau												
Studiengang:												
B - Konstruktionstechnik (dual)												
B - Maschinenbau												
B - Mechatronik (dual)												
B - Produktionstechnik (dual)												
B - Technische Datenverarbeitung im Maschinenbau												
B - Technischer Vertrieb (dual)												
B - Verfahrens-, Energie- und Umwelttechnik												
B - Wirtschaftsingenieur Maschinenbau												
M - Prozessengineering und Produktionsmanagement												
M - Maschinenbau- Entwicklung												
M - Wertschöpfungsmanagement im Maschinenbau (dual)												
M - Nachhaltiges Energie-Design für Gebäude (Weiterbild.)												
Abteilung Gesamt:												
Fachhochschule Gesamt:												

Fachhochschule Hannover

Datum:
Sem.:

Vorprüfungen und Notenspiegel

	Bestandene Vorprüfungen nach Fachsemestern							Notenspiegel					Nicht best.
	Gesamt	2. Sem.	3. Sem.	4. Sem.	5. Sem.	6. Sem.	> 6. Sem.	Ø	sehr gut	gut	befr.	ausr.	Vorprüf.
Fakultät: Medien, Information und Design													
Abteilung: Informations- und Kommunikationswesen													
Studiengang:													
B - Informationsmanagement													
B - Medizinische Dokumentation													
B - Veranstaltungsmanagement													
M - Informations- und Wissensmanagement													
B - Journalistik													
B - Public Relations													
M - Fernsehjournalismus													
M - Kommunikation													
Abteilung Gesamt:													
Fakultät Gesamt:													
Fachhochschule Gesamt:													

Fachhochschule Hannover

Datum:
Sem.:

Studierende im Ausland

	Stud. im	Studierende			Studierende im Ausland		
	Ausl./ Stud.	Gesamt	m.	w.	Gesamt	m.	w.
Fakultät: Maschinenbau und Bioverfahrenstechnik							
Abteilung: Bioverfahrenstechnik							
Studiengang:							
B - Lebensmittelverpackungstechnologie							
B - Milchwirtschaftliche Lebensmitteltechnologie							
B - Technologie Nachwachsender Rohstoffe							
M - Milchwirtschaftliche Lebensmitteltechnologie							
M - Nachwachsende Rohstoffe und Erneuerbare Energien							
Abteilung Gesamt:							
Fakultät Gesamt:							
Fachhochschule Gesamt:							

Fachhochschule Hannover

Datum:
Sem.:

Studierende in der Regelstudienzeit und nach Fachsemestern

	Studierende			Stud.RSZ			Stud.RSZ / Stud.			Studierende nach Fachsemestern															
	g.	m.	w.	g.	m.	w.	g.	m.	w.	1. FS	2. FS	3. FS	4. FS	5. FS	6. FS	7. FS	8. FS	9. FS	10. FS	11. FS	12. FS	13. FS	14. FS	15. FS	> 15. FS
Fakultät: Wirtschaft und Informatik																									
Abteilung: Wirtschaft																									
Studiengang:																									
B - Betriebswirtschaftslehre																									
B - BWL Banken und Versicherungen (dual)																									
B - Wirtschaftsinformatik																									
M - Unternehmensentwicklung																									
Abteilung Gesamt:																									
Fachhochschule Gesamt:																									

Fachhochschule Hannover

Datum:
Sem.:

Exmatrikulationen nach Fachsemestern

	Exmatrikulationen nach Fachsemestern																
	Gesamt	1. FS	2. FS	3. FS	4. FS	5. FS	6. FS	7. FS	8. FS	9. FS	10. FS	11. FS	12. FS	13. FS	14. FS	15. FS	> 15. FS
Fakultät: Diakonie, Gesundheit und Soziales																	
Abteilung: Soziale Arbeit																	
Studiengang:																	
B - Soziale Arbeit																	
M - Social Work																	
Abteilung Gesamt:																	
Fakultät Gesamt:																	
Fachhochschule Gesamt:																	

Studienabschluss:

Fachhochschule Hannover

Datum:
Sem.:

AbsolventInnendaten

	AbsolventInnendaten				
	AbsolventInnen Gesamt	Frauenanteil	∅ Alter AbsolventInnen	ausländische AbsolventInnen	Anteil ausl. AbsolventInnen
Fakultät: Wirtschaft und Informatik					
Abteilung: Informatik					
Studiengang:					
B - Angewandte Informatik					
M - Angewandte Informatik					
Abteilung Gesamt:					
Fakultät Gesamt:					
Fachhochschule Gesamt:					

Anhang G: Fragebogen „Studienabbruch“

Angaben zur Person und zum Studium

Geburtsjahr:

[ ]

Geschlecht:

o männlich o weiblich

Staatsangehörigkeit

o deutsch o EU (ohne deutsch) o andere

Welche Art der Studienberechtigung hatten Sie bei der Aufnahme Ihres ersten Studiums?

o Allgemeine Hochschulreife o Fachgebundene Hochschulreife

o Fachhochschulreife o Sonstiges

[ ]

Haben Sie vor Ihrem Studium einen beruflichen Abschluss erworben?

o Nein o Ja, und zwar als

[ ]

Haben Sie vor Ihrem Studium, abgesehen von einer Berufsausbildung, berufliche Erfahrungen gesammelt? *Bitte beziehen Sie sowohl Vollzeit- als auch Teilzeitbeschäftigungen ein.*

o Nein o Ja, in Monaten insgesamt etwa

[ ]

Welche Durchschnittsnote hatten Sie in dem Zeugnis, mit dem Sie Ihre Studienberechtigung erworben haben?

[Bitte wählen]

Haben Sie vor Ihrer Exmatrikulation bereits einen anderen Studienabschluss oder mehrere andere Studienabschlüsse erreicht?

o Nein o Ja

Welchen anderen ersten Studienabschluss haben Sie erreicht?

o Bachelor o Master

o Diplom o Sonstiges *(bitte angeben)*

[ ]

Erstes Studienfach / Studiengang:

[ ]

Zweites Studienfach / Studiengang:

[ ]

Drittes Studienfach / Studiengang:

Jahr des Abschlusses:

Name der Hochschule:

Land der Hochschule:

Wie viele Fachsemester haben Sie für Ihr letztes Studium an der Hochschule Hannover studiert? *(ohne Urlaubssemester, einschließlich Semester im selben Fach an einer anderen Hochschule im In- und Ausland)*

Wie viele Hochschulsemester haben Sie insgesamt studiert? *(einschließlich Urlaubssemester, Semester im selben Fach an einer anderen Hochschule und Semester in einem anderen Fach an der letzten oder einer anderen Hochschule im In- und Ausland)*

Beabsichtigen Sie das Studium ohne Unterbrechung an einer anderen

o Nein o Ja

Inwiefern waren die folgenden Gründe ausschlaggebend für die Exmatrikulation?

Nichtzulassung zur Lehrveranstaltung *(z.B. wegen fehlender räumlicher oder personeller Kapazitäten)*:	In sehr hohem Maße	o	o	o	o	o	Gar nicht
Nicht bestandene Prüfungen:	In sehr hohem Maße	o	o	o	o	o	Gar nicht
Änderung / Umstellung der Prüfungs-, Studienordnung bzw. -struktur *(z.B. Bachelor / Master)*:	In sehr hohem Maße	o	o	o	o	o	Gar nicht
Nichtzulassung zu einer / mehreren Prüfung(en) *(z.B. wegen fehlender personeller Kapazitäten oder Überschneidung von Prüfungsterminen)*:	In sehr hohem Maße	o	o	o	o	o	Gar nicht
Schlechte Koordination der Studienangebote *(Überschneidung von Lehrveranstaltungen etc.)*:	In sehr hohem Maße	o	o	o	o	o	Gar nicht
Unzufriedenheit mit der Betreuung Lehrerende(r):	In sehr hohem Maße	o	o	o	o	o	Gar nicht
Finanzierung des Studiums:	In sehr hohem Maße	o	o	o	o	o	Gar nicht
Fach- / bzw. Schwerpunktwechsel:	In sehr hohem Maße	o	o	o	o	o	Gar nicht
Hochschulwechsel:	In sehr hohem Maße	o	o	o	o	o	Gar nicht
Abschlussarbeit:	In sehr hohem Maße	o	o	o	o	o	Gar nicht
Erwerbstätigkeit(en):	In sehr hohem Maße	o	o	o	o	o	Gar nicht
Zusätzliche Praktika:	In sehr hohem Maße	o	o	o	o	o	Gar nicht
Familiäre Gründe *(z.B. Schwangerschaft, Kinder, Pflege Angehöriger etc.)*:	In sehr hohem Maße	o	o	o	o	o	Gar nicht
Zusätzliches Studienengagement *(habe mich um über den Studiengang hinausgehende Qualifikationen bemüht)*:	In sehr hohem Maße	o	o	o	o	o	Gar nicht

Persönliche Gründe *(z.B. Studieninteresse, Motivation, Studienplanung etc.)*:	In sehr hohem Maße	o	o	o	o	o	Gar nicht
Krankheit:	In sehr hohem Maße	o	o	o	o	o	Gar nicht
Sonstige Gründe (bitte angeben):	In sehr hohem Maße	o	o	o	o	o	Gar nicht

An welcher Hochschule werden Sie ihr Studium fortsetzen?

In welchem Studiengang setzen Sie Ihr Studium fort?

Wie viele Wochen waren Sie insgesamt während Ihres letzten Studiums an der Hochschule Hannover im Ausland?

Welchen Zweck hatte Ihr Auslandsaufenthalt? *Mehrfachnennungen möglich.*

☐ Auslandsemester ☐ Studienprojekt ☐ Praktikum ☐ Erwerbstätigkeit

☐ Sprachkurs ☐ Längere Reise ☐ Sonstiges:

Wurde ein Auslandsaufenthalt im Rahmen eines Förderprogrammes unterstützt?

o Nein o Ja, und zwar durch

Studienbedingungen und Studienergebnisse

Inwiefern treffen die folgenden Aussagen auf Ihr Studium zu?

Mein Studium war mir nicht so wichtig wie andere Lebensbereiche.	In sehr hohem Maße	o	o	o	o	o	Gar nicht
Ich habe für mein Studium immer mehr getan, als von mir verlangt wurde.	In sehr hohem Maße	o	o	o	o	o	Gar nicht
Ich habe mich in meinem Studium auf bestimmte, mich interessierende Bereiche konzentriert.	In sehr hohem Maße	o	o	o	o	o	Gar nicht
Ich habe mich in der Gestaltung meines Studiums auf die Anforderungen des Arbeitsmarktes konzentriert.	In sehr hohem Maße	o	o	o	o	o	Gar nicht

Wie beurteilen Sie die folgenden Studienangebote und -bedingungen in Ihrem Fach?

Zeitliche Koordination der Lehrveranstaltungen:	Sehr gut	o	o	o	o	o	Sehr schlecht
Zugang zu erforderlichen Lehrveranstaltungen (z.B. Seminare, Übungen):	Sehr gut	o	o	o	o	o	Sehr schlecht
Möglichkeit, die Studienanforderungen in der dafür vorgesehenen Zeit zu erfüllen:	Sehr gut	o	o	o	o	o	Sehr schlecht
System und Organisation von Prüfungen:	Sehr gut	o	o	o	o	o	Sehr schlecht
Aufbau und Struktur des Studiums:	Sehr gut	o	o	o	o	o	Sehr schlecht
Vorbereitung auf den Umgang mit fremdsprachiger Literatur:	Sehr gut	o	o	o	o	o	Sehr schlecht
Vorbereitung auf fremdsprachige Fachkommunikation:	Sehr gut	o	o	o	o	o	Sehr schlecht
Erwerb wissenschaftlicher Arbeitsweisen:	Sehr gut	o	o	o	o	o	Sehr schlecht
Training von mündlicher Präsentation:	Sehr gut	o	o	o	o	o	Sehr schlecht
Verfassen von wissenschaftlichen Texten:	Sehr gut	o	o	o	o	o	Sehr schlecht
Aktualität der vermittelten Methoden:	Sehr gut	o	o	o	o	o	Sehr schlecht
Didaktische Qualität der Lehre:	Sehr gut	o	o	o	o	o	Sehr schlecht
Fachliche Qualität der Lehre:	Sehr gut	o	o	o	o	o	Sehr schlecht
Fachliche Vertiefungsmöglichkeiten:	Sehr gut	o	o	o	o	o	Sehr schlecht
Forschungsbezug von Lehre und Lernen:	Sehr gut	o	o	o	o	o	Sehr schlecht
Kontakte zu Lehrenden:	Sehr gut	o	o	o	o	o	Sehr schlecht
Kontakte zu Mitstudierenden:	Sehr gut	o	o	o	o	o	Sehr schlecht

Wie beurteilen Sie die Beratungs- und Betreuungselemente, die Ausstattung und die praxis- und berufsbezogenen Aspekte in Ihrem Fach?

Individuelle Studienfachberatung:	Sehr gut	o	o	o	o	o	Sehr schlecht
Verfügbarkeit notwendiger Literatur:	Sehr gut	o	o	o	o	o	Sehr schlecht
Ausstattung der Labore / Werkstätten / Unterrichtsräume:	Sehr gut	o	o	o	o	o	Sehr schlecht
Aktualität der vermittelten Lehrinhalte bezogen auf Praxisanforderungen:	Sehr gut	o	o	o	o	o	Sehr schlecht
Verknüpfung von Theorie und Praxis:	Sehr gut	o	o	o	o	o	Sehr schlecht
Praxisbezogene Lehrinhalte:	Sehr gut	o	o	o	o	o	Sehr schlecht

Was waren die zwei wichtigsten Finanzierungsquellen in Ihrem Studium?

Bitte wählen

Bitte wählen

Haben Sie während Ihres letzten Studiums freiwillige Praktika mit mindestens 4 Wochen Dauer absolviert? *(nicht gemeint sind Nebenjobs,Erwerbstätigkeiten etc.)*

o Nein

o Ja. Die Anzahl der freiwilligen Praktika betrug

In welchem Maße verfügten Sie zum Zeitpunkt des Studiumabbruchs über die folgenden Fähigkeiten / Kompetenzen?

Beherrschung des eigenen Faches, der eigenen Disziplin:	In sehr hohem Maße	o	o	o	o	o	Gar nicht
Fähigkeit, neue Ideen und Lösungen zu entwickeln:	In sehr hohem Maße	o	o	o	o	o	Gar nicht
Fähigkeit, sich anderen gegenüber durchzusetzen:	In sehr hohem Maße	o	o	o	o	o	Gar nicht
Fähigkeit sich auf veränderte Umstände einzustellen:	In sehr hohem Maße	o	o	o	o	o	Gar nicht
Fähigkeit, Berichte, Protokolle oder ähnliche Texte zu verfassen:	In sehr hohem Maße	o	o	o	o	o	Gar nicht
Fähigkeit, wissenschaftliche Methoden anzuwenden:	In sehr hohem Maße	o	o	o	o	o	Gar nicht
Fähigkeit, wirtschaftlich zu denken und zu handeln:	In sehr hohem Maße	o	o	o	o	o	Gar nicht
Fähigkeit, das Können anderer zu mobilisieren:	In sehr hohem Maße	o	o	o	o	o	Gar nicht
Fähigkeit, fächerübergreifend zu denken:	In sehr hohem Maße	o	o	o	o	o	Gar nicht
Analytische Fähigkeiten:	In sehr hohem Maße	o	o	o	o	o	Gar nicht
Fähigkeit, in einer Fremdsprache zu schreiben und zu sprechen:	In sehr hohem Maße	o	o	o	o	o	Gar nicht
Fähigkeit, eigene Ideen und Ideen anderer in Frage zu stellen:	In sehr hohem Maße	o	o	o	o	o	Gar nicht
Fähigkeit, effizient auf ein Ziel hin zu arbeiten:	In sehr hohem Maße	o	o	o	o	o	Gar nicht
Fähigkeit, eigene Wissenslücken zu erkennen und zu schließen:	In sehr hohem Maße	o	o	o	o	o	Gar nicht
Fähigkeit, sich selbst und seinen Arbeitsprozess effektiv zu organisieren:	In sehr hohem Maße	o	o	o	o	o	Gar nicht
Fähigkeit, mit anderen produktiv zusammenzuarbeiten:	In sehr hohem Maße	o	o	o	o	o	Gar nicht
Fähigkeit, unter Druck gut zu arbeiten:	In sehr hohem Maße	o	o	o	o	o	Gar nicht
Fähigkeit, in interkulturellen Zusammenhängen zu handeln:	In sehr hohem Maße	o	o	o	o	o	Gar nicht
Fähigkeit, Produkte, Ideen oder Berichte einem Publikum zu präsentieren:	In sehr hohem Maße	o	o	o	o	o	Gar nicht
Fähigkeit, die Folgen von Theorien und Praxis meines Faches für Natur und Gesellschaft zu beurteilen:	In sehr hohem Maße	o	o	o	o	o	Gar nicht
Fähigkeit, im eigenen Aufgaben-bereich gleichstellungsorientiert zu handeln:	In sehr hohem Maße	o	o	o	o	o	Gar nicht
Wie zufrieden sind Sie aus heutiger Sicht mit Ihrem letzten Studium an der Hochschule Hannover insgesamt?	Sehr zufrieden	o	o	o	o	o	Sehr unzufrieden

Wenn Sie - rückblickend - noch einmal die freie Wahl hätten, würden Sie …

… denselben Studiengang wählen.	Sehr wahrscheinlich	o	o	o	o	o	Sehr unwahrscheinlich
… dieselbe Hochschule wählen.	Sehr wahrscheinlich	o	o	o	o	o	Sehr unwahrscheinlich
… nicht wieder studieren.	Sehr wahrscheinlich	o	o	o	o	o	Sehr unwahrscheinlich

Schrifttumsverzeichnis

Adam, D.: Planung und Entscheidung, 4. Aufl., Wiesbaden 1996.

AEUV – Vertrag über die Arbeitsweise der Europäischen Union in der Fassung aufgrund des am 1.12.2009 in Kraft getretenen Vertrages von Lissabon, http://www.aeuv.de/ (10.10.2012).

Akkreditierungsrat (Hrsg.): Regeln für die Akkreditierung von Studiengängen und für die Systemakkreditierung, Bonn 2012.

Albers, S.: Optimale Allokation von Hochschul-Budgets, in: Die Betriebswirtschaft, Jg. 59, (5) 1999, S. 583–598.

Ambrosy, R., Heinemann, S.: Grundüberlegungen zu einem strategischem Liquiditätsmodell für Hochschulen, in: Breithecker, V.; Lickfett, U. (Hrsg.): Handbuch Hochschulrechnungslegung, Berlin 2011, S. 419–445.

Ambrosy, R.; Heise, S.; Kirchhoff-Kestel, S.; Müller-Böling, D.: Integrierte Kostenrechnung: Unterwegs in Richtung zu einem modernen Hochschulmanagement!, in: Wissenschaftsmanagement, Jg. 3, (4) 1997, S. 204–213.

Amrhein, D.: Die Universität als Dienstleistungsunternehmen, Wiesbaden 1998.

Andersen, C.: Vollkostenrechnung in Hochschulen zur Erfüllung der EU-Anforderungen, in: CöV, (4) 2010, S. 1233–1248.

Argyris, C.; Schön, D. A.: Organizational learning: A theory of action perspective, Reading, Mass, 1978.

ASIIN e. V. (Hrsg.): Anforderungen und Verfahrensgrundsätze für die Systemakkreditierung, Düsseldorf 2009.

ASIIN e. V.; TÜV NORD CERT GmbH (Hrsg.): Systemakkreditierung & ISO 9001, Fassung vom 21. Juni 2012, Düsseldorf/Essen 2012.

Autorengruppe Bildungsberichterstattung (Hrsg.): Bildung in Deutschland 2012, Bielefeld 2012.

Bade-Becker, U.: Qualitätsmanagement in der wissenschaftlichen Weiterbildung an Hochschulen in Deutschland, Dissertation, Bielefeld 2005.

Baetge, J.; Kirsch, H.-J.; Thiele, S.: Bilanzen, 11. Aufl., Düsseldorf 2011.

Ballmann, W.: Beitrag zur Klärung des betriebswirtschaftlichen Investitionsbegriffs und zur Entwicklung einer Investitionspolitik der Unternehmung, Mannheim 1954.

Balzert, H.: Lehrbuch der Softwaretechnik, 3. Aufl., Heidelberg 2011.

Banscherus, U.: Qualitätssicherung von Studium und Lehre in der hochschulpolitischen Auseinandersetzung, Frankfurt [Main] 2011.

Banscherus, U.: Hochschulzulassung und Kapazitätsplanung in Westeuropa, in: die hochschule, Nr. 2, 2010, S. 40–56.

Bargel, T.; Müßig-Trapp, P.; Willige, J.: Studienqualitätsmonitor 2007, Hannover 2008.

Baraldi, C.; Corsi, G.; Esposito, E.: GLU, 2. Aufl., Frankfurt am Main 1998.

Bauer, H.: Flächenmanagement an der Leibniz Universität Hannover, in: HIS Forum Hochschulbau, Vortrag. Hannover 2009.

BBesG – Bundesbesoldungsgesetz in der Fassung der Bekanntmachung vom 19. Juni 2009 (BGBl. I S. 1434), das durch Artikel 13c des Gesetzes vom 19. Oktober 2013 (BGBl. I S. 3836) geändert worden ist.

Bea, X.; Dichtl, E.; Schweitzer, M.: Allgemeine Betriebswirtschaftslehre, Bd. 3, 8. Aufl., Stuttgart 2002.

Becker, L.: Human Ressource Management im Wandel, in: Krüger, W. (Hrsg.): Excellence of Change, 3. Aufl., Wiesbaden 2006.

Behm, B.: Hochschulentwicklungspläne Vertiefung. Vortrag. Berlin, 2010. http://www.hochschulkurs.de/2010SF2_behm_ag_hepstep.pdf, (11.02.2011).

Berg, M.: Rechnungszweck der doppischen Hochschulrechnungslegung, in: Breithecker, V; Lickfett, U. (Hrsg.): Handbuch Hochschulrechnungslegung, Berlin 2011, S. 3–22.
Berghoff, S.; Federkeil, G.; Giebisch, P.; Hachmeister, C.-D.; Hennings, M.; Roessler, I.; Ziegele, F.: Das CHE-Forschungsranking deutscher Universitäten 2009, Arbeitspapier Nr. 130, Gütersloh 2009.
Berthold, C.; Gabriel, G.; Herdin, G.; Stuckrad, T. von: Modellrechnungen zur Entwicklung der Studienanfängerzahlen in Deutschland, CHE-Arbeitspapier Nr. 152, Gütersloh 2012.
Beyer, K.-P.: EU-Trennungsrechnung - Anforderungen seitens der Wirtschaftsprüfer. Vortrag. Speyer 2009.
Beyer, K.-P.: Informationsveranstaltung zur Trennungsrechnung. Vortrag. Kaiserslautern 2009.
Bick, M.; Grechenig, T.; Spitta, T.: Campus-Management-Systeme, in: Pietsch, W; Krams, B. (Hrsg.): Vom Projekt zum Produkt, Bonn 2010, S. 5–20.
Binner, H. F.: Systemakkreditierung, in: Die Neue Hochschule, Jg. 50, (4-5) 2009, S. 6–12.
Bitz, M.: Entscheidungstheorie, München 1981.
Blohm, H.: Betriebliches Berichtswesen, in: Management-Enzyklopädie, Frankfurt [Main] 1975, S. 435–444.
Blohm, H.; Lüder, K.; Schaefer, C.: Investition, 10. Aufl., München 2012.
Blüthmann, I., Lepa, S., Thiel, F.: Studienabbruch und -wechsel in den neuen Bachelorstudiengängen, in: Zeitschrift für Erziehungswissenschaft, Bd. 3, 2008, Nr. 11, S. 406–429.
BMBF – Bundesministerium für Bildung und Forschung (Hrsg.): Muster für ein Timesheet zur Zeiterfassung, o. J. http://www.forschungsrahmenprogramm.de/_media/timesheet.xls (22.09.2012).
Böhnlein, M., Ulbrich-vom Ende, A.: CEUS – Ein Data-Warehouse-System für die bayerischen Hochschulen – Architektur – Vorgehensweise - Modellierung, Workshop MSS-2000 „Modellierungsansätze zum Aufbau von Data Warehouse-Anwendungen“, Bochum 2000b. www.ceushb.de/forschung/downloads/CEUS-2000.pdf, letzter Abruf: 29.04.2013.
Böhnlein, M., Ulbrich-vom Ende, A.: Grundlagen des Data Warehousing, in: Bamberger Beiträge zur Wirtschaftsinformatik Nr. 55, Bamberg 2000a. www.ceushb.de/forschung/downloads/BoUl2000.pdf, letzter Abruf: 29.04.2013.
Bolsenkötter, H.: Ökonomie der Hochschule, Bd. 1, Baden-Baden 1976.
Braun, E.; Hannover, B.: Kompetenzerwerb und Evaluation von Studienerfolg, in: Bundesministerium für Bildung und Forschung (Hrsg.): Kompetenzerfassung in pädagogischen Handlungsfeldern, Berlin 2008, S. 153–160.
Braun von Reinersdorff, A.: Change Management an Hochschulen, Vortrag, Hochschullehrerbund – hlb, Bonn 2010.
Breitbach, M.: Empfehlungen zur Gestaltung von Steuerungssystemen auf der Ebene Land/Hochschule, Gießen 2009.
Breitbach, M.: Hochschulinterne ziel- und leistungsorientierte Mittelvergabe 2006.
Breitbach, M.; Güttner, A.: Strategische Mittelvergabe für Hochschulen, in: Zeitschrift für Hochschulentwicklung, Jg. 3, (1), 2008, S. 74–88.
Breithecker, V.: Funktion der Eröffnungsbilanz und Auswirkungen der Bilanzansätze und -bewertungen in der Zukunft, in: Breithecker, V; Lickfett, U. (Hrsg.): Handbuch Hochschulrechnungslegung, Berlin 2011, S. 89–99.
Breithecker, V.; Goch, M.: Wie hoch soll das Eigenkapital einer staatlichen Hochschule sein ? Die Stunde Null einer Hochschule, in: Hochschulmanagement, Jg. 5, (2) 2010, S. 43–51.
Breithecker, V.; Schaarschmidt, A.: Urlaubsrückstellungen im Wissenschaftsbereich, in: Breithecker, V.; Lickfett, U. (Hrsg.): Handbuch Hochschulrechnungslegung, Berlin 2011, S. 231–237.
Brunner, F. J.; Wagner, K. W.: Qualitätsmanagement, 5. Aufl., München/Wien 2011.
Buchholz, G.: Autoritative Hochschul- und Gleichstellungspolitik 2012a, http://cuncti.net/haltbar/128-autoritative-hochschul-und-gleichstellungspolitik (08.10.2012).
Buchholz, G.: Gleichstellungspolitik an Hochschulen 2012b, http://cuncti.net/streitbar/206-gleichstellungspolitik-an-hochschulen (08.10.2012).
Büchtmann, A.; Lickfett, U.: Jahresabschlussadressaten von Hochschulen, in: Breithecker, V; Lickfett, U. (Hrsg.): Handbuch Hochschulrechnungslegung, Berlin 2011, S. 252–280.
Budäus, D.: Zur aktuellen Reformsituation von Hochschulen, in: Verwaltung und Management, Jg. 14, (4) 2008, S. 169–224.

Budäus, D.; Buchholtz, K.: Konzeptionelle Grundlagen des Controlling in öffentlichen Verwaltungen, in: Die Betriebswirtschaft, Jg. 57, (4) 1997, S. 322–337.
Budäus, D.; Hilgers, D.: Neues doppisches Haushalts- und Rechnungswesen als Grundlage öffentlicher Ressourcensteuerung, in: Betriebswirtschaftliche Forschung und Praxis, Jg. 62, (5) 2010, S. 501– 520.
Bühner, R.: Betriebswirtschaftliche Organisationslehre, 20. Aufl., München/Wien 2004.
Bundesministerium für Bildung und Forschung (Hrsg.): Das 7. EU-Forschungsrahmenprogramm, Bonn, Berlin 2007.
Bundesministerium für Finanzen (Hrsg.): Aufstellung, Bewirtschaftung und Rechnungslegung bei Haushalten auf doppischer oder erweiterter kameraler Basis und bei produktorientierten Haushalten, Berlin 2009.
Bundesministerium für Finanzen (Hrsg.): Das System der öffentlichen Haushalte, Berlin 2008.
Burkhardt, A.; Quaißer, G.: Leistungsorientierte Mittelverteilung im Spiegel der Landeshochschulgesetze 2005, http://www.hof.uni-halle.de/steuerung/lhg_budget.htm (28.07.2012).
Burmester, L.; Rommelspacher J.; Goeken, M.: Entscheidungsunterstützung für das Hochschulcontrolling, in: Lehner, F.; Nösekabel, H.; Kleinschmidt, P. (Hrsg.): Multikonferenz Wirtschaftsinformatik 2006 2006, S. 71–82.
Chermack, T. J.: Scenario Planning in Organizations, San Francisco, 2010.
Clermont, M.; Rassenhövel, S.: Performance Management an Hochschulen, in: Wissenschaftliches Studium, Jg. 41, (1), 2012, S. 15–22.
Cohen, M. D.; March, J. G.; Olsen, J. P.: A Garbage Can Model of Organizational Choice, in: Administrative Science Quarterly, Jg. 17, (1) 1972, S. 1–25.
Dahlmann, O.: Neue Impulse für die Hochschulen?, in: Wissenschaftsmanagement, Jg. 17, (2) 2011, S. 41–45.
Damasio, A. R.: Der Spinoza-Effekt, München 2003.
Davis, F. D.: Perceived Usefulness, Perceived Ease of Use, and User Acceptance of Information Technology, in: MIS Quarterly, Jg. 13, (3), 1989, S. 319–340.
Degenhardt, L.; Schröder, T.: Studierende als Kunden – Kulturwandel oder Modeerscheinung?, in: Hochschul-Informations-System GmbH (Hrsg.): Perspektive Studienqualität, Bielefeld 2010, S. 210–223.
Dellmann, K.: Kennzahlen und Kennzahlensysteme, in: Küpper, H.-U.; Wagenhofer, A. (Hrsg.) Handwörterbuch Unternehmensrechnung und Controlling, 4. Aufl., Stuttgart 2002, Sp. 940–950.
Dobrindt, M.: Hochschulkostenrechnung - State of the Art, Göttingen 2003.
Dölle, F.; Brummer, F.: Hochschulkennzahlensystem Niedersachsen, Hannover 2010.
Dölle, F.; Deuse, C.; Jenkner, P.; Makowsky, O.; Oberschelp, A.; Rebenstorf, J.; Sanders, S.; Winkelmann, G.: Ausstattungs-, Kosten- und Leistungsvergleich Universitäten 2008, Hannover 2010.
Dölle, F.; Jenkner, P.; Leszczensky, M.; Schacher, M.; Winkelmann, G.: Ausstattungs-, Kosten- und Leistungsvergleich Universitäten 2000, Hannover 2002.
Dölle, F.; Rupp, T.; Niermann, S.: Handbuch Hochschulkennzahlensystem Niedersachsen, Hannover 2010.
Döpper, M.; Mittag, J.: Rückstellungen im Hochschulabschluss, in: Breithecker, V; Lickfett, U. (Hrsg.): Handbuch Hochschulrechnungslegung, Berlin 2011, S. 197–229.
Dörner, D.: Die Logik des Misslingens, 8. Aufl., Reinbek bei Hamburg 2009.
Domscheit, S.: Einführungsstrategie für CAFM-Systeme an Hochschulen, in: HIS: Forum Hochschule 9/2010, Hannover 2010.
Doppler, K.; Lauterbach, K.: Change Management, 11. Aufl., Frankfurt a. M./New York 2005.
Dworski, E.; Gamm, N.; Gottlieb, G.; Junga, C.: Führung von Einrichtungen der Forschung und Lehre, in: Wissenschaftsmanagement, Jg. 12, (6) 2006, S. 28–33.
Eckstein, S.: Modernes Reportdesign, in: Controlling, Jg. 21,(1) 2009, S. 29 ff.
Eco, U.: Einführung in die Semiotik, 8. Aufl., München 2002.
Ehrmann, H.: Unternehmensplanung, 5. Aufl., Ludwigshafen (Rhein) 2007.
Eilenberger, G.: Betriebliches Rechnungswesen, 7. Aufl., München [u.a.] 1995.
Eisele, W.; Knobloch, A. P.: Technik des betrieblichen Rechnungswesens, 8. Aufl., München 2011.
Electric Paper (Hrsg.): EvaSys – Anwenderhandbuch EvaSys V5.0, Lüneburg 2011.
Ellmann, S.; Behrend, F. D.; Hübner, R.; Weitlaner, E.: Interessengruppen, in: Gessler, M. (Hrsg.): Kompetenzbasiertes Projektmanagement (PM3), 3. Aufl., Nürnberg 2010, S. 67–97.

Europäische Kommission (Hrsg.): Factsheet: Rules under Horizon 2020, Brüssel 2011b. http://ec.europa.eu/research/horizon2020/pdf/press/fact_sheet_on_rules_under_horizon_2020.pdf#view=fit&pagemode=none (20.09.2012).
Europäische Kommission (Hrsg.): Gemeinschaftsrahmen für staatliche Beihilfen für Forschung, Entwicklung und Innovation, in: Amtsblatt der Europäischen Union, 2006/C 323/01, Brüssel 2006.
Europäische Kommission (Hrsg.): Siebtes Rahmenprogramm, Finanzhilfevereinbarung, Anhang II – Allgemeine Bedingungen, Fassung 6, 2011a. ftp://ftp.cordis.europa.eu/pub/fp7/docs/fp7-ga-annex2-v6_de.pdf (07.09.2012).
Falk, S.; Reimer, M.; Hartwig, L.: Absolventenforschung für Hochschulen und Bildungspolitik: Konzeption und Ziele des „Bayerischen Absolventenpanels“, in: Beiträge zur Hochschulforschung, Jg. 29, (1) 2007, S. 6–33.
Fangmann, H.; Heise, S.: Staatliche Mittelvergabe als Marktsimulation?, in: Zeitschrift für Hochschulentwicklung, Jg. 3, (1) 2008, S. 41–58.
Feldman, M. S.; March, J. G.: Information in Organizations as Signal and Symbol, in: Administrative Science Quarterly, Jg. 26, (2) 1981, S. 171–186.
Ferstl, O. K; Sinz, E. J.: Der Modellierungsansatz des Semantischen Objektmodells (SOM), in: Bamberger Beiträge zur Wirtschaftsinformatik, (18) 1993, S. 1–20.
Ferstl, O. K; Sinz, E. J.: Grundlagen der Wirtschaftsinformatik, 6. Aufl., München 2008.
Foerster, H. von: Das Konstruieren einer Wirklichkeit, in: Watzlawick, P. (Hrsg.): Die erfundene Wirklichkeit, 6. Aufl., München 2012.
Fourman, O.; Folz, H. G.: Einsatz des EFQM-Modells an Hochschulen, in: Schnauber, H; Schuster, A; Bohrer, H. (Hrsg.): Erfolgsfaktor Qualität, 1. Aufl., Düsseldorf 2012, S. 353–382.
Freeman, R. E.: Strategic Management: A Stakeholder Approach, Boston 1984.
Freeman, R. E.: The Stakeholder Approach Revisited, in: Zeitschrift für Wirtschafts- und Unternehmensethik, Jg. 3, (3) 2004, S. 228–241.
Freeman, R. E.; Harrison, J. S.; Wicks, A. C.; Parmar, B. L.; DeColle, S.: Stakeholder Theory, Cambridge 2010.
Frese, E.; Graumann, M.; Theuvsen, L.: Grundlagen der Organisation, 10. Aufl., Wiesbaden 2011.
Friedrichsmeier, A.; Wannöffel, M.: Mitbestimmung und Partizipation - Das Management von demokratischer Beteiligung und Interessenvertretung an deutschen Hochschulen, Düsseldorf 2010.
Gaugler, E.: Hochschulen aus betriebswirtschaftlicher Sicht, in: Gaugler, E. (Hrsg.): Betriebswirtschaftslehre und Hochschulen, Mannheim 1988, S. 3–52.
Gladen, W.: Performance Measurement, 5. Aufl., Wiesbaden 2011.
Glasersfeld, E. von: Einführung in den radikalen Konstruktivismus, in: Watzlawick, P. (Hrsg.): Die erfundene Wirklichkeit, 6. Aufl., München 2012.
Göbel, M.; Vogel, R.: Von der Verwaltungsbürokratie zum New Public Management, in: Die Betriebswirtschaft, Jg. 70, (1) 2010, S. 77–95.
Goeken, M.; Burmester, L.: Vorgehensmodell zur evolutionären und benutzerorientierten Data-Warehouse-Entwicklung, in: Bauer, A.; Böhnlein, M.; Herden, O.; Lehner, W. (Hrsg.): Internationales Symposium: Data-Warehouse-Systeme und Knowledge Discovery, Darmstadt 2004, S. 53 ff.
Gomez, P.; Zimmermann, T.: Unternehmensorganisation, 2. Aufl., Frankfurt/Main, New York 1993.
Graf, R.: Besser sein oder anders sein?, in: Wissenschaftsmanagement, Jg. 15 2009, S. 40–44.
Grass, B.: Einführung in die Betriebswirtschaftslehre, Herne [u.a.] 2000.
Grochla, E.: Einführung in die Organisationstheorie, Stuttgart 1978.
Grundmann, M.: Sozialisation, Konstanz 2006.
Guhn, M.: Hochschulfinanzierung und Hochschulqualität, München 2007.
Gutenberg, E.: Einführung in die Betriebswirtschaftslehre, Wiesbaden 1990.
Häberle, S. G. (Hrsg.): Das neue Lexikon der Betriebswirtschaftslehre, München 2008a.
Habermas, J.: Theorie des kommunikativen Handelns, Bd. 2, Frankfurt am Main 1981.
Hahn, D.; Hungenberg, H.: PuK, 6. Aufl., Wiesbaden 2001.
Hahne, M.: Mehrdimensionale Datenmodellierung für analyseorientierte Informationssysteme, in: Charmoni, P.; Gluchowski, P. (Hrsg.): Analytische Informationssysteme, 4. Aufl., Heidelberg 2010.
Hammer, M.; Champy, J.: Business Reengineering, 2. Aufl., Frankfurt a. M. 1994.
Handel, K.; Jaeger, M; Schmidlin, J.: Evaluation der formelgebundenen Mittelvergabe für die niedersächsischen Fachhochschulen, in: Beiträge zur Hochschulforschung, Jg. 27, (2) 2005, S. 72–89.

Handelsgesetzbuch in der im Bundesgesetzblatt Teil III, Gliederungsnummer 4100-1, veröffentlichten bereinigten Fassung, das zuletzt durch Artikel 1 des Gesetzes vom 20. April 2013 (BGBl. I S. 831) geändert worden ist.

Hartmann, S.; Ulbrich-vom Ende, A.: Mehr Intelligenz an Bayerns Hochschulen, in: Staat & IT, Jg. 2005 2005, S. 18–19.

Heinen, E.: Betriebswirtschaftliche Führungslehre, 2. Aufl., Wiesbaden 1992.

Heise, S.: Hochschulkostenrechnung, Lohmar 2001.

Heise, S.; Ambrosy, R.; Hinsenkamp, M.: Fit for Future: Kommunikationsorientiertes Rechnungswesen für Hochschulen, in: Controlling - Zeitschrift für erfolgsorientierte Unternehmenssteuerung, Jg. 14, (4/5) 2002, S. 233–243.

Hevner, A. R.; March, S. T.; Park, J.; Ram, S.: Design Science in information systems research, in: MIS Quarterly, Jg. 28, (1) 2004, S. 75–105.

Hilgers, D.: Hochschulen im Reformprozess des öffentlichen Rechnungswesens, in: Verwaltung und Management, Jg. 14, (4) 2008, S. 180–188.

Hillmer, M.: Die Bedeutung des Controllings an Hochschulen, in: Handbuch Praxis Wissenschaftsfinanzierung, Berlin 2006, S. 1–18.

Hillmer, M.; Ravensberg, P.; Stiefs, O.: Kosten- und Leistungsrechnung, Oldenburg 2011.

Hochschule Hannover (Hrsg.): Aufbauorganisation der Fachhochschule Hannover, Hannover 2009.

Hochschule Hannover (Hrsg.): Qualitätsmanagement-Handbuch der FHH, unveröffentlichtes Dokument, Hannover 2010.

Hochschule Hannover (Hrsg.): Richtlinie zur Förderung von Vorhaben zur Forschung und Entwicklung, in: Verkündungsblatt der Hochschule Hannover, Nr.12/2011, Hannover 2011, S. 35–41.

Hochschule Hannover (Hrsg.): Geschichte der Hochschule, Hannover 2013a, http://www.hs-hannover.de/oem/service/fakten/geschichte-der-hochschule-hannover/index.html, (26.09.2013).

Hochschule Hannover (Hrsg.): Hochschule Hannover in Zahlen, Hannover 2013b, http://www.hs-hannover.de/oem/service/fakten/hochschule-hannover-in-zahlen/index.html, (26.09.2013).

Hochschule Hannover (Hrsg.): Qualitätsmanagement an der Hochschule Hannover, Hannover 2013c, http://www.hs-hannover.de/die-fhh/qm/index.html, (26.09.2013).

Hochschule Hannover (Hrsg.): Stabsstelle „Studium und Lehre“, Hannover 2013d, http://www.hs-hannover.de/zsw-studium-und-lehre/index.html (06.01.2014).

Hofmann, Y. E.: Steuerung durch Transparenz, Stuttgart 2008.

Hofmann, Y. E.: Zur Begrifflichkeit unternehmensinterner Transparenz, in: Wirtschaftswissenschaftliches Studium, Jg. 35, (6) 2006, S. 351–354.

Hofstadter, D. R.: Gödel, Escher, Bach – ein Endloses Geflochtenes Band, 11. Aufl., München 2007.

Höhn, R.; Höppner, S.: Das V-Modell XT, Berlin/Heidelberg 2008.

Homburg, G.; Reinermann, H.; Lüder, K.: Hochschul-Controlling, in: Speyerer Forschungsberichte 167. Forschungsinstitut für öffentliche Verwaltung, Hochschule für Verwaltungswissenschaften Speyer, 1996.

Horváth, P.: Controlling, 12. Aufl., München 2011.

Horváth, P.: Grundlagen des Management Reportings, in: Gleich, R; Horváth, P; Michel, U. (Hrsg.): Management Reporting, Planegg/München 2008, S. 17–39.

HRK (Hrsg.): HRK-Mitgliederversammlung konkretisiert „Institutionelles Qualitätsaudit“, Bonn, Pressemitteilung vom 27.04.2012.

HRK (Hrsg.): Akkreditierung - Begriffe und Hintergründe, Bonn 2010.

HRK (Hrsg.): Von der Qualitätssicherung der Lehre zur Qualitätsentwicklung als Prinzip der Hochschulsteuerung, Projekt Qualitätsmanagement, Beiträge zur Hochschulpolitik 1/2006, Band 1, Bonn 2006a.

HRK (Hrsg.): Von der Qualitätssicherung der Lehre zur Qualitätsentwicklung als Prinzip der Hochschulsteuerung, Projekt Qualitätsmanagement, Beiträge zur Hochschulpolitik 1/2006, Band 2, Bonn 2006b.

HRK (Hrsg.): Verfahren der Qualitätssicherung und Qualitätsentwicklung 2007.

HRK (Hrsg.): Zur Weiterentwicklung des Akkreditierungssystems - Gestaltung des Institutionellen Qualitätsaudits, Bonn 2012.

HRK/BDA (Hrsg.): Wissenschaftliche Weiterbildung im System der gestuften Studienstruktur, Berlin 2007.
HRK/INCHER (Hrsg.): Absolventenstudien & Hochschulentwicklung, Materialienband zur Tagung am 29. Und 30. März 2011 an der Universität Kassel, Kassel 2011.
HStatG – Hochschulstatistikgesetz vom 2. November 1990 (BGBl. I S. 2414), zuletzt geändert durch Artikel 2 des Gesetzes vom 25. Juni 2005 (BGBl. I S. 1860).
Hubig, L.: Die Universität, Lohmar 2009.
Humm, B.; Wietek, F.: Architektur von Data Warehouses und Business Intelligence Systemen, in: Informatik Spektrum, Jg. 28, (1) 2005, S. 2–14.
Hummel, S.; Männel, W.: Kostenrechnung 1, 4. Aufl., Wiesbaden 1986, Nachdruck 2004.
Hurrelmann, K.: Sozialisation, 10. Aufl., Weinheim, Basel 2012.
Hurrelmann, K.; Grundmann, M.; Walper, S.: Zum Stand der Sozialisationsforschung, in: Hurrelmann, K.; Grundmann, M.; Walper, S. (Hrsg.): Handbuch Sozialisationsforschung, 7. Aufl., Weinheim, Basel 2008, S. 14–31.
Jaeger, M.: Leistungsorientierte Budgetierung, Hannover 2006.
Jaeger, M.: Wie wirksam sind leistungsorientierte Budgetierungsverfahren an deutschen Hochschulen?, in: Zeitschrift für Hochschulentwicklung, Jg. 3, (1) 2008, S. 89–104.
Jaeger, M.; Leszczensky, M.; Orr, D.; Schwarzenberger, A.: Formelgebundene Mittelvergabe und Zielvereinbarungen als Instrumente der Budgetierung an deutschen Universitäten: Ergebnisse einer bundesweiten Befragung, Hannover 2005.
Jaeger, M.; Sanders, S.: Modulbezogene Kennzahlen zur internen und externen Hochschulsteuerung, in: Jaeger, M.; Sanders, S. (Hrsg.): Modularisierung und Hochschulsteuerung – Ansätze modulbezogenen Monitorings, Hannover 2009, S. 1–10.
Janisch, M.: Das strategische Anspruchsgruppenmanagement, Dissertation, St. Gallen 1992.
Janson, K.: Absolventenstudien als Instrument der Qualitätsentwicklung an Hochschulen, in: Qualität in der Wissenschaft, Jg. 2, (3) 2008, S. 62–65.
Janson, K.; Teichler, U.: Absolventenstudien und Hochschulentwicklung – Überblick, in: Hochschulrektorenkonferenz (Hrsg.): Potenziale von Absolventenstudien für die Hochschulentwicklung, Beiträge zur Hochschulpolitik 4, Bonn 2007, S. 5–16.
Jaspersen, T.: Investition, München/Wien 1997.
Jaspersen, T.: Systemakkreditierung, Qualitätsmanagement und IT-Struktur an der FHH, unveröffentlichte Präsentation, Hannover 2008.
Jaspersen, T.; Täschner, M.: Controlling, 4. Aufl., München 2012.
Jenkner, P.: Module – „the missing link“ für Kennzahlensysteme?, in: Jaeger, M.; Sanders, S. (Hrsg.): Modularisierung und Hochschulsteuerung – Ansätze modulbezogenen Monitorings, Hannover 2009, S. 37–42.
Jochheim, L.; Wannöffel, M.: Neue Steuerung von Hochschulen: Auswirkungen auf Mitbestimmungs- und Partizipationsmöglichkeiten der Hochschulbeschäftigten, in: WSI Mitteilungen, (10) 2010, S. 515–522.
Jung, H.: Allgemeine Betriebswirtschaftslehre, 12. Aufl., München 2010.
Kahneman, D.: Schnelles Denken, langsames Denken, 2. Aufl., München 2012.
Kahneman, D.; Tversky, A.: Prospect Theory: An Analysis of Decision under Risk, in: Econometrica, Jg. 47, (2) 1979, S. 263–292.
Kahneman, D.; Tversky, A.: Choices, Values, and Frames, in: American Psychologist, Jg. 39, (4) 1984, S. 341–350.
KapVO – Kapazitätsverordnung: Verordnung über die Kapazitätsermittlung, die Curricularnormwerte und die Festsetzung von Zulassungszahlen, o. O. 2007.
Kaplan, R. S.; Norton, D. P.: Strategy Maps, Harvard 2004.
Kaplan, R. S.; Norton, D. P.: Balanced Scorecard, Stuttgart 1997.
Kaplan, R. S.; Norton, D. P.: The Balanced Scorecard - Measures that Drive Performance, in: Harvard Business Review, Jg. 70, 1992, S. 70–79.
Kappeler, P.: Verhaltensbiologie, Heidelberg 2006.
Kaufmann, B.: Qualitätssicherungssysteme an Hochschulen, Bonn 2009.
Kienegger, H.; Felden, C.: Das Balanced-Scorecard-Konzept zur Lehrstuhl-Steuerung, in: Bichler, M. (Hrsg.): Multikonferenz Wirtschaftsinformatik 2008, Berlin 2008, S. 181–192.

Kirchhoff-Kestel, S.: Integriertes Kosten- und Leistungsmanagement in Hochschulen: Konzeptionelle Überlegungen zu einer Balanced Scorecard mit Wissensbilanz-Elementen, in: Hochschulmanagement, Jg. 4, (3) 2009, S. 70–76.

Kirchhoff-Kestel, S.: Kosten- und Leistungsmanagement in Hochschulen, Lohmar [u.a.] 2006.

Kirchhoff-Kestel, S.; Ott, S.: Mehr als ein Jahrzehnt Kosten- und Leistungsrechnung in Hochschulen, in: Hochschulmanagement, Jg. 8, (1) 2013, S. 16–24.

Kirchhoff-Kestel, S.; Schulte, R.: Konzeptionelle Grundlagen des Hochschulmanagements, Teil 1, in: Hochschulmanagement, Jg. 1, (3) 2006, S. 74–79.

Kirchhoff-Kestel, S.; Schulte, R.: Konzeptionelle Grundlagen des Hochschulmanagements, Teil 2, in: Hochschulmanagement, Jg. 1, (4) 2006, S. 107–113.

Kirsch, W.: Betriebswirtschaftslehre: Systeme, Entscheidungen, Methoden, Wiesbaden 1974.

Klug, H.: Informationssysteme in Hochschulreformen, in: Müller, P. (Hrsg.): 20. DFN-Jahrestagung. 06.06.2006-09.06.2006., Heilbronn 2006, S. 60–75.

Koch, H.: Zur Diskussion über den Kostenbegriff, in: Zeitschrift für handelswissenschaftliche Forschung, Jg. 10, 1959, S. 355–399.

Koch, R.: Betriebliches Berichtswesen als Informations- und Steuerungsinstrument, Frankfurt [Main] 1994.

König, K.: Hierarchie und Kooperation: Die zwei Seelen einer Zielvereinbarung zwischen Staat und Hochschule, in: Bogumil, J; Heinze, R. G. (Hrsg.): Neue Steuerung von Hochschulen, Berlin 2009, S. 29–44.

Koreimann, D. S.: Grundlagen der Software-Entwicklung, 3. Aufl., München 2000.

Koreimann, D. S.: Methoden der Informationsbedarfsanalyse, Berlin, New York 1976.

Kornmeier, M.: Aussagen – wesentliche Elemente wissenschaftlicher Arbeiten, in: Wirtschaftsstudium, Jg. 39, (11) 2010, S. 1468–1471.

Kosiol, E.: Einführung in die Betriebswirtschaftslehre: Die Unternehmung als wirtschaftliches Aktionszentrum, Hamburg 1966.

Kramer, J.; Nagy, G.; Trautwein, U.; Lüdtke, O.; Jonkmann, K.; Maaz, K.; Treptow, R.: Die Klasse an die Universität, die Masse an die anderen Hochschulen?, in: Zeitschrift für Erziehungswissenschaften, Jg. 14, 2011, S. 465-487.

Krasny, E.; Ziegele, F.: Das Modellvorhaben zur globalen Steuerung von Hochschulhaushalten in Niedersachsen, in: Zeitschrift für Hochschuldidaktik, Jg. 21, (4) 1997, S. 38–55.

Krause, D.: Luhmann-Lexikon, 2. Aufl., Stuttgart 2009.

Kromrey, H.: Empirische Sozialforschung, 5. Aufl., Opladen 1991.

Kronthaler, L.: Anforderungen an ein Berichtswesen für ein Hochschul-Controlling, in: Steuerungsinstrumente für autonome Hochschulen, Weimar 2005, S. 55–59.

Kronthaler, L.: Greifswalder Grundsätze, in: Forschung & Lehre, Jg. 5, (11) 1999, S. 582–585.

Kronthaler, L.; Weichselbaumer, J.: Schlußbericht des Arbeitskreises „Hochschulrechnungswesen“ der deutschen Universitätskanzler, München 1999.

Krüger, W. (Hrsg.): Excellence of Change, 3. Aufl., Wiesbaden 2006.

Krüger, W.: Implementierung als Kernaufgabe des Wandlungsmanagements, in: Hahn, D.; Taylor, B. (Hrsg.): Strategische Unternehmensplanung, 8. Aufl., Heidelberg 1999.

Kubicek, H.: Heuristische Bezugsrahmen und heuristisch angelegte Forschungsdesigns als Elemente einer Konstruktionsstrategie empirischer Forschung, in: Köhler, R. (Hrsg.): Empirische und handlungstheoretische Forschungskonzeption in der Betriebswirtschaftslehre, Stuttgart 1977, S. 3–36.

Kuhn, T. S.: Die Struktur wissenschaftlicher Revolutionen, 2. Aufl., Frankfurt [Main] 1976.

Küpper, H.-U.: Controlling, 5. Aufl., Stuttgart 2008.

Küpper, H.-U.: Das Führungssystem als Ansatzpunkt für eine wettbewerbsorientierte Strukturreform von Universitäten, in: Beiträge zur Hochschulforschung, Jg. 19, (2) 1997, S. 123–149.

Küpper, H.-U.: Denkmuster verändern - Wettbewerbsorientierte Strukturierung des Führungssystems von Universitäten, in: Forschung & Lehre, Jg. 6, (3) 2000, S. 116–119.

Küpper, H.-U.: Hochschulen im Umbruch, in: Arbeitskreis Quantitative Steuerlehre (Hrsg.), Diskussionsbeitrag Nr. 74 (zugleich Beitrag zur Festschrift für Franz W. Wagner zum 65. Geburtstag), 2009, S. 1–27.

Küpper, H.-U.: Hochschulen steuern mit kaufmännischen Rechnungswesen - aber richtig!, in: Beiträge zur Hochschulforschung, Jg. 22, (1-2) 2000, S. 217–231.

Küpper, H.-U.: Investitionstheoretische Fundierung der Kostenrechnung, in: Zeitschrift für betriebswirtschaftliche Forschung, Jg. 37, (1) 1985, S. 26–46.
Küpper, H.-U.: Konzeption einer Perioden-Erfolgsrechnung für Hochschulen, in: Zeitschrift für Betriebswirtschaft, Jg. 72, (9) 2002, S. 929–951.
Küpper, H.-U.: Neue Entwicklungen im Hochschulcontrolling, in: Zeitschrift für Controlling und Management, Jg. 51, (Sonderheft 3) 2007, S. 82–90.
Küpper, H.-U.: Struktur, Aufgaben und Systeme des Hochschul-Controlling, in: Beiträge zur Hochschulforschung, Jg. 18, (3) 1996, S. 147–179.
Küpper, H.-U.: Unternehmensplanung und -steuerung mit pagatorischen oder kalkulatorischen Erfolgsrechnungen?, in: Schildbach, T; Wagner, F. (Hrsg.): Sonderheft 34 der Zeitschrift für betriebswirtschaftliche Forschung 1995, S. 19–50.
Küpper, H.-U.; Weber, J.; Zünd, A.: Zum Verständnis und Selbstverständnis des Controlling, in: Zeitschrift für Betriebswirtschaft, Jg. 60, (3) 1990, S. 281–293.
Kussauer, H. M; Mittag, J.: Anforderungen an die Trennungsrechnung und Handlungsempfehlungen, in: Breithecker, V; Lickfett, U. (Hrsg.): Handbuch Hochschulrechnungslegung, Berlin 2011, S. 371–417.
Landesbetrieb für Statistik und Kommunikationstechnologie Niedersachsen (Hrsg.): Deutsche und ausländische Studierende und Studienanfänger im Sommersemester 2013 nach Hochschularten, Ländern und Hochschulen, Hannover 2013.
Landesrechnungshof Niedersachsen (Hrsg.): Jahresbericht des Niedersächsischen Landesrechnungshofs 2012 zur Haushalts- und Wirtschaftsführung, Hildesheim 2012.
Lange, S.: Die neue Governance der Hochschulen: Bilanz nach einer Reform-Dekade, in: Hochschulmanagement, Jg. 4, (4) 2009, S. 87–97.
Levitt, B.; March, J. G.: Organizational Learning, in: Annual Review of Sociology, Jg. 14 1988, S. 319–340.
LHO – Niedersächsische Landeshaushaltsordnung in der Fassung der Neubekanntmachung vom 30. April 2001 (Nds. GVBl. S. 267), zuletzt geändert durch Gesetz vom 18.12.2001 (Nds. GVBl. S. 806).
Liefner, I.: Leistungsfähigere Universitäten durch leistungsorientierte Ressourcensteuerung?, in: Wirtschaftswissenschaftliches Studium, Jg. 31, (1), 2002, S. 9–14.
Liefner, I.: Leistungsorientierte Ressourcensteuerung in Hochschulsystemen, Hannover 2001.
Link, S.; Seiter, M.; Rosentritt, C.: Berichtswesen an Hochschulen, Ergebnisbericht, Stuttgart 2011.
Lojewski, U. von: Qualitätsmanagement mit Schwerpunkt Prozessqualität: Das Beispiel der Fachhochschule Münster, in: Beiträge zur Hochschulforschung, Jg. 30, (1) 2008, S. 60–72.
Lojewski, U. von; Boentert, A.: Das Konzept der Fachhochschule Münster: Qualität bewegt., in: Qualität in der Wissenschaft, Jg. 2, (2) 2008, S. 36–42.
Lojewski, U. von; Boentert, A.: Prozessorientierters Qualitätsmanagement (an der Fachhochschule Münster), in: Richthofen, A. von; Lent, M. (Hrsg.): Qualitätsentwicklung in Studium und Lehre, Bielefeld 2009, S. 26–39.
Luhmann, N.: Soziale Systeme, Frankfurt am Main 1987.
LVVO – Lehrverpflichtungsverordnung: Verordnung über die Lehrverpflichtung an Hochschulen, in: Nds. GVBl. Nr. 24/2007, S. 408 ff.
Lynen, P. M.: Vom Rapport zum Report, in: Wissenschaftsmanagement, Jg. 17, (3) 2011, S. 16–19.
Macha, R.: Grundlagen der Kosten- und Leistungsrechnung, 5. Aufl., München 2010.
Mahmoud, M.; Liu, Y.; Hartmann, H.; Stewart, S.; Wagener, T.; et al.: A formal framework for scenario development in support of environmental decision-making, in: Environmental Modelling & Software, Jg. 24, 2009, S. 798–808.
Marettek, C.; Barna, A.: Aktuelle Probleme des Hochschulmanagements im Rahmen der „deregulierten Hochschule“, in: Hochschulmanagement, Jg. 5, (1) 2010, S. 3–14.
Matschke, M. J.: Formelgebundene Mittelverteilung, in: Betriebswirtschaftliche Forschung und Praxis, Jg. 62, (2) 2010, S. 185–222.
Maturana, H. R.; Varela, F. J.: Der Baum der Erkenntnis, Frankfurt a. M. 2009.
Meimberg, P.: Die wissenschaftliche Hochschule als wirtschaftliches System, in: Zeitschrift für Organisation, Jg. 46, (5) 1977, S. 248–254.
Meyer-Guckel, V.; Winde, M.; Ziegele, F.: Handbuch Hochschulräte, Essen 2010.

Mitchell, R. K.; Agle, B. R.; Wood, D. J.: Toward a theory of stakeholder identification and salience: Defining the principle of who and what really counts, in: Academy of Management Review, Jg. 22, (4) 1997, S. 853–886.

Mittag, S.; Bornmann, L.; Daniel, H.-D.: Evaluation von Studium und Lehre an Hochschulen. Handbuch zur Durchführung mehrstufiger Evaluationsverfahren. Münster 2003.

Mittag, S.; Daniel, H.-D.: Qualitätsmanagement an Hochschulen, in: Qualität in der Wissenschaft, Jg. 2, (1) 2008, S. 13–18.

Mittelstraß, J.: Die unzeitgemäße Universität, Frankfurt a. M. 1994.

Moog, H.: Hochschulrechenzentren zwischen Forschung und Serviceorientierung, in: Wannemacher, K.; Moog, H.; Kleimann, B. (Hrsg.): ITIL goes University? Serviceorientiertes IT-Management an Hochschulen, Hannover 2008, S. 5–20.

Moog, H.; Vogel, B.: Herausforderungen für Organisation und Ressourcenplanung, in: Moog, H.; Vogel, B. (Hrsg.): Bachelor- und Masterstudiengänge, HIS: Forum Hochschule 1/2006, Hannover 2006, S. 1–20.

Müller, U.; Ziegele, F.: Standardisierung und Umsetzung der Berichtspflichten im Rahmen der Zielvereinbarungen in Nordrhein-Westfalen, CHE-Arbeitspapier Nr. 49, Gütersloh 2003.

Müller-Böling, D.: Zur Organisationsstruktur von Universitäten, in: Die Betriebswirtschaft, Jg. 57, (5) 1997, S. 603–614.

MWK – Ministerium für Wissenschaft und Kultur Niedersachsen (Hrsg.): Globalhaushalte, http://www.mwk.niedersachsen.de/portal/live.php?navigation_id=6334&article_id=18342&_psmand=19 (08.08.2012).

MWK –Ministerium für Wissenschaft und Kultur Niedersachsen (Hrsg.): Leitlinien des Landes zur Hochschulentwicklung in Niedersachsen gemäß § 1 Abs. 3 NHG für die Erarbeitung von Zielvereinbarungen 2010-2012, Hannover 2009.

MWK – Ministerium für Wissenschaft und Kultur Niedersachsen (Hrsg.): Gemeinschaftswidrigkeit der Umsatzsteuerbefreiung der Forschungstätigkeit von Hochschulen, Runderlass, Zeichen 15.2.4, Hannover 2002.

MWK/KPMG/PwC – Ministerium für Wissenschaft und Kultur Niedersachsen; KPMG AG Wirtschaftsprüfungsgesellschaft; PricewaterhouseCoopers Aktiengesellschaft Wirtschaftsprüfungsgesellschaft (Hrsg.): Bilanzierungsrichtlinie – Grundlagen der Buchführung für Hochschulen des Landes Niedersachsen, 2. Aufl., Hannover 2004.

Nds. MBl. – Niedersächsisches Ministerialblatt, Jg. 61, (9) Hannover 2011, S. 181–186.

NHG – Niedersächsisches Hochschulgesetz, in der Fassung vom 26. Februar 2007 (Nds.GVBl. S.69), geändert durch Artikel 1 des Gesetzes vom 10. Juni 2010 (Nds.GVBl. S. 242), nichtamtliche Fassung, herausgegeben vom Niedersächsischen Ministerium für Wissenschaft und Kultur, Hannover 2010.

Nickel, S.: Partizipatives Management von Universitäten, München 2007.

Nickel, S.: Qualitätsmanagementsysteme an Universitäten und Fachhochschulen, in: Beiträge zur Hochschulforschung, Jg. 30, (1) 2008, S. 16–39.

Nickel, S.; Rischke, M.: Quality Audit, in: Wissenschaftsmanagement, Jg. 17, (1) 2011, S. 45–46.

Nickel, S.; Ziegele, F.: Audit statt Akkreditierung, CHE-Positionspapier, Gütersloh 2012.

Niedersächsisches Finanzministerium (Hrsg.): Entwurf - Haushaltsplan für das Haushaltsjahr 2012 und 2013, Hannover 2010.

Niedersächsisches Finanzministerium (Hrsg.): Haushaltsplan für das Haushaltsjahr 2012 und 2013, Hannover 2011.

Niedersächsische Staatskanzlei; Niedersächsisches Finanzministerium (Hrsg.): Mittelfristige Planung Niedersachsen 2011 - 2015, Hannover 2011.

Nielen, A.; Müller, S.: Grundlagen der Hochschulbesteuerung, in: Breithecker, V; Lickfett, U. (Hrsg.): Handbuch Hochschulrechnungslegung, Berlin 2011, S. 305–323.

Niermann, S.: Wie können Hochschulen ihren Berichts- und Rechenschaftspflichten gegenüber politischen Steuerungsinstanzen angemessen nachkommen?, in: Andersen, C. (Hrsg.): Hochschulsteuerung im Spannungsfeld interner und externer Anforderungen, Weimar 2010, S. 145–158.

Nusselein, M. A.: Empirische Erkenntnisse einer Informationsbedarfsanalyse an bayerischen Hochschulen, in: Beiträge zur Hochschulforschung, Jg. 24, (1), 2002, S. 100–114.

Nusselein, M. A.: Inhaltliche Gestaltung eines Data Warehouse-Systems am Beispiel einer Hochschule, München 2003.

o. V.: Wissenschaftsrat fordert Frauenquote, in: Forschung & Lehre, Jg. 19, (7) 2012, S. 534.
OFD – Oberfinanzdirektion Niedersachsen (Hrsg.): Besoldungstabellen Niedersachsen, Hannover 2012a. http://www.nlbv.niedersachsen.de/download/61678/Besoldungstabellen_ab_01_01_2012.pdf (28.09.2012)
OFD – Oberfinanzdirektion Niedersachsen (Hrsg.): Besoldungstabellen Niedersachsen, Hannover 2012b. http://www.nlbv.niedersachsen.de/download/61990/Entgelttabelle_gueltig_ab_01_01_2012.pdf (28.09.2012)
Olfert, K.: Personalwirtschaft, 15. Aufl., Ludwigshafen (Rhein) 2012.
Olfert, K.: Kostenrechnung, 15. Aufl., Ludwigshafen (Rhein) 2008.
Olfert, K.; Reichel, C.: Investition, 11. Aufl., Ludwigshafen (Rhein) 2009.
Orton, J. D.; Weick, K. E.: Loosely Coupled Systems, in: The Academy of Management Review, Jg. 15, (2) 1990, S. 203–223.
Ott, S.: Investitionsrechnung in der öffentlichen Verwaltung, Wiesbaden 2011.
Ould, M. A.: Business Process, Chichester et al. 1995.
Palandt, K.: Reformansätze und Erfahrungen in Niedersachsen, Hannover 1997.
Pasternack, P.: QS, QE, QM, in: die hochschule, Jg. 16, (1) 2007, S. 17–25.
Pasternack, P.: Qualität als Hochschulpolitik, in: Arbeitskreis Evaluation und Qualitätssicherung der Berliner und Brandenburger Hochschulen/Hochschulrektorenkonferenz, Projekt Qualitätsmanagement (Hrsg.): Qualitätsmanagement an Hochschulen – Strukturen und Prozesse im Wandel. 9. Arbeitstagung zur Evaluation und Qualitätssicherung an Hochschulen, Berlin 2009. http://www.khsb-berlin.de/fileadmin/user_upload/PDF_Sammlung/Dozenten/kaplow/presse/Pasternack_Qualitaet.pdf (08.10.2012).
Pasternack, P.: Qualitätsorientierung an Hochschulen, Wittenberg 2004.
Pasternack, P.; Wissel, C. von: Programmatische Konzepte der Hochschulentwicklung in Deutschland seit 1945, Düsseldorf 2010.
Pellert, A.: Kompetenzorientierung, in: Wissenschaftsmanagement, Jg. 17, (3) 2011, S. 61–63.
Pellert, A.; Widmann, A.: Personalmanagement in Hochschule und Wissenschaft, Münster u. a. 2008.
Perridon, L.; Steiner, M.: Finanzwirtschaft der Unternehmung, 8. Aufl., München 1995.
Peters, T. J.: Some applications of the loose coupling approach in managerial/organizational consulting practice, in: Gibson, D. V. (Hrsg.): Seminars on organizations at Stanford University, 4. Aufl., Stanford 1978, S. 46–50.
Pfeifer, T.; Schmitt, R.: Qualitätsmanagement, 4. Aufl., München 2010.
Picot, A; Reichwald, R; Wigand, R. T.: Die grenzenlose Unternehmung, 5. Aufl., Wiesbaden 2003.
Planungsausschuss für den Hochschulbau (Hrsg.): 35. Rahmenplan für den Hochschulbau nach dem Hochschulbauförderungsgesetz 2006–2009. o.O. 2006.
Pohlenz, P.; Seyfried, M: Integrierte Analyse von Studierendenurteilen und hochschulstatistischen Daten für eine evidenzbasierte Hochschulsteuerung, in: Qualität der Wissenschaft, Jg. 4, (3) 2010, S. 79–83.
Pollitt, C.; Bouckaert, G.: Public management reform, Oxford [UK], New York 2000.
Rammert, W.: Technik - Handeln - Wissen, Wiesbaden 2007.
Rappaport, A.: Shareholder Value, Stuttgart 1995.
Rassenhövel, S.: Performancemessung im Hochschulbereich, 1. Aufl., Wiesbaden 2010.
Reemann, A.: Selbst geschaffene immaterielle Vermögensgegenstände des Anlagevermögens, in: Breithecker, V.; Lickfett, U. (Hrsg.): Handbuch Hochschulrechnungslegung, Berlin 2011, S. 103–128.
Reibnitz, U. von: So können auch Sie die Szenario-Technik nutzen, in: Marketing-Journal, Jg. 14, (1) 1981, S. 37–41.
Reichmann, T.: Controlling mit Kennzahlen, 8. Auflage, München 2011.
Reichmann, T.; Lachnit, L.: Planung, Steuerung und Kontrolle mit Hilfe von Kennzahlen, in: Zeitschrift für betriebswirtschaftliche Forschung, Jg. 28 1976, S. 705–723.
Riebel, P.: Einzelkosten- und Deckungsbeitragsrechnung, 6. Aufl., Wiesbaden 1990.
Riebel, P.: Grundrechnung, in: Wittmann, W; Kern, W; Köhler, R; Küpper, H.-U; Wysocki, K. (Hrsg.): Handwörterbuch der Betriebswirtschaft 1993, S. Sp. 1518-1541.
Ritter, S.; Hansel, H.: Projektbericht der Arbeitsgruppe Raumhandelsmodell, Hannover 2005.

Röbken, H.: Balanced Scorecard als Instrument der Hochschulentwicklung - Projektergebnisse an der Reykjavik Universität, in: Beiträge zur Hochschulforschung, Jg. 25, (1) 2003, S. 102–120.
Rose, E.: Niedersächsische Hochschulen auf dem Weg zur Vollkostenrechnung, Vortrag, Erlangen 2008.
Rose, J.: Kommunale Finanzwirtschaft Niedersachsen, 4. Aufl., Burgdorf 2009.
Ruchti, H.: Erfolgsermittlung und Bewegungsbilanz, in: Zeitschrift für handelswissenschaftliche Forschung, Jg. 7, 1955, S. 499–520.
Ruf, M.: Die Balanced Scorecard als Controllinginstrument im Hochschulbereich 2008, http://nbn-resolving.de/urn:nbn:de:bsz:352-opus-55032 (28.11.2013).
Ruiz, M.: Flächenmanagement – Elemente, Steuerungsmodelle, Einführung, in: HIS Forum Hochschulbau. Vortrag. Hannover 2009.
Rupp, T.: Auswirkungen des neuen EU-Gemeinschaftsrahmens für Forschung, Entwicklung und Innovation auf die Hochschulen, Teil 2: Das niedersächsische Modell für Hochschulen mit kaufmännischen Rechnungswesen, Kassel 2009.
Rupp, T.: Umsetzung der Trennungsrechnung gemäß neuem EU-Beihilferahmen mit SAP, Berlin 2009.
Sachs, S.: Die Bedeutung der Stakeholder für die Fachhochschulen, in: Dürsteler, U; Knecht, H. (Hrsg.): Bildungsökonomische Herausforderungen für Fachhochschulen, Bern 2005, S. 36–55.
Sandberg, B.: Zielvereinbarungen zwischen Staat und Hochschulen - ein Deregulierungsinstrument?, in: Beiträge zur Hochschulforschung, Jg. 25, (4) 2003, S. 36–55.
Savage, G. T., Nix, T. H., Whitehead, C. J., & Blair, J. D.: Strategies for assessing and managing organizational stakeholders, in: Academy of Management Executive, 1991, 5, S. 61 ff.
Schaeper, H.; Spangenberg, H.: Absolventenbefragungen - Erfassung relevanter Kompetenzen für Studium und Beruf, in: Bundesministerium für Bildung und Forschung (Hrsg.): Kompetenzerfassung in pädagogischen Handlungsfeldern, Berlin 2008, S. 161–175.
Schaldach, R.: Prüfung der Anpassung an Auflagen zum Forschungsantrag Poolmanagement an der FHH, Hannover 2010.
Schanz, G.: Wissenschaftsprogramme in der Betriebswirtschaftslehre, in: Bea, F. X.; Friedl, B.; Schweitzer, M. (Hrsg.): Allgemeine Betriebswirtschaftslehre, Bd. 1: Grundfragen, 10. Aufl., Stuttgart 2009.
Schedler, K.; Proeller, I.: New Public Management, 4. Aufl., Bern, Stuttgart 2009.
Scherm, E.; Pietsch, G.: Theorie und Konzeption in der Controllingforschung, in: Scherm, E.; Pietsch, G. (Hrsg.): Controlling: Theorien und Konzeptionen, München 2004, S. 3–22.
Scheuring, H.: Ressourcen, in: Gessler, M. (Hrsg.): Kompetenzbasiertes Projektmanagement (PM3), 3. Aufl., Nürnberg 2010, S. 401–430.
Scheytt, T.: Strategieorientiertes Performance Management in Hochschulen: Das Konzept der Balanced Scorecard, in: Hochschulmanagement, Jg. 2, (1) 2007, S. 15–21.
Schiene, C.: Qualitätsbewertung von Forschung in Niedersachsen, in: HRK (Hrsg.): Von der Qualitätssicherung der Lehre zur Qualitätsentwicklung als Prinzip der Hochschulsteuerung, Bonn 2006, S. 229–238.
Schiene, C.; Schimank, U.: Forschungsevaluation als Organisationsentwicklung: die Wissenschaftliche Kommission Niedersachsen, in: die hochschule, Jg. 15, (1) 2006, S. 46–62.
Schlünz, M.: Entwicklung eines nachhaltigen Qualitätsbewusstseins, in: HRK (Hrsg.): Von der Qualitätssicherung der Lehre zur Qualitätsentwicklung als Prinzip der Hochschulsteuerung 2006b, S. 164–173.
Schmelzer, H. J.; Sesselmann W.: Geschäftsprozessmanagement in der Praxis, 7. Aufl., München/Wien 2010.
Schmigalla, H.: Fabrikplanung – Begriffe und Zusammenhänge, REFA, München/Wien 1995.
Schneider, D.: Investition, Finanzierung und Besteuerung, 7. Aufl., Wiesbaden 1992.
Schoemaker, P. J. H.: When and How to Use Scenario Planning: A Heuristic Approach with Illustration, in: Journal of Forecasting, Jg. 10, (6) 1991, S. 549–564.
Scholz, G.: Einsatz der Balanced Scorecard im Neuen Steuerungsmodell der Johannes Gutenberg-Universität Mainz, Vortrag am 2. Osnabrücker Kolloquium zum Hochschul- und Wissenschaftsmanagement , Osnabrück 2005.
Schomburg, H. (Hrsg.): Generation Vielfalt. Ausgewählte Ergebnisse des Projekts „Studienbedingungen und Berufserfolg“, vorgelegt auf der Tagung „Studienbedingungen, Kompetenzerwerb und Berufserfolg“, Berlin 2009.

Schreyögg, G.: Organisation, 5. Aufl., Wiesbaden 2008.
Schröder, T.: Der Einsatz leistungsorientierter Ressourcensteuerungsverfahren im deutschen Hochschulsystem, in: Beiträge zur Hochschulforschung, Jg. 26, (2) 2004, S. 28–59.
Schubert, C.: Controllingorientierte Hochschulsteuerung, Hamburg 2009.
Schweitzer, M.; Küpper, H.-U.: Systeme der Kosten- und Erlösrechnung, 8. Aufl., München 2003.
Seidenschwarz, B.: Controlling für Universitäten, in: Zeitschrift für erfolgsorientierte Unternehmenssteuerung, Jg. 5 (4) 1993, S. 190–193.
Seidenschwarz, B.: Entwicklung eines Controllingkonzeptes für öffentliche Institutionen, München 1992.
Sekretariat der ständigen Konferenz der Kultusminister der Länder in der Bundesrepublik Deutschland (Hrsg.): Vorausberechnung der Studienanfängerzahlen 2009-2020, Berlin 2009a.
Sekretariat der ständigen Konferenz der Kultusminister der Länder in der Bundesrepublik Deutschland (Hrsg.): Analyseraster zur Unterscheidung wirtschaftlicher und nichtwirtschaftlicher Tätigkeit von Hochschulen, Bonn 2009b.
Sekretariat der ständigen Konferenz der Kultusminister der Länder in der Bundesrepublik Deutschland (Hrsg.): Vorausberechnung der Studienanfängerzahlen 2012-2025, Berlin 2012.
Simon, F. B.: Einführung in Systemtheorie und Konstruktivismus, 2. Aufl., Heidelberg 2007.
Sinz, E. J.: Anwendungssystem-Architektur der Universität, in: Küpper, H.-U.; Sinz, E. J. (Hrsg.): Gestaltungskonzepte für Hochschulen, Stuttgart 1998b, S. 58 ff.
Sinz, E. J.: Universitätsprozesse, in: Küpper, H.-U.; Sinz, E. J. (Hrsg.): Gestaltungskonzepte für Hochschulen, Stuttgart 1998a, S. 13 ff.
Sliwka, D.: Anreize, Motivationsverdrängung und Prinzipal-Agenten-Theorie, in: Die Betriebswirtschaft, Jg. 63, (3) 2003, S. 293–308.
Söder-Mahlmann, J.; Saller, C.; Hanrath, S.: Entwicklung und Implementierung eines Flächenmanagement-Instruments für die Hochschulen des Landes Bremen, Reihe: Hochschulplanung Band 171, Hannover 2004.
Speckbacher, G.; Wentges, P.; Bischof, J.: Führung nicht-erwerbswirtschaftlicher Organisationen, in: Betriebswirtschaftliche Forschung und Praxis, Jg. 60, (1) 2008, S. 43–64.
Sprenger, J.; Klages, M.; Breitner, M. H.: Wirtschaftlichkeitsanalyse für die Auswahl, die Migration und den Betrieb eines Campus-Management-Systems, in: Wirtschaftsinformatik, Jg. 52, (4) 2010, S. 211–224.
Statistische Bundesamt (Hrsg.): Finanzen der Hochschulen, Wiesbaden 2012a.
Statistische Bundesamt (Hrsg.): Monetäre hochschulstatistische Kennzahlen, Wiesbaden 2011a.
Statistische Bundesamt (Hrsg.): Nichtmonetäre hochschulstatistische Kennzahlen, Wiesbaden 2011b.
Statistische Bundesamt (Hrsg.): Personal an Hochschulen, Wiesbaden 2008.
Statistische Bundesamt (Hrsg.): Schlüsselverzeichnisse für die Personalstatistiken, Wiesbaden 2010.
Statistische Bundesamt (Hrsg.): Studierende an Hochschulen, Wiesbaden 2012b.
Steinmann, H.; Schreyögg, G.: Management, 6. Aufl., Wiesbaden 2005.
Stolzenberg, G.: Kann die Untersuchung der Grundlagen der Mathematik uns etwas über das Denken verraten?, in: Watzlawick, P. (Hrsg.): Die erfundene Wirklichkeit, 6. Aufl., München 2012.
Stratmann, F.: Prozessorientierung in Hochschulen - mehr als Tools und Referenzmodelle, in: Prozessorientierung in Hochschulen, Hannover 2011, S. 1–24.
Suchman, M. C.: Managing legitimacy: Strategic and institutional approaches, in: Academy of Management Review, Jg. 20, (3), 1995, S. 571–610.
Süß, S.: Managementkonzept, in: Die Betriebswirtschaft, Jg. 69, (1) 2009, S. 113–117.
Syring, A.; Andersen, C.: Von der Analyse interner Overheads zur Vollkostenermittlung für externe Berichtsanforderungen, in: Andersen, C. (Hrsg.): Hochschulsteuerung im Spannungsfeld interner und externer Anforderungen, Weimar 2010, S. 91–105.
Syring, A.; Hartmann, M.: Kosten- und Leistungsrechnung als neuer Bestandteil des Managements an der Freien Universität Berlin, in: Verwaltung und Management, Jg. 14, (4) 2008, S. 201–207.
Täschner, M.; Jaspersen, T.: Die Balanced Scorecard als Führungsinstrument zur Herbarbeleg-Digitalisierung, Hannover 2012a, http://nbn-resolving.de/urn/resolver.pl?urn:nbn:de:bsz:960-opus-4036 (30.12.2013).
Täschner, M.; Jaspersen, T.: Hochschulcontrolling : Rahmenbedingungen und Berichtssysteme, Hannover 2012b, http://nbn-resolving.de/urn/resolver.pl?urn:nbn:de:bsz:960-opus-3955 (30.12.2013).

Täschner, M.; Jaspersen, T.; Krause, M.: Nichtmonetäres Controlling der Lehrleistungen an der Fachhochschule Hannover, Hannover 2009, http://nbn-resolving.de/urn/resolver.pl?urn:nbn:de:bsz:960-opus-2828 (30.12.2013).
Teichler, U.: Was ist Qualität?, in: Das Hochschulwesen, Jg. 53, (4) 2005, S. 130–136.
Tillmann, K.-J.: Sozialisationstheorien, 12. Aufl., Reinbek bei Hamburg 2001.
Tversky, A.; Kahneman, D.: Judgement under Uncertainty: Heuristics and Biases, in: Science, New Series, Jg. 185, (4157) 1974, S. 1124–1131.
Tversky, A.; Kahneman, D.: The Framing of Decisions and the Psychology of Choice, in: Science, New Series, Jg. 211, (4481) 1981, S. 453–458.
Ufermann, B.: Unterliegt die Hochschulforschung der Umsatzsteuer?, in: Forschung & Lehre, Jg. 15, (8) 2008, S. 537–539.
Universität Hannover (Hrsg.): CAFM in der Leibniz Universität Hannover, unveröffentlichte Präsentation, Hannover 2011.
Universität Konstanz (Hrsg.): Prozessportal, Konstanz 2013, http://www.qm.uni-konstanz.de/prozessportal/ (06.12.2013).
Varela, F.: Der kreative Zirkel, in: Watzlawick, P. (Hrsg.): Die erfundene Wirklichkeit, 6. Aufl., München 2012.
Venkatesh, V.; Morris, M. G.; Davis, G. B.; Davis F. D.: User Acceptance of Information Technology: Toward a Unified View, in: MIS Quarterly, Jg. 27, (3) 2003, S. 425–478.
Vernau, K.: Warum sich das Rechnungswesen einer Hochschule aus den Führungs- und Steuerungsanforderungen ableiten sollte - und nicht umgekehrt!, in: Andersen, C. (Hrsg.): Hochschulsteuerung im Spannungsfeld interner und externer Anforderungen, Weimar 2010, S. 63–82.
Vester, F.: Ballungsgebiete in der Krise, Stuttgart 1976.
Vester, F.: Denken, Lernen, Vergessen, Dt. Taschenbuch-Verlag, 30. Aufl., München 2004.
Vogel, B.: Flächen- und Raumplanung, in: Moog, H.; Vogel, B. (Hrsg.): Bachelor- und Masterstudiengänge, HIS: Forum Hochschule 1/2006, Hannover 2006, S. 65–80.
Vogel, B.; Cordes, S.: Bibliotheken an Universitäten und Fachhochschulen, Reihe: Hochschulplanung Band 179, HIS GmbH, Hannover 2005.
VV-LHO – Verwaltungsvorschriften zur Niedersächsischen Landeshaushaltsordnung, RdErl. v. 2. Juni 1972 (Nds. MBl. S. 884), zuletzt geändert durch RdErl. v. 17. Juni 2002 (Nds. MBl. S. 501).
Wall, F.: Controlling zwischen Entscheidungs- und Verhaltenssteuerungsfunktion, in: Die Betriebswirtschaft, Jg. 68, (4) 2008, S. 463–482.
Wall, F.: Stakeholder-orientiertes Controlling als Koordination bei mehrfacher Zielsetzung, in: Wall, F.; Schröder, R. W.: Controlling zwischen Shareholder Value und Stakeholder Value, München 2009.
Walz, H.; Gramlich, D.: Investitions- und Finanzplanung, 8. Aufl., Frankfurt am Main 2011.
Watzlawick, P.: Wie wirklich ist die Wirklichkeit?, 10. Aufl., München/Zürich 2011.
Watzlawick, P.; Beavin, J. H.; Jackson, D. D.: Menschliche Kommunikation, 12. Aufl., Bern 2011.
Weber, J.: Selektives Rechnungswesen, in: Zeitschrift für Betriebswirtschaft, Heft 8, 66. Jg. 1996, S. 925–946.
Weber, J.; Schäffer, U.: Einführung in das Controlling, 12. Aufl., Stuttgart 2008.
Weber, M.: Soziologische Grundbegriffe, Tübingen 1984.
Weber, M.: Wirtschaft und Gesellschaft, 5. Aufl., Tübingen 1972.
Wegner, E; Nückles, M.: Die Wirkung hochschuldidaktischer Weiterbildung auf den Umgang mit widersprüchlichen Handlungsanforderungen, in: Zeitschrift für Hochschulentwicklung, Jg. 6, (3) 2011, S. 171–188.
Weichselbaumer, J.: Fachkonzept – Universitäre Kosten- und Leistungsrechnung, München 2008. http://www.uni-passau.de/fileadmin/dokumente/beschaeftigte/klr/Endversion_Fachkonzept_KLR.pdf (19.06.2013).
Weick, K. E.: Administering education in loosely coupled schools, Phi Delta Kappan, 1982.
Weick, K. E.: Educational Organisations as Loosely Coupled Systems, in: Administrative Science Quarterly, Jg. 21, (1) 1976, S. 1–19.
Welge, M. K.; Al-Laham, A.: Strategisches Management, 6. Aufl., Wiesbaden 2012.
Weyers, M.: Rechnungslegungsgestützte Leistungsmessung, in: Breithecker, V; Lickfett, U. (Hrsg.): Handbuch Hochschulrechnungslegung, Berlin 2011, S. 23–63.
Wiendahl, H.-P.: Betriebsorganisation für Ingenieure, 7. Aufl., München 2010.

Wild, J.: Informationstheorie, in: Management-Enzyklopädie, Frankfurt [Main] 1975, S. 1593–1604.
Wissenschaftsrat (Hrsg.): 10 Thesen zur Hochschulpolitik, Köln 1993.
Witt, H.: Forschungsstrategien bei quantitativer und qualitativer Sozialforschung, in: Forum Qualitative Sozialforschung / Forum Qualitative Social Research, 2001, 2 (1), Art. 8, http://nbn-resolving.de/urn:nbn:de:0114-fqs010189 (01.08.2012).
Witte, F.: Die Stellung der Kosten- und Leistungsrechnung innerhalb des Controllings an Hochschulen, in: Beiträge zur Hochschulforschung, Jg. 23, (4) 2001, S. 80–97.
Wöhe, G; Döring, U.: Einführung in die allgemeine Betriebswirtschaftslehre, 24. Aufl., München 2010.
Wolff, U.; Rosenthaler, C.; Knöpfel, H.: Projektstrukturen, in: Gessler, M. (Hrsg.): Kompetenzbasiertes Projektmanagement (PM3), 3. Aufl., Nürnberg 2010, S. 303–327.
Zboril, N. A.: Fakultäts-Informationssystem als Instrument des Hochschul-Controlling, Stuttgart 1998.
Ziegele, F.: Budgetierung und Finanzierung in Hochschulen, Münster u. a. 2008.
Ziegele, F.: Zielvereinbarungen als Kern des „Neuen Steuerungsmodells“, in: HRK (Hrsg.): Von der Qualitätssicherung der Lehre zur Qualitätsentwicklung als Prinzip der Hochschulsteuerung, Bonn 2006, S. 77–105.
Ziegenbein, K.: Controlling, 10. Aufl., Herne 2012.
Zimmermann, K.: Kapazitätsrechtliche Grundlagen und alternative Regelungsmodelle im hochschulpolitischen Diskurs, in: die hochschule, Nr. 2, 2010, S. 9–20.

Abkürzungsverzeichnis

ABS	Absolventenstudie
AEUV	Vertrag über die Arbeitsweise der Europäischen Union
AfA-Tabellen	Absetzung für Abnutzungstabellen
AKL-Vergleich	Ausstattungs-, Kosten- und Leistungsvergleich
ALW	Ausschuss für Lehre und Weiterbildung
ASIIN	Akkreditierungsagentur für Studiengänge der Ingenieurwissenschaften, der Informatik, der Naturwissenschaften und der Mathematik
BBesG	Bundesbesoldungsgesetz
BeamtVG	Beamtenversorgungsgesetz
BgA	Betriebe gewerblicher Art
BGF	Bruttogrundfläche
BHO	Bundeshaushaltsverordnung
BMBF	Bundesministerium für Bildung und Forschung
BMF	Bundesministerium für Finanzen
BSC	Balanced Scorecard
BVZÄ	Beschäftigten-Vollzeitäquivalente
CA	Curricularanteil
CAD	Computer Aided Design
CAFM	Computer Aided Facility Management
CEUS HB	Computergestütztes Entscheidungsunterstützungssystem für die bayrischen Hochschulen
CHE	Centrum für Hochschulentwicklung
CNW	Curricularnormwert
DFG	Deutsche Forschungsgemeinschaft
DLK	Dienstleistungskoeffizient
DV	Datenverarbeitund
E	Eigenschaften
EFQM	European Foundation for Quality Management
EFRE	europäischer Fond für regionale Entwicklung
ESF	Europäischer Sozialfond
ESG	Standards and Guidelines for Quality Assurance in the European Higher Education Area
EStG	Einkommenssteuergesetz
F	Forschung
FFÄ	Fachfalläquivalente
FFG	Formelfächergruppen
FinOG	finanzielle Obergrenze
FRP	Forschungsrahmenprogramm
GG	Grundgesetz
GoB	Grundsätze ordnungsgemäßer Buchführung und Bilanzierung

GuV	Gewinn- und Verlustrechnung
HF	Handlungsfelder
HGB	Handelsgesetzbuch
HGrG	Haushaltsgrundsätzegesetz
HIS	Hochschul-Informations-System GmbH
HNF	Hauptnutzfläche
HP2020	Hochschulpakt 2020
HPE	Haushaltsplanentwürfe
HRG	Hochschulrahmengesetz
HRK	Hochschulrektorenkonferenz
HS	Hochschule
HsH	Hochschule Hannover
HStatG	Hochschulstatistikgesetz
INCHER	International Centre for Higher Education Research
IQA	institutionelle Qualitätsaudit
ISO	International Standardisation Organisation
IT	Informationstechnologie
KapVO	Kapazitätsverordnung
KGF	Konstruktionsfläche
KLR	Kosten-und Leistungsrechnung
KMK	Konferenz der Kultusminister der Länder in der Bundesrepublik Deutschland
L	Lehre
LBV	landesweite Bezüge-und Versorgungsstelle
LFB	Lehr- und Forschungsbereich
LFE	Lehr- und Forschungseinheiten
LHO	Landeshaushaltsverordnung
LVS	Lehrveranstaltungsstunden
LVVO	Lehrverpflichtungsverordnung
MF	Ministerium für Finanzen des Landes Niedersachsen
MTV	Mitarbeiter aus Technik und Verwaltung
MWK	Ministerium für Wissenschaft und Kultur des Landes Niedersachsen
NB	Nutzungsbereich
NF	Nutzenfläche
NGF	Nettogrundfläche
NHG	Niedersächsisches Hochschulgesetz
NHP	Nachtragshaushaltsplan
OE	Organisationseinheit
OFD	Oberfinanzdirektion
PDF	Portable Document Format
PO	Prüfungsordnung
POS	Prüfungsdaten
QMS	Qualitätsmanagementsysteme
RFC	Request for Change
RSZ	Regelstudienzeit
SAB	Studienabschlussbefragung
SOS	Studierendendaten
SoSe	Sommersemester

SQL	Structured Query Language
STEP	Studierenden-Elternpass
Stk	Studiengangskonzept
SWOT	Strenghts-Weaknesses-Opportunities-Threats
SWS	Semesterwochenstunden
TAN	Transaktionsnummer
TF	Technische Funktionsfläche
TQM	Total Quality Management
VF	Verkehrsfläche
VV	Verwaltungsvorschriften
VZÄ	Vollzeitäquivalente
WiSe	Wintersemester
ZE	zentrale Einheiten
ZS	Zulassungssatzung
ZUL	Zulassung
XLS(X)	Excel

Abbildungsverzeichnis

Tabellenverzeichnis

Schlagwortverzeichnis

Autorenverzeichnis